W0188303

Reclams Ballettführer

Reclams Ballettführer

Von Klaus Kieser
und Katja Schneider

Mit 32 Abbildungen

13., völlig neu bearbeitete Auflage

Philipp Reclam jun. Stuttgart

Alle Rechte vorbehalten
© 2002 Philipp Reclam jun. GmbH & Co., Stuttgart
Satz: Uwe Steffen, München
Druck: Reclam, Ditzingen
Buchbinderische Verarbeitung: Kösel, Kempten
Printed in Germany 2002
RECLAM ist eine eingetragene Marke
der Philipp Reclam jun. GmbH & Co., Stuttgart
ISBN 3-15-010507-2

www.reclam.de

Inhalt

Vorwort

Tanz ist ephemer. In dem Augenblick, in dem er sich vollzieht, ist er auch schon vorüber, und weder Notationssysteme, die seit der Renaissance entwickelt wurden, um Bewegung schriftlich zu fixieren, noch moderne Videoaufzeichnungen können alles exakt festhalten, was zu einer Choreografie gehört. Auch der Versprachlichung entzieht sich die flüchtige Kunst, und doch ist die Sprache die einzige Möglichkeit, sich über den Tanz wie über andere nonverbale Ausdrucksformen zu verständigen.

Es gilt also erst einmal zu beschreiben, was man auf der Bühne sieht. Bei Handlungsballetten bildeten die originalen Libretti die Grundlage der Darstellung; in Fällen, in denen es kein Libretto gibt, waren die narrativen Strukturen des Bühnengeschehens die Grundlage. Bei abstrakten Balletten wurden Struktur und Bewegungselemente summarisch zusammengefasst. Erst im zweiten Teil eines Eintrags – und strikt vom ersten getrennt – finden sich Erläuterungen zum jeweiligen Werk, Informationen zu Entstehungs- und Wirkungsgeschichte sowie interpretatorische Zugänge. Im erläuternden Teil sind gegebenenfalls auch wichtige Neuchoreografien und andere Ballette zu demselben Stoff erwähnt.

Die Werktitel wurden in der Originalsprache belassen, wenn sie nicht unter einem eingedeutschten Titel (wie beispielsweise *Schwanensee*) eingeführt sind. Untertitel – sofern bei der Uraufführung angegeben – sind immer ins Deutsche übertragen. Die Angaben im Artikelkopf beruhen grundsätzlich auf den Informationen des Programmhefts oder des Besetzungszettels der Uraufführung. Fehlt eine der Kategorien »Libretto«, »Bühnenbild« oder »Kostüme« im Artikelkopf – eventuell fehlen auch mehrere –, bedeutet das, dass weder Programmheft noch Besetzungszettel hierzu eine Angabe machten. Unter »Rollen« sind schließlich die Rollen in deutscher Über-

setzung in der Reihenfolge des Besetzungszettels oder
des Programmhefts genannt. Bei abstrakten Balletten ist
hier die Zahl der beteiligten Tänzerinnen und Tänzer ver-
zeichnet.

Dieser Ballettführer ist ein Handbuch, das über das
internationale Repertoire informiert. Hauptkriterium für
die Aufnahme war die Popularität eines Werkes, sprich:
die Möglichkeit, es jetzt und (aller Voraussicht nach) in
den nächsten Jahren auf der Bühne oder in einer Videoaufnahme sehen zu können. Darüber hinaus spiegeln sich
in der Werkauswahl die Veränderungen in der Tanzlandschaft, die sich seit dem Aufbruch des Tanztheaters in
den 1970er-Jahren vollzogen haben. Choreografen sind
oftmals Autoren geworden, die nicht als Regisseur in
erster Linie Stoffe inszenieren, sondern mit ihrer eigenen Tanzsprache Bewegung in Zeit und Raum gestalten.
Sie arbeiten mit Tänzern zusammen, die sich die individuelle Bewegungssprache eines Choreografen anver-
wandelt haben. Auf andere Kompanien sind diese Stücke
nicht immer übertragbar. Deshalb sind von den wichtigsten dieser Choreografen Werke aufgenommen, die Sig-
naturcharakter haben und – so ist zu hoffen – sich im
Repertoire der jeweiligen Kompanie halten werden.

Die schriftlichen Dokumente (Programmhefte, Besetzungszettel, Libretti) wurden so weit wie möglich
geprüft. Darüber hinaus wurde die einschlägige Fach-
literatur (Biografien, Monografien und geschichtliche
Überblicke) verwendet und wurden diverse Nachschlage-
werke zurate gezogen; die wichtigsten sind: Horst Koegler / Helmut Günther, *Reclams Ballettlexikon* (Stuttgart
1984); Eberhard Rebling, *Ballett A–Z* (5. Aufl., Berlin
1984); *Pipers Enzyklopädie des Musiktheaters* (6 Bde.
und Register, München/Zürich 1986–97); *International
Dictionary of Ballet* (2 Bde., Detroit/London/Washington
1993); *Balet. Enziklopedija* (Moskau 1981); *International
Dictionary of Modern Dance* (Detroit/New York/Lon-
don 1998), *International Encyclopedia of Dance* (6 Bde.,

Oxford/New York 1998), *Dictionnaire de la Danse* (Paris 1999); Debra Craine / Judith Mackrell, *The Oxford Dictionary of Dance* (Oxford/New York 2000).

Für Informationen aller Art danken wir ganz besonders dem Bayerischen Staatsballett (München) und dem Stuttgarter Ballett. Wir danken außerdem folgenden Kompanien für die Unterstützung unserer Arbeit: Ballett Frankfurt, Hamburg Ballett, Tanztheater Wuppertal, aalto ballett theater (Essen), Ballett der Deutschen Oper am Rhein (Düsseldorf/Duisburg), Ballett Freiburg Pretty Ugly, Royal Ballet (London), Birmingham Royal Ballet, Rambert Dance Company (London), Zürcher Ballett, Ballett des Grand Théâtre (Genf). Unser Dank geht auch an die Schaubühne am Lehniner Platz (Berlin), an verschiedene Archive und Sammlungen – Deutsches Tanzarchiv Köln, Derra de Moroda Dance Archives (Salzburg), Deutsches Tanzfilminstitut (Bremen), Bibliothèque-Musée de l'Opéra (Paris), Theatre Museum (London), Theater Instituut Nederland (Amsterdam), Dance Collection der New York Public Library – sowie an alle Kompanien und Choreografen, die unsere zahlreichen Fragen beantwortet haben. Für Auskünfte und wertvolle Ratschläge gebührt unser persönlicher Dank Roman Arndt, Eva-Elisabeth Fischer, Sabine Huschka, Horst Koegler, Gunhild Oberzaucher-Schüller und Patricia Stöckemann.

München, im Frühjahr 2002   *Klaus Kieser*
                                      Katja Schneider

Grundzüge des theatralen Tanzes

Der abendländische Bühnentanz

Bühnentanz am Beginn des 21. Jahrhunderts – das ist eine äußerst lebendige, vielgestaltige und differenzierte Kunstform. Wer heute Tanzvorstellungen besuchen möchte, hat die Qual der Wahl: Das Publikum kann sich für einen der großen Klassiker entscheiden, einen mit vollendeter Spitzentechnik getanzten *Schwanensee* etwa oder *La bayadère* in opulenten Kostümen und glanzvollem Dekor. Es kann aber auch an die Orte der freien Szene gehen, in aufgelassene Fabrikhallen beispielsweise, und dort etwas sehen, was oftmals keine Stücke im traditionellen Sinn mehr sind. Das Publikum kann die dynamischen, bewegungsbetonten Choreografien des angloamerikanischen Modern Dance genießen oder sich im Tanztheater auf die eigenen Erinnerungen und Gefühle ansprechen lassen. Es kann den hochvirtuosen Verschraubungen zeitgenössischer Tanztechnik folgen oder den computergenerierten tanzenden Strichmännchen auf dem Videoscreen. Bühnentanz am Beginn des 21. Jahrhunderts lässt sich nicht auf einen Stil, eine Form festlegen. Fest steht aber, dass kaum eine andere Kunstform in den letzten 100 Jahren so auf die anderen Künste gewirkt hat wie der Tanz. Komponisten wie Igor Strawinsky und bildende Künstler wie Pablo Picasso waren im ersten Viertel des 20. Jahrhunderts fasziniert von den Ballets Russes um Sergei Diaghilew. Und das zeitgenössische Sprechtheater ist ohne das deutsche Tanztheater, wie es Pina Bausch seit den 1970er-Jahren geprägt hat, nicht zu denken.

Ballett ist heute nur ein Teil des großen Spektrums des theatralen Tanzes, ist Synonym für eine bestimmte Tanztechnik, die sich von anderen, etwa denen des Modern Dance, unterscheidet. Es steht für eine bestimmte Form des Bühnentanzes neben anderen Richtungen,

die nicht in der repräsentativen höfischen Tradition
ihren Ursprung haben, sondern gerade im Kontrast zu
ihr entwickelt wurden – wie der freie Tanz Anfang des
20. Jahrhunderts.

Moderner Tanz zu Beginn des 20. Jahrhunderts

Dieser neue Tanz löste sich radikal von allen Kodifizie-
rungen des klassischen Tanzes und seiner Ästhetik und
bedeutete zugleich einen sozialen Umbruch. Es waren
nicht länger blasse Ballerinen, die auf den Bühnen der
Opernhäuser in fast ausschließlich von Männern geschaffenen Balletten erstarrtes, seelenloses Virtuosentum exer-
zierten – so sahen es die Vertreter des neuen Tanzes. Mit
Loïe Fuller, Isadora Duncan und Ruth Saint-Denis betra-
ten Amerikanerinnen die europäische Szene, die nicht im
Theatersystem groß geworden waren, die kein Tutu und
keine Spitzenschuhe trugen und die ihre Tänze selbst choreografierten, aufführten und vermarkteten. Loïe Fuller
experimentierte mit einem völlig abdunkelbaren neutralen Bühnenraum, mit elektrischem Licht, mit Spiegel-
vorrichtungen, Film und Radium. Ihre Tänze gestaltete sie
nach dem melodischen und rhythmischen Bau der Musik;
sie versetzte mithilfe von Stäben meterlange leichte
Seidenstoffe so in Bewegung, dass sie ornamentale, sich
ständig fortzeugende Figuren im Raum entwarfen, die in
ihrer Form- und Farbwirkung das zeitgenössische Publikum begeisterten. Auch Ruth Saint-Denis, von Fuller
ermutigt, faszinierte mit ihren Soli, die inspiriert waren
von Darstellungen exotisch inszenierter Körper. Am fol-
genreichsten für die Tanzgeschichte wurde jedoch die
dritte der Amerikanerinnen, Isadora Duncan. In Theatern, auf Konzertpodien, in Bibliotheken und Museen,
aber auch in der freien Natur bot sie ihre Tänze dar, die
ihr Bewegungszentrum im Solarplexus haben. Duncan
tanzte also im wahrsten Sinn des Wortes ›aus dem Bauch

heraus‹. Ihre Bewegungen, gestaltet nach der Stimmung der Musik, sollten die natürliche Schönheit des weiblichen Körpers feiern. Sie befreite ihn vom Korsett, zog eine leichte, durchsichtige Tunika an und tanzte barfuß, ideell geleitet von ihrem Verständnis antiker griechischer Kunst. In ihrem Tanz strebte Duncan die Verbindung des Menschen mit Natur und Kosmos an. 1904 eröffnete sie ihre erste »Reformschule« nur für Mädchen in Berlin. Ihre künstlerischen und pädagogischen Vorstellungen trafen sich mit denen der Lebensreformbewegung, die von den letzten Jahren des 19. Jahrhunderts bis in die 1920er-Jahre des 20. Jahrhunderts als soziale Bewegung die Lebensweise des Einzelnen zu verändern trachtete.

Der Ausdruckstanz

Konkrete Gestalt fanden die Ideale der Lebensreformer unter anderem in der 1909 von Richard Riemerschmid entworfenen Gartenstadt Hellerau bei Dresden. Hier erweiterte ab 1911 Émile Jaques-Dalcroze, Schweizer Komponist und Professor für Harmonielehre und Solfège am Genfer Konservatorium, bis zum Ausbruch des Ersten Weltkriegs sein von ihm entwickeltes System der so genannten rhythmischen Gymnastik, mit der er musikalische Strukturen in der körperlichen Darstellung erlebbar machen wollte. Rhythmus war ein Schlagwort der Epoche, umso wichtiger, je stärker die Technisierung das tägliche Leben des Menschen prägte und sein instinktives Rhythmusempfinden zu verkümmern drohte. Jaques-Dalcroze machte den Körper zum Instrument, um Musik visuell zur Anschauung zu bringen. Takt, Metrum, Lautstärke werden durch Schritte, Beugungen, Armbewegungen, durch die Wege im Raum und ihre Dynamik plastisch erfahrbar.«»Leben wir rhythmisch, denken wir rhythmisch« war die Losung von Jaques-Dalcroze, die lebensreformbewegte Zeitgenossen aus ganz Europa

in seine »Werkstatt der Kunst« zog. Hier inszenierte
er bei den Aufsehen erregenden Schulfesten mit dem
Theaterreformer Adolphe Appia (der den Illusionismus
und Naturalismus auf der Sprechtheaterbühne ablehnte)
in dem von Heinrich Tessenow erbauten Festspielhaus
unter anderem Christoph Willibald Glucks so genannte
Reformoper *Orpheus und Eurydike*, die reformkünst-
lerisch interessierte Besucher aus aller Welt anzog. Zu
Jaques-Dalcrozes Schülern gehörten die Tänzerinnen
Mary Wigman und Marie Rambert, die 1913 Waslaw
Nijinski bei seiner Choreografie *Le sacre du printemps*
assistierte.

Etwa zeitgleich mit Jaques-Dalcrozes Wirken in Hellerau erfand Rudolf Steiner seine Eurythmie und versam-
melte Rudolf von Laban auf dem Monte Verità bei Ascona
Lebens- und Tanzreformer um sich. 1913 etablierte der
Choreograf, Tänzer, Pädagoge und einflussreichste Theo-
retiker des neuen Tanzes auf dem Tessiner ›Berg der
Wahrheit‹ eine Sommerdependance seines Münchner
Bewegungsateliers. Sie gehörte zur »Schule für Kunst«,
die von den Initiatoren der Lebensreformsiedlung, Ida
Hofmann und Henri Oedenkoven, gegründet worden
war, um ihre Schüler in »alle Äußerungen des menschlichen Genius« einzuführen. Hier unterrichtete Laban
Mary Wigman und erarbeitete die Grundlagen seiner
Tanzphilosophie. Er versuchte die Gesetze des Tanzes
aus der Bewegung zu ergründen und die Gesetzmäßigkeiten der freien Bewegung zu erfassen, die nicht wie
im klassischen Tanz kodifiziert ist. Dafür stellte er den
Körper in den Mittelpunkt des ihn umgebenden Raums,
experimentierte mit geometrischen Raummodellen und
fand den Ikosaeder (ein Zwölfeck) besonders geeignet,
um in einer als natürlich und zweckmäßig angenomme-
nen Schwungfolge nach einer festgelegten Reihenfolge
die Eckpunkte dieses Raummodells zu verbinden. Für
Laban entstand eine harmonische Raumordnung durch
die Bewegung des Körpers im Einklang mit den Natur-

gesetzen. In seinem wegweisenden Traktat *Die Welt des Tänzers* (1920) definierte er Tanz als Umsetzung von »Eindrücken der Umwelt in körperlich-seelisch-geistiges Spannungsgefühl«. Diese »Spannung« forme sich im Tanz zu spezifischen Dynamiken und Ausdrucksbewegungen. Seine Bewegungsanalyse, die er Ende der 1930er-Jahre in der englischen Emigration in seiner ›effort theory‹ auch auf Bewegungen im Arbeitsalltag ausdehnte, war grundlegend: Laban lehrte und schrieb über Eukinetik (Ausdruckslehre) und Choreutik (Raumharmonielehre), entwickelte eine Tanznotation, die als Labanotation weltweit in Gebrauch ist. Seine Lehren fanden nicht nur bei professionellen Tänzern, die in seinen Bühneninszenierungen oder Kammertanzgruppen auftraten, weite Verbreitung; er unterhielt auch zahlreiche Schulen und sammelte in Bewegungschören Tanzbegeisterte um sich. Der Einfluss von Labans Schaffen auf den Tanz des 20. Jahrhunderts ist nicht zu unterschätzen – in London ist das in die University of London eingegliederte Laban Centre, an dem Choreografen wie Matthew Bourne ausgebildet wurden, Indikator dafür, und auch William Forsythe verweist in seiner Arbeit immer wieder auf Labans Überlegungen zum Raum.

Labans Schülerin und Assistentin Mary Wigman ist zur Ikone des Ausdruckstanzes geworden. Ihre »Sprache des Tanzes« (so der Titel ihres 1963 publizierten Buches) orientierte sich jedoch weder an Labans Raumgesetzen noch an Struktur und Stimmung der Musik, denn ausschlaggebend für die Choreografie ihrer Stücke sollte eine individuell gefundene Bewegung sein, die in Entsprechung zu einem Thema spezifisch gestaltet wurde. In ihren dramatischen, mystisch gefärbten, sowohl solistisch gefassten als auch in Gruppen dargebotenen Tanzschöpfungen visualisierte sie emotionale Vorgänge, die sie durch die tänzerische Gestaltung objektivieren und dadurch ihrem Publikum mitteilen wollte. Wigman löste ebenso wie Laban den Tanz von seiner engen Bindung

an die Musik: Anders als im klassischen Tanz choreografierten beide nicht (nur) auf eine vorgegebene Musik,
oft entstand der Tanz ohne Musik, die dann nachträglich
hinzukam. Zu Wigmans berühmt gewordenen Schülern
gehörten unter anderem Hanya Holm – die ab 1931 eine
Dependance der Wigman-Schule in New York leitete,
der sie bald ein eigenes Profil gab, und schließlich zu
einer für den Modern Dance einflussreichen Künstlerin
wurde –, Yvonne Georgi, Margarete Wallmann, Harald
Kreutzberg, Max Terpis – und Gret Palucca, die 1925
ebenfalls in Dresden eine Schule gründete. Diese ist heute
die einzige eigenständige Tanzhochschule Deutschlands,
an der neben dem Stil Paluccas alle anderen Bühnentanz-
formen unterrichtet werden. Aus dieser Schule gingen
Choreografen wie Dietmar Seyffert, Birgit Scherzer und
Stephan Thoss hervor. Palucca, die zu den führenden
Tänzerinnen ihrer Zeit gehörte, galt mit ihren heiteren,
unbeschwerten Tänzen als Gegenpart zu Wigman.

Laban, Wigman und Palucca erreichten mit ihren Soli
und Choreografien für kleine Gruppen sowie ihrer Päda-
gogik ein breites Publikum, das vor allem in den 1920er-
Jahren den Tanz als Befreiung und zeitgemäße Form
des Selbstausdrucks verstand. Nicht nur wer den Beruf
Tänzer ausüben wollte, nahm Tanzunterricht; gemäß
Labans Diktum »Jeder Mensch ist ein Tänzer« ström-
ten Laien in die zahlreichen Schulen. Der Tanz hatte den
Anschluss an die Massenkultur seiner Zeit gefunden und
war zu einer autonomen, mit den anderen Sparten gleichberechtigten Kunst geworden.

Diese Emanzipation dokumentiert sich auch in der
Konzeption der Folkwangschule in Essen, die 1927
gegründet wurde und später Hochschulstatus errang. Die
Tanzabteilung unter Leitung des Laban-Schülers Kurt
Jooss stand gleichwertig neben den anderen Abteilungen
für Musik und Sprache. 1927 fand auch der erste von drei
Tänzerkongressen statt, bei dem Jooss für die Bedeutung
des klassischen Tanzes als Fundament einer Bühnentanz-

ausbildung warb. Mit seinem Ensemble, der Folkwang-Tanzbühne, wie sie ab 1929 hieß, setzte er die von ihm entwickelte Integration von klassischem und modernem Tanz, ergänzt um Gesellschaftstanzformen, in erzählenden Stücken um. Sein bedeutendstes Werk, *Der grüne Tisch*, zählt zu den wenigen Werken, die aus der Ära des neuen freien Tanzes bis heute überlebt haben. Jooss selbst gehört zu den ganz wenigen Tänzern und Choreografen, die freiwillig aus dem nationalsozialistischen Deutschland emigrierten. Die meisten – unter ihnen Laban, Wigman und Palucca – versprachen sich von dem neuen Regime eine weitere Aufwertung ihrer Kunst. Jooss fand im englischen Dartington mit seiner Kompanie, den Ballets Jooss, Zuflucht und eröffnete eine neue Schule, in der er zusammen mit seinem Partner Sigurd Leeder später bedeutende Choreografen wie Birgit Cullberg unterrichtete.

Die Jahre 1926/27 können fast als Schwellenjahre des modernen Tanzes angesehen werden, nicht nur weil Jooss in Essen den Tanz institutionalisierte und für eine heute selbstverständliche Verschmelzung von Balletttechnik und modernem Stil warb, sondern auch weil in Nizza die Pionierin des neuen Tanzes, Isadora Duncan, starb und in New York die spätere Ikone des Modern Dance ihren ersten eigenständigen Tanzabend präsentierte: Martha Graham.

Modern Dance

Wie der Ausdruckstanz ist der amerikanische Modern Dance eine Gegenbewegung zum klassischen Tanz, der als zu einengend und in Konventionen erstarrt empfunden wurde. Die Protagonisten des Modern Dance – neben Graham Doris Humphrey, Charles Weidman und José Limón – griffen spezifisch amerikanische Themen auf, etwa die Eroberung und Besiedlung des als faszinierend weit empfundenen Kontinents. Sie ›erzählen‹ davon in einer neuartig vitalen, dynamischen Bewegungssprache, die Erdenschwere und Schwerkraft betont und vom Körperzentrum initiiert ist, und entwickelten jeweils antagonistische Bewegungsprinzipien: ›contraction and release‹ sowie ›fall and recovery‹. Beide wurden von Graham beziehungsweise Humphrey und Limón unterschiedlich differenziert, sind regelrecht zu Techniken ausgebildet worden und werden bis heute unterrichtet. Stücke dieser Choreografen gehören zum lebendigen Kanon des amerikanischen Tanzes.

In den 1950er-Jahren prägte sich der Modern Dance weiter aus, indem zum einen Einflüsse des ›schwarzen‹ Amerika durch den bei Lester Horton in Los Angeles ausgebildeten Afroamerikaner Alvin Ailey immer mehr an Bedeutung gewannen. Ailey verband Elemente des Jazztanzes und afrikanischer Tanzformen mit dem Duktus des Modern Dance und gestaltete Stücke, die zum Sinnbild afroamerikanischer Identität und Religiosität wurden. Zum anderen ließen sich Tänzer und Choreografen vom abstrakten Expressionismus der bildenden Kunst beeinflussen: Alwin Nikolais, Merce Cunningham und Paul Taylor erforschten die Möglichkeiten der Bewegung. Cunninghams Interesse gilt dem Zufallsprinzip, das er zusammen mit dem Komponisten John Cage für den Tanz entdeckte. Die Bewegungssprachen von Nikolais, Cunningham und Taylor basieren gleichermaßen auf Danse d'école und Modern-Dance-Techniken. New York und die amerikanische Ostküste hatten sich damit endgültig als Zentrum innovativer Entwicklungen im Tanz etabliert. Nach Deutschland mussten diese erst importiert werden wie durch die Internationale Sommerakademie des Tanzes, an der ab 1957 erst in Krefeld, später in Köln amerikanische Dozenten unterrichteten. Inspiriert davon, machten sich Tänzerinnen und Tänzer in die USA auf.

Unter ihnen war Pina Bausch, Studentin der Folkwangschule, deren Tanzabteilung seit 1949 wieder von

Kurt Jooss geleitet wurde. Bausch studierte 1960–62 mit
einem Stipendium in New York. Gut zehn Jahre später,
1973, übernahm sie die Leitung der Tanzsparte an den
Wuppertaler Bühnen und führte ihr Tanztheater Wuppertal zu Weltruhm. Ihr Stil ist zum Inbegriff des deutschen
Tanztheaters geworden.

Tanztheater

Wieder, wie Jahrzehnte zuvor der Ausdruckstanz, entstand
eine neue Tanzform als Gegenbewegung zu etablierten
Kunstformen und auf der Welle einer Reformbewegung.
Die Aufbruchstimmung der Studentenbewegung, die
Hoffnung auf eine befreitere, bessere Gesellschaft, übertrug sich auch auf den Tanz. Die Protagonisten des Tanztheaters – Gerhard Bohner, Johann Kresnik, Pina Bausch,
Reinhild Hoffmann und Susanne Linke – wandten sich
gegen die hierarchische Struktur einer Ballettkompanie,
die märchenhaften und weltfremden Ballettstoffe sowie
die als ausdrucksarm empfundene Bewegungssprache der
Danse d'école und ihre Virtuosität. Stattdessen brachten
sie in eine historische Zeit verlegte gesellschaftskritische
Stoffe (Bohner), Agitprop (Kresnik) oder die Wünsche, inneren Zwänge und Motivationen der Menschen
(Bausch) in nichtlinear erzählten, sondern nach Prinzipien der Montage erstellten Stücken auf die Bühne. Orientiert an der Form der Revue, sind Sprache und Gesang
Teil der Nummerndramaturgie; auch ist der Bewegungs-
kodex prinzipiell offen für verschiedene Tanzstile bis hin
zu alltäglichen, einfachen Bewegungen. Kresnik bezieht
auch Schauspieler in sein so genanntes choreografisches
Theater mit ein.
    Pina Bausch entwickelt seit einigen Jahren ihre Stücke,
die bei der Premiere meist noch keinen Titel tragen,
immer häufiger in Zusammenarbeit mit internationalen
Koproduzenten – Einflüsse des Gastlands prägen das

jeweilige Stück –, aber nach wie vor in enger Kooperation mit ihren Tänzern, deren Ideen, Antworten auf von
ihr gestellte Fragen, Assoziationen und Improvisationen
mehrfach transformiert zu Bestandteilen des Werkes
werden. Kindheit, Erinnerungen, Geschlechterverhältnisse sind ihre Themen, während Kresnik vorwiegend
deutsche Opfer- und Täterbiografien oder das Leben
bedeutender Künstler verhandelt. Weder Bausch noch
Kresnik ist – außer in ihren Stücken – solistisch aufgetreten wie Gerhard Bohner, der sich intensiven Kör-
perrecherchen widmete, Reinhild Hoffmann, die neben
Gruppenstücken, in denen sie unter anderem die Ein-
engung durch gesellschaftliche Konventionen gerade
weiblicher Lebensläufe thematisierte, materialbezogene,
bewegungssprachlich streng reduzierte Solostücke schuf,
und Susanne Linke, die als Wigman-Schülerin und Folk-
wang-Absolventin Traditionen des Ausdruckstanzes auf-
nahm und zeitgenössisch verarbeitete. Gemeinsam ist
den heterogenen Erscheinungen des Tanztheaters, dass es
am und mit dem Körper vorführt, was sich in ihn durch
gesellschaftspolitische Repressionen und Traumatisierun-
gen eingeschrieben hat. Und darin unterscheidet es sich
deutlich von der auch Tanztheater genannten Gestaltung
dramatischer Stoffe in Form des modernen (klassischen)
Handlungsballetts, wie es vor allem Tom Schilling in
der DDR entwickelt hat, das mit dem Tanztheater bun-
desdeutscher Prägung nur den Namen gemeinsam hat.
Denn Pina Bauschs viel zitierter Satz »Ich bin weniger
daran interessiert, wie sich die Menschen bewegen, als
was sie bewegt« kann als Charakteristik dieser Gattung
gelten und steht damit in größtmöglicher Entfernung zum
klassischen Tanz, der den Tanzenden bis ins Kleinste vor-
schreibt, wie sie sich zu bewegen haben.

Der klassische Tanz

Dieser rigide Kodex des klassischen Tanzes entwickelte sich im Italien des ausgehenden 16. Jahrhunderts. Der Begriff ›Ballett‹ geht auf das italienische ›balletto‹, den Diminutiv von ›ballo‹ (Tanz), zurück und bezeichnete zunächst kleinere Tanzeinlagen in musiktheatralen Formen. Die Schritte basierten auf den Gesellschaftstänzen der Zeit und wurden von Adligen zu festlichen Angelegenheiten, oft eingebunden in Pantomimen, ausgeführt. Die Tänze komplettierten die höfische Etikette.

In der zweiten Hälfte des 16. Jahrhunderts förderte Katharina von Medici, die italienische Frau des französischen Königs Heinrich II., ganz entscheidend diese Form höfischer Unterhaltung in Frankreich. Heinrich II. und seine Nachfolger nutzten sie zur allegorischen Darstellung absolutistischer Ideen, funktionalisierte man doch die geometrische Ausrichtbarkeit des Körpers und der Tanzenden zur Darstellung der als göttlich gegeben verstandenen Weltordnung. Als Musterbeispiel des so genannten Ballet de cour gilt das 1581 als höfisches Hochzeitsspektakel aufgeführte *Ballet comique de la Reine*, in dem neben Rezitationen, musikalischer Darbietung und Elementen der älteren höfischen Maskenaufzüge auch Tanz integriert war und das die Macht des französischen Königs demonstrieren sollte. Analog zum Kreisen der Himmelskörper um ein Zentralgestirn kreisten hier die Untertanen konzentrisch um die Figur des Herrschers. Dem (adligen) Publikum wurde so vorgeführt, in welcher Abhängigkeit es zu seinem König stand; dieses Verhältnis thematisierten auch die späteren Hofballette. So verwundert es nicht, dass der absolutistische Herrscher Ludwig XIV. diese das Machtgefüge so vollkommen repräsentierende Kunstform konsequent unterstützte. Schon als 14-Jähriger, bereits König, aber noch nicht an der Macht, feierte sich der leidenschaftliche Tänzer in der Rolle der aufgehenden Sonne im *Ballet royal de la nuit*

(1653) und damit als lichtbringende Heilsgestalt in einer politisch unsicheren Situation. Die folgenreichste Entscheidung Ludwigs XIV. für den Tanz war – neben der Förderung des Komponisten Jean-Baptiste Lully – 1661 die Gründung der Académie Royale de Danse in Paris, deren Leitung er seinem langjährigen Tanzlehrer Pierre Beauchamp übertrug.

Die Akademie war ein Zusammenschluss von Tanzmeistern, der den Qualitätsstandard der zunehmend sich professionalisierenden Tänzer sicherstellen sollte; man fixierte in Traktaten und Notationen Überlegungen und Tänze, die sich in ganz Europa verbreiteten. Denn im weiteren Verlauf des 17. Jahrhunderts war aus dem Hofvergnügen der Adligen ein künstlerischer Beruf geworden, der immer höhere technische Anforderungen stellte. Zu diesem Zeitpunkt hatte sich auch ein kodifiziertes Bewegungssystem herausgebildet, in dem jeder Schritt, jeder Sprung, jede Drehung, jede Schrittfolge und jede Pose mit einem französischen Fachbegriff bezeichnet wurde. Dieses Vokabular bildet bis heute die Grundlage der international gebräuchlichen Fachterminologie des klassischen Tanzes. Prägnanteste Merkmale der technischen Perfektionierung sind die Betonung der vertikalen Achse, der Ausrichtung nach vorn, zum Publikum hin, und die extreme Ausdrehung der Beine von der Hüfte aus bis zu den Füßen (das En dehors), die dem Tänzer die größtmögliche Beweglichkeit der Beine erlaubt und seine Stabilität in der Balance und nach Sprüngen sichert.

Die Académie Royale de Danse ging 1672 in der ein Jahr zuvor gegründeten Académie Royale de Musique auf, der ersten französischen Operninstitution. Ihr Leiter war Lully. Auch in anderen europäischen Ländern, vor allem in Italien, entstanden im 17. Jahrhundert öffentliche Opernhäuser, an denen der Tanz als integraler Bestandteil der Opernproduktion seinen Platz hatte. Es gab praktisch keine Oper ohne Tanzeinlage. In Frankreich prägte sich zudem – ausgehend vom ›comédie-ballet‹ – die

Form des ›opéra-ballet‹ heraus, an deren Entwicklung
der Komponist Jean-Philippe Rameau maßgeblich beteiligt war und in dem den Tanzszenen eine handlungs-
tragende Funktion zukam. Im nächsten Schritt lösten
sich die Tanzeinlagen von der Einbindung in eine Oper
und wurden – wenngleich im Lauf eines Opernabends
gezeigt – eigenständige theatrale Werke. Das Ballett
bekam somit autonomen Werkcharakter; Choreografen
und Tänzer profilierten sich als respektierte Künstler. Zu
den bekanntesten gehörten Camargo, Marie Sallé und
Franz Hilverding.

Mit dem vor allem in Wien wirkenden Tänzer und
Ballettmeister Hilverding begann die Ballettreform des
18. Jahrhunderts. In seinen Choreografien setzte er Ideale
des aufklärerischen Theaters für das Ballett um; so sollte
die Handlung wahrscheinlich und das Bewegungsmaterial
auf den jeweilig zu gestaltenden Stoff und Charakter
zugeschnitten sein. Konsequenter betrieb die Reform
des Balletts der Franzose Jean Georges Noverre, der vor
allem in Paris, London, Stuttgart und Wien mit seinen
Choreografien Erfolge feierte. Noverres theoretisches
Werk wurde in ganz Europa rezipiert und diskutiert: Seine
Lettres sur la Danse, et sur les Ballets (1760) wurden von
Johann Joachim Bode und Gotthold Ephraim Lessing
in Auszügen ins Deutsche übertragen. Im zehnten Brief
fordert Noverre – den Schlagworten der Aufklärung folgend –, alle Bewegungen des Balletts müssten durch den
»Verstand« gelenkt und mit »Empfindung« ausgeführt
werden: »Um den Fortgang unsrer Kunst zu beschleu-
nigen und sie der Wahrheit näher zu bringen, muss man
die zu gekünstelten Schritte aufopfern; das, was man von
Seiten der Schenkel verliert, wird man an Seiten der Arme
wiederfinden; je ungekünstelter die Schritte sind, je leichter wird es, Ausdruck und Grazie damit zu verbinden.«
Noverre lehnte die bis dahin gebräuchlichen Gesichts-
masken für Tänzer ab, machte den ganzen Körper des
Tänzers zum ausdrucksstarken Medium und plädierte

dafür, das Ballettwerk am Aufbau eines regelmäßigen Sprechtheaterstücks zu orientieren.

Gegen Noverre polemisierte der Italiener Gasparo Angiolini, der ein knapperes, zugespitzteres dramatisches Geschehen forderte und mit seinen Balletten zeigen wollte, dass Tanz auch ohne erläuternde Worte verständlich sein könne. Wie Noverre bestand auch Angiolini auf individualisierten Bewegungen, dramatischem Ausdruck und einer stringenten Handlung: Prämissen, die für Handlungsballette bis heute gelten. Ein Ballett, das die Reformen Noverres und Angiolinis aufgreift und weiterführt und sich – in Neuchoreografien – bis heute im Repertoire großer Kompanien befindet, ist *La fille mal gardée* (1789) des Noverre-Schülers Jean Dauberval. Erstmals waren hier die handlungstragenden Figuren zeitgenössische Bauern, nicht mehr Angehörige höherer Stände oder das Personal antiker Stoffe. Das Werk markiert einen Paradigmenwechsel, der auf das romantische Ballett verweist, auch wenn in der Folge immer wieder antike Sujets aufgegriffen wurden. Wichtige Tänzer-Choreografen dieser Zeit waren Pierre Gardel, Charles Louis Didelot und Salvatore Viganò. Ins Zentrum rückte um die Wende vom 18. zum 19. Jahrhundert die Virtuosität der Tänzer, ohne dass das Streben nach expressivem Ausdruck in den Hintergrund trat. Zwischen 1815 und 1820 experimentierten dann Tänzerinnen mit dem Spitzentanz: Verstärkte Kappen der Ballettschuhe ermöglichten das Erheben und kurze Verweilen auf den Zehenspitzen und kamen damit dem Ideal der Schwerelosigkeit, das den klassischen Tanz von Beginn an kennzeichnete, bedeutend näher. Perfektioniert wurde die Technik des Spitzentanzes und seine Ausdrucksmöglichkeiten durch die Tänzerin Marie Taglioni, die Ikone des romantischen Balletts.

Vom romantischen zum zaristischen Ballett

In den Werken der 1830er- und 1840er-Jahre kristalli-
sierte sich die Tänzerin als zentrale Figur des Bühnengeschehens heraus, das sich sowohl in einer realen als auch
in einer fantastischen Welt abspielt; die Grenze zwischen
den beiden Welten übertraten die weiblichen Hauptfiguren. Zum ersten Mal bevölkerten die Geister verstorbener
Frauen die Bühne im III. Akt von Giacomo Meyerbeers
Oper *Robert le diable* (1831), im ›Nonnenballett‹, in
dem Marie Taglioni den Typus der schwebenden, luftig-
leichten Frau prägte, des Elementarwesens, das nicht von
dieser Welt ist. Danach folgten unter anderem: ein Luftgeist in *La sylphide* (1832), ein Wassergeist in *La fille du
Danube* (1836), beide von Filippo Taglioni, dem Vater
Marie Taglionis, Wilis in *Giselle* (1841) von Jean Coralli
und Jules Perrot, eine Nixe in *Ondine* (1843) von Perrot,
allesamt Figuren, an denen allegorisch das unerreichbare
Liebesideal vorgeführt und verschiedene Modelle der
Partnerwahl diskutiert wurden. Die beiden Welten sind
optisch klar voneinander unterschieden, die fantastische
ist sogar mit einem eigenen Begriff, ›ballet blanc‹, belegt,
der sich auf die einheitlichen weißen Kostüme der Tänzerinnen (meist die nichtmenschlichen Begleiterinnen
der Protagonistin, die sich um diese herum in großen
Gruppen bewegen) und die mit Vorliebe im Mondlicht
liegende Szenerie bezieht. Kontrastiert werden diese
eleganten ›weißen Akte‹ mit bunt-folkloristischen, auch
exotischen Milieuszenen, deren Bewegungsduktus – im
Unterschied zu der strengen Danse d'école des ›ballet
blanc‹ – vom Demi-caractère-Tanz geprägt ist. Die Ballerinen des romantischen Balletts – allen voran Marie
Taglioni, Fanny Elßler, Fanny Cerrito und Lucile Grahn –
waren Stars, die in den Zentren Europas und teilweise
auch in den USA auftraten.
    Während die Ballerinen hier eindeutig im Zentrum
der Bühnenhandlung stehen, sind in den Werken des

dänischen Choreografen August Bournonville Tänzer
und Tänzerin gleichberechtigte Partner. Bournonville,
der nach seinen Lehrjahren in Paris nach Kopenhagen
zurückkehrte, begründete eine eigene Traditionslinie des
romantischen Balletts, die bis heute weiterlebt. In seinen
Werken rangieren Genreszenen und Lokalkolorit vor dem
›ballet blanc‹; sie wirken volkstümlicher, ›realistischer‹
und tendenziell weniger tragisch als die Stücke seiner
Kollegen.

Parallel zu den entstehenden Ballettzentren entwickelten sich auch verschiedene Schulen: Bournonville bildete
einen bis heute vergleichsweise rein gebliebenen Stil aus
mit vielen kleinen (battierten) Sprüngen, schnellen Drehungen und flinken Beinbewegungen, die von Tänzer
wie Tänzerin gleichermaßen ausgeführt werden. Allegro-
betont ist auch die italienische Schule, die Carlo Blasis
an der Mailänder Scala schuf. Aus ihr ging auch Enrico
Cecchetti hervor, der ab 1892 zu den bedeutendsten Päda-
gogen in Sankt Petersburg gehörte und zahlreiche russische Stars – wie Anna Pawlowa, Tamara Karsawina oder
Waslaw Nijinski – unterrichtete. Der Aufschwung in der
Sankt Petersburger Tanzausbildung hatte zu Beginn des
19. Jahrhunderts mit Didelot begonnen. Aus der französischen Tradition entstammte auch Marius Petipa, der seit
1848 zunächst als Tänzer in Sankt Petersburg engagiert
war, bevor er in Russland Werke des romantischen Repertoires in Neuproduktionen herausbrachte und eigene
Choreografien schuf. Damit hatte er eine eigenständige
russische Linie etabliert und das zaristische Ballett zu
Weltgeltung geführt.

Das unter der Protektion der Zaren stehende Ballett
in Sankt Petersburg zeichnete sich durch einen wieder-
erstarkten Schaucharakter aus, der die Divertissements
und die Präsentation tänzerischer Virtuosität in den
Mittelpunkt rückte. Werke wie *Dornröschen* (1891) und
Der Nussknacker (1892) sind heute Klassiker und zum
Synonym für Ballett schlechthin geworden. Eine panto-

mimisch vermittelte märchenhafte Handlung bildet den
Rahmen für opulent ausgestattete Tanzpassagen, die als
separate Einheiten in Nummerndramaturgie dargeboten
werden. Einen Höhepunkt bildete in der Regel ein fünf-
teiliger Pas de deux (Entree, Adagio für Tänzerin und
Tänzer, Variation des Tänzers, Variation der Tänzerin,
gemeinsames Finale), der technische Brillanz demonstriert, vor allem die der Ballerina. Der Primat des Tanzes
kennzeichnet auch den Zugriff auf die Musik: Petipa gab
dem Komponisten Pjotr Tschaikowski für die beiden
genannten Ballette detaillierte Vorgaben hinsichtlich
Länge und Charakter der zu schreibenden Musik.

Reformen durch die Ballets Russes

Was die Begründer des freien Tanzes Anfang des
20. Jahrhunderts bewegte, nämlich der natürlichen Bewegung in einem zur Danse d'école alternativen Kodex
Ausdruck zu geben, fand auch Eingang in das klassische System selbst und reformierte es von innen. Bereits Isadora Duncan, die wichtigste Pionierin des neuen
Tanzes, gastierte in Sankt Petersburg und wurde auch
von der dortigen Ballettszene rezipiert. Großen Einfluss sollen ihre Auftritte auf den jungen Choreografen
Michail Fokin gehabt haben, der sich mit einer Reform
des Balletts Petipascher Prägung beschäftigte, das als in
Konventionen erstarrt empfunden wurde. Fokin wollte
den Nummerncharakter der Divertissements zugunsten
eines durchkomponierten dramatischen Geschehens ab-
schaffen, in dem für die traditionelle Pantomime kein
Platz mehr sein sollte. Die auf Rolle und Sujet spezifisch
zugeschnittenen Bewegungen sollten ausdrucksstark
und natürlich sein. Eine erste Probe lieferte er mit dem
kurzen Solo *Der sterbende Schwan* (1907), doch konsequent umsetzen konnte er seine Ideen erst bei den Ballets
Russes.

Die Ballets Russes waren ein lockerer Zusammenschluss russischer Tänzer, Choreografen, bildender
Künstler und Komponisten unter der Leitung des Dra-
maturgen und Kunstliebhabers Sergei Diaghilew. Diaghilews ursprüngliche Intention war es, russische bildende
Kunst, Musik und Oper im Westen vorzustellen. 1909
zeigte er während eines Gastspiels in Paris erstmals auch
Ballette von Fokin, deren sensationeller Erfolg ihn zur
Gründung einer Ballettkompanie bewegte. Sie vereinte
zunächst die führenden Solisten des Mariinski-Theaters
wie Anna Pawlowa, Tamara Karsawina, Michail Fokin
und Waslaw Nijinski, avantgardistische Maler wie Léon
Bakst, Alexandre Benois, Natalija Gontscharowa und
Michail Larionow sowie Vertreter der nachwachsenden
russischen Komponistengeneration wie Igor Strawinsky
und Sergei Prokofjew. Bis zum Ausbruch des Ersten
Weltkriegs 1914 hatten die Ballets Russes ihre Heimat
in Sankt Petersburg, danach wurden sie zu einer permanenten Tourneetruppe im Westen und revolutionierten mit
ihren Gesamtkunstwerken den klassischen Bühnentanz.
Sie faszinierten zahlreiche westliche Künstler: Pablo
Picasso und Henri Matisse etwa schufen Ausstattungen,
Jean Cocteau schrieb Libretti, Darius Milhaud, Claude
Debussy, Maurice Ravel und Erik Satie steuerten Kompositionen bei. Diaghilews wichtigste Choreografen freilich
waren ausschließlich Russen: Auf Fokin folgten Nijinski, Léonide Massine, Bronislawa Nijinska und George
Balanchine. Diaghilews Genie als Impresario bestand
darin, avantgardistische Kunstströmungen für den Tanz
fruchtbar zu machen und publikumswirksam zu präsentieren. Als er im Sommer 1929 starb, bedeutete dies das
sofortige Ende der Ballets Russes.

Das Erbe der Ballets Russes

Das erfolgreiche Beispiel dieses Tourneeprojekts, das die nicht an ein festes Haus gebundenen Ballets Russes abgaben, hatte schon zu Lebzeiten Diaghilews Nachahmer gefunden. Wichtig waren in den 1920er-Jahren die von dem Mäzen und Kunstsammler Rolf de Maré geleiteten Ballets Suédois und die Kompanie der vermögenden Tänzerin Ida Rubinstein. Nach Diaghilews Tod formierten sich diverse so genannte Ballets-Russes-Nachfolgekompanien wie die Ballets Russes de Monte Carlo und die Ballets Russes des Colonel de Basil, die erfolgreiche Stücke des Diaghilew-Repertoires übernahmen und neue Stücke initiierten. Aber kein Leiter der Nachfolgeensembles besaß das künstlerische Format Diaghilews, um verschiedene Kunstsparten auf hohem Niveau zusammenzubringen. Die Choreografen der Ballets Russes hatten sich verstreut: Massine etwa arbeitete für die beiden neuen Ballets Russes, Balanchine ging 1934 in die USA, wo er das Fundament des amerikanischen Balletts legte.

In New York leitete er eine Schule und wechselnde Kompanien, bis er seine handlungslosen, von der Musik inspirierten, den puren Tanz feiernden Stücke mit dem 1948 gegründeten New York City Ballet (als zweite große Kompanie neben dem seit 1940 in New York bestehenden Ballet Theatre) verwirklichen konnte. Balanchine interpretierte die Danse d'école neu und formulierte sie weiter aus, indem er Schritte und Bewegungen auf bisher nicht gesehene Weise kombinierte. Charakteristisch für seinen neoklassischen Stil sind auch die spannungsvolle raumplastische Inszenierung des Corps de ballet sowie die enge Verbindung der choreografischen Struktur mit der Musik. Neben Balanchine gab es nur einen weiteren bedeutsamen Choreografen des New York City Ballet: Jerome Robbins, der sowohl in der Tradition Balanchines stehende Stücke schuf als auch für den Broadway arbei-

tete – er choreografierte die Tänze erfolgreicher Musicals
wie Leonard Bernsteins *West Side Story* (1957).

Der neoklassische Stil, dem Balanchine schon zu
seinen Ballets-Russes-Zeiten mit *Apollo* (1928) verpflichtet war, wurde in Frankreich von Serge Lifar, der in
der Uraufführung die Titelrolle kreiert hatte, als langjähri-
gem Direktor und Choreograf der Pariser Opéra weitergeführt. Aus seiner Schule entstammt Roland Petit, dessen
oft revuehaft angelegten Ballette französischen Chic und
Charme repräsentieren. Sein Landsmann Maurice Béjart
stützt sich in seinen Choreografien eher auf philosophische Themen und schuf großdimensionierte tänzerische
Spektakel.

Im Ursprungsland der Ballets Russes hingegen verur-
sachten die politischen Umwälzungen nach der Oktober-
revolution 1917 und den für konstruktivistische Experi-
mente offenen 1920er-Jahren eine völlige Abkopplung
von den Erneuerungstendenzen des westlichen Bühnentanzes. Gemäß dem Diktat des sowjetischen Realismus
sollten neu geschaffene Handlungsballette die Ideale und
Errungenschaften der proletarischen Revolution feiern.
Da der freie Tanz als zu individuell und formalistisch
galt, knüpfte man an den Bewegungsduktus des Balletts
an und pflegte das Erbe Petipas. Die neuerliche Kodifi-
zierung des Lehrsystems und die damit einhergehende
Perfektionierung der Technik durch Agrippina Waganowa brachten zahlreiche Tänzerpersönlichkeiten hervor;
zu ihnen zählen Rudolf Nurejew, Natalija Makarowa
und Michail Baryschnikow, die sich alle in den Westen
absetzten. Als erster kam Nurejew, der mit der 19 Jahre
älteren englischen Ballerina Margot Fonteyn eine legen-
däre Tanzpartnerschaft einging. Fonteyn galt als Inbegriff
des englischen Balletts, das ebenfalls vom Erbe der Ballets Russes beeinflusst, aber weniger monolithisch war
als in Frankreich.

In London gründete 1920 Marie Rambert, die Diaghilew in der Schule von Émile Jaques-Dalcroze in Hellerau

kennen gelernt und zur Assistentin Nijinskis für *Le sacre du printemps* und Tänzerin der Ballets Russes gemacht hatte, eine Schule. Wenige Jahre später organisierte sie Tanzaufführungen, für die eine junge Generation englischer Tänzer Choreografien beisteuerte; darunter waren Frederick Ashton und Antony Tudor. Parallel zu den ersten Vorstellungen Ramberts eröffnete die aus Irland stammende ehemalige Ballets-Russes-Tänzerin Ninette de Valois ebenfalls in London eine Schule, aus der bald eine offizielle Kompanie hervorging, das spätere Royal Ballet. 1935 zog Rambert mit einer Ensemblegründung nach – damit hatte sich das englische Ballett konstituiert, das einen eigenen Stil ausprägte: den Verzicht auf spektakuläre Virtuosität unter Betonung einer noblen Linie. Der dominierende Choreograf seit den 1930er-Jahren war Ashton, dessen lyrische Eleganz zum herausragenden Merkmal englischer choreografischer Handschrift wurde. Dieser Tradition entstammen Kenneth MacMillan, dessen dramatisch zugespitzte Handlungsballette seit den 1960er-Jahren Aufsehen erregten, und John Cranko, der mit seiner Übersiedlung nach Stuttgart den Grundstein für das dortige ›Ballettwunder‹ legte.

Anders als das Royal Ballet schlug das Ballet Rambert, das heute Rambert Dance Company heißt, 1966 einen radikalen Kurswechsel ein und wurde zur ersten Modern-Dance-Kompanie Großbritanniens. Das London Contemporary Dance Theatre als zweite wichtige moderne Kompanie des Landes entstand ein Jahr später und ging aus der gleichnamigen Schule hervor, die als erste in Europa die Technik Martha Grahams unterrichtete. Aus der modernen englischen Tanztradition sind Choreografen wie Robert North, Christopher Bruce und Richard Alston hervorgegangen.

Stuttgarter Kaderschmiede

Nach einer erfolgreichen Gastinszenierung John Cran-
kos berief der Generalintendant der Württembergischen
Staatstheater, Walter Erich Schäfer, 1961 den südafrika-
nischen Choreografen als Ballettdirektor nach Stuttgart.
In nur wenigen Jahren machte er das Stuttgarter Ballett zu einem Ensemble, das in einem Atemzug mit den
Kompanien von Paris, London, New York, Moskau und
Sankt Petersburg genannt wurde. Seine Handlungsbal-
lette wie *Onegin* (1965/67) sind inzwischen Klassiker des
Repertoires und werden nach wie vor weltweit getanzt.
Markenzeichen dieser Werke bilden für die Tanzbühne
neuartige erzählerische Techniken wie Rückblenden oder
Traumsequenzen und eine ausdrucksstarke Bewegungs-
sprache auf der Basis der Danse d'école. Zudem gelang
es ihm, aus jungen Tänzern weltberühmte Stars zu
machen: Marcia Haydée, Birgit Keil, Egon Madsen und
Richard Cragun. Zum Stuttgarter Ensemble gehörte auch
John Neumeier, der wie andere Tänzer von Cranko angeregt wurde, selbst zu choreografieren.

1973 übernahm Neumeier die Leitung des Balletts der
Hamburgischen Staatsoper, dem er seither vorsteht. Sein
choreografisches Interesse gilt zum einen der psychologisch ausgeleuchteten Neuinterpretation von berühmten
Handlungsballetten und Stoffen der Weltliteratur, zum
anderen den Herausforderungen gemeinhin für ›untanz-
bar‹ gehaltener Musik wie in der *Dritten Sinfonie von
Gustav Mahler* oder der *Matthäus-Passion* (Musik:
Johann Sebastian Bach), die er in seinem mit modernen Elementen angereicherten klassischen Bewegungsmaterial gestaltet.

Ein zweiter großer Künstler, der aus Crankos Stuttgarter Talentschmiede hervorging, ist der Tscheche Jiří
Kylián, der 1975 zum künstlerischen Leiter des Nederlands Dans Theater ernannt wurde. Er übernahm damit
eine Kompanie, die unter ihren choreografierenden Direk-

Agon. Choreografie: George Balanchine
Ballett der Deutschen Oper am Rhein, Düsseldorf/Duisburg

Água. Choreografie: Pina Bausch
Tanztheater Wuppertal

toren Hans van Manen und Glen Tetley eine Verschmelzung von klassischem und modernem Tanz gepflegt hat.
Auf diese Tradition baute Kylián mit seinem Werk auf:
atmosphärische, dynamisch fließende, eng an die Struktur
der Musik angelehnte Stücke. Kylián gehört zu den wichtigsten und gefragtesten Choreografen der Gegenwart.
Das gleiche gilt für Hans van Manen. Der Niederländer
schuf ein großes Œuvre klassisch fundierter, thematisch
oft um das Geschlechterverhältnis kreisender Ballette; er
hat vor allem für das Nederlands Dans Theater und das
Niederländische Nationalballett gearbeitet.

Der dritte große Choreograf, der in Stuttgart begonnen hat und den Tanz der Gegenwart mit prägt, ist der
Amerikaner William Forsythe. Seit 1984 leitet er das
Ballett Frankfurt, mit dem er durch die Neukombination
von Elementen der Danse d'école, die er in einem hoch-
theatralen Setting vorführen lässt, den klassischen Tanz
in seinen Grundfesten erschüttert und ein ganz neues Bild
von Ballett und seiner Geschichtlichkeit geformt hat.

Pluralität an den festen Häusern

Die Tanzlandschaft heute ist vielgestaltig. An den zahlreichen Stadt-, Landes- und Staatstheatern im deutschsprachigen Raum herrscht Pluralität: Die Arbeit vieler
Choreografen basiert auf dem klassischen Bewegungsmaterial, das jeder individuell mit zeitgenössischen
Elementen versetzt. Eine besondere Handschrift haben
dabei entwickelt: Youri Vàmos an der Deutschen Oper
am Rhein (Düsseldorf/Duisburg), Heinz Spoerli, der nun
wieder in der Schweiz, in Zürich, arbeitet, Renato Zanella
an der Wiener Staatsoper und Uwe Scholz in Leipzig.
Außerhalb der Zentren haben sich choreografierende
Direktoren wie Daniela Kurz in Nürnberg, Stephan Thoss
in Hannover, Amanda Miller in Freiburg, Robert Poole
in Linz und Martin Schläpfer in Mainz etabliert. Einige

der großen Kompanien ermutigen ihre Tänzer, auch zu
choreografieren. Zu den wichtigsten, die internationales
Renommee erlangt haben, gehören der aus Forsythes
Frankfurter Ensemble stammende Jacopo Godani und
Christian Spuck, Tänzer des Stuttgarter Balletts. Mit
dezidiertem Modern-Dance-Hintergrund arbeiten die
Engländer Philip Taylor am Theater am Gärtnerplatz in
München und Richard Wherlock in Basel. In der Tradition des deutschen modernen Tanzes stehen die Choreografen Urs Dietrich in Bremen, Joachim Schlömer,
Daniel Goldin in Münster und Henrietta Horn, die zusam-
men mit Pina Bausch das Folkwang Tanzstudio in Essen
leitet.

Neue Produktionsweisen

Viele der jüngeren Choreografen haben vor ihrem Engagement an ein festes Haus in der freien Szene gearbeitet
oder kehren (phasenweise) dorthin zurück. Die Grenzen sind durchlässiger geworden. Gleichzeitig haben
sich Produktionsstrukturen entwickelt, die dem Rech-
nung tragen: Nationale und internationale Koproduzenten unterstützen die Entstehung eines Werkes, Festivals
sorgen für seine Verbreitung, choreografische Zentren
und Tanzhäuser geben Choreografen Raum und Zeit,
ihren häufig mehr und mehr Forschungen zu Körper und
Wahrnehmung gleichenden Arbeiten nachzugehen, die
nicht immer in einem definitiven Werk münden, sondern Prozesse sind, an denen das Publikum teilhat – und
manchmal auch teilnimmt.

Einige von ihnen knüpfen an die Tradition des ame-
rikanischen Postmodern Dance an, dessen offiziellen
Beginn die Aufführungen in der Judson Church 1962
im New Yorker Stadtteil Greenwich Village markieren.
Yvonne Rainer, Simone Forti, Trisha Brown und Steve
Paxton radikalisierten in ihren Stücken die Frage »Was ist

Tanz?« und experimentierten mit Aufführungsorten und -dauer, lehnten kodifizierte Bewegungssysteme und Virtuosität ab und integrierten stattdessen Alltagshandlungen in ihre »concerts« genannten Veranstaltungen. Was damals aktuell war, bewegt im neuen Kontext die heutige Avantgarde, zu denen Choreografen wie Meg Stuart, Raimund Hoghe, Jérôme Bel und Xavier Le Roy gehören und die die Spartengrenzen zwischen Tanz, Performance, Sprechtheater und Happening obsolet gemacht haben.

Ballette von A–Z

Abraxas

Ein Faust-Ballett

CHOREOGRAFIE: Marcel Luipart; MUSIK: Werner Egk; LIBRETTO: Werner Egk; BÜHNENBILD: Wolfgang Znamenáček; KOSTÜME: Elly Ohms; URAUFFÜHRUNG: 6. Juni 1948, Prinzregententheater, München, Ballett der Bayerischen Staatsoper

ROLLEN: Faust; Archisposa; Bellastriga; Margarete; Helena; Satanas; Tiger; Schlange; Marbuel; der König von Spanien; Hektor; Achill; Jupiter; Europa; der spanische Hof, Buhlen und Buhlinnen, Gefährten und Gefährtinnen der Helena, Bacchanten und Bacchantinnen, Volk, Vermummte

1. Bild, ›Der Pakt‹: Der alte Faust ruft die Hölle an; ihm erscheinen Tiger, Schlange und die schöne Hexe Bellastriga. Sie zeigt ihm Archisposa, die Geliebte des Teufels, die einen goldenen Schuh trägt. Faust ist von ihr hingerissen; er willigt in einen Pakt mit der Hölle ein, wird wieder zum Jüngling und erhält übernatürliche Kräfte. Gemeinsam mit Bellastriga, die ihn ständig begleiten wird, beginnen seine Abenteuer.

2. Bild, ›Die Verstrickung‹: Am spanischen Hof erkennt Faust Archisposa wieder (in Gestalt der spanischen Königin). Um den Hof zu unterhalten, lässt Faust Figuren der Antike auftreten: Hektor kämpft mit Achill, Europa wird von Jupiter entführt. Dann präsentiert er sein Spiegelbild und das der Königin. Das Erstaunen des Hofes nutzt Faust, um Archisposa zu entführen.

3. Bild, ›Pandämonium‹: In der Hölle findet eine schwarze Messe statt; Faust und Archisposa kommen hinzu. Satanas befiehlt Archisposa zu sich, und Faust erkennt, dass sie die Geliebte des Teufels ist. Er flieht.

4. Bild, ›Das Trugbild‹: In Griechenland erfreut sich Faust der Gegenwart Helenas und einer elysischen Stimmung, bis Archisposa und ihr Gefolge kommen und alles zerstören.

5. Bild, ›Die Begleichung‹: Bei einem Volksfest begegnet Faust Margarete; es gelingt ihm schließlich, sie von

seiner Liebe zu überzeugen. Da Bellastriga die Erfüllung des Paktes gefährdet sieht, sucht sie die Hilfe Archisposas. Nun wird Faust der Pakt vorgehalten, den er zerreißt. Im allgemeinen satanischen Aufruhr finden Margarete und Faust den Tod.

Mit seinem Libretto zu *Abraxas* erstellte Werner Egk eine zeitgemäße Bühnenhandlung des Faust-Stoffs. Er bezog sich dabei nicht auf Johann Wolfgang von Goethes zweiteilige Tragödie *Faust* (1806 und 1831), sondern auf andere literarische Vorlagen, insbesondere – wenn auch nicht ausdrücklich genannt – auf Heinrich Heines Tanzpoem *Der Doktor Faust* (1847). Dabei behielt Egk die Elemente des Stoffs bei, reduzierte allerdings das Geschehen auf die wesentlichen Stationen und nahm Umbenennungen bei Personen und Schauplätzen vor. Als Erklärung für den Werktitel *Abraxas* verwies Egk auf die mit diesem Wort verbundenen Assoziationen wie Zahlenmystik und schwarze Magie, Begriffe, die zu der Welt gehören, in der sowohl der wirkliche Faust als auch der fiktive Faust der Literatur gelebt haben. Unterstützt von dem prägnanten Szenarium und der ausdrucksvoll-melodischen, dezent modernen Musik Egks, schuf Marcel Luipart eine effektvolle Choreografie auf der Basis des klassischen Tanzes.

Die gefeierte Uraufführung war das erste große Ballettereignis in Deutschland nach dem Zweiten Weltkrieg: Mit Solange Schwarz vom Ballett der Pariser Opéra (Bellastriga), Irina Kladivová (Archisposa), Nika Sanftleben (Margarete) und Luipart (Faust) waren die Hauptrollen mit international bedeutenden Tänzern besetzt. Ins Bewusstsein der breiten Öffentlichkeit geriet *Abraxas* wegen eines politischen Skandals: Nach fünf Aufführungen verbot der bayerische Kultusminister Alois Hundhammer weitere Vorstellungen des Balletts, weil seiner Meinung nach das 3. Bild, die als Fin-de-siècle-Orgie inszenierte Blocksbergszene der Faust-Sage, eine Teufelsmesse darstelle. Trotz eines vehementen Protests der Presse, die eine Diskussion über künstlerische Freiheit und Zensur initiierte, wurde das Verbot nicht aufgehoben. Im Zuge der solchermaßen hervorgerufenen Popularität des Werkes erarbeitete Janine Charrat eine neue *Abraxas*-Choreografie (Berlin 1949), die Einstudierungen an diversen Theatern erlebte. Eine von Helge Pawlinin choreografierte Produktion (Hamburg 1951) für ein spezielles *Abraxas*-Ensemble hatte allerdings wenig Erfolg.

In den 1950er- und 1960er-Jahren kreierten Neuchoreografien von *Abraxas* unter anderem Tom Schilling (Dresden 1957), Tatjana Gsovsky (urt a. M. 1959), Emmy Köhler-Richter (Leipzig 1962) und Peter van Dyk (Hamburg 1965). Seit den 1970er-Jahren wird *Abraxas* seltener aufgeführt; eine bemerkenswerte Neuproduktion schuf Ivan Sertić (München 1979).

Adagio Hammerklavier

CHOREOGRAFIE: Hans van Manen; MUSIK: Ludwig van Beethoven; AUSSTATTUNG: Jean-Paul Vroom; URAUFFÜHRUNG: 4. Oktober 1973, Stadsschouwburg, Amsterdam, Niederländisches Nationalballett

ROLLEN: 3 Tänzerinnen; 3 Tänzer

Die Bühne begrenzt hinten eine wenige Meter hohe schwarze Wand, darüber ein blaugrüner Vorhang, der von einer links platzierten Windmaschine ständig in Falten gelegt wird.

Die sechs Tänzer – die Frauen im hellblauen Kleid, die Männer in weißer Hose – bilden eine Gruppe von drei eng zusammenstehenden Paaren, die sich sacht bewegt, wobei die Männer die Frauen stützen. Nachdem zwei Paare die Bühne verlassen haben, folgt das erste Duett mit vielen Ziehbewegungen und Hebungen. Wenn die beiden synchron tanzen, greift für kurze Zeit das zweite Paar diese Bewegungen auf. Mit dem Ende des ersten Duetts betreten nacheinander die anderen zwei Paare die Bühne, wobei wieder die Männer hauptsächlich die Frauen stützen. Bis auf das zweite Paar ziehen sich die anderen beiden zurück; im Unterschied zum ersten finden sich in dem zweiten Duett ausgreifendere Bewegungen, auch höhere Hebungen und weitere Sprünge. Schließlich kommen wieder die anderen zwei Paare nacheinander auf die Bühne, und sobald der Tänzer des zweiten Duetts die Frau des dritten Paares ihrem Partner in die Arme geworfen hat, streben die ersten beiden Paare davon. Das dritte Duett entfaltet sich lyrisch, mit engem Kontakt der Tänzer; es enthält ein kurzes virtuoses Solo des Mannes, bevor die zwei viel synchron tanzen. Jetzt kommen nacheinander die Männer, dann die Frauen zu den Tänzern des dritten Duetts. Die drei Paare bewegen sich nach hinten und bilden wieder eine Sechsergruppe, die sich erneut nach vorn bewegt und auseinander fällt. Nun blicken alle Tänzer nach vorn, und nach letzten Hebungen und Drehungen eines jeden Paares gehen nacheinander das linke, dann das rechte und zum Schluss das mittlere Paar ab.

Der Titel des Balletts bezieht sich auf die von Hans van Manen ausgewählte Musik: den dritten Satz aus Ludwig van Beethovens *Klaviersonate Nr. 29 B-Dur* (1818), der *»Hammerklaviersonate«*. Der Choreograf benutzte für *Adagio Hammerklavier* die 1971 entstandene Schallplatteneinspielung von Christoph Eschenbach, in der der Pianist den dritten Satz extrem langsam interpretiert. Auf das reduzierte Tempo der Musik reagierte van Manen mit einer entsprechenden Geschwindigkeit der Choreografie: Die Bewegungen laufen grundsätzlich verhalten ab, und gegen Ende hin verebben sie regelrecht. Im Kern besteht *Adagio Hammerklavier* aus drei Duetten unterschiedlichen Charakters: Strebt im ersten die Tänzerin häufig von ihrem Partner weg, sind die Bewegungen eher hori-

zontal ausgerichtet und beziehen relativ oft den Boden
mit ein, so ist das zweite leidenschaftlicher und enthält
viele nach oben strebende Aktionen (dynamische Hebungen und Sprünge). Das dritte, abwechslungsreichste Duett
schließlich strahlt große Harmonie aus. Für das lyrische,
ausgesprochen elegante Stück stützte sich van Manen im
Wesentlichen auf die klassische Technik; es finden sich
viele Hebungen und gehaltene Posen, doch auch abge-
winkelte Arme und einige wenige groteske Aktionen (vor
allem im ersten Duett).

Adagio Hammerklavier gehört zu van Manens erfolgreichsten Werken; das Niederländische Nationalballett
hat es nach wie vor in seinem Repertoire, und zahlreiche klassische Kompanien haben es einstudiert. Grundsätzlich erklingt zu *Adagio Hammerklavier* Eschenbachs
Aufnahme; das Ballett kann auch live begleitet werden,
wobei der Pianist allerdings Eschenbachs Tempo folgen
muss.

Zu van Manens Werken aus den folgenden Jahren, die
sich stark auf die Danse d'école stützen, gehören *Four
Schumann Pieces* (London 1975; Musik: Robert Schumann) und *Lieder ohne Worte* (Scheveningen 1977;
Musik: Felix Mendelssohn Bartholdy).

Affectos humanos

CHOREOGRAFIE: Dore Hoyer; MUSIK: Dimitri Wiatowitsch; KOS-
TÜME: Hansheinrich Palitzsch; URAUFFÜHRUNG: 10. Januar 1962,
Universität (Auditorium maximum), Hamburg, Dore Hoyer

ROLLEN: 1 Tänzerin

1. Teil, ›Eitelkeit‹: Die Arme hängen entspannt neben
dem Körper der in Schwarz gekleideten Tänzerin. Mit
einem ihren Körper durchfahrenden Impuls erhebt sie
sich auf halbe Spitze; sie beginnt zu trippeln, und die
gespreizten Hände zittern wie ein Fächer. Ständig gleitet

die Tänzerin aus ihrer Körperachse und wieder zurück, dabei hebt sie ein Bein vorn wie hinten in eine Art Attitude. In kontinuierlicher Bewegung präsentiert sie bis zum Schluss ihren Körper, wobei die Hände ihn einrahmen, verdecken und enthüllen.

2. Teil, ›Begierde‹: Den Oberkörper weit zurückgebogen, werden die Hände am Körper entlang nach oben gezogen, bevor sie weit in den Raum ausfahren und dann schnell wieder an den Körper zurückkehren. Großzügige Schritte, ausholende Beinkreise und gedehnte Drehungen wechseln sich ab mit schnellem, hektischem Vorwärtsstreben, wobei die Tänzerin die Füße auf engem Raum überkreuzt, den Körper verschraubt und die Hände nach rechts und links schnellen lässt. Am Ende verharrt sie in angespannter, aufwärts strebender Haltung, die offenen Hände auf Brusthöhe gezogen und eng an den Körper gehalten.

3. Teil, ›Hass‹: Auf Höhe der Oberschenkel krallt die Tänzerin die Hände; der Kopf ist gesenkt. Sie reißt erst einen Arm nach oben, senkt ihn wieder und zieht gleichzeitig den anderen nach oben. Eine solche Gegenläufigkeit prägt den ganzen Teil mit seiner stark betonten Oben-unten- und Einwärts-auswärts-Spannung: Sprünge schnellen blitzartig nach oben, wobei der Kopf nach unten gesenkt ist sowie Arme und Beine fest gestreckt sind. Am Ende nimmt die Tänzerin wieder die Haltung vom Beginn ein.

4. Teil, ›Angst‹: Die Arme umschlingen den gesenkten Kopf. Die Tänzerin, nun barfuß, geht nach hinten, indem sie die gebeugten Knie auf- und zuklappt; der durch die gefassten Arme wie ein Stück wirkende Oberkörper kreist dazu. Sie fällt bald auf alle viere, setzt sich und dreht sich um sich selbst. Dann richtet sie sich wieder auf und setzt den instabilen Gang fort, bis sie erneut fällt. Sie rollt daraufhin über den Boden, bedeckt das Gesicht. Als sie aufsteht und sich wieder im Kreis bewegt, ist der Oberkörper nach vorn gebeugt, die Hände zittern beim

Aufrichten, und schließlich zittert der ganze Körper, die
Arme nach oben gehoben.

5. Teil, ›Liebe‹: Die Tänzerin, jetzt mit einem weißen
Überhang, kniet auf dem Boden, den Kopf geneigt,
die Hände und Arme in sanfter Rundung seitlich vom
Körper gehalten. Sie hebt sie wie Schwanenhälse, die
sich umspielen und immer wieder treffen. Dazu rutscht
sie langsam auf den Knien vorwärts und steht in schau-
kelnder, wiegender Bewegung langsam auf, während sich
die Arme permanent in Kreisen, Spiralen und Achtern vor
ihrem Körper und um diesen herum bewegen. Die Tänzerin kreist dann mit den Hüften, schwingt, bewegt sich in
Kreisform. Sie beendet diesen Teil und das ganze Stück,
indem sie wieder kniet und die Hände sich treffen und
berühren.

Als Dore Hoyer, die dem Expressionismus und Ausdruckstanz verpflichtete Solotänzerin, 1961 im Auftrag
des Staates Argentinien in La Plata eine Kammertanz-
gruppe und einen Bewegungschor aufbaute, beschäftigte
sie sich mit Baruch de Spinozas Affektenlehre, und diese
Lektüre inspirierte sie zu ihrem Zyklus *Affectos humanos*.
Kennzeichnend sind die formale Strenge des Werkes und
die ökonomische Nutzung des Bewegungsmaterials. In
jedem der fünf Teile neu kontextualisiert, wiederholen
sich bestimmte Elemente und Muster, wie etwa das markante Gehen über den Ballen auf die Ferse, die Kreisform, das Spiel der Hände.

Affectos humanos wurde zu Hoyers bekanntester Choreografie. Im Zuge der Wiederaneignung ihres weithin
vergessenen tänzerischen Erbes beschäftigten sich verschiedene Choreografen ab den 1980er-Jahren mit *Affectos humanos*. Susanne Linke rekonstruierte den Zyklus
bis auf ›Hass‹ (Berlin 1987) und setzte sich auch in der
Folge mit dem Werk Hoyers auseinander; mit Urs Dietrich choreografierte sie als Hommage an Hoyer das Duo
Affekte (Paris 1988). Eine Rekonstruktion des vollstän-

digen Zyklus erarbeitete Arila Siegert (Dresden 1989).
Im Rahmen des Stückes *Affects* (Frankfurt a. M. 2000)
von Thomas Plischke zeigte Martin Nachbar eine Interpretation dreier Teile aus *Affectos humanos* (›Begierde‹,
›Hass‹, ›Angst‹).

Agon

CHOREOGRAFIE: George Balanchine; MUSIK: Igor Strawinsky;
KOSTÜME: George Balanchine; URAUFFÜHRUNG: 1. Dezember
1957, City Center, New York, New York City Ballet
ROLLEN: 8 Tänzerinnen; 4 Tänzer

Dekorationslose Bühne.

Vier Männer in weißen T-Shirts und schwarzen Hosen
stehen mit dem Rücken zum Publikum und beginnen das
Ballett mit einer Drehung nach vorn. Sie zeigen Phrasen, die mit Kicks, Pirouetten, Drehungen und legerem
Gehen wie Aufwärmübungen wirken; später kommen
Sprünge hinzu. Am Ende gehen die Tänzer mit markanten Armbewegungen nach hinten und dann von der
Bühne. Daraufhin erscheinen die acht Frauen in schwarzen Trikots, die ebenfalls ›Aufwärmübungen‹ zeigen,
insbesondere Arabesques, Attitudes und Développés,
bis die vier Männer mit virtuosen Bewegungen zurückkehren und sich unter die Frauen mischen; sie stützen
vier der Tänzerinnen, und am Ende befinden sich die
Männer wieder zusammen, während die Frauen um sie
herum gruppiert sind. Nun folgt ein Trio (ein Mann, zwei
Frauen), das durch Sprünge und ornamentale Verschlin-
gungen gekennzeichnet ist. Daran schließen sich ein Solo
des Tänzers mit Schleifschritten, Drehungen, Sprüngen
und Beckenverschiebungen und ein Duett der Frauen an;
überwiegend gespiegelt zueinander, demonstrieren sie ihr
Können mit vertrackten kleinen Sprüngen und Schrittkombinationen. Zu ihnen gesellt sich bald wieder der

Mann: Die Frauen setzen ihre dynamischer werdenden Sequenzen unisono und versetzt zueinander fort, während der Mann unabhängig von ihnen agiert und dabei auf Bewegungen seines Solos zurückgreift. Allmählich passt er sich in den Bewegungsduktus der Frauen ein und stützt sie schließlich bei Drehungen. Sobald die drei Tänzer abgegangen sind, kommt das nächste Trio (eine Frau, zwei Männer): Die Männer präsentieren die Frau und stützen sie fast kontinuierlich, wenn sie in einer Attitude auf Spitze verharrt. Sobald dann die Tänzerin die Bühne verlassen hat, beginnen die zwei Männer mit Sprüngen und Pirouetten; ihre raumgreifenden Bewegungen sind stets aufeinander bezogen. Nach diesem Duett kommt die Frau zu einem geschmeidigen Solo zurück; es enthält schnelle Fußbewegungen, hohe Beinhaltungen, Pirouetten und rhythmisch pointierte Armschwünge. Danach treten die Männer wieder zur Frau und heben sie; sie agiert im Anschluss daran vor den Männern, die sie nun bei Drehungen und Sprüngen unterstützen und am Ende noch einmal heben. Die drei gehen ab, und ein Paar kommt zu einem längeren Pas de deux auf die Bühne. Der Mann und die Frau führen sich mit kraftvollen Aktionen (Kicks, Drehungen) ein; bald finden sie zusammen und fassen sich an den Händen. Dieser enge Kontakt wird für eine Weile nur selten unterbrochen; der Mann geleitet die Frau über die Bühne, er hebt und hält sie und ermöglicht ihr Drehungen und schwierige hohe Beinhaltungen. Schließlich lösen sie sich wieder voneinander und zeigen energische Sequenzen mit Drehungen und Sprüngen. Am Ende kommen sie noch einmal zusammen; der Mann hält die Frau bei rasanten Drehsprüngen und Hebungen und führt dann mit ihr lyrische Motionen aus, die immer wieder in skulpturalen Posen enden. Daraufhin laufen zu ihnen drei weitere Paare; alle bilden in der Bühnenmitte eine Achtergruppe, die sich schnell in eine Paarreihe parallel zur Rampe auflöst. Die Männer stützen und heben die Frauen; kurzzeitig trennen sich Männer und

Frauen und entfernen sich nach hinten beziehungsweise
vorn. Am Ende treten die übrigen vier Frauen zu den
Paaren: Jeder Mann ist zunächst von zwei Frauen eingerahmt, bis sich die Frauen zu wechselnden Kleingruppen
in der Bühnenmitte zusammenfinden; zwischen ihnen
agieren die Männer. Wieder formieren sich die Tänzer
zu Dreierensembles, die sowohl für sich als auch mit den
anderen verschiedene tableauartige Formationen einnehmen. Nach einer choreografierten Verbeugungssequenz
verlassen die Frauen die Bühne; die Männer stehen auf
und bewegen sich langsam nach hinten, dabei Bewegungen ihres ersten Auftritts wiederholend.

Agon gehört zu den Höhepunkten der choreografischen
Auseinandersetzung George Balanchines mit Igor Strawinskys Musik. Denn zur speziell für den Tanz geschrie-
benen gleichnamigen Komposition Strawinskys schuf
er ein Ballett, das sich durch eine herausragende Dichte
und Erfindungsgabe auszeichnet. Entsprechend der luziden, quasi kammermusikalischen Textur der Musik verwendete Balanchine nur ein kleines Tänzerensemble;
im zeitlich längsten Teil des Balletts, dem mittleren mit
den zwei Trios und dem Pas de deux, ist die Zahl der
jeweils Tanzenden dann noch kleiner. Zwar suggeriert
der Titel des Werkes, das griechische Wort für ›Wettkampf‹, eine Art tänzerischen Wettstreit als thematische
Klammer, doch zeigt sich dies in der Choreografie nicht.
Wenn man so will, dann findet sowohl in der Musik als
auch im Tanz ein Wettstreit um künstlerische Perfektion
statt. Trotz einiger offensichtlicher Parallelen zwischen
Musik und Tanz – Strawinskys Komposition besteht
aus zwölf Sätzen (teilweise Tanzsätze der Renaissance
und des Barocks imitierend), stellenweise komponiert in
der Zwölftontechnik, und Balanchine setzt zwölf Tänzer
ein – ist die Choreografie keine unmittelbare visuelle
Umsetzung musikalischer Impulse, sondern ein Tanz-
werk, das wie nur wenige im Œuvre Balanchines regel-

recht geformt werden musste – es dauerte relativ lange, bis das Ballett erarbeitet war. Ein wichtiges Charakteristikum von *Agon* ist das Fehlen eines unmittelbar tänzerischen Schwunges, der traditionellen Ballettattitüde: Dinge, die Stücke wie →*Concerto barocco*, →*Sinfonie in C* oder →*Allegro brillante* auszeichnen. Dafür wartet das Werk mit choreografischen Erfindungen auf, die auf zukünftige Entwicklungen des Bühnentanzes verweisen. Besonders deutlich wird dies in dem langen Pas de deux: Mehr noch als die übrigen Abschnitte des Balletts kennzeichnet ihn ein stark erweitertes klassisches Vokabular, dessen Einzelteile bisweilen auf ganz überraschende, neuartige Weise kombiniert sind; auffallend ist hier außerdem eine große Flexibilität des ganzen Körpers bis in die Extremitäten. Gleichwohl ist *Agon* ein formstrenges Ballett: Den Teil mit solistischen Abschnitten, den zweiten Teil, rahmen Teile für das komplette Ensemble ein, und die Strukturierung der Choreografie entspricht der Gliederung von Strawinskys Partitur.

Agon erwies sich sofort als einhelliger Erfolg bei Publikum und Presse. Es befindet sich bis heute im Repertoire des New York City Ballet und wurde von vielen klassischen Kompanien übernommen. Neuchoreografien zu Strawinskys Musik erarbeiteten unter anderem Kenneth MacMillan (London 1958) und Tatjana Gsovsky (Berlin 1958).

Água

Stück

CHOREOGRAFIE: Pina Bausch; MUSIK: brasilianische und englischsprachige Popmusik; BÜHNENBILD: Peter Pabst; KOSTÜME: Marion Cito; URAUFFÜHRUNG: 12. Mai 2001, Opernhaus, Wuppertal, Tanztheater Wuppertal

ROLLEN: 11 Tänzerinnen; 10 Tänzer

Im Halbkreis angeordnete weiße Stellwände hinten, Tänzerinnen und Tänzer in wechselnden Kostümen (die Frauen in verschiedenfarbigen Kleidern).

1. Teil: Eine Videoprojektion zeigt Palmen; eine Tänzerin und ein Tänzer kommen auf die Bühne: Sie schält eine Orange und isst die Frucht, er hält ihr ein Mikrofon an den Mund. Zu hören sind Kau- und Schlürfgeräusche sowie genießerisches Stöhnen. Dann erzählt die Frau von einem nächtlichen Krampf, wodurch sie aufgewacht sei und den Nachthimmel sehen konnte. Anschließend gehen Mann und Frau ab; eine andere Frau erscheint und tanzt ein Solo mit zunehmend ausholenden, energischer werdenden Bewegungen. Sie wird abgelöst von zwei Männern, die ein Duett synchron tanzen. Sieben weitere Männer treten hinzu und bilden mit den anderen beiden eine Neunergruppe, die mit Schritten diagonal die Bühne quert. Die Tänzerinnen kommen nun hinzu; alle Tänzer agieren synchron, drehen und stampfen auf dem Platz. Danach wechselt die Projektion: Zu sehen sind jetzt brasilianische Straßenmusiker. Im weiteren Verlauf dieses Teils wechseln sich rasante tänzerische Passagen mit theatralen Szenen ab; auch die Videosequenzen zeigen bald wieder Palmen, später alternierend mit einem blauen Himmel und den Straßenmusikern, aber auch Flamingos. In einer der theatralen Szenen spricht eine Frau davon, dass sie ein Star sein will; dann redet sie immer wieder über Wasser und kippt dabei Möbel um. In einer anderen wirft sich eine Frau vor den Männern auf den Boden und zieht ihr Kleid nach oben, ihren Unterleib entblößend. In einer weiteren Szene fragt eine Tänzerin Zuschauer in der ersten Reihe, aus welcher Stadt sie kämen, und sagt ihnen das Wetter für den folgenden Tag an, indem sie ihren festen Schuh in die Luft kickt und je nach Lage am Boden Sonnenschein oder Regen ankündigt. Kleinere mimische Aktionen zeigen etwa einen Mann, der Frauen mit seinem Wimpernschlag kitzelt, Frauen, die beim Begrüßen den Hut mit Geräusch heben, oder eine

Frau, die mehrere Male zu einem Mann unter eine durchsichtige Plane kriecht und sich in Beischlafpose auf ihn
setzt. In den Sequenzen mit Sprachverwendung benennt
etwa eine Frau die einzelnen Kopfknochen; eine andere
Frau spricht einmal über Ballettunterricht. Zum Ende
dieses Teils hin werden weiße Sofas auf die Bühne
geschoben, und die Gruppe rekelt sich auf ihnen in Badekleidung, bevor einige Tänzer Handtücher vor ihren
Körper halten, auf denen nackte Frauenoberkörper zu
sehen sind. Nachdem zahlreiche Tänzer sich zu Paaren
gefunden haben und ein Mann ein ausgreifendes Solo
vorgeführt hat, treten vier Tänzer in Badehosen und
hohen Schuhen aus dem Zuschauerraum auf die Bühne
und reichen eine Frau von einem zum anderen. Sobald
weitere Tänzer hinzugekommen sind, werden die Sofas
nach vorn geschoben, und Männer und Frauen rekeln
sich darauf, bis schließlich eine Tänzerin ins Mikrofon
haucht: »Es ist Pause.«

2. Teil: Eine Frau rekelt sich auf dem Sofa; ein Mann
tritt zu ihr, gibt ihr eine Zigarette, zündet sie an und reicht
ihr einen Aschenbecher. Unterbrochen von kürzeren tänzerischen Sequenzen und wieder vor Videoprojektionen
von Palmen sowie Natur- und Landschaftsaufnahmen,
folgen zahlreiche weitere kurze Szenen dieser Art,
meist mit Mann und Frau, wie etwa: Ein Mann bürs-
tet eine Frau; eine Frau besteht darauf, dass ein Mann
sein Hemd auszieht; eine Frau wird hysterisch wegen
vermeintlicher körperlicher Mängel und schickt einen
Mann, der sie beruhigen will, immer wieder weg; ein
Mann gibt einer erwartungsfrohen Frau ein Geschenk,
doch ist ein Autoreifen darin; eine Frau bemalt sich
und einen Mann mit Lippenstift; ein Mann wäscht den
Rücken einer Frau; ein Mann jagt eine Frau mit einem
Schubkarren, sie springt erst in die Arme eines anderen
Mannes, bleibt dann für kurze Zeit im Schubkarren; ein
Mann benennt Körperpartien einer Frau mit der Dimi-
nutivendung ›chen‹. Ein paar Mal heben sich die weißen

Stellwände und geben für kurze Zeit den Blick auf Gummibaumbüschel aus Plastik frei, einmal tragen die Tänzer diese Büschel nach vorn und setzen sich hinter sie. Mit der Videoaufnahme eines Überschwemmungsgebiets beginnt die große Schlusspassage: Tänzerinnen wedeln mit ihrem Rock, ehe Tänzer umherjagen und virtuose, schnelle Bewegungen ausführen. Sobald dann die Iguaçu-Wasserfälle in Groß- und Nahaufnahme gezeigt werden, demonstriert die Gruppe noch einmal Bewegungen aus dem ersten Teil des Stückes: Die Frauen machen einen Purzelbaum über gekrümmte Männerrücken und schlagen Rad, und dann beginnt ein Mann, aus einer Wasserflasche einen Schluck zu nehmen und diesen auszuspucken. Das ist das Signal für die anderen, ebenfalls mit Wasser aus Wasserflaschen zu spielen, sich gegenseitig anzuspritzen. Das ausgelassene Toben wird unterbrochen, indem die Tänzer mehrere Rohre so hintereinander halten, dass Wasser, hinter den Stellwänden eingeführt, hindurchfließen kann. Dann geht das Spiel mit Wasser weiter, bis sich immer mehr Männer und Frauen auf die herbeigeschafften kleinen runden Tische setzen und mit ihnen zu kreisen anfangen. Nun geht das Licht an; einige Tänzer spritzen sich weiter mit Wasser an, und nacheinander verlassen alle die inzwischen nasse Bühne.

In den letzten Jahren entstanden Pina Bauschs Stücke verstärkt in Zusammenarbeit mit ausländischen Institutionen. Nach *Palermo, Palermo* (Wuppertal 1989) waren dies *Nur Du* (Wuppertal 1996), *Der Fensterputzer* (Wuppertal 1997), *Masurca Fogo* (Wuppertal 1998), *Wiesenland* (Wuppertal 2000) und *Água*. Im Lauf des Probenprozesses für das jeweilige Stück hielten sich Bausch und ihre Kompanie immer einige Zeit in dem Land auf, in dem die koproduzierende Einrichtung ihren Sitz hat. Eindrücke der verschiedenen Länder und Städte flossen in die Bilderwelt des entsprechenden Stü-

ckes ein, im Fall der genannten Werke finden sich somit
Bezüge zu Italien, USA, Hongkong, Portugal, Ungarn
beziehungsweise Brasilien. Dies zeigt sich in *Água* am
deutlichsten in den Videoprojektionen, die überwiegend
Naturaufnahmen sind (Urwald, Flussgebiet, Wasserfälle).
Die tänzerisch-theatralen Aktionen evozieren jedoch nie
unmittelbar Brasilien und brasilianisches Leben, lassen
sich in einigen Fällen aber assoziativ mit dem südamerikanischen Land in Beziehung bringen, wie etwa das
wiederholte Auf-den-Boden-Werfen einer Frau vor vor-
übergehenden Männern mit gleichzeitigem Hochziehen
des Kleides, was auf die Straßenprostitution in brasilia-
nischen Metropolen verweist. In *Água* nehmen tänzerische Passagen – im Gegensatz zu vielen anderen Stücken
Bauschs – einen breiten Raum ein: Es sind meistens virtuose, schnelle, bisweilen hektische Einlagen in einem
unspezifischen zeitgenössischen Modern-Dance-Idiom,
die mit den theatralen Szenen collagiert sind. Die theatralen Einlagen verfügen allerdings nicht über die Wirkung und Bildmächtigkeit vieler ähnlicher Sequenzen
in frühen Stücken Bauschs. Eine neue Dimension in
Bauschs tanztheatralem Schaffen – nach weniger exten-
sivem Einsatz in *Danzón* (Wuppertal 1995) und *Masurca
Fogo* – resultiert aus der fast durchgehenden Verwendung
von Videoprojektionen; die Kamerafahrten durch den
Urwald und insbesondere über und entlang den Iguaçu-
Wasserfällen sind von schier schwindelerregender Sug-
gestivkraft.

Água wurde als eines von Bauschs überzeugendsten
Stücken der letzten Jahre gewürdigt. – Das Werk kann
auch mit mehr Tänzern aufgeführt werden.

Allee der Kosmonauten

CHOREOGRAFIE: Sasha Waltz; MUSIK: Lars Rudolph, Hanno Leichtmann und Juan Kruz Diaz de Garaio Esnaola; KOSTÜME: Annette Bätz, Sasha Waltz & Guests; URAUFFÜHRUNG: 26. September 1996, Sophiensæle, Berlin, Sasha Waltz & Guests

ROLLEN: 3 Tänzerinnen; 3 Tänzer

Im Hintergrund eine Wand, in die mehrere Videomonitore mit Stadt- und Wohnungsansichten eingelassen sind, davor ein Sofa mit der Rückenlehne zum Publikum.

Ein junger Mann in Kapuzenshirt hockt auf einem an der Wand angelehnten Brett und schnüffelt an einer Tüte. Aus nervösen Bewegungen entwickelt sich ein Zucken, das sich über den ganzen Körper ausbreitet, als er mit dem Brett umkippt und zum Stehen kommt. Nun beginnt auf dem Sofa ein zweiter Mann in Hemd und Hose zu wippen und herumzuturnen. Nacheinander erscheinen dann drei Frauen (eine in Strickjacke und mit dicker Brille, eine mit Kleid, Zöpfen und Lackschuhen, eine in Unterwäsche) und ein weiterer Mann in Freizeitkleidung. Im weiteren Verlauf agieren die Tänzer in slapstickhafter Weise häufig mit, auf und unter Requisiten wie Sofa, Tisch, Akkordeon oder Brettern; viele ihrer Aktionen sind mit Gewalt durchsetzt, etwa die des Tänzers in Hemd und Hose, wenn er den jungen Mann jagt, weil er laute Musik hört, oder wenn er auf den anderen einschlägt, weil er sich das Akkordeon genommen hat. Wiederholt hantiert die Frau in Strickjacke mit einem Staubsauger. Regelmäßig finden sich die Tänzer zu kleineren Ensembles zusammen, um synchron Tanzbewegungen auszuführen. In der zweiten Hälfte des Stückes folgt nach einem grotesken Trio der Frauen (breitbeinig mit dem Rücken zum Publikum, den Kopf auf den Boden gestützt) ein Trio der Männer mit markanten Armbewegungen. Später wird mit zwei Brettern und zwei alternierenden Körpern ein Regal gebildet, auf dem Gegenstände angeordnet werden. Gegen Ende zu versammeln sich die Tänzer in wechseln-

den Anordnungen auf dem und um das Sofa. Mit einem
Mal wird »Happy Birthday« gesungen; plötzlich bricht
die ausgelassene Stimmung ab, als der zuvor mehrmals
an einer Tüte schnüffelnde Mann mit der Frau in Unterwäsche beim Beischlaf ertappt wird. Das lange Schwei-
gen entlädt sich schließlich in heftigem Schreien, bis alle
abrupt in ihrer Bewegung innehalten.

Allee der Kosmonauten basiert auf Interviews und
Recherchen, die Sasha Waltz bei Bewohnern in Berlin-
Marzahn durchgeführt hat. Die gesammelten Fragmente
aus dem Alltag eines Plattenbau-Stadtviertels bilden den
Rahmen für dieses ›Familienstück‹, das mikrodrama-
tisch, nicht linear erzählen, das karikieren, nicht desavou-
ieren will. Die Konflikte entladen sich rund um das Sofa
und den Couchtisch: Unschwer lassen sich die Tänzer als
Verkörperungen etwa eines brutalen Vaters, eines seiner
Schwester nachstellenden Sohnes, einer ständig putzen-
den Hausfrau ausmachen. Rasch wechselnde Szenen,
die weniger von der Psychologie der Figuren als vielmehr von der Eigendynamik ihrer Aktionen und der der
Requisiten vorangetrieben werden, geben Einblick in ein
gleichermaßen aggressives wie tristes Familienleben, das
jedoch nie den skurrilen, komischen Grundzug verliert.
Doch reduziert Waltz hier den slapstickhaften Witz und
die hohe Geschwindigkeit wiederholter sinnentleerter
Motionen, von denen ihre zwischen Wohngemeinschafts-
küche und Bar spielende »Travelogue«-Trilogie – *Twenty
to Eight* (Groningen 1993; Musik: Tristan Honsinger),
Tears Break Fast (Berlin 1994; Musik: Honsinger), *All
Ways Six Steps* (Berlin 1995; Musik: Honsinger, Mola
Sylla) – geprägt ist. Zwar sind in *Allee der Kosmonauten* die puppenhausartigen Bühnenbauten einem fast
leeren Raum gewichen, doch auch hier charakterisieren
roboterhafte Bewegungen und virtuose Akrobatik das
Bewegungsmaterial. Auf den Monitoren ziehen – sehr
verlangsamt – Bilder von Elliot Caplan vorüber, die in

Wohnungen der Marzahner Familien gefilmt wurden; das
so dokumentierte Lebensumfeld wird als virtueller Raum
dem Bühnengeschehen zugespielt.

Allee der Kosmonauten erwies sich bei Gastspielen im
In- und Ausland als erfolgreiches Stück der Choreografin;
Waltz erstellte von dem Werk eine Filmversion (1999).
Nach Waltz' Eintritt ins Leitungsteam der Berliner
Schaubühne am Lehniner Platz 1999 wurde das Stück ins
Repertoire dieses Theaters übernommen.

Allegro brillante

CHOREOGRAFIE: George Balanchine; MUSIK: Pjotr Tschaikowski;
KOSTÜME: Barbara Karinska; URAUFFÜHRUNG: 1. März 1956,
City Center, New York, New York City Ballet
ROLLEN: 1 Solistin; 1 Solist; 4 Tänzerinnen; 4 Tänzer

Dekorationslose Bühne.

Während sich der Vorhang hebt, bewegen sich vier
Paare in Weiß mit Sprüngen in einem engen Kreis. Bald
lösen sich Frauen und Männer voneinander; ihr zunehmend dynamischeres Tanzen bleibt weiterhin aufeinander bezogen, und schnell finden sie sich wieder zu Paaren
in einer Reihe. Sie machen dann Platz für das ebenfalls
weiß gekleidete Solopaar (je zwei Paare stehen auf jeder
Bühnenseite), das von links mit vielen Sprüngen nach
vorn kommt. Dort werden dessen energische, teilweise
unisono exekutierte Schrittkombinationen lyrischer: Der
Mann stützt die Frau bei Drehungen, Balancen, Posen
und Sprüngen. Sobald das Solopaar wieder die Bühne
verlassen hat, springen die vier Tänzerinnen in die
Bühnenmitte; die Tänzer gehen ebenfalls ab. Die Frauen
zeigen lebhafte, zueinander gespiegelte Bewegungen, bis
sie mit Drehungen die Bühne verlassen. Zu diesem Zeitpunkt haben hinten rechts die fünf Männer Aufstellung
genommen; ihr Auftritt ist geprägt von vielen Synchron-

passagen. Bald trippeln die Tänzerinnen samt Solistin
herein und bilden hinten eine Reihe. Dreimal wechseln
sich nun Frauen und Männer auf dem Platz in der vorderen Bühnenmitte ab; beim letzten Mal tritt der Solist zu
der Solistin für einige gemeinsame Sprünge, ehe beide
die Bühne verlassen. Die Tänzerinnen und Tänzer finden
daraufhin wieder zusammen und agieren mit zueinander
gespiegelten Bewegungen, wobei die Frauen auch eigene
Formationen bilden. Nach einer Weile kehrt der Solist
zurück; die vier Paare gruppieren sich nun zu einigen
Tableaus um ihn, bevor sie sich wieder von ihm lösen
und jede der Tänzerinnen kurz den Solisten als Partner
hat. Doch dann nimmt diesen Platz die Solistin ein, und
die vier Paare eilen von der Bühne. Die Solistin beginnt
jetzt ihr Solo mit vielen Drehungen; schließlich tritt der
Solist zu ihr und stützt sie. Während des Duetts kommen
die vier Paare wieder auf die Bühne und postieren sich in
jeder der Bühnenecken. Wenn Solistin und Solist abgehen, exekutieren die vier Paare virtuose Bewegungen
mit vielen Hebungen. Solistin und Solist kehren zurück,
wenn die vier Tänzerinnen und vier Tänzer blockweise in
der hinteren linken beziehungsweise rechten Ecke stehen;
die Gruppe bildet dann mit zwei Reihen den Hintergrund
für das Solopaar und formiert sich später in einer Reihe
hinter diesem. Danach laufen die Männer von der Bühne,
und die Solistin zeigt vor den vier Tänzerinnen ein Solo
mit kleinen Battements. Die Frauen stürmen davon,
sobald die Männer hinten rechts einen Fünferblock bilden
und sich mit schnellen Aktionen auf der Bühne verteilen.
Als Reihe erwarten sie dann die Frauen, die von links
hinten hereinspringen. Hinter dem Solopaar agieren die
vier Paare mit gespiegelten Bewegungen; alle vollführen
virtuose Sequenzen, und am Ende trägt der Solist seine
Partnerin über den Kopf gehoben von der Bühne, während jedes der vier in einer Reihe stehenden Paare die
gleiche Pose einnimmt.

Allegro brillante ist eines der unbeschwertesten Ballette George Balanchines. Zu dem einzigen Satz des unvollendeten *Klavierkonzerts Nr. 3 Es-Dur* von Pjotr Tschaikowski entwarf er eine rasante, nicht einmal 15 Minuten dauernde Choreografie, die voll von virtuosen Kombinationen ist: Bei aller Schwierigkeit muss alles leicht, unbeschwert aussehen und Freude am Tanzen ausstrahlen. Balanchine verwendete für *Allegro brillante* ein eher konventionelles klassisches Bewegungsmaterial; er verzichtete hier grundsätzlich auf Erweiterungen und Brechungen der Danse d'école.

Allegro brillante war nach seiner Uraufführung für viele Jahre eines der beliebtesten Ballette Balanchines. Es wurde von mehreren klassischen Kompanien übernommen.

Apollo

Ballett in zwei Bildern

CHOREOGRAFIE: George Balanchine; MUSIK: Igor Strawinsky; AUSSTATTUNG: André Bauchant; URAUFFÜHRUNG: 12. Juni 1928, Théâtre Sarah-Bernhardt, Paris, Ballets Russes

ROLLEN: Apollo; Kalliope; Polyhymnia; Terpsichore; Leto; 2 Nymphen

Felsenlandschaft im antiken Griechenland.

1. Bild: Auf einem hohen Felsen gebiert Leto Apollo. Dieser kommt am Fuß des Felsens zu sich, in Tücher gewickelt. Die beiden Nymphen helfen ihm, die Tücher abzulegen, reichen ihm eine Laute und zeigen ihm, wie sie zu spielen ist.

2. Bild: Apollo spielt die Laute. Nun erscheinen drei Musen, und Apollo übergibt jeder ein Geschenk, ein Attribut ihrer Kunst: Kalliope erhält eine Tafel, Polyhymnia eine Maske und Terpsichore eine Lyra. Apollo setzt sich auf ein Felsstück, und nacheinander präsen-

tiert sich dann jede Muse: Doch weder Kalliope noch
Polyhymnia sagen Apollo zu; es ist Terpsichore, die den
Ehrenplatz an seiner Seite einnehmen darf. Nach der
würdevollen Ernennung Terpsichores kehren die anderen beiden Musen zurück; Apollo führt schließlich alle
in Richtung Parnass. Am Ende steigt Apollo einen hohen
Felsen hinauf und verharrt dort, hinter ihm die Musen,
hinter denen sich wiederum Leto und die zwei Nymphen
postiert haben.

Mit seinem Ballett zu Igor Strawinskys *Apollon musagète*
begründete George Balanchine die bis zum Tod des
Komponisten andauernde Zusammenarbeit. Gleichwohl wurde die Musik nicht für Balanchine komponiert: Strawinsky schrieb sie im Auftrag der Elizabeth
Sprague Coolidge Foundation; die Uraufführung fand
bei einer Festveranstaltung in der Library of Congress
in Washington zur Choreografie des ehemaligen Ballets-
Russes-Tänzers Adolph Bolm am 27. April 1928 statt.
Balanchines Werk, das wenige Wochen später – ebenfalls
unter dem Titel *Apollon musagète* – herauskam, steht am
Beginn der so genannten Neoklassik im Ballett. Der Choreograf erzählt die Geschichte Apollos, von seiner Geburt
bis zu seiner Nobilitierung durch die Kunst, durch den
klassischen Tanz. Das Vokabular der Danse d'école ist
gleichwohl erweitert und gewinnt hier einen geradezu
plastischen Ausdruck. Auch pantomimische Gesten sind
in die tänzerische Bewegung eingeschmolzen. Hinzu
kommt, dass der Tanz genau auf die melodischen und
rhythmischen Eigenheiten von Strawinskys neoklassischer Komposition für Streichorchester reagiert. Ihre formale Klarheit entspricht der übersichtlichen Struktur der
Choreografie: Im Wesentlichen besteht das Ballett aus
Soli; erst gegen Ende kommt es zu einem Duett (Apollo
und Terpsichore) und einem Quartett (Apollo und die
Musen). Immer wieder zäsieren skulpturale Posen den
Bewegungsfluss, etwa die Erwählung Terpsichores durch

Apollo mittels von sich gestreckter Hand und von sich weisendem Zeigefinger, wobei Terpsichore mit der gleichen Haltung die Auszeichnung annimmt; diese Pose erinnert an *Die Erschaffung Adams* in Michelangelos Deckengemälde der Sixtinischen Kapelle im Vatikan. Von eindrucksvoller Bildhaftigkeit ist das Finale: Zu vorwärts drängender Musik spannt Apollo die Musen vor seinen Karren und dirigiert sie gen Olymp. Balanchines Choreografie imitiert das Galoppieren durch wippende Bewegungen in der vierten Position und zeigt Apollo, wie er imaginäre Zügel hält, vor sich die Musen. Am Ende mündet das feierliche Schreiten in Richtung Olymp in ein spektakuläres Schlusstableau. Entgegen vielen früheren Ballets-Russes-Produktionen kommt *Apollo* mit nur wenigen Dekorationen aus; auch die Kostüme – eine dunkle Tunika für Apollo, weiße, schulterfreie Kleider für die Musen – lassen Balanchines bahnbrechenden künstlerischen Ansatz aufscheinen (der allerdings erst später mit aller Konsequenz umgesetzt wird): Verzichtet werden kann auf alles, was von der Ausdruckskraft des Tanzes ablenkt; im Mittelpunkt eines Balletts steht allein der Tanz, der dadurch zu einer abstrakten Kunst wird.

Bei der Choreografie des Balletts dürfte sich Balanchine an den Fähigkeiten der Protagonisten orientiert haben, namentlich an Serge Lifar, der den Apollo tanzte. Bis heute erfuhr *Apollo* zahlreiche Veränderungen: Bereits 1929 entwarf Coco Chanel neue Kostüme für das Werk. Die erste Produktion des Balletts in Amerika erfolgte für das American Ballet (New York 1937; Apollo: Lew Christensen; Ausstattung: Stewart Chaney). Eine Fassung, in der auf die Rolle der Leto verzichtet wurde, erarbeitete Balanchine für das Ensemble American Ballet Caravan (Rio de Janeiro 1941; Apollo: Christensen; Ausstattung: Tomás Santa Rosa). Nach dem Zweiten Weltkrieg brachte das New York City Ballet das Stück unter dem Titel *Apollo, Leader of the Muses* heraus (New York 1951; Apollo: André Eglevsky; Kostüme:

Barbara Karinska). 1957 benannte Balanchine das Ballett in *Apollo* um und ließ es in Trainingskleidung tanzen; für eine Wiederaufnahme mit Michail Baryschnikow als Apollo 1979 verzichtete Balanchine nicht nur auf das vollständige 1. Bild und Apollos erste Variation, sondern auch auf jegliche Dekoration; darüber hinaus erstellte er einen neuen Schluss (Pose von Apollo mit den Musen in einer Arabesque). Nach Balanchines Tod 1983 gestattete der Balanchine Trust, der die Erlaubnis zur Einstudierung von Balletten des Choreografen vergibt und diese überwacht, wieder *Apollo*-Aufführungen in vollständiger Länge.

Apollo wurde nach dem Zweiten Weltkrieg von zahlreichen klassischen Kompanien einstudiert.

Appalachian Spring

CHOREOGRAFIE: Martha Graham; MUSIK: Aaron Copland; BÜHNENBILD: Isamu Noguchi; KOSTÜME: Edythe Gilfond; URAUFFÜHRUNG: 30. Oktober 1944, Library of Congress, Washington, Martha Graham and Company

ROLLEN: die Pionierin; der Prediger; 4 Anhängerinnen des Predigers; der Bräutigam; die Braut

In den Appalachen, 19. Jahrhundert, im Frühling; ein von einem Zaun umgebenes Bauernhaus mit Veranda, auf der ein Schaukelstuhl steht, davor ein Baumstumpf.

Die Braut, der Bräutigam, die Pionierin sowie der Prediger mit vier Anhängerinnen begegnen sich vor dem Bauernhaus, in das die Brautleute nach der Hochzeit einziehen werden. Der Farmer inspiziert seinen zukünftigen Besitz, und die Pionierin bereitet die Braut auf das Leben als Ehefrau vor. Der Prediger hält nun einen ersten Vortrag, bevor er die Hochzeitszeremonie vollzieht. Die Freude der Brautleute wird bald durch eine ermahnende Ansprache des Predigers unterbrochen. Danach erteilt die Pionierin dem Farmer ihren Segen, und die Braut beschleichen Ahnungen, dass sie bald ein Kind bekommen wird. Braut und Bräutigam bleiben schließlich allein zurück und betreten ihr Haus.

Mit *Appalachian Spring* vollendete Martha Graham ihre Stückserie mit amerikanischen Inhalten; die vorangegangenen Arbeiten dieser Reihe sind *Frontier* (New York 1935; Musik: Louis Horst), *American Document* (Bennington, Vt., 1938; Musik: Ray Green) und *Letter to the World* (Bennington, Vt., 1940; Musik: Hunter Johnson). Sie alle behandeln Aspekte des Lebens in der Neuen Welt und den Einfluss des Puritanismus – in *Appalachian Spring* manifestiert sich dies als Bekenntnis zu ›Heim und Herd‹, also zur Familie als Keimzelle der Gesellschaft und zum Wert eines eigenen Hauses. Die Jahreszeit, zu der die Geschichte spielt, ist ebenfalls positiv konnotiert: Der Frühling verkörperte für Graham Erlösung von Kälte und Dunkelheit, das Erwachen der fruchtbaren Natur. Analog zu diesen abstrakten Bezügen stellen die vier Hauptfiguren des Stückes weniger individuelle Charaktere dar, sondern repräsentieren vielmehr Typen aus der amerikanischen Pionierzeit. Diese Epoche evoziert auch Aaron Coplands Komposition mit ihrer Dominanz volkstümlicher Melodien. Grahams Thema, die Welt des ländlichen Amerika, bildet sich darüber hinaus im stilisierten Bühnenbild und in den erdfarbenen Kostümen ab. Die choreografische Struktur des Modern-Dance-Werkes besteht aus einem Wechsel von Soli, Duetten und Ensemblenummern; die Handlung und die Empfindungen der Personen kommen allein durch den Tanz zum Ausdruck.

Appalachian Spring – uraufgeführt mit Graham in der Rolle der Braut und Merce Cunningham als Prediger – gilt als eines der heitersten Stück Grahams und blieb jahrzehntelang im Repertoire ihrer Kompanie.

Approximate Sonata

CHOREOGRAFIE: William Forsythe; MUSIK: Thom Willems und Tricky; BÜHNENBILD: William Forsythe; KOSTÜME: Stephen Galloway; URAUFFÜHRUNG: 20. Januar 1996, Opernhaus, Frankfurt a. M., Ballett Frankfurt

ROLLEN: 4 Tänzerinnen; 4 Tänzer

Dekorationslose Bühne, auf dem Boden in Weiß aufgemalt die Umrandung eines Vierecks, Tänzerinnen in schwarzem Trikot, Tänzer in violettem T-Shirt und blauer Hose, hinten ein Gestell, an dem eine blaue Fläche hängt, auf der »JA« geschrieben ist.

Ein Tänzer steht in der hinteren rechten Ecke und geht langsam nach vorn, sich dabei an der weißen Linie orientierend. Wiederholt stoppt er, winkelt die Arme ab, grimassiert und reagiert auf Kommentare einer nicht sichtbaren Person. Dann beginnt der Tänzer ein Solo. Bald tritt eine Tänzerin zu ihm, und die beiden agieren gemeinsam. Am Ende ihres Duetts legen sie sich hinten links auf den Boden und gehen bald ab. Ihren Platz nimmt ein zweites Paar ein (die Tänzerin trägt zusätzlich eine leuchtend grüne Hose). Ihr Duett endet, wenn auf einer Diagonalen der Mann nach links vorn und die Frau nach rechts hinten geht. Sobald sie in den Ecken angekommen sind, erscheinen zwei weitere Tänzer, sodass die beiden Männer und die beiden Frauen nebeneinander stehen. Das zweite Paar überlässt die Bühne daraufhin dem dritten. Dieses Duett wird unterbrochen, wenn der Tänzer seine Partnerin in einer klassischen Haltung stehen lässt und nach hinten geht; nach ihrem Abgang demonstriert er noch ein kurzes Solo, bevor er ebenfalls die Bühne verlässt. Ein viertes Paar kommt nun; dieses Duett endet, wenn das erste Paar zurückkehrt. Die zwei Männer und die zwei Frauen führen getrennt synchrone Kombinationen vor, bevor das vierte Paar sich entfernt. Die übrig gebliebenen Tänzer brechen schließlich ihre gemeinsamen Aktionen ab und zeigen wie bei einer Probe einzelne Bewegungen.

Mit dem Titel *Approximate Sonata* spielt William Forsythe auf die Anfang des 19. Jahrhunderts aufkom-
mende viersätzige Variante der Sonate an. Denn sein
Ballett weist ebenfalls eine Gliederung in vier Abschnitte
auf. Jeder von ihnen besteht überwiegend aus einem
Duett, wobei sich das Solo zu Beginn und die Schluss-
sequenzen des zurückgekehrten ersten Paares wie Einleitung und Coda einer musikalischen Komposition
interpretieren lassen. Bei aller Verschiedenheit verbindet die Duette eine gemeinsame choreografische Sprache, Forsythes individuelle Weiterentwicklung der
klassischen Technik. Charakteristisch für diese sind
spiral- und kreisförmige Motionen sowie Verschraubungen des Körpers; darüber hinaus kann jedes Gelenk,
jede Extremität eine Bewegung initiieren. Dieser kom-
plexe, improvisatorisch anmutende Fluss rasch ausge-
führter Kleinbewegungen unterscheidet sich deutlich
von dem, was traditionellerweise unter Ballett verstanden
wird.

Bei der Uraufführung waren *Approximate Sonata* und
→ *The Vertiginous Thrill of Exactitude* durch die Bezeichnung »Two Ballets in the Manner of the Late 20th Century« miteinander verbunden. Inzwischen kann jedes der
beiden Stücke auch separat aufgeführt werden. *Approximate Sonata* wurde von mehreren klassischen Kompanien ins Repertoire genommen.

Artifact

Ballett in vier Sätzen

CHOREOGRAFIE: William Forsythe; MUSIK: Johann Sebastian
Bach, teilweise bearbeitet von Eva Crossman-Hecht; AUSSTAT-
TUNG: William Forsythe; URAUFFÜHRUNG: 5. Dezember 1984,
Opernhaus, Frankfurt a. M., Ballett Frankfurt

ROLLEN: 4 Solistinnen; 4 Solisten; Tänzerinnen; Tänzer

Apollo. Choreografie: George Balanchine
Bayerisches Staatsballett, München

Les biches. Choreografie: Bronislawa Nijinska
Royal Ballet, London

Dekorationslose Bühne.

1. Satz: Während das Publikum den Zuschauerraum betritt, kreuzt eine Solistin, in weißem Trikot und weiß geschminkt, langsam gehend die Bühne; sie wechselt ständig die Armhaltungen. Sobald das Licht im Zuschauerraum erloschen ist – während des Satzes hellt sich die Bühne kaum auf –, erscheint eine Solistin, die ein Barockkostüm trägt; sie klatscht in die Hände, und die Musik setzt ein. Die Frau gestikuliert heftig und kommt nach vorn; bald ist ein Mann mit einem Megafon zu hören und zu sehen, und die Frau in Weiß taucht von der Unterbühne auf. Im weiteren Verlauf führen die Frau im Kostüm, dabei fast immer ausdrucksvolle Armschwünge zeigend, und der Mann mit dem Megafon eine Art Dialog; sie spielen permutativ mit einem kleinen Repertoire englischer Wörter und bilden so ständig variierende Sätze. Gelegentlich gesellt sich die Frau in Weiß dazu oder ist mit dem Tanzensemble auf der Bühne. Phasenweise gehen die drei ab, und Tänzer erscheinen in unterschiedlichen Formationen. Sie zeigen kraftvolle Geh- und Sprungsequenzen mit verschiedenen Ports de bras; bisweilen agieren die Tänzer synchron, meist jedoch bilden sie innerhalb eines Ensembles kleine Gruppen, die synchrone Phrasen demonstrieren (wobei die Zusammensetzung solcher Gruppierungen rasch wechselt). Zweimal vollführen eine Frau und ein Mann ein kurzes, rasantes Duett mit ständigem Handkontakt. In der zweiten Hälfte des Satzes treten die Tänzer sowie die Frau im Kostüm und der Mann mit dem Megafon überwiegend zusammen auf. Am Ende formieren sich zwei Frauenreihen in zwei Diagonalen, an deren Spitze hinten die Frau in Weiß steht; die Frauen tanzen allein, bis die Frau im Kostüm die Männer hereinführt. Jeder Mann bleibt bei einer Frau stehen, und alle zeigen Ports de bras, bevor sie langsam abgehen. Schließlich entfernt sich auch die Frau im Kostüm; nur die Frau in Weiß bleibt zurück.

2. Satz: Die Tänzer sind nebeneinander am Bühnenrand platziert und bilden so ein zum Publikum hin offenes Viereck; in der Mitte vorn steht die Frau in Weiß; in der Bühnenmitte befindet sich eines von zwei Solistenpaaren. Das zweite Solistenpaar tritt aus der hinteren Reihe, und die zwei Paare beginnen mit kraftvollen Hebungen und Drehungen sowie weit ausholenden Bewegungen der Arme und Beine – dies kennzeichnet ihre Aktionen im Lauf des ganzen Satzes. Gleich darauf startet die Frau in Weiß mit Abwinklungen und Streckungen der Arme, bisweilen unterbrochen durch Händeklatschen; die übrigen Tänzer machen ihr alles nach. Nach einer Weile schreitet die Frau in Weiß langsam nach hinten, ohne ihre Armbewegungen zu unterbrechen, und hinten kreuzt ein Tänzer rückwärts gehend von rechts nach links die Bühne. Dann fällt der eiserne Vorhang mit einem Knall auf den Boden; die Musik spielt weiter. Wenn er sich wieder hebt, stehen die Tänzer in zwei Diagonalen, deren Spitze in der Mitte hinten die Frau in Weiß bildet; diese und die Tänzer zeigen weiter die Armbewegungen. Bald dringen von links die zwei Solistenpaare in das offene Dreieck und setzen ihr Duett fort, bis wieder der Vorhang mit einem Knall herabkommt. Im dritten Abschnitt des Satzes verharren die Tänzer und die Frau in Weiß nebeneinander auf der rechten Seite; die Solistenpaare tanzen in der Bühnenmitte. Später wechseln die Tänzer auf die linke Seite, und die Frau in Weiß, nun links allein, gibt erneut die Armbewegungen vor, bis der Vorhang ein weiteres Mal fällt. Sobald er wieder gehoben ist, gehen die zwei Solistenpaare langsam von rechts hinten zu der links vorn stehenden Frau in Weiß; alle machen die gleichen ruhigen Armbewegungen. Ein viertes Mal kommt nun der Vorhang herab, und danach sind die Tänzer in einer Reihe hinten mit dem Rücken zum Publikum zu sehen; vor ihnen agiert ein Solistenpaar. Bald legen sich die Tänzer auf den Boden und führen weiter Armbewegungen aus; von hinten eilt später das zweite Paar nach vorn,

und das erste verlässt die Bühne. Daraufhin erheben sich die Tänzer wieder und beginnen mit Armkreisen, bevor der Vorhang ein fünftes Mal für kurze Zeit unten ist. Nur die zwei Solistenpaare tanzen danach; die Frau in Weiß kreuzt hinten die Bühne. Noch einmal senkt sich der Vorhang. Wenn er wieder den Blick auf die Bühne freigibt, bildet die Gruppe zwei bewegungslos stehende Reihen auf je einer Seite; die zwei Solistenpaare agieren in der Mitte. Am Ende des Satzes wechseln die beiden Reihen die Seiten; die Solisten fügen sich in die Reihen ein, und alle verlassen die Bühne.

3. Satz, hinten rechteckige weiße Flächen, bemalt mit einfachen Formen und Linien: Die Frau, die im ersten Satz das Kostüm trug, sitzt ohne ihr Kleid auf einem Stuhl, unmittelbar vor den Aufbauten. Sie und der Mann mit dem Megafon, der sich abseits befindet, formen wieder ihre Phrasen, doch die Frau schreit, und die Stimme des Mannes klingt gepresst. Die Aufregung der Frau zeigt sich auch in ihren Bewegungen. Sie läuft unruhig umher und wirft die Aufbauten auf der rechten Seite um, hinter denen sich Tänzer verbergen; nachdem sie wieder aufgestellt sind, stößt sie sie später ein weiteres Mal um, und erneut werden sie aufgerichtet. Am Ende wird der Frau ihr Kostüm angezogen. Ohne sich um die Frau und den Mann zu kümmern, improvisieren einige Tänzer während des ganzen Satzes.

4. Satz, die rechteckigen Flächen hinten in einer Reihe aufgestellt: Ein Mann und eine Frau zeigen Sprünge, Drehungen und weit ausholende Arm- und Beinbewegungen. Bald kommen weitere Tänzer von rechts und stellen sich zu zwei Reihen auf; während sie Exercice-Bewegungen vorführen, schreiten zwischen ihnen die Frau im Kostüm und der Mann mit dem Megafon. Sobald die beiden abgegangen sind, folgt ein längerer Abschnitt, in dem innerhalb des Ensembles kleine Gruppen agieren, die jeweils synchron eine eigene energische Sequenz mit Sprüngen und Drehungen ausführen; bisweilen tanzt das Ensemble

auch synchron oder als zwei zueinander gespiegelte Hälften. Daran anschließend kommen wieder ein Mann und
eine Frau zu individuellen Bewegungen auf die Bühne.
Bald treten andere Tänzer zu ihnen, und wieder bilden
sich innerhalb der Gruppe kleinere Formationen mit
dynamischen Phrasen. Nach einer Weile gehen alle ab,
und der Mann mit dem Megafon taucht wieder auf; er
klopft damit auf den Boden. Jetzt erscheint hinten die
Frau in Weiß und geht zu ihm nach vorn; auch die Frau im
Kostüm ist hinten zu sehen. Nachdem der Mann mit dem
Megafon und die Frau in Weiß aneinander gelehnt abgegangen sind, kommen nacheinander wieder die Tänzer
zurück und beginnt die Frau im Kostüm, die Flächen
bis auf eine umzustoßen. Sobald die Tänzer fünf Reihen
gebildet haben, bewegen sich die drei anderen Figuren
zwischen ihnen hindurch. Daraufhin beginnt eine Frauengruppe; auch sie praktiziert das Prinzip der voneinander unabhängigen Kleinformationen. Die Frauen begeben
sich allmählich zu den Bühnenseiten, und Männer
kommen in die Bühnenmitte. Bald dirigiert sie die Frau
im Kostüm zu einer Reihe, sich an den Händen haltend,
und während sie nebeneinander synchron tanzen, sind
die Frauen an den drei Bühnenseiten postiert und zitieren zunächst Armbewegungen des 2. Satzes. Schnell löst
sich die Reihe der Männer auf, und sie bilden wechselnde
kleine Formationen, die jeweils schwungvolle Phrasen
tanzen, während die Frauen an den Seiten zunehmend
ausholendere Bewegungen am Platz ausführen. Danach
stellen sich alle Tänzer in fünf Reihen auf. Ihre Motionen
konzentrieren sich auf die Arme; vor ihnen agiert die Frau
in Weiß, und die Frau im Kostüm und der Mann mit dem
Megafon dialogisieren wieder (bis zum Ende des Satzes).
Zwischen den Tänzern geht die Frau in Weiß nach hinten,
und daraufhin führen alle synchron rasche Ports de bras
aus. Die Armbewegungen werden schließlich ruhiger, die
Reihen lösen sich auf, und die Tänzer nehmen auf der
linken und rechten Bühnenseite Aufstellung. In der Mitte

verbleiben die Frau im Kostüm, der Mann mit dem Megafon und die Frau in Weiß.

In *Artifact*, William Forsythes erstem abendfüllendem Ballett, nachdem er 1984 das Amt des Ballettdirektors in Frankfurt a. M. übernommen hatte, finden sich bereits alle wesentlichen Charakteristika seines Stils: in erster Linie die Gleichzeitigkeit von Sprache (die vielfach als rhythmisches Element eingesetzt wird) und Tanz sowie die besondere choreografische Gestaltung. Neben improvisiert wirkenden Passagen, bei denen festgelegte Bewegungen in variabler Folge getanzt werden können, sind die Abschnitte für größere Ensembles so strukturiert, dass stets wechselnde kleinere Gruppierungen sich scheinbar beiläufig zusammenfinden und gemeinsam tanzen. Auf diese Weise entsteht das Bild eines ständigen Variierens innerhalb räumlicher und zeitlicher Setzungen; entscheidend ist nicht ein linearer Verlauf mit Anfang und Ende, sondern es geht allein um tänzerische Bewegung als solche. Der Ausgangspunkt von Forsythes Bewegungsmaterial ist die neoklassische Technik George Balanchines, ergänzt um die Erkenntnisse Rudolf von Labans in Bezug auf Körper- und Raumverständnis. So kann jedes Gelenk zu einem Bewegungszentrum werden. Auch in der Inszenierung bricht Forsythe mit der Konvention, etwa wenn *Artifact* ›offen‹ beginnt – der Zuschauerraum füllt sich, während die Bühne einsehbar ist – oder im 2. Satz mehrere Male in unregelmäßigen Abständen der eiserne Vorhang mit einem Knall herabkommt, während die Musik weiterspielt: Das wirkt zunächst wie ein Fehler der Bühnentechnik oder ein aus irgendeinem Grund abrupt herbeigeführtes Ende des Satzes, verweist jedoch auch auf das Problem der visuellen Wahrnehmung von Tanz. Darüber hinaus besteht in Forsythes Werken das Bühnenbild häufig aus beweglichen Teilen, die in die tänzerische Aktion mit einbezogen werden. Die auf Englisch gesprochenen Sätze im Dialog zwi-

schen der Frau in dem historischen Kostüm (das auf die
Entstehungszeit der Danse d'école verweist und damit
das Stück als autoreflexiv kennzeichnet) und dem Mann
mit dem Megafon ergeben eine Kommunikation in unterschiedlichen Erregungszuständen, teils mit, teils ohne
Tanz inszeniert. Auch die Tänzerin in Weiß verweist auf
die selbstreflexive Dimension des Werkes: Sie hat quasi
die Funktion des Ballettmeisters inne. Wie in Forsythes
späteren Stücken kommt in *Artifact* der Musik die Funktion eines rhythmischen Ankers für die Tänzer zu. Basis
der musikalischen Begleitung ist hier Johann Sebastian
Bachs Chaconne aus seiner *Partita Nr. 2 d-Moll* (1720),
die im 2. Satz in der originalen Besetzung für Violine solo
erklingt (interpretiert von Nathan Milstein), in den anderen Sätzen als Grundlage für Eva Crossman-Hechts Kla-
viervariationen dient.

Grundsätzlich fungieren in Forsythes Stücken Bewegung, Klang (Musik und Text) und in *Artifact* auch das
Licht als eigenständige Systeme; die jeweils konstitu-
tiven Elemente (Exercice-Bewegungen, Wörter und
musikalische Einheiten) sind zu individuellen Strukturen zusammengesetzt. Entscheidend ist – im Sinn des
Dekonstruktionsbegriffs der französischen Poststruktu-
ralisten – das Zerlegen und Neuordnen. Ein solches Spiel
spiegelt sich auch im Titel von *Artifact*: Der Begriff ›artifact‹ lässt sich als englisches Wort für ›Artefakt‹, aber
auch als Homonym für ›art effect‹ auffassen.

Artifact befindet sich nach wie vor im Repertoire des
Balletts Frankfurt. Im Lauf der Jahre erfuhr das Werk
diverse Veränderungen; die umfassendste Bearbeitung
betraf den 3. Satz. Nach der Uraufführung gab Forsythe
den markanten Figuren konkrete Rollenbezeichnungen;
sie heißen heute: Frau in historischem Kostüm, Mann
mit Megafon und Andere Person. Darüber hinaus nennt
Forsythe *Artifact* inzwischen »Ballett in vier Akten«. Die
Zahl der Ensembletänzer ist nicht exakt festgelegt; sie
variiert von Aufführung zu Aufführung.

Der 2. Satz wurde als *Artifact II* von diversen klassischen Kompanien einstudiert; das vollständige Werk übernahm bislang nur das Niederländische Nationalballett (Amsterdam 1993).

Bachs Chaconne hat Forsythe auch als Musik für sein Ballett → *Steptext* verwendet.

Aschenbrödel

Ballett in drei Akten und sieben Bildern

CHOREOGRAFIE: Rostislaw Sacharow; MUSIK: Sergei Prokofjew; LIBRETTO: Nikolai Wolkow, nach Charles Perrault; AUSSTATTUNG: Pjotr Wiljams; URAUFFÜHRUNG: 21. November 1945, Bolschoi-Theater, Moskau, Bolschoi-Ballett

ROLLEN: Aschenbrödel; Prinz; Aschenbrödels Vater; Stiefmutter; ältere und jüngere Schwester Aschenbrödels; Bettelfee; Feen der Jahreszeiten: Frühlingsfee, Sommerfee, Herbstfee, Winterfee; Tanzmeister; Hofnarr; 2 Tanzschüler; 2 Kavaliere; spanische Schöne; indische Schöne; chinesische Schöne; Zofen, Friseure, Schneider, Juweliere, Schuhmacher, Lieferanten, Gefolge der Feen, Pagen, Diener, Hofgesellschaft, Minister, Kavaliere, Zwerge, Mädchen und Damen aus verschiedenen Ländern, Libellen, Grashüpfer, Blumen, Schneeflocken

Im 18. Jahrhundert.

I. Akt, 1. Bild, Zimmer im Haus von Aschenbrödels Vater: Die beiden Töchter der Stiefmutter streiten sich. Aschenbrödel muss im Haus die unangenehmen Arbeiten ausführen und beklagt vor dem Bildnis ihrer Mutter ihr Schicksal. Ihr Vater kommt herein und will sie trösten, doch die Stiefmutter geht dazwischen und schimpft mit ihrem Mann. Da tritt die Bettelfee ein und bittet um eine milde Gabe. Stiefmutter und Stiefschwestern weisen ihr die Tür; Aschenbrödel hingegen schenkt ihr sein letztes Stück Brot. Nun bringen Lieferanten Kleider, Schuhe und Schmuck für Stiefmutter und Stiefschwestern, und sie bereiten sich für den abendlichen Ball beim Prinzen vor. Der Tanzmeister versucht noch, den Stiefschwestern das Tanzen beizubringen, bevor alle zum Fest gehen. Nur Aschenbrödel muss zu Hause bleiben und träumt davon, auch teilzunehmen. Wieder erscheint die Bettelfee und bringt Aschenbrödel ein Paar schöne Schuhe; anschließend verwandelt sie das Zimmer in einen Feengarten. 2. Bild, Feengarten: Die Feen der Jahreszeiten samt ihrem Anhang kleiden Aschenbrödel festlich ein. Nachdem sich alle aufgestellt haben, um Aschenbrödel zum Ball zu geleiten, warnt die Bettelfee Aschenbrödel: Um Mitternacht müsse es das Fest verlassen, weil dann der Zauber zu Ende sei. Dann setzt sich der Zug in Bewegung.

II. Akt, 1. Bild, Festsaal im Schloss des Prinzen: Der Ball ist im Gange, als Stiefmutter und Stiefschwestern eintreffen; sogleich werden die Stiefschwestern zum Tanz aufgefordert. Bald tritt der Prinz mit vier Freunden ein, und schließlich erscheint Aschenbrödel. Alle sind von der Schönheit der Unbekannten hingerissen, und der Prinz tanzt nur mit ihr. Als Früchte und Getränke gebracht werden, nimmt Aschenbrödel drei Orangen und gibt Stiefmutter und Stiefschwestern je eine. Danach zieht sich die Gesellschaft zurück, bis auf den Prinzen und Aschenbrödel, die einander ihre Liebe gestehen. Sobald die Gäste zurückgekehrt sind, geht das Tanzen weiter. Plötzlich schlägt es Mitternacht: Überstürzt verlässt Aschenbrödel den Festsaal. 2. Bild, Freitreppe des Schlosses: Aschenbrödel eilt die Treppe hinunter; dabei verliert es einen Schuh, und es trägt keine prachtvolle Robe mehr, sondern wieder sein ärmliches Kleid. Der Prinz, der Aschenbrödel nachgelaufen ist, nimmt den Schuh an sich.

III. Akt, 1. Bild, Schlosshof: Der Prinz hat vergeblich alle Schuhmacher kommen lassen, um die Herkunft des Schuhs in Erfahrung zu bringen. Deshalb beschließt er, herumzureisen und das Mädchen zu suchen, dem dieser Schuh gehört. Doch keiner der Schönen, die er den Schuh probieren lässt, passt er. 2. Bild, Zimmer im

Haus von Aschenbrödels Vater: Aschenbrödel erinnert sich an den Ball; den übrig gebliebenen Schuh versteckt sie in ihren Kleidern. Stiefmutter und Stiefschwestern kommen herein; sie erzählen vom Ball und streiten sich bald wieder. Da berichten die Leute, dass der Prinz überall das unbekannte schöne Mädchen suche, das einen Schuh verloren habe. Bald darauf betritt der Prinz das Haus von Aschenbrödels Vater und bittet alle Frauen, den Schuh anzuprobieren. Den Stiefschwestern und der Stiefmutter passt der Schuh nicht; das zur Hilfe herbeigerufene Aschenbrödel verliert dabei den zweiten Schuh. Sofort erkennt der Prinz, dass die beiden Schuhe zusammengehören und Aschenbrödel das unbekannte Mädchen ist. Erneut erscheint die Bettelfee und verwandelt das Zimmer. 3. Bild, Feenreich der Liebe: Die Bettelfee führt das Paar in einen Zaubergarten.

Das Märchen von Aschenputtel diente seit dem frühen 19. Jahrhundert als Vorlage für Ballette. Von großem Einfluss war Louis Duports *Aschenbrödel* (Wien 1813; Musik: Nicolas Isouard, François-Adrien Boieldieu und Wolfgang Amadeus Mozart); spätere Aschenbrödel-Ballette schufen unter anderem Albert (London 1822; Musik: Fernando Sor), Charles Louis Didelot (Sankt Petersburg 1824; Musik: Katerino Kawos), Marius Petipa, Enrico Cecchetti und Lew Iwanow (Sankt Petersburg 1893, Musik: Boris Fitingof-Schel), Emil Graeb (Berlin 1901; Musik: Johann Strauß, arrangiert von Josef Bayer) und Michail Fokin (London 1938; Musik: Frédéric d'Erlanger).

Rostislaw Sacharows *Aschenbrödel* – uraufgeführt als *Soluschka* – fügt sich insofern in diese Tradition ein, als es die Märchenhandlung erzählt; gleichwohl wurde der Fokus, gemäß sozialistischer Kunstdoktrin, auf die ›humanistische‹ Komponente gelegt: den Sieg des Guten, Einfachen über Habgier und Arroganz. Höhepunkte des Balletts, das ganz auf die klassische Tech-

nik setzt, sind die breiten tänzerischen Abschnitte in
jedem Akt, die wegen der Abfolge verschiedener Tänze
wie Divertissements wirken. Dem vom Choreografen
gewünschten Nummernprinzip ordnete sich Sergei Prokofjew bei seiner Komposition bereitwillig unter, wobei
er dennoch die einzelnen Personen musikalisch charakterisierte.

Zweifellos trug Prokofjews melodisch prägnante, mit
rhythmischer Verve durchsetzte Partitur entscheidend
zur raschen Popularität des Balletts bei. Bereits im Folge-
jahr erstellte Konstantin Sergejew in Sankt Petersburg
eine eigene Choreografie; sowohl diese als auch Sacharows Fassung blieben lange Zeit im Repertoire des jeweiligen Theaters. Bald zogen Choreografen im Westen
nach: Nach Frederick Ashton mit *Cinderella* (London
1948) erarbeiteten neue Produktionen unter anderem
Victor Gsovsky (München 1951), Wazlaw Orlikowsky
(Paris 1963), Erich Walter (Düsseldorf 1967), Tom Schilling (Berlin 1968), Peter Anastos und Michail Baryschnikow (New York 1983), Maguy Marin (Lyon 1985) und
Heinz Spoerli (Zürich 2000). Rudolf Nurejew verlegte
in seiner Fassung (Paris 1986) die Handlung nach Hollywood; hier ist Aschenbrödel eine unbekannte Schau-
spielerin, die zum Star wird. John Neumeier orientierte
sich bei seinem Ballett *A Cinderella Story* (Hamburg
1992) weniger am originalen Libretto, sondern an Motiven des Aschenbrödel-Märchens der Gebrüder Grimm:
Er machte den Prinzen zu einem Maler, der Cinderella
beim Begräbnis ihrer Mutter sieht und sie nicht vergessen kann; auf dem Ball verlieben sie sich ineinander,
doch erst Jahre später finden sie sich am Grab von Cin-
derellas Mutter.

Aureole

CHOREOGRAFIE: Paul Taylor; MUSIK: Georg Friedrich Händel; AUSSTATTUNG: Paul Taylor (unter dem Pseudonym George Tacet); URAUFFÜHRUNG: 4. August 1962, Connecticut College, New London (Conn.), Paul Taylor Dance Company

ROLLEN: 3 Tänzerinnen; 2 Tänzer

Dekorationslose Bühne, blauer Hintergrundprospekt, alle Tänzer in roten Kostümen.

Zwei Tänzerinnen stehen rechts und links eines hinter ihnen platzierten Paares (der Mann hält die Frau in seinen Armen). Die beiden Tänzerinnen beginnen mit weiten Schritten und kleinen Sprüngen. Sobald sie abgegangen sind, wiegt der Tänzer seine Partnerin hin und her. Alternierend tanzen nun der Mann und die drei Frauen, wobei der Tänzer Bewegungsmotive der Tänzerinnen transformierend aufnimmt und die Frauengruppe teilweise anführt; am Körper schwingende Arme, weite Laufschritte, parallele Beinhaltungen und emporschnellende Sprünge charakterisieren ihre Bewegungen. Diese stehen damit in großem Kontrast zu denen des zweiten Mannes, der nach dem Abgang der anderen Tänzer ein ruhiges Solo mit vielen Off-balance-Figuren, langen Balancen und ruhigen Drehungen am Platz beginnt, bevor er sich mit schnelleren Drehungen den Raum erobert. Nacheinander kommen nach einer Weile die anderen wieder zurück; sie bilden ein Viereck, das der zweite Tänzer umrundet. Er berührt schließlich eine der Frauen, dann geht er ab. Die Vierergruppe tanzt gemeinsam, bis die Tänzerin, die zu Anfang in den Armen des Mannes lag, ein Solo mit koketten Hüftschwüngen beginnt. Dann löst sie sich von ihrem Platz und springt im Kreis. Bald trippeln die anderen Tänzerinnen mit gebeugten Knien wieder heran; diese Bewegung übernimmt der ebenfalls zurückkehrende Tänzer und erweitert sie um kleine Sprünge. Ständige Auf- und Abgänge folgen. Nach einer Weile treten der zweite Tänzer und die Partnerin des

ersten Mannes gemeinsam auf: Er hält sie von hinten an
den Armen und vollführt ihre Schritte mit, ehe er sie in
den Hintergrund trägt und das Duett in einer Umarmung
endet. Umtanzt werden die beiden von einem zweiten
Paar, das sich zurückzieht, als das erste zu einem lyrischen Duett ansetzt, das – mal synchron, mal spiegelbildlich getanzt – in der Pose vom Anfang des Balletts
(nur mit dem ersten Tänzer) ausklingt. Anschließend
begegnen sich die Tänzer noch einmal in wechselnden
Konstellationen. Dabei nehmen sie Bewegungen früherer Abschnitte auf und erweitern sie um weite, hohe
Sprünge. Immer dynamischer werdend, endet das Ballett
mit Sprüngen über die Bühne.

Aureole, entstanden im letzten Jahr von Paul Taylors
Mitgliedschaft in der Kompanie von Martha Graham,
kombiniert den Bewegungsfluss des Modern Dance
(erweitert um sportive Elemente) mit der Aura des klassischen Tanzes. Sofort als Meisterwerk gefeiert und als
zeitgenössisches ›ballet blanc‹ bezeichnet, das seine pro-
vozierende Spannung aus typisch amerikanischer Unbe-
schwertheit (im Umgang mit dem tänzerischen Material)
und Formenstrenge der Musik Georg Friedrich Händels
(Auszüge aus dem Oratorium *Jephtha* und einem Concerto grosso sowie der vierte Satz der Ode *Alexander's
Feast or The Power of Music*) beziehe, wurde das Ballett zu einer Art Markenzeichen Taylors. Der Choreograf
spielt hier mit Formationen des klassischen Tanzes, und er
bettet in das handlungslose Stück mit dem Antagonismus
der beiden männlichen Solisten, von denen der eine allmählich den anderen in seiner Position ablöst, potenziell
konfliktträchtige Strukturen ein, ohne jedoch die ausge-
lassen-unbekümmerte Atmosphäre zu beeinträchtigen.

Aureole wurde zu einem der bekanntesten Stücke Taylors und von mehreren klassischen Kompanien übernommen. Manche Bewegungen, wie die weit ausholenden
Schritte mit schwingenden Armen, wurden viel kopiert.

Mit seiner heiteren Stimmung steht *Aureole* damit in Verwandtschaft zu späteren Werken des Choreografen wie *Esplanade* (Washington 1975; Musik: Johann Sebastian Bach) oder *Airs* (New York 1978; Musik: Händel).

Axioma 7

CHOREOGRAFIE: Ohad Naharin; MUSIK: Johann Sebastian Bach; AUSSTATTUNG: Ohad Naharin; URAUFFÜHRUNG: 25. Januar 1991, Grand Théâtre, Genf, Ballett des Theaters
ROLLEN: 11 Tänzerinnen; 10 Tänzer

1. Teil: Alle Tänzer sitzen auf Stühlen, die im Halbkreis angeordnet sind. Der rechts außen sitzende Tänzer steht auf, zeigt ein kleines Solo und nimmt auf dem Stuhl links außen Platz; währenddessen vollführen die übrigen Tänzer ausholende Oberkörper-, Arm- und Beinbewegungen und nacheinander, wie eine Welle, ein Hochreißen der Arme. Bevor sich der solistisch agierende Tänzer setzt, rutscht die Gruppe einen Platz weiter. Dies wiederholt sich elf weitere Male; zu einigen der jeweils unterschiedlichen Soli ziehen die Tänzer Kleider und Schuhe aus, bis sie schließlich in Unterwäsche zu sehen sind. Am Ende sitzt nur noch eine Tänzerin auf einem Stuhl und zieht erst jetzt ihre Kleider aus. Gleichzeitig sammeln die übrigen Tänzer die Kleider ein und gehen in einer Reihe ab.

2. Teil: Jeder Tänzer tritt hinter einen Stuhl und trägt diesen nach hinten. Eine Tänzerin und ein Tänzer beginnen währenddessen ein Duett mit ausholenden, langsamen Aktionen. Bald tragen die anderen Tänzer die Stühle wieder zum Halbkreis nach vorn. Vier Frauen lösen nun die zwei Tänzer ab und agieren im Vordergrund: Sie gehen umher, legen sich auf den Boden; eine krabbelt über die Knie der sitzenden Tänzer. Am Schluss – ohne Musik – zeigen zwei Männer ein inniges Duett.

3. Teil: Die Stühle bilden zwei Reihen an den beiden Bühnenseiten. Die zwei Tänzer gehen zu einem Dritten, der auf einem Stuhl in der Bühnenmitte sitzt, und beginnen ein schnelles Trio. In verschiedenen Konstellationen zeigen die Tänzer virtuose Sequenzen mit vielen Synchronpassagen; die auf den Stühlen sitzenden Tänzer wiederholen Bewegungen des 1. Teils. Am Ende stehen alle Stühle in einer Reihe mit der Lehne zum Zuschauerraum; die Tänzer sitzen mit dem Rücken zum Publikum, während eine Tänzerin ein kurzes, hektisches Solo vollführt. Schließlich stehen alle Tänzer auf und gehen nach hinten – bis auf eine Tänzerin, die sitzen bleibt.

Zu Johann Sebastian Bachs *Brandenburgischem Konzert Nr. 4 G-Dur* (1721) schuf Ohad Naharin eine rasante, effektvolle Choreografie, in der musikalische Kompositionsprinzipien für den Tanz adaptiert sind: etwa im 1. Teil die ›Begleitung‹ der Gruppe in Form sich wiederholender, variierter Phrasen während der zwölf verschiedenen Soli oder im 3. Teil das ›mehrstimmige‹ Agieren mit zeitweiligem Sicheinfügen in eine Gruppe, kanonartiger Struktur und dem Aufgreifen bereits vorgestellter Motive. Die kluge Disposition einer nicht zu großen Zahl an Bewegungsphrasen, die einem zeitgenössischen Modern-Dance-Idiom entstammen, sichert dem Stück den inneren Zusammenhalt.

Axioma 7 wurde von verschiedenen Kompanien in Europa und Amerika einstudiert; das Stück kann auch mit weniger Tänzern und mit einem anderen Verhältnis von Tänzerinnen und Tänzern aufgeführt werden.

Naharins dynamischer Stil kommt auch in *Anaphase* (Jerusalem 1993; Musik: Aaron Copland, Guem, Arvo Pärt, Rolf Wallin, Avi Belleli, Dan Makov und Naharin) überzeugend zur Geltung.

La bayadère

Ballet in vier Akten und sieben Bildern mit Apotheose

CHOREOGRAFIE: Marius Petipa; MUSIK: Ludwig Minkus; LIBRETTO: Marius Petipa; AUSSTATTUNG: Michail Botscharow, Matwei Schischkow, Iwan Andrejew, Genrich-German Wagner und Andrei Roller; URAUFFÜHRUNG: 4. Februar 1877, Bolschoi-Theater, Sankt Petersburg, Ballett des Theaters

ROLLEN: Dugmanta, Radscha von Golkonda; Gamsatti, seine Tochter; Solor, ein reicher und angesehener Krieger; Nikija, eine Bajadere; der Großbrahmane; Madgawaja, ein Fakir; Toloragwa, ein Fakir; 4 Fakire; 6 Krieger; 2 Dienerinnen Gamsattis; eine Sklavin; Brahmanen, Priester, Diener des Radschas, Krieger, Bajaderen, Fakire, Pilger, indisches Volk, Musiker, Jäger

I. Akt, ›Das Fest des Feuers‹, ein heiliger Wald mit subtropischen Bäumen, links ein Teich für Waschungen; im Hintergrund die Gipfel des Himalajas: Der reiche Krieger Solor schickt seine Jäger in den Wald. Er fordert den Fakir Madgawaja auf, dafür zu sorgen, dass er mit der schönen Bajadere Nikija allein sein kann. Solor entfernt sich, bevor an der nahen Pagode, angeführt vom Großbrahmanen, Brahmanen, Priester und die Bajaderen treten. Man feiert das Fest des Feuers, und der Großbrahmane lässt die Bajadere Nikija herbeiholen. Er ist von ihrer Schönheit fasziniert und gesteht ihr seine Liebe, doch Nikija ist entsetzt darüber. Der Großbrahmane beschließt, sich zu rächen. Nikija entfernt sich von ihm und mischt sich unter die anderen Bajaderen. Als sie Madgawaja Wasser reicht, nutzt er die Gelegenheit, um ihr mitzuteilen, dass Solor in der Nähe sei. Sie verabredet mit Madgawaja, Solor nach dem Fest zu treffen. Als sich die Brahmanen und die Bajaderen des Nachts wieder in die Pagode zurückgezogen haben, erscheint Solor mit dem Fakir und wartet auf die Bajadere, die bald aus einem Fenster der Pagode zu ihm kommt. Das Gespräch der Liebenden, die miteinander fliehen wollen, wird allerdings vom Großbrahmanen belauscht. Langsam bricht der Morgen an, und Nikija eilt zurück in die Pagode. Nun kehren die Jäger mit einem Tiger zurück, und der Großbrahmane schwört vor der Pagode Rache.

II. Akt, 1. Bild, ›Die zwei Rivalen‹, prunkvoller Saal im Palast des Radschas Dugmanta: Dugmanta lässt sich unterhalten. Anschließend befiehlt er seine Tochter Gamsatti und Solor zu sich, die er füreinander bestimmt hat, und ordnet an, dass drei Tage später die Hochzeit stattzufinden habe – trotz der Proteste Solors. Da erscheint der Großbrahmane, der Dugmanta ein Geheimnis mitteilen möchte; Dugmanta befiehlt, mit dem Großbrahmanen allein gelassen zu werden. Nur Gamsatti verlässt nicht den Saal, sondern versteckt sich, und hört mit an, wie der Großbrahmane berichtet, dass Solor Nikija liebe und sie zusammen fliehen möchten. Entsetzt über Solors Verhalten, beschließt Dugmanta, Nikija töten zu lassen, und zwar solle bei der Feier zu Ehren Badrinatas am nächsten Tag, bei der Nikija wie gewöhnlich tanzen werde, eine Giftschlange in einem Korb versteckt sein, die sicherlich Nikija beißen werde. Gamsatti ihrerseits will nun Nikija sehen und schickt ihre Sklavin, sie zu holen. Sie bittet Nikija, bei ihrer bevorstehenden Hochzeit mit Solor zu tanzen. Bei dieser Nachricht erklärt Nikija, dass ihr Solor ewige Treue geschworen habe, und bittet Gamsatti, auf ihn zu verzichten. Doch Gamsatti weigert sich und bietet Nikija Edelsteine und Gold an – dies versetzt Nikija in Zorn, und sie stürzt sich mit einem Messer auf Gamsatti. Deren Sklavin rettet ihr das Leben; Nikija flieht, und Gamsatti deutet an, dass Nikija sterben werde. 2. Bild, ›Der Tod der Bajadere‹, üppiger Garten vor dem Palast des Radschas, im Hintergrund die Türme der Pagode vor den verschneiten Gipfeln des Himalaja: Man feiert die Verlobung von Gamsatti und Solor; Dugmanta eröffnet das Fest und befiehlt schließlich, dass Nikija tanzen solle. Während ihres Tanzes lässt ihr Gamsatti einen Korb mit Blumen bringen, aus dem eine Schlange kriecht und sie beißt. Nikija lehnt das Gegengift ab, das ihr der Großbrahmane anbietet, und stirbt in Solors Armen.

III. Akt, 1. Bild, ›Die Erscheinung des Schattens‹, Solors Zimmer im Palast des Radschas: Solor ist voll Unruhe am Vorabend der Hochzeit. Um ihn auf andere Gedanken zu bringen, lässt Madgawaja Schlangenbeschwörer kommen. Nachdem man sie wieder weggeschickt hat, tritt Gamsatti mit Begleiterinnen ein und beginnt, Solor abzulenken. Plötzlich sieht Solor einen Schatten an der Wand: die weinende Nikija. Verwirrt zieht sich Gamsatti zurück, und Solor fällt in tiefen Schlaf. 2. Bild, ›Das Königreich der Schatten‹, ein verzauberter Ort: Inmitten anderer Schatten entdeckt Solor Nikija. Sie versichert ihm, dass er, wenn er ihr treu bleibe, in dieses Reich kommen werde; ihr Schatten werde ihn führen. 3. Bild, ›Solors Erwachen‹, Solors Zimmer im Palast des Radschas: Solor erwacht in Anwesenheit von Madgawaja. Bald kommen Diener Dugmantas, tragen teure Geschenke herein und verkünden, dass die Vorbereitungen für die Hochzeit beendet seien.

IV. Akt, 1. Bild, ›Der Zorn der Götter‹, großer Saal im Palast des Radschas: Brahmanen, Bajaderen und Gäste treffen ein, ebenso Gamsatti, Dugmanta und schließlich Solor. Die Hochzeit beginnt. Während der Tänze folgt Nikijas Schatten Solor und erinnert ihn an seinen Schwur; Gamsatti hingegen tut ihr Bestes, um die Aufmerksamkeit Solors auf sich zu lenken. Da bringen ihr vier Mädchen einen Korb mit Blumen, der exakt so aussieht wie derjenige, den Nikija erhalten hat. Aus Furcht vor einer Giftschlange eilt sie zu ihrem Vater und drängt ihn, mit der Zeremonie anzufangen. Daraufhin nimmt der Großbrahmane Gamsatti und Solor bei der Hand; in dem Moment, in dem er die Hände der beiden zusammenführt, lässt ein Erdbeben den Palast einstürzen. Alle werden unter den Mauern begraben. Apotheose: Nikijas Schatten schwebt im Himalaja umher; bei ihr ist Solor.

La bayadère – uraufgeführt unter dem russischen Titel *Bajaderka* – vereint alle Elemente eines groß dimensionierten Balletts der zweiten Hälfte des 19. Jahrhunderts. Die Handlung enthält die obligatorische Liebesgeschichte, ein detailreich nachempfundenes exotisches Ambiente und fordert eine Inszenierung, die sich aller verfügbaren personellen und technischen Möglichkeiten bedient. Marius Petipa hatte hier – nach Werken wie *Die Tochter des Pharaos* (Sankt Petersburg; Musik: Cesare Pugni) und → *Don Quijote* – sein Schema eines erfolgreichen Ballettspektakels vervollkommnet; mit dem ›Königreich der Schatten‹ schuf er ein etwa halbstündiges ›ballet blanc‹, das als Komposition reinen Tanzes auf das Ballett im 20. Jahrhundert verweist. In diesem Bild kommt nacheinander eine große Zahl von weiß gekleideten Tänzerinnen – es dürften mindestens 48 gewesen sein – von hinten eine Rampe herab; sie wiederholen unablässig dasselbe Motiv mit einer Arabesque penchée und bewegen sich in einer Schlangenlinie nach vorn, um sich dann zu einem Block zu formieren. Diese von der Geschichte her als Traum ausgewiesene Demonstration der Danse d'école kontrastiert mit den farbenprächtigen Bildern des I., II. und IV. Aktes, in denen mit ›indischen‹ Bewegungen durchsetzte Charaktertänze neben klassischen Pas stehen. Die Handlung wird durch pantomimische Aktionen vermittelt; eine unterhaltende Funktion kommt den zahlreichen Tanznummern zu, die im 2. Bild des II. Aktes ein Divertissement bilden. Bei aller Kunstfertigkeit trägt das choreografische Arrangement von Bewegungen nur selten zur tänzerischen Verdeutlichung von Emotionen bei; lediglich in den Soli Nikijas finden sich Ansätze hierfür. Der Opulenz der Inszenierung entspricht allerdings nicht Ludwig Minkus' Komposition, die natürlich den Erfordernissen einer Ballettmusik des 19. Jahrhunderts, in erster Linie den Tänzern ein rhythmisches Fundament zu liefern, gerecht wird, andererseits aber zu wenig sinfonisch gestaltet ist, um über den Rang

einer Gebrauchsmusik, im besten Sinn des Wortes, hin-
auszukommen.

Mit Jekaterina Wasem als Nikija erwies sich *La bayadère* sogleich als großer Erfolg. Das Ballett gehört, mit
teils längeren Unterbrechungen, bis heute zu den Grundpfeilern des russischen Repertoires. Im Lauf der Zeit
nahm Petipa kleinere Änderungen vor; so reduzierte er
etwa die Zahl der Tänzerinnen im ›Königreich der Schatten‹ auf 32. Die erste Moskauer Produktion erstellte
Alexandr Gorski im Jahr 1904. Bei den diversen Wieder-
aufnahmen im 20. Jahrhundert wurde *La bayadère* jedes
Mal auch einer choreografischen Revision unterzogen.
In Leningrad wurde ab 1926 der IV. Akt weggelassen.
Das taten auch Wachtang Tschabukiani und Wladimir
Ponomarjow in ihrer – alle späteren Versionen beeinflus-
senden – Fassung für das Leningrader Kirow-Ballett
1941.

In Westeuropa war das ›Königreich der Schatten‹
erstmals in Paris 1926 in einer Produktion von Nikolai
Sergejew zu sehen; es folgten sporadische Aufführungen
dieses Bildes in Westeuropa und Amerika. Im Grunde
erwachte im Westen erst nach dem Aufsehen erregenden
Gastspiel des Kirow-Balletts in Paris, London und New
York 1961, bei dem auch der so genannte Schattenakt
gezeigt wurde, das Interesse an *La bayadère*. Besondere
Bedeutung erlangten die Einstudierungen des ›Königs-
reichs der Schatten‹ durch Rudolf Nurejew (London
1963, Paris 1974) und Natalija Makarowa (New York
1974). Auf der Basis der russisch-sowjetischen Überlieferung brachte später Makarowa das vollständige Ballett
beim American Ballet Theatre heraus (New York 1980);
diese Fassung wurde von einigen anderen klassischen
Kompanien übernommen. Eine andere Neufassung,
inklusive der überlieferten Choreografie des ›Schattenakts‹, doch ohne den IV. Akt, erstellte Nurejew für das
Ballett der Pariser Opéra (Paris 1992). Eine Fassung
mit gestraffter Handlung, einschließlich einer auf Petipa

fußenden Choreografie des ›Schattenakts‹, erarbeitete
Patrice Bart für das Bayerische Staatsballett (München
1998).

Before Nightfall

CHOREOGRAFIE: Nils Christe; MUSIK: Bohuslav Martinů; AUS-
STATTUNG: Keso Dekker; URAUFFÜHRUNG: 6. März 1985, Opéra,
Paris, Ballett der Opéra

ROLLEN: 6 Tänzerinnen; 6 Tänzer

Ein dunkler Hintergrundprospekt mit hellen Schraffie-
rungen.

Vier Tänzerinnen und zwei Tänzer stehen auf der
Bühne; zwei Frauen und vier Männer gehen, von rechts
kommend, zum jeweiligen Partner. Nach einem tiefen
Plié bestimmen diesen Abschnitt, meist synchron, drängende Bewegungen mit weiten Schritten, ausholenden
Armbewegungen, hohen Beinpositionen sowie ein dyna-
misches Aufrichten und Vorbeugen des Oberkörpers. Bis
auf ein Paar verlassen bald alle die Bühne. In dem folgenden Duett hebt und dreht der Mann die Frau; bisweilen
lösen sie sich voneinander, finden jedoch immer wieder
zusammen. In die Schlusssteigerung des Duetts hinein
erscheinen drei Paare, und das Duettpaar geht ab (hohe
Hebung der Frau). Die verbleibenden sechs Tänzer agieren teils gemeinsam, teils in nach Geschlechtern separierten Gruppen. Sie überlassen dann ihren Platz drei anderen
Paaren: Die Männer stützen und heben die Frauen in
einem intensiv getanzten Abschnitt. Bald gehört die
Bühne einem einzigen dieser Paare, dessen expressives
Duett Drehungen und Hebungen kennzeichnen; schließlich umarmen sich die beiden auf Knien an der Rampe,
und drei Paare stellen sich hinter ihnen auf. Dieses Sextett
beginnt mit Hebungen; der Abschnitt erfährt eine allmähliche Steigerung mit Synchronbewegungen und endet,

indem die Frauen sich auf die Männer legen. Daraufhin
führt das einzelne Paar sein Duett fort; zwischendurch
tragen die drei Männer ihre Partnerin von der Bühne.
Nach dessen Abgang stürzt ein Tänzer auf die Bühne,
vier weitere und eine Tänzerin folgen ihm und zeigen
eine furiose Sequenz. Bald bleiben die Frau und ein
Mann zurück; ihr an Intensität zunehmendes Duett enthält viele Hebungen, Drehungen und Sprünge. Dann folgt
erneut ein Sextett; eine der beteiligten drei Frauen ist die
Tänzerin des vorangegangenen Duetts. Die Bewegungen
werden allmählich kraftvoller, und zwei weitere Paare
kommen auf die Bühne: Die fünf Paare verharren im Hintergrund, wenn das sechste Paar erscheint. Die elegische
Schlusssequenz bestreiten alle Paare synchron, und paarweise liegen dann die Tänzer am Boden. Ein Mann richtet am Ende den Oberkörper abrupt auf.

Before Nightfall kennzeichnet eine angespannte Stimmung. In dem Werk wollte Nils Christe nach eigener Aussage die aufgeladene, ungewisse Atmosphäre am Vorabend
des Zweiten Weltkriegs tänzerisch umsetzen – in Entsprechung zur Musik, dem eindringlichen *Doppelkonzert für
zwei Streichorchester, Klavier und Pauken* von Bohuslav
Martinů, in dem sich, 1938 komponiert, unmittelbar die
Bedrohung seiner tschechischen Heimat durch das natio-
nalsozialistische Deutschland widerspiegelt. Das in einem
fließenden zeitgenössischen Idiom gehaltene Ballett ist
charakterisiert durch eckige, abrupte Armbewegungen,
kraftvolle Sprünge, dynamische Drehungen und virtuose
Hebungen; im Zentrum stehen drei Duette, die eingewo-
ben sind in eine Textur rasch wechselnder Formationen.
Ambivalent erscheint das Schlussbild der erschöpften, auf
dem Boden zur Ruhe gekommenen Menschen, aus denen
sich ein Mann voll Energie, wie alarmiert, erhebt.

Before Nightfall, Christes bekanntestes Ballett, wurde
von vielen größeren Kompanien in Europa und Nord-
amerika übernommen.

Les biches

Ballett mit Gesang in einem Akt

CHOREOGRAFIE: Bronislawa Nijinska; MUSIK: Francis Poulenc; AUSSTATTUNG: Marie Laurencin; URAUFFÜHRUNG: 6. Januar 1924, Théâtre de Monte-Carlo, Monte Carlo, Ballets Russes

ROLLEN: 16 Tänzerinnen; 3 Tänzer

Im Salon eines Hauses mit breitem Sofa und modernen Wanddekorationen.

Zwölf Mädchen in Rosa betreten den Salon; nachdem sie sich wieder entfernt haben, finden sich drei Männer in Badekleidung ein, und die Mädchen kehren zurück. Die Annäherungsversuche der Mädchen unterbricht zweimal die Tänzerin in Blau; zwei Gruppen der Mädchen gehen mit jeweils einem Mann weg, bloß der dritte Mann ist noch da, als die Tänzerin in Blau ein drittes Mal erscheint. Bald verlässt sie mit ihm den Salon, und erneut kommen hier die Mädchen und die zwei Männer zusammen. Sie spielen mit dem Sofa, hinter dem sich die Mädchen schließlich verstecken; die Männer ziehen von dannen. Jeweils nur kurz zeigen sich wieder die Tänzerin in Blau mit ihrem Begleiter sowie die zwei Männer, dann laufen die Mädchen weg. Nun begibt sich eine in eleganter gelber Garderobe gekleidete Tänzerin in den Salon und legt sich aufs Sofa. Sie hat jedoch keine Ruhe, weil die zwei Männer zurückkehren und sie heftig bedrängen; die drei entfernen sich bald. Dann treffen sich noch einmal die Tänzerin in Blau und der dritte Mann und bekunden ihre gegenseitige Zuneigung. Nachdem sie den Salon verlassen haben, ziehen sich in ihn für eine Weile zwei Mädchen in Grau zurück, die sich ihrer Liebe versichern. Am Ende versammeln sich alle im Salon.

Wie auch in ihrer zweiten wichtigen Choreografie des Jahres 1924, → *Le train bleu*, bringt Bronislawa Nijinska in *Les biches* das großstädtische Bürgertum der Zeit auf die Bühne; in beiden Werken wird dessen Interesse an frivolen Zerstreuungen gezeigt. Tatsächlich jedoch führt *Les biches* unterschiedliche Typen nur bei den Frauen vor – Männer erscheinen bloß als Muskelprotze –, in Übereinstimmung mit dem Titel: Das Wort ›biche‹ bedeutet einerseits ›Hirschkuh‹, meint umgangssprachlich aber so viel wie ›Halbweltdame‹. Die einen begeistern sich für adrette Badesportler, die anderen verbergen keineswegs ihre lesbische Neigung. Die lockere Handlungslinie des Balletts dürfte in erster Linie auf den Komponisten Francis Poulenc zurückgehen; unverkennbar sind Parallelen zu dem Roman *La garçonne* (1922) von Victor Margueritte. Insbesondere die Rolle der Tänzerin in Blau wirkt unmittelbar der Heldin des Romans nachempfunden, und Vorbild für sie war die Ausstatterin des Balletts, Marie Laurencin. Aufsehen erregend war ihr Kostüm für diesen Part: Die langärmlige blaue Pagenjacke ließ die Beine praktisch vollständig unverhüllt, was im Ballett bis dahin nicht vorgekommen war. Auch die Männer in ihren bunten Badekleidern zeigten unbedeckte muskulöse Gliedmaßen. Die neue Ästhetik zeitgenössischen Chics spiegelt sich in der neoklassischen neunteiligen Komposition Poulencs und in der Choreografie. Grundlage für Nijinskas Bewegungsmaterial war die Danse d'école, doch fügte sie die kodifizierten Bestandteile zu neuen Sequenzen zusammen und eröffnete so dem klassischen Tanz neue Gestaltungsmöglichkeiten (damit inspirierte sie junge Choreografen wie George Balanchine und Frederick Ashton). Die Besonderheit ihrer Bewegungssprache zeigt sich nicht zuletzt im Verzicht auf die traditionelle Pantomime; wie in Nijinskas vorangegangenem Ballett →*Les noces* vermitteln die choreografierten Bewegungen narrative Strukturen.

Les biches war bis zum Ende der Ballets Russes 1929 eines der erfolgreichsten Werke aus der letzten Phase der Kompanie. In den Folgejahren studierte es Nijinska bei einigen anderen Ensembles ein; erst die Rekonstruktion des Royal Ballet (London 1964) führte dazu, dass das Ballett auch von diversen anderen Kompanien ins Repertoire genommen wurde.

Biped

CHOREOGRAFIE: Merce Cunningham; MUSIK: Gavin Bryars; BÜHNENBILD: Shelley Eshkar und Paul Kaiser; KOSTÜME: Suzanne Gallo; URAUFFÜHRUNG: 23. April 1999, University of California (Zellerbach Hall), Berkeley (Cal.), Merce Cunningham Dance Company

ROLLEN: 8 Tänzerinnen; 6 Tänzer

Die Bühne begrenzt vorn eine Projektionsfläche aus durchsichtiger Gaze; im Hintergrund hängen sechs dünne Reflexionsstreifen. Während des Stückes erscheinen immer wieder Projektionen von tanzenden Figuren. Die Tänzer in unterschiedlich geschnittenen Trikots agieren in verschiedenen Konstellationen; bisweilen tanzen sie synchron. Im Mittelteil des Stückes finden sie sich häufig zu Paaren zusammen.

Nachdem 1989 die Software *Forms* herausgekommen war, die es ermöglicht, Bewegung am Computer zu komponieren, hat Merce Cunningham wiederholt neue technische Erfindungen in seiner choreografischen Arbeit eingesetzt. Nach Stücken wie *Trackers* (New York 1991; Musik: Emanuel Dimas de Melo Pimenta), *CRWDSPCR* (Durham, N.C., 1993; Musik: John King) und *Rondo* (Ludwigsburg 1996; Musik: John Cage), deren Bewegungsmaterial zunächst mithilfe von *Life-Forms* erstellt wurde und die stark von isolierten Sequenzen der einzelnen Körperpartien geprägt sind, hat Cunningham – in Zusammenarbeit mit den Multimedia-künstlern Shelley Eshkar und Paul Kaiser – bei *Biped* das ›Motion-capturing‹-Verfahren verwendet. Zunächst erstellte man 71 Bewegungssequenzen, die von zwei Tänzern im Studio ausgeführt und mittels Sensoren an Gelenken und anderen Körperstellen digitalisiert wurden; der Computer übertrug dann die Bewegungen auf Strichmännchen. Daraus produzierten Eshkar und Kaiser Tanzfiguren, die phasenweise in überdimensionaler Größe eingeblendet werden und mit denen die realen Tänzer in Beziehung treten. Für *Biped* benutzte Cunningham einen weicheren, runderen Bewegungsstil, basierend auf einer Kombination von klassischem Tanz und Modern Dance. Gegenüber früheren Werken sind nun jedoch relativ viele Drehungen, Schwünge und Duettkonstellationen einschließlich Hebungen enthalten und deutlich weniger angulare Motionen.

Biped wurde international als eine von Cunninghams betörendsten Choreografien gewürdigt.

Black Cake

CHOREOGRAFIE: Hans van Manen; MUSIK: Pjotr Tschaikowski, Leoš Janáček, Igor Strawinsky, Pietro Mascagni und Jules Massenet; AUSSTATTUNG: Keso Dekker; URAUFFÜHRUNG: 20. April 1989, AT & T Danstheater, Den Haag, Nederlands Dans Theater

ROLLEN: 6 Tänzerinnen; 6 Tänzer; 1 Kellner

Vor einem Hintergrundprospekt mit kurzen Balken.

An ihren Kleidern und Frisuren nestelnd, betreten die Damen im dunklen Cocktailkleid, die Herren in schwarzem Hemd und schwarzer Hose die Bühne. Man begrüßt sich, kontrolliert das eigene Aussehen und das der anderen. Dann finden sich die Tänzer zu sechs Paaren zusammen, in rautenartiger Formation zitieren sie Elemente verschiedener Gesellschaftstänze. Sich unterhaltend, gehen sie schließlich bis auf ein Paar ab. Dieses tanzt ein ernstes, lyrisches Duett und wird vom nächsten Paar abgelöst. Dessen Duett ist von grotesker Komik: Wenn sie auf Zehenspitzen trippelt, geht er in die Knie und umgekehrt; sie stampfen, sie wirft ihn um, er tanzt neben ihr auf allen vieren, und zum Schluss zieht der Mann die auf dem Boden in dekorativer Pose liegende Frau hinaus, während sie ihre Fingernägel kontrolliert. Das nun auftretende dritte Paar schwelgt in leidenschaftlichen Gefühlen und großem Pathos: Sie ›können‹ nicht miteinander, aber auch nicht ohne einander; auf die Umarmung folgt die Zurückweisung. Gegen Ende ihres Duetts kommen die übrigen fünf Paare wieder auf die Bühne. Ein Kellner serviert Champagner, und das Ensemble – stets mit Glas in der Hand – wird zunehmend ›betrunkener‹, stolpert über die Bühne, dem Kellner hinterher, weint, wird immer enthemmter. Ein letztes Prosit geht an das Publikum, bevor die Gesellschaft in die Kulissen torkelt.

Hans van Manen schuf *Black Cake* als ein Auftragswerk für das 30-jährige Bestehen des Nederlands Dans Theater. Er feierte damit auch sein eigenes Jubiläum bei dieser Kompanie, für die er bereits im ersten Jahr ihres Bestehens choreografiert hatte. Von jeher fasziniert vom Gesellschaftstanz, den er auch in → *Fünf Tangos* aufgreift, inszeniert er in *Black Cake* nun auch das adäquate gesellschaftliche Umfeld auf der Bühne und karikiert es wohlwollend. Seine Party im Zeitraffer, die das Eintreffen und Begrüßen der Gäste bis zu deren betrunkenem Abschied zeigt, beginnt mit geordneten Formationen. Dann erlaubt sie Einblicke in das Verhältnis dreier grundverschiedener Paare – vom innigen Zugewandtsein über gegenseitige Dominanzversuche bis zur komplizierten Obsession. Und sie endet im Zustand alkoholbedingter allgemeiner Auflösung. Van Manens Blick auf dieses Treiben ist durchaus ironisch, und dieser Haltung entspricht die Zusammenstellung der Musik: Unter anderem verwendete er den dritten Satz aus Pjotr Tschaikowskis *Sinfonie Nr. 6 h-Moll* (1893) und die »Meditation« aus Jules Massenets Oper *Thaïs* (1894).

Möglicherweise hatte sich die Direktion des Nederlands Dans Theater eine andere Art von Werk erhofft, denn die Kompanie führte *Black Cake* nur wenige Male auf. Inzwischen gehört es zu den beliebtesten Balletten van Manens, das diverse europäische Kompanien einstudiert haben.

Bolero
Ballett

CHOREOGRAFIE: Bronislawa Nijinska; MUSIK: Maurice Ravel; AUSSTATTUNG: Alexandre Benois; URAUFFÜHRUNG: 22. November 1928, Opéra (Salle Garnier), Paris, Ballets de Madame Ida Rubinstein

ROLLEN: die Tänzerin; 21 Männer

Eine spanische Taverne, in der Mitte ein großer mehreckiger Tisch.
    Die Tänzerin springt auf den Tisch und beginnt zu tanzen; ihre Bewegungen steigern sich zusehends. Die Männer an anderen Tischen werden allmählich auf die Tänzerin aufmerksam und treten nacheinander an den Tisch. Am Ende springen einige der Männer auf den Tisch und heben die Tänzerin über ihre Schultern.

Maurice Ravel komponierte seinen berühmten *Boléro* für dieses Ballett von Bronislawa Nijinska. Die spanisch gefärbte, sich stetig wiederholende, dabei zunehmend voller orchestrierte Melodie – das Musikstück stellt im Grunde ein großes Crescendo dar – inspirierte Nijinska zu einer sich ebenfalls ständig steigernden Choreografie: Die Bewegungen der Tänzerin werden im Verlauf des Werkes immer aufstachelnder; die Gruppe reagiert entsprechend. Passend zur Musik entwarf Alexandre Benois eine Ausstattung, die sich an Gemälden Francisco de Goyas orientierte. In ihrer Choreografie ver-

zichtete Nijinska auf direkte Zitate des Boleros, jenes
spanischen Paartanzes, adaptierte jedoch für die Tänzerin das akzentuierte Gehen samt pointiertem Innehalten,
das den Bolero kennzeichnet. Damit präsentierte sie die
Tänzerin – die Mäzenin Ida Rubinstein, die es sich leis-
ten konnte, von Zeit zu Zeit eine eigene Ballettkompanie
zu unterhalten – in einem denkbar günstigen Licht; insbesondere kamen Rubinsteins viel gepriesene darstelleri-
sche Fähigkeiten zur Geltung.

In späteren Aufführungen des *Boleros* bestand die
Gruppe aus Frauen und Männern. Nijinska studierte ihr
Ballett in der Folgezeit für diverse andere Kompanien ein
und tanzte selbst auch die Hauptpartie.

Ravels Komposition regte eine Vielzahl von Choreografen zu eigenen Werken an, unter anderem Michail
Fokin (Paris 1935), Dore Hoyer (Dresden 1938), Serge
Lifar (Paris 1941), Aurel von Milloss (Rom 1944), Tatjana Gsovsky (Berlin 1946), Maurice Béjart (Brüssel
1961) und Roland Petit (Marseille 1996). Die seit den
1960er-Jahren weltweit bekannteste *Bolero*-Choreo-
grafie, die von zahlreichen Kompanien übernommen
wurde, ist die von Béjart: In ihrer ursprünglichen Version
tanzte auf einem Tisch eine Frau, umgeben von Männern;
später gab es auch die Varianten, dass einem männlichen
Solisten eine weibliche oder eine männliche Gruppe
gegenübersteht.

Café Müller

CHOREOGRAFIE: Pina Bausch; MUSIK: Henry Purcell; AUSSTAT-
TUNG: Rolf Borzik; URAUFFÜHRUNG: 20. Mai 1978, Opernhaus,
Wuppertal, Tanztheater Wuppertal

ROLLEN: 3 Tänzerinnen; 3 Tänzer

Im Hintergrund eine gläserne Drehtür, davor runde Tische
und Stühle, links und rechts Glastüren.

Eine Tänzerin in überlangem hellem Unterkleid erscheint von links, geht langsam an der Seitenwand entlang nach hinten. Ihre Augen sind geschlossen, und sie stößt sich an den Stühlen. Eine Frau mit roter Perücke, türkisblauem Kleid und dunklem Wintermantel kommt durch die Drehtür und trippelt zwischen den Stühlen umher. Eine dritte Frau in knielangem hellem Kleid betritt ebenfalls von links die Bühne. Sie betastet ihren Ausschnitt, ihre Brust und bewegt sich wie somnambul vorwärts und rückwärts. Ein herbeigeeilter Mann im Anzug räumt ihr die Stühle im letzten Moment aus dem Weg. Die beiden hell gekleideten Frauen lehnen nun an der linken Wand, rutschen an ihr entlang, kippen um, bevor sie sich wieder aufrappeln. Die Frau im knielangen Kleid setzt ihren schlafwandlerischen Gang durch den Raum fort, und wieder sorgt der Mann dafür, dass sie nicht gegen Stühle läuft; die Tänzerin im überlangen Unterkleid beginnt mit ruhigen, ausholenden Motionen vor allem der Arme und bewegt sich langsam von der Wand weg. Die Frau im knielangen Kleid läuft bald in die Arme eines Tänzers in hellem Hemd und dunkler Hose, der sie umarmt. Ein weiterer Tänzer, im grauen Anzug, löst die zwei voneinander und arrangiert sie zu einer Kussposition, bevor er sie ihrem Partner in die Arme legt; sie rutscht an ihm herab, und sie umschlingen sich erneut. Wieder und wieder greift der Tänzer im grauen Anzug – das Paar arrangierend – ein, wobei sich die Geschwindigkeit und Intensität der Bewegungen steigert. Schließlich macht das Paar automatisiert allein weiter, bis die Frau nach hinten geht, ihr Kleid auszieht und sich an einen Tisch setzt. Der Tänzer im grauen Anzug hebt daraufhin ihren Partner hoch, trägt und zieht ihn. Dazu beginnt wieder die Frau mit roter Perücke herumzutrippeln; sie sieht sich bisweilen das Treiben an: Die Frau im überlangen Unterkleid kommt stockend nach vorn und führt Armschwünge aus, der Tänzer im grauen Anzug hebt die im Hintergrund ihr Kleid an- und ausziehende

Frau hoch, die übrigen Männer jagen durch den Raum und stoßen dabei die Möbel um. Später sieht man die Frau im überlangen Unterkleid sich lange in der Glastür drehen, während der Mann in dunkler Hose und hellem Hemd wiederholt zu der Frau im knielangen Kleid geht, die nach einer Umarmung zu Boden fällt. Danach setzt sich der Mann an den Tisch, die Frau mit roter Perücke und der Tänzer im grauen Anzug kommen hinzu; kurz danach laufen sie wieder umher. Später zieht die Frau mit roter Perücke Schuhe und Mantel aus, setzt langsam einen Fuß vor den anderen, dreht sich. Die Frau im knielangen Kleid, die am Tisch saß, geht ab; nach ihrer Rückkehr wird sie von dem Tänzer im grauen Anzug gehalten und ›läuft‹ so über den in hellem Hemd und dunkler Hose. Nach der Auflösung dieser Konfiguration verfolgt die Frau mit roter Perücke den Mann in hellem Hemd und dunkler Hose und bringt sich zu ihm in Kussposition. Schließlich hetzen die Tänzer wieder auf der Bühne umher und verlassen sie dann kurzzeitig; der Mann in hellem Hemd und dunkler Hose und seine Partnerin heben sich wechselseitig, werfen einander gegen die Wand. Am Ende, wenn sich die Bühne verdunkelt, hängt die Frau mit roter Perücke der im überlangen Unterkleid den Mantel um und setzt ihr die Perücke auf, bevor sie sie mit ihren Bewegungen allein lässt. Derweil agieren die anderen hinter der Glastür.

Das etwa 45 Minuten lange Stück war Teil eines aus vier Werken bestehenden Programms, das den Titel *Café Müller* trug und für das neben Pina Bausch Gerhard Bohner, Gigi-Gheorge Caciuleanu und Hans Pop Choreografien geschaffen hatten. Die entrückte Atmosphäre des Stückes – zu partiell erklingenden Arien aus Henry Purcells Bühnenwerken *The Fairy Queen* (1692) und *Dido and Aeneas* (1689) – vermittelt sich über die somnambule Einsamkeit der beiden hell gekleideten Frauen, die wie in Trance oder spontanen inneren Eingebungen folgend ihre Aktionen vollziehen. Hat die eine zumindest noch sporadisch körperlichen Kontakt zu dem Mann, der sie umarmt, ist die Kommunikation der anderen nur noch vermittelt möglich: Sie scheint ihre Umwelt – die Stühle und die Menschen, die reaktionsschnell und hektisch auch ihr die Möbel aus dem Weg räumen – nicht wahrzunehmen. Die Frau mit roter Perücke ist in ihrer bunten Kleidung und ihren flinken Aktionen nicht weniger auffällig gezeichnet als die anderen beiden Frauen, doch sie nimmt Anteil an dem, was um sie geschieht, und versucht, Kontakt aufzunehmen. In der Uraufführung (und weiteren Vorstellungen) war es der Bühnenbildner Rolf Borzik selbst, der seine Ausstattung den Tänzern – darunter Bausch als Frau im überlangen Unterkleid und Meryl Tankard als Frau mit roter Perücke – immer wieder auf der Bühne aus dem Weg räumte. Sein ungastlicher Bühnenraum mit schmucklosem, funktionalem Mobiliar signalisiert Einsamkeit, Entfremdung, Suche nach Geborgenheit und die Unmöglichkeit zu persönlichen Beziehungen: Borziks Café ist nicht Schauplatz einer linearen Handlung im traditionellen Sinn; stattdessen schildert Bausch innere Zustände in neuartiger theatraler Inszenierung, in der Repetition prägnanter Bewegungssequenzen und Collageprinzip bestimmende Merkmale darstellen. Die als Tanztheater bekannte Richtung erprobte sie erstmals in *Blaubart. Beim Anhören einer Tonbandaufnahme von Béla Bartóks Oper »Herzog Blaubarts Burg«* (Wuppertal 1977; Musik: Béla Bartók).

Nach der Uraufführung löste Bausch ihr Stück aus dem ursprünglichen Kontext und gab ihm seinen Titel. *Café Müller* befindet sich bis heute im Repertoire ihrer Kompanie und wird meist mit ihrer Choreografie *Le sacre du printemps* (Wuppertal 1975; Musik: Igor Strawinsky) gezeigt.

The Cage

CHOREOGRAFIE: Jerome Robbins; MUSIK: Igor Strawinsky; BÜH-
NENBILD: Jean Rosenthal; KOSTÜME: Ruth Sobotka; URAUFFÜH-
RUNG: 14. Juni 1951, City Center, New York, New York City
Ballet

ROLLEN: die Novizin; die Königin; 2 Eindringlinge; 12 Tänzerinnen

Über einer Gruppe von Tänzerinnen hebt sich ein locker
geknüpftes Netz nach oben. Aus der Gruppe löst sich ein
Körper, der ein Tuch um den Kopf trägt: die Novizin.
Sie verharrt reglos, bis die Königin die Mitglieder ihrer
Gruppe versammelt, um der Novizin das Tuch abzunehmen. Dann bleibt die Novizin allein zurück. Bald betritt
ein Mann das Gebiet der Frauen. Die Novizin attackiert
und tötet ihn. Die Gruppe kehrt zurück und trägt den
Mann fort; die Königin beglückwünscht die Novizin zu
ihrem Verhalten. Erneut lassen alle die Novizin allein.
Ein zweiter Mann dringt in das Territorium der Frauen
ein, und wieder beginnt die Novizin unverzüglich den
Kampf mit ihm. Doch entwickelt sich eine gegenseitige
Zuneigung, und die zwei kommen sich sehr nahe. Da entdecken die Frauen die zärtliche Verbindung der beiden:
Die Gruppe nimmt den Eindringling gefangen; die Königin befiehlt der Novizin, ihn zu töten. Von der Gruppe
über den Mann gehoben, führt die Novizin die Tötungs-
bewegung aus. Nun ist die Novizin in die Gruppe aufgenommen. Das Netz fällt wieder herab.

Mit *The Cage* thematisierte Jerome Robbins matriar-
chale Gesellschaften, in denen Männer als Feinde behandelt werden. Tatsächlich dachte der Choreograf bei der
Arbeit an dem Ballett an die Amazonen der griechischen
Mythologie, die sich mit den Männern benachbarter
Stämme einmal im Jahr zur Erhaltung des eigenen Volkes
trafen und nur weibliche Nachfahren aufzogen; dementsprechend erinnern die Kostüme (hautfarbene Trikots

Café Müller. Choreografie: Pina Bausch
Tanztheater Wuppertal

Choreartium. Choreografie: Léonide Massine
Niederländisches Nationalballett, Amsterdam

mit applizierten schwarzen Schlangenlinien) an Kriegs-
bemalung, und kunstvoll gestylte Frisuren suggerieren
weibliche Vitalität. Eine weitere inhaltliche Anregung
lieferten Informationen über Spinnenarten, bei denen die
Weibchen unmittelbar nach der Begattung die Männchen
auffressen: Im Ballett spiegelt sich dies in dem über der
Bühne hängenden Netz wider, das einem Spinnennetz
nachempfunden ist. Der Handlungsfokus, die Tötung der
Männer, ist eingebettet in einen Initiationsprozess; erst
mit dem Einüben der wichtigsten Regel wird die Novizin
als Gleichberechtigte in die Gruppe aufgenommen. Die
choreografische Struktur dieses Rituals passte Robbins
genau der von ihm gewählten Musik an, Igor Strawinskys ausdrucksstarkem *Concerto en rè* (1931) für Streichorchester. Höchst originell ist das Bewegungsmaterial des
Balletts: Zur klassischen Technik kommen Haltungen, die
anderen Tanzformen entlehnt sind, wie etwa überdehnte
Arme, ein nach vorn geschobenes Becken oder einwärts
gedrehte Füße. Markant sind angewinkelte Arme und
geöffnete Hände mit nach hinten gebogenem Daumen:
Beides erinnert an den Körperbau von Insekten und lässt
vor allem an deren scherenähnliche Extremitäten denken.
Immer wieder zu sehen ist eine Pose mit nach hinten
gerecktem Kopf und geöffnetem Mund in Verbindung
mit einem nach vorn oder nach oben gestreckten Arm
und der beschriebenen Handhaltung: eine Pose, in der
die Aggressivität der Frauen zum Ausdruck kommt. Ani-
malische Wildheit strahlen die katzenhaft geschmeidigen
Schrittfolgen der Frauengruppe aus; Laszivität die vorge-
stellte Fußspitze mit leichter Beugung beider Beine.

The Cage rief höchst widersprüchliche Reaktionen bei
Publikum und Presse hervor; man stieß sich insbesondere
an dem als männerverachtend empfundenen Inhalt des
Werkes. Das Ballett gehört nach wie vor zum Repertoire
des New York City Ballet; seit den 1990er-Jahren haben
es einige klassische Kompanien übernommen.

Carmen

Ballett

CHOREOGRAFIE: Roland Petit; MUSIK: Georges Bizet; AUS-STATTUNG: Antoni Clavé; URAUFFÜHRUNG: 21. Februar 1949, Prince's Theatre, London, Ballets de Paris

ROLLEN: Carmen; Don José; Banditen (2 Tänzer, 1 Tänzerin); Toreador; 4 Tänzerinnen; 2 Tänzer

In Sevilla, 19. Jahrhundert.

1. Bild, eine Straße, Wäsche hängt auf der Leine, eine Leiter lehnt an einer Fabrikwand: Der Bandit steht auf der Leiter, seine Kumpane kommen hinzu. Kurz darauf stolziert die Banditin lasziv an den Männern vorbei, begleitet von Frauen in schwarzen Tüllröcken. Sie zünden sich gegenseitig Zigaretten an, posieren vor den Männern. Carmen, Arbeiterin in einer Zigarettenfabrik, erscheint bald auf der Treppe und beginnt mit einer Kollegin zu streiten; die anderen beobachten die beiden. Don José, vornehm gekleidet, eilt schließlich hinzu und reißt Carmen von ihrer Rivalin zurück. Bald wird ihm ein Bein gestellt, und er sinniert eine Weile, bevor sich die Männer um ihn gruppieren und ihn des Platzes verweisen. Er geht ab.

2. Bild, eine von bunten Lampions erleuchtete Taverne: Gäste, unter ihnen die Banditen, und Barmädchen vergnügen sich. Zu ihnen gesellt sich Don José; er stößt ein Barmädchen um. Dann produziert er sich vor den anderen, die ihm zusehen und die Worte der Arie »L'amour est un oiseau rebelle« skandieren. Bald tritt Carmen mit einem Fächer zu ihm, und nach einer Weile ziehen sich die beiden auf die Empore zurück. Schließlich kommen sie wieder herab und verlassen das Lokal.

3. Bild, Carmens Zimmer: Eine Zigarette rauchend, zieht Don José die Vorhänge auf. Im Hintergrund liegt Carmen auf dem Bett und isst eine Orange. Sie erhebt sich und bewegt sich vor ihm auf verführerische Weise. Don José sieht ihr zu, bis sie zum Fenster geht und auf die

Straße blickt. Nun will er ihre Aufmerksamkeit brutal auf sich zurücklenken. Sie weist ihn zunächst ab, doch dann finden sie wieder zusammen. Später erscheinen die drei Banditen und fordern Carmen auf mitzukommen. Auch Don José schließt sich ihnen an.

4. Bild, im Freien, Wagenräder liegen herum, in der Nacht: Die Banditen drücken Don José ein Messer in die Hand und wollen von ihm, dass er einen Kurier ermordet. Don José zögert, doch Carmen bestärkt ihn, und er tut, was man von ihm verlangt.

5. Bild, vor dem Eingang der Stierkampfarena: Schaulustige begeben sich in die Arena; in der Menge ist auch die Banditin auszumachen. Bald zeigt sich der Toreador, umschwärmt von den Frauen, die er jedoch alle abweist, bis auf Carmen. Don José hat dies gesehen und fährt sie an. Allein auf dem Platz, stehen sie sich gegenüber. Es entwickelt sich ein Kräftemessen, in dessen Verlauf Don José sein Messer zückt. Als sich Carmen plötzlich auf ihn zubewegt, springt sie in sein Messer und stirbt in seinen Armen. Am Ende fliegen aus der Arena Hüte auf den Platz als Zeichen, dass der Stierkampf beendet ist.

Obwohl die drei Banditen wie ein roter Faden das Ballett durchziehen, hat Roland Petit seine *Carmen* im Wesentlichen auf die Personen Carmen und Don José sowie ihre Interaktion konzentriert: Anders als in Georges Bizets gleichnamiger Oper (1875) ist es hier Don José, der – als Außenseiter gekennzeichnet – die berühmte Habanera interpretiert (Petit verwendet Auszüge aus der Oper). Carmen ist in ihren Soli als selbstbewusste, freiheitsliebende Frau dargestellt, die auf selbstverständliche Weise soziale Grenzen übertritt, Don José als derjenige, der zur radikalen Normüberschreitung gebracht werden kann. Diese wird jedoch im Stück nicht sanktioniert. Er bleibt als Mörder an dem Boten und Totschläger der geliebten Frau allein zurück. Petit situiert das Drama in einer schwülen Halbwelt, die (gerade in der Tavernenszene) Züge des Cabarets trägt. Bewegungssprachlich mischt er die Danse d'école mit Elementen spanischen Volkstanzes und, typisch für seinen Stil, Revueanleihen. Erotische Spannung prägt vor allem das Liebesduett im 3. Bild, sich steigernde Dynamik das ›Todesduett‹ im 5. Bild (von drängender Perkussion begleitet).

Carmen erwies sich als bis heute erfolgreichstes Werk Petits. Die Protagonistin der Carmen, Zizi Jeanmaire, war für viele Jahre ein Inbegriff dieser Figur; sie interpretierte die Rolle auch in dem Film *Un, deux, trois, quatre* (1960). Das Ballett wurde von diversen klassischen Kompanien – mit erweitertem Corps de ballet – übernommen.

Zehn Jahre vor Petit hatte Ruth Page in *Guns and Castanets* (Chicago 1939; Musik: Bizet) die gesellschaftskritische Ebene von Prosper Mérimées Novelle hervorgehoben: Das Stück spielt während des Spanischen Bürgerkriegs, Carmen ist zur Frondeurin, Don José zum Franco-Anhänger gemacht. Auf die psychologische Auslotung des Dreiecksverhältnisses zwischen Carmen, Don José und dem Torero innerhalb einer Arena fokussierte Alberto Alonso seine *Karmen-Sjuita* (Moskau 1967; Musik: Rodion Schtschedrin, nach Bizet). John Cranko schuf eine *Carmen* (Stuttgart 1971; Musik: Wolfgang Fortner, nach Bizet), in der er Carmen und Don José als gegen ihre Rolle rebellierende Individuen zeigt, die daran scheitern, dass aus einer normübertretenden Zigeunerin keine bürgerliche Dame und aus dem kleinbürgerlichen Soldaten kein freiheitsliebender Abenteurer werden kann. Ungleich populärer wurde die auch verfilmte Adaption des Stoffes durch Antonio Gades (Paris 1983), der die Szenerie in die Welt der Flamencotänzer und -sänger verlegte und die Komposition Bizets um Flamencomusik ergänzte; diese *Carmen* os;zilliert zwischen zwei Realitätsebenen (den Proben für eine *Carmen*-Aufführung und dem Privatleben der Tänzer) und zeigt an der Figur der Carmen, wie aus einer unabhängigen Frau ein Männermythos wird. Schtschedrins *Carmen-Suite* verwendete auch Mats Ek für seine *Carmen* (Stockholm 1992), die mit der Hinrichtung Don Josés beginnt und in der Rückblende erzählt, wie es dazu kam; zu den bekannten Personen hat Ek die Figur M hinzugefügt, die sowohl für ›madre‹ (Mutter) als auch ›muerte‹ (Tod) stehen kann.

Le carnaval

CHOREOGRAFIE: Michail Fokin; MUSIK: Robert Schumann; LIBRETTO: Michail Fokin und Léon Bakst; AUSSTATTUNG: Léon Bakst; URAUFFÜHRUNG: 5. März 1910, Pawlow-Saal, Sankt Petersburg

ROLLEN: Colombine; Chiarina; Estrella; Papillon; Pierrot; Harlekin; Pantalone; Eusebius; Florestan; 6 Tänzerinnen; 6 Tänzer; Philister (2 Tänzerinnen, 2 Tänzer)

In einem Garten findet ein Maskenball statt.

Pierrot ist eingeschlafen und liegt mit dem Oberkörper auf einem Tisch. Drei Damen eilen vorüber, jede von ihnen von einem Verehrer verfolgt. Paare tanzen Walzer. Auch Chiarina und Estrella jagen Verehrer nach. Ein Liebespaar ist zu sehen, das nach einem Kuss wegläuft. Dann wacht Pierrot auf und geht ziellos umher. Harlekin tritt zu ihm und verspottet ihn; Pierrot fällt schließlich um, und Harlekin eilt davon. Sechs Paare tanzen nun einen Walzer; als sie sich entfernen, folgt ihnen Pierrot. Eusebius trifft ein und setzt sich auf ein Sofa; er erhält von Chiarina eine Rose. Als beide weg sind, kommen Estrella und Florestan, der ihr seine Liebe gesteht; Estrella ziert sich ein wenig, hängt sich schließlich aber bei ihm ein, und sie gehen weiter. Dann treten Eusebius und Chiarina auf; auch sie lieben sich. Nachdem sie sich entfernt haben, zeigt sich Papillon. Pierrot, der das Tändeln der Liebespaare beobachtet hat und zunehmend trauriger geworden ist, versucht, Papillon mit seinem Spitzhut zu fangen. Bald wiegt er stolz seinen Hut in der Annahme, es geschafft zu haben, doch Papillon ist längst verschwunden. Auch Pierrot geht wieder. Chiarina und zwei Frauen präsentieren sich voll Übermut und versperren Florestan den Weg. Es gelingt ihm schließlich, unter ihren Armen hindurchzuschlüpfen, und er eilt davon; die Frauen tun dies ebenfalls. Jetzt tritt Chiarina mit zwei Frauen auf; Florestan gesellt sich zu ihnen. Bald trennen sie sich wieder. Nacheinander zeigen sich nun Estrella sowie Colombine und Harlekin. Ihnen folgt Pantalone, der einen Brief liest und seine Uhr konsultiert; Colombine kommt zu dem vereinbarten Treffen, doch auch Harlekin ist da, und gemeinsam ärgern sie Pantalone, der schließlich von Harlekin weggestoßen wird. Harlekin gesteht Colombine, wie sehr er sie liebe: Sein Herz liege zu ihren Füßen. Alle gratulieren Harlekin und Colombine zur Verlobung. Jetzt treten die Philister auf, doch sie werden verjagt. Harlekin kann es nicht lassen, andere zu ärgern, und bindet Pantalone und Pierrot zusammen – mit dessen langen Ärmeln.

Michail Fokin erarbeitete *Le carnaval* innerhalb kurzer Zeit für eine Wohltätigkeitsveranstaltung, die in der Karnevalszeit 1910 für eine satirische Zeitschrift veranstaltet wurde. Passend zum Anlass wählte er als Musikbegleitung Robert Schumanns Klavierzyklus *Carnaval* (1834). Zu den 21 kurzen Nummern der Komposition entwarf er eine unbeschwerte Choreografie, die aus zahlreichen raschen Auf- und Abtritten besteht. Die Begegnungen der Personen, ihre Liebeständeleien, sind bisweilen voll Komik, doch manchmal auch von Melancholie erfüllt. Getreu Fokins Prinzipien wird der Inhalt grundsätzlich durch den klassischen Tanz vermittelt, hier allerdings unter Einbeziehung pantomimischer Aktionen. Die Situierung des Geschehens während eines Maskenballs der Biedermeierzeit legitimiert die Verwendung von Karnevalskostümen und bringt die für Maskenbälle typische Zweideutigkeit mit sich: Spielen die als Commedia-dell'arte-Charaktere verkleideten Ballgäste die

Figur, deren Kostüm sie tragen, oder zeigen sie in Verkleidung ihre wahren Gefühle zu anderen Personen? Die Verschleierung der Identität spielte bei der Uraufführung in anderer Hinsicht eine Rolle: Alle Darsteller trugen Masken – neben dem Schauspieler und Regisseur Wsewolod Mejerchold als Pierrot ausnahmslos Tänzer des Mariinski-Theaters, unter ihnen Tamara Karsawina (Colombine), Wera Fokina (Chiarina), Bronislawa Nijinska (Papillon), Leonid Leontjew (Harlekin) und Waslaw Nijinski (Florestan). Der Grund war, dass es den Tänzern offiziell verboten war, während der Spielzeit bei privaten Anlässen aufzutreten.

Der Impresario Sergei Diaghilew nahm *Le carnaval*, als »Ballettpantomime in einem Akt« bezeichnet, ins Repertoire für die Gastspiele seines russischen Tourneeensembles in Westeuropa auf. Die erste Bühnenaufführung – mit einem tiefblauen, mit Blumen verzierten Hintergrundvorhang von Léon Bakst – fand am 20. Mai 1910 im Theater des Westens in Berlin statt; nun wurden die Masken weggelassen, und anstelle Schumanns originaler Komposition für Klavier wurde eine Orchestration verwendet, die ein Komponistenkollektiv (unter ihnen Nikolai Rimski-Korsakow, Alexandr Glasunow und Anatoli Ljadow) erstellt hatte. Nach der Pariser Premiere (4. Juni 1910) gehörte *Le carnaval* zum Stammrepertoire der Ballets Russes bis zu ihrer Auflösung 1929. Das Werk wurde bis zur Mitte des 20. Jahrhunderts von diversen klassischen Kompanien übernommen. Seitdem wird *Le carnaval* nur sporadisch aufgeführt; eine Rekonstruktion zu Schumanns Musik in der originalen Klavierfassung brachte das Ballett der Bayerischen Staatsoper heraus (München 1983).

Chaconne

CHOREOGRAFIE: José Limón; MUSIK: Johann Sebastian Bach, bearbeitet von Ferruccio Busoni; KOSTÜME: Pauline Lawrence; URAUFFÜHRUNG: 27. Dezember 1942, Humphrey-Weidman Studio, New York, José Limón

ROLLEN: 1 Tänzer

Dekorationslose Bühne.

Der Tänzer im dunklen Anzug steht aufrecht, mit gesenkten Armen, die Hände vor dem Körper, rechts hinten. Langsam schiebt er ein Bein vor, verlagert das Gewicht, zieht das Bein wieder heran und hebt die Arme in eine stilisierte, spanisch anmutende Position (die Handrücken der nach außen gedrehten Hände zeigen zueinander). Verhalten und sehr konzentriert bewegt sich der Tänzer dann auf Raumdiagonalen: Weit ausholende Schritte führen zu Attitude-Posen und -Drehungen; immer wieder erscheint die Haltung des Beginns. Die Raumwege, die sich zunächst auf Diagonalen und kurze Richtungswechsel beschränken, werden allmählich zu einem komplexen Netz, in dem gleichwohl Diagonalen neben Kreis- und Spiralformen dominieren. Auch die Bewegungen entwickeln sich: Kleine und große Sprünge kommen hinzu, elaborierte Balancen, schnelle Drehungen, zäsiert von Passagen, in denen der Tänzer kniet. Das Stück endet in der ruhigen Haltung und an dem Platz, an dem es begonnen hat.

José Limón schuf *Chaconne* für sich selbst: Das Modern-Dance-Solo stellt sich als konzentriertes Bewegungsgeflecht dar; es beginnt verhalten, um sich zu steigern und wieder in Ruhe zu enden. Mit seiner formalen Strenge entspricht das Stück der musikalischen Begleitung, Johann Sebastian Bachs Chaconne aus der *Partita für Violine solo Nr. 2 d-Moll* (1720) in Ferruccio Busonis virtuoser Klavierbearbeitung. Der herbe Charakter der Choreografie erinnert an das (spanische) Zeremoniell der

Chaconne, an Noblesse und Virilität dieses Gesellschafts-
tanzes.

Nach Limóns Tod 1972 geriet *Chaconne* in Vergessen-
heit; das änderte sich erst in den 1990er-Jahren, als
Michail Baryschnikow das Solo bei den Tourneen des
White Oak Dance Project tanzte. Seit 1998 gehört es zum
Repertoire von Solisten des Bayerischen Staatsballetts
(München).

Chaconne kann sowohl von einem Mann als auch einer
Frau getanzt werden.

Choreartium
Choreografische Sinfonie

CHOREOGRAFIE: Léonide Massine; MUSIK: Johannes Brahms;
AUSSTATTUNG: Constantin Terechkovich und Eugène Lourié;
URAUFFÜHRUNG: 24. Oktober 1933, Alhambra Theatre, London,
Ballets Russes de Monte-Carlo

ROLLEN: 1. Teil: 3 Solistinnen, 2 Solisten, 12 Tänzerinnen,
8 Tänzer; 2. Teil: 1 Solistin, 20 Tänzerinnen; 3. Teil: 2 Solistinnen, 2 Solisten, 6 Tänzerinnen, 8 Tänzer; 4. Teil: 5 Solistinnen,
4 Solisten, 15 Tänzerinnen, 10 Tänzer

1. Teil, vor einem bunten Hintergrundprospekt mit einem
Regenbogen: Eine Solistin und ein Solist treten von
links auf, wobei sie alternierend Bewegungen ausführen.
Nachdem sie Kontakt zueinander gefunden haben, gehen
sie ab, und die anderen beiden Solistinnen erscheinen
jeweils mit sechs Tänzern. Dann folgt der zweite Solist,
der von sechs Frauen begleitet wird. Der weitere Verlauf
dieses Teils besteht aus alternierenden Konstellationen
der Solisten, allein oder mit wechselnden Formationen
des Corps de ballet.

2. Teil, vor einem blauen Hintergrundprospekt: Sämtliche Tänzerinnen des Corps de ballet, kastanienbraun
gekleidet mit hinten herabhängender Kopfbedeckung,

bilden eine Reihe, wobei sie sich kreuzweise an den Händen halten. Sie ziehen mit wiegenden Schritten von links hinten auf die Bühne und bewegen sich langsam nach vorn. Daraufhin gliedern sie sich in drei Reihen und lösen sich bald in kleinere Einheiten auf. Nachdem sie sich wieder zu einer Reihe gefunden haben, nun in der Diagonalen, kommt von rechts die Solistin in Scharlachrot, ebenfalls mit Kopfbedeckung. Sie zeigt dann vor und inmitten des Corps de ballet, das erneut in drei Gruppen aufgeteilt ist, skulpturale Bewegungen; diese werden zunehmend virtuoser und raumgreifender. Schließlich platziert sich die Gruppe im Halbkreis zu einer auf- und absteigenden Reihe um die Solistin, dann zu anderen Formen um diese. Die Solistin führt schließlich das Corps de ballet beim Abgang von der Bühne an.

3. Teil, vor einem Hintergrundprospekt mit hellen Farben: Das Corps de ballet, das über weite Strecken dieses Teils zu Paaren angeordnet ist, tritt bisweilen in kleineren Ensembles mit den wechselweise sich präsentierenden Solistenpaaren auf. Kurzzeitig erscheinen wiederholt zwei Tänzer, die mit grotesken Bewegungen die Aktionen der Solisten imitieren. Am Ende sind alle Tänzer gemeinsam auf der Bühne, die Solistenpaare von der Gruppe umringt.

4. Teil, vor einem grauen Hintergrundprospekt, auf dem Tore und Torbogen aufgemalt sind: Vier Tänzer des Corps de ballet und zwei Solisten beginnen diesen Teil als Sechsergruppe. Zu dieser kommt dann eine Solistin, und die zwei Solisten lösen sich aus der Gruppe. Im weiteren Verlauf bilden sich wechselnde Formationen unter Beteiligung der Solisten, darunter sind auch nach Geschlechtern getrennte Ensembles. Gegen Ende werden die Bewegungen der Tänzerinnen und Tänzer und ihre Gruppierungen zunehmend komplexer; am Schluss sind alle Beteiligten dieses Teils versammelt, wobei die Solistinnen gehoben werden.

Choreartium – choreografiert zu Johannes Brahms'
Sinfonie Nr. 4 e-Moll (1885) – ist das zweite der vier
so genannten sinfonischen Ballette Léonide Massines.
Für die Ballets Russes de Monte-Carlo hatte er zuerst
Les présages (Monte Carlo 1933) zu Pjotr Tschaikowskis *Sinfonie Nr. 5 e-Moll* (1888) geschaffen; die Reihe
setzte er später mit *Symphonie fantastique* (London 1936)
zu Hector Berlioz' gleichnamigem Orchesterwerk (1830)
und *La septième symphonie* (Monte Carlo 1938) zu
Ludwig van Beethovens *Sinfonie Nr. 7 A-Dur* (1812) fort.
Mit diesen Choreografien zu bedeutender Orchestermusik
wollte Massine das Ballett von allen Beschränkungen, die
die Vermittlung narrativer Elemente im Tanz mit sich
bringt, befreien und ihm zu neuer Bedeutung unter den
Künsten verhelfen. Insbesondere sollte der Bühnentanz
zwar auf formale Prinzipien der Musik zurückgreifen,
sich andererseits aber so weit von der Komposition lösen,
dass er ihr in künstlerischer Relevanz ebenbürtig werde
und eventuell philosophische Ideen zum Ausdruck bringen könne. In formaler Hinsicht bedeutete das in *Choreartium* beispielsweise, dass im 1. Teil die Solisten
ihre ersten Auftritte mit dem erstmaligen Erklingen der
einzelnen Themen haben, und ihre Bewegungen lassen
sich häufig als plastische Ausgestaltung der melodischen Linie charakterisieren. Die Adaption eines anderen
musikalischen Kompositionsprinzips lässt sich im 2. Teil
beobachten: Die Gruppe von 20 Tänzerinnen repräsentiert sozusagen die Begleitung, die mit der Solistin, wie
eine Melodie, ein künstlerisches Ganzes ergibt. Heraus-
ragendes Merkmal des Werkes ist ein ununterbrochener
tänzerischer Fluss, der analog zur Musik Steigerungen
und spannungsmäßig abklingende Passagen kennt. Hierbei finden ständig Formationswechsel statt, und die
Solisten agieren keineswegs immer als vom Corps de
ballet getrennte Tänzer, sondern können auch Teil eines
Ensembles sein. Massines Streben weg von konventio-
neller Gestaltung erstreckte sich darüber hinaus auf indivi-

dualisierte Bewegungen für Mitglieder einer Gruppe, unter weitgehender Vermeidung stereotyper symmetrischer Formationen. Das Bewegungsmaterial stellt eine erweiterte Danse d'école samt Demi-caractère-Elementen (wie Schenkelklopfen im 3. Satz) dar; stellenweise verblüffen die Kombinationen mit einer für die damalige Zeit ungewöhnlichen Virtuosität. Vor allem im 2. Teil amalgamierte Massine zudem Bewegungen der zeitgenössischen Gegenbewegungen zum Ballett, des Ausdruckstanzes und des Modern Dance: Kennzeichnend sind hier skulpturale Posen mit abgewinkelten Armen, Fäusten und Profilstellung; auch verwendete er ein vom Becken ausgehendes Zusammenziehen des Oberkörpers, das an Martha Grahams ›contraction‹ erinnert.

Die Uraufführung von *Choreartium* gab den Anstoß zu einer anhaltenden Debatte: ob es zulässig sei, Meisterwerke der Musik für den Tanz heranzuziehen. Das Ballett blieb lange Zeit im Repertoire der Ballets-Russes-Kompanie des Colonel de Basil. Rekonstruktionen zeigten das Balletto Europeo (Genua 1960) sowie das Birmingham Royal Ballet (Birmingham 1991) und das Niederländische Nationalballett (Amsterdam 2001), die beiden letztgenannten Kompanien in einer neuen Ausstattung von Nadine Baylis. Die Zahl der Corps-de-ballet-Tänzer kann zum Teil variieren; in späteren Aufführungen der Ballets Russes de Monte-Carlo tanzten bisweilen 27 Frauen im 2. Teil.

The Concert

Farce in einem Akt

CHOREOGRAFIE: Jerome Robbins; MUSIK: Frédéric Chopin, orchestriert von Hershy Kay; BÜHNENBILD: Edward Gorey; KOSTÜME: Irene Sharaff; URAUFFÜHRUNG: 6. März 1956, City Center, New York, New York City Ballet

ROLLEN: 4 Solistinnen; 5 Solisten; 7 Tänzerinnen; 7 Tänzer; Pianist

Auf der linken Bühnenseite steht ein Flügel.

Der Pianist geht über die Bühne zu dem Instrument und säubert die staubigen Tasten, bevor er zu spielen beginnt. Nacheinander kommen einige Männer und Frauen mit Klappstühlen, auf die sie sich setzen: ein konzentrierter Zuhörer, zwei Mädchen, die mit Papier rascheln, eine exaltierte Frau, die direkt am Flügel Platz nimmt, eine zornige Frau sowie eine Frau mit Zigarre rauchendem Mann. Der Mann beginnt, Zeitung zu lesen, wird aber von seiner Frau sofort und unmissverständlich zurechtgewiesen. Schließlich gesellt sich ein schüchterner Mann zu ihnen, ehe zwei Männer auftreten, von denen einer die Eintrittskarten kontrolliert. Im Verlauf der Kontrolle wechseln die Tänzer die Plätze. Der ›Ehemann‹ möchte nun mit einer jungen Frau Kontakt aufnehmen, wird jedoch wieder von seiner Frau gemaßregelt. Nun tanzt die exaltierte Frau, und der schüchterne Mann will sie dabei in traditioneller Manier unterstützen. Da er sichtlich ungeübt ist, misslingen ihm seine Aktionen; er kriegt sie einfach nicht zu fassen. Um dem Ganzen ein Ende zu bereiten, greift er sich einen Knüppel, schlägt ihn der Frau auf den Kopf und zieht sie von der Bühne. Jetzt werden sechs Tänzerinnen auf die Bühne getragen, dort abgelegt und skulptural arrangiert. Die Frauen fangen zu tanzen an: In ihre koordinierten Bewegungen schleichen sich immer wieder Fehler (wie falsche oder vergessene Einsätze) ein, und am Ende herrscht nur noch Konfusion. Die Männer tragen die Frauen wieder weg. Dann erscheinen

erneut die exaltierte Frau, die Hüte anprobiert, sowie das
›Ehepaar‹: Er will sie mit einem Messer erstechen. Als
er es endlich geschafft hat, sich an sie heranzuschleichen,
versagt das Messer seinen Dienst. Als er es bei sich testet,
funktioniert es sehr wohl, und er fällt wie tot um. Nach
ihrem Abgang kommen zwei Paare auf die Bühne; ein
drittes Paar gesellt sich bald dazu. Nach ihrem Tanz bleibt
eine Frau am Flügel zurück. Da stürmen sechs ›Husaren‹
herein; ihr Anführer ist der ›Ehemann‹, der dieser Frau
imponieren möchte. Als sie zusammen tanzen, tritt er sie
immer wieder. Dennoch kommen sie sich nahe, bis die
›Ehefrau‹ auftaucht und den Mann wegholt. Daraufhin
versammeln sich nacheinander die Tänzer mit Schirm auf
der Bühne; sie spannen den Schirm auf und vereinen sich
allmählich zu einer Gruppe, die die exaltierte Frau hochhebt. Nun eilt der ›Ehemann‹ mit Schmetterlingsflügeln
über die Bühne; sogleich erscheint eine Frau auch mit
Schmetterlingsflügeln, die er fangen will. Weitere Tänzer
erscheinen mit Schmetterlingsflügeln und jagen einander,
so lange, bis der Pianist ein Schmetterlingsnetz nimmt
und seinerseits auf Jagd geht. Vor dem sich senken-
den Vorhang nehmen die Solisten schließlich Platz und
blicken ins Publikum.

The Concert – das mit vollem Titel *The Concert or,
The Perils of Everybody* heißt – gehört zu den wenigen
international erfolgreichen komödiantischen Balletten.
Der Ausgangspunkt war für Jerome Robbins Klaviermusik von Frédéric Chopin; er wählte diverse Stücke
des Komponisten aus, darunter Préludes, Walzer und
Mazurkas, und schuf hierzu eine Folge amüsanter Episoden, die sich, wie er im Programm zur Uraufführung
schrieb, als Träume beim Hören von Musik interpretieren lassen. Genauso gut aber kann man diesen Hinweis
ignorieren und das Ballett als absurde Farce betrachten. Die Komik zeigt sich bisweilen drastisch – etwa in
den Auftritten des mordlüsternen Ehemanns und seiner

Frau –, gelegentlich subtiler, wie in den parodistischen Aktionen auf Tanzvorstellungen, wenn den Tänzern immer wieder – gespielte – Patzer unterlaufen. Die komischen Handlungen sind geschickt in den Bewegungsfluss eingeschmolzen, dessen Material eine Verbindung von klassischer Technik mit Alltagsgesten darstellt.

The Concert erwies sich als großer Erfolg; unmittelbar nach der Uraufführung begann Robbins, das Ballett zu verändern. Eine überarbeitete Fassung, mit neuem Bühnenbild und zwei Prospekten von Saul Steinberg, erstellte Robbins für seine Tourneekompanie Ballets: USA (Spoleto 1958). Seit der Einstudierung durch das New York City Ballet (New York 1971) haben es mehrere klassische Kompanien ins Repertoire genommen.

Concertante

CHOREOGRAFIE: Hans van Manen; MUSIK: Frank Martin; AUSSTATTUNG: Keso Dekker; URAUFFÜHRUNG: 13. Januar 1994, AT & T Danstheater, Den Haag, Nederlands Dans Theater II
ROLLEN: 4 Tänzerinnen; 4 Tänzer

Dekorationslose Bühne, schwach beleuchtet, Tänzerinnen und Tänzer in regenbogenfarbenen, schwarz gestreiften Ganzkörpertrikots.

Nacheinander kommen die Tänzer von rechts auf die Bühne und queren sie. Die individuell gestalteten Auftritte werden zunehmend länger und dynamischer und münden in ein lebhaftes Solo des zuletzt aufgetretenen Tänzers. Danach präsentieren sich drei synchron agierende Paare; dieses Sextett endet, indem die Tänzerinnen plötzlich von der Bühne laufen. Die Tänzer verbleiben noch im Hintergrund; sie warten, bis ein viertes Paar erschienen ist, und gehen ab, als dieses ein Duett beginnt, in dem eine große Bandbreite von harten und weichen Bewegungen entfaltet wird. Mittendrin unterbrechen drei

Männer und drei ihnen nachfolgende Frauen das Duett; die sechs finden sich zu Paaren, die Bewegungen des Duetts zitieren. Nachdem das Solopaar zurückgekehrt ist und sich kurzzeitig den drei anderen Paaren angeschlossen hat, endet das Gruppenintermezzo. Bald wird dieses Paar von einem zweiten abgelöst; nun gerieren sich die Geschlechter aggressiver; lauernd bewegen sie sich umeinander, halten sich auf Abstand, finden aber auch zu aneinander geschmiegten Motionen zusammen. Nach diesem Duett bleibt kurz die Bühne leer; es formiert sich erst ein Quartett, dann ein Oktett, das synchron agiert. Ein kurzes Männerduett schließt sich an. Noch einmal treten die vier Frauen gemeinsam auf; die Männer gesellen sich dazu, und es bilden sich Paare. Am Ende finden sie sich zu einer engen Gruppe zusammen, aus der heraus die Tänzerinnen und Tänzer nacheinander in den rechten Kulissen, aus denen sie anfangs gekommen sind, verschwinden.

Mit *Concertante* schuf Hans van Manen ein sehr stimmungsvolles, spannungsreiches Ballett. Unterstützt von den Kostümen, wirken die Tänzer mit ihren auffallend plastischen, ausholenden Armbewegungen fast skulptural: Oft sind die Arme weit geöffnet und schließen abrupt, schwingen sanft oder klappen hart aus dem Gelenk; markant sind auch verschiedene Arten des Gehens. Überlappungen in Auf- und Abtritten sowie häufige Ketten- und Reihenbildungen lassen ein dichtes Bewegungsgeflecht entstehen. Wie für van Manen charakteristisch, reagieren die Bewegungen auf neoklassischer Basis stark auf die Impulse der Musik; sie sind zum Teil grotesk, zum Teil aggressiv.

Concertante wurde von mehreren klassischen Kompanien ins Repertoire genommen.

Concerto barocco

Klassisches Ballett in einem Akt

CHOREOGRAFIE: George Balanchine; MUSIK: Johann Sebastian Bach; AUSSTATTUNG: Eugene Berman; URAUFFÜHRUNG: 27. Juni 1941, Teatro Municipal, Rio de Janeiro, American Ballet Caravan

ROLLEN: 2 Solistinnen; Solist; 8 Tänzerinnen

Dekorationslose Bühne.

1. Teil: Die Tänzerinnen stehen in zwei Viererreihen links und rechts auf der Bühne. Aufgeteilt in zwei Gruppen, bewegen sie sich überwiegend spiegelbildlich zueinander, und mit den Raumwegen beschreiben sie geometrische Formen; selten überschreiten sie eine imaginäre Mittelachse. Dann betreten nacheinander die zwei Solistinnen die Bühne: Wie ein Echo folgt zeitlich versetzt die eine der anderen. Sie agieren teils zueinander gespiegelt, teils synchron; dies begleitet die Gruppe im Hintergrund bisweilen mit ornamentalen Posen, meist aber mit eigenen Bewegungen und Mustern, die Motive der Solistinnen aufnehmen und variieren. Am Ende ordnen sich die Tänzerinnen wieder zu zwei Reihen und bilden schließlich hinter den Solistinnen ein breites V.

2. Teil: Die Reihen der Tänzerinnen kreuzen sich, und eine Solistin geht ab, dafür wird die andere nun vom Solisten unterstützt. Weite und hohe Hebungen prägen dieses Duett ebenso wie die Arabesque. Durchgängig finden sich auch gefasste Hände der Solisten, mit denen sie die Frauenreihen passieren oder unter denen die Tänzerinnen einzeln oder nacheinander hindurchgehen. Bald bilden für kurze Zeit vier Tänzerinnen mit dem Solistenpaar eine Reihe; mit zwei Frauen formt das Solistenpaar ein zweites Mal eine Reihe, der sich die übrigen Frauen anschließen. Das Ensemble windet sich spiralförmig und löst sich schließlich auf. Während sich die Tänzerinnen in zwei Reihen platzieren, hebt der Solist die Frau wieder,

stützt sie bei Pirouetten und hält sie bei Gleitbewegungen fest. Währenddessen erscheint die andere Solistin, und der Mann geht ab; die zwei Frauen zitieren Bewegungen und Muster des 1. Teils. Bald kehrt der Solist zu seiner Partnerin zurück, und die andere Solistin verlässt die Bühne; ihr Duett setzt sich nun vor zwei diagonal positionierten Tänzerinnenreihen fort. Am Ende sind die Tänzerinnen in Gruppen zu zwei und sechs Frauen aufgeteilt, und die Solisten laufen in die Kulissen.

3. Teil: Die Tänzerinnen setzen mit Piquéschritten, Sprüngen und weit schwingenden Armen ihre Kombinationen fort. Ihre Reihen bilden bald ein Kreuz, und nun treten die Solistinnen auf. Sie tanzen teils versetzt zueinander, teils gemeinsam, immer vor einer sich ständig umformierenden Tänzerinnengruppe. Diese behält das Kreuzmuster auch bei, wenn die Solistinnen die Bühne verlassen haben. Sobald sie wieder erscheinen, rahmen sie die Tänzerinnen ein. Die Solistinnen gehen erneut ab, und die Tänzerinnen agieren als Achterreihe. Nacheinander kehren dann die Solistinnen zurück und zeigen virtuose Kombinationen vor den Tänzerinnen, die, in verschiedenen Reihenformen, deren Motive aufgreifen. Schließlich positionieren sich die Tänzerinnen in zwei Viererreihen hinter den Solistinnen; die Aktionen der nun synchron tanzenden Frauen steigern sich gegen Ende hin immer mehr. Zum Schluss knien alle nieder.

Als George Balanchine *Concerto barocco* schuf, war er sich bewusst, dass ein Ballett zu Musik von Johann Sebastian Bach Kritik hervorrufen würde. Trotz der so genannten sinfonischen Ballette von Léonide Massine aus den 1930er-Jahren glich sein Vorgehen einem Sakrileg in den Augen der Musikliebhaber, empfand man doch Bachs ›reine‹ Musik als unvereinbar mit der Funktion einer Begleitung von Bühnentanz. Balanchine verteidigte sich unter anderem mit der Feststellung, schlechte Musik führe zu schlechtem Tanz. Für *Concerto barocco* wählte sich der Choreograf Bachs *Konzert für zwei Violinen und Orchester d-Moll* (1718), und er konzentrierte sich auf die tänzerische Umsetzung der Musik ohne jegliche Handlung. Dies erfolgt keineswegs in simpler, strukturell paralleler Weise; vielmehr setzt er den Charakter und die ›Hierarchie‹ der Komposition um, findet Entsprechungen etwa für den eher flächenhaften ersten im Gegensatz zum bewegteren 2. Satz und setzt zwei Solistinnen in Analogie zu den Soloviolinen. Der Eindruck von *Concerto barocco* ist zwar ganz klassisch, die Bewegungen überschreiten jedoch die engen Grenzen der Danse d'école: Arme schwingen, mal wird eine Spitze auf- oder eine Hüfte ausgestellt; die Solistinnen verschleifen parallele Fußstellungen mit angezogenem Knie und herausgestrecktem Gesäß in ihre sublimen klassischen Schritte, die flink und gestochen gesetzt sind. Durch die Erweiterung des klassischen Kanons eröffnete Balanchine dem Ballett in der zweiten Hälfte des 20. Jahrhunderts eine ungeahnte Entfaltungsmöglichkeit.

Nach Auflösung des Ensembles American Ballet Caravan tanzten dessen Nachfolgekompanien *Concerto barocco*, darunter das New York City Ballet (New York 1948). Das Ballet Russe de Monte Carlo präsentierte das Ballett erstmals ohne Dekorationen und Kostüme (New York 1945): Die Tänzer trugen lediglich schwarze Trainingskleidung. In der Uraufführung waren Solistinnen und Solist in Gelb und Rosa beziehungsweise Blau gekleidet gewesen. Die Ausstattung des Ballet Russe de Monte Carlo übernahm Balanchine 1951 für die Aufführungen des Balletts. Um 1963 entschied er sich dann für weiße Kleidung: Bis heute tragen die Tänzerinnen weiße Tuniken, der Solist hat ein weißes T-Shirt und eine schwarze Hose an.

Concerto barocco wurde von einer Vielzahl klassischer Kompanien übernommen.

Le concours

Ein Film

CHOREOGRAFIE: Maurice Béjart; MUSIK: Hugues Le Bars, Pjotr Tschaikowski, Cesare Pugni, Ludwig Minkus, Adolphe Adam, Riccardo Drigo, Paul Lincke, Léo Delibes, Johann Strauß, Gioachino Rossini, Alphons Czibulka; LIBRETTO: Maurice Béjart; BÜHNENBILD: Claude Tissier; KOSTÜME: Catherine Verneuil; URAUFFÜHRUNG: 17. April 1985, Théâtre du Châtelet, Paris, Ballet du XXᵉ Siècle

ROLLEN: die Jury: Frankreich (1 Tänzer), UdSSR (1 Tänzer, 1 Tänzerin), USA (1 Tänzerin), Japan (1 Tänzerin, 1 Tänzer); die Konkurrenten (14 Tänzerinnen, 14 Tänzer); 4 Freunde (1 Tänzerin, 3 Tänzer); der Detektiv; Ada, das Opfer; ihre beste Freundin; der Tänzer mit der Variation; La Brambilla, große italienische Ballerina und Mutter von Ada; Miss Maud, Ballettlehrerin; Ivy, ein romantischer junger Mann; der große Zauberer; Angel Ben, TV-Star; der Moderator; Ada als Kind

Die junge Tänzerin Ada nimmt an einem Ballettwettbewerb teil, der in Paris Anfang der 1980er-Jahre veranstaltet wird. Er hat gerade begonnen, als Ada erschossen wird, und während des Wettbewerbs finden die Ermittlungen des Detektivs statt. Bald hat er herausgefunden, dass fünf Personen ein Motiv für den Mord haben: Adas Mutter, Adas Ballettlehrerin Miss Maud, der in Ada verliebte Ivy, der Zauberkünstler, dessen Assistentin Ada zeitweilig war, und der TV-Star Angel Ben, in dessen Show Ada aufgetreten ist. Am Ende kommt Ada als Geist dem Detektiv zu Hilfe: Sie wurde von ihrer besten Freundin umgebracht.

Der ungewöhnliche Untertitel von *Le concours* verweist auf die dem Film entlehnte Schnitttechnik, nach der Maurice Béjart das Ballett komponiert hat. Es ist in eine Vielzahl von kurzen Sequenzen unterteilt, und in die Handlung – den Ablauf des Ballettwettbewerbs – sind immer wieder Rückblenden integriert, die die Motive der einzelnen Verdächtigen vorführen. *Le concours*

stellt ein unterhaltsames Bühnenstück dar, eine Kriminal-
geschichte, die zugleich die Welt des Balletts mit typisier-
ten Charakteren persifliert (insbesondere die berühmte
Ballerina, die es nicht ertragen kann, dass ihre Tochter
vielleicht mehr Erfolg als sie haben wird, und die tyrannische Ballettlehrerin, die der Meisterschülerin böse ist,
weil sie der Liebe wegen keinen Unterricht mehr bei ihr
nimmt). Im Handlungsumfeld eines Ballettwettbewerbs
spielen die Tänzer quasi sich selbst und demonstrieren ihr
Können mit virtuosen Einlagen. Dazu passend hat Béjart
eine Musikcollage erstellt, in der bekannte Musikstücke,
teilweise aus Ballettkompositionen entnommen, neben
Hugues Le Bars' Originalmusik (Schlagwerk und All-
tagsgeräusche) stehen.

Le concours wurde von einigen großen klassischen
Kompanien, jeweils in adaptierter Fassung, ins Repertoire
genommen.

Andere Werke Béjarts, die ebenfalls als tänzerisches
Spektakel bezeichnet werden können, sind etwa *1789 ...
et nous* (Paris 1989; Musik: Ludwig van Beethoven und
Collage von Le Bars), *Ring um den Ring* (Berlin 1990;
Musik: Richard Wagner) und *Le presbytère n'a rien
perdu de son charme ni le jardin de son éclat* (Paris 1997;
Musik: Queen und Wolfgang Amadeus Mozart).

Coppélia

Ballett in zwei Akten und drei Bildern

CHOREOGRAFIE: Arthur Saint-Léon; MUSIK: Léo Delibes;
LIBRETTO: Charles Nuitter und Arthur Saint-Léon; BÜHNENBILD:
Charles-Antoine Cambon, Édouard Désiré Joseph Déspléchin
und Jean-Baptiste Lavastre; KOSTÜME: Paul Lormier und Alfred
Albert; URAUFFÜHRUNG: 25. Mai 1870, Opéra (Salle de la rue Le
Peletier), Paris, Ballett der Opéra

ROLLEN: Swanilda; Frantz; Coppélius; der Bürgermeister; der Gutsherr; Nettchen; ›Das Glockenfest‹: der Glöckner, die Morgenröte (Tänzerin), die Zwietracht (Tänzerin), das Gebet (Tänzerin), die Arbeit (Tänzerin), der Friede (Tänzerin), die Ehe (Tänzerin), die Liebe (Tänzerin), die Torheiten (2 Tänzerinnen), die Morgenstunden (3 Tänzerinnen), Blumen (17 Tänzerinnen), die Tagesstunden (3 Tänzerinnen), die Mähmaschine (2 Tänzerinnen), Kriegerinnen (18 Tänzerinnen), die Abendstunden (3 Tänzerinnen), die Nachtstunden (3 Tänzerinnen); Bauern, Bäuerinnen, Freundinnen Swanildas, Automaten, Wachen, Geistliche

I. Akt, Platz in einer kleinen Grenzstadt Galiziens, Häuser in lebhaften Farben: Swanilda tritt aus ihrem Haus und nähert sich dem von Coppélius, dessen Fenster vergittert sind und dessen Tür verriegelt ist. Wie jeden Tag sieht sie hinter dem oberen Fenster des Hauses Coppélia – eine Puppe, die alle für Coppélius' Tochter halten – in der gleichen Haltung sitzen und lesen, nur hat sie noch nie mit ihr gesprochen. Zudem vermutet Swanilda, dass sich ihr Verlobter Frantz für Coppélia interessiert. Vergebens versucht nun Swanilda, Coppélia auf sich aufmerksam zu machen. Da beschließt sie, an der Haustür zu klopfen, doch in dem Moment hört sie Lärm, und Coppélius erscheint an einem unteren Fenster. Zugleich naht Frantz. Swanilda verbirgt sich und beobachtet, wie Frantz Coppélia grüßt und diese zurückgrüßt. Frantz wirft Coppélia daraufhin einen Kuss zu, und Coppélius, der von neuem herausschaut, kann sich ein Grinsen nicht verkneifen. Swanilda ist wütend und läuft auf den Platz, hinter einem Schmetterling her. Dieser wird von Frantz gefangen, wofür ihm Swanilda Vorwürfe macht. Zudem hält sie ihm vor, dass er Coppélia liebe; seine Beteuerungen, nur Swanilda zu lieben, nimmt sie ihm nicht ab. In diesem Moment strömen die Bewohner des Städtchens auf dem Platz zusammen; der Bürgermeister hat sie zusammengerufen, um ihnen mitzuteilen, dass am morgigen Tag ein Fest stattfinden werde; der Gutsherr habe eine Glocke

gespendet. Plötzlich hört man Lärm aus Coppélius' Haus,
und hinter den Fenstern ist rotes Licht zu sehen. Doch das
aufgeschreckte Volk beruhigt sich schnell wieder; Coppélius sei eben ein sonderbarer alter Kauz. Der Bürgermeister befragt dann Swanilda, ob sie am morgigen Tag
Frantz heiraten wolle, denn der Gutsherr werde Trauun-
gen vornehmen, und jedes Paar erhalte ein Geschenk.
Swanilda befragt daraufhin eine Ähre, die sie an ihr Ohr
hält, ob Frantz ihr treu sei; doch die Ähre teile ihr nichts
mit, meint Swanilda. Sie lässt daraufhin einen von Frantz'
Freunden das Orakel wiederholen; dieser behauptet,
er höre etwas. Das fasst Swanilda als Beleg für Frantz'
Untreue auf und bricht den Halm vor dessen Augen; zwischen ihnen sei es aus. Traurig entfernt sich Frantz, während sich Swanilda vergnügt. Als die Nacht hereinbricht,
löst sich die Menge langsam auf. Jetzt verlässt Coppélius sein Haus; sorgfältig verschließt er die Tür. Kaum
hat er sich vom Haus entfernt, ist er von einer Gruppe
junger Männer umgeben, die mit ihm etwas unternehmen
wollen. Coppélius kann sich mit Müh und Not die jungen
Männer vom Leib halten, doch dabei verliert er seinen
Schlüssel. Als Swanilda und ihre Freundinnen zurückkehren, finden sie den Schlüssel, und sie überlegen, Coppélius' Haus in seiner Abwesenheit zu betreten. Zunächst
zögert Swanilda, doch als sie Frantz unter den Bäumen
erkennt, ist wieder ihre Eifersucht entbrannt, und sie
drängt ihre Freundinnen, ins Haus einzudringen. Währenddessen naht Frantz mit einer Leiter und lehnt sie an
Coppélius' Haus, um endlich Coppélia kennen zu lernen.
Da kehrt Coppélius zurück, seinen Schlüssel suchend;
Frantz springt von der Leiter und läuft davon.

II. Akt, 1. Bild, Coppélius' Atelier mit diversen Automaten (ein persischer alter Mann mit weißem Bart, der
an einem Tisch sitzt und ein Buch liest, ein Neger in
drohender Haltung, ein kleiner maurischer Musiker auf
einem Kissen, ein sitzender großer Chinese mit einer
Pauke): Vorsichtig betreten Swanilda und ihre Freundin-

nen das Atelier. Sie wundern sich über die Automaten,
und Swanilda entdeckt hinter einem Vorhang Coppélia. Schnell erkennen die Mädchen, dass Coppélia eine
Puppe ist; anschließend stellen sie voll Freude die Automaten an. Auf einmal steht Coppélius im Raum. Zornig
zieht er Coppélias Vorhang zu, schaltet die Automaten ab
und jagt die Mädchen davon. Swanilda allerdings kann
sich hinter dem Vorhang verstecken. In diesem Moment
taucht Frantz vor dem Fenster auf und steigt in das Atelier ein. Als er sich Coppélia nähert, packt ihn Coppélius.
Frantz gesteht dem wütenden Alten, dass er sich in Coppélia verliebt habe, woraufhin dieser ihn zum Bleiben
einlädt. Coppélius schenkt Wein in zwei Becher, schüttet aber unbemerkt den seinen aus. Nach einigen Schlu-
cken kann Frantz nur noch torkeln, fällt auf eine Bank
und schläft. Coppélius wirft dann einen Blick in ein Buch
über Magie, bevor er den Sockel, auf dem Coppélia ruht,
zu Frantz schiebt. Mittels magischer Sprüche und des
schlafenden Frantz will Coppélius Coppélia Leben ein-
hauchen, und tatsächlich beginnt die Puppe schließlich,
sich zu bewegen: zuerst noch unbeholfen, bald geschmei-
diger, und schließlich steigt sie vom Sockel herab. Coppélias Bewegungen werden zunehmend perfekter; sie führt
Tanzschritte aus und begutachtet das Atelier. Coppélia
wird immer lebhafter; um sie zu beruhigen, reicht ihr
Coppélius eine Mantille: Coppélia tanzt nach spanischer
Art. Dann gibt er ihr eine schottische Schärpe, die Coppélia zum Tanz einer Gigue veranlasst. Da beginnt Frantz
zu erwachen. Coppélius bugsiert Coppélia zurück auf
den Sockel und fährt sie wieder an ihren Platz. In diesem
Moment beginnen sich die Automaten zu bewegen; auch
Coppélia führt wieder ihre mechanischen Bewegungen
aus. Swanilda hat die Automaten angestellt, und sofort
eilt sie mit Frantz aus dem Haus. Coppélius hat sie noch
davonlaufen sehen, und er begreift, dass Swanilda Coppélias Platz eingenommen hat und man ihn täuschen
wollte. Coppélius bricht zusammen. 2. Bild, eine baum-

bestandene Grünfläche vor dem Schloss des Gutsherrn, im Hintergrund die Glocke, davor ein Thespiskarren mit Schauspielern: Nachdem die Geistlichen die Glocke geweiht haben, stellen sie dem Gutsherrn die Brautpaare vor. Unter ihnen sind auch Swanilda und Frantz. Da bahnt sich Coppélius seinen Weg durch die Menge und fordert Ersatz für den ihm zugefügten Schaden. Swanilda bietet ihm ihr soeben vom Gutsherrn empfangenes Geschenk als Wiedergutmachung an. Doch der Gutsherr unterbindet die Übergabe und wirft Coppélius stattdessen eine Börse zu. Coppélius entfernt sich, und der Gutsherr eröffnet das Fest, das mit einem allegorischen Theaterspiel beginnt.

Die Geschichte von *Coppélia* reflektiert insbesondere die zeitgenössische Faszination von Automaten und mechanischen Puppen sowie den romantischen Wunsch, sie mit Leben zu erfüllen, sie also zu menschlichen Wesen zu machen. Daraus wurde ein Ballett, das die für die romantische Epoche im Tanz charakteristische Schauerthematik nicht in einer unheimlichen, außerhalb zivilisierter Gemeinschaften existierenden Natur ansiedelt, sondern in einem zwar fernen und somit exotischen, in jedem Fall aber vertraut-kleinbürgerlichen Städtchen situiert: Das Unheimliche ist in *Coppélia* ins Zentrum des Gemeinwesens gerückt. Als Vorlage für das Libretto diente E.T.A. Hoffmanns Erzählung *Der Sandmann* (1816); daneben übten diverse französische Musiktheaterwerke Einfluss aus, am signifikantesten Adolphe Adams ›opéra-comique‹ *La poupée de Nuremberg* (1852). Daraus formten Charles Nuitter und Arthur Saint-Léon eine fantastische Geschichte, die eine für den Bühnentanz der Zeit bemerkenswerte Spannung aufweist. Sie wird zügig erzählt, und die eingeflochtenen Tänze fügen sich nahtlos in die Vermittlung des Inhalts ein. Speziell stützte sich Saint-Léon auf Charaktertänze wie Walzer, Mazurka und Csárdás; eine ideale Motivation für origi-

nelle Tanzbewegungen bietet natürlich das 1. Bild des
II. Aktes mit den puppenhaften Motionen, die zunehmend
perfekter, menschlicher werden. Große Bedeutung für die
Wirkung des Balletts kommt Léo Delibes' Komposition
zu; sie zeichnet sich durch eine für die Ballettmusik bis
dato ungewöhnliche orchestrale Plastizität und vor allem
melodische Raffinesse aus.

Coppélia gehört bis heute zu den weltweit beliebtesten Balletten. An der Pariser Opéra ist es nie für längere
Zeit aus dem Repertoire verschwunden, wenngleich man
schon 1872 das letzte Bild strich (1973 von Pierre Lacotte
wieder eingefügt). Die drei Hauptrollen mit ihrer individuellen (tragi)komischen Ausprägung erwiesen sich im
Lauf der Zeit als Modelle für zahllose Ballette. In rascher
Folge erlebte *Coppélia* bis zum Ende des 19. Jahrhunderts
Verbreitung in Europa und Amerika. Besondere Pflege
erfuhr das Werk in Russland: Nach der Einstudierung
durch Joseph Hansen in Moskau 1882 – ab 1896 wurde
in dieser Produktion der Part des Frantz von einem Mann
und nicht als Travestierolle getanzt – brachte Marius
Petipa das Ballett 1884 in Sankt Petersburg heraus.
Auf dieser Fassung (überarbeitet von Enrico Cecchetti
1894) beruhen die Einstudierungen Nikolai Sergejews,
des Regisseurs am Sankt Petersburger Mariinski-Theater, im Westen, etwa für das Vic-Wells Ballet (London
1933); die Nachfolgekompanien Sadler's Wells Ballet
und Royal Ballet zeigten Fassungen etwa von Ninette de
Valois (London 1954). Sergejews Produktion beeinflusste
auch andere Fassungen im angloamerikanischen Raum,
wie die von George Balanchine und Alexandra Danilova
für das New York City Ballet (Saratoga Springs 1974).
Eigene Fassungen erstellten außerdem Choreografen
wie Kurt Jooss (Essen 1931), Yvonne Georgi (Hannover
1934), Aurel von Milloss (Augsburg 1934), Guyla Harangozó (Budapest 1953), Pia und Pino Mlakar (München
1953), John Cranko (Stuttgart 1962), Roland Petit (Marseille 1975), Tom Schilling (Berlin 1975), Youri Vàmos

(München 1981), Heinz Spoerli (Basel 1984), Ronald
Hynd (London 1985), Uwe Scholz (Zürich 1989) und
Maguy Marin (Lyon 1993).

Le corsaire

Ballettpantomime in drei Akten

CHOREOGRAFIE: Joseph Mazilier; MUSIK: Adolphe Adam;
LIBRETTO: Henri Vernoy de Saint-Georges, nach Lord Byron;
BÜHNENBILD: Édouard Désiré Joseph Déspléchin, Charles-
Antoine Cambon, Joseph François Désiré Thierry und Hugues
Martin; KOSTÜME: Alfred Albert; URAUFFÜHRUNG: 23. Januar
1856, Opéra (Salle de la rue Le Peletier), Paris, Ballett der Opéra

ROLLEN: Conrad, Korsar; Seyd, Pascha der Insel Kos; Isaac
Lanquedem, Eigentümer eines Basars in Adrianopel; Birbanto,
Erster Leutnant der Korsaren; der Erste Eunuch im Harem des
Paschas Seyd; Zweiter Eunuch; Médora, ein griechisches junges
Mädchen; Zulméa, Lieblingsfrau des Paschas; Gulnare, Sklavin
des Paschas der Insel Kos; Moldawierin; Italienerin; Französin;
Engländerin; Spanierin; Negerin; 3 junge Sklavinnen; 4 Almeen;
Eunuchen, Korsaren, Sklavinnen, Imame, Händler, Käufer,
Wachen, Seeleute, Almeen, Odalisken etc.

I. Akt, 1. Bild, Platz in Adrianopel mit Sklavenmarkt: Auf
dem Markt werden Sklavinnen zum Verkauf angeboten,
und die Händler legen Stoffe aus. Da treffen die Korsaren ein, angeführt von Conrad. Er ist in Médora verliebt,
das Pflegekind des jüdischen Basareigentümers Isaac
Lanquedem. Bald erscheint Médora auf dem Balkon
des Hauses, und voll Freude bindet sie einen Blumenstrauß für Conrad und wirft ihn dem Korsaren zu, der ihr
dafür dankt. Daraufhin betreten Isaac und Médora den
Basar; während Isaac Waren und Sklavinnen prüft, tauschen Médora und Conrad nur ihnen vertraute Zeichen
aus. Plötzlich trifft Pascha Seyd mit seinem Gefolge ein:
Er will seinen Harem vergrößern. Doch keine der Sklavinnen gefällt ihm; schließlich erblickt er Médora und

ist von ihr hingerissen. Er möchte sie kaufen, doch so
viel er auch bietet, Isaac weigert sich, sein Pflegekind
abzugeben. Conrad, der sich um Médora sorgt, lässt
die Almeen tanzen, um den Pascha abzulenken. Dann
ergreift auf ein Zeichen von ihm jeder Korsar eine Sklavin; Conrad selbst packt Médora, und die wilde Horde
flieht. Isaac, der ihnen nacheilt, wird von den Korsaren
auch noch mitgenommen. Zurück bleiben der konster-
nierte Pascha und seine Eunuchen. 2. Bild, Conrads üppig
eingerichteter unterirdischer Palast: Conrad führt Médora
in seinen Palast. Er versichert ihr seine Liebe. Bald wird
Conrad die menschliche Beute vorgeführt. Auf Bitten
Médoras werden die Sklavinnen freigelassen, sehr zur
Enttäuschung der Korsaren, die sich um ihren Lohn betrogen fühlen und dabei sind, einen Aufstand zu riskieren.
Conrad gelingt es gerade noch, Gehorsam einzufordern.
Sobald sich Conrad mit Médora entfernt hat, schmiedet
Birbanto, oberster Korsarenleutnant, einen Racheplan. Er
präpariert Lotusblumen mit einem Schlafmittel, die beim
nachfolgenden Essen Conrads mit Médora dem Paar
überbracht werden. Conrad presst die Blumen an seine
Lippen, atmet fest den Duft ein und fällt sogleich in einen
tiefen Schlaf. Die nun eintretenden Korsaren umzingeln
Médora; in dem sich anschließenden Kampf kann sie
Birbanto zwar eine Stichwunde zufügen, wird aber überwältigt und weggebracht, gefolgt von Isaac.

II. Akt, Badebereich der Frauen im Palast des Paschas
auf der Insel Kos: Die Frauen des Paschas, unter ihnen
Zulméa, entsteigen dem Bad und beginnen sich anzuklei-
den. Bald gesellt sich Gulnare zu ihnen, Zulméas Rivalin
um die Gunst des Paschas. Schließlich trifft der Pascha mit
Gefolge ein; sofort versammeln sich die Frauen um
ihn und äußern Beschwerden, und Gulnare wirbt um den
Sultan, was Zulméa zornig macht. Bevor der Streit der
Frauen eskaliert, wird ein Sklavenhändler angekündigt:
Es ist Isaac, der die verschleierte Médora mit sich führt.
Médora beschwert sich beim Pascha über Isaac; sobald

sie erkennt, dass Isaac sie an den Pascha verkauft, greift
sie sich dessen Dolch und verletzt Isaac, der daraufhin
aus dem Palast eilt. Gulnare kümmert sich dann um
die betrübte Médora. In diesem Moment ziehen Pilger
heran und erbitten die Gastfreundschaft des Paschas.
Nicht ahnend, dass es sich bei den Pilgern um verkleidete Korsaren handelt, gestattet ihnen der Pascha, in
seinem Garten zu übernachten. Um die Tugendhaftig-
keit des Anführers der Pilger auf die Probe zu stellen,
lässt er die Haremsfrauen tanzen. Médora muss dies
schließlich auch tun, und sie erkennt als Einzige, dass
der Anführer der Pilger niemand anderer als Conrad ist.
Des Nachts, als Eunuchen das Treffen Conrads, nun ohne
Verkleidung, mit Médora stören, kommt es rasch zum
Kampf zwischen den Korsaren und den Gefolgsleuten
des Paschas. Zu den siegreichen Korsaren eilt Gulnare
und bittet um ihren Schutz; Médora ihrerseits hat unter
den Korsaren jenen ausgemacht, der ihre Entführung aus
Conrads Palast gesteuert hat: Birbanto. Sie berichtet dies
Conrad, der unverzüglich Birbanto zur Rede stellt. Sein
Leugnen hilft nichts, denn Médora besteht darauf, dass er
die Stelle entblöße, an der die Stichwunde zu sehen sein
müsse. Auf diese Weise entlarvt, soll der Leutnant getötet werden, doch Gulnare und Médora treten dazwischen,
und Birbanto kann im Getümmel entkommen. Er kehrt
bald mit den Wachen des Paschas zurück, und Médora,
die allein im Garten weilt, wird dort gefangen genommen; auch Conrad kann überwältigt werden und wird
vom Pascha zum Tod verurteilt.

III. Akt, 1. Bild, Gemächer des Paschas in einem
eleganten Kiosk mit Blick auf das Meer: Der Pascha
hält Gericht über die Gefangenen. Als Erstes wird ihm
Médora vorgeführt. Er verspricht ihr seinen Thron, doch
sie lehnt ab. Als sie sieht, wie Conrad in Ketten zu seiner
Hinrichtung gebracht wird, fleht sie um Gnade für den
Korsaren. Der Pascha will Conrad nur dann begnadigen,
wenn Médora ihn erhöre; er gestattet ihr, mit Conrad zu

sprechen. Dieser will lieber den Tod, als dass Médora sich dem Pascha hingibt. In diesem Moment tritt Gulnare zu Conrad und Médora; sie hat ihre Unterhaltung belauscht und drängt Médora, zum Schein auf die Wünsche des Paschas einzugehen, denn sie habe einen Plan zur Rettung der beiden. Médora teilt also dem Pascha mit, dass sie seine Frau werden wolle, und Conrad kommt unverzüglich frei. Sogleich lässt der Pascha mit den Hochzeitsvorbereitungen beginnen. Doch die verschleierte Frau, die der Pascha heiratet, ist nicht Médora, sondern Gulnare. Später tritt in sein Schlafgemach allerdings die verschleierte Médora. Sie bittet den Pascha, seine Waffen abzulegen; sobald er dies getan hat, dringt Conrad durch das Fenster in den Raum ein und entführt Médora. In der anschließenden Aufregung weist Gulnare den Pascha darauf hin, dass nicht seine Frau entführt worden sei; wen er geheiratet habe, sei sie selbst, und zeigt zum Beweis den Ehering. 2. Bild, auf dem Meer: Conrad feiert mit Korsaren und befreundeten Piraten seine und Médoras Flucht. Da setzt ein gewaltiges Unwetter ein und lässt die Schiffe kentern.

Epilog: Das Meer hat sich wieder beruhigt. Conrad und Médora haben als Einzige überlebt und klammern sich an ein Wrackteil. Sie werden ans Ufer getrieben und danken dem Himmel für ihre Rettung.

Die Einordnung von *Le corsaire* als Ballettpantomime verdeutlicht die grundsätzliche Anlage des Werkes: Infolge der langatmigen, detailreichen Handlung, die durch mimische Aktion vermittelt wird, gibt es nur wenige rein tänzerische Nummern. Diese erscheinen vor allem bei den diversen Feiern oder wenn sich die Frauen vorstellen (wie im 1. Bild des I. Aktes). Daneben legitimieren sich Gruppentänze als Ausdruck emotionaler Ausbrüche (wie das Bacchanale des corsaires im 2. Bild des I. Aktes). Die Dominanz des ›gestischen Erzählens‹ über den Tanz ist charakteristisch für das Ballett in Frankreich um die Mitte des 19. Jahrhunderts. Ein weiteres Kennzeichen ist die Situierung der Handlung in einem als exotisch empfundenen Ambiente: Dies diente als Legitimation sowohl für die Einbindung von Nationaltanzelementen als auch für eine opulente Ausstattung. Gleichwohl entfaltete im Fall von *Le corsaire* das theaterwirksam aufbereitete Sujet eine beeindruckende Wirkung: Es handelt sich dabei um eine relativ freie Bearbeitung von Lord Byrons Verserzählung *The Corsair* (1814), die schon früher als Vorlage für ein Ballett benutzt worden war, etwa von Albert für *Le corsaire* (London 1837; Musik: Nicholas Charles Bochsa) und von Paolo Taglioni für seine Choreografie *Der Seeräuber* (Berlin 1838; Musik: Wenzel Gährich).

Die Uraufführung von *Le corsaire* war nicht zuletzt wegen der eindrucksvollen Darstellung von Carolina Rosati in der Rolle der Médora ein großer Erfolg und hielt sich viele Jahre in Joseph Maziliers Choreografie im Repertoire (die im Lauf der Jahre, dem Usus der Zeit entsprechend, allerdings modifiziert wurde). Das Werk entwickelte besondere Popularität in Russland: 1858 brachte Jules Perrot eine Produktion in Sankt Petersburg heraus (mit zusätzlicher Musik von Cesare Pugni), 1863 Marius Petipa. Petipa erstellte 1899 eine vierte Version seiner *Le-corsaire*-Fassung (weitere musikalische Ergänzungen: Riccardo Drigo und Ludwig Minkus). Spätere *Le-corsaire*-Produktionen erarbeiteten unter anderem Alexandr Gorski (Sankt Petersburg 1912), Wladimir Burmeister (Leningrad 1931) und Pjotr Gussew (Sankt Petersburg 1955 und 1987). Außerhalb der Sowjetunion choreografierte Wazlaw Orlikowsky das vollständige Ballett für das Kroatische Nationalballett (Bregenz 1975).

Der heute bei Galaprogrammen beliebte *Le-corsaire*-Pas-de-deux (Médora und Conrad) entstammt Petipas Version aus dem Jahr 1899; er wird üblicherweise Petipa zugeschrieben, stammt aber tatsächlich von Alexandr Tschekrygin (erweitert von Wachtang Tschabukiani) und war eigentlich ein Pas de trois (Médora, Conrad und ein Korsar). Der Siegeszug dieses Pas de deux begann mit der ersten Aufführung in der westlichen Welt durch Margot Fonteyn und Rudolf Nurejew (London 1962).

La création du monde

Schwarzes Ballett

CHOREOGRAFIE: Jean Börlin; MUSIK: Darius Milhaud; LIBRETTO: Blaise Cendrars; AUSSTATTUNG: Fernand Léger; URAUFFÜHRUNG: 25. Oktober 1923, Théâtre des Champs-Élysées, Paris, Ballets Suédois

ROLLEN: Mann; Frau; Insekten, Affen, Vögel, Reiher, Männer, Frauen

Männer, Frauen und Tiere liegen ineinander gewunden auf der Bühne. Drei riesige Gottheiten – Teile des Bühnenbilds – befinden sich hinter den Körpern (sie entfernen sich im Lauf des Stückes mehrere Male, kehren aber jeweils nach kurzer Zeit zurück). Die Masse der Körper bewegt sich allmählich, und ein Baum beginnt zu wachsen. Die Tiere umkreisen die Götter und steigern sich zunehmend in einen Taumel hinein. Plötzlich sind zwei Torsi zu erkennen, die sich anschauen: Mann und Frau. Sie tanzen miteinander, und alle Wesen um sie herum schließen sich an. Der ekstatische Tanz ebbt wieder ab, und die Männer und Frauen kommen in kleinen Gruppen zum Stillstand. Das Paar umarmt und küsst sich.

Als spektakuläres Produkt der 1920er-Jahre dominierte in *La création du monde* die Ausstattung Fernand Légers. Er schuf farbenprächtige stilisierte Kostüme (inklusive Masken), die allerdings die Bewegungsmöglichkeiten der Tänzer stark einengten: Sie trugen geometrische Formen vor Kopf, Oberkörper und Hüfte oder Kopfmasken, oder

La création du monde. Choreografie: Jean Börlin,
rekonstruiert von Millicent Hodson und Kenneth Archer
Ballett des Grand Théâtre, Genf

Dornröschen. Choreografie: Marius Petipa
Mariinski-Ballett, Sankt Petersburg

ihre Arme und Beine steckten in wulstartigen Überzügen. Zudem ließen Légers Bühnenbild, das eine Urlandschaft darstellen soll, und seine Aufbauten, die so genannten beweglichen Gemälde (wie die drei acht Meter hohen Gottheiten und der Baum), nur wenig Raum für in die Tiefe gehende choreografische Formationen – gemäß Légers Überzeugung, wonach die Tänzer primär als mechanische Wesen auf der Bühne agieren und in der Ausstattung ›aufgehen‹ sollten. In seiner auf klassischer Basis erstellten Choreografie verweist Jean Börlin auf ritualisierte Stammestänze afrikanischer Urvölker, passend zu Blaise Cendrars' Libretto, das auf eigenen ethnografischen Studien basiert und die Erschaffung der Welt in afrikanischer Überlieferung zum Thema hat. Besonderes Aufsehen erregte die Musik zu dem Ballett: Darius Milhaud verschmolz effektvoll originale Jazzelemente in seinen neoklassischen Kompositionsstil.

Eine Rekonstruktion von *La création du monde* erarbeiteten Millicent Hodson und Kenneth Archer für das Ballett des Genfer Grand Théâtre (Genf 2000). Neuchoreografien des Werkes erstellten unter anderem Max Terpis (Berlin 1929), Ninette de Valois (London 1931), Agnes De Mille unter dem Titel *Black Ritual* (New York 1940), Alvin Ailey (New York 1960), Todd Bolender (New York 1960), Kenneth MacMillan (Stratford-upon-Avon 1964) und Gerhard Bohner (Darmstadt 1974).

Vor *La création du monde* hatte Léger die Ausstattung für Börlins *Skating Rink* (Paris 1922; Musik: Arthur Honegger) entworfen; auch dieses Ballett wurde von den Ballets Suédois uraufgeführt, die in der Zeit ihres Bestehens, zwischen 1920 und 1925, den Ballets Russes den Rang als progressivste Ballettkompanie streitig machten.

Die Dame und das Einhorn

CHOREOGRAFIE: Heinz Rosen; MUSIK: Jacques Chailley; LI-
BRETTO: Jean Cocteau; AUSSTATTUNG: Jean Cocteau; URAUFFÜH-
RUNG: 9. Mai 1953, Theater am Gärtnerplatz, München, Ballett
des Theaters

ROLLEN: die Dame; der Ritter; das Einhorn; Ritter (3 Tänzer),
Damen (3 Tänzerinnen), die kleinen Einhörner (7 Tänzerinnen)

Links das Zelt der Dame auf einer Plattform, rechts zeigt
der Hintergrundprospekt einen Wald.

Die kleinen Einhörner heben die Zeltplanen; auf einem
Diwan liegt die Dame, zu ihren Füßen das Einhorn. Die
Dame und das Einhorn verlassen das Zelt; die Dame
lässt das Einhorn in einen Spiegel blicken und reicht ihm
Essen. Lärm kündigt den Ritter an, und die Dame und
das Einhorn ziehen sich wieder ins Zelt zurück. Da naht
der Ritter auf einem Löwen. Er betritt das Zelt, und das
Einhorn flüchtet. Ritter und Dame entfernen sich dann
gemeinsam. Das Einhorn kehrt zurück und sucht die
Dame. Im zurückgebliebenen Spiegel der Dame erkennt
es das Antlitz des Ritters, das sich plötzlich verdreifacht;
außerdem sieht es drei Damen. Das Einhorn beendet die
Erscheinung, indem es den Spiegel zerbricht. Da kommt
die Dame wieder zum Einhorn und reicht ihm etwas zu
essen. Das Einhorn nimmt die Nahrung aber nicht an
und stirbt: Die Dame trauert um das Tier. Der Ritter tritt
hinzu, als das tote Einhorn von den kleinen Einhörnern
weggetragen wird. Nun beachtet die Dame den Ritter
nicht, und er entfernt sich wieder; die Dame bleibt allein
zurück. Schließlich senkt sich ein Spruchband mit den
Worten »Mon seul désir« herab.

Jean Cocteaus Inspirationsquelle für sein Libretto waren
die sechs prächtigen Einhorngobelins des Musée de
Cluny in Paris. Aus den dargestellten Figurenkonstellatio-
nen entwickelte er eine eigene märchenhafte Geschichte,
deren Grundelemente Liebe und Tod sind. Die stilisierte

mittelalterliche Fabel korrespondierte mit Heinz Rosens Choreografie, die auf der klassischen Technik basierte und in einer strengen Form gehalten war. Lediglich beim Solo des sterbenden Einhorns wich Rosen großteils auf ein freies, expressives Bewegungsmaterial aus. Die suggestive Bildwirkung des Balletts wurde unterstützt durch Cocteaus Ausstattung mit ihrer symbolhaften Farbgebung. Eine entsprechende formale Klarheit kennzeichnet auch die Musik von Jacques Chailley, die teilweise Anleihen bei Chansons des 15. und Tänzen des 16. Jahrhunderts macht und sich insofern an der Entstehungszeit der Wandteppiche (spätes 15. / frühes 16. Jahrhundert) orientiert.

Die Uraufführung mit Veronika Mlakar als Einhorn war ein international beachtetes Ereignis. Innerhalb der folgenden Jahre studierte Rosen *Die Dame und das Einhorn* bei verschiedenen Ballettkompanien ein.

Eine Neuchoreografie des Balletts schuf Günter Pick unter Verwendung von Cocteaus rekonstruierter Ausstattung (München 1986).

Daphnis und Chloe

Choreografische Sinfonie in drei Teilen

CHOREOGRAFIE: Michail Fokin; MUSIK: Maurice Ravel; LIBRETTO: Michail Fokin, nach Longos; AUSSTATTUNG: Léon Bakst; URAUFFÜHRUNG: 8. Juni 1912, Théâtre du Châtelet, Paris, Ballets Russes

ROLLEN: Chloe; Daphnis; Lykanion; Dorkon; 3 Nymphen; Lammon; 20 Schäferinnen, 10 Schäfer, 10 Piraten, 6 junge Piraten

Im antiken Griechenland.

1. Teil, ein heiliger Hain mit Zypressen und einem Pan geweihten Alter, darauf Statuen dreier Nymphen: Schäferinnen und Schäfer, unter ihnen auch Daphnis

und Chloe sowie Dorkon, bringen Opfergaben für die
Nymphen. Daphnis und Chloe, seit langem in Liebe
einander zugetan, finden zusammen und treten vor den
Altar. Später beobachtet Chloe eifersüchtig, wie sich
Daphnis mit anderen Schäferinnen einlässt; umgekehrt
gesellt sie sich zu den Schäfern. Dies nimmt der unge-
schlachte Hirte Dorkon zum Anlass, Chloe zunehmend
heftiger zu bedrängen. Um einen Streit zwischen Dorkon
und Daphnis zu vermeiden, schlagen die Schäfer einen
Wettstreit zwischen den beiden vor: Wer den anmuti-
geren Tanz zeigt, erhält einen Kuss von Chloe. Daphnis
gewinnt, und Dorkon verlässt den Hain im Zorn. Bis
auf Daphnis entfernen sich auch alle anderen, und Lykanion nähert sich Daphnis, um ihn zu verführen. Daphnis
widersteht ihr. Plötzlich ist dann zu hören, wie sich Piraten dem Hain nähern und die Schäferinnen bedrängen.
Chloe flieht vor ihnen in den Hain, wird jedoch ergriffen
und mitgenommen. Als Daphnis zurückkehrt, kann er
bloß noch ein Tuch seiner Geliebten aufheben; er verflucht die Götter und fällt in Ohnmacht. Es wird Nacht,
und die drei Nymphen werden lebendig: Sie rufen Pan
um Hilfe an.

2. Teil, ein Piratenlager, von Felsen umgeben, im Hintergrund das Meer mit dem Piratenschiff: Die Piraten
kommen mit ihrer Beute. Sie zwingen Chloe, für sie zu
tanzen, und feiern mit wilden Spielen. Auf ein Signal
ihres Anführers enden diese abrupt, und Chloe wird zu
ihm gebracht. Da verdunkelt sich der Himmel; voll Angst
fliehen die Piraten. Chloe dankt den Göttern für ihre
Rettung.

3. Teil, wie 1. Teil: Im Hain erwacht Daphnis und
trauert um Chloe. Als er sich gerade aus dem Hain entfernen will, eilt Chloe zu ihm und umarmt ihn. Nun versammeln sich auch alle anderen Schäfer und Schäferinnen im
Hain. Der alte Hirte Lammon teilt daraufhin Daphnis mit,
dass Chloe von Pan in Erinnerung an die Nymphe Syrinx
gerettet worden sei. Daphnis und Chloe mimen die Liebe

von Pan und Syrinx nach, und mit einem großen Fest wird die Verlobung der beiden gefeiert.

Mit *Daphnis und Chloe* – uraufgeführt als *Daphnis et Chloë* – verwirklichte Fokin seinen lang gehegten Wunsch, ein Ballett nach Longos' populärem Schäferroman zu kreieren. Bereits 1904 hatte er ein Libretto erstellt. Als er für die Ballets Russes die Choreografie von *Daphnis und Chloe* erarbeitete, geschah dies allerdings unter ungünstigen Vorzeichen. Denn der Direktor der Kompanie, Sergei Diaghilew, hatte Waslaw Nijinski als neuen Chefchoreografen auserkoren, und Fokin erfuhr keine besondere Wertschätzung mehr. Als Folge der künstlerischen Meinungsverschiedenheiten zwischen Fokin und Diaghilew verließ der Choreograf nach *Daphnis und Chloe* die Ballets Russes (wurde jedoch zwei Jahre später zurückgeholt). Aus diesem Grund wurde das Werk nur wenige Male aufgeführt, obwohl es begeisterte Kritiken erhalten hatte, sicher auch wegen der farbenreich orchestrierten, melodisch fein gesponnenen Musik Maurice Ravels. Wie zuvor in → *Petruschka* erweiterte Fokin auch in *Daphnis und Chloe* – seinem zweiten Ballett nach *Narcisse* (Monte Carlo 1911; Musik: Nikolai Tscherepnin), das im antiken Griechenland spielt – den Kanon der Danse d'école und passte die Bewegungen dem Sujet und dem Charakter der Personen an. Gleichfalls verzichtete der Choreograf auf traditionelle Pantomime zur Verdeutlichung der Handlung. So zeigen etwa Dorkon und die Piraten derbe, ungelenke Motionen; die Schäfer und Schäferinnen einschließlich Daphnis und Chloe, in der Uraufführung verkörpert von Nijinski beziehungsweise Tamara Karsawina, führen Bewegungen aus, die Elemente des neu aufgekommenen freien Tanzes enthalten.

Bei den Ballets Russes erfolgte 1924 eine Wiederaufnahme von *Daphnis und Chloe* mit Lydia Sokolova und Anton Dolin in den Titelrollen. Bereits 1921 hatte das Ballett der Pariser Opéra das Werk übernom-

men (mit Fokin und Wera Fokina); eine Rekonstruktion
dieser Fassung erfolgte durch Serge Lifar und Nicolas
Zvereff (Mailand 1962). Neuchoreografien von *Daph-
nis und Chloe* schufen unter anderem Tatjana Gsovsky
(Berlin 1947), Frederick Ashton (London 1951), Lifar
(Paris 1958), John Cranko (Stuttgart 1962), John Neu-
meier (Frankfurt a. M. 1972) und Glen Tetley (Stuttgart
1975); Hans van Manen verwendete für *Daphnis en
Chloë* (Amsterdam 1972) nur die *Suite Nr. 2* von Ravels
Komposition.

Les deux pigeons

Ballett in drei Akten

CHOREOGRAFIE: Louis Mérante; MUSIK: André Messager;
LIBRETTO: Henry Régnier und Louis Mérante, nach Jean de La
Fontaine; BÜHNENBILD: Auguste-Alfred Rubé, Philippe Chape-
ron und Jean-Baptiste Lavastre; KOSTÜME: Charles Bianchini;
URAUFFÜHRUNG: 18. Oktober 1886, Opéra (Salle Garnier), Paris,
Ballett der Opéra

ROLLEN: Gourouli; Pépio; Mikalia; Djali; Zarifi, Anführer der
Zigeuner; Franca-Trippa, Zigeuner; Stéfano, Mikalias Verwal-
ter; die Zigeunerkönigin; 2 Zigeunerinnen; der Hauptmann; ein
Zigeuner; der Rechtsbeistand; Dienerinnen, Zigeuner, Soldaten,
Volk

In Thessalien, 18. Jahrhundert.
    I. Akt, Salon eines gepflegten Landhauses, durch ein
Fenster ist ein Taubenschlag sichtbar: Man ist gerade
dabei, Mikalias Haus für ein Fest zu schmücken. Da
kommt Mikalias Enkelin Gourouli mit Blumen herein und
stört alle bei der Arbeit; zudem ärgert sie die Tauben, die
auf dem Dach des Taubenschlags sitzen. Erst als Mikalia
den Salon betritt, enden Gouroulis Späße. Mikalia spricht
sogleich davon, dass Pépio, Gouroulis Verlobter, in den
letzten Tagen einen betrübten Eindruck gemacht habe. In

diesem Augenblick naht Pépio auch schon und benimmt sich ganz geistesabwesend. Als daraufhin Gourouli seine Aufmerksamkeit auf zwei turtelnde Tauben lenkt, heitert sich für kurze Zeit seine Stimmung auf. Plötzlich nähern sich Zigeuner dem Haus. Mikalia ordnet an, die Zigeuner hereinzuführen. Zum Entsetzen von Gourouli drängt es Pépio ständig zu der schönen Zigeunerin Djali, und sie bittet Mikalia, die Gruppe davonzujagen. Sobald die Zigeuner aus dem Haus sind, blickt Pépio ihnen sehnsüchtig nach und teilt dann Gourouli und Mikalia mit, dass er von nun an das Leben eines Zigeuners führen möchte. Er verabschiedet sich, und sobald er das Haus verlassen hat, bittet Mikalia Gourouli, ihm zu folgen und auf ihn aufzupassen.

II. Akt, sonnenbeschienene Landschaft am Meer, in der Mitte eine große Platane, links ein Zelt, rechts ein Gasthof: Außerhalb eines Dorfes haben die Zigeuner ihr Lager aufgeschlagen und bereiten ein Fest vor. Bald erscheint Pépio und nähert sich Djali. Auch eine unbekannte Frau in einem langen Mantel ist eingetroffen: Gourouli, die unverzüglich mit Zarifi, dem Anführer der Zigeuner, Kontakt aufnimmt und ihm Geld verspricht, wenn er ihr hilft, Pépio zu ihr zurückzubringen. Sie bittet Zarifi, Djali herbeizurufen, damit sie mit dieser Kleider tauschen könne. Die beiden Frauen ziehen sich daraufhin in das Zelt zurück. In diesem Moment kommen die Dorfbewohner herbei, denn es ist Abend geworden, und das Fest soll beginnen. Gourouli, als Djali verkleidet, verdreht nun Pépio die Augen; weil er seine Aufmerksamkeit ganz auf sie konzentriert, verliert er ständig beim Glücksspiel. Da naht ein Unwetter, und die Zigeuner ziehen sich in ihr Zelt zurück. Pépio will auch ins Zelt, doch Zarifi untersagt es ihm. Auch im Gasthof gewährt man ihm keinen Schutz vor dem Regen, weil er kein Geld hat. Und in die Platane, unter die er sich dann flüchtet, schlägt der Blitz ein. Pépio sinkt schließlich erschöpft nieder. Nachdem sich das Unwetter verzogen hat, entdecken die

Kinder des Dorfes Pépio. Sie spielen mit ihm, bis sie von
Stéfano, Mikalias Verwalter, der im Gasthof Unterschlupf
gefunden hat, verjagt werden.

III. Akt, wie I. Akt: Mikalia sorgt sich um Gourouli
und Pépio. Da kehrt Gourouli zurück und berichtet ihr,
was vorgefallen ist. Dann erscheint Pépio und bittet um
Verzeihung für sein Verhalten. Mikalia nimmt seine Entschuldigung an, und auch Gourouli freut sich über seine
Rückkehr.

Anders, als es der Titel des Balletts vermuten lässt, gibt es
nur eine lose Verbindung zu Jean de La Fontaines Fabel
von den zwei Tauben. Vielmehr sind auch Elemente der
biblischen Parabel vom verlorenen Sohn in die Handlung
integriert. Doch auf eine plausible Geschichte kam es im
Ballett jener Zeit weniger an: Es ging in erster Linie um
eine originelle Präsentation der Primaballerina und um
Tanz an sich, der häufig durch Festlichkeiten dramaturgisch legitimiert wurde. In der Rolle der Gourouli manifestieren sich alle Klischees von Weiblichkeit im Theater
des 19. Jahrhunderts: hingebungsvolle Liebe einerseits,
Verführung durch eine exotische und damit erotisch wirkende Außenseiterin andererseits. Da diese Stereotype in
einer Person vereint sind, entsteht daraus auch kein Konflikt mit ungewissem Ausgang, im Gegensatz zu Balletten der romantischen Ära. Ganz der Konvention verhaftet
bleibt *Les deux pigeons* jedoch in der strikten Trennung
von mimischen und tänzerischen Passagen. Letztere
gestaltete Louis Mérante auf handwerklich solide Weise;
seine Choreografie basierte auf der Danse d'école unter
der üblichen Einbeziehung von Demi-caractère-Material.

Les deux pigeons hielt sich im Repertoire der Pariser
Opéra bis nach dem Zweiten Weltkrieg, wobei regel-
mäßig die Choreografie aufgefrischt wurde. 1912, als
Direktor der Opéra, revidierte André Messager seine
rhythmisch federnde, mit einprägsamen melodischen
Einfällen gespickte Komposition: Der III. Akt wurde

gestrichen, und das Ballett endet, indem Mikalia und
Gourouli den schlafenden Pépio finden. Rosita Mauri,
die in der Uraufführung als Gourouli brillierte, tanzte
diese Rolle bis 1912 (gefolgt von Carlotta Zambelli). Der
Part des Pépio wurde bis 1942 von einer Frau getanzt. Bis
heute zeigt die Ballettschule der Opéra *Les deux pigeons*
in ständig überarbeiteter Choreografie. Sehr erfolgreich
wurde Frederick Ashtons Neufassung des Werks (London
1961); die Handlung verlegte der Choreograf in die Pariser Boheme gegen Ende des 19. Jahrhunderts.

Diversion of Angels

CHOREOGRAFIE: Martha Graham; MUSIK: Norman Dello Joio;
BÜHNENBILD: Isamu Noguchi; KOSTÜME: Martha Graham;
URAUFFÜHRUNG: 13. August 1948, Connecticut College (Frank
Loomis Palmer Auditorium), New London (Conn.), Martha
Graham and Company

ROLLEN: 3 Solistinnen; 3 Tänzerinnen; 4 Tänzer

Dekorationslose Bühne.

Die Solistin im langen blauen Kleid und ein Mann mit
hautfarbenem Slip stehen einander zugewandt im Hintergrund. Er hebt seinen Arm mit weit gespreizten Fingern
und legt ihn an ihren Hinterkopf; sie hebt nun den Arm,
worauf er seinen Arm um ihren Oberkörper legt. In dieser
statuarischen Position verharren sie, während erst drei
Männer (ebenfalls mit hautfarbenem Slip bekleidet), dann
drei Frauen im braunen Kleid mit energischen Bewegungen vor ihnen tanzen. Danach treten die Tänzerinnen ab,
und alle vier Männer bilden einen Halbkreis um die Frau
in Blau, die sich sachte von einem zum anderen schubsen
lässt. Einer der Tänzer bleibt bei dieser Frau; die beiden
sowie zwei andere Männer verharren regungslos beim
ersten Auftritt der Solistin im roten Kleid. Beim Kreuzen
der Bühne hält sie immer wieder in einer markanten Pose

inne: das gestreckte hintere Bein nach hinten erhoben, den Oberkörper nach vorn gekippt, beide Arme auf Schulterhöhe ausgestreckt. Ihr folgt die Solistin im gelben Kleid mit energischen Drehungen und Sprüngen; die Frau tanzt dabei mit zwei Männern im Wechsel. Im weiteren Verlauf des Stückes alternieren Sequenzen für die Gruppe mit Aktionen der solistisch agierenden Solistinnen; bisweilen fungiert die Gruppe auch als ornamentale Umrahmung für die Solistinnen. Nacheinander kommt es zu drei Duetten: Als erste tanzt die Frau in Rot mit einem Mann, dann die in Blau mit ihrem Partner vom Beginn und als letzte die in Gelb. Gegen Ende überquert die Frau in Rot noch einmal die Bühne; schließlich bleiben ein Mann und die Frau in Blau zurück, und der Mann hält seine beiden gespreizten Hände über den Kopf der knienden Frau.

Zu *Diversion of Angels* ließ sich Martha Graham von den abstrakten Bildern Wassily Kandinskys inspirieren: Die rote Linie, die sich durch einige seiner Gemälde zieht, findet hier ihre Entsprechung in den Auftritten der Frau in Rot, wenn sie mit ausholenden Bewegungen den Bühnenraum durchmisst. Im Unterschied zu Grahams Werken mit amerikanischer Thematik wie →*Appalachian Spring* oder mit mythologischer Handlung wie *Herodiade* (Washington 1944; Musik: Paul Hindemith), *Cave of the Heart* (New York 1946; Musik: Samuel Barber), *Night Journey* (Cambridge, Mass., 1947; Musik: William Schuman) oder *Clytemnestra* (New York 1958; Musik: Halim El-Dabh) kommt *Diversion of Angels* ohne Handlung aus: Es ist eine Hommage an die Liebe, verkörpert durch die Frau in Blau. Repräsentiert die Tänzerin im gelben Kostüm die ungestüme junge Liebende und die in Rot die sexuelle Leidenschaft, kann in der Frau in Blau die Symbolisierung der reifen, ausbalancierten Liebe gesehen werden. Deren Bewegungen werden im Lauf des Stückes zunehmend selbstbewusster, ausholender und lassen sich als Ausdruck eines Reifeprozesses interpretieren. Innerhalb des kraftvollen Modern-Dance-Bewegungsmaterials kommt der Pose, die die Frau in Rot mit ihrem ersten Auftritt einprägsam vorstellt, eine wichtige motivische Rolle zu: Sie zieht sich, auch variiert, durch die gesamte Choreografie, durch die Parts der Solistinnen wie der Tänzer.

Bereits bei der zweiten Aufführung verkürzte Graham den ursprünglichen Titel des Stücks, *Wilderness Stair. Diversion of Angels* auf den seitdem gültigen. Er entstammt einem später publizierten Gedicht von Ben Belitt. Nach der Uraufführung verzichtete Graham außerdem auf das Bühnenbild ihres langjährigen Ausstatters Isamu Noguchi. Zusätzliche Änderungen betrafen die Farbe des Kostüms der Frau in Blau – es wurde zu Weiß – und die Erweiterung der Zahl der Tänzerinnen von drei auf vier. *Diversion of Angels* gehört zu den wenigen Stücken Grahams, in denen die Choreografin nicht selbst getanzt hat.

Don Juan

Ballettpantomime

CHOREOGRAFIE: Gasparo Angiolini; MUSIK: Christoph Willibald Gluck; LIBRETTO: Gasparo Angiolini, nach Tirso de Molina und Molière; BÜHNENBILD: Giovanni Maria Quaglio; URAUFFÜHRUNG: 17. Oktober 1761, Burgtheater, Wien, Ballett des Theaters

ROLLEN: Don Juan; Donna Elvira; der Komtur; ein Diener Don Juans; Freunde Don Juans, Mätressen, Geister, Furien

In Spanien.

I. Akt, eine Straße, auf einer Seite das Haus Don Juans, auf der anderen das des Komturs: Don Juan unterhält Donna Elvira, die Tochter des Komturs, mit einer Serenade. Nachdem er das Haus des Komturs betreten hat, wird er von diesem überrascht. Im Kampf tötet Don Juan den Komtur; dessen Leichnam wird weggetragen.

II. Akt, Don Juans Haus: Don Juan veranstaltet ein großes Fest. Nach dem einleitenden Ball beginnt das Essen. Als man sich bestens amüsiert, erscheint der Komtur in Gestalt einer Statue. Voller Entsetzen fliehen die Gäste, und Don Juan fordert den Komtur auf, Platz zu nehmen. Dieser lehnt ab, lädt aber Don Juan ein, an seinem Grab zu speisen; Don Juan nimmt an. Nachdem die Statue den Saal verlassen hat, kehren die Gäste zurück; sie verlassen jedoch bald Don Juans Haus, weil es ihm nicht gelingt, sie zu beruhigen. Don Juan gibt schließlich seinem Diener einige Anweisungen, bevor er sich entfernt.

III. Akt, Friedhof, in der Mitte das Grab des Komturs: Der Komtur steht vor seinem Grabmal, als Don Juan auftaucht. Sogleich bittet der Komtur Don Juan, sein Leben zu ändern – allerdings vergebens. Daraufhin tut sich die Erde auf, und Geister und Furien der Unterwelt kommen, um Don Juan zu quälen und ihn zu fesseln. Am Ende zerstört ein Erdbeben den Ort.

Gasparo Angiolini, neben Jean Georges Noverre der andere große Erneuerer des Bühnentanzes in der zweiten Hälfte des 18. Jahrhunderts, wählte sich – wie er im Vorwort des Librettos schrieb – die Geschichte von Don Juan als Sujet für ein Ballett, um an einem allgemein bekannten Stoff seine Reformbestrebungen zu verdeutlichen. Angiolinis Intention war es, eine klare, unmittelbar nachvollziehbare Handlung zu zeigen; er forderte, das Bühnengeschehen müsse ohne ausschweifende schriftliche Erläuterungen verständlich sein und sich dem gewählten Thema unterordnen. Und vor allem müsse der Tanz stets in Beziehung zur Geschichte stehen und seelische Zustände zum Ausdruck bringen. Diese neue Art Bühnentanz bezeichnete Angiolini als »pantomimischen Tanz«. Eine wichtige Rolle billigte Angiolini der Musik zu; sie solle ebenso ausdrucksvoll sein wie der Tanz. Im Fall von *Don Juan* – das unter dem Titel *Le festin de pierre* uraufgeführt wurde – fungierte die Musik von Christoph Willibald Gluck als kongeniale Entsprechung zur Choreografie. Denn die aus 15 kürzeren Nummern bestehende Komposition – offensichtlich benutzte Angiolini diese reduzierte Fassung, nicht eine zweite, längere mit 31 Nummern – stellt eine melodisch und rhythmisch erfindungsreiche, plastische Untermalung der Handlung dar.

Glucks Musik fand rasch Verbreitung und diente bis zum Ende des 18. Jahrhunderts an zahlreichen Theatern Europas als Grundlage für Don-Juan-Ballette, etwa von Vincenzo Galeotti (Kopenhagen 1781) und Charles Le Picq (London 1785). Erst im 20. Jahrhundert griffen dann bedeutende Choreografen wieder auf Glucks Komposition für eigene Werke über Don Juan zurück, wie etwa Heinrich Kröller (Wien 1924), Rudolf von Laban (Hamburg 1925), Aurel von Milloss (Augsburg 1933), Michail Fokin (London 1936), Léonide Massine (Mailand 1959), Erich Walter (Wuppertal 1962) und John Neumeier (Frankfurt a. M. 1972; zusätzliche Musik: Tomás Luis de Victoria); Neumeiers Aufsehen erregende Neuinterpretation zeigt einen Don Juan, der unablässig auf der Suche nach einer unbekannten Frau in Weiß ist, die er schließlich als Todesengel erkennt.

Don-Juan-Ballette zu Richard Strauss' gleichnamiger sinfonischer Dichtung (1897) schufen unter anderem Tatjana Gsovsky (Berlin 1938), Milloss (Mailand 1944), Frederick Ashton (London 1948), Serge Lifar (Paris 1957).

Dem Thema Don Juan sind auch zahlreiche Ballette zu anderer Musik gewidmet, etwa von Maurice Béjart *À la recherche de Don Juan* (Brüssel 1962; Musik: Victoria und Flamenco) und *Variations Don Giovanni* (Brüssel 1979; Musik: Wolfgang Amadeus Mozart und Frédéric Chopin).

Don Quijote

Ballett in vier Akten und acht Bildern

CHOREOGRAFIE: Marius Petipa; MUSIK: Ludwig Minkus; LIBRETTO: Marius Petipa, nach Miguel de Cervantes Saavedra; BÜHNENBILD: Pawel Issakow, Iwan Schangin und Fjodor Schenjan; KOSTÜME: Gorochowi und Felix Simoné; URAUFFÜHRUNG: 26. Dezember 1869, Bolschoi-Theater, Moskau, Ballett des Theaters

ROLLEN: Don Quijote; Sancho Pansa; Kitri, Lorenzos Tochter; Juanita, Fächerverkäuferin; Pikilla, Obstverkäuferin; Basilio, Barbier, verliebt in Kitri; Dulcinea; Camacho, ein reicher Grundbesitzer; Lorenzo, Gastwirt; seine Gattin; Carasco, Don Quijotes Verwalter; Juana, Don Quijotes Nichte; Alkad; Alquasil; Espada; 2 Picadores; Truppe der Wanderkomödianten: König, Königin, Prinzessin, Grazioso, Narr des Königs, Schauspieler, Marionetten, Tänzerinnen in Lerchenkostümen, Harlekin, 2 Zigeuner, Zigeunerinnen; Bürger, Bürgerinnen, Küchenjungen, Don Quijotes Dienerinnen, Würdenträger, Maultiertreiber, Musikanten, Wasserträger, Lakaien, Bettler, Volk

I. Akt, 1. Bild, Don Quijotes Wohnung: Don Quijote ist in seine Bücher vertieft. Im Traum sieht er die Helden der Bücher und glaubt, ihnen nacheifern zu können. Zum Kummer seiner Diener beschließt er, in die Welt hinauszuziehen; sein Diener Sancho Pansa folgt ihm. 2. Bild, Platz in Barcelona: Kitri flirtet mit dem Barbier Basilio, bis ihr Vater Lorenzo einschreitet. Denn er möchte, dass Kitri den reichen Grundbesitzer Camacho heiratet. Da erscheinen Don Quijote und Sancho Pansa. Letzterer wird vom Volk verspottet und in die Luft geworfen, doch Don Quijote hilft ihm. Daraufhin erblickt Don Quijote Kitri und sieht in ihr seine angebetete Dulcinea. Er stellt sich ihr vor; Kitri nutzt die allgemeine Verwirrung und eilt davon.

II. Akt, 1. Bild, pittoresker Ort, im Hintergrund Windmühlen: Kitri findet bei Wanderkomödianten Unterschlupf. Zur Unterhaltung Don Quijotes, der ihr gefolgt ist, gibt man eine Theateraufführung. Don Quijote hält die Vorstellung für die Wirklichkeit und greift ein; er

attackiert nicht nur das Theater, sondern auch die Windmühlen, die er für feindliche Wesen hält. Ein Flügel des
Mühlrads reißt ihn zu Boden. Anschließend findet sich
auch Lorenzo ein, und Kitri stürzt erneut davon. 2. Bild,
Wirtshaus: Kitri ist von ihrem Vater gefasst worden. Nach
seinem Willen soll sie Camacho heiraten.

III. Akt, 1.–3. Bild, auf dem Land: Im Traum besteht
Don Quijote einige Abenteuer. Schließlich entdeckt er in
einem Zaubergarten Dulcinea; in dem Moment, in dem
Dulcinea Don Quijote einen Lorbeerkranz aufsetzen
möchte, erwacht er. Er zieht weiter.

IV. Akt, Park von Camachos Anwesen: Don Quijote
stößt auf den Hochzeitszug. Da täuscht Basilio einen
Selbstmord vor, um doch noch Kitri zu gewinnen. Don
Quijote ergreift Partei für Kitri, und sie darf schließlich
Basilio heiraten. Don Quijote zieht weiter.

Miguel de Cervantes Saavedras zweiteiliger Roman *El
ingenioso hidalgo Don Quijote de la Mancha* (1605 und
1615) stellte im 18. und 19. Jahrhundert eine beliebte
Vorlage im Bühnentanz dar; die bedeutendsten Choreografen der Zeit – darunter Franz Hilverding (Wien 1740),
Jean Georges Noverre (Wien 1768 und 1773), Louis
Milon (Paris 1801), Charles Louis Didelot (Sankt Petersburg 1808), August Bournonville (Kopenhagen 1837)
und Paolo Taglioni (Berlin 1839) – verwendeten das literarische Werk für ganz unterschiedliche Ballette. Wie die
meisten Choreografen vor ihm orientierte sich Marius
Petipa in seiner Adaption an der so genannten Camacho-
Quiteria-Basilio-Episode. In erster Linie bediente er sich
solcher Szenen, die voll theatraler Komik stecken, insbesondere also die Abenteuer Don Quijotes und den insze-
nierten Selbstmord Basilios. Das spanische Ambiente
erlaubte darüber hinaus den effektvollen Einsatz spanischer Tanzschritte, was dem Ballett eine exotische Note
verlieh. Ungeachtet dieser publikumswirksamen Komponenten handelt es sich bei *Don Quijote* um ein Werk, das

noch ganz in der Tradition eines Nummernballetts steht: Der regelmäßige Wechsel von mimischen und tänzerischen Passagen spiegelt sich in Ludwig Minkus' Musik, einer melodiösen, rhyhmisch federnden, perfekt auf die Bedürfnisse des zeitgenössischen Bühnentanzes zugeschnittenen Komposition.

Petipa erstellte in Sankt Petersburg 1871 eine erweiterte Neufassung des Balletts in fünf Akten; in dieser ist das Ende der Handlung verändert: Basilio täuscht keinen Selbstmord vor, sondern spielt auf Befehl des Herzogs Don Quijote einen Streich, besiegt ihn dann im Kampf und darf schließlich Kitri heiraten. Mit der neuen Figur des Herzogs verlieh er dem Werk eine aristokratischere Note. Darüber hinaus nahm Petipa die Umstellung einzelner Bilder vor und ergänzte das Ballett um diverse Tanznummern. Eine historisch bemerkenswerte Neuproduktion von *Don Quijote* schuf Alexandr Gorski (Moskau 1900; zusätzliche Musik: Anton Simon und Eduard Nápravník): Neben einer dramaturgischen Revision fasste Gorski das Corps de ballet als Gruppe auf, deren Mitglieder sich unablässig zu neuen Ensembles formieren; diese Fassung blieb, regelmäßig überarbeitet, viele Jahrzehnte im Repertoire des Bolschoi-Balletts. Infolge zahlreicher Neuproduktionen nach Gorski oder Petipa oder allen beiden stellt *Don Quijote* seitdem eines der beliebtesten Ballette in Russland dar. Im Westen kam es dagegen nur relativ selten zu Einstudierungen. Herausragend blieb die auf Petipas Sankt Petersburger Version basierende Fassung von Rudolf Nurejew, die erstmals in Wien 1966 aufgeführt (Musikbearbeitung: John Lanchbery) und später von mehreren Kompanien übernommen wurde; bekannt wurde diese Fassung zudem durch eine Filmversion 1973. Andere bemerkenswerte abendfüllende Produktionen des Balletts stammten von Michail Baryschnikow (Washington 1978), Nicholas Beriozoff (Toronto 1982), Juri Grigorowitsch (Kopenhagen 1983) und Ray Barra (München 1991).

Ein beliebter Bestandteil von Galaprogrammen wurde ein virtuoser *Don-Quijote*-Pas-de-deux, dessen Choreografie wohl von Gorski stammt. Eigene Don-Quijote-Ballette erstellten etwa Aurel von Milloss mit *Le portrait de Don Quichotte* (Paris 1947; Musik: Goffredo Petrassi) und Serge Lifar mit *Le chevalier errant* (Paris 1950; Musik: Jacques Ibert) sowie – jeweils unter dem Titel *Don Quixote* – Tatjana Gsovsky (Berlin 1949; Musik: Leo Spies), George Balanchine (New York 1965; Musik: Nicolas Nabokov), John Neumeier (Hamburg 1979; Musik: Richard Strauss) und Heinz Spoerli (Basel 1989; Musik: Wolfgang Amadeus Mozart).

Dornröschen

Ballettfeerie in drei Akten mit Prolog

CHOREOGRAFIE: Marius Petipa; MUSIK: Pjotr Tschaikowski; LIBRETTO: Marius Petipa und Iwan Wsewoloschski, nach Charles Perrault; BÜHNENBILD: Genrich Lewot, Michail Botscharow, Iwan Andrejew, Konstantin Iwanow und Matwei Schischkow; KOSTÜME: Iwan Wsewoloschski; URAUFFÜHRUNG: 15. Januar 1890, Mariinski-Theater, Sankt Petersburg, Ballett des Theaters

ROLLEN: Florestan XIV., König; Königin; Prinzessin Aurora, ihre Tochter; Prinz Chéri; Prinz Charmant; Prinz Fortuné; Prinz Fleur-de-pois; Catalabutte, Oberzeremonienmeister König Florestans; Prinz Désiré; Diener; Galifron, Prinz Désirés Erzieher; Fliederfee; Fee Canari; Fee Violante; Krümchenfee; Fee Candide; Fee Fleur-de-farine; Carabosse, böse Fee; Gefolge der Fliederfee (8 Tänzerinnen); Pagen der Fliederfee (2 Tänzerinnen); Pagen der Fee Canari (1 Tänzerin, 1 Tänzer); Pagen der Fee Violante (2 Tänzer); Pagen der Krümchenfee (2 Tänzer); Pagen der Fee Candide (2 Tänzerinnen); Pagen der Fee Fleur-de-farine (2 Tänzerinnen); 8 Geisterwesen mit großen Fächern; 4 Geisterwesen, die Aromen anbieten; 6 Mädchen mit Geschenken; Herzogin; Baroness; Gräfin; Marquise; Blaubart; seine Frau; der gestiefelte Kater; Marquis de Carabas; die Schöne mit den goldenen Haaren; Prinz Avenant; Eselshaut; Schönheit, das Biest;

Aschenbrödel; Blauer Vogel; Prinzessin Florina; weiße Katze;
Rotkäppchen; der Wolf; Riquet mit dem Schopf; Prinzessin
Aimée; Däumling und seine Brüder (7 Tänzer); Riese; Riesin;
Diamantenfee; Goldfee; Silberfee; Saphirfee; Höflinge, Damen,
Kavaliere, Pagen, Jäger, Jägerinnen, Wachen, Lakaien, Gefolge
der Feen, Ammen, Bauern, Bäuerinnen, Ehrenjungfern, Mäd-
chen, Jägerinnen, Jäger, Römer (4 Tänzerinnen, 4 Tänzer), Perser
(4 Tänzerinnen, 4 Tänzer), Inder (4 Tänzerinnen, 4 Tänzer),
Amerikaner (4 Tänzerinnen, 4 Tänzer), Türken (4 Tänzerinnen,
4 Tänzer) etc.

Prolog, Saal im Königspalast, rechts eine erhöhte Ebene
für König, Königin und die Feen, im Hintergrund eine
Tür: Man erwartet am Tag von Auroras Taufe König und
Königin; der Oberzeremonienmeister Catalabutte geht
noch einmal die Gästeliste durch. Da betritt das Königspaar den Saal, gefolgt von Pagen, Gouvernanten und
Ammen; in einer Wiege liegt Aurora. Nun treffen nacheinander die Feen ein, Auroras Patinnen; sie werden vom
Königspaar begrüßt und erhalten ein Geschenk, bevor
jede der Feen Aurora eine Gabe überreicht. Als sich die
Fliederfee als letzte daranmacht, ihre Gabe darzubringen,
unterbricht sie lautes Geräusch am Eingang: Die mächtige
und böse Fee Carabosse verschafft sich Einlass; sie wurde
nicht zum Fest eingeladen. Das Königspaar befürchtet ihren Zorn und bedrängt sie, Catalabuttes Fehler zu
verzeihen. Doch Carabosse lässt keine Entschuldigung
gelten und spricht einen Fluch aus: Sobald sich Aurora
einmal in den Finger steche, falle sie in immer währenden
Schlaf. Diese Vorhersage kann die Fliederfee mit ihrer
Gabe abschwächen: Aurora werde nicht ewig schlafen,
sondern nur so lange, bis ein Prinz sie auf die Stirn küsse.

I. Akt, Garten des Königsschlosses, rechts ein Eingang
zum Schloss, im Hintergrund ein Marmorbrunnen: Am
Tag von Auroras 20. Geburtstag bereitet man alles für das
Fest vor; außerdem soll Aurora am heutigen Tag einen
Prinzen als Ehemann erwählen. Entsetzt entdeckt Catala-
butte einige Bäuerinnen, die im Schlossgarten mit Nadeln

hantieren – der Gebrauch von Nadeln ist in weitem Umkreis des Schlosses verboten. Er lässt die Schuldigen verhaften. Nun betreten das Königspaar und vier Prinzen, die um Auroras Hand anhalten, die Terrasse. Sobald der König erfährt, was die Bäuerinnen getan haben, verurteilt er sie zum Tode, begnadigt sie aber auf Bitten der Prinzen, denn die Festtagsstimmung solle nicht getrübt sein. Da eilt Aurora samt Gefolge herbei, und jeder der Prinzen wirbt um Auroras Hand. Aurora jedoch kann sich nicht entscheiden und interessiert sich plötzlich für eine alte Frau, die eine Spindel hat. Aurora greift sich die Spindel, spielt mit ihr und bemerkt mit einem Mal, dass sie sich an ihr gestochen hat. Sobald sich das Königspaar der zu Boden gefallenen Aurora genähert hat, gibt sich die alte Frau als Carabosse zu erkennen. Carabosse verschwindet dann in einer Wolke aus Rauch und Feuer, und in dem Marmorbrunnen zeigt sich die Fliederfee. Sie verkündet, dass Aurora und die Hofgesellschaft 100 Jahre schlafen würden. Aurora wird daraufhin ins Schloss gebracht, ehe auch alle anderen von einem Moment zum nächsten in tiefen Schlaf fallen. Bäume, Büsche und Sträucher beginnen emporzuwachsen und bilden bald einen dichten Wald um das Schloss herum.

II. Akt, 1. Bild, Lichtung in einem dichten Wald, im Hintergrund ein breiter Fluss: Prinz Désiré unternimmt mit seinem Gefolge eine Jagdpartie; auf der Lichtung machen sie Rast. Vier junge Adelsfrauen (Herzogin, Baroness, Gräfin, Marquise) bemühen sich vergebens um die Aufmerksamkeit des Prinzen. Auch als man ihm meldet, ein Bär sei gefangen worden, interessiert ihn das nicht. Er will auf der Lichtung verweilen, und die Jagd geht ohne ihn weiter; mit seinem Erzieher Galifron bleibt er allein zurück. Dieser schläft bald ein, und sogleich nähert sich auf dem Fluss ein reich geschmücktes Boot, das die Fliederfee heranträgt. Da ihr Prinz Désiré versichert, noch nicht gebunden zu sein, teilt ihm die Fliederfee mit, dass sie ihm seine zukünftige Frau vor Augen

führen werde: Sie zeigt ihm in der Ferne ein Schattenbild
von Aurora inmitten ihrer Freundinnen. Der Prinz ist von
Aurora hingerissen und versucht, sie zu fassen, doch der
Schatten weicht ihm immer aus und ist nach einer Weile
wieder verschwunden. Er beschwört die Fliederfee, ihn
zu der Schönen zu führen, und sie nimmt ihn mit auf ihr
Boot. Nach einer längeren Fahrt erreichen sie mitten in
der Nacht das Königsschloss; die Fliederfee öffnet das
Eingangstor, und der Prinz betrachtet voll Verwunderung
die schlafende Hofgesellschaft im Eingangssaal. Bald
ziehen dichte Wolken auf. 2. Bild, im Königsschloss:
Als sich die Wolken wieder verzogen haben, betreten
der Prinz und die Fliederfee den Raum, in dem Aurora,
ihre Eltern und einige Mitglieder des Hofes schlafen. Die
Weckversuche des Prinzen bleiben ohne Wirkung; erst als
er Aurora auf die Stirn küsst, erwachen alle. Daraufhin
bittet der Prinz den König um Auroras Hand.

   III. Akt, Esplanade des Königsschlosses: Aurora
und Prinz Désiré feiern Hochzeit: In einer Prozession
ziehen Märchencharaktere und die Feen ein. Einige von
ihnen – der gestiefelte Kater und die weiße Katze, der
Blaue Vogel und Prinzessin Florina, Rotkäppchen und der
Wolf, Aschenbrödel und Prinz Fortuné, der Däumling mit
seinen Brüdern – tanzen für das Hochzeitspaar; das Ballett endet mit einer feierlichen Apotheose.

Dornröschen – auf Russisch *Spjaschtschaja krassa-
wiza* – nimmt im Ballett des 19. Jahrhunderts den Platz
als singulärer Gipfelpunkt ein. Das Werk erzählt nicht nur
ein bekanntes Märchen; es demonstriert in seinen tänzerischen Nummern auf exemplarische Weise die Errungenschaften des klassischen Tanzes. Darüber hinaus stellt
das Ballett ein Musterbeispiel für die Zusammenarbeit
zwischen einem Choreografen und einem Komponisten
dar. Denn Marius Petipa gab Pjotr Tschaikowski eine
detaillierte Aufstellung, wie lang die Musik für welche
Aktion sein und welchen Charakter sie haben solle; der

Komponist schrieb gemäß diesen Vorgaben eine melo-
diöse, farbenreiche, effektvolle Musik, die sinfonische
Prinzipien kongenial mit den Erfordernissen einer Musik
für Bühnentanz verband. In dieser Hinsicht überragt
Tschaikowskis Werk alle anderen Ballettkompositionen
des 19. Jahrhunderts und setzte Maßstäbe für die Ballettmusik des 20. Jahrhunderts.

Vor Petipa hatten Choreografen nur gelegentlich
Charles Perraults Märchen *La belle au bois dormant*
(1697) für ein Ballett benutzt; eine gewisse Bekanntheit
hatte nur Jean-Pierre Aumers *La belle au bois dormant*
(Paris 1829; Musik: Ferdinand Hérold) erreicht. Im
Gegensatz zu diesem Werk hielten sich Petipa und Iwan
Wsewoloschski, der Direktor der zaristischen Theater, bei
ihrem Libretto eng an die Vorlage – keinen Bezug zum
Märchen hat natürlich der III. Akt, der das für ein Ballett
des 19. Jahrhunderts obligate Divertissement bringt – und
formten daraus eines der aufwendigsten Ballette aller
Zeiten: Gekleidet in prunkvolle Kostüme, die im Stil
des 17. Jahrhunderts gehalten waren, beeindruckte *Dornröschen* allein durch die große Zahl der Mitwirkenden;
von nachhaltigem Eindruck waren auch die detailreichen,
perfekt illusionistischen Bühnenbilder. Petipa gestaltete
die verhältnismäßig umfangreichen tänzerischen Passagen des Balletts – eingebunden in die mimische Vermittlung der Handlung – als Einheiten mit dramaturgischem
Spannungsbogen. Dank der variantenreichen Verwendung der Danse d'école gelang es Petipa, die einzelnen
Personen durch eine individuelle Bewegungssprache zu
charakterisieren; das Bewegungsmaterial umfasst rein
klassische Schritte und Ports de bras, Demi-caractère-
Elemente und dem Volkstanz entlehnte Motionen. Zu den
herausragenden Tänzen zählen die Auftritte der Feen im
Prolog, das Adagio im I. Akt, wenn die vier Prinzen um
Aurora werben und die lange auf Spitze stehende Ballerina dabei ihre Balance demonstrieren kann, sowie die
virtuosen Glanznummern im III. Akt, die Auftritte der

Märchenfiguren und der Pas de deux (Aurora und Prinz Désiré). Vor allem hier wird *Dornröschen* zu einem brillanten, originären Fest des Tanzes.

Dornröschen befindet sich in einer auf Petipas Choreografie basierenden Fassung bis heute im Repertoire des Mariinski-Balletts (das von 1935 bis 1991 Kirow-Ballett hieß). Bald nach der Uraufführung erfuhr das Werk die üblichen Modifikationen; nach Petipas Tod kamen mit jeder Wiederaufnahme choreografische Veränderungen hinzu, sodass der strukturell unverändert gebliebene Anteil Petipas am Gesamtwerk sukzessive schrumpfte. Bereits 1899 entstand mit Alexandr Gorskis Produktion am Bolschoi-Theater in Moskau eine eigene Traditionslinie an dieser Bühne. Im Westen wurde eine auf Petipa zurückgehende Inszenierung erstmals durch die Ballets Russes unter dem Titel *The Sleeping Princess* gezeigt (London 1921); die Einstudierung erledigte Nikolai Sergejew, der ehemalige Regisseur des Mariinski-Theaters, doch musste er markante Änderungen seitens des Impresarios der Kompanie, Sergei Diaghilew, hinnehmen. So choreografierte Bronislawa Nijinska diverse Nummern neu, und aus anderen Balletten wurden Tänze eingefügt; darüber hinaus erarbeitete Igor Strawinsky neue Instrumentierungen einzelner musikalischer Abschnitte. Eine weitere, im Wesentlichen auf den III. Akt reduzierte *Dornröschen*-Fassung brachten die Ballets Russes dann als *Le mariage de la belle au bois dormant* (später *Le mariage d'Aurore* genannt) heraus (Paris 1922). Die Tradition vollständiger, an Petipas Original orientierter *Dornröschen*-Aufführungen begann mit den Rekonstruktionen durch Sergejew für das Vic-Wells Ballet (London 1939) und seiner Nachfolgekompanie, das Sadler's Wells Ballet (London 1946); das Werk befindet sich, regelmäßig überarbeitet, nach wie vor im Repertoire des später in Royal Ballet umbenannten Covent-Garden-Balletts.

Dornröschen-Produktionen, die sich in unterschiedlicher Ausprägung auf Petipas Choreografie stützen, schufen unter anderem Nicholas Beriozoff (Stuttgart 1957), Rudolf Nurejew (Mailand 1966), Kenneth Mac-Millan (Berlin 1967) und Peter Martins (New York 1991). John Neumeier bringt in seiner *Dornröschen*-Fassung (Hamburg 1978) auf Petipa zurückgehende choreografische Abschnitte mit einer zeitgenössischen Dramaturgie zusammen: Der Prinz erlebt die Geschichte als Traum. Eigenständige *Dornröschen*-Ballette erstellten unter anderem Rudolf von Laban (Berlin 1934; Musik: Johann Strauß) sowie – jeweils zu Tschaikowskis *Dornröschen*-Musik – Maurice Béjart mit *Ni fleurs ni couronnes* (Grenoble 1968) als Folge von Variationen über Petipasche Ideen und Mats Ek (Hamburg 1996), der die Handlung ins Drogenmilieu einer modernen Großstadt verlegt hat: Carabosse ist zunächst ein arroganter Arzt, der Auroras Mutter entbindet, und dann ein Drogendealer, in den sich Aurora verliebt und der von Désiré erschossen wird; das Kind der beiden hat schließlich eine dunkle Haut.

Im Lauf der Jahre haben sich Abweichungen gegenüber der Handlung der Uraufführung etabliert: Die offensichtlichste betrifft Auroras Alter im I. Akt: Heute wird üblicherweise vom Tag ihres 16. Geburtstags gesprochen. Darüber hinaus gibt man in heutigen Produktionen den sechs Feen meist poetischere Namen (ausgenommen in der Regel die Fliederfee).

Der Dreispitz

CHOREOGRAFIE: Léonide Massine; MUSIK: Manuel de Falla; LIBRETTO UND TEXT: Gregorio Martínez Sierra, nach Pedro Antonio de Alarcón; AUSSTATTUNG: Pablo Picasso; URAUFFÜHRUNG: 22. Juli 1919, Alhambra Theatre, London, Ballets Russes

ROLLEN: der Müller; die Frau des Müllers; der Corregidor; die Frau des Corregidors; der Dandy; 6 Polizisten; Nachbarn (8 Tänzerinnen, 8 Tänzer); ›Jota‹: zusätzlich 8 Tänzerinnen, 7 Tänzer

In einem andalusischen Dorf; hinter dem Dorfplatz mit
Ziehbrunnen ein Tor der Stadtmauer, links das Haus des
Müllers mit Vogelkäfig; außerhalb der Stadtmauer eine
Brücke über den Fluss; im Hintergrund Berge.

Der Müller und seine Frau verrichten ihre Arbeit. Während der Müller Wasser aus dem Brunnen holt, erscheint
ein Dandy, der von der Schönheit der Müllerin angetan ist; sie aber geht nicht weiter auf seine Zuneigungsbekundungen ein, und der Dandy geht weiter. Da nahen
der Corregidor, der Gouverneur, und seine Frau mitsamt
sechs Polizisten; der Tross macht kurz im Dorf Halt – Zeit
genug für den Corregidor, die Schönheit der Müllerin zur
Kenntnis zu nehmen. Bald darauf kommt ein Mädchen
mit einem Krug vorüber; der Müller wendet sich dem
Mädchen zu, bis seine Frau zurückkehrt und ihm eine
Szene macht. Nun zeigt sich wieder der Corregidor,
diesmal allein. Da er verrückt nach ihr ist, hat die Müllerin leichtes Spiel: Sie verdreht ihm mit einem Büschel
Weintrauben so den Kopf, dass er zu Boden torkelt und
von Müllerin und Müller verspottet wird; wutschnaubend
zieht er davon. Nach und nach versammeln sich die Dorfbewohner, um den Anbruch der Johannisnacht zu feiern.
Überraschend tauchen Polizisten auf und verhaften den
Müller. Später, in der Nacht, besucht der Corregidor noch
einmal das Dorf; hoffnungsvoll nähert er sich der Müllerin, die sich um ihren Mann sorgt. Seinen Annäherungsversuchen entwindet sie sich und flieht schließlich auf die
Brücke; hier will sie der Corregidor umarmen, wird aber
von ihr in den Fluss gestoßen. Wieder im Dorf, setzt er
sein Werben fort, das er erst beendet, als die Müllerin eine
Pistole holt und ihn in Schach hält. Nun kann die Müllerin entfliehen; der Corregidor zieht seine nassen Kleider aus und dafür den Mantel des Müllers an. Da taucht
auf der Brücke der Müller auf, dem es gelungen ist, aus
dem Gefängnis auszubrechen. Er greift sich den über
der Brüstung hängenden Umhang des Corregidors; vor
seinem Haus kommt es zum Zusammenstoß der beiden.

Nachdem der Müller den Corregidor mit Leichtigkeit nie-
dergerungen hat, lässt er ihn allein zurück, und der Corregidor versteckt sich im Haus des Müllers. Auf ihrer Suche
nach dem Müller betreten die Polizisten nun wieder das
Dorf, und in seinem Haus werden sie fündig; sie erkennen allerdings nicht, dass sie den Corregidor gefangen
genommen haben, der nach wie vor den Mantel des Müllers trägt. Der Aufruhr lässt die Dorfbewohner auf den
Platz strömen, und die Polizisten verlassen das Dorf mit
ihrem Gefangenen. Die Bewohner feiern schließlich den
Abzug des Corregidors mit einer ausgelassenen Jota, und
sie verhöhnen den Gouverneur, indem sie mit einer ihm
ähnlich sehenden Puppe spielen.

Nach Ausbruch des Ersten Weltkriegs, als die Ballets Russes von ihrer russischen Heimat abgeschnitten
waren und abwechselnd in Italien und Spanien residier-
ten, begann Sergei Diaghilew, das kulturelle Erbe dieser
Länder für neue Produktionen heranzuziehen. Léonide
Massine, der nun Chefchoreograf des Ensembles war,
schuf mit *Las meninas* (San Sebastián 1916; Musik:
Gabriel Fauré) ein erstes ›spanisches‹ Ballett, ohne jedoch
in die Choreografie originär spanische Tanzformen ein-
zubeziehen. Den spanischen Tanz lernte Massine im
Sommer 1917 näher kennen, und seine Begeisterung
für diesen ging so weit, dass er sich in ländlichen Gebie-
ten nach Schrittmaterial umsah. Dabei unterstützte ihn
Manuel de Falla, den Diaghilew mit der Musik für ein
zweites ›spanisches‹ Ballett beauftragt hatte. Der Komponist griff hierbei auf seine Bühnenmusik zu Gregorio
Martínez Sierras Pantomime *El corregidor y la molinera*
zurück – der Autor hatte sich von Pedro Antonio de Alar-
cóns Erzählung *El sombrero de tres picos* (1874) inspirieren lassen und legte diese auch seinem Libretto zum
Dreispitz zugrunde –, überarbeitete und erweiterte dieses
Werk aber zu einer farbenreich orchestrierten Ballettmusik voll rhythmischer Prägnanz und unverwechselbar

spanischer Melodik. Grundlage der Komposition sind zahlreiche spanische Tänze, deren Charakter mit den einzelnen Personen in Verbindung steht: So spiegelt sich in den verschiedenen sinnlichen Fandangos das Verhältnis zwischen Müller und Müllerin wider, während die stilisierten Tänze, wie etwa das Menuett, den gesellschaftlich Höherstehenden zugeordnet sind. Die Handlung des Balletts erschließt sich ganz aus dem Tanz: Massine eliminierte die traditionelle Pantomime, so weit es ging, die Handlung wird nur durch tänzerische Aktionen vermittelt. Das Bewegungsmaterial des Balletts verschmilzt auf ungewöhnliche Weise spanische Schritte und Armhaltungen mit der Danse d'école. Denn anders als in Balletten des 19. Jahrhunderts, in denen Spanisches in stilisierter Form der klassischen Technik untergeordnet bleibt, ist im *Dreispitz* das spanische Material unverfälscht und steht gleichberechtigt neben dem anderen Stil. Die Authentizität der Bewegungen deckt sich also mit der Ursprünglichkeit der Musik und macht – im Verbund mit Pablo Picassos klarem, detailreichem Bühnenbild und seinen den Trachten auf Francisco de Goyas Bildern nachempfundenen Kostümen – das Ballett zu einem herausragenden Beispiel der von Diaghilew propagierten Gesamtkunstwerksidee.

Der Dreispitz – uraufgeführt als *The Three-Cornered Hat*, heute auch bekannt unter dem französischen Titel *Le tricorne* – erwies sich als großer Erfolg für Massine, der auch die Rolle des Müllers tanzte. Nach dem Ende der Ballets Russes 1929 studierte Massine das Werk bis in die 1970er-Jahre regelmäßig bei wichtigen klassischen Kompanien ein; den Müller tanzte er bis in die 1950er-Jahre. Eine Produktion, die sich eng an Massines Originalchoreografie anlehnt – die Handlung wurde allerdings gestrafft –, brachte das Ballett der Pariser Opéra heraus (Paris 1992).

Dritte Sinfonie von Gustav Mahler

CHOREOGRAFIE: John Neumeier; MUSIK: Gustav Mahler; PROJEKTIONEN: Marco Arturo Marelli; URAUFFÜHRUNG: 14. Juni 1975, Hamburgische Staatsoper, Hamburg, Ballett der Staatsoper

ROLLEN: 1 Solist; 1 Solistin; 24 Tänzerinnen; 18 Tänzer

1. Teil, ›Gestern‹: Die Tänzer, in weißen Hosen, kommen einzeln auf die Bühne. Sie zeigen verschiedene skulpturale Posen und formieren sich bald zur Gruppe, die einen Tänzer mehrmals hochhebt; dann löst sich die Gruppe auf. Nun tritt von hinten der Solist nach vorn und gesellt sich zu fünf Tänzern. Weitere Tänzer kehren auf die Bühne zurück, und daraufhin präsentieren sich die Tänzer in wechselnden Marschformationen. Die Bewegung ebbt ab, und der Solist und ein zweiter Mann bleiben zurück. Ihr lyrisches Duett endet, wenn die anderen Tänzer hinzustoßen und sich in Reihen oder in Form eines Dreiecks ausrichten. Diesem Abschnitt schließt sich ein energisches Solo an, das in Gruppenaktionen übergeht, wieder in Form des Dreiecks. Am Ende verlassen die Tänzer nacheinander die Bühne.

2. Teil, ›Sommer‹: Der Solist geht, von hinten kommend, über die Bühne und lässt sich vorn links nieder. Eine Tänzerin im hellrosa Trikot kommt von rechts, gefolgt von drei Tänzerinnen in gelbem Trikot, die sich rechts hinten platzieren. Mit dem Einsatz der Musik beginnen die Tänzer mit ruhigen Bewegungen, bevor weitere Tänzerinnen in Gelb hinzutreten. Als kleines Ensemble umrahmen die sieben Tänzerinnen zwei Solopaare. Schließlich löst sich die Frauengruppe auf; die Tänzerinnen gehen allmählich ab, ebenso wie eines der beiden Paare. Nun erhebt sich der Solist wieder und beobachtet, wie neue Tänzer die Bühne betreten; dann verlässt auch er die Bühne.

3. Teil, ›Herbst‹: Drei Paare und eine Dreiergruppe (zwei Tänzerinnen, ein Tänzer) stehen hinten. Das mittlere Paar bewegt sich nach vorn und beginnt mit einem

Duett. Danach formieren sich zwei andere Paare zu einer
Vierergruppe. Weitere Paare kommen auf die Bühne,
fügen sich ein und gehen wieder ab. Plötzlich verdunkelt sich die Bühne, alle Tänzer halten inne, und ein Paar
in Weiß erscheint von hinten links. Nach ihrem innigen
Duett entfernen sie sich wieder, und der Solist wird auf
eine Tänzerin aufmerksam. Er möchte sie treffen, doch
diverse Paare unterbinden das Zusammenkommen.
Schließlich begegnen sie sich vorn, und das Paar in Weiß
tritt wieder auf. Am Ende des Duetts bleibt die Tänzerin
am Boden liegen; der Tänzer geht ab. Der Solist hebt die
Tänzerin hoch und trägt sie von der Bühne. Paarweise
bildet die Gruppe daraufhin die Form eines Dreiecks,
bevor alle in hektischer Aktion die Bühne verlassen.

4. Teil, ›Nacht‹: Eine Tänzerin bewegt sich mit stockenden Bewegungen auf der Bühne, bevor sie hinten
rechts mit dem Rücken zum Publikum stehen bleibt. Von
rechts und links kommen je ein Tänzer. Beide tanzen für
sich; erst mit dem Einsatz der Musik entwickelt sich ein
Duett zwischen ihnen. Bald gesellt sich die Tänzerin
zu den beiden Tänzern. In der Folge tanzen die drei in
Zweier- und Dreierkonstellationen zusammen. Dieser
Teil endet in einer skulpturalen Dreierstellung.

5. Teil, ›Engel‹: Die Tänzer des 4. Teils gehen ab. Der
Solist und die Solistin, ganz in Rot, betreten die Bühne;
die Frau bezieht sich in ihrem solistischen Tanzen (kleine
Sprünge, Drehungen, Rotationen) auf den Mann. Das
Schlussbild bilden sechs Tänzer und eine Tänzerin, ehe
die Solistin die Bühne verlässt.

6. Teil, ›Was mir die Liebe erzählt‹: Diese sieben
Tänzer und der Solist beginnen mit ruhigen Bewegun-
gen, die sich in wechselnden Formationen fortsetzen,
wenn weitere Tänzer hinzukommen. Sobald sich die
Bühne verdunkelt, geht die Gruppe ab, und die Solis-
tin erscheint. Sie nähert sich dem vorn links liegenden
Solisten; das Duett der beiden kennzeichnen Hebungen.
Kurzzeitig kommen Tänzer auf die Bühne, auch gegen

Ende des Duetts. Nun tritt noch einmal das Paar in Weiß auf, und jetzt erst trennen sich Solistin und Solist. Dieser bleibt auf der Bühne, und immer mehr Tänzer kehren zurück. Sie finden sich zu Paaren zusammen; schließlich heben alle Tänzer die Frauen auf den Nacken. Die Gruppe eilt daraufhin von der Bühne, und der Solist geht langsam nach hinten. Dort angelangt, dreht er seinen Oberkörper nach vorn und sieht der Solistin nach, die von rechts die Bühne quert.

Die Auseinandersetzung John Neumeiers mit dem sinfonischen Schaffen Gustav Mahlers begann 1974: Anlässlich der Stuttgarter Gala zum Gedächtnis des ein Jahr zuvor verstorbenen John Cranko hatte Neumeier zum 4. Satz von Mahlers *Sinfonie Nr. 3 d-Moll* (1896) einen Pas de trois mit dem Titel *Nacht* geschaffen, den er dann in die Choreografie zur vollständigen Sinfonie übernahm. Neumeier versah jeden Teil seines Balletts mit einem programmatischen Titel; die meisten dieser Titel weisen einen Bezug zu Mahlers ursprünglichen, später gestrichenen Überschriften der einzelnen Sätze auf (in einem Fall, ›Was mir die Liebe erzählt‹, deckt sich Neumeiers Titel mit Mahlers Satzüberschrift). Darüber hinaus wirken viele Bilder der *Dritten Sinfonie von Gustav Mahler* wie choreografische Projektionen jener Ideen, die der Komponist seinem Werk zugrunde legte: Insbesondere der 1. Teil ist wiederholt als Spiegelung von Mahlers Vorstellung eines aus lebloser Materie sich entwickelnden Lebens interpretiert worden; der Solist wird in dieser Gleichsetzung als der ›Mensch‹ des Schöpfungsakts gesehen. Dementsprechend hat man die Solistin mit ihren empfindsamen, bisweilen an kindliche Bewegungsspiele erinnernden Bewegungen als ›Engel‹ bezeichnet. In der Choreografie reagiert Neumeier genau auf die wechselnden Stimmungen der Musik: So setzt er beispielsweise musikalische Höhepunkte in dynamische Gruppenformationen um, Marschrhythmen untermalen choreografiertes

Marschieren, und ruhig fließende Melodien erklingen
zu einfachen, die musikalische Linie ›bildhaft‹ gestalteten Bewegungssequenzen. Dementsprechend breit ist
sein Bewegungsmaterial, das die klassische Technik mit
Modern-Dance-Elementen inklusive vielseitiger Boden-
berührungen zusammenspannt.

Die *Dritte Sinfonie von Gustav Mahler* mit François Klaus und Zhandra Rodriguez als Solisten der
Uraufführung erwies sich sofort als Erfolg. Im Lauf der
Jahre wurde das Ballett leicht überarbeitet; bis heute stellt
es eine Art Aushängeschild der Hamburger Kompanie
dar.

Sinfonische Musik Mahlers hatten vor Neumeier
unter anderem Kenneth MacMillan in → *Das Lied von
der Erde* und Maurice Béjart in *Ce que l'amour me dit*
(Monte Carlo 1974; letzte drei Sätze der *Sinfonie Nr. 3*)
verwendet. Nach der *Dritten Sinfonie von Gustav Mahler*
kreierte Neumeier weitere Ballette zu Mahler-Sinfonien:
Fourth Symphony (London 1977), *Mahler. Lieb und Leid
und Welt und Traum* (Brüssel 1980; *Sinfonie Nr. 1 D-Dur*,
1888, und »Adagio« aus der *Sinfonie Nr. 10*, 1911),
Sechste Sinfonie von Gustav Mahler (Hamburg 1984),
Fünfte Sinfonie von Gustav Mahler (Hamburg 1989) und
Zwischenräume (Hamburg 1994; *Sinfonie Nr. 9*, 1910).

Eidos: Telos

Stück

CHOREOGRAFIE: William Forsythe in Zusammenarbeit mit dem
Ballett Frankfurt; MUSIK: Thom Willems in Zusammenarbeit
mit Maxim Franke und Joel Ryan; BÜHNENBILD: William For-
sythe; KOSTÜME: Naoki Takizawa und Stephen Galloway; URAUF-
FÜHRUNG: 28. Januar 1995, Opernhaus, Frankfurt a. M., Ballett
Frankfurt

ROLLEN: 1. Teil: 4 Tänzerinnen, 2 Tänzer; 2. Teil: 11 Tänzerinnen, 11 Tänzer, 1 Sprecherin; 3. Teil: 12 Tänzerinnen, 12 Tänzer

1. Teil, hinten zwei über die gesamte Bühnenbreite gespannte Drahtseile in Brusthöhe, sechs tellergroße Uhren mit Buchstaben statt Ziffern, die im Zwei-Sekunden-Takt klicken: Vier Tänzer stehen im Raum verteilt; auf der linken Bühnenseite spielt ein Geiger. Einer der sechs Tänzer geht von hinten nach vorn und beginnt gemeinsam mit einem zweiten, der neben ihm steht, zu tanzen. Nacheinander setzen nun zwei weitere Tänzer ein und kommen die übrigen zwei auf die Bühne. Im weiteren Verlauf tanzt jeder der sechs für sich; regelmäßig finden sich zwei oder drei und später auch vier oder fünf, die für kurze Zeit synchron agieren. Immer wieder zeigt einer ein Solo, bei dem die anderen fünf sich entweder hinter den Drahtseilen positionieren oder sich um den solistisch Tanzenden gruppieren und jeweils als quasi optische Begleitung fungieren. Gelegentlich verlassen einige Tänzer für kurze Zeit die Bühne. Etwa in der Mitte des Teils erscheint rechts hinten ein Ensemble von drei Posaunisten und schreitet langsam Richtung Mitte, von dort wieder rückwärts in die Kulissen; dabei überdeckt es von Zeit zu Zeit die Sologeige mit kraftvollen Fanfarenstößen. Auf diese dissonanten Klänge reagieren die Tänzer mit hektischen Aktionen. Später unterbricht einer der Tänzer mehrmals den nun knienden Geiger, ein anderer stützt sich auf ihn. Danach setzt einer der Tänzer ein an der Rampe platziertes Metronom in Gang, und die Tänzer vollführen jetzt stark rhythmische Motionen. Am Ende, nachdem sich zwei Dreierreihen gebildet haben, bewegen sich fünf Tänzer mit einer ruhig hin und her schwingenden Phrase nach hinten, während der sechste in der Bühnenmitte verbleibt.

2. Teil, zwei Drahtseile sind diagonal über die Bühne gespannt, an weiteren Drahtseilen hängen ein Scheinwerfer und ein Monitor, ein weiterer Monitor steht auf dem Boden hinten, drei Monitore liegen in der Bühnenmitte nebeneinander auf der Rückseite, rechts daneben ein Stuhl: Ein Geiger spielt auf dem Stuhl sitzend, wäh-

rend die Sprecherin hinter der Badewanne stehend zu
sprechen beginnt. Allmählich begleitet sie ihren Monolog mit gestischen Aktionen und kreiselnden Bewegungen. Bald begleiten Lichtblitze und hin und her sausende
Lichtflecken ihr Sprechen. Danach, bei erhellter Bühne,
ist die Sprecherin am Boden; sie windet sich und bewegt
sich auf allen vieren rückwärts mit erhobenem Hinterteil.
Sie kommt vor dem Scheinwerfer zur Ruhe und reißt
von ihm orangefarbenes Zellophan, das sie zuvor in ihn
gestopft hat und nun von der Bühne zieht. Währenddessen
erscheint eine Tänzerin mit weichen Drehungen und singt
einzelne Zeilen des Songs *Lucky To Be a Lady Tonight*.
Sogleich zieht rechts vorn eine Reihe von Tänzern herein:
Jeder dreht sich in einem getragenen Walzerrhythmus; die
akzentuierte Drehung schwingt weich aus in einer kurz
gehaltenen Pose mit ausgebreiteten Armen. Diese Reihe
windet sich in einer Schlangenlinie nach hinten; von
links folgt eine zweite Tänzerreihe, und die zwei Reihen
verweben sich ineinander. Unablässig setzen die Tänzer
ihre Drehungen fort, gleichwohl mit kleinen Variationen;
dabei bilden sie ständig wechselnde kleinere Formationen. Kurzzeitig nur formieren sie sich raumgreifender, zu
zwei diagonalen Reihen. Nachdem sich zuvor für einige
Zeit ein Mann aus der kollektiven Drehbewegung gelöst
hat und auf Englisch etwas vorträgt – wiederholt sind die
Wörter »fucking dead« zu vernehmen –, tun dies später
noch ein paar andere Tänzer in ihrer jeweiligen Mutter-
sprache. Am Ende drehen alle Tänzer von der Bühne; nur
einer bleibt zurück; er schwingt aufgeregt hin und her,
spricht mit der Sprecherin und schreit italienische Wörter
mit englischem Akzent heraus.

3. Teil, diagonal gespannte Drahtseile, darüber hängen
ein Scheinwerfer und ein Monitor an Drahtseilen: Acht
Tänzer agieren auf der Bühne; dabei finden sie sich
häufig zu unterschiedlichen Paarkonstellationen zusammen. Dann kommen mehr Tänzer auf die Bühne und
setzen das improvisatorische Tanzen fort. Am Ende

Eidos:Telos. Choreografie: William Forsythe
Ballett Frankfurt

Der Feuervogel. Choreografie: Michail Fokin
Mariinski-Ballett, Sankt Petersburg

dieses Abschnitts bleiben vier Tänzer zurück – zwei
weitere sitzen ruhig im Hintergrund – und tanzen überwiegend paarweise. Im weiteren Verlauf wechseln sich
Abschnitte für acht Tänzer mit solchen für die gesamte
Gruppe ab; bisweilen lösen sich Viererensembles zu
kürzeren Aktionen. Immer wieder gehen Tänzer zu
den Drahtseilen und halten sich an ihnen wie an einer
Stange im Ballettsaal fest. Nach dem Solo einer Tänzerin
kommen alle Tänzer zusammen, ein Teil vor den Seilen,
der andere dahinter. Zunächst schreiten die hinteren
Tänzer mehrere Male als Reihe zu den Seilen, bringen
mit den Händen diese zum Schwingen und bewegen sich
wieder nach hinten, um die Aktion von vorn zu beginnen.
Währenddessen agieren die Tänzer vor den Seilen mit
lebhaften Motionen. Später kehrt sich diese Verteilung
um. Am Ende, wenn zunehmend mehr Tänzer zu laufen
begonnen haben, treten die drei Posaunisten von hinten
rechts auf die Bühne. Mit ihnen erscheint die Tänzerin,
die im 2. Teil als Sprecherin agierte; sie windet sich nach
vorn und streift dabei ihren Rock ab. Diese vier bleiben
bis zum Schluss auf der Bühne, wobei die Frau rasche
Auf-ab-Bewegungen des ganzen Körpers ausführt, und
bis auf drei haben alle Tänzer die Bühne verlassen.

Eidos:Telos stellt in mehrfacher Hinsicht die Zusammen-
fassung von William Forsythes choreografischer Entwicklung seit →*Artifact* dar und exemplifiziert seine Arbeit
mit Objekten, die als Inspiration für den Tanz herangezogen werden. So entstand der 1. Teil des Balletts als eigenständiges Werk, das zunächst unter dem Titel *Self Meant
to Govern* präsentiert wurde (Frankfurt a. M. 1994).
Forsythe führt hier das vor, was er als seine Methodolo-
gie bezeichnet: ein Katalog von insgesamt 135 kurzen
Bewegungssequenzen, die den einzelnen Buchstaben
des Alphabets zugeordnet sind. Jeder Buchstabe ist Stellvertreter für gegenständliche Begriffe, die diesen als
Anfangsbuchstaben haben und die für die Tänzer von For-

sythes Kompanie in Beziehung zur Gestalt der jeweiligen Bewegungssequenz stehen. Im 1. Teil von *Eidos: Telos* gibt es nun Abschnitte, in denen die Tänzer improvisieren können; dabei erhalten sie von Monitoren, die, nur für sie sichtbar, in den Kulissen stehen, Informationen über den in diesem Moment anzuwendenden Buchstaben (Zahl und Reihenfolge der angezeigten Buchstaben variieren bei jeder Aufführung); zusätzlich steht es den Tänzern frei, die jeweilige Sequenz kompositorischen Mitteln wie Spiegelung, Wiederholung, Variation zu unterwerfen. Das Verfahren, die Tänzer mittels Informationen aus einem anderen Medium bei der individuellen Gestaltung von Bewegung – stets auf der Basis der klassischen Technik und unter Berücksichtigung eines zuvor definierten Bewegungsmaterials – zu unterstützen, wendete Forsythe erstmals in *Limb's Theorem* mit Architekturzeichnungen an (Frankfurt a. M. 1990; Musik: Thom Willems); in *ALIE/NA(C)TION* (Frankfurt a. M. 1992; Musik: Willems und Arnold Schönberg) kamen dann Ausschnitte aus den Spielfilmen *Alien* und *Aliens* zum Einsatz. Präsentiert der 1. Teil von *Eidos: Telos* das Bewegungsmaterial, so führt der 2. Forsythes Theatralität vor. Im Mittelpunkt steht die Sprecherin, die in ihrem langen Monolog (geschrieben von der Tänzerin Dana Caspersen) ständig zwischen drei Charakteren – Persephone, Kore und Demeter – wechselt. Inspirationsquelle für das auf die Unterwelt in der griechischen Mythologie bezogene Thema war Roberto Calassos Buch *Le nozze di Cadmo e Armonia* (1988), und aus dieser Prägung heraus lässt sich die Choreografie für das Ensemble erklären: Der Walzer ist reduziert auf seinen Kern, wirkt wie eine ferne Reminiszenz an den Balltanz in einer anderen Sphäre. Insofern lassen sich die ersten zwei Teile des Balletts als entsprechende Abbilder der im Titel genannten griechischen Wörter ›eidos‹, was soviel wie ›Aussehen, Gestalt‹ meint, und ›telos‹, das mit ›Ziel, Zweck, Ende‹ zu übersetzen wäre, deuten. Der 3. Teil von *Eidos: Telos* kann demnach als Synthese des zuvor Gesehenen betrachtet werden: Das tänzerische Material des 1. Teils wird nun weiter modifiziert und äußerst komplex dargeboten, in Form von extrem anmutenden Verschraubungen, Abwinklungen, Verkrümmungen der Extremitäten. Dank einer strengen strukturellen Gliederung und einer wie im 2. Teil zwingenden Inszenierung resultiert daraus ein effektvolles Theaterereignis. Unmittelbar auf die Sinne wirkt neben speziellen Lichtkontrasten auch die Musik: Nachdem im 1. und 2. Teil die Solovioline assoziationsreiche Varianten von Motiven aus Igor Strawinskys Ballettkomposition *Apollon musagète* (1928) gespielt und somit Musik von äußerst filigraner Wirkung vorgetragen hat, bedeuten die elektronisch manipulierten Klangflächen des Posaunentrios an einigen Stellen des 2. Teils und im 3. Teil den denkbar größten Gegensatz dazu, die zudem, weil verstärkt, sich der akustischen Schmerzschwelle nähern.

Eidos:Telos gehört zu Forsythes erfolgreichsten Stücken und wird vom Ballett Frankfurt regelmäßig aufgeführt. Der 1. Teil kann, was die Zahl der Frauen und Männer betrifft, in beliebigen Zusammensetzungen getanzt werden.

Embrace Tiger and Return to Mountain

CHOREOGRAFIE: Glen Tetley; MUSIK: Morton Subotnick; AUSSTATTUNG: Nadine Baylis; URAUFFÜHRUNG: 21. November 1968, Jeannetta Cochrane Theatre, London, Ballet Rambert

ROLLEN: 5 Tänzerinnen; 5 Tänzer

Dekorationslose Bühne, im Hintergrund Stoffstreifen, reflektierender Bühnenboden.

Nacheinander treten die Tänzer in grellen Ganzkörpertrikots zwischen den Stoffstreifen hervor und beginnen mit jeweils individuellen langsamen Bewegungen, darunter tiefe Pliés und Armstreckungen. Wenn die Musik

einsetzt, formiert sich die Gruppe. Dann gehen alle bis auf
eine Tänzerin ab, die neue Bewegungen, auch Sprünge,
zeigt. Mit einem Tänzer entwickelt sich ein Duett; weitere Tänzer treten hinzu und wieder ab, bis die Bühne leer
ist und das Licht für kurze Zeit erlischt. Nun sind vier
Tänzer und eine Tänzerin (in Spitzenschuhen) zu sehen;
die Tänzerin wird gezogen, geworfen und immer wieder
gehoben. Wechselnde Konstellationen führen schließlich
zum Auftritt aller Tänzer mit schnellen Bewegungen und
Läufen. Allmählich werden die Aktionen ruhiger, und
die Tänzer finden sich zu Paaren zusammen. Am Ende
nehmen alle Paare die gleiche Pose ein.

Glen Tetley bezieht sich nicht nur mit dem Titel des Stückes auf Tai-chi – *Embrace Tiger and Return to Mountain*
leitet sich von der 17. der 37 Übungen ab –, sondern auch
dessen Bewegungsmaterial verweist auf die mehr als
1500 Jahre alte chinesische Form der Selbstverteidigung.
Ausgehend von ruhigen, fast meditativen Motionen,
entfaltet sich eine konzentrierte, auf spektakuläre Erup-
tionen verzichtende Modern-Dance-Choreografie. Eine
zentrale Rolle kommt dem Quintett zu, aus dem heraus
sich eine intensive, klug disponierte Spannungssteigerung zum Ende hin entwickelt. Eine wunderbar passende
Musik fand Tetley in Morton Subotnicks elektronischer
Komposition *Silver Apples of the Moon*, deren variative
Klangtupfer die konzentrierte Stimmung des Tanzes
unterstreichen.
   Embrace Tiger and Return to Mountain erwies sich als
großer Erfolg für Tetley; das Stück befindet sich nach wie
vor im Repertoire der heutigen Rambert Dance Company
(des früheren Ballet Rambert) und wurde von verschiedenen Kompanien einstudiert.

La Esmeralda

Ballett in fünf Bildern

CHOREOGRAFIE: Jules Perrot; MUSIK: Cesare Pugni; LIBRETTO: Jules Perrot, nach Victor Hugo; BÜHNENBILD: William Grieve; KOSTÜME: Copère; URAUFFÜHRUNG: 9. März 1844, Her Majesty's Theatre, London, Ballett des Majesty's Theatre

ROLLEN: La Esmeralda; Fleur de Lys, Phœbus' Verlobte; Madame Aloise de Gondelaurier, Fleur de Lys' Mutter; Diane und Beranger, Fleur de Lys' Freundinnen; Phœbus de Chateaupers; Claude Frollo; Pierre Gringoire, der Dichter; Quasimodo, der Glöckner von Notre-Dame; Clopin Trouillefou; 3 Bettler; Bettler, Bettlerinnen, Soldaten, Männer, Frauen

In Paris, 1482.

1. Bild, ›La cour des miracles‹, Sonnenuntergang: In der so genannten Cour des miracles haben sich Bettler um ihren Anführer Clopin Trouillefou versammelt. Da stürmt der mittellose Dichter Pierre Gringoire herein und bittet um Clopins Schutz, denn er wird von Bettlern verfolgt. Man durchsucht seine Taschen, und da er nur ein Gedicht bei sich hat, befiehlt Clopin, Pierre zu hängen. Angesichts dessen Flehen, ihn am Leben zu lassen, beschließt Clopin gemäß einer alten Tradition, Pierre laufen zu lassen, wenn sich eine Frau findet, die ihn heiratet. Die vortretenden Bettlerinnen verschmähen ihn. Nur die Straßentänzerin La Esmeralda, die gerade vorbeikommt, hat Mitleid mit Pierre und willigt ein, ihn zu heiraten. Als Zeichen für die Gültigkeit der Ehe wird ein irdener Topf zerbrochen. Bald darauf erklingt die Abendglocke, und die Bettler zerstreuen sich. Der Dompropst Claude Frollo, der Esmeralda seit einiger Zeit beobachtet, bleibt mit Clopin zurück und teilt dem Bettlerkönig mit, dass er die Nacht mit Esmeralda verbringen möchte. Clopin willigt ein, Frollo zu helfen. Dieser und der bucklige Glöckner Quasimodo verstecken sich daraufhin in der Cour des miracles, und sobald Esmeralda auftaucht, stürzen sich die beiden auf sie. Die geplante Entführung verhindern aller-

dings Soldaten, die der Lärm alarmiert hat. Frollo kann
fliehen, Quasimodo wird gefangen genommen. Phœbus
de Chateaupers, der Anführer der Soldaten, ist von Esmeralda angetan; während seines Verhörs spielt sie mit
seinem Schal. Sie hat Mitleid mit Quasimodo und bittet
um seine Freilassung; dieser Wunsch wird ihr gewährt.
Doch verweigert sie Phœbus die erhoffte Gegenleistung,
einen Kuss, und verschwindet mitsamt seinem Schal im
Straßengewirr der Stadt.

2. Bild, ›La nuit des noces‹, Esmeraldas Kammer mit
Sofa, Tisch und Stuhl: Esmeralda betrachtet Phœbus'
Schal und bildet mit Buchstaben seinen Namen. Plötzlich
tritt Pierre ein; er bedrängt Esmeralda, bis sie einen Dolch
nimmt und klarstellt, dass sie Pierre nur aus Mitleid
geheiratet habe. Wenn er wolle, dürfe er mit ihr auftreten,
und Pierre beginnt sogleich mit Tanzunterricht. Bald ist er
müde und zieht sich in einen angrenzenden Raum zurück.
Dann erscheinen Frollo und Quasimodo bei Esmeralda.
Frollo will Esmeralda seine Gefühle erklären, sie aber
macht deutlich, dass sie Phœbus liebe. Frollo versucht
daraufhin Esmeralda zu ergreifen, doch es gelingt ihr,
durch eine geheime Tür zu fliehen. Der durch den Lärm
aufgeschreckte Pierre kann Frollo von der Verfolgung
Esmeraldas abhalten.

3. Bild, ›Fleur de Lys‹, Garten des Hotels Gondelaurier: Man bereitet die Hochzeit von Fleur de Lys und
Phœbus vor. Als Phœbus zu seiner Verlobten tritt, fällt
ihr seine Gleichgültigkeit auf; zudem muss sie feststellen,
dass er den Schal, den sie für ihn gefertigt hat, nicht trägt.
Nun kommen die ersten Gäste an. Auch Esmeralda trifft
ein, gefolgt von Pierre; sie soll hier tanzen. Fasziniert von
ihr, tritt Fleur de Lys zu ihr. Esmeralda behauptet, aus der
Hand lesen zu können, und sagt ihr eine glückliche Ehe
voraus. Zum Dank gibt ihr Fleur de Lys einen Ring und
bittet sie, mit dem Tanz zu beginnen. In diesem Moment
bemerkt Esmeralda Phœbus, der nun mit ihr tanzt.
Phœbus muss sich danach Vorwürfe von seiner Verlobten

gefallen lassen; doch als Esmeralda schließlich Phœbus' Schal hervorholt, ist Fleur de Lys außer sich vor Zorn und fällt in Ohnmacht. Esmeralda und Pierre eilen davon, gefolgt von Phœbus.

4. Bild, ›Amour et jalousie‹, ein Zimmer mit Blick auf die Seine: Des Nachts betreten nacheinander Clopin und Frollo das Zimmer; der Bettlerkönig zeigt dem Geistlichen eine dunkle Ecke, in der er sich verborgen halten solle, und verschwindet wieder. Frollo wartet, in der Hand Esmeraldas Dolch, und bald kommen Esmeralda und Phœbus. Dieser erklärt Esmeralda, wie sehr er sie liebe. Sie weist seine Liebesbekundungen zurück; spöttisch kniet sie auf einmal vor Phœbus nieder. Dies nimmt Phœbus zum Anlass, sie in die angrenzende Kammer zu führen. Frollo folgt ihnen. Man hört Kampfgeräusche und das Aufprallen eines Körpers auf den Boden. Anschließend stürzt Frollo heraus und flieht durch das Fenster; Esmeralda fällt ohnmächtig zu Boden. Da kehrt Clopin mit einigen zwielichtigen Gestalten zurück, betritt die Kammer, stellt einen Mord fest und erklärt Esmeralda zur Täterin. Sie wird abgeführt.

5. Bild, ›La fête des fous‹, Platz an der Seine, rechts ein Gefängnis, im Hintergrund die Türme von Notre-Dame: Soldaten bringen Esmeralda ins Gefängnis. Pierre kommt und erfährt, dass Esmeralda zum Tode verurteilt sei; vergeblich versucht er den Umstehenden Esmeraldas Unschuld klarzumachen. Das Volk interessiert sich jedoch mehr für die herannahende Prozession der Bettler, die Quasimodo zum Narrenpapst gekrönt haben. Der hinzutretende Frollo ist darüber entsetzt und zieht Quasimodo die Robe von den Schultern. Dann wird Esmeralda herausgeführt, und auf dem Weg zum Schafott darf sie sich von Pierre verabschieden. Nun spricht Frollo noch einmal mit Esmeralda; wenn sie seine Liebe erwidere, werde sie frei sein. Esmeralda verflucht ihn, und Frollo gibt den Befehl zum Weitergehen. In diesem Moment erscheint Phœbus, der den Anschlag überlebt hat. Er

weist auf Frollo als den wahren Schuldigen, der unverzüglich verhaftet wird. Doch angesichts der Freude von
Esmeralda und Phœbus reißt sich Frollo los, stürzt mit
einem Dolch auf Esmeralda, um sie zu töten. Dies kann
Quasimodo verhindern: Er stellt sich Frollo in den Weg,
entwendet ihm die Waffe und ersticht ihn.

Victor Hugos historischer Roman *Notre-Dame de Paris.
1482* (1831) inspirierte eine Vielzahl von Theateradap-
tionen, darunter Opern, Schauspiele und Parodien. Auch
der Bühnentanz griff das nach Erscheinen des Buches
einem breiten Publikum bekannte Sujet auf; das erste
Ballett nach Hugos Roman schuf Antonio Monticini mit
La Esmeralda (Turin 1838). Jules Perrots wenige Jahre
später erarbeitetes gleichnamiges Werk wurde dann eines
der populärsten Ballette des 19. Jahrhunderts. Denn
dem Choreografen gelang hier mustergültig eine orga-
nische Verbindung von Pantomimisch-Gestischem, mit
dem die Handlung vermittelt wurde, und tänzerischen
Abschnitten. Wichtigste Legitimation für das Tanzen der
Hauptfigur ist ihre Profession; und mit einer erfindungsreichen Choreografie verdeutlichte Perrot die verschiedenen Gefühle der Esmeralda. Die für das romantische
Ballett bezeichnende Fokussierung auf eine weibliche
Hauptperson drückt sich auch in *La Esmeralda* im Titel
aus. Eliminiert sind in Perrots Werk wesentliche Elemente von Hugos Handlung, nicht zuletzt die Kirche
Notre-Dame als zentraler Schauplatz des Romans; auch
das persönliche Schicksal Esmeraldas als von Zigeunern
geraubtes Kind ist ausgespart. Darüber hinaus erfand
Perrot ein glückliches Ende für die Hauptperson; anders
als bei Hugo wird sie im Ballett nicht gehängt, und Frollo
stirbt zwar, wie im Roman, durch Quasimodos Hand,
doch nicht in der Kirche, sondern vor aller Augen. Insgesamt kreierte Perrot mit *La Esmeralda* ein romantisches
Ballett historischen Zuschnitts, das in seiner dramatischen Gestaltung beispielhaft ist.

Der Erfolg der Uraufführung verdankte sich insbesondere der Darstellerin der Esmeralda, Carlotta Grisi;
diesen Part übernahm noch im selben Jahr Fanny Elßler,
eine andere große romantische Ballerina. Perrots Ballett wurde in den Folgejahren an Theatern Europas und
New Yorks, teilweise durch Perrot selbst, einstudiert.
Dabei traten vielen Ballerinen in der Rolle der Esmeralda mit einer echten Ziege auf. In Sankt Petersburg
begann Marius Petipa ab 1866 das Ballett sukzessive zu
überarbeiten; 1886 brachte er eine Fassung in vier Akten
heraus (zusätzliche Musik: Riccardo Drigo). Agrippina
Waganowa fügte in ihre Produktion des Balletts (Sankt
Petersburg 1935) einen virtuosen Pas de deux mit dem
Titel *Diana und Aktäon* ein, der heute gelegentlich bei
Galaabenden getanzt wird.

Eine Choreografie nach Perrots *La Esmeralda* erstellte
Nicholas Beriozoff (London 1954; Musik: Pugni, bear-
beitet von Geoffrey Corbett). Neue Ballette nach Hugos
Roman choreografierten unter anderem Alexandr Gorski
mit *Gudulas Tochter* (Moskau 1902; Musik: Anton
Simon), Wladimir Burmeister und Wassili Tichomi-
row (Moskau 1950; Musik: Pugni, Reinhold Glière und
Sergei Wassilenko), Roland Petit mit *Notre-Dame de
Paris* (Paris 1965; Musik: Maurice Jarre) und Ronald
Hynd mit *The Hunchback of Notre Dame* (Houston 1988;
Musik: Hector Berlioz, arrangiert von John Lanchbery).

Études

Ballett in einem Akt

CHOREOGRAFIE: Harald Lander; MUSIK: Knudåge Riisager; AUS-
STATTUNG: Erik Nordgren; URAUFFÜHRUNG: 15. Januar 1948,
Königliches Theater, Kopenhagen, Königliches Dänisches Bal-
lett

ROLLEN: 1 Solistin; 2 Solisten; 14 Tänzerinnen, 9 Tänzer

Das Bühnenbild suggeriert eine weiße Halle; Büsten von berühmten Ballettmeistern sind aufgestellt: Im ersten Teil des Balletts stehen Trainingsstangen auf der Bühne, an denen Solistin und Solisten sowie das Corps de ballet Übungen vorführen, mit denen das klassische Training beginnt, wie Plié, Battement tendu, Rond de jambe. Der zweite Teil, ohne Stangen, wird mit einem Adagio eröffnet, dem weitere Elemente des Trainings folgen, darunter Ports de bras, Pirouetten, Entrechats. Im dritten Teil, der mit einer Mazurka beginnt, sind verschiedene virtuose Sprünge, wie Grands jetés und Grands jetés en tournant, und Schritte aus Charaktertänzen zu sehen, bevor einfache Bewegungen das Ballett beschließen.

Knapp 100 Jahre nach der Uraufführung von August Bournonvilles Ballett → *Das Konservatorium* schuf Harald Lander eine moderne Variante davon: Thema beider Choreografien ist das tägliche Training des klassischen Tänzers. Ist dieses bei Bournonville noch in eine Handlung verwoben, so führt es Lander ohne Einbettung in eine Geschichte vor. Gegliedert in 16 Abschnitte, wird in einer großen Steigerung der Aufbau des Trainings nachvollzogen. Doch zugleich lässt sich in *Études* die Entwicklung des Balletts überhaupt erkennen: angefangen von den im 17. Jahrhundert kodifizierten Positionen über das romantische Ballett – einschließlich Zitate typischer Sylphidenbewegungen im zweiten Teil, ein Verweis auf Bournonvilles → *La sylphide* – bis zum virtuosen Stil des späten 19. Jahrhunderts. Den Übungscharakter griff Knudåge Riisager in seiner Komposition auf, indem er ihr Klavieretüden von Carl Czerny zugrunde legte.

   Den Namen *Études* erhielt das Werk erst 1952, als es vom Ballett der Pariser Opéra übernommen wurde; bis dahin hatte es *Étude* geheißen. Beim Königlichen Dänischen Ballett wurde *Études* in regelmäßigen Abständen überarbeitet. Zahlreiche klassische Kompanien haben das Ballett einstudiert.

Excelsior

Choreografische, historische, allegorische, fantastische
Handlung in sechs Teilen und elf Bildern

CHOREOGRAFIE: Luigi Manzotti; MUSIK: Romualdo Marenco;
LIBRETTO: Luigi Manzotti; AUSSTATTUNG: Alfredo Edel; URAUF-
FÜHRUNG: 11. Januar 1881, Teatro alla Scala, Mailand, Ballett
der Scala

ROLLEN: Licht (Tänzer); Finsternis (Tänzer); Zivilisation (Tänzerin); Denis Papin; Alessandro Volta; Giorgio, Bierbrauer;
Kunegonda, seine Frau; Valentino, Schiffer, Sohn der beiden;
Laura, seine Schwester; Fanny, Valentinos Verlobte und Gugliel-
mos Tochter; Guglielmo, Pachtbauer; Fritz, Schiffer; ein anderer
Schiffer; ein Ingenieur (aus Bardonecchia); ein anderer Ingenieur
(aus Modane); ein Assistent (aus Bardonecchia); ein anderer
Assistent (aus Modane); ein leitender Bergmann (aus Bardonecchia); ein anderer leitender Bergmann (aus Modane); Geister
der Zivilisation, der Beständigkeit, der Erfindungskraft, der Eintracht, des Ruhms, des Wunders, der Macht, der Herrlichkeit, der
Wissenschaft, der Landwirtschaft, der Industrie, der Tapferkeit
und der Einheit, Sänger der Herrlichkeit, Schiffer auf der Weser,
Bauern, Musiker, Postillione, Telegrammboten, Ingenieure,
Assistenten, Bergleute, Arbeiter im Mont Cenis, Europäer, Afrikaner, Asiaten, Amerikaner, Seeleute aus allen Ländern, Kapi-
täne, Offiziersanwärter etc.

I. Teil, 1. Bild, ›Obskurantismus‹, in Spanien, während
der Inquisition: Des Nachts freut sich die Finsternis über
ihre machtvolle Stellung, zu ihren Füßen eine schöne
Frau in Ketten. Diese erhebt sich gegen die Unterdrückung, und plötzlich stehen das Licht und die Zivilisation
hell erleuchtet da und verdrängen die Finsternis. 2. Bild,
›Licht‹: Auf der prunkvoll geschmückten Bühne feiern
die Handwerker vergangener und gegenwärtiger Zeiten
die Errungenschaften der Menschheit.

II. Teil, 1. Bild, ›Das erste Dampfschiff‹, Dorf an der
Weser, links ein Wirtshaus, rechts eine Poststation: Bei
Sonnenuntergang begrüßen Giorgio und Kunegonda
ihren Sohn Valentino, der vom Sieg in einer Regatta
zurückkehrt; Valentinos Verlobte Fanny und die ande-

ren Dorfbewohner schließen sich ihnen an und beginnen
zu feiern. Nur die Verlierer nehmen nicht am allgemeinen Jubel teil. Einer der Verlierer fordert Valentino zu
einem direkten Wettkampf am nächsten Tag heraus,
und Valentino nimmt an. In diesem Moment erblickt
Valentino abseits einen Mann, der seinen Kopf in der
Hand hält und ihn auslacht – es ist die Finsternis. Valentino fordert eine Erklärung von ihm. Da taucht auf der
Weser Denis Papin (der Erfinder der Dampfpumpe) auf
einem Dampfschiff auf, und die Finsternis hetzt die Dorfbewohner gegen die Erfindung auf mit der Begründung,
sie raube ihnen ihre Lebensgrundlage. Valentino steht an
der Spitze der feindseligen Landbevölkerung, und sobald
das Schiff am Kai festgemacht hat, stürmt er an Deck
und wirft Papin in den Fluss; das Schiff wird unverzüglich zerstört. Schnell schwinden Papins Kräfte. Doch mit
einem Mal wird er von einer göttlichen Gestalt gerettet:
Das Licht ist gekommen, um ihm die Bedeutung seiner
Erfindung vor Augen zu führen. 2. Bild, ›Wunder der
Erfindungsgabe‹, New York: Ein Zug rollt über die Brook-
lyn Bridge, und ein Dampfschiff fährt in den East River
ein. Das Licht und die Finsternis blicken auf diese technischen Errungenschaften, und das Licht erklärt, dass der
menschliche Fortschritt nicht aufzuhalten sei. Zu seinen
Füßen stirbt Papin, und die Finsternis sinkt zu Boden.

III. Teil, 1. Bild, Como: Alessandro Volta arbeitet in
seinem Labor, verzweifelt, weil er bei seinen Experimenten nicht weiterkommt. Die Finsternis, hinter einem Vorhang versteckt, ist darüber voll Freude. Plötzlich tritt das
Licht durch eine Wand und legt seine rechte Hand auf den
Kopf von Volta, der daraufhin zu seinem Tisch läuft und
zwei Konduktoren zusammenführt; Funken belegen, dass
dies der entscheidende Einfall in der Erfindung des elektrischen Lichtes gewesen ist. Wenn Volta sein Labor verlassen hat, besieht sich die Finsternis die Aufbauten, kann
aber nicht verstehen, um was es sich handelt. Bevor sie
alles zerstören kann, erscheint wieder das Licht, um die

Konstruktionen zu beschützen. 2. Bild, ›Wirkungen der Elektrizität‹, Washington: Auf einem Platz in Washington steht ein Telegraf, der von der verwunderten Finsternis begutachtet wird. Neben ihr steht das Licht. Als dann eine Reihe von Telegrammboten vorbeizieht, die von der Zivilisation angeführt wird, flieht die Finsternis, während das Licht jubiliert.

IV. Teil, 1. Bild, ›Der Sandsturm‹, in der Wüste: Eine Karawane wird von einem Sandsturm überrascht; Diebe nutzen die Konfusion aus und rauben die Karawane aus. Inmitten des stärker werdenden Sandsturms taucht die Finsternis auf und freut sich über das unheilbringende Naturereignis. Doch überraschend ist das Licht zu sehen und deutet der Finsternis mit majestätischer Geste an, sich zu entfernen. 2. Bild, ›Der Sueskanal‹, Ismailia: Zur Eröffnung des Sueskanals sind Menschen aus allen Erdteilen zusammengekommen und feiern die passierenden Schiffe; die Zivilisation beherrscht die Szenerie, und die Finsternis ist nur passive Zuschauerin.

V. Teil, 1. Bild, ›Die letzte Mine‹, im Tunnel des Mont Cenis: Die Finsternis hält sich nun im Tunnel unter dem Mont Cenis auf. Auf italienischer Seite sind Bergleute dabei, die letzten Meter Gestein wegzusprengen, um am errechneten Punkt mit den französischen Bergleuten, die den Berg von der anderen Seite untertunneln, zusammenzutreffen. Doch die Italiener hören keine Geräusche von der französischen Seite; Besorgnis und Angst machen sich breit. Endlich vernehmen sie die erwarteten Schläge: Der Durchbruch ist geschafft. Angeführt vom Licht, laufen die Bergleute beider Nationen durch den Tunnel. 2. Bild, ›Obskurantismus, Licht und Herrlichkeit‹: Vor dem Denkmal, das dem Tunnel unter dem Mont Cenis gewidmet ist, lässt das Licht die Erde sich öffnen, in der die Finsternis versinkt.

VI. Teil: Am selben Ort feiert man die Errungenschaften des menschlichen Geistes.

Mit seinem groß aufgemachten Ballett wollte Luigi Manzotti dem Sieg der Vernunft und der menschlichen Erfindungsgabe über Irrationalität, Rückwärtsgewandtheit und kirchlichen Fanatismus sowie der Utopie der Verbrüderung ein Denkmal setzen. Hierfür verwendete er im Stil einer barocken Theaterinszenierung alle verfügbaren Bühnenmittel seiner Zeit: So wurde *Excelsior* zu einem Spektakel, das eine ungewöhnlich große Zahl von Darstellern erforderte, opulent ausgestattet war und mit verblüffenden bühnentechnischen Effekten aufwartete (beispielsweise wurde die Erfindung des elektrischen Lichtes unmittelbar, mit Funkenschlag, auf der Bühne vorgeführt). Gänzlich aus dem sonst üblichen Rahmen des 19. Jahrhunderts fällt die Darstellung technischer Abläufe auf der Tanzbühne; hier konnte Manzotti auf die Fortschrittsgläubigkeit des aufgeklärten bürgerlichen Publikums bauen, das mit den modernen Fortbewegungs- und Kommunikationsmitteln vertraut war. Dem aktuellen Inhalt standen jedoch eine konventionelle, unspezifische Musik und eine traditionelle formale Gliederung gegenüber: So wechseln sich mimische Aktionen systematisch mit tänzerischen Passagen ab. Erstere schildern den Widerstreit zwischen den allegorischen Figuren Finsternis und Licht, letztere kommen bei den diversen Feierlichkeiten zum Einsatz und enthalten in unterschiedlicher Weise die Integration von Demi-caractère-Elementen in das klassische Bewegungsmaterial (je exotischer der Schauplatz, desto dominanter sind Charaktertänze).

Excelsior hatte in den 1880er-Jahren einen unvorstellbaren Erfolg in Europa. An der Mailänder Scala erlebte es allein im Jahr der Uraufführung um die 100 Vorstellungen, und es wurde in vielen italienischen Städten aufgeführt. Darüber hinaus gastierte das Ballett der Scala mit *Excelsior* in London und Paris – zu der Zeit waren Tourneen etwas gänzlich Neues –, und Theater in den Metropolen Europas und Amerikas brachten das Ballett in möglichst originalgetreuer Produktion heraus. Bis heute gehört *Excelsior* zum Repertoire des Balletts der Scala; die Überarbeitungen wandelten die pantomimischen Parts zusehends in Tanzrollen um.

Façade

CHOREOGRAFIE: Frederick Ashton; MUSIK: William Walton; AUSSTATTUNG: John Armstrong; URAUFFÜHRUNG: 26. April 1931, Cambridge Theatre, London, Camargo Society

ROLLEN: ›Schottische Rhapsodie‹: 2 Tänzerinnen, 1 Tänzer; ›Jodellied‹: die Milchmagd, 3 Bergsteiger; ›Polka‹: 1 Tänzerin; ›Walzer‹: 4 Tänzerinnen; ›Schlager‹: 2 Tänzer; ›Tango Pasodoble‹: ein Südländer, eine Debütantin; ›Tarantella Sevillana‹: 6 Tänzerinnen, 4 Tänzer

Der Hintergrundvorhang zeigt ein Haus mit Fenstern und einer Tür.

›Schottische Rhapsodie‹: In schottisch karierten Kostümen wird ein Pas de trois getanzt. ›Jodellied‹: Zur Milchmagd gesellen sich drei fröhliche Bergsteiger; sie spielen eine Kuh, die von der Magd gemolken wird. ›Polka‹: Bevor die Tänzerin mit ihrem lebhaften Solo beginnt, lässt sie ihren Rock fallen. ›Walzer‹: Vier Tänzerinnen bewegen sich elegant über die Bühne; ihre Arme und Beine beschreiben geometrische Muster. ›Schlager‹: Zwei Tänzer vollführen Music-Hall-Schritte, wobei ihre Gesichter ausdruckslos bleiben. ›Tango Pasodoble‹: Ein südländisch aussehender Mann bringt einem schüchternen jungen Mädchen Tangoschritte bei. ›Tarantella Sevillana‹: Das heitere Finale versammelt die ganze Gruppe.

Ein erstes Ballett zu Stücken aus William Waltons Orchestersuite *Façade Nr. 1* (1927) kreierte Günter Hess (Hagen 1929). Wenig später plante Frederick Ashton ein eigenes Ballett *Façade* und wollte dies zu Gedichten Edith Sitwells und Waltons Musik choreografieren – der

Komponist hatte ursprünglich kürzere Stücke für einen
Rezitationsabend mit Gedichten Sitwells geschrieben –,
doch die Dichterin verweigerte die Zustimmung. Deshalb wählte Ashton sieben Tänze aus den Suiten aus, die
Walton nach der Rezitationsbegleitung erstellt hatte. Die
verschiedenen voneinander unabhängigen Nummern des
Balletts parodieren sowohl Volks- und Gesellschaftstanz
(vor allem ›Schottische Rhapsodie‹ und ›Tango Pasodoble‹) als auch damals populäre Formen des Bühnentanzes (wie etwa ›Walzer‹ und ›Schlager‹). Die Verbindung
von komödiantischen Effekten mit einer fließenden, das
klassische Material geschickt nutzenden Choreografie
macht *Façade* zu einem gut gemachten Unterhaltungs-
stück.

Dank des großen Publikumserfolgs wurde *Façade* vom
Ballet Club (London 1931), dem späteren Ballet Rambert, und vom Vic-Wells Ballet (London 1935), aus dem
schließlich das Royal Ballet hervorging, mit einer vergrößerten Tänzerzahl übernommen. Darüber hinaus studierten andere Kompanien, auch außerhalb Großbritanniens,
das Ballett ein; nach wie vor gehört es zum Repertoire
des Royal Ballet und des Birmingham Royal Ballet.

Die heute gültige Fassung von *Façade* enthält eine
weitere Nummer: einen 1940 choreografierten ›Foxtrott‹
für zwei Tänzerinnnen und zwei Tänzer, getanzt nach der
›Polka‹. Ashton erstellte noch zwei weitere Nummern,
die aber beide wieder gestrichen wurden: 1935 einen
›Ländlichen Tanz‹ und 1940 ein ›Peruanisches Nocturne‹
(getanzt bis 1951 beziehungsweise 1959).

Zu anderen Balletten, die Ashton nach Art eines
Divertissements geschaffen hat, gehören *Les rendezvous*
(London 1933; Musik: Daniel François Esprit Auber)
und *Les patineurs* (London 1937; Musik: Giacomo
Meyerbeer).

Fancy Free

Ballett in einem Akt über drei Matrosen auf Landurlaub

CHOREOGRAFIE: Jerome Robbins; MUSIK: Leonard Bernstein; BÜHNENBILD: Oliver Smith; KOSTÜME: Kermit Love; URAUF-FÜHRUNG: 18. April 1944, Metropolitan Opera House, New York, Ballet Theatre

ROLLEN: Barkeeper; 3 Matrosen; 3 Passantinnen

Eine Bar in einer Seitenstraße in New York, 1944.

Drei Matrosen wollen sich in einer heißen Sommernacht in New York amüsieren und betreten eine Bar. Bald kommt eine der Passantinnen herein. Die Matrosen umwerben sie, und zwei von ihnen verlassen mit ihr die Bar. Eine zweite Passantin gesellt sich zu dem zurückbleibenden Matrosen. Als die zwei Matrosen und die erste Passantin zurückkehren, entspinnt sich ein Streit, welcher der Männer auf eine Begleitung verzichten muss. Die Frage soll ein tänzerischer Wettstreit entscheiden, der schließlich in eine Rauferei übergeht. Da flüchten die beiden Passantinnen. Die Matrosen warten deshalb von neuem auf Frauen. Da blickt eine dritte Passantin in die Bar; sie geht jedoch weiter, und die Matrosen eilen ihr nach.

Jerome Robbins macht in *Fancy Free*, einem seiner ersten Ballette, einen während des Zweiten Weltkriegs alltäglichen Vorgang zum Thema: den Landurlaub vergnügungshungriger Matrosen. Vor diesem Hintergrund entwickelt sich aber keine dramatische Handlung, sondern der Inhalt beschränkt sich auf eher Nebensächliches: auf Tändeleien, Neckereien und Angebereien. Auf diese Weise werden Stimmungen evoziert und kleine Begegnungen geschildert. Virtuos verschränkte Robbins im Bewegungsmaterial Elemente aus populären Gesellschaftstänzen der Zeit, wie Jitterbug und Rumba, mit Ballett- und Showtanzschritten (und bediente sich außerdem bei einem alten Matrosentanz und der Akroba-

tik). Die kongeniale Ergänzung findet die Choreografie in
Leonard Bernsteins Musik mit ihren jazzigen Melodien
und den von der zeitgenössischen Unterhaltungsmusik
entlehnten Rhythmen.

Die Uraufführung, bei der Robbins einen der Matrosen
tanzte, wurde zu einem Triumph für den Choreografen,
und *Fancy Free* war für viele Jahre ein Aushängeschild
des (American) Ballet Theatre. Eine Neuchoreografie
erarbeitete unter anderem Tom Schilling (Berlin 1971).

Den Stoff von *Fancy Free* benutzte Bernstein für sein
Musical *On the Town* (1944).

Fearful Symmetries

CHOREOGRAFIE: Peter Martins; MUSIK: John Adams; KOSTÜME:
Steven Rubin; URAUFFÜHRUNG: 3. Mai 1990, New York State
Theatre, New York, New York City Ballet

ROLLEN: 3 Solistinnen; 3 Solisten; 11 Tänzerinnen; 8 Tänzer

Dekorationslose Bühne, rötlicher Hintergrundprospekt,
alle Tänzer in roten Kostümen.

Vier Paare queren nacheinander alternierend aus der
hinteren rechten und linken Ecke mit hohen Sprüngen
und Hebungen erst diagonal, dann parallel zur Rampe
die Bühne. Die acht Tänzer treffen sich schließlich in der
Bühnenmitte; sobald sie sich entfernen, kommen sechs
Tänzerinnen von der Seite und stellen sich in einer Diagonalen auf, durch die ein Tänzer springt. Dieser Sprung
wiederholt sich von der anderen Seite. Die Frauen gehen
ab, sobald sich drei Männer zusammengefunden haben;
dieses Trio erweitert bald eine Tänzerin zu einem Quartett. Nach dem Abtreten der vier tanzt ein Mann vor zwei
weiblichen Dreiergruppen. Im weiteren Verlauf bilden
sich kontinuierlich neue Konfigurationen, stets zur Mittelachse der Bühne hin ausgerichtet: Kurze solistische
Passagen sowie Duett-, Trio-, Quartett- und Ensemble-

sequenzen gehen in raschem Wechsel ineinander über. Schließlich bleibt ein Paar allein; die Bewegungen der Tänzer werden verhaltener. Noch ruhiger, ebenfalls bei abgedunkelter Bühne, laufen die zwei folgenden relativ langen Duette ab: Jedes der drei Paare umkreist sich, kommt zueinander und löst sich wieder. Ein viertes, kürzeres, schneller werdendes Duett leitet über zu einem erneuten Wechsel der Konfigurationen, in dem das gesamte Ensemble auf die Bühne kommt. Nach einer synchron ausgeführten Sequenz, die in einer Pose mit aufgerecktem Arm endet, drehen sich die Tänzer zu einer neuen Pose in unterschiedliche Raumrichtungen. Erneut wird es allmählich dunkler, und die Tänzer gehen durcheinander, um sich zu einem Halbkreis zu gruppieren, in dessen Mittelpunkt sich vier Paare finden und dann die Bühne verlassen. Alle weiteren Tänzerinnen und Tänzer treffen sich nacheinander in der Bühnenmitte, bevor sie abgehen. Zurück bleiben zwei Paare, die sich eng zusammenschließen.

Der Titel des Balletts spielt auf die Bedeutung der Symmetrie im klassischen Tanz an, auf die traditionelle Orientierung an einer imaginären Mittelachse. Peter Martins übernahm den Namen *Fearful Symmetries* von John Adams' 1989 entstandener Komposition im Stil der minimalistischen Musik und betont in seiner Choreografie, wie wichtig die symmetrische Ordnung im klassischen Tanz nach wie vor ist: Ein gut Teil ihrer Wirkung entfalten etwa die Werke George Balanchines aus tänzerischen Aktionen, die spiegelbildlich zueinander ausgeführt werden; oft stehen sie in raschem Wechsel mit synchron exekutierten Passagen. In Entsprechung zu Adams' repetitiven melodischen Einheiten gruppiert sich in *Fearful Symmetries* das Ensemble unablässig neu wie ein pulsierendes Mustergeflecht; formal bleibt Martins jedoch innerhalb der Grenzen der von Balanchine meisterlich variierten Gruppenführung. Solange die Musik einen vorwärts drängenden Impetus aufweist, besteht das Bewegungsmaterial aus dynamischen Sprüngen, Hebungen, federnden Schritten, lässigen Schwüngen und schwingenden Hüften. Der permanente Fluss der Bewegung findet lediglich in den konzentrierten Duetten bei abgedunkelter Bühne eine Unterbrechung – wenn auch die Musik einen ruhigeren Charakter annimmt.

Fearful Symmetries erwies sich als das erfolgreichste Ballett von Martins; mehrere große Kompanien haben es in ihr Repertoire übernommen.

Der Feuervogel

Getanztes Märchen in zwei Bildern

CHOREOGRAFIE: Michail Fokin; MUSIK: Igor Strawinsky; LIBRETTO: Michail Fokin; BÜHNENBILD: Alexandr Golowin; KOSTÜME: Alexandr Golowin und Léon Bakst; URAUFFÜHRUNG: 25. Juni 1910, Opéra (Salle Garnier), Paris, Ensemble der ›saison russe‹

ROLLEN: der Feuervogel; Iwan Zarewitsch; der unsterbliche Kaschtschei; die schöne Zarewna; die verzauberten Prinzessinnen (12 Tänzerinnen); 6 Jünglinge, Kikimoras (4 Tänzer), 2 Begleiter Kaschtscheis, 4 Inder, 4 Inderinnen, Bolibotschki (4 Tänzer), 8 Frauen Kaschtscheis, Kaschtscheis Gefolge, Monster, Pagen etc.

1. Bild, ein Zaubergarten mit einem Baum mit goldenen Äpfeln, auf der Seite eine Mauer, im Hintergrund Kaschtscheis Palast: Auf der Suche nach dem Feuervogel klettert des Nachts Iwan Zarewitsch, mit einer Armbrust bewaffnet, über die Mauer des Zaubergartens. Dann erscheint der Feuervogel; Iwan legt die Armbrust auf ihn an, verfehlt aber sein Ziel. Nachdem der Feuervogel einen der goldenen Äpfel des Baumes an sich genommen hat, fängt ihn Iwan. Der Feuervogel bittet Iwan, ihn freizulassen, und verspricht ihm eine Feder, mit der er ihm zu

Hilfe kommen würde, sollte er in Not geraten. Iwan willigt ein und erhält die Feder; der Feuervogel verschwindet. Nun nahen aus Kaschtscheis Palast 13 verzauberte Prinzessinnen, unter ihnen die schöne Zarewna. Aus seinem Versteck beobachtet Iwan ihr Spiel mit den goldenen Äpfeln. Er ist von der Zarewna hingerissen und tritt zu ihr. Die Zarewna teilt ihm mit, dass die jungen Frauen von Kaschtschei verzaubert worden seien, und warnt ihn vor dem Zauberer. Plötzlich zieht ein Sturm auf; die Prinzessinnen laufen in Kaschtscheis Palast zurück. Kaschtscheis Wachen eilen in den Zaubergarten und halten Iwan fest, und der Zauberer kommt zu Iwans Verhör. In seiner Not ruft Iwan mit der Feder den Feuervogel herbei, der Kaschtscheis Gefolge zu einem orgiastischen Tanz aufstachelt, bis alle zu Boden sinken. Der Feuervogel teilt Iwan nun das Geheimnis des Zauberers mit: ein Ei in einem Kästchen. Iwan holt das Kästchen aus dem Versteck im Apfelbaum und zerbricht das Ei. Kaschtscheis Reich geht daraufhin unter.

2. Bild: Iwan und die Zarewna empfangen die Insignien der Macht, Krone und Zepter, und die von Kaschtschei verzauberten, nun wieder zum Leben erweckten Menschen huldigen ihnen.

Die Handlung des *Feuervogels* – uraufgeführt wurde das Ballett unter dem Titel *L'oiseau de feu* – bedient sich bekannter russischer Märchenfiguren: des Feuervogels und des Zauberers Kaschtschei, die an sich voneinander unabhängigen Sagenkreisen angehören. Fokin schuf auf dieser Basis ein Libretto, in dem das Gute, ausgestattet mit übernatürlichen Kräften, über das Dämonisch-Böse siegt. Der Gegensatz zwischen diesen beiden Sphären findet sich auch in Igor Strawinskys Komposition, die stark von russischer Volksmusik inspiriert ist: Chromatische Melodien stehen für den Feuervogel sowie für Kaschtschei und seine Macht; diatonische Motive repräsentieren Iwan und die Prinzessinnen. Auf diese Weise

spiegelt die Musik das Bühnengeschehen; wegen ihrer
rhythmischen Komplexität und ihres spätromantischen
Ausdrucks handelt es sich bei der Komposition um ein
Werk, das sich fundamental von der traditionellen Ballettmusik unterscheidet. Wegen der ungewohnten musikalischen Komplexität lehnte es der Star Anna Pawlowa ab,
die Rolle des Feuervogels zu tanzen.

Der Feuervogel ist das erste Ballett Fokins, in der die
vom Choreografen angestrebte Einheit von Tanz, Musik
und Ausstattung verwirklicht wurde; dieses Prinzip wurde
ein Jahr später mit → *Petruschka* perfektioniert. Kennzeichnend hierfür ist die tänzerische Charakterisierung
der Hauptfiguren: Der Feuervogel tanzt als Einziger auf
Spitze und zeigt viele weite Sprünge. Barfuß hingegen
treten die Prinzessinnen auf; ihre Schrittfolgen weisen
Anleihen beim russischen Volkstanz auf. Kaschtschei
und die von ihm verzauberten Wesen bewegen sich mit
eckigen, wuchtigen und stampfenden Motionen. Eine
wichtige choreografische Neuerung Fokins betrifft die
Eliminierung mimischer Aktionen; die Handlung wird
ausschließlich durch den Tanz vermittelt.

Von der Uraufführung an – mit Tamara Karsawina
(Feuervogel), Fokin (Iwan), seiner Frau Wera Fokina
(Zarewna) – war *Der Feuervogel* eines der Erfolgsstücke
der Ballets Russes, wie Sergei Diaghilews Kompanie ab
1911 genannt wurde. 1926 veranlasste Diaghilew eine
Überarbeitung von Fokins Choreografie mit neuer Ausstattung von Natalija Gontscharowa. Fokins Fassung
übernahmen die Ballets-Russes-Nachfolgekompanie des
Colonel de Basil (Monte Carlo 1934) und das Sadler's
Wells Ballet (Edinburgh 1954); das spätere Royal Ballet
führt eine auf Fokins Original zurückgehende Fassung
des *Feuervogels* bis heute im Repertoire. Eine Rekonstruktion des Balletts studierte das Mariinski-Ballett ein
(Sankt Petersburg 1994).

Neue *Feuervogel*-Choreografien – teilweise zu Strawinskys *Feuervogel*-Suite anstelle der kompletten Kom-

position – schufen unter anderem Adolph Bolm (New York 1945), George Balanchine (New York 1949), Serge Lifar (Paris 1954), John Cranko (Berlin 1964), Glen Tetley (Kopenhagen 1971), Heinz Spoerli (Düsseldorf 1993) und Uwe Scholz (Leipzig 1993). Unter den *Feuervogel*-Balletten mit neuer Handlung ist das von Maurice Béjart hervorzuheben (Paris 1970); hier ist die Titelfigur ein Guerillaführer, der untergeht, doch schließlich wieder aufersteht. Einen Science-fiction-*Feuervogel* schuf dagegen John Neumeier (Frankfurt a. M. 1970).

La fille mal gardée

Komische Ballettpantomime in zwei Akten

CHOREOGRAFIE: Jean Dauberval; MUSIK: Franz Ignaz Beck; LIBRETTO: Jean Dauberval; URAUFFÜHRUNG: 1. Juli 1789, Grand Théâtre, Bordeaux, Ballett des Theaters

ROLLEN: Ragotte, Bäuerin; Lison, ihre Tochter; Colas, ein junger Bauer; Bastien, Landarbeiter; Thomas, Winzer; Alain, sein Sohn; ein Notar; Erntearbeiter, Landarbeiter auf Colas' Hof, Landarbeiterinnen auf Ragottes Hof, Geiger

In Frankreich.

I. Akt, 1. Bild, links Ragottes Bauernhaus, daneben eine Molkerei: Am Morgen ziehen die Erntearbeiter aufs Feld. Da erscheint Ragottes Tochter Lison und wartet auf Colas, doch der hat die Verabredung mit ihr vergessen. Um ihn daran zu erinnern, hängt Lison ein Strumpfband an einen Baum und entfernt sich wieder. Als Colas dann kommt und das Band erblickt, erkennt er sein Versäumnis und sucht Lison. Das Beisammensein der beiden wird jedoch von Ragotte unterbrochen; sie schickt Colas davon und ermahnt Lison zur Arbeit. Auch weitere Begegnungen der beiden Liebenden kann sie verhindern, denn sie will ihre Tochter nur an einen reichen Mann verheiraten. Da nähert sich der vermögende Winzer

Thomas mit seinem Sohn Alain; Thomas will Alain mit
Lison verheiraten. Ragotte willigt gern ein. 2. Bild, Feld:
Die Feldarbeiter machen Mittagspause. Alain setzt sich
neben Lison, doch ein paar Mädchen locken ihn von
Lison weg, sodass nun Colas den freien Platz an der Seite
seiner Geliebten einnehmen kann. Wütend entfernen sich
daraufhin Thomas und Alain.

II. Akt, 1. Bild, Ragottes Haus, links eine Treppe zu
Lisons Zimmer: Ragotte und Lison kommen nach Haus.
Sobald Ragotte eingeschlafen ist, nimmt Lison mit
dem vor der Haustür wartenden Colas Kontakt auf. Da
nahen die Feldarbeiter, um ihren Lohn abzuholen. Mit
ihnen kann Colas ins Haus gelangen und sich in Lisons
Zimmer verstecken. Nachdem dann Thomas und Alain
eingetroffen sind, um den Ehevertrag zu unterzeichnen,
schickt Ragotte Lison in ihr Zimmer. Wenn Alain bald
darauf zu Lisons Zimmer geht, tritt zur allgemeinen Verwunderung Colas heraus. Nun gelingt es Lison und Colas,
Ragotte umzustimmen, und sie gibt dem Paar ihren Segen.
Zornig verlassen Thomas und Alain Ragottes Haus.
2. Bild, Dorfplatz: Lison und Colas feiern ihre Hochzeit.

Unter dem Titel *Il n'est qu'un pas du mal au bien* erlebte
dieses Ballett zu Beginn der Französischen Revolution
seine Uraufführung, und tatsächlich markiert es einen
entscheidenden Einschnitt in der Ballettgeschichte: Die
Personen auf der Bühne sind nicht mehr Figuren der griechischen Mythologie oder Vertreter des Adels, sondern
im wahrsten Sinn des Wortes Menschen aus dem Volk.
In Entsprechung dazu löste Jean Dauberval die strengen
Formen des Ballet d'action auf zugunsten freierer choreografischer Strukturen und Schrittfolgen. Die inhaltliche
Verlagerung weg von einer ›heroischen‹ Handlung hin zu
einer alltäglichen, allseits bekannten Geschichte spiegelt
auch die Musik wider, die durchgängig auf französischen
Volksliedern und einigen populären Opernmelodien
basiert.

Il n'est qu'un pas du mal au bien gehörte zu den erfolgreichsten Balletten seiner Zeit; in Bordeaux blieb Daubervals Choreografie mindestens bis 1847 im Repertoire. In
vielen europäischen Städten kam das Werk nach seiner
Uraufführung in Neuchoreografien heraus, darunter
mehrmals durch Salvatore Viganò. Den Titel *La fille mal
gardée* trug es erstmals in Daubervals Londoner Produktion aus dem Jahr 1791. Er wurde auch für Jean-Pierre
Aumers erfolgreiche Fassung des Balletts an der Pariser
Opéra (1828) benutzt; hierfür erstellte Ferdinand Hérold
eine neue Partitur auf der Basis von Franz Ignaz Becks
Arrangement. Eine neue Musik für *La fille mal gardée*
komponierte Peter Ludwig Hertel für Paolo Taglionis
Version (Berlin 1864), die auch von russischen Choreografen wie Lew Iwanow und Marius Petipa (Sankt Petersburg 1885), Alexandr Gorski (Moskau 1905) und Leonid
Lawrowski (Leningrad 1937) benutzt wurde. Auch Bronislawa Nijinska verwendete Hérolds Komposition für
ihre Produktion (New York 1940). Die komödiantische
Note betonte Frederick Ashton in seiner Choreografie
von *La fille mal gardée* (London 1960; Musik: Hérold,
bearbeitet von John Lanchbery); sie wurde von zahlreichen Kompanien übernommen und verhalf so dem
Ballett zu einer Renaissance. Eine weitere bekannte Produktion schuf Heinz Spoerli (Paris 1981; Musik: Hérold
und Hertel, bearbeitet von Jean-Michel Damase). Eine
Rekonstruktion von Daubervals Choreografie unternahm
Ivo Cramér (Nantes 1989).

Die heute gebräuchlichen Personennamen gehen auf
Eugène Hus' Produktion (Paris 1803) zurück: Ragotte
heißt seitdem Simone, Lison Lise; Bastien und die Geiger
wurden gestrichen. Außerdem ließ Hus *La fille mal
gardée* mit dem 1. Bild des II. Aktes enden; dies wurde
für alle späteren Neuchoreografien übernommen.

Flut

CHOREOGRAFIE: Susanne Linke; MUSIK: Gabriel Fauré; AUS-
STATTUNG: Susanne Linke; URAUFFÜHRUNG: 24. Juni 1981, Folk-
wang-Hochschule (Aula), Essen, Susanne Linke
ROLLEN: 1 Tänzerin

Dekorationslose Bühne.

Von links auf die Bühne kommend, rollt die Tänzerin – in einem ärmellosen hellen Kleid – mit ihren Schritten eine Stoffrolle auf. Ihre permanenten Vorwärts- und
Rückwärtsbewegungen werden bald von einem Pendeln
des Oberkörpers nach vorn und hinten dynamisiert. Sie
bricht das Aufrollen ab, legt sich mit dem Rücken auf
die Rolle und schiebt sich darüber hinweg. Sie erhebt
sich bald und zieht die Rolle nach rechts mit dem Fuß
hinter sich her. Wenn der Stoff aufgerollt ist, beginnt
die Tänzerin auf der Stoffbahn zu agieren. Sie rollt und
geht, und ihre weich schwingenden Bewegungen werden
zunehmend ausholender. Auch hält sie markante Posen
und zeigt kleine Schaukelbewegungen mit dem Fuß.
Später schiebt sie den Stoff zusammen, hebt ihn auf und
schwingt ihn so, dass Wellen entstehen. Diese Aktion
wiederholt sie mit größeren Wellen. Der ausgebreitete
Stoff wird daraufhin zu ihrer Tanzfläche, auf der sie mit
allmählich ausgreifenderen Bewegungen tanzt. Am Ende
schlingt sich die Frau den Stoff um die Füße, ehe sie sich
befreit. Als sie nun den Stoff hochhebt, wird er ihr aus
der Hand gezogen. Sie bleibt zurück und geht schließlich
rechts ab.

Auf nur wenigen Raumlinien entwickelt sich Susanne
Linkes Solo zur Aufnahme einer Orchesterprobe von
Gabriel Faurés *Elegie* (1880), geleitet von Pablo Casals.
Seine Spannung bezieht das Werk aus dem konsequent
reduzierten Bewegungsmaterial und seiner klaren Struktur mit einer Schlusssteigerung, die einer getanzten Apotheose gleichkommt. Bezeichnend für die Beschränkung

der tänzerischen Mittel ist auch, dass die Tänzerin im Wesentlichen auf dem durch die Stoffbahn markierten Bühnenstreifen bleibt. In *Flut* setzt Linke Assoziationen zum Naturphänomen des auflaufenden Wassers frei, wenn sie etwa den Stoff aufkräuselt oder ihn so schwingt, dass er zur Woge wird. Das kontinuierliche Vorwärts und Rückwärts des Meeres übertrug die Choreografin sinnfällig in schaukelnde und schwingende Aktionen.

Flut gehört neben *Im Bade wannen* (Essen 1980; Musik: Erik Satie) zu Linkes erfolgreichsten Solowerken und wurde von der Choreografin bis 1991 getanzt. 2001 übernahm Linkes langjähriger künstlerischer Partner Urs Dietrich das Stück.

Die Folterungen der Beatrice Cenci

CHOREOGRAFIE: Gerhard Bohner; MUSIK: Gerald Humel; BÜHNENBILD: Ansgar Nierhoff; KOSTÜME: Edith Kruse; URAUFFÜHRUNG: 16. April 1971, Akademie der Künste, Berlin, Gerhard Bohner & Tänzer der Deutschen Oper Berlin

ROLLEN: Beatrice, des Vatermordes angeklagt; Francesco, ihr Vater; Lucrezia, ihre Stiefmutter; Olimpio, Hausverwalter, erpresst Beatrice; Guerra, wirbt um Beatrice; 5 Folterer

Vom Schnürboden hängt ein glänzender Käfig herab. Unter ihm marschieren nacheinander zwei Tänzerinnen und acht Tänzer auf, gekleidet in dunkle und helle Trikots. Ihre aggressiven Bewegungen und Interaktionen erinnern an Kampfsporttechniken. Beide Frauen werden schließlich von einer Männergruppe dominiert; eine wird in Pietahaltung emporgehoben und bekommt ein langes, helles Kleid übergezogen. Auf diese Weise individualisiert, wird Beatrice von den Männern abgeführt, gezerrt und gestoßen. Sie scheut zurück vor ihrem Vater Francesco (ganz in Rot), zu dessen Füßen sich die Stiefmutter Lucrezia und Olimpio winden. Beatrice, steif wie eine Puppe, wird vom Vater rüde manipuliert; er greift ihr in den Schritt. Olimpio, der das sieht, verschließt Beatrice daraufhin den Mund und vergreift sich an ihr, ehe sie die Folterer in den herabgelassenen Käfig setzen; sie rennt gegen die Stäbe an, hängt sich an Seile, markiert den Tod durch den Strang. Als die Folterer sie nach draußen führen, bedrängt sie Olimpio erneut. Mit hängendem Kopf bleibt sie auf einem Schemel sitzen. Der Käfig senkt sich über sie, und die Folterer reißen ihr den Kopf nach hinten und die Beine auseinander. Sie wird gezwungen zuzusehen, wie der Vater Lucrezia misshandelt. Beatrice hilft ihr auf und umarmt sie. Dann machen die Folterer sich erneut über sie her. Der Vater verbindet nun seine Tochter mit Guerra, der um sie wirbt; die Stiefmutter will zwar die Verbindung verhindern, wird aber vom Vater brutal daran gehindert. Zwischenzeitlich ist Olimpio dazugekommen; Beatrice versucht sich ihm zu nähern, doch er wehrt sie jedes Mal ab und lässt sie wieder allein. Schließlich setzt sie sich an die Spitze einer sich voranschleppenden Gruppe, die auf den am Boden liegenden Vater zugeht. Nach einem Kampf ersticht Olimpio den Vater. Wieder stemmen die Folterer Beatrice – nur noch im hellen Trikot – hoch und hängen sie im Käfig auf. Als sie von ihr ablassen, kümmert sich Guerra um sie. Nachdem sie auseinander gegangen sind, hält die Stiefmutter Guerra an den Schultern fest. Guerra und Beatrice versuchen zu entkommen, doch der Vater hält sie auf. Guerra erwürgt den Vater. Erneut greifen sich die Folterer Beatrice; weitere Kampfhandlungen schließen sich an, und Beatrice, Lucrezia, Olimpio und Guerra versuchen, den Vater zu überwältigen. Als er Beatrice in den Schoß gelegt wird, ersticht sie ihn. Von den anderen allein gelassen, rafft sich der Vater noch einige Male auf, fällt aber jedes Mal zu Boden. Schließlich geht Beatrice ab.

Die Folterungen der Beatrice Cenci erarbeitete Gerhard Bohner im Auftrag der Berliner Akademie der Künste,

in enger Zusammenarbeit mit dem Komponisten Gerald
Humel. Die Geschichte der Beatrice Cenci, die 1577 in
Rom geboren und dort 1599 wegen Mordes an ihrem Vater
Francesco hingerichtet wurde, hatte bereits mehrere literarische Bearbeitungen erfahren, unter anderem durch Percy
Bysshe Shelley (1819) und Stendhal (1855). Bohner entwickelt das Ballett aus einem Prolog, in dem sich die
Tänzer in ritualisierter Aggressivität begegnen, bis sich
mit dem Kostümwechsel die Figuren individualisieren.
In der Folge ereignen sich konzentrierte Szenen der Miss-
handlung der Tochter und der Stiefmutter durch den Vater,
der Zudringlichkeit Olimpios Beatrice gegenüber, der
von Beatrice gesuchten Nähe zur Stiefmutter, die diese
an sich abperlen lässt, der Zuneigung zwischen Guerra
und Beatrice und immer wieder Bilder von Kampf und
Mord. Der Vater stirbt in diesem Ballett mehrere Tode:
Die Perspektive auf das, was als wahr angesehen wird, ist
unter der brutalen Folter mehrfach gebrochen worden, wie
Beatrice selbst. Bohners expressiv-klassische Bewegungssprache – die Tänzerinnen tanzen auf Spitze – spitzt sich
vor allem in den Folterszenen in rüde, brutale Handgriffe
und Verrenkungen des manipulierten Körpers zu.

In den *Folterungen der Beatrice Cenci*, Tatjana
Gsovsky gewidmet, sahen viele eine bühnentänzerische
Entsprechung zur Theaterästhetik Antonin Artauds oder
Jerzy Grotowskis. In den 1970er-Jahren haben das Werk
einige deutsche Ballettkompanien einstudiert.

Fräulein Julie

Ballett in einem Akt (vier Bilder)

CHOREOGRAFIE: Birgit Cullberg; MUSIK: Ture Rangström, arran-
giert von Hans Grossman; AUSSTATTUNG: Sven Erixson; URAUF-
FÜHRUNG: 1. Fassung: 1. März 1950, Stadttheater, Västerås,
Ballettensemble der Reichstheater-Tournee; 2. Fassung (hier

behandelt): 7. September 1950, Königliches Opernhaus, Stockholm, Königliches Schwedisches Ballett

ROLLEN: Fräulein Julie; der Graf, Julies Vater; Julies Verlobter; Jean, Dienstbote; Kristin, Köchin; Försterin Clara; 3 Tratschtanten; Bauern, Julies Ahnen

Um das Jahr 1880.

1. Bild, ein Saal im Schloss: Unter der Anleitung des Dieners Jean sind Bauernmädchen dabei, einen Schlosssaal festlich für die Sommersonnenwende zu schmücken, als Julie von einem Ausritt zurückkehrt. Sie befiehlt, die Verschönerungen wieder abzunehmen. Da betritt der Graf, Julies Vater, den Saal mit ihrem Verlobten, den sie verabscheut. Julie provoziert ihn, indem sie ihn über ihre Reitgerte springen lässt und ihn mit dieser schlägt. Der Verlobte hat bald genug von diesem Spiel und wirft voll Zorn den Verlobungsring vor Julies Füße, bevor er aus dem Saal läuft. Nun nahen die Bauern zum Tanz. Sie möchten, dass auch Julie mittanzt, doch diese bleibt abseits.

2. Bild, Scheune: Die Bauern, unter ihnen Jean, vergnügen sich in der Scheune beim Fest zur Sommersonnenwende. Zur Überraschung aller erscheint plötzlich Julie und befiehlt Jean, mit ihr zu tanzen. Julie wird Jean gegenüber zunehmend leidenschaftlicher. Verwirrt und wütend bricht Jean den Tanz ab und verlässt die Scheune. Julie geht ihm nach.

3. Bild, die Küche: In der Schlossküche erzählt Jean der Köchin Kristin von Julies Verhalten in der Scheune. Julie kommt ebenfalls in die Küche und beginnt mit Jean zu flirten; Kristin verlässt die Küche. Weil die Bauern auf der Suche nach Jean sich der Küche nähern, schlägt dieser vor, sich in Jeans Kammer zu verstecken. Als die Bauern die Küche wieder verlassen haben, treten Jean und Julie aus der Kammer, beide in unordentlicher Kleidung. Nun lässt Jean sie seine Überlegenheit spüren, bis Kristin zurückkehrt. Nachdem Kristin erneut gegangen ist, finden Jean und Julie noch einmal zusammen.

4. Bild, ein Saal im Schloss: Julie ist in den Saal geeilt, um Schmuck zusammenzusuchen, da sie mit Jean fliehen möchte. Die Ahnen treten aus den Bilderrahmen und machen Julie Vorwürfe. Plötzlich liegt vor ihr ein Dolch, und der hinzugetretene Jean unterstützt sie beim Selbstmord.

Nach dem gleichnamigen naturalistischen Trauerspiel (1888) von August Strindberg schuf Birgit Cullberg ein Ballett – uraufgeführt als *Fröken Julie* –, das aus der Verwendung von Ballett und freiem Tanz seinen besonderen Reiz bezieht. Mit dem Nebeneinander der beiden Tanzstile wollte Cullberg die unterschiedlichen Gesellschaftsschichten charakterisieren. Denn das Bewegungsmaterial Julies besteht ganz aus klassischen Kombinationen, während dasjenige Jeans dem Ausdruckstanz verwandt ist und er sich klassischer Schritte nur dann bedient, wenn er mit Julie zusammen ist. Auf diese Weise gelingt es Cullberg, den Gegensatz zwischen aristokratischer junger Dame und einfachem Mann aus dem Volk im Tanz deutlich zu machen. Nicht zuletzt fesselt *Fräulein Julie* wegen der klug komponierten dramaturgischen Struktur, wie überhaupt eine dramatische Handlungszuspitzung viele Choreografien Cullbergs kennzeichnet, darunter *Medea* (Gävle 1950; Musik: Béla Bartók, bearbeitet von Herbert Sandberg und Tibor Serly) und *Månerenen* (Kopenhagen 1957; Musik: Knudåge Riisager).

Dank des überraschenden Erfolgs der 1. Fassung (Ausstattung: Allan Fridericia) nahm das Königliche Schwedische Ballett nur wenige Monate später *Fräulein Julie* in einer 2. Fassung in sein Repertoire auf: Cullberg überarbeitete ihre Choreografie und eliminierte zwei Nebenpersonen der 1. Fassung, fügte dafür aber die drei Tratschtanten ein. Auch konnte sie nun ein größeres Corps de ballet einsetzen; für die Uraufführung hatten ihr nur acht Tänzer zur Verfügung gestanden, die sämtliche Rollen übernehmen mussten. In Einstudierungen auf

Grundlage der 2. Fassung wurde *Fräulein Julie* von zahlreichen Kompanien übernommen.

Ein weiteres Ballett nach Strindbergs Drama, ebenfalls
mit dem Titel *Fräulein Julie*, schuf Kenneth MacMillan
(Stuttgart 1970; Musik: Andrzej Panufnik).

Frida Kahlo
Choreografisches Theater

CHOREOGRAFIE: Johann Kresnik; MUSIK: Kurt Schwertsik;
LIBRETTO: Irmgard Wierichs; AUSSTATTUNG: Penelope Wehrli;
URAUFFÜHRUNG: 8. Februar 1992, Bremer Theater, Bremen,
Tanztheater Bremen
ROLLEN: Frieda; Frida; Frida Kahlo; Fridas Tod; Diego Rivera;
Cristina Kahlo, Fridas Schwester; Guillermo Kahlo, Fridas Vater;
Matilde Kahlo, Fridas Mutter; Alejandro, Fridas Freund; Fridas
Freundinnen (1 Tänzerin); Trotzki, Revolutionäre, Freunde,
Ärzte, Krankenschwestern, Fridas (7 Tänzerinnen, 8 Tänzer)

1. Bild, ›Fridas Kindheitstraum‹: Das auf Schienen fah-
rende rote Bett wird von einem Bären auf die Bühne
geschoben. Darin liegen zwei Fridas. Die eine trägt eine
Gipsmaske und einen Teddybären, die andere balanciert
an der Hand des Bären auf der Bettkante. Der Vater trägt
die Mutter auf den Schultern und hält Cristina an der
Hand. Er legt Frida eine Beinschiene an, sie humpelt und
tanzt mit einem Teddybären. Der Vater erleidet einen epi-
leptischen Anfall.

2. Bild, ›Diego und Frida – »Diego, komm doch mal
runter««: Diego Rivera kommt mit einem Farbkübel,
fährt eine Arbeitsbühne hoch und beginnt an einem Wand-
gemälde zu arbeiten. Frida hebt den Rock hoch. In das
auf dem Boden liegende Ensemble kommt nun Bewegung; es wird fotografiert.

3. Bild, ›Hinkebein-Frieda‹: Frieda balanciert am
Stock des Vaters. Das Ensemble bringt mit Wasser
gefüllte Gläser zum Klingen.

Giselle. Choreografie: Peter Wright,
nach Jean Coralli, Jules Perrot und Marius Petipa
Bayerisches Staatsballett, München

Große Fuge. Choreografie: Hans van Manen
Bayerisches Staatsballett, München

4. Bild, ›Frieda und Alejandro – »Alex, mi vida««: Frieda balanciert auf Gläsern. Alejandro gibt ihr Gläser in die Hand, bevor er sie trägt; sie gießt aus den Gläsern Flüssigkeit auf ihn. Beide gehen ab.

5. Bild, ›Die Mutter – »Sie war eine sehr kleine Frau««: Die Mutter lässt sich auf die Knie nieder und will aus einem der Gläser schlecken, räumt sie dann energisch weg und macht Friedas Bett.

6. Bild, ›Der Unfall‹: Zwei Frauen, jede mit Stahlkorsett um den Oberkörper, aus dem eine lange Stange ragt, taumeln auf die Bühne, wälzen sich auf dem Boden hin und her, werden von den anderen auf dieser Stange nach oben gestemmt, als wären sie daran aufgespießt. Das Ensemble verfällt in Aufregung und Hektik: Krankenschwestern erscheinen. Die Mutter lehnt sich an den Vater, der nach einiger Zeit zu Boden fällt und starr liegen bleibt.

7. Bild, ›Krankenhaustraum I‹: Frida liegt im Bett; ihr wird die Stange quasi aus dem Unterleib gezogen. Besucher erscheinen.

8. Bild, ›Frida und Cristina‹: Sie flechten ihre Haare zusammen, nähern sich einander liebevoll, doch die Beziehung ist ambivalent, schlägt in raue Interaktionen um.

9. Bild, ›Krankenhaustraum II‹: Drei betende Männer mit blutverschmierten weißen Kitteln knien um Fridas Bett. Frida vertreibt sie. In einer Prozession nähern sich Familie und Freunde und bringen Korsetts. Alejandro tritt auf und wieder ab. Das Ensemble kippt langsam das Bett, auf dem Frida die Balance zu halten versucht; ihr wird ein Korsett angezogen.

10. Bild, ›Der Tod tanzt um mein Bett‹: Fridas Tod in goldfarbenem Slip wackelt um ihr Bett herum. Frida bringt ihn mit einem Schlag in die Kniekehlen mehrmals zu Fall.

11. Bild, ›Frieda und Diego – »Der Elefant und die Taube««: Diego küsst Friedas Füße, während sie in einem spiegelnden Buch liest. Er küsst und ›isst‹ ihr die Narben weg.

12. Bild, ›Hochzeitsfest‹: Nacheinander rollen Hoch-
zeitspaare herein; sie umarmen sich mit zuckenden
Unterleibern. Der Bräutigam ballert mit einer Pistole
in die Luft. Nach und nach zeigt sich, dass die Hochzeitsgesellschaft davon blutende Wunden erhält. Frida
zieht aus der Hose von Diego ein rötliches Kleid. Dieser
nimmt daraufhin Cristina auf den Arm und geht mit ihr
ab.

13. Bild, ›Wir konnten kein Kind bekommen‹: Fridas
Tod trägt Frida herein. An ihre Füße sind Babypuppen
geschnallt. Wenn sie nach einer greifen will, schlägt
ihr der Tod die Hand weg. Schließlich sitzt sie auf dem
Boden und hält sie im Arm, redet mit ihnen, küsst sie,
bevor ihr Diego ein rotes Band zwischen die Zähne
klemmt und sie daran umherzieht. Sie reitet auf seinem
Rücken, reibt ihn mit Rasiercreme ein und rasiert ihn mit
einem großen Messer, das sie danach abschleckt.

14. Bild, ›Ich bin jetzt Kommunistin‹: Das Ensemble
beäugt einen roten Sack, der auf die Bühne fliegt. Er entpuppt sich als rotes Tuch mit Hammer und Sichel. Nun
kniet das Ensemble nieder; später umkreist es mit Sekt-
gläsern im Mund die Fahne. Die Eltern laufen fort.

15. Bild, ›Frida und Diego – »Du bist mein Univer-
sum«‹: Frida und Diego springen sich in die Arme, rufen
sich Koseworte zu. Dann geht Diego malen.

16. Bild, ›Amerika‹: Frida begegnet nacheinander
den Marx Brothers, Charlie Chaplin, einer Revolverlady,
Mickey Mouse, Rudolph Valentino, einem Monster und
einem Gangster.

17. Bild, ›Wurzeln‹: Zwei Frauen umschlingen einander. Die Mutter wird wie leblos weggeschleppt. Ein Bett
wird nun mit Erde gefüllt, darunter liegt eine Frida mit
einer Maske auf dem Gesicht. Die andere nimmt ihr die
Maske ab und überstäubt sich mit Erde.

18. Bild, ›Diego und Cristina‹: Cristina zieht ihr Kleid
aus und legt sich in Fridas Bett. Diego küsst sie; sie
umarmen sich, und er wirft sie mehrmals in die Luft.

19. Bild, ›Die zwei Fridas‹: Paarweise kommt das Ensemble herein; alle setzen sich nebeneinander, halten sich an der Hand wie auf Kahlos Gemälde *Die zwei Fridas*. Cristina und Diego werden anschließend auf dem Bett unter ihren Stühlen begraben.

20. Bild, ›Die Freundin – »Lachen bedeutet Stärke und Selbstvergessenheit««‹: Frida und eine Frau singen, rauchen und umarmen sich.

21. Bild, ›Was die Zahl meiner Operationen betrifft, kann ich es mit jedem aufnehmen‹: Frida liegt im Bett; zwei Ärzte nähern sich ihr mit Schneidbrennern und ›operieren‹ sie. Sie wird an Händen und Füßen am Bett fixiert, das dann auseinander gezogen wird.

22. Bild, ›Tanzbär Diego‹: Diego in Bärenmaske schüttet ihr Blumen auf das Bett und bringt sie zum Lachen. Zwischendurch befummelt er die Krankenschwester.

23. Bild, ›Trotzki‹: Diego schleppt Trotzki herein, der seine Papiere an die Revolutionäre verteilt. Diese essen das Papier, die rote Fahne auf den Knien, von ihren Tellern wie eine Mahlzeit. Trotzki benutzt seine Frau als Stuhl. Frida versucht dann Trotzki zu verführen. Er aber stopft ihr seine Papiere ins Dekolleté. Später verwickelt er sich heillos im Hammer-und-Sichel-Tuch; wie eine Mumie verschnürt, bleibt er am Boden liegen.

24. Bild, ›Männer‹: Männer umkreisen Frida im Hosenanzug. Frida seift sie bald ein und sich selbst auch und tanzt mit ihrem Stock.

25. Bild, ›Spiegelbilder‹: Frida tanzt mit einer Frau. Sie bekommt von Fridas Tod ein Spiegelbuch vorgehalten und geht ihm hinterher. Das Ensemble erscheint nun als Fridas; alle tragen Spiegelbücher.

26. Bild, ›Amputation‹: Frida im Anzug liegt auf dem Boden. Die andere Frida im weißen Hemd humpelt auf einem Bein und zwei Stöcken herein; sie hat eine Zigarette im Mund. Ein riesiges Sägeblatt rollt auf die am Boden liegende Frida zu, über sie hinweg. Die Frida auf einem Bein lacht.

27. Bild, ›Ausstellung‹: Die Frida auf einem Bein wird von zwei anderen Fridas in ein farbenfrohes Papierkostüm gesteckt und geschmückt. Diego fährt sie dann auf einer Bahre an begeisterten Leuten vorbei. Alle reißen etwas von ihrem Kleid ab.

28. Bild, ›Wozu brauche ich Füße, wenn ich fliegen kann‹: Diego nimmt Frida in den Arm, küsst sie und geht zu seiner Arbeitshebebühne. Er sitzt und rollt die Hammer-und-Sichel-Fahne aus. Frida humpelt – eingeschlossen in ein monströses Korsett, aus dem Spitzen ragen – langsam nach vorn und durchstößt eine Tür. Sie verharrt dort im hellen Licht. Das Bett kommt hereingefahren, Flammen schlagen aus ihm empor. Diego Rivera verleibt sich die Asche ein.

In den 1980er-Jahren wandte sich Johann Kresnik mit seinem choreografischen Theater Biografien zu. Den Anfang machte *Mars* (Heidelberg 1983; Musik: Walter Haupt); es folgten *Sylvia Plath* (Heidelberg 1985; Musik: Haupt), *Pasolini. Der Traum von einem Menschen* (Heidelberg 1986; Musik: Haupt) und → *Ulrike Meinhof*. Nach *Frida Kahlo* schuf er *Rosa Luxemburg. Rote Rosen für Dich* (Berlin 1993; Musik: Serge Weber), *Nietzsche* (Bremen 1994; Musik: Kurt Schwertsik) und *Ernst Jünger* (Berlin 1994; Musik: Bolschewistische Kurkapelle Schwarz-Rot), *Gründgens* (Berlin 1995; Musik: Weber), *Pasolini. Testament des Körpers* (Hamburg 1996; Musik: Livio Tragtenberg), *Riefenstahl* (Köln 1996; Musik: Tragtenberg), *Brecht* (Mannheim 1998; Musik: Weber) und *Goya. Der Schlaf der Vernunft gebiert Ungeheuer* (Berlin 1998; Musik: Weber). An den Lebensläufen dieser Politiker und Künstler zeigt Kresnik Individuen, die gegen gesellschaftliche Normen verstoßen und wie diese Normabweichungen und -brüche von der Gesellschaft geahndet werden. Er führt Anpassungsleistungen und Geschichtsklitterungen vor und findet dafür drastische, brutale Bilder, die er hart aneinander

montiert. Dabei greift er auf verschiedene Bewegungssprachen zurück, auf klassischen Tanz ebenso wie Gesell-
schaftstanz. Die Biografie der mexikanischen Malerin
Frida Kahlo (1907–1954) ist eines seiner zarteren Stücke.
Ohne Kahlo als Malerin auftreten zu lassen, verschränkt
Kresnik private Lebensstationen (den ihr ganzes Leben
schmerzvoll prägenden Unfall der jungen Frau, die Liebe
zu dem Maler Diego Rivera, die Abtreibungen und Fehl-
geburten, ihre Hinwendung zum Kommunismus) mit der
Welt ihrer Bilder, die in den surrealen choreografischen
Bildern plastisch werden. Indem der Choreograf in seiner
Inszenierung die Titelperson auf drei Tänzerinnen auf-
teilt, kann er verschiedene Facetten ihrer Persönlichkeit
sowie mehrere Lebensalter gleichzeitig präsentieren.

Kresnik übernahm *Frida Kahlo* in das Repertoire
seines Ensembles an der Volksbühne am Rosa-Luxemburg-Platz in Berlin, an der er von 1994 bis 2002 tätig
war, und gastierte mit dem Stück an Theatern im In- und
Ausland (1995 auch in Mexiko).

Fünf Tangos

CHOREOGRAFIE: Hans van Manen; MUSIK: Astor Piazzolla; AUS-
STATTUNG: Jean-Paul Vroom; URAUFFÜHRUNG: 3. November
1977, Stadsschouwburg, Amsterdam, Niederländisches Nationalballett

ROLLEN: 7 Tänzerinnen; 7 Tänzer

Dekorationslose Bühne, rötlich-grauer, konstruktivistisch
wirkender Hintergrundprospekt.

Zu Beginn stehen sich die Tänzer in schwarzen
Hemden und Hosen und die Tänzerinnen in schwarz-
roten Kleidern gegenüber. Sie formieren sich zu Paaren
und bilden als solche verschiedene Formationen. Gegen
Ende des ersten Tangos gehen bis auf eine alle Tänzerinnen ab. Die Aufmerksamkeit der hinter ihr agieren-

den sechs Tänzer ist auf diese gerichtet. Im zweiten
Tango dominiert diese Tänzerin die Männergruppe, die
zunächst im Hintergrund synchron Schritte ausführt. Allmählich agieren alle miteinander; die Männer heben und
halten nacheinander die Tänzerin, bis sie auf Spitze in die
Kulissen stolziert. Den dritten Tango bestreitet ein Tänzer
allein: Er wirbelt in schnellen Drehungen und hohen
Sprüngen virtuos über die Bühne. Der vierte Tango setzt
mit einem Männerduett ein. Beide Tänzer sind sowohl
mit ihren Blicken als auch in den phasenverschobenen
Bewegungen aufeinander bezogen. Zwei Tänzerinnen
kommen hinzu, tanzen zunächst synchron, gehen dann
jeweils zu einem der Tänzer. Die beiden Paare wiederholen Bewegungsmuster des Männerduetts und laufen
dann zu unterschiedlichen Seiten ab. Der letzte Tango
zeigt das gesamte Ensemble in verschiedenen Formationen. Zum Schluss stehen die Paare in Pyramidenform und
Tangohaltung.

Die rauen, jazzigen Tangos von Astor Piazzolla *(Todo
Buenos Aires, Mort, Vayamos al diablo, Resurrección
del angel* und *Buenos Aires hora 0)* kontrastiert Hans
van Manen in *Fünf Tangos* – der Originaltitel lautet *Vijf
tango's* – mit kühlem, elegantem, beherrschtem Tanz.
Neoklassisches Bewegungsmaterial (auf Spitze) hat er
ergänzt um die charakteristische Tangohaltung und typische, sehr stilisierte Aktionen des argentinischen Tanzes,
etwa schnelle Attacken oder Verzögerungen im Bewegungsfluss; auffallend sind ferner dem Tango entlehnte
Elemente wie der Schleifschritt, die kurzen, schnellen
Wendungen sowie die rasche und tiefe Rückbeugung des
Oberkörpers. Die Bewegung der Paare im Raum erinnert
an Muster von Gesellschafts- und Formationstanz.
   Fünf Tangos zählen zu den populärsten Balletten des
Choreografen und wurden von vielen großen Kompanien
ins Repertoire genommen.

Gaîté parisienne

Ballett in einem Akt

CHOREOGRAFIE: Léonide Massine; MUSIK: Jacques Offenbach, arrangiert von Manuel Rosenthal und Jacques Brindejonc-Offenbach; LIBRETTO: Étienne de Beaumont; AUSSTATTUNG: Étienne de Beaumont; URAUFFÜHRUNG: 5. April 1938, Théâtre de Monte-Carlo, Monte Carlo, Ballets Russes de Monte-Carlo

ROLLEN: die Handschuhverkäuferin; das Blumenmädchen; die Gesellschaftslöwin; das Maskottchen (Tänzerin); der Peruaner; der Baron; der Offizier; der Herzog; Tortoni; 4 Putzfrauen, 4 Kellner, 6 Kokotten, 3 Billardspieler, 6 Soldaten, Tanzmeister, 5 Dandys, 12 Cancantänzerinnen

In einem Nachtlokal in Paris, 19. Jahrhundert.

Kellner und Putzfrauen bereiten das Lokal für den Abend vor. Das Blumenmädchen trifft ein und überreicht jedem Kellner einen Strauß. Dann stürmen die Kokotten und die Billardspieler herein; ihnen folgt die Handschuhverkäuferin. Anschließend eilt der Peruaner mitsamt seinen Taschen in den Saal und sieht sich um, und bald geht er erst zum Blumenmädchen, dann zur Handschuhverkäuferin, die ihm ein Paar Handschuhe über seine Hände zieht. Daraufhin erscheint der Baron; er ignoriert das sich ihm nähernde Blumenmädchen, denn er interessiert sich für die Handschuhverkäuferin. Die fröhliche Stimmung im Lokal wird durch die Soldaten unterbrochen, die mit ihrem Offizier hereinkommen; sogleich widmen sich ihnen die Kokotten. Alle überrascht schließlich das Eintreffen der Gesellschaftslöwin mit dem Herzog und dem Maskottchen. Die Gesellschaftslöwin zeigt sich vom Offizier angetan, und der Peruaner nähert sich der Handschuhverkäuferin, was den Baron verärgert. Als der Offizier die Handschuhverkäuferin umarmen will, kommt es zum handfesten Streit; an dem Handgemenge beteiligen sich alle. Nur der Peruaner flüchtet unter einen Tisch, und nachdem alle das Lokal verlassen haben und die Kellner mit dem Aufräumen beginnen,

bewegt sich auch der Peruaner hinaus, den Tisch über
seinen Kopf haltend. Zuerst kehren der Baron und die
Handschuhverkäuferin zurück, und dann haben sich alle
wieder im Lokal eingefunden, rechtzeitig zum Auftritt
der Cancantänzerinnen. Danach werden im Lokal die
Lichter ausgemacht, und bis auf den Baron und die Handschuhverkäuferin verlassen alle das Etablissement. Am
Ende schaut noch einmal der Peruaner herein: Er bleibt
allein zurück.

Im Grunde handelt es sich bei *Gaîté parisienne* um ein
revueartig aufgemachtes großes Divertissement: Jede neu
hinzukommende Person oder Personengruppe präsentiert
sich mit einem Tanz; den Höhepunkt bildet der Auftritt
der Cancantänzerinnen, der das rasante Finale einleitet,
ein Tanzen aller. Der einzige Handlungsfaden des Balletts stellt die Romanze zwischen Baron und Handschuhverkäuferin dar, doch auch hier sind die Charaktere nur
schwach gezeichnet. Vielmehr thematisiert das Ballett
das sorgenfreie Vergnügen im Zweiten Kaiserreich, speziell im Tortoni, einem legendären Pariser Café (*Tortoni* war deshalb auch einer der Titel, die für das Ballett
erwogen worden waren). Passend zum Sujet orientierte
sich Étienne de Beaumont bei Bühnenbild und Kostümen an den Gemälden Franz Xaver Winterhalters, eines
berühmten Porträtmalers im Paris jener Zeit. Léonide
Massines Choreografie auf klassischer Basis bedient sich
effektvoll mimischer Aktion und besticht durch ihren
Schwung, ihre Lebendigkeit – zu einem schmissigen Pot-
pourri populärer Melodien Jacques Offenbachs.

  Gaîté parisienne erwies sich als Triumph für den Choreografen, der auch die Rolle des Peruaners tanzte. Die
Handschuhverkäuferin übernahm bald nach der Uraufführung Alexandra Danilova von Nina Tarakanova; es
war eine von Danilovas Paradepartien. Das Ballett blieb
bis zum Ende der Ballets Russes de Monte-Carlo 1962 im
Repertoire der Kompanie. Rekonstruktionen von *Gaîté*

parisienne brachten unter anderem das American Ballet Theatre (Albuquerque 1970) und das London Festival Ballet (London 1973) heraus.

Eine neue *Gaîté-parisienne*-Choreografie erstellte Maurice Béjart (Brüssel 1978).

Gajane

Ballett in vier Akten

CHOREOGRAFIE: Nina Anissimowa; MUSIK: Aram Chatschaturjan; LIBRETTO: Konstantin Derschawin; BÜHNENBILD: Natan Altman; KOSTÜME: Tatjana Bruni; URAUFFÜHRUNG: 9. Dezember 1942, Opernhaus, Perm, Kirow-Ballett

ROLLEN: Gajane, eine Baumwollpflückerin; Giko, ihr Ehemann; Owanes, ihr Vater; Schuschanik, ihre Mutter; Armen, ihr Bruder; Karen, Armens Freund; Nune, dessen Verlobte, Gajanes Freundin; Kassakow, Vorsitzender des Baumwollkolchos; 3 Fremde; Dschamal, kurdischer Stammesältester; Aischa, seine Tochter; Ismail, ein junger Kurde; Ripsime, Gajanes und Gikos Töchterchen; Gajanes Freundinnen, Armens Freunde, Kolchosbauern, junge Männer und Mädchen, alte Frauen, kurdische Hirten, Rotarmisten

In Armenien, 1941.

I. Akt, in einem Baumwollkolchos: Gajane und die anderen sind mit Freude bei der Ernte. Nur Giko, Gajanes Mann, ist nicht dabei; er kommt erst nach einer Weile betrunken herbei und beleidigt Gajane und die übrigen Bauern, sodass ein Handgemenge entsteht. Dies endet, als der Kolchosvorsitzende Kassakow erscheint. Giko entfernt sich, und Kassakow übergibt Gajane als Zeichen seiner Zuneigung eine Rose.

II. Akt. 1. Bild, Gajanes Haus: Abends knüpft Gajane mit Freundinnen einen Teppich. Ihr Vater, ihr Bruder und Nune besuchen sie, ehe Giko eintritt und sich freundlich verhält. Sobald er mit Gajane allein ist und Gajane kurz das Wohnzimmer verlassen hat, signalisiert er drei

Fremden, zum Haus zu kommen. Sie bringen Giko einen
Revolver und Zündstoff, damit er den Baumwollspeicher
anzünden könne. Als die Fremden wieder gegangen sind,
will Gajane ihren Mann zurückhalten, wird schließlich
aber von ihm eingesperrt. 2. Bild, ein kurdisches Bergdorf: Die drei Fremden kommen am nächsten Morgen
in dem Bergdorf an; hier werden sie bewirtet. In dem
Dorf lebt Aischa, die in Gajanes Bruder Armen verliebt
ist. Armen, der kurz vor den Fremden eingetroffen ist,
und der Stammesälteste Dschamal hindern die Fremden
am Weggehen, als sie sehen, dass plötzlich der Baumwollspeicher des im Tal liegenden Kolchos brennt. Bald
darauf trifft Kassakow mit Rotarmisten ein und verhaftet
die Fremden.

III. Akt, wie I. Akt: Im Baumwollkolchos sind alle mit
dem Löschen des Speichers beschäftigt; Giko, der den
Brand gelegt hat, tut so, als habe er das Feuer entdeckt,
und ist besonders eifrig bei der Sache. Bald kommt auch
Gajane, die von ihren Eltern befreit werden konnte; sie
bezichtigt Giko der Brandstiftung, der dies aber abstrei-
tet. Doch man glaubt Gajane, und Giko ergreift die kleine
Tochter der beiden, um sich mit ihr ins Feuer zu stürzen.
Kassakow gelingt es im letzten Moment, ihm das Kind zu
entreißen; daraufhin stürzt sich Giko mit einem Dolch auf
Gajane. Die anderen Bauern können Gajane retten, und
Giko wird abgeführt.

IV. Akt, wie I. Akt: Man hat den Speicher wieder auf-
gebaut und feiert deshalb ein Fest. Am Ende verabschieden sich die Männer, um als Soldaten ihr Land gegen die
deutschen Truppen zu verteidigen. Im Kolchos allerdings
wird das Baumwollpflücken weitergehen.

Gajane stellt ein typisches Beispiel für das sowjetische
Ballett dar – weitere einst sehr populäre Werke diesen
Zuschnitts sind etwa *Roter Mohn* von Lew Laschtschilin
und Wassili Tichomirow (Moskau 1927, Musik: Reinhold Glière) und *Die Flamme von Paris* von Wassili Wai-

nonen (Leningrad 1932, Musik: Boris Assafjew). Auch
in *Gajane* finden sich die für den so genannten sozia-
listischen Realismus charakteristischen Elemente; die
schematisch angelegte Handlung konzentriert sich hier
auf eine in jeder Beziehung positive kommunistische
Heldin, einen vom Imperialismus infiltrierten und darum
vollkommen verdorbenen Gegenspieler und das freudig
der Arbeit nachgehende Volk. Darüber hinaus nimmt
das mitten im Zweiten Weltkrieg uraufgeführte Werk am
Ende der Handlung unmittelbaren Bezug auf die Kriegs-
situation. Eher traditionell sind solcherart propagandistische Ballette in ihrer Dramaturgie; wie im Ballett des
19. Jahrhunderts wechseln sich die Tanznummern mit
mimischen Passagen ab. Den tänzerischen Höhepunkt
erreicht *Gajane* im IV. Akt mit einem großen Divertissement. Für die Tänze der verschiedenen ethnischen Gruppen zugehörigen Personen machte Nina Anissimowa
starke Anleihen bei den entsprechenden Volkstänzen und
verschmolz zudem viele gestische Aktionen in die Bewe-
gungsabläufe ihrer auf der klassischen Technik fußenden
Choreografie. Zur musikalischen Porträtierung der einzelnen Personen bediente sich Aram Chatschaturjan armeni-
scher Melodien und diverser russischer Tanzformen (sehr
populär wurde der »Säbeltanz«, der im letzten Bild von
Kurden getanzt wird).

Anissimowa erstellte bald nach der Uraufführung drei-
aktige Neufassungen für das Kirow-Ballett (Leningrad
1945 und 1952). Eine stark veränderte Handlung legte
Wainonen seiner Choreografie (Moskau 1957) zugrunde.
Unter den zahlreichen Neuchoreografien in der Sowjetunion erregten die von Boris Eifman (Leningrad 1972)
sowie Natalija Kassatkina und Wladimir Wassiljow
(Moskau 1978), jeweils mit neuem Inhalt, besonderes
Aufsehen. Im Westen erarbeiteten *Gajane*-Ballette unter
anderem Tom Schilling (Weimar 1953), Lilo Gruber
(Berlin 1955) und Imre Keres (Wiesbaden 1972).

Der Gesang der Nachtigall

Ballett in einem Akt

CHOREOGRAFIE: Léonide Massine; MUSIK: Igor Strawinsky; LIBRETTO: Igor Strawinsky und Léonide Massine, nach Hans Christian Andersen; AUSSTATTUNG: Henri Matisse; URAUFFÜHRUNG: 2. Februar 1920, Opéra, Paris, Ballets Russes

ROLLEN: die Nachtigall; der Tod (Tänzerin); der Kaiser; die mechanische Nachtigall (Tänzer); der japanische Meister; 16 Hofdamen; 2 Blumen tragende Damen; 6 Krieger; 6 Mandarine; 4 Kammerdiener

Im Palast des Kaisers von China.

Man bereitet alles für einen feierlichen Empfang der Nachtigall vor. Sobald die Nachtigall hereingetragen wird, trifft auch der König mit seinem Gefolge ein. Die Nachtigall stimmt nun einen Gesang an, der alle in Begeisterung versetzt. Da erscheinen die Abgesandten des japanischen Kaisers; dieser schickt dem chinesischen Herrscher eine mechanische Nachtigall, die der japanische Meister zum Erklingen bringt. Als der Kaiser dann noch einmal die echte Nachtigall hören möchte, stellt man fest, dass sie verschwunden ist. Als daraufhin der Kaiser krank wird, geleitet man ihn zu seinem Bett, an dem schon der Tod wartet. In diesem Moment taucht die echte Nachtigall wieder auf und bezaubert durch ihren Gesang den Tod. Weil alle glauben, der Kaiser sei tot, zieht nun der trauernde Hofstaat heran; der König hat sich aber wieder erholt und lebt, sodass allgemeine Freude ausbricht.

Nachdem Igor Strawinsky 1914 seine Oper *Le rossignol* abgeschlossen hatte, erarbeitete er während des Ersten Weltkriegs eine instrumentale Kurzfassung des Werkes, die für ein Ballett Verwendung finden sollte. Grundlage der Handlung blieb weiterhin Hans Christian Andersens gleichnamiges Märchen (1843); gegenüber der Oper setzt allerdings die Geschichte später ein – unmittelbar am Hof des Kaisers von China – und wurde zudem leicht verändert. Innerhalb der Exotismuskonzepte der Ballets Russes stellte *Der Gesang der Nachtigall* – uraufgeführt als *Le chant du rossignol* – eine neue Facette dar, denn erstmals zeigte Sergei Diaghilews Kompanie ein im Fernen Osten angesiedeltes Ballett. Henri Matisses farbenprächtige Ausstattung sorgte für ein stilisiertes chinesisches Ambiente, doch Léonide Massine verzichtete in seiner Choreografie auf die Adaption von Bewegungen, die für ›chinesisch‹ gehalten wurden. Stattdessen bildete der klassische Tanz die Grundlage für das Bewegungsvokabular, und den strukturellen Verlauf des Tanzes konzipierte Massine als von der Musik unabhängig.

Der Gesang der Nachtigall hatte wenig Erfolg und wurde nur wenige Male aufgeführt. Unter Verwendung von Matisses Ausstattung erstellte George Balanchine eine neue Fassung für die Ballets Russes (Paris 1925).

Neuchoreografien schufen unter anderem Erich Walter (Wuppertal 1957), John Cranko (München 1968) und John Taras (New York 1972).

Die Geschöpfe des Prometheus

Heroisch-allegorisches Ballett in zwei Aufzügen

CHOREOGRAFIE: Salvatore Viganò; MUSIK: Ludwig van Beethoven; BÜHNENBILD: Joseph Platzer; URAUFFÜHRUNG: 28. März 1801, Burgtheater, Wien, Ballett des Theaters

ROLLEN: Prometheus; Kinder (1 Tänzerin, 1 Tänzer); Bacchus; Pan; Terpsichore; Thalia; Melpomene; Apollo; Anfione; Arione; Orpheus

I. Aufzug, ein Hain: Prometheus hat zwei Statuen, zwei Kinder, geschaffen, die er durch das himmlische Feuer lebendig werden lässt. Da sie noch nicht über die nötige Reife verfügen, soll ihnen diese auf dem Parnass zuteil werden.

II. Aufzug, auf dem Parnass: Nachdem Prometheus die Kinder auf den Parnass geführt hat, bittet er Apollo und die anwesenden Musen, die Kinder in den darstellenden Künsten (Musik, Schauspiel, Tanz) zu unterrichten. Sie werden dadurch zu gebildeten Menschen.

Wenngleich *Die Geschöpfe des Prometheus* als »Ballett« ausgewiesen sind, handelt es sich doch bei dem Werk um ein Divertissement mit vorangehendem Prolog (der I. Aufzug). Die pantomimische Einleitung dient somit als Legitimation für die anschließende Folge von Tänzen samt verbindenden gestischen Passagen. Unschwer lässt sich der Parnass als Allegorie auf den kunstsinnigen habsburgischen Hof zur Zeit Salvatore Viganòs erkennen, und in der ersten Biografie des Choreografen aus dem Jahr 1838 heißt es, dieser habe das Ballett Kaiserin Maria Theresia, der zweiten Frau Franz' II., gewidmet. Eine andere Interpretation sieht hingegen Prometheus als Anspielung auf Napoleon I., doch bleibt dann rätselhaft, wieso Prometheus ab dem II. Aufzug kaum mehr aktiv auftritt. Vielmehr geht es in dem Ballett in erster Linie darum, das Ideal einer künstlerischen Erziehung zu feiern: Nur wer in den darstellenden Künsten beschlagen ist, kann als vollwertiger Mensch gelten.

Über die Zusammenarbeit zwischen Choreograf und Komponist ist nichts bekannt; gesichert ist lediglich, dass Viganò und Ludwig van Beethoven erstmals 1793 Kontakt miteinander hatten. Bereits damals galt Viganò als zukunftsweisender Choreograf, der sich signifikant vom Schematismus des Noverreschen Ballet en action absetzte. Auch wenn kein Libretto oder ein anderes Dokument eine exakte Zuordnung von Musik und Choreografie ermöglicht, so erlauben einerseits der plastische Charakter von Beethovens Komposition und andererseits Angaben in den Skizzen und der Partitur, die insgesamt 16 Nummern (nach Ouvertüre und Introduktion) mit der Bühnenaktion in Beziehung zu setzen.

Die Geschöpfe des Prometheus beeindruckten besonders wegen der Leistungen von Viganò selbst und Maria
Casentini (die beiden Kinder) sowie Ferdinando Gioia
(Bacchus); das Ballett hielt sich bis 1802 im Repertoire
und erlebte relativ viele Aufführungen.

Den Prometheus-Stoff verarbeitete Viganò ein weiteres
Mal, und zwar in seinem sechsaktigen Ballett *Prometeo*
(Mailand 1813; Musik: Beethoven, Joseph Haydn, Wolfgang Amadeus Mozart, Joseph Weigl, Christoph Willibald Gluck und Viganò).

Eigene Ballette zu Beethovens Komposition erstellten
unter anderem Wenzel Reisinger (Leipzig 1870), Serge
Lifar (Paris 1929), Aurel von Milloss (Augsburg 1933),
Yvonne Georgi (Hannover 1935), Ninette de Valois
(London 1936), Pia und Pino Mlakar (München 1938),
Tatjana Gsovsky (Berlin 1949), Erich Walter (Düsseldorf
1966) und Frederick Ashton (Bonn 1970).

Beethoven schrieb mit den *Geschöpfen des Prome-
theus* seine zweite Komposition für den theatralen Tanz:
Die erste ist die *Musik zu einem Ritterballett*, die 1791 in
Bonn zum choreografischen Arrangement von Ferdinand
Graf von Waldstein uraufgeführt worden war.

Ghost Dances

CHOREOGRAFIE: Christopher Bruce; MUSIK: südamerikanische
Volksmusik, arrangiert von Nicholas Carr; BÜHNENBILD: Christopher Bruce; KOSTÜME: Belinda Scarlett; URAUFFÜHRUNG:
3. Juli 1981, Theatre Royal, Bristol, Ballet Rambert

ROLLEN: 3 Geister; 5 Tänzerinnen; 3 Tänzer

In einer wilden Felsenlandschaft.

Die Geister, drei muskulöse Gestalten, deren Glieder
mit Lederriemen umwickelt sind und die nur einen Len-
denschurz und Masken tragen, messen spielerisch ihre
Kräfte. Nach einer Weile kommen fünf Frauen und drei

Männer in zum Teil zerrissener, auf Spuren von Gewalt-
anwendung hindeutender Kleidung. Drei Paare beginnen
zu tanzen, bis sich die Geister die Frauen greifen und sie
wegtragen, während die Männer zu Boden gehen. Es folgt
das Solo einer Frau, die sich mit einem Mann zum Duett
vereint, bis dieser von den Geistern festgehalten wird. Ein
Mann beginnt danach ein kraftvolles Solo, dem sich bald
vier Frauen anschließen; sein Tanzen endet, als sich ihm
ein Geist in den Weg stellt. Daraufhin zeigt ein Paar ein
ausgelassenes Duett, in dem sie sich gegenseitig necken
und die Frau mit der Krawatte des Mannes spielt; am
Ende gleitet die Frau in die Arme eines Geistes und wird
von ihm zu Boden gedrückt. Zuletzt tanzen Frauen und
Männer noch einmal miteinander, bis sie taumelnd und
in Paarformation stehen bleiben. Als die Geister langsam
von hinten nach vorn kommen, sinken die Frauen und
Männer zu Boden. Sie erheben sich wieder, formieren
sich zu einer Gruppe und verschwinden, automatenhaft
ruckelnd, von der Bühne. Die Geister gehen nun erneut in
Stellung und blicken in die Ferne.

Inspiriert von südamerikanischen Volksliedern und süd-
amerikanisch-indianischen Totenritualen, schuf Christopher Bruce mit *Ghost Dances* ein Werk für die politisch
Verfolgten, Gefolterten und Ermordeten Südamerikas.
Dem Choreografen ist eine berührende Totenklage ohne
Pathos gelungen, die durch die Musikwahl beinahe heiter
wirkt: *Ghost Dances* zeigt Frauen und Männer, die in
einem Geisterreich auftauchen; ihr Tanzen soll noch
einmal ihre letzten Momente in Freiheit, als sie noch
am Leben waren, heraufbeschwören. Ihre Widersacher
sind die plakativ-martialischen, von Bruce so bezeich-
neten Geister, die sich sowohl als Visualisierung jensei-
tiger Todesengel als auch von Schergen diktatorischer
Regime auffassen lassen. Auch im Bewegungsmaterial
bezieht sich Bruce auf Südamerika: Geschmeidig flicht
er folkloristische Elemente – wie Kreisformationen oder

gehüpfte Schritte – in seinen fließenden, mit Elementen
der klassischen Technik unterfütterten Modern-Dance-
Stil.

Mit *Ghost Dances* wurde Bruce international bekannt.
Das Stück wurde innerhalb weniger Jahre von mehreren
modernen Kompanien übernommen und befindet sich
nach wie vor im Repertoire des heute Rambert Dance
Company heißenden Ensembles.

Giselle

Fantastisches Ballett in zwei Akten

CHOREOGRAFIE: Jean Coralli und Jules Perrot; MUSIK: Adolphe
Adam und Friedrich Burgmüller; LIBRETTO: Henri Vernoy de
Saint-Georges und Théophile Gautier, nach Heinrich Heine;
BÜHNENBILD: Pierre Luc Charles Cicéri; KOSTÜME: Paul Lor-
mier; URAUFFÜHRUNG: 28. Juni 1841, Opéra (Salle de la rue Le
Peletier), Paris, Ballett der Opéra

ROLLEN: Herzog Albert von Schlesien, als Dorfbewohner ver-
kleidet; der Prinz von Kurland; Wilfrid, Knappe des Herzogs;
Hilarion, Jagdaufseher; ein alter Bauer; Bathilde, Verlobte des
Herzogs; Giselle, Bauernmädchen; Berthe, Giselles Mutter;
Myrtha, Königin der Wilis; Zulmé und Moyna, Wilis; Winzer,
Winzerinnen, Musiker, Dorfkinder, Herren, Damen, Pagen,
Jäger, Jagdtreiber, Diener, Wilis

I. Akt, ein liebliches Tal in Deutschland, im Hintergrund
Weinberge und ein Weg, der in das Tal führt: Winzer
machen sich am Morgen zur Weinlese auf. Der Jagdaufseher Hilarion erscheint und betrachtet voll Sehnsucht das
Haus Berthes, in dem Giselle wohnt, hingegen mustert er
voll Zorn die Hütte, in der ein gewisser Loys zu Hause
ist; Loys ist niemand anderer als Herzog Albert, als Dorfbewohner verkleidet. Als sich die Tür der Hütte öffnet,
versteckt sich Hilarion. Er sieht, wie Herzog Albert mit
seinem Knappen Wilfrid heraustritt und diesen bittet,

ihn allein zu lassen. Daraufhin klopft er an die Tür von
Berthes Haus und erwartet Giselle. Sie tändeln miteinander, und Giselle pflückt eine Blume, um an den Blüten
abzuzählen, ob Albert sie liebe. Als das Orakel mit »Er
liebt mich nicht« endet, wirft sie die Blume enttäuscht
fort, doch Albert hebt sie auf, zupft heimlich eine Blüte
ab und zeigt ihr das nun zufrieden stellende Ergebnis. Da
hält es Hilarion nicht länger im Versteck; er stürzt hervor
und versucht Giselle von Alberts Unredlichkeit zu überzeugen – vergebens. Hilarion geht ab, und einige Winzerinnen kommen, um Giselle zum Weinlesen zu holen.
Doch Giselle will nicht mitgehen; sie möchte tanzen und
überredet ihre Freundinnen zum Bleiben und Mittanzen.
Plötzlich erscheint Giselles Mutter, Berthe, und erinnert
ihre Tochter an das Schicksal der Wilis, junger Mädchen,
die aus exzessiver Tanzlust vor ihrer Heirat starben und
nun als Untote des Nachts erscheinen müssen. Giselle
lässt sich davon nicht beirren. Als Jagdhörner ertönen,
drängt Albert, sich beim Weinlesen zu beteiligen; die
Gruppe bricht auf, und Giselle und Berthe ziehen sich ins
Haus zurück. Hilarion nutzt die Situation aus und betritt
Alberts Hütte. Dann naht eine höfische Gesellschaft,
darunter Bathilde, die Verlobte Alberts, und ihr Vater, der
Prinz von Kurland. Berthe und Giselle bringen Getränke
und Früchte, und Bathilde interessiert sich für Giselle.
Entzückt von der Schönheit und Anmut des Bauernmädchens, schenkt Bathilde ihr eine Kette, ehe sie sich
mit ihrem Vater in Berthes Haus begibt, um auszuruhen.
Giselle geht nun, um Albert zu holen, und die Jagdgesellschaft entfernt sich wieder. Nun verlässt Hilarion Alberts
Hütte; er hat dessen Degen und Umhang gefunden und
damit entdeckt, dass der vermeintliche Dorfbewohner
adliger Herkunft ist. Hilarion schwört Rache, versteckt
den Degen in einem Busch und wartet, bis sich alle zum
Dorffest versammelt haben. Giselle wird nun von den
Winzern zur Weinkönigin gekrönt, und sie tanzt freudig
mit Albert. Dies stachelt Hilarions Eifersucht noch mehr

an, und er enthüllt Alberts wahre Identität, doch niemand
glaubt ihm. Deshalb greift er sich das Jagdhorn und bläst
hinein; sogleich strömt die höfische Gesellschaft wieder
zusammen. Der Prinz tritt aus Berthes Haus und wundert
sich, Albert nicht in standesgemäßer Kleidung zu sehen.
Der hinzukommenden Bathilde präsentiert Giselle Albert
als ihren Verlobten, aber Bathilde behauptet, es sei ihrer,
und zeigt Giselle ihren Verlobungsring. In der allgemeinen Verwirrung reißt sich Giselle die Kette vom Hals und
verfällt in Wahnsinn. Sie ergreift Alberts Degen und stößt
ihn sich in die Brust; in den Armen ihrer Mutter stirbt sie.
Die Hofgesellschaft entfernt sich wieder – man nimmt
Albert mit –, und die Winzer trauern um Giselle.

II. Akt, an einem Weiher im Wald, links eine Zypresse,
darunter ein weißes Grabkreuz mit der Inschrift
»Giselle«: Nachts, im Mondschein, hat sich eine Gruppe
von Jagdtreibern verirrt. Hilarion warnt sie, sich zur
Geisterstunde hier aufzuhalten. Irrlichter erschrecken sie,
und in Panik fliehen sie. Da erscheint Myrtha, die Königin der Wilis. Sie nimmt in dem Weiher ein Bad und greift
dann nach einem Rosmarinzweig, mit dem sie die Pflan-
zen berührt; aus ihnen treten die Wilis, weiß gekleidete
Geschöpfe, die dazu verdammt sind, zur Geisterstunde zu
tanzen. Nach den ersten Tänzen verkündet Myrtha, dass
man heute ein neues Mädchen in die Gruppe der Wilis
aufnehmen werde. Myrtha holt mit ihrer Macht Giselle
aus dem Grab und berührt sie mit ihrem Rosmarinzweig;
sofort beginnt Giselle zu tanzen. Da sind Geräusche zu
hören: Einige junge Bauern durchqueren den Wald, und
als sie am Weiher angekommen sind, müssen sie mit den
Wilis tanzen. Einem alten Bauern gelingt es, sie vor den
Wilis zu warnen, und im letzten Moment eilen sie davon.
Danach kommen Albert und Wilfrid; Albert möchte an
ihrem Grab etwas niederlegen. Trotz Wilfrids Warnungen
will er bleiben, und er schickt Wilfrid fort. Albert trauert
an Giselles Grab, und plötzlich sieht er Giselle. Er will
sie berühren, doch jedes Mal entzieht sie sich ihm. Dabei

bringt sie ihn immer näher an das Kreuz heran, und als sie
ihm erneut entweicht, hält Albert das Grabkreuz in den
Händen. In diesem Moment sieht er Hilarion, der von
den Wilis verfolgt wird. Hilarion muss weitertanzen, bis
er schließlich vor Erschöpfung in den Weiher fällt und
ertrinkt. Während der folgenden Feier wird Albert entdeckt. Myrtha tritt zu ihm, doch bevor sie ihn mit ihrem
Rosmarinzweig berühren kann, hält Giselle Myrthas
Hand zurück und bittet Albert, sofort zu fliehen. Da er
zögert, führt sie ihn zu dem Grabkreuz. Hier hat Myrtha
keine Macht über ihn, und ihr Rosmarinzweig bricht. Um
ihn doch noch vom Kreuz wegzulocken, befiehlt Myrtha
Giselle, aufreizend zu tanzen. Dies verleitet Albert, das
Grab zu verlassen. Sofort steht er in Myrthas Bann und ist
gezwungen, mit Giselle zu tanzen. Allmählich schwinden
seine Kräfte, und er sinkt schließlich erschöpft zu Boden.
Doch jetzt bricht der Morgen an, und die Macht der Wilis
endet: Sie müssen in ihre Gräber zurück. Giselle bleibt
bis zum letzten Moment bei Albert, ehe auch sie entschwindet. Da nahen Wilfried, Bathilde, ihr Vater und
eine kleine Gesellschaft. Sie kümmern sich um Albert,
der ein paar Blumen von Giselles Grab nimmt und
schließlich Bathildes Hand ergreift.

Geistiger Urheber von *Giselle* war Théophile Gautier.
Der Literat fand den Stoff der weiblichen Untoten, die
nachts Jagd auf Männer machen, in Heinrich Heines
ästhetischen Betrachtungen *Zur Geschichte der neueren
schönen Literatur in Deutschland* (1833), und mit dem
Librettisten Henri Vernoy de Saint-Georges erarbeitete
er ein Ballettlibretto *Giselle ou Les wilis* – unter diesem
Titel wurde das Ballett auch uraufgeführt –, für das der
routinierte Theaterkomponist Adolphe Adam die Musik
komponierte (ergänzt durch eine Komposition von Friedrich Burgmüller für einen Bauern-Pas-de-deux, der kurz
vor der Uraufführung eingefügt wurde). Zu der stim-
mungsvollen und mit Leitmotiven durchsetzten Kompo-

sition Adams schufen Jean Coralli, der Hauschoreograf
der Opéra, und Jules Perrot die Choreografie. Perrot
wurde zwar offiziell nicht als Beteiligter genannt, doch
steht fest, dass er alle Auftritte und Tänze Giselles choreografiert hat, denn die Hauptrolle des Balletts wurde
von seiner Lebensgefährtin Carlotta Grisi übernommen.

Mit dem Motiv der in der menschlichen Welt nicht
erreichbaren Liebe und dem Entwurf einer übernatürlichen Gegenwelt ist *Giselle* ein exemplarisches Beispiel
für das romantische Ballett französischer Prägung. Wie in
Filippo Taglionis Ballett *La sylphide* (Paris 1832; Musik:
Jean Schneitzhoeffer), einem anderen Schlüsselwerk der
Epoche, thematisiert *Giselle* die Problematik von freier
Wahl des erotischen Partners und Mesalliance und führt
deren Scheitern in der sozialen Ordnung des Bauerndorfs
vor. Erst in einem übernatürlichen Bereich, in der Welt
der Wilis, entsteht die größte Nähe zwischen Giselle und
Albert, hier gelingt kurzzeitig, unter dem Zeichen des
Todes, jene Vereinigung, die in der Realität nicht möglich ist. Antagonistisch wie die beiden Welten – die der
Bauern und die der Wilis – ist auch die choreografische
Gestaltung beider Akte. Im I. Akt zäsieren pantomimische Szenen die Soli, Duette und Ensembletänze, in die
sich Giselle und Albert immer wieder integrieren. Tanzen
sie zu zweit, so bewegen sie sich spiegelbildlich oder
nebeneinanderher, während im II. Akt typische Elemente
des Paartanzes wie Hebungen Eingang in ihre Tänze
gefunden haben. Ist der I. Akt bis zur so genannten Wahn-
sinnsszene fröhlich, bunt, mit lebhaftem Lokalkolorit, so
ist der II. ein typisches ›ballet blanc‹, ein weißer Akt, in
dem die makellose klassische Technik und streng geometrische Figurationen im Mittelpunkt stehen. Hier manifestiert sich das Ideal der schwerelosen Ballerina, die
ihre technischen Fertigkeiten immer mehr perfektioniert
hat – in dieser Zeit setzte sich der Spitzenschuh endgültig
durch – und zur zentralen Figur des Bühnengeschehens
wurde. Damit hatte sich der Bühnentanz unübersehbar

erneuert – und in *Giselle* thematisiert er sich selbst
anhand der Tanzleidenschaft des Bauernmädchens,
das ihr ebenso zum tödlichen Verhängnis wird wie die
unglückliche Liebe zum Prinzen Albert.

Bis 1868 blieb *Giselle*, wenn auch mit choreografischen Veränderungen, im Repertoire der Opéra. Gleichzeitig wurde das Ballett in vielen Städten Europas und
Nordamerikas einstudiert, so etwa von Perrot 1851 in
Sankt Petersburg. 1884 und 1887 brachte Marius Petipa
das Ballett in Sankt Petersburg heraus und schuf damit
die Grundlage für eine bis heute anhaltende Aufführungstradition. In dieser stand auch die Fassung, die die Ballets
Russes 1910 in Paris vorstellten. Unter den zahlreichen
Produktionen, die seitdem auf der Basis der Petipaschen
Choreografie entstanden, gehören zu den herausragenden
die von Nikolai Sergejew (Paris 1924), Leonid Lawrowski
(Moskau 1944), Peter Wright (Stuttgart 1966; von mehreren anderen Kompanien übernommen), Nicholas Beriozoff (Zürich 1971), Heinz Spoerli (Basel 1976), Pierre
Lacotte (Mülhausen 1978), John Neumeier (Hamburg
1983 und 2000) sowie Patrice Bart und Eugène Poliakov
(Paris 1991). Eigenständige *Giselle*-Ballette erarbeiteten
unter anderem Frederic Franklin für das Dance Theatre of
Harlem (New York 1984) – die Handlung spielt in Louisiana im 19. Jahrhundert und greift die Unterdrückung
der Farbigen auf – und Mats Ek (Stockholm 1982). In
Eks vitaler, grotesk gefasster Adaption ist Giselle nach
wie vor ein Bauernmädchen und Albert ihr ein an Stand
überlegener Städter, aber anstatt zu sterben und als Wili
ihr nächtliches Unwesen zu treiben, wird Giselle schizoid
und kommt in eine Irrenanstalt.

Seit vielen Jahren ist es Usus, dem Prinzen den Namen
Albrecht zu geben.

Goldberg-Variationen

Ballett

CHOREOGRAFIE: Heinz Spoerli; MUSIK: Johann Sebastian Bach; AUSSTATTUNG: Keso Dekker; URAUFFÜHRUNG: 7. März 1993, Opernhaus, Düsseldorf, Ballett der Deutschen Oper am Rhein

ROLLEN: 18 Tänzerinnen; 16 Tänzer

Dekorationslose Bühne, an Seitenvorhängen hängen unten Silberkugeln, Tänzerinnen und Tänzer tragen Trikots in unterschiedlichen Farben.

Aria: Auf schwach ausgeleuchteter Bühne führt das Ensemble Dehn- und Streckbewegungen aus. Nacheinander gehen die Tänzer dann zur linken Bühnenseite und stellen sich dort bis zum Beginn der ersten Variation in einer Reihe auf; ausgenommen davon sind drei Männer: Zwei sitzen im Spagat, ein dritter steht hinter ihnen. Die Bühne erhellt sich.

1. Variation: Der stehende Tänzer beginnt ein lebhaftes Solo; die anderen beiden Männer gehen ab, einer kehrt immer wieder zurück und greift dessen Bewegungen auf. 2. Variation: Diese beiden Männer setzen ihr Duett fort; ein dritter schließt sich ihnen an. 3. Variation: Zu drei Tänzerinnen treten bald zwei Tänzer; erst gegen Ende hin finden sich die zwei Gruppen zu einer Einheit zusammen. 4. Variation: Ein virtuoses Männersolo folgt. 5. Variation: Eine Frau und ein Mann bewegen sich separat voneinander auf der Bühne. 6. Variation: Ein Vorhang hebt sich vor einer größeren Gruppe, die eine nach vorn ausgerichtete Reihe bildet. Die Tänzer kommen nach vorn, und allmählich löst sich die Reihe zugunsten kleinerer Formationen auf. Schließlich stehen die Frauen den Männern gegenüber; in der Mitte befindet sich ein solistisch agierender Mann. 7. Variation: Dieser Tänzer geht ab, und zwei Männer setzen zu einem Duett an; kurzzeitig stößt ein dritter Mann hinzu; bei seinem zweiten Erscheinen tanzt er mit einem der anderen Tänzer synchron.

8. Variation: Eine andere Frau brilliert mit einem Solo, das viele Drehungen enthält. 9. Variation: Zunächst wird diese Tänzerin von zwei Männern umkreist; nach ihrem Abgang beziehen sich die Tänzer stark aufeinander. 10. Variation: Die beiden Männer setzen ihre Aktionen fort, und bald springt aus den Kulissen eine Frau in ihre Arme; die Männer heben und stützen die Tänzerin. 11. Variation: Die Männer gehen ab, und das Licht scheint nur noch auf einer Diagonalen von rechts hinten nach links vorn. Auf dieser tanzt die Frau der vorangegangenen Variation allein, unterbrochen von einer Passage, in der sie ein Mann stützt und hebt. 12. Variation: Zu einem solistisch agierenden Mann gesellt sich dreimal ein zweiter Tänzer; mit jedem Auftritt tanzen die beiden länger zusammen. 13. Variation: Die Bühne ist jetzt wieder vollständig ausgeleuchtet. Eine Frau und ein Mann wechseln sich mit lyrischen Sequenzen ab; bisweilen umkreist die Frau den Mann. Am Ende führt ein anderer Mann die Frau von der Bühne, und drei Männer treten auf. 14. Variation: Ein vierter Mann läuft kreisförmig durch die Männergruppe, und nacheinander setzen die Tänzer ein, bis sie sich als Quartett präsentieren. Sie sitzen schließlich im Spagat. 15. Variation: Ein Mann und eine Frau kommen auf einer Diagonalen aufeinander zu; ihr Duett prägen getragene Bewegungen. 16. Variation: Sechs Paare des Ensembles gruppieren sich um einen Tänzer; die Männer heben die Frauen und gehen so ab. Von rechts kreuzen drei Reihen zu je drei Tänzerinnen die Bühne. 17. Variation: Die Aktionen eines Männertrios enthalten groteske Motionen. 18. Variation: Auf abgedunkelter Bühne beginnt ein Mann mit verhaltenen Bewegungen; ihm schließen sich zwei weitere Männer an. 19. Variation: Zwei Tänzer umrahmen eine Tänzerin; die Männer heben und drehen die Frau. 20. Variation: Diese Frau erhält nun einen anderen Mann als Partner, der am Ende auch solistisch agiert. 21. Variation: Eine Frau folgt einem Mann, der sie dann hebt und dreht. 22. Variation: Dieses Paar

tanzt nun synchron; bald kommen vier weitere Paare
dazu. Die fünf Paare agieren synchron oder hintereinander. Schließlich laufen die Frauen der vier später hinzugekommenen Paare ab; ihre Partner gehen hinter ihnen
her. Das Paar vom Beginn setzt sein Duett fort, bis sie
sich nebeneinander hinlegen. 23. Variation: Zwei Männer
treten auf und bewegen sich um die beiden Liegenden.
Schließlich erheben sich diese und führen ihr Duett neben
den zwei Männern fort. 24. Variation: Eine Frau beginnt
diese Variation auf lyrische Weise, bis nacheinander
zwei Männer kommen und sie heben und drehen. Nach
einer Weile gehen die Männer ab, kehren am Ende aber
zurück, um sie von der Bühne zu tragen. Währenddessen
erscheint hinten ein anderes Paar. 25. Variation: Dieses
vollführt ein Duett mit sehr langsamen Bewegungen.
26. Variation: Ein Mann zeigt virtuose Sprünge und Drehungen; eine Frau tritt später hinzu und bewegt sich, in
langsamerem Tempo, unabhängig von ihm. 27. Variation:
Individuell agiert auch in dieser Variation ein anderes
Paar, zu dem sich bald ein zweiter Mann gesellt. Nun
tanzen die Männer aufeinander bezogen. Im weiteren
Verlauf bilden die drei wiederholt eine Reihe; am Ende
bleibt die Frau allein auf der Bühne. 28. Variation: Alle
Frauen des Ensembles kommen nacheinander auf die
Bühne; sie zeigen dabei elaborierte Arm- und Beinbewegungen. 29. Variation: Nach den Frauen erscheinen
hintereinander neun Männer, die sich losgelöst voneinander bewegen. 30. Variation: Die übrigen Männer des
Ensembles treten hinzu, ebenso die Frauen. In ihrer Mitte
hebt ein Mann eine Frau.

Aria: Die Tänzer stehen einzeln auf der Bühne und
führen, bei reduzierter Beleuchtung, wieder Dehn- und
Streckbewegungen aus. Ein Teil geht schließlich nach
vorn und stellt sich mit dem Rücken zum Publikum, der
andere Teil bildet hinten eine Reihe. Drei Männer bleiben
in der Mitte.

Nach Jerome Robbins' *The Goldberg Variations* (New York 1971) ist Heinz Spoerlis Choreografie das zweite wichtige Ballett zu Johann Sebastian Bachs *Aria mit verschiedenen Veränderungen* (1742), im Allgemeinen *Goldberg-Variationen* genannt. Beide Werke sind analog zur Musik strukturiert: Zu jeder der insgesamt 32 Nummern – die zu Beginn und am Ende erklingende Aria rahmt die 30 Variationen ein – haben sowohl Robbins als auch Spoerli jeweils eine in sich abgeschlossene Miniatur geschaffen, dabei verschiedene Tänzerkombinationen variierend; und beide Choreografen lassen sämtliche Wiederholungen der Komposition spielen (Aria und jede Variation bestehen aus zwei Teilen, die laut Notentext zu wiederholen sind). Finden sich jedoch in Robbins' Stück diverse Anspielungen auf die Zeit Bachs – in erster Linie in Gestalt der Kostüme und Zitate höfischen Bewegungskanons –, so hat Spoerli seine *Goldberg-Variationen* davon frei gehalten. Sein Bewegungsvokabular lässt sich als individuelle, strenge Form der Neoklassik beschreiben, die von den Errungenschaften eines Hans van Manen und William Forsythe profitiert. Betont wird ein optisch klares Körperbild mit langen Linien (viele Arabesques) und einer Phrasierung, die sich oft an die musikalische Linienführung hält. Ungeachtet der choreografischen Abstraktion lassen sich die einzelnen Teile als Psychogramme von Beziehungen interpretieren. Ihre eindringliche Wirkung bezieht die Choreografie insbesondere aus ihrer formalen Geschlossenheit und ihrer engen Beziehung zur Musik.

Die *Goldberg-Variationen* haben wenige andere Kompanien in ihr Repertoire übernommen (als Ballettdirektor brachte Spoerli sie 1996 nach Zürich); die Einstudierung des Balletts der Deutschen Oper (Berlin 2001) präsentierte das Werk in neuer Ausstattung (Bühnenbild: Hans Schavernoch; Kostüme: Claudia Binder).

Bachs Komposition verwendeten auch Choreografen anderer stilistischer Ausrichtung, etwa Steve Paxton

(New York 1987), Joachim Schlömer in *Und in der Ferne die Nacht* (Weimar 1994) und Philip Taylor (München 2000).

Große Fuge

CHOREOGRAFIE: Hans van Manen; MUSIK: Ludwig van Beethoven; BÜHNENBILD: Jean-Paul Vroom; KOSTÜME: Hans van Manen; URAUFFÜHRUNG: 8. April 1971, Circustheater, Scheveningen, Nederlands Dans Theater

ROLLEN: 4 Tänzerinnen; 4 Tänzer

Dekorationslose Bühne, im Hintergrund ein Leuchtstreifen (der seine Höhe im Lauf des Stücks verändert).

Vier Frauen in weißen Trikots und mit Hochfrisuren stehen links hinten unbeweglich zusammen. Von rechts kommen vier Männer mit nacktem Oberkörper und in langen Röcken; sie bewegen sich synchron mit großen Schritten, Drehungen, Beinkreisen und dynamischen Armschwüngen. Viermal lösen sich Tänzer zu zwei Soli und zwei Duetten; sie wenden sich jeweils den weiterhin unbeweglich stehenden Frauen zu, bevor die Männergruppe eine abschließende synchrone Sequenz tanzt, die mit einem kräftigen Aufstampfen endet. Jetzt beginnen die Frauen: Sie gehen nach vorn, laufen in geometrischen Mustern in den Raum, die Arme erhoben, die Fäuste geballt. In einem kurzen Solo tritt dann eine Frau mit den nun stehenden Männern in Kontakt, eine andere dreht sich auf dem Boden vor ihnen. Bald formieren sich Frauen und Männer zu zwei versetzt angeordneten Viererblöcken. Es folgen vier zunehmend kraftvoller werdende Duette zwischen je einem Mann und einer Frau, und aus den dann wieder vereinten Viergruppen lösen sich nacheinander noch einmal vier Paare zu kurzen Duetten. Wenn sich danach alle Tänzer wieder gegenüberstehen, ziehen die Männer den Rock aus, unter dem sie eine kurze schwarze Hose tragen. Stampfend umkreisen sich alle, bis sie auf dem Boden liegen: die Männer auf dem Bauch, die Frauen über ihnen auf dem Rücken mit aufgestellten Beinen. Den Gürtel ihres Partners festhaltend, werden die Frauen gezogen und gestützt. Die Bewegungen werden allmählich verhaltener. Schließlich formieren sich alle zu einer Gruppe, die über die Bühne trippelt und gemeinsam zu Boden geht. Eine Frau steht noch einmal auf, und ein Mann sieht ihr nach. Beide legen sich wieder hin: Erst hebt sie einen Arm und lässt ihn sinken, dann er.

Große Fuge ist Hans van Manens erstes Ballett zu einer Musik, die nicht aus dem 20. Jahrhundert stammt. Stattdessen wählte er späte Kammermusik Ludwig van Beethovens: die *Große Fuge B-Dur* (1825) für Streichquartett, der die »Cavatina« aus dem *Streichquartett Nr. 13 B-Dur* (1826) folgt. Der strenge, herbe Ton der Musik spiegelt sich in einer rauen, dynamischen Choreografie wider. Denn wie in kaum einem anderen seiner Ballette verwendete van Manen in *Große Fuge* Bewegungselemente des Modern Dance, hat sie stilistisch mit dem klassischen Tanz zusammengezwungen. Der Beginn des Werkes steht in der Spannung zwischen den passiven, in ihren Trikots fast unbekleidet wirkenden Frauen und den aktiven Männern, deren großer Bewegungsradius durch die weiten schwarzen Röcke noch erweitert erscheint. In klaren Raummustern und Gruppenformationen agieren Männer und Frauen, finden sich zu erotisch aufgeladenen Paarpositionen zusammen, um schließlich in einer egalitären, harmonisch vereinten Gruppe zu enden. Obwohl die Duette einige aggressive Momente enthalten – wenn etwa eine Frau dem auf dem Boden liegenden Mann auf die Brust schlägt –, sind diese Elemente weniger häufig als in anderen Stücken van Manens.

Große Fuge zählt zu den populärsten Werken van Manens und wurde von zahlreichen klassischen Kompanien übernommen.

Großstadt

Eine kleine Novelle in drei Teilen

CHOREOGRAFIE: Kurt Jooss; MUSIK: Alexandre Tansman; AUS-
STATTUNG: Hein Heckroth; URAUFFÜHRUNG: 21. November 1932,
Opernhaus, Köln, Folkwang-Tanzbühne

ROLLEN: das junge Mädchen; der einfache Junge; der Kavalier;
viele andere Leute (Tänzerinnen, Tänzer)

1. Teil, ›Straße‹: Der einfache Junge begegnet auf der
Straße einer Großstadt einem jungen Mädchen und verliebt sich in sie. Sie reden miteinander, doch das Mädchen
geht mit dem Kavalier, der sie anspricht und umwirbt,
davon.

2. Teil, ›Hinterhof‹: Inmitten spielender Kinder
schenkt der Kavalier dem Mädchen ein Päckchen. Sie
entfernt sich, und der Kavalier bleibt zurück; in der Prole-
tarierszenerie wirkt er wie ein Fremdkörper. Bald kommt
das Mädchen zurück; es trägt ein neues Kleid. Mit dem
Kavalier geht sie davon.

3. Teil, ›Bar‹: In einem Tanzlokal bemüht sich das
Mädchen, Charleston zu tanzen. Der Junge sucht währenddessen Zerstreuung in seinem Milieu. Aber er kann
das Mädchen nicht vergessen und will sie finden. Auch
das Mädchen, vom Kavalier schließlich stehen gelassen,
irrt umher. Doch sie verfehlen sich, und der Junge bleibt
allein zurück.

Mit dem in den 1920er-Jahren modischen Thema Großstadt hat sich Kurt Jooss mehrfach beschäftigt: Vor *Großstadt* – das bei der Uraufführung *Großstadt von Heute*
hieß – choreografierte er *Kaschemme* (Münster 1926;
Musik: Friedrich Cohen) und *Suite 1929* (Essen 1929;
Musik: Cohen). Es sind Zeichnungen von Heinrich Zille
und Käthe Kollwitz, die neuen Rhythmen und Tänze aus
den USA, das Milieu der proletarischen Hinterhöfe und
Demimonde-Lokale, die Einsamkeit inmitten der groß-
städtischen Betriebsamkeit, die Jooss faszinierten und

deren jeweilige Charakteristika er treffend zeichnete. In *Großstadt* sind zwei Gesellschaftsklassen in tänzerischer Form stark kontrastiert; die szenische Aktion ist nach filmischem Prinzip aneinander geschnitten oder überblendet – die ideale Musik hierzu fand Jooss in Alexandre Tansmans *Sonatine transatlantique* (1930), in der populäre Tänze der Zeit wie Foxtrott, Blues und Charleston verarbeitet sind.

Großstadt bildete mit Jooss' Choreografien *Pavane auf den Tod einer Infantin* (Essen 1929; Musik: Maurice Ravel) und *Ein Ball in Alt-Wien* (Köln 1932; Musik: Joseph Lanner, arrangiert von Cohen) das Programm »Zeitbilder«.

1935 erweiterte Jooss in Großbritannien den 3. Teil von *Großstadt*: Er fügte einen Bal Musette ein, der das Amüsement der Arbeiter in einer Tanzdiele illustrierte; für diese Fassung erstellte Tansman eine neue Version seiner Komposition. Im Lauf der Jahre änderte Jooss wiederholt die Rollenbezeichnungen. Heute heißen die Hauptrollen wie folgt: das Mädchen, der junge Arbeiter, der Elegante; aus der Gruppe von Leuten wurden Typen wie Geschäftsmann, Zeitungsjunge, Blumenmädchen oder Dirnen.

Bei Einstudierungen von *Großstadt* nach dem Zweiten Weltkrieg hat Jooss die Choreografie der Gruppenszenen leicht verändert; die Kostüme wurden wiederholt neu entworfen. Seit 1974 fand das Stück Eingang ins Repertoire einiger großer Kompanien.

Der grüne Tisch

Totentanz

CHOREOGRAFIE: Kurt Jooss; MUSIK: Friedrich Cohen; AUSSTATTUNG: Hein Heckroth; URAUFFÜHRUNG: 3. Juli 1932, Théâtre des Champs-Élysées, Paris, Folkwang-Tanzbühne

ROLLEN: der Tod; der Führer; der ältere Soldat; die Frau; die Alte; der junge Soldat; das junge Mädchen; der Gewinnler; die schwarzen Herren, Soldaten, Frauen (7 Tänzerinnen, 7 Tänzer)

1. Bild, ›Die schwarzen Herren‹: Jeweils fünf Herren – in dunklen Anzügen, weißen Handschuhen und Masken, die sie auf karikierende Art als ältere Männer darstellen – stehen sich an den Längsseiten eines Tisches gegenüber. Sie gestikulieren heftig; im Verlauf ihrer Verhandlung beratschlagen sie sich, scharwenzeln umeinander, drohen sich und fallen wiederholt in Posen von Gewaltausübung. Schließlich ziehen sie ihre Pistolen und schießen in die Luft. Der Tisch und die Herren verschwinden, und der Tod, mit Helm und stilisierten Elementen einer Rüstung, erscheint mit wuchtigen Bewegungen.

2. Bild, ›Der Abschied‹: Vor dem im Hintergrund bleibenden Tod tritt der Führer auf und schwingt eine weiße Fahne. Nacheinander marschieren dann drei Soldaten auf und bilden eine Reihe. Danach kommt der junge Soldat; ihm folgt das junge Mädchen, das vergeblich versucht, ihn davon abzuhalten, sich zu den anderen Soldaten zu stellen. Nun kommt der ältere Soldat mit der Frau und der Alten; auch er reiht sich unter die Soldaten ein. Der Gewinnler mit Melone und weißen Handschuhen zeigt sich zuletzt; er freut sich, als die Soldaten zu marschieren beginnen – während die Frauen den Männern nachtrauern –, und folgt ihnen schließlich. Doch als die Soldaten unter den ausgestreckten Armen des Todes durchmarschieren, bleibt er zurück und zieht vor dem Tod den Hut.

3. Bild, ›Die Schlacht‹: Der Führer und die fünf Soldaten kämpfen. Auf einmal steht der Tod bei ihnen: Drei Soldaten gehen zu Boden; die anderen Soldaten und der Tod verschwinden. Da schleicht sich der Gewinnler herbei und besieht sich die Toten; einem entwendet er einen Ring.

4. Bild, ›Die Vertriebenen‹: Sieben Frauen, darunter das junge Mädchen und die Alte, bewegen sich langsam vorwärts, verharren immer wieder in Posen der Trauer

und der Verzweiflung. Sie nähern sich dem Tod, weichen
dann aber vor ihm zurück, und bis auf die Alte und das
junge Mädchen laufen alle weg. Die Alte geht auf den
Tod zu; sie begrüßen sich, und er trägt sie davon. Nun
eilt der Gewinnler zum jungen Mädchen und zeigt sich an
ihm interessiert.

5. Bild, ›Verrat‹: Die Frau trägt einen weißen Schal bei
sich. Als die Soldaten an ihr vorbeimarschieren, schlingt
sie einem das Tuch um den Hals. Der Tod tritt zu der
Frau, die von den Soldaten erschossen wird.

6. Bild, ›Die Schänke‹: Soldaten und Frauen vergnügen sich; der Gewinnler vermittelt das junge Mädchen an
die Soldaten. Als sie mit dem letzten Soldaten allein ist,
nimmt dessen Stelle mit einem Mal der Tod ein, der sie zu
Boden legt, während der Soldat wie erstarrt in der Bewegung verharrt.

7. Bild, ›Die Letzten‹: Der alte Soldat tritt mit der
Fahne auf; der Tod nimmt sie ihm bald weg und zwingt
ihn an seine Seite. Ihnen folgen Soldaten und Frauen;
der Tod führt sie im Kreis, bis sie zu Boden gehen. Noch
einmal erscheint der Führer, der sich ebenfalls dem Zug
der Soldaten und Frauen anschließt. Wieder kommt der
Gewinnler; ihn ignoriert der Tod.

8. Bild, ›Die schwarzen Herren‹: Die Herren vom
Beginn schießen nach oben. Dann gehen sie aufeinander
zu und zum Tisch zurück; erneut beginnen sie eine Verhandlung.

Kurt Jooss erarbeitete den *Grünen Tisch* für den von den
Archives Internationales de la Danse in Paris veranstalteten internationalen Choreografiewettbewerb – das Werk
wurde deshalb als *La table verte* uraufgeführt. Anregen
ließ sich Jooss vom Totentanzfries der Lübecker Marien-
kirche; zum Erscheinungsbild des Todes, jener zwischen
Kriegsgott und Schnitter oszillierenden Figur, inspirierte ihn die Zeichnung *Der Krieg* (1902) von Alfred
Kubin. Der Tod rafft im *Grünen Tisch* die dahin, die in

Der grüne Tisch. Choreografie: Kurt Jooss
aalto ballett theater, Essen

Kameliendame. Choreografie: John Neumeier
Stuttgarter Ballett

der Maschinerie des Krieges gefangen sind – Soldaten, ihre Mütter und Frauen –, die an ihm verdienen wie der Gewinnler oder ihn anzetteln wie die schwarzen Herren, lässt er am Leben. Indem er die tödlichen Folgen des Krieges zeigt, ist *Der grüne Tisch* ein humanistisch geprägtes, aber kein agitatorisches, auf Veränderung zielendes Antikriegsballett, in dessen dargestellter Welt die Verursacher und Gewinner des Krieges die Oberhand behalten: Nach dem Krieg machen die schwarzen Herren, die die durch Blackouts klar voneinander getrennten einzelnen Bilder einrahmen, dort weiter, wo sie zuvor aufgehört haben. Jooss enthielt sich in seiner Choreografie der ideologischen Grabenkämpfe zwischen klassischem und modernem Tanz. Er entwarf eine unterschiedliche Tanzstile und Alltagsbewegungen integrierende Bewegungssprache, die er – oft karikaturistisch zugespitzt – zu einem dramatischen Tanztheater verdichtete. Die Bewegungstheorien seines Lehrers Rudolf von Laban weiterentwickelnd, sah er in jeder physischen Motion des Körpers eine psychische Regung visualisiert.

Das bei dem Wettbewerb mit dem ersten Preis ausgezeichnete Werk machte Jooss international bekannt und gestattete es ihm, mit seiner Kompanie, die er im Ausland Ballets Jooss nannte, weltweit auf Tournee zu gehen (1933 emigrierte Jooss aus Deutschland). Ein Markenzeichen des Ensembles war, dass die Musik von zwei Klavieren gespielt wurde. *Der grüne Tisch* ist eines der wenigen Werke, die aus der Ära des Ausdruckstanzes, des expressionistischen freien Tanzes, überlebt haben: Nach Jooss' Rückkehr nach Deutschland 1949 gehörte es zum Repertoire seines neuen Ensembles, des Essener Folkwang-Balletts. Das Chilenische Nationalballett war zunächst die einzige fremde Kompanie, der Jooss gestattete, den *Grünen Tisch* ins Repertoire zu nehmen (Santiago de Chile 1948); seit 1964 ist das Stück dann von zahlreichen Kompanien, auch klassischen, aufgeführt worden.

Im Lauf der Jahre modifizierte Jooss Bewegungsdetails und änderte teilweise die Rollenbezeichnungen der Charaktere; so wurde aus dem Führer der Fahnenträger, aus der Alten die alte Mutter und aus dem Gewinnler der Schieber. Darüber hinaus tragen heute das 5. und das 7. Bild die Bezeichnungen ›Die Partisanin‹ beziehungsweise ›Der Totenmarsch‹.

La guerra d'amore

CHOREOGRAFIE UND REGIE: Joachim Schlömer; MUSIK: Claudio Monteverdi, Johann Hermann Schein, Giovanni Battista Fontana, Biagio Marini, Alessandro Piccinini, Marco Uccellini, Girolamo Frescobaldi, Tarquinio Merula und Lorenzo Allegri; BÜHNENBILD: Frank Leimbach; KOSTÜME: Gesine Völlm; URAUFFÜHRUNG: 26. August 1999, Tiroler Landestheater, Innsbruck, Tanztheater Basel und Schola Cantorum Basiliensis

ROLLEN: 13 Tänzerinnen; 7 Tänzer; 3 Sängerinnen; 6 Sänger

Auf der Bühne stehen Abfalleimer, ein Warenautomat und eine Bank, Tänzer und Sänger in jeweils verschiedener Straßenkleidung.

Die Sänger singen von brennender Liebe, Begehren, Enttäuschung, Zorn, Schmerz und der Sublimierung dieser Emotionen. Die Tänzer agieren mit den Sängern teils gemeinsam, teils im Wechsel oder ›kommentieren‹ die Texte. Einzelne Sequenzen bleiben ihnen allein überlassen. Eingebettet in die insgesamt 19 Vokal- und Instrumentalnummern sind ›Il ballo delle ingrate‹ und ›Combattimento di Tancredi e Clorinda‹, die Geschichte der undankbaren Frauen, die Pluto auf Bitten der Venus kurzfristig aus der Unterwelt ans Tageslicht holt, und die der Sarazenin Clorinda und des Kreuzritters Tancredi, die sich lieben und, einander nicht erkennend, bekämpfen. Das Ende bildet eine stark rhythmisierte choreografische Nummer, die zunächst wenige Tänzer beginnen und an der sich dann das gesamte Ensemble beteiligt.

Eine Auswahl von Kompositionen aus dem *Siebten Madrigalbuch* (1619) und dem *Achten Madrigalbuch* (1638) sowie den *Scherzi musicali* (1632) von Claudio Monteverdi, ergänzt um kürzere Instrumentalsätze verschiedener Zeitgenossen, stellt die musikalische Grundlage von *La guerra d'amore* dar; in den Madrigalen, die laut Monteverdi eine »Kompositionsweise des Krieges« manifestieren, geht es um heftige Gefühle, widersprüchliche Affekte und die Liebe. Joachim Schlömer hat die Madrigale konsequent spartenübergreifend umgesetzt: Der Tanz bebildert keineswegs den Text oder wirkt lediglich ornamental; die Musik begleitet nicht bloß den Tanz, sondern Tänzer und Sänger interagieren so intensiv, dass Bewegung und Musik in ihrem Ausdruck stellenweise zu verschmelzen scheinen. Wie in vielen seiner Choreografien setzt Schlömer auch in *La guerra d'amore* seinen charakteristischen Tanzstil konzentriert ein: fließende, gestenreiche, auf Torso und Arme fokussierte Bewegungen, vom Ensemble gleichsam in die Tiefe des Raumes geschichtet.

La guerra d'amore, uraufgeführt bei den Innsbrucker Festwochen der Alten Musik, erwies sich als großer Erfolg für den Choreografen.

Das abendfüllende Stück kann auch mit weniger Tänzern aufgeführt werden.

Herman Schmerman

CHOREOGRAFIE: William Forsythe; MUSIK: Thom Willems; BÜHNENBILD: William Forsythe; KOSTÜME: Gianni Versace und William Forsythe; URAUFFÜHRUNG: 1. Fassung: 28. Mai 1992, New York State Theatre, New York, New York City Ballet; 2. Fassung

(hier behandelt): 26. September 1992, Opernhaus, Frankfurt
a. M., Ballett Frankfurt

ROLLEN: 3 Tänzerinnen; 2 Tänzer

Eine Sitzbank über die volle Bühnenbreite im Hintergrund.

1. Teil, Tänzerinnen im korsettähnlichen schwarzen Trikot, Tänzer in schwarzem Korsetthemdchen und Strumpfhosen: Die fünf Tänzer sind über die Bühne verteilt; nacheinander beginnen sie zu tanzen. Im Lauf des Stückes variieren sie ständig ihre Konstellationen: Teils tanzen alle fünf, teils sind auch nur zwei oder drei auf der Bühne, und immer wieder ist ein Solo zu sehen. Zudem finden sich Frauen und Männer häufig zu nach Geschlechtern separierten Ensembles zusammen, deren Raumwege sich kreuzen. Am Ende gehen alle nach hinten, steigen über die Sitzbank und verbergen sich hinter ihr.

2. Teil: Eine schwarz gekleidete Tänzerin (mit durchsichtigem schwarzem Oberteil) und ein Tänzer in langer schwarzer Hose und langärmligem schwarzem T-Shirt betreten die Bühne. Wiederholt entfernt sich die Frau vom Mann; er eilt ihr jedoch immer wieder nach und setzt seine Partnerarbeit fort. Das Tanzen der beiden wird zunehmend harmonischer. Plötzlich verlässt die Frau die Bühne, und der Mann zeigt ein Solo. Als sie zurückkehrt, hat sie sich einen kurzen gelben Rock übergezogen; nun geht der Mann ab, und die Frau tanzt ein Solo. Bald betritt der Mann wieder die Bühne; er trägt jetzt lediglich einen kurzen gelben Rock. Die beiden setzen ihr Duett fort, das allmählich abebbt und mit einer mehrfachen Pirouette endet – der Mann hält die Frau nur am nach oben gestreckten Finger.

Der 1. Teil des Stückes – entstanden für das Diamond Project des New York City Ballet, ein kleines Festival, das ausschließlich Uraufführungen präsentierte – spielt effektvoll mit dem durch George Balanchine erweiterten Material der Danse d'école. Die Neukombination der bekannten Schritte und Posen vollzieht sich in *Herman Schmerman* in der für William Forsythe gewohnten Weise, wirkt jedoch hier klassischer, weil für Oberkörper und Extremitäten weitgehend auf jene kleinen Verdrehungen und Schnörkel verzichtet wurde, die üblicherweise zu den Stücken des Choreografen gehören. Einen signifikanten Kontrast zum Quintett des 1. Teils stellt das Duett des 2. dar, ist es doch gespickt mit Off-balance-Haltungen und gebrochenen Linien (Extremitäten und Oberkörper zeigen in unterschiedliche Richtungen) und deutlich lockerer, freier im Bewegungsduktus, allesamt Charakteristika von Forsythes gereiftem Stil. Dem Titel des Balletts liegt keine tiefere Bedeutung zugrunde; es handelt sich, so Forsythe, lediglich um ein Wortklangspiel.

In der 2. Fassung gehört *Herman Schmerman* weiterhin zum Repertoire des Balletts Frankfurt; das Ballett wurde von mehreren klassischen Kompanien übernommen.

Hexentanz

CHOREOGRAFIE: Mary Wigman; MUSIK: Will Goetze; KOSTÜME: Mary Wigman; URAUFFÜHRUNG: 1. Oktober 1926, Schauspielhaus, Dresden, Mary Wigman

ROLLEN: 1 Tänzerin

Dekorationslose Bühne.

Die Tänzerin – in wild gemustertem, rotgrundigem Kleid, im Nacken geknotet – sitzt auf dem Boden mit angezogenen Beinen, die Hände gitterartig vor dem Gesicht verschlungen, sodass sie ihre Maske verdecken. Langsam öffnet sie die Hände. Plötzlich schnellen die Hände abwechselnd mit krallenartig gebogenen Fingern nach oben und werden wieder bis auf Schulterhöhe zurückgezogen. Danach wellt sie die Hände zu beiden Seiten des Gesichts, bis sie eine jede auf die Knie senkt und sie wie gegen einen schweren Widerstand auseinander in Richtung Boden drückt. Sie rollt nun Oberkörper und Kopf, schaukelt von einer Seite zur anderen, um dann diesen Bewegungsfluss ruckhaft durch ein Zurückwerfen des Kopfes und Durchstrecken des linken Armes zu zäsieren. Später löst sie die rechte Hand, fährt sie tastend aus, Rumpf und Kopf folgen. Auch das endet abrupt im Überkreuzen der Hände auf den Knien. Sie schiebt sich daraufhin vorwärts, greift die Knöchel ihrer angezogenen Beine und setzt ihre nackten Füße in heftiger Bewegung nebeneinander; dabei dreht sie sich zweimal um sich selbst. Danach pendelt sie sich in eine spannungsvolle Drehbewegung ein, wobei der Körperdrehung auch nacheinander die Hände folgen. Der Oberkörper gerät ins Schwingen, und so kommt die Tänzerin auf die Füße. Sie zieht sich mit kleinen Schrittchen an ihren Ausgangspunkt zurück. Der Körper spannt sich dabei immer stärker nach oben, die Arme erhoben, die Finger gekrallt oder überstreckt. Schließlich kommt sie in kleinen Drehungen wieder nach vorn und beginnt ein Bewegungsfurioso aus Sprüngen, Drehungen und Schwüngen, das mit einem finalen Sturz endet. Die Hände stützen jetzt den Körper, und der Kopf mit der Maske wird hochgerissen.

Mary Wigman hat in ihrem Schaffen grundsätzlich zwei Arten von Tänzen unterschieden: die »feierlichen« und die »dämonischen«, in denen sie – wie in *Hexentanz* – die oft unterdrückten negativ besetzten Persönlichkeitsanteile und inneren Vorgänge visualisierte. Bereits 1914 hatte sie im Stil des Ausdruckstanzes einen ersten *Hexentanz* geschaffen; 1934 entstand ein dritter für ihre Gruppe. Bei dem hier beschriebenen Werk handelt es sich um ein häufig als *Hexentanz II* bezeichnetes Stück, das mit den anderen Choreografien gleichen Namens nicht viel gemeinsam hat. Für dieses – wie häufig bei Wigman – ohne Musik entstandene Solo schrieb Will Goetze nachträglich eine Komposition, in der wuchtige

Beckenschläge und Gongs die Spannung des Tanzes musikalisch noch steigern. Zu der Dämonie des Solos passte Viktor Magitos Holzmaske, die japanischen No-Masken nachgestaltet ist.

Hexentanz fand Eingang in Wigmans 1928 zusammengestelltes Programm »Visionen – Sechs Gestalten im Herbst« und wurde zu ihrem mit Abstand erfolgreichsten Werk. Rekonstruktionen anhand eines Films, der den Beginn des Solos festhält, und verbaler Beschreibungen erarbeiteten unter anderem Arila Siegert (Dresden 1993) und Sylvie Guillem (Den Haag 1998).

In the Middle, Somewhat Elevated

CHOREOGRAFIE: William Forsythe; MUSIK: Thom Willems; AUSSTATTUNG: William Forsythe; URAUFFÜHRUNG: 30. Mai 1987, Opéra (Salle Garnier), Paris, Ballett der Opéra

ROLLEN: 6 Tänzerinnen; 3 Tänzer

Dekorationslose Bühne, von der Decke hängt ein Lichtstrahler, Tänzerinnen in silbriggrünem Trikot und durchsichtigen schwarzen Leggings, Tänzer in silbriggrünem Trikot und silbriggrüner Hose.

In der Mitte der Bühne stehen zwei Frauen und dehnen ihre Füße; die übrigen Tänzer stehen hinten rechts. Dann verlässt eine der Frauen ihren Platz, und ein Mann aus der Gruppe nimmt ihn ein. Nebeneinander stehend, beginnt das Paar mit synchron ausgeführten Bewegungen, in die gleich darauf eine andere Frau ›einsteigt‹; der Mann geht zur rechten Seite und tanzt dort allein weiter. Die neu hinzugekommene Frau läuft nun zu dem Mann, während ein zweiter Mann aus der Gruppe zur anderen Frau in der Bühnenmitte tritt; er tanzt kurz synchron mit dieser, um sich dann den zwei Tänzern an der Seite anzuschließen. Dieser Ablauf wiederholt sich ein weiteres Mal, und während danach zwei Tänzer in der Mitte agieren, schreitet das Viererensemble von rechts hinter dem Paar nach links. Die raschen Veränderungen in den personellen und räumlichen Konstellationen setzen sich fort: Zweier-, Dreier- und Vierergruppen tanzen unabhängig voneinander; sie bilden sich stetig neu, wobei kontinuierlich der Platz gewechselt wird. Wenn dann links acht Tänzer mit dem Rücken zum Publikum einen Block bilden und rechts ein Mann solistisch agiert, beginnt ein längerer Abschnitt mit vielen Duetten und Soli, zu denen unterschiedlich besetzte kleinere Ensembles quasi wie ein Kontrapunkt auftreten; bisweilen stehen sich auch nur Kleingruppen gegenüber. Schließlich sind zwei längere dynamische Soli zu sehen – erst eine Frau, dann ein Mann –, ehe ein Paar das Ballett mit einem expressiven Duett beendet; zu ihren letzten Bewegungen tritt eine Tänzerin in die Bühnenmitte und zeigt eine eigene Sequenz.

In the Middle, Somewhat Elevated markiert einen entscheidenden Schritt in William Forsythes künstlerischem Prozess. Auf beispielhafte Weise finden sich hier zum ersten Mal alle Komponenten seiner choreografischen Ästhetik vereint. So basiert das Bewegungsmaterial auf den neoklassischen Errungenschaften George Balanchines, doch gibt es für die Kombination der einzelnen Elemente keine gültigen Regeln mehr; stattdessen setzen sich tänzerische Sequenzen permutativ aus Bewegungen der einzelnen Körperpartien zusammen. Diese werden verhältnismäßig rasch und mit einer gewissen Schärfe ausgeführt, die bisweilen eine aggressive Note erhält. Die Dynamik des Tanzes unterstreicht die Musik, Thom Willems' feinnervig pulsierende elektronische Komposition, in der die melodischen Partikel prägnant (mit großer Lautstärke) hervorstechen und sich gegen Ende immer mehr verdichten. Typisch für Forsythes Stil ist auch, dass der Tanz wie beiläufig passiert; zu ihren Auf- und Abtritten schlendern die Tänzer regelrecht. Auffällig ist eine grundsätzliche Individualisierung der Tänzer, auch wenn sie sich zu Formationen zusammenfinden und ihre Bewegungen durch synchrone, gespiegelte oder kanonartige Ausführung aufeinander bezogen sind. Ebenso charakteristisch für seinen Stil ist der ständige Wechsel von Konstellationen, was die Wirkung von permanenter Anspannung unterstreicht.

In the Middle, Somewhat Elevated wurde zum erfolgreichsten Ballett Forsythes; zahlreiche Kompanien haben es in ihr Repertoire übernommen, auch das Ballett Frankfurt, das es erstmals als zweiten Teil des abendfüllenden Werkes *Impressing the Czar* aufführte (Frankfurt a. M. 1988; Musik der anderen Teile: Ludwig van Beethoven, Willems, Leslie Stuck und Eva Crossman-Hecht).

In the Night

CHOREOGRAFIE: Jerome Robbins; MUSIK: Frédéric Chopin; BÜHNENBILD: Thomas Skelton; KOSTÜME: Joe Eula; URAUFFÜHRUNG: 29. Januar 1970, New York State Theatre, New York, New York City Ballet

ROLLEN: 3 Tänzerinnen; 3 Tänzer

Hintergrundprospekt mit nächtlichem Sternenhimmel, Tänzerinnen in Kleidern, Tänzer in frackartigen Kostümen.

Nacheinander betreten ein Mann und eine Frau die Bühne. Beim Gehen schwingen sie die Arme, dann hebt der Tänzer seine Partnerin hoch, trägt sie über die Bühne, bevor sie wieder mit dem Armeschwingen gehen, diesmal den Oberkörper nach vorn geneigt. Das Ausbalancierende bleibt Charakteristikum dieses Duetts, das sich langsam entwickelt. Die anfangs zurückhaltende Tänzerin dreht und springt immer kraftvoller; zuletzt hebt der Mann sie über die Schulter und verschwindet mit einer Drehung in den Kulissen. Daraufhin erscheint Arm in Arm ein zweites Paar, dessen Kostüme – wie der Duktus ihrer Bewegungen – folkloristisch wirken. Tänzer und Tänzerin vollführen zunächst viele gleiche Schritte, und immer wieder reicht er ihr die Hand. Auch dieses Duett erfährt eine Steigerung: Insbesondere die Hebungen werden zunehmend spektakulärer, etwa wenn der Mann die Frau eine Zeit lang kopfüber mit gestrecktem Körper hält. Am Ende geht er rückwärts in die Kulissen und trägt sie auf seiner Schulter kniend. Das ihnen folgende dritte Paar beginnt in Disharmonie: Der Mann trägt die Frau herein; sie zappelt mit den Beinen, weist ihn von sich. Ihr Duett verdeutlicht das Schwanken zwischen Zuneigung, ausgedrückt durch heftige Umarmungen, und Zurückweisung und gibt dabei Raum für virtuose Hebungen. Eng umschlungen trägt der Tänzer schließlich seine Partnerin in die Kulissen. Nun kommen nacheinander noch einmal alle drei Paare auf die Bühne. Sie begrüßen sich, und für kurze Zeit wechseln die Paarzusammensetzungen. Doch schnell finden sich die ursprünglichen Paare wieder; dann tragen die Männer die Frauen hinaus.

In diesem eleganten, aristokratisch wirkenden Ballett, das ganz in der Tradition von George Balanchine steht, führt Jerome Robbins drei Partnerschaftsmodelle vor: das noch scheue, einander wohl gerade entdeckende, romantische erste Paar, die ausgeglichen-harmonische Beziehung zwischen Frau und Mann im zweiten Duett und schließlich das leidenschaftliche ›Nicht mit dir und nicht ohne dich‹ des dritten Paares. Robbins variiert zur Charakterisierung vor allem Drehungen und Hebungen, die er in unterschiedlicher Dynamik einsetzt. Gerade das erste Paar dreht ausdauernd um sich herum, findet in der Bewegung punktuell zueinander, während das zweite gemeinsam dreht oder im Drehen den Bezug zueinander aufbaut und das dritte den Schwung einer gedrehten Hebung dazu nutzt, entweder unmittelbare Nähe zu produzieren oder sich voneinander abzustoßen. Meisterlich baut sich die Spannung innerhalb der einzelnen Duette wie in ihrer Folge auf, um dann in einem Walzer auszuklingen, wenn jedes der Paare wieder seinen eigenen Weg geht. Die musikalische Begleitung von *In the Night* besteht aus vier Nocturnes von Frédéric Chopin. Zuvor hatte Robbins Musik dieses Komponisten in → *The Concert* und in *Dances at a Gathering* (New York 1969) benutzt.

In the Night wurde von einigen anderen klassischen Kompanien übernommen. Für die Einstudierung des Royal Ballet (London 1973) kreierte Anthony Dowell neue Kostüme – für die Frau des ersten Paares ein bläuliches langes Tutu mit Korsage, das wie ein Abendkleid geschnitten ist, für das zweite Paar goldbraune, für das dritte schwarze Kleider –, die seitdem bei allen Aufführungen Verwendung gefunden haben.

Jardí tancat

CHOREOGRAFIE: Nacho Duato; MUSIK: María del Mar Bonnet; AUSSTATTUNG: Nacho Duato; URAUFFÜHRUNG: 19. Dezember 1983, Schouwburg, Hoorn, Nederlands Dans Theater II

ROLLEN: 3 Tänzerinnen; 3 Tänzer

Aufgestellte Äste im Hintergrund, Tänzerinnen in farblich unterschiedlichen Kleidern, Tänzer in erdfarbenen T-Shirts und Hosen.

Männer und Frauen stehen, vornüber gebeugt, mit dem Rücken zum Publikum. Sie springen auf und vollführen gemeinsam eine Bewegungsfolge in jede Himmelsrichtung. Dann greifen sie in den Raum aus, agieren versetzt zueinander und bilden schließlich eine eng gefügte Formation im Hintergrund, die sich gleich wieder auflöst. Ein Mann beginnt nun ein kraftvolles Solo; bald treten die anderen Männer zu ihm zu einem Trio. Daraufhin kommt eine der Frauen hinzu und wird von den Männern gehoben. Nach dem Ende des Quartetts führt eine andere Frau ein Solo vor. Danach tanzt die Gruppe, teils als Block, teils als drei Paare, gefolgt von einem expressiven

Duett zweier Tänzerinnen. Zum Ende des Stückes reihen
sich drei kurze Duette aneinander, bis dann alle Tänzer auf
den Knien liegen, das Gesicht auf dem Boden. Kurz hebt
jeder noch einmal schnell den Kopf.

Nacho Duato schuf *Jardí tancat*, sein erstes Tanzstück
überhaupt, für die Juniorkompanie des Nederlands Dans
Theater, als er noch Tänzer des Hauptensembles war. Der
Titel verweist auf die katalanische Heimat des Choreografen und bedeutet so viel wie ›geschlossener Garten‹.
Das kurze, effektvolle Werk evoziert die karge Welt der
katalanischen Bauern, ihre harte Arbeit – Bewegungen
des Bückens und Schleppens, Pflanzens und Pflückens
sind offenkundig in das eckige, die Vertikale betonende
Modern-Dance-Idiom eingeflossen –, ihre Gebete und
Sehnsüchte, aber auch ihre Freuden. Duato hat seine
Tänzer wie ein vielstimmiges Kollektiv gruppiert, in dem
jeder seinen solistischen Auftritt und seinen Partner hat
und trotzdem eng mit der Gruppe verbunden ist, sich nur
aus ihr löst, um wieder in sie zurückzukehren.

Jardí tancat erzielte rasch große Popularität und
machte Duato als Choreografen international bekannt.
Zahlreiche Kompanien in Europa und Amerika haben das
Werk in ihr Repertoire übernommen.

Jeu de cartes

Ballett in drei Runden

CHOREOGRAFIE: George Balanchine; MUSIK: Igor Strawinsky;
LIBRETTO: Igor Strawinsky und M. Malaieff; AUSSTATTUNG: Irene
Sharaff; URAUFFÜHRUNG: 27. April 1937, Metropolitan Opera
House, New York, American Ballet

ROLLEN: der Joker; Herz: As, König, Dame, Bube, 10, 9, 8, 7,
6, 5; Pik: As, König, Dame, Bube, 10, 9, 8, 7; Karo: As, König,
Dame, Bube; Kreuz: As, König, Dame, Bube

Grün ausgekleidete Bühne, ein Leuchter links, ein Leuchter rechts.

15 Spielkarten kommen in einer Reihe von rechts auf die Bühne; alle halten eine gelb gestreifte Tafel vor dem Körper. Unter den Karten ist auch der Joker. Nachdem sich die Karten auf drei Hände verteilt haben, beginnt das Spiel: Nacheinander enthüllen die Karten von Vorhand, Mittelhand und Hinterhand ihre Identität. Hinterhand gewinnt die erste Runde mit einem Full House, zum Leidwesen des Jokers, der in Mittelhand steckte. Er flieht von der Bühne; die anderen Karten folgen paarweise. Zur zweiten Runde treten 15 andere Karten, wieder in einer Reihe, von links auf, nun hinter blau gestreiften Tafeln. Erneut gewinnt Hinterhand, diesmal mit dem Joker. Dieser freut sich über den Sieg, der, bei vier Assen, auch ohne seine Hilfe zustande gekommen wäre. Alle Karten außer den vier Damen und dem Joker verlassen die Bühne; der Joker amüsiert sich mit den Damen, bis er sie in die Kulissen stößt. Die dritte Runde beginnt eine neue Reihe von 15 Karten, wieder von rechts erscheinend, noch einmal hinter blau gestreiften Tafeln. Zum dritten Mal gewinnt Hinterhand, jetzt mit einem Royal Flush. Dem Joker, der in Mittelhand steckte, ist der Spaß vergangen, und er kriecht von der Bühne. Die Karten von Vor- und Mittelhand gratulieren dem Royal Flush, und danach reihen sich alle Karten hinter Herzkönig und Herzdame auf und fügen sich am Ende zu einer kompakten Gruppe zusammen.

Jeu de cartes – uraufgeführt als *The Card Party* (die Rollen von Joker, Königen und Buben übernahmen Tänzer, alle anderen Tänzerinnen) – war die erste Zusammenarbeit zwischen George Balanchine und Igor Strawinsky. Der Kompositionsauftrag erfolgte ohne Vorgabe einer Handlung oder einer thematischen Idee, und Strawinsky wählte als Sujet des Werkes ein Pokerspiel. Balanchine strukturierte seine auf der klassischen Technik basierende, gleichwohl stark mit Demi-caractère-Elementen durchsetzte Choreografie innerhalb der drei Runden als Abfolge kürzerer Variationen – wenn die Karten ihre Identität offenbaren – und humoristisch-mimischer Aktionen, wenn das Blatt der Mitspieler bekannt wird und die anderen Karten ihre Verachtung oder Wertschätzung kundtun. Die prägnanteste Figur ist der vorwitzige Joker; seine Partie ist die mit den breitesten Entfaltungsmöglichkeiten. Den Bewegungswitz unterstützte mustergültig Strawinskys rhythmisch pointierte, neoklassisch transparente Partitur.

Balanchine studierte sein Ballett später bei anderen Kompanien ein, auch beim New York City Ballet (New York 1951). Neufassungen von *Jeu de cartes* schufen unter anderem Janine Charrat (Paris 1945) und John Cranko (Stuttgart 1965). Letztere erwies sich dank eines vereinfachten Inhalts und einer effektvollen, komödiantischen Choreografie, in der berühmte Ballette parodistisch zitiert werden, als sehr erfolgreich und fand Eingang ins Repertoire mehrerer Kompanien Europas und Amerikas.

Le jeune homme et la mort
Mimisches Drama

CHOREOGRAFIE: Roland Petit; MUSIK: Johann Sebastian Bach, orchestriert von Ottorino Respighi; LIBRETTO: Jean Cocteau; BÜHNENBILD: Georges Wakhevitch; KOSTÜME: Christian Bérard und Barbara Karinska; URAUFFÜHRUNG: 25. Juni 1946, Théâtre des Champs-Élysées, Paris, Ballets des Champs-Élysées

ROLLEN: 1 Tänzerin; 1 Tänzer

1. Bild, eine Mansarde in Paris: Der Mann, mit einem schmutzigen Overall bekleidet, liegt auf dem Bett und raucht. Wiederholt schaut er auf seine Armbanduhr und geht unruhig auf und ab. Als die Tür aufgeht und die

junge Frau im gelben Kleid eintritt, begrüßt er sie freudig; sie aber verhält sich passiv und zündet sich eine Zigarette an. Auch auf seine fortgesetzten Annäherungsversuche und seine Liebeserklärung reagiert sie zunächst abweisend, dann aggressiv. Schließlich wird sie freundlich und führt den Mann zu einem Stuhl; die Frau dreht den von der Decke hängenden Strick zu einer Schlinge und zeigt diese dem Mann. Sie verlässt daraufhin die Mansarde. Wütend springt der Mann nun über die Möbel, stößt sie um und umkreist dabei die Schlinge. Plötzlich wird er wieder ruhig; er stellt einen Stuhl unter die Schlinge und erhängt sich.

2. Bild, die Wände der Mansarde sind verschwunden, im Hintergrund das nächtliche Paris mit dem Eiffelturm und einer Leuchtreklame »Citroën«: Eine Frau in weißem Kleid und roter Kapuze und einer Totenkopfmaske vor dem Gesicht nähert sich und signalisiert dem Mann, sich aus der Schlinge zu befreien. Als er neben ihr steht, nimmt sie die Maske vom Gesicht: Es ist die Frau, die der junge Mann liebte. Sie hält ihm die Maske vors Gesicht und weist ihm den Weg über die Dächer von Paris. Gemeinsam entfernen sie sich.

Entstanden in der Hochzeit des Existenzialismus, hatte *Le jeune homme et la mort* einen außergewöhnlichen Erfolg. Man könnte das Ergebnis der Zusammenarbeit Roland Petits mit dem Dichter und Filmregisseur Jean Cocteau tatsächlich als zeitgenössische Variante von Michail Fokins → *Le spectre de la rose* bezeichnen, die sich Boris Kochno, der künstlerische Direktor der 1945 gegründeten Ballets des Champs-Élysées, gewünscht hatte. Dies lag einerseits am Thema des Balletts, der Todesnähe und dem wie beiläufig passierenden Selbstmord, andererseits an der virtuosen Choreografie, in der das Vokabular der Danse d'école mit ausdrucksstarken Gesten, geschmeidigen Alltagsbewegungen und geradezu artistischen Sprüngen verbunden ist. Einen bemerkenswerten Kontrast zu der surrealistischen Atmosphäre des Stückes stellt die Musik dar, eine üppige Orchestrierung von Johann Sebastian Bachs *Passacaglia für Orgel c-Moll* (geprobt wurde allerdings zu Jazzmusik). Zur Bekanntheit des Balletts trugen auch die Protagonisten der Uraufführung, Jean Babilée und Nathalie Philippart, mit ihrer eindrucksvollen Rollengestaltung bei; der Part des jungen Mannes begründete Babilées Renommee als einer der bedeutendsten französischen Tänzer seiner Zeit.

Die Rollen von *Le jeune homme et la mort* wurden in der Folgezeit von vielen herausragenden Tänzern interpretiert, unter anderem von Rudolf Nurejew, Michail Baryschnikow und Patrick Dupond sowie von Petits Frau Zizi Jeanmaire und Natalija Makarowa.

Jeux

Getanztes Gedicht

CHOREOGRAFIE: Waslaw Nijinski; MUSIK: Claude Debussy; LIBRETTO: Waslaw Nijinski; AUSSTATTUNG: Léon Bakst; URAUFFÜHRUNG: 15. Mai 1913, Théâtre des Champs-Élysées, Paris, Ballets Russes

ROLLEN: erstes junges Mädchen; zweites junges Mädchen; der junge Mann

Dekorationslose Bühne, Hintergrundprospekt mit zweigeschossigem Haus, teilweise hinter Bäumen, von Rasen umgeben, Tänzer in zeitgenössischer weißer Sportkleidung.

Des Nachts, bei künstlicher Beleuchtung, hüpft ein Tennisball über die Bühne. Zwei Frauen und ein Mann mit Tennisschläger begegnen sich auf der Suche nach dem Tennisball. Nach einer Weile springt ein zweites Mal ein Tennisball vorüber, und die drei verlaufen sich wieder.

Jeux stellt in zweierlei Hinsicht ein Novum dar: Zum einen war es das erste Werk der Ballettgeschichte, in dem Tänzer in zeitgenössischer Kleidung, hier in Tenniskleidung, auftraten; das Stück befreite den Bühnentanz aus der Sphäre märchenhafter und mythologischer Stoffe, ja wies sogar voraus auf die nach dem Ersten Weltkrieg boomende Körperertüchtigung, den Sport. Zum anderen behandelt *Jeux* als erstes Ballett des 20. Jahrhunderts ein modernes Sujet: das flüchtige, zufällige Zusammentreffen dreier Menschen. Waslaw Nijinski entwickelte daraus jedoch keine Handlung mit dramatischer Zuspitzung; in der Begegnung der beiden Mädchen und des jungen Mannes vollziehen sich zwar Emotionen wie Zuneigung, Eifersucht und Versöhnung, doch geschieht dies auf eine gegenüber bisherigen Balletten beiläufige, nebensächliche Weise. Denn in *Jeux* steht die Arbeit mit einem spezifischen Bewegungsmaterial im Mittelpunkt. So ging Nijinski von einer Grundhaltung aus, die die Basis der Choreografie bildete: eine zweite Position auf halber Spitze mit parallelen oder leicht eingedrehten Füßen, dazu der Kopf zur Schulter hin geneigt, die Arme auf Schulterhöhe, die Unterarme nach vorn abgewinkelt, die halb geschlossenen Hände nach innen zeigend. Im Verlauf des Balletts mit seinen verschiedenen personellen Konstellationen werden die Elemente der Grundhaltung permutativ variiert und lassen sich auch als Darstellung von Emotionen interpretieren. Ausdruck findet allein durch tänzerische Bewegung statt, unter vollständigem Verzicht auf mimische Aktionen. Ob und inwieweit Nijinski sich von Émile Jaques-Dalcrozes rhythmischer Gymnastik inspirieren ließ, die er bei wiederholten Besuchen in dessen Schule in Hellerau bei Dresden kennen lernte, muss offen bleiben, trotz entsprechender Unterstellungen etwa von Claude Debussy, der sich über Nijinskis Choreografie zu seiner pointillistisch anmutenden Komposition mit delikater Melodik und feinsinniger Orchestration negativ äußerte.

Angesichts zahlreicher Stimmen, die *Jeux* gleichgültig oder ablehnend gegenüberstanden, wurde das Ballett, mit Nijinski in der Rolle des jungen Mannes, nur wenige Male aufgeführt. Neuchoreografien schufen unter anderem Jean Börlin (Paris 1920), Erich Walter (Wuppertal 1958) und John Taras (New York 1966). Eine Rekonstruktion erarbeiteten Millicent Hodson und Kenneth Archer (Verona 1996).

Jewels

CHOREOGRAFIE: George Balanchine; MUSIK: Gabriel Fauré, Igor Strawinsky und Pjotr Tschaikowski; BÜHNENBILD: Peter Harvey; KOSTÜME: Barbara Karinska; URAUFFÜHRUNG: 13. April 1967, New York State Theater, New York, New York City Ballet

ROLLEN: ›Smaragde‹: 2 Solistinnen, 2 Solisten, 2 Halbsolistinnen, 1 Halbsolist, 10 Tänzerinnen; ›Rubine‹: 2 Solistinnen, 1 Solist, 8 Tänzerinnen, 4 Tänzer; ›Diamanten‹: 1 Solistin, 1 Solist, 4 Halbsolistinnen, 4 Halbsolisten, 12 Tänzerinnen, 12 Tänzer

An jeder Bühnenseite Aufbauten, die wie geraffte Kulissenvorhänge aussehen, über der Rampe eine einem Kollier nachempfundene Dekoration, Hintergrundprospekt (weiß, schwarz und dunkelblau) mit aufgemalten Edelsteinen.

1. Teil, ›Smaragde‹, grün ausgeleuchtete Bühne, alle Tänzer in grünen Kostümen: Vor den zehn Tänzerinnen ist ein Solistenpaar platziert. Während die Frauengruppe ständig wechselnde Formationen einnimmt, vollführt das Solopaar, vor den und inmitten der zehn Tänzerinnen, ein inniges Duett mit zahlreichen Hebungen. Bald gehen alle bis auf die Solistin ab; ihr beschwingtes, raumgreifendes Solo basiert stark auf Trippelschritten und Pirouetten. Das nächste Solo gehört einer anderen Solistin; es ist lyrischer und enthält viele wiegende Bewegungen und

Développés. Nach ihrem Abgang erscheint der Halbsolist mit den zwei Halbsolistinnen: Zu Beginn halten sich die drei an den Händen; bald umrahmen die gespiegelt zueinander tanzenden Frauen den hinter ihnen platzierten Mann. Nachdem die zwei Frauen die Bühne wieder verlassen haben, kommt es zu einer Reihe von wechselnden Zusammensetzungen der Solisten und Halbsolistinnen (einzeln, als Duo oder als Trio). Schließlich kehren zu einem Solo eines Solisten die zehn Tänzerinnen zurück, und nacheinander kommen die übrigen Solisten und die Halbsolisten dazu. Im lyrischen, überwiegend synchron ausgeführten Finale sind Solisten und Halbsolisten vor der Frauengruppe positioniert.

2. Teil, ›Rubine‹, rot ausgeleuchtete Bühne, alle Tänzer in roten Kostümen: Eine Solistin, die acht Tänzerinnen und die vier Tänzer stehen im Halbkreis; aus der Gruppe löst sich die Solistin mit Trippelschritten: Sie zeigt dann hohe Beinbewegungen. Bald gehen alle ab, und das Solopaar tritt auf. Ihr Duett mit pointiert ausgeführten Schritten enthält Demi-caractère-Bewegungen (wie gebeugter Fuß) und ausgestellte Hüften. Nach ihrem Abgang kommt die Solistin mit den Frauen und Männern wieder auf die Bühne. Erneut bildet diese Gruppe den ornamentalen Hintergrund für die mit dynamischen Bewegungen agierende Solistin; markant ist der Abschnitt, wenn die vier Männer die Solistin an ihren Extremitäten halten und sie in verschiedene Posen zwingen; auch zeigen Solistin und Gruppe erstmals in diesem Teil dem indischen Tanz entlehnte Bewegungen. Sobald alle wieder abgegangen sind, betritt das Solopaar zu einem langen Duett die Bühne: Der Mann hebt, stützt und dreht die Frau; in ihre klassischen Bewegungsfolgen mit vielen Sprüngen mischen sich grotesk anmutende Motionen. Am Ende sind alle gemeinsam auf der Bühne; sie beschließen diesen Teil mit virtuosen Sprüngen und ständig wechselnden Ports de bras.

3. Teil, ›Diamanten‹, weiß ausgeleuchtete Bühne, alle Tänzer in weißen Kostümen: Zwölf Tänzerinnen sind

zunächst zu zwei Sechsereinheiten aufgeteilt, doch bald bilden sie Dreierensembles, die sich kontinuierlich in Walzerschritten umherbewegen und dabei stets neue Formationen erzeugen. Zwei Halbsolistinnen treten hinzu; sie agieren teils gespiegelt zueinander, teils synchron, fügen sich bisweilen in die Raummuster der Tänzerinnen ein. Mit einem Kreis aller Tänzer endet dieser Abschnitt. Den zweiten Abschnitt bestreiten das Solistenpaar: Mann und Frau gehen von rechts vorn beziehungsweise links hinten aufeinander zu, beginnen erneut mit den jeweils anderen Ecken. Bei der zweiten Diagonalen zeigen sie Gesten, die dem höfischen Tanzen entlehnt sind, bevor der Mann die Frau stützt, hebt, dreht und fängt. Zunehmend steigern sich die Hebungen während des Duetts, das schließlich mit lyrischen Bewegungen ausklingt. Der nächste Abschnitt beginnt, indem zwei mal zwei Tänzerinnen zu energischen Sequenzen (teils gespiegelt zueinander, teils synchron) einsetzen; bald gehen sie ab, und der Solist tritt auf. Sein kraftvolles Solo gipfelt in Sprüngen, nach denen er die Bühne verlässt. Im weiteren Verlauf des Abschnitts brillieren Solist und Solistin mit schwierigen Drehungen und Sprüngen, bisweilen eingerahmt von vier Tänzern oder vier Tänzerinnen, bisweilen allein auf der Bühne. Den letzten Abschnitt eröffnet eine Reihe von 16 Paaren, die von links hinten auf und über die Bühne zieht. Die Paarreihe löst sich nach einer Weile auf; Männer und Frauen formieren sich stellenweise zu nach Geschlechtern getrennten Blöcken, meist jedoch bilden sie Paare. Die Gruppe umrahmt nun das Solistenpaar auf ornamentale Weise. Nach einer Sequenz, die alle Tänzer als großer Block ausführen (langsames Schreiten), endet der Teil mit zwei nach hinten aufeinander zulaufenden Diagonalen des Ensembles, vor denen das Solistenpaar platziert ist.

Mit *Jewels* schuf George Balanchine das erste abendfüllende abstrakte Ballett. So verschieden die drei Teile auch

sind, sie werden zusammengehalten durch das Bühnenbild und das Thema Juwelen: Juwelen sind auf den Hin-
tergrundprospekten und an den Kostümen der Tänzer
erkennbar und werden auch als Accessoires getragen.
Angeblich kam Balanchine die Idee zu dem Titel nach
einem Besuch bei einem berühmten Juwelier in New
York. Das dreiteilige Ballett stellt jedoch eher eine Hommage an die drei Staaten dar, mit denen er eng verbunden
war: Der 1. Teil erinnert an Frankreich, wo Balanchine
seinen Durchbruch als Choreograf erlebte (zu Auszügen
aus Gabriel Faurés Bühnenmusiken *Pelléas et Mélisande*,
1901, und *Shylock*, 1889), der zweite an die USA, wo er
seit den 1930er-Jahren lebte (zu Igor Strawinskys jazzi-
gem *Capriccio für Klavier und Orchester*, 1929), und
im dritten gedenkt er seiner Heimat Russland (zu den
Sätzen 2–5 aus Pjotr Tschaikowskis *Sinfonie Nr. 3 D-Dur*,
1875). Die Choreografie jedoch spiegelt diese Länder-
bezüge nur beiläufig wider, am deutlichsten im 2. Teil
mit ausgestellten Hüften und abgewinkelten Füßen (die
vom indischen Tanz inspirierten Motionen in diesem Teil
mögen ihre Rechtfertigung aus der Überschrift ›Rubine‹
beziehen). Sie bedient sich im Wesentlichen eines reinen
neoklassischen Bewegungsmaterials, das meisterhaft
kombiniert ist, aber insgesamt nicht den Einfallsreich-
tum anderer Ballette Balanchines, wie beispielsweise
von → *Agon*, aufweist. Gleichwohl stellt *Jewels* mit seiner
theatral überzeugenden Präsentation der modernisierten
klassischen Technik ein effektvolles Werk dar.

Jewels erwies sich trotz einiger kritischer Presse-
stimmen als überraschender kommerzieller Erfolg. 1976
fügte Balanchine im 1. Teil zwei zusätzliche kürzere
Abschnitte ein. Einzelne Teile wurden von einigen klassischen Kompanien ins Repertorie übernommen; das vollständige Ballett studierten nur wenige große Ensembles
ein.

Josephslegende

CHOREOGRAFIE: Michail Fokin; MUSIK: Richard Strauss; LIBRETTO: Harry Graf Keßler und Hugo von Hofmannsthal; BÜHNENBILD: José María Sert; KOSTÜME: Léon Bakst; URAUFFÜHRUNG: 14. Mai 1914, Opéra (Salle Garnier), Paris, Ballets Russes

ROLLEN: Potiphar; Potiphars Frau; Joseph, 15-jähriger Hirte; 3 verschleierte Frauen; ein Erzengel (Tänzer); Sulamith, Tänzerin; ein Scheich; die Lieblingssklavin Potiphars; 3 unverschleierte Frauen; Potiphars Verwalter; der junge Diener des Scheichs; 6 Spielkameraden von Joseph; 3 Sklaven des Scheichs; 8 Boxer; 2 Aufseher; 16 Dienerinnen der verschleierten Frauen; Potiphars Gäste, Sklaven, Sklavinnen und Leibwächter Potiphars, Betreuer der Boxer, Potiphars Henkersknechte

In einem Saal von Potiphars Palast, an den Seiten und hinten eine Loggia mit Säulen.

Potiphar, seine Frau und Gäste sitzen an der Tafel, von Dienern und Wachen umgeben. Ein Scheich bietet Edelsteine an, die Potiphar seiner Frau zu Füßen legen lässt. Zur Unterhaltung tanzt eine Gruppe von Frauen, unter ihnen Sulamith, und zeigen Boxer ihre Künste. Dann bringen zwei Aufseher eine Hängematte mit dem schlafenden Joseph herein, gefolgt von Josephs Spielkameraden, die Musikinstrumente mit sich führen. Der Scheich lässt den nur mit einem Ziegenfell um die Hüften bekleideten Joseph wecken, und dessen Freunde beginnen Musik zu machen. Daraufhin tanzt Joseph. Der Hofstaat sieht dem Tanz mit wachsender Aufmerksamkeit zu; auch Potiphars Frau zeigt Interesse. Sobald Joseph geendet hat, kauft Potiphar ihn dem Scheich ab. Potiphars Frau nimmt aus einer Schale mit dem zuvor von Potiphar erworbenen Schmuck ein Halsband, das sie Joseph umlegt. Dann hebt Potiphar die Tafel auf, und bis auf Joseph verlassen alle den Saal. Nach einem Gebet legt er sich auf seine Schlafstelle hinter einem Wandteppich und schläft ein. Im Dunkeln tritt Potiphars Frau zu Joseph; sie schaut sich begeistert den Knaben an,

streichelt ihn und küsst ihn schließlich. Joseph springt
auf, läuft vor ihr davon und hüllt sich in seinen Mantel.
Potiphars Frau ist ihm gefolgt und will den Mantel weg-
reißen. Plötzlich lässt Joseph los und blickt sie voll Verachtung an. Die Frau will daraufhin Joseph erwürgen,
wird aber von ihm auf die Knie gezwungen. In diesem
Moment betreten Wachen die Halle, und sogleich
befiehlt ihnen Potiphars Frau, Joseph festzunehmen.
Auch Potiphar kommt, und seine Frau zeigt anklagend
auf den angeketteten Joseph. Potiphar ordnet die Folterung Josephs an. Bevor die Eisenstäbe heiß genug sind,
erscheint mit hellem Licht ein Engel, der die Treppen der
Loggia herabschreitet. Der Engel berührt Joseph, und
die Ketten fallen ab; er nimmt den Knaben an der Hand
und führt ihn die Stufen hinauf. Inmitten des vor Schreck
erstarrten Hofstaats erdrosselt sich Potiphars Frau mit
einer Perlenkette.

Nach Michail Fokins Trennung von den Ballets Russes
1912 kehrte er knapp zwei Jahre später zu dieser Kom-
panie als Chefchoreograf zurück; der Impresario Sergei
Diaghilew hatte sich 1913 von seinem zwischenzeitlichen
Choreografen Waslaw Nijinski getrennt und benötigte
dringend einen erfahrenen Choreografen, der für das
Gastspiel in Paris im Frühsommer 1914 die angekün-
digte Uraufführung *La légende de Joseph* kreieren würde.
Für dieses Werk war es Diaghilew gelungen, mit Richard
Strauss als Komponisten sowie Harry Graf Keßler und
Hugo von Hofmannsthal als Librettisten ein internatio-
nal renommiertes, eingespieltes Team für Musik und
Libretto zu gewinnen. Die Arbeit der drei erwies sich
allerdings als Hemmschuh für die Choreografie: Das
Bühnengeschehen, von der überaus plastischen, üppig
orchestrierten Musik effektvoll untermalt, ließ kaum
Raum für reine Tanznummern; Fokins Werk glich über
weite Strecken einem mimischen Spiel und stellte gegenüber früheren Balletten, wie etwa dem → *Feuervogel* oder

→*Petruschka*, in ästhetischer Hinsicht einen Rückschritt dar. Gleichwohl beeindruckte in der *Josephslegende* die szenische Präsentation: Bühnenbild und Kostüme waren im prunkvollen Stil des italienischen Renaissancemalers Paolo Veronese gehalten, und der Zusammenprall von unbedingter Keuschheit und ununterdrückbarer Wollust sorgte für erotischen Kitzel.

Die Uraufführung machte einen unerfahrenen 18-jährigen Tänzer berühmt: Léonide Massine; seine Interpretation des Joseph stand in scharfem Kontrast zu der Darstellung von Potiphars Frau durch die russische Sängerin Marija Kusnezowa. Ungeachtet des Misserfolgs der Uraufführungsproduktion erfuhr die *Josephslegende* zahlreiche Neuchoreografien, unter anderem von Heinrich Kröller (Berlin 1921), Yvonne Georgi (Hannover 1927), George Balanchine (Kopenhagen 1931), Aurel von Milloss (Augsburg 1933), Pia und Pino Mlakar (Zürich 1936), Margarete Wallmann (Wien 1936), Heinz Rosen (München 1958), Antony Tudor (Buenos Aires 1958), Erich Walter (Düsseldorf 1975), John Neumeier (Wien 1977) und Heinz Spoerli (Düsseldorf 1992). Neumeiers Produktion kommt besondere Bedeutung zu, weil der Choreograf das Werk als Handlungsballett präsentierte und entsprechend tänzerisch anlegte.

Kadettenball

Ballett in einem Akt

CHOREOGRAFIE: David Lichine; MUSIK: Johann Strauß, bearbeitet von Antal Dorati; LIBRETTO: David Lichine; AUSSTATTUNG: Alexandre Benois; URAUFFÜHRUNG: 1. März 1940, Theatre Royal, Sydney, Original Ballet Russe

ROLLEN: die Schulleiterin (Tänzer); 8 jüngere Mädchen; 8 ältere Mädchen; der alte General; 12 jüngere Kadetten; 4 ältere Kadetten

Ein Festsaal in einem Wiener Pensionat, Mitte des 19. Jahrhunderts.

Am Tag des jährlich stattfindenden Festes mit den Kadetten der nahe gelegenen Militärakademie erwarten die Mädchen und die Schulleiterin die Kadetten. Geleitet vom alten General, treffen die Kadetten ein, die sich zunächst noch zurückhaltend benehmen. Doch bald vergnügt man sich miteinander. Zur allgemeinen Unterhaltung – wobei eines der jüngeren Mädchen als Zeremonienmeisterin fungiert – tritt nun ein Trommler auf; eine Sylphide und ein Schotte zeigen einen Pas de deux. Die ›Zeremonienmeisterin‹ führt nun ein Solo vor, ehe zwei Mädchen eine Art Wettstreit beginnen. Dann spielen drei Mädchen Schulunterricht, und die ›Zeremonienmeisterin‹ tanzt schließlich noch mit dem Anführer der jüngeren Kadetten. Schließlich kommen sich die Schulleiterin und der alte General näher. Bald wird es Zeit, sich zu verabschieden. Als der Anführer der jüngeren Kadetten, der sich nicht von seiner Angebeteten trennen kann, noch einmal zurückkehrt, wird er von der Schulleiterin davongejagt.

Kadettenball ist das bekannteste Ballett David Lichines. Es entstand – unter dem Titel *Graduation Ball* – für die Ballets-Russes-Nachfolgekompanie von Wassili Woskressenski, die in den 1930er-Jahren zumeist unter dem Namen Ballets Russes du Colonel de Basil auftrat (ab Ende 1939 hieß sie Original Ballet Russe). Kennzeichnend für das Ballett sind die komödiantische Handlung und das geschickt in die Handlung eingebundene virtuose Divertissement. Am offensichtlichsten zeigt sich die humoristische Seite in der Figur der Schulleiterin, eine Travestierolle für einen Mann. Der bekannteste Teil des Divertissements ist der Pas de deux für eine Sylphide und einen Schotten, der Bezug nimmt auf → *La sylphide* – allerdings war 1940 August Bournonvilles romantisches Ballett außerhalb Dänemarks kaum bekannt. Eine adäquate Unterstützung erfährt der Tanz durch die Musik von Johann Strauß; hier dürfte sich Lichine an Léonide Massines populärem Ballett *Le beau Danube bleu* (Paris 1924; Musik: Strauß) orientiert haben, dessen überarbeitete Fassung (Monte Carlo 1933) unter dem Titel *Le beau Danube* für die Ballets-Russes-Kompanie des Colonel de Basil erstellt worden war und das ab 1937, nachdem Massine das Ensemble verlassen hatte, aus dem Repertoire genommen werden musste.

Bei der gefeierten Uraufführung tanzten Lichine den Anführer der jüngeren Kadetten und seine Frau Tatiana Riabouchinska die ›Zeremonienmeisterin‹. *Kadettenball* blieb bis zur Auflösung der Original Ballet Russe im Jahr 1951 im Repertoire des Ensembles und war eines seiner erfolgreichsten Stücke. Bald nach der Premiere erfuhr das Divertissement diverse Veränderungen. Das Ballett wurde von zahlreichen klassischen Kompanien ins Repertoire übernommen (mit bisweilen eigenen Varianten des Divertissements).

Kameliendame

Ballett

CHOREOGRAFIE: John Neumeier; MUSIK: Frédéric Chopin; AUSSTATTUNG: Jürgen Rose; URAUFFÜHRUNG: 4. November 1978, Württembergische Staatstheater (Großes Haus), Stuttgart, Stuttgarter Ballett

ROLLEN: Armand Duval; Monsieur Duval, Armands Vater; Nanina, Marguerites Kammerfrau; Herzog; Prudence Duvernoy; ihre Freundin; Graf N.; ein Pianist; ein Ehepaar; der Auktionator; sein Assistent; 4 Arbeiter auf der Auktion; Marguerite Gautier; Figuren des Balletts »Manon Lescaut«: Manon Lescaut, Des Grieux, 3 Verehrer Manons; Olympia; Gaston Rieux; Arthur, Édouard und Eugène, Verehrer Marguerites; Theaterbesucher (5 Tänzerinnen, 6 Tänzer); Gäste beim Bal Masqué (6 Tänzerinnen, 6 Tänzer); Gesellschaft unterwegs zur Landpartie (4 Tänzerinnen, 4 Tänzer); Gäste auf dem Land (6 Tänzerinnen, 6 Tänzer); 2 Diener Marguerites; Spaziergänger auf den Champs-Élysées (5 Tänzerinnen, 6 Tänzer); Ballgäste (12 Tänzerinnen, 12 Tänzer)

In und um Paris, Mitte des 19. Jahrhunderts.

Prolog: In einem herrschaftlichen Pariser Salon findet eine Auktion statt. Kaufinteressenten schlendern vorbei, der Auktionator gibt Anweisungen, Arbeiter rollen Teppiche zusammen und tragen Möbel fort. Die Kammerfrau Nanina, ganz in Schwarz, und Monsieur Duval, der sinnend auf einem Sofa sitzt, fallen in der Geschäftigkeit auf. Plötzlich stürzt ein junger Mann herein und bricht zusammen. Es ist Armand Duval, der ehemalige Liebhaber der Kurtisane Marguerite Gautier, deren Sachen hier versteigert werden. Er erzählt seinem Vater seine Geschichte mit Marguerite.

I. Akt: Im Pariser Théâtre des Variétés wird das Ballett »Manon Lescaut« aufgeführt. Armand sieht an diesem Abend die von vielen Männern umschwärmte Marguerite wieder; beide empfinden ihr Schicksal in Figuren der Theateraufführung gespiegelt: in der von Männern vergötterten und reich beschenkten Kokotte Manon beziehungsweise ihrem treuen Liebhaber Des Grieux. Zusammen mit Prudence Duvernoy, Gaston Rieux und dem Grafen N. kehrt Marguerite in ihre Wohnung zurück. Armand begleitet sie, und Marguerite benutzt ihn, um den Grafen N. zu ärgern, der auch bald aufgebracht ihren Salon verlässt. Wegen eines Hustenanfalls zieht sich Marguerite in ihr Schlafzimmer zurück; Armand folgt ihr. Er nimmt sich ihrer an und gesteht ihr seine Liebe; sie tändelt mit ihm, aber je länger er bleibt, desto überwältigter ist Marguerite von seiner Zuneigung. Wohin sie in der nächsten Zeit auch geht, Armand ist nicht weit: Er wartet, wenn sie bei dem Herzog, der sie aushält, Walzer tanzt, zum Maskenball geht oder von dem als Harlekin verkleideten Grafen N. ein Armband geschenkt bekommt. Und er ist in der Nähe, wenn sie mit dem Herzog und

einer Gesellschaft zu einer sommerlichen Landpartie aufbricht.

II. Akt: Auf dem Land hat der Herzog Marguerite ein
Haus zur Verfügung gestellt. Hier amüsiert sich die Kurtisane mit ihren Freunden und Armand. Als der Herzog
erscheint, verweist er Armand des Hauses. Marguerite
bekennt sich jedoch zu Armand und gibt dem Herzog die
Kette zurück, die er ihr geschenkt hat. Die Gäste lassen
Armand und Marguerite, die verliebt und glücklich sind,
zurück. Als nach einer Weile Armand gerade nicht im
Haus weilt, bringt Nanina Marguerite einen Brief von
Armands Vater, in dem er sein Kommen ankündigt. Monsieur Duval fordert von Marguerite, dass sie sich von
seinem Sohn trenne. Im Verlauf der Begegnung nähern
sie sich einander an, und Marguerite – konfrontiert mit
dem Spiegelbild, das ihr Manon präsentiert – willigt in
die Forderung des Vaters ein. Wenn dann Armand zurückkehrt, ist Marguerite abgereist. In einem Brief lässt sie ihn
wissen, dass sie ihr früheres Leben wieder aufnehmen
werde. Armand eilt ihr nach und sieht, wie sich in ihrem
Salon ein nackter Mann über sie beugt.

III. Akt: Auf den Champs-Élysées begegnen sich
zufällig Armand, Marguerite und Graf N. in Begleitung
der jungen Kurtisane Olympia. Armand macht sofort
nachhaltig Olympia den Hof, um Marguerite zu demütigen, doch als ihm diese zu erkennen gibt, wie krank sie
ist, nimmt er darauf Rücksicht. Es kommt noch einmal
zu einer leidenschaftlichen Begegnung. Aber im Traum
erscheint Marguerite die Figur der Manon wieder als
abstoßendes Zerrbild ihrer selbst, und sie entschließt
sich, den schlafenden Armand erneut zu verlassen. Dieser
rächt sich dafür, indem er Marguerite kurze Zeit darauf
bei einem Ball des Herzogs einen Umschlag mit Geld in
die Hand drückt. Die erneute Demütigung lässt Marguerite zusammenbrechen; Gaston Rieux bringt die verzweifelte Frau weg. – Im Salon verabschiedet sich nun der
Vater von Armand. Bald kommt Nanina und gibt Armand

das Tagebuch, in das die todkranke Marguerite ihre letzten Aufzeichnungen geschrieben hat. Seite um Seite blätternd, liest Armand, wie Marguerite kurz vor ihrem Tod noch einmal »Manon Lescaut« im Theater anschaut: Als Manon stirbt, flüchtet Marguerite nach Hause. Dort erscheint ihr das Paar Manon und Des Grieux. Vereinsamt schreibt sie ihre Erinnerung nieder und übergibt schließlich Nanina das Tagebuch, bevor sie stirbt.

Unter den nach dem Tod von John Cranko in Deutschland uraufgeführten Handlungsballetten nimmt *Kameliendame* eine singuläre Stellung ein. Basierend auf dem populären Roman *La dame aux camélias* (1848) von Alexandre Dumas dem Jüngeren, gelang John Neumeier die erste abendfüllende Umsetzung des Stoffes – zu den Choreografen, die sich davor an dem Thema versucht haben, zählen John Taras mit *Camille* (New York 1946; Musik: Franz Schubert und Vittorio Rieti), Antony Tudor mit *Lady of the Camellias* (New York 1951; Musik: Giuseppe Verdi), Tatjana Gsovsky mit *Die Kameliendame* (Berlin 1957; Musik: Henri Sauguet) und Frederick Ashton mit *Marguerite and Armand* (London 1963; Musik: Franz Liszt, orchestriert von Humphrey Searle) –, die darüber hinaus ein überzeugendes Beispiel zeitgenössischer Dramaturgie im Tanz darstellt. Denn die Liebesbeziehung zwischen der lungenkranken älteren Kurtisane Marguerite und dem jungen Armand Duval ist an einem zweiten literarischen Paar gespiegelt: Manon Lescaut und Des Grieux, den beiden Protagonisten der *Histoire du chevalier Des Grieux et de Manon Lescaut* aus dem siebten Band der *Mémoires et aventures d'un homme de qualité qui s'est retiré du monde* (1731) des Abbé Prévost. Im Theater auf dem Theater, in Träumen und Visionen begegnen sie den Hauptfiguren, und ihr Erscheinen motiviert Marguerite zu zentralen Entscheidungen. Die dritte Ebene des Balletts bildet die Rahmenhandlung – die Auktion von Marguerites Hinterlassenschaft –, die immer

wieder die Handlung in Form einer Rückblende unterbricht. Kulminationspunkte der variantenreichen, die
einzelnen Personen einfühlsam charakterisierenden Choreografie auf Grundlage der Danse d'école sind die Pas
de deux von Marguerite und Armand, die die Entwicklung ihrer Beziehung verdeutlichen. Mit Kompositionen
von Frédéric Chopin – verschiedene Klavierstücke sowie
Teile der beiden Klavierkonzerte – wählte Neumeier eine
zu dem romantischen Sujet ideal passende Musik.

   Kameliendame wurde zu einem Triumph für das Stuttgarter Ballett und insbesondere für Marcia Haydée, der
das Werk gewidmet ist, in der Rolle der Marguerite; das
Werk gehört bis heute zum Repertoire dieser Kompanie.
Es wurde vom Hamburg Ballett (Hamburg 1981) und
dem Bayerischen Staatsballett (München 1997) übernommen. 1986 produzierte Neumeier einen Ballettfilm
nach seiner Choreografie.

   Das Ballett trägt heute üblicherweise den Titel *Die
Kameliendame*.

Kammerballett

CHOREOGRAFIE: Hans van Manen; MUSIK: Kara Karajew, Dome-
nico Scarlatti und John Cage; AUSSTATTUNG: Keso Dekker;
URAUFFÜHRUNG: 14. September 1995, AT & T Danstheater, Den
Haag, Nederlands Dans Theater

ROLLEN: 4 Tänzerinnen; 4 Tänzer

Dekorationslose Bühne, Tänzerinnen in verschiedenfarbigen arm- und schulterfreien Ganzkörpertrikots, Tänzer in
verschiedenfarbigen langärmligen Trikots.

   Ein großes Lichtoval markiert die Tanzfläche, resolut
vom Tänzer in Gelb betreten. Er trägt einen Hocker mit
sich, den er absetzt und hinter dem er mit vor der Brust
verschränkten Armen Aufstellung nimmt. Nacheinander
folgen die sieben übrigen Tänzer, wobei sich jeweils die

hereinkommende Person und bereits Anwesende beäugen. Sobald alle versammelt sind, agieren die Tänzer synchron auf den Stühlen und um sie herum. Der Tänzer in Gelb verschafft sich dann mit Drehungen und herausschnellenden Armen Platz; die anderen weichen an den Rand der Tanzfläche aus und lassen sich dort auf den Hockern nieder. Wenn der Tänzer in Gelb in der Mitte auf seinem Hocker sitzt, stellt die Tänzerin in Orange sich hinter ihn, schubst ihn herunter und drückt ihn auf die Knie. Bald ändern sich die Kräfteverhältnisse: Zunächst trägt er sie; am Ende ihres Duetts schiebt er sie vom Hocker weg. Anschließend reihen sie sich bei den übrigen Tänzern ein. Der Tänzer in Orange geht danach mit schnellen, markanten Armbewegungen in die Mitte des Ovals. Kurze Zeit später folgt ihm der Mann in Rostrot, der auf die Bewegungen des orangefarbigen, der nun zuschaut, zu ›antworten‹ scheint; ihnen folgt als dritter Mann der Tänzer in Schwarz. Nach dessen Solo zeigen die drei Männer ein Trio, an dessen Ende sie eine homogene Einheit bilden. Sie verlassen die Tanzfläche, und der Mann in Orange und die Frau in Rostrot gehen aufeinander zu und beginnen, im Licht zweier Verfolgungsscheinwerfer, ein lyrisches Duett mit vielen langsamen Drehbewegungen. Sie werden abgelöst von dem Mann in Schwarz und der Frau in Gelb, deren ruhig einsetzendes Duett allmählich heftiger, fordernder wird. Zu ihnen gesellen sich später der Tänzer in Orange und die Tänzerin in Rostrot; die vier führen eine kurze Unisonosequenz aus und gehen rückwärts in den Hintergrund, während die Tänzerin im schwarzen Trikot schleichend in die Bühnenmitte kommt. Die übrigen sieben Tänzer gruppieren sich jetzt mit ihrem Hocker im Halbkreis hinter dieser Tänzerin, die mit dem langsamen Heben eines Armes ein auf sich selbst bezogenes Solo mit geschmeidigen Bewegungen beginnt. Nach einer Weile tritt der Tänzer in Rostrot zu ihr und unterstützt sie in ihren Motionen. Wenn er wieder zu seinem Platz zurückgeht, wiederholt die Tänzerin ihre Bewegun-

gen vom Beginn ihres Solos. Dann verlässt die Gruppe
die Bühne; die Tänzerin in Schwarz bleibt noch kurz
allein, bis auch sie in die Kulissen schreitet.

Kammerballett setzt Hans van Manens Reihe von Balletten zu Klaviermusik fort; hierzu gehören auch →*Adagio
Hammerklavier*, *Lieder ohne Worte* (Scheveningen 1977;
Musik: Felix Mendelssohn Bartholdy), →*Live*, →*Sarkasmen* und →*Trois gnossiennes*. Deutlich zäsieren
in *Kammerballett* die verschiedenen Musikstücke die
Aktionen auf der Bühne, während die Konfigurations-
wechsel der Tänzer unabhängig von der Musik stattfinden, sodass sich vier Blöcke ergeben: Die Auftritte,
das Agieren auf den Hockern der Gruppe und das erste
kurze Duett erfolgen zu vier der *24 Préludes für Klavier*
(1951–53) von Kara Karajew. Den Soli und dem Trio
der Männer ist die *Klaviersonate C-Dur* (K. 159) von
Domenico Scarlatti vorbehalten. Zum träumerischen *In
a Landscape* (1948) von John Cage tanzen die beiden
Paare ihre Duette und betritt die Tänzerin in Schwarz die
Bühne. Ihr Solo, die begleitenden Aktionen der übrigen
sieben Tänzer, das kurze Duett und ihr alleiniges Agieren am Schluss passieren zu Scarlattis *Klaviersonate
h-Moll* (K. 87). Die wiederholt auffahrenden Arme und
die Aufmerksamkeit, die die Tänzer einander entgegen-
bringen, verleihen *Kammerballett* eine erwartungsvolle,
gespannte Atmosphäre; die Hocker und der funktionale
Umgang mit ihnen sowie die schnörkellosen Bewegungen neoklassischer Provenienz und der klar umrissene
Tanzraum tragen entscheidend zur strukturellen Dichte
des Werkes bei.

   Kammerballett wurde von wenigen anderen Kompanien übernommen.

Das Lied von der Erde. Choreografie: Kenneth MacMillan
Stuttgarter Ballett

Manon. Choreografie: Kenneth MacMillan
Royal Ballet, London

Kirmes in Brügge

Romantisches Ballett in drei Akten

CHOREOGRAFIE: August Bournonville; MUSIK: Holger Simon Paulli; LIBRETTO: August Bournonville; BÜHNENBILD: Christian Ferdinand Christensen; KOSTÜME: Edvard Lehmann; URAUFFÜHRUNG: 4. April 1851, Königliches Theater, Kopenhagen, Ballett des Theaters

ROLLEN: Mirewelt, ein Alchimist; Eleonore, seine Tochter; Sara, seine Haushälterin; Trutje, eine Frau aus der Stadt; Marchen und Johanna, ihre Töchter; Adrian, Geert und Carelis, Brüder, junge Bürger; van der Steen und van Hoëck, Edelleute; Frau van Everdingen, eine reiche Witwe; Potter, Bürgermeister; Claës, der Diener; Edelleute, Bürger, Bauern, Mönche, Soldaten, Justizbeamte

In Brügge, Ende des 17. Jahrhunderts.

I. Akt, geschmückter Marktplatz, rechts Mirewelts Haus, links ein Gasthaus: Es ist Kirmes. Adrian und Geert amüsieren sich mit ihren Verlobten, Johanna und Marchen; ihr Bruder Carelis ist in Eleonore verliebt, die Tochter Mirewelts. Zwei Kirmesbesucher sorgen dann allerdings für Unruhe: van der Steen und van Hoëck. Sie schmeicheln den Damen, und dies führt zu Streit zwischen den Verlobten. Trutje, die Mutter der beiden Mädchen, will daraufhin schlichten, doch erfolglos, und deshalb verlässt sie mit ihren Töchtern die Kirmes. Die drei Brüder wollen nun Brügge verlassen, doch zuvor müssen sie noch im Gasthaus auf ihre Reise anstoßen. Mittlerweile ist es Nacht geworden, und van der Steen hat ein paar Bauern gefunden, die ihm helfen sollen, Eleonore zu entführen. Als Mirewelt und Eleonore zum Haus zurückkehren, schlagen die Ganoven zu. Ihr Entführungsversuch scheitert aber, weil sie von Carelis und seinen Brüdern dabei überrascht werden und Eleonore retten können. Als Dank für ihre Hilfe erhalten die Brüder je ein besonderes Geschenk: Geert einen Ring, in dessen Träger sich jeder verliebt, Adrian ein Schwert, das immer den Sieg bringt, und Carelis eine Gambe, deren Klang jeden tanzen lässt.

II. Akt, 1. Bild, Mirewelts Arbeitszimmer: Marchen und Johanna sorgen sich um ihre Verlobten und besuchen den Alchimisten, um mit seiner Hilfe etwas über die beiden zu erfahren. Sie sehen zuerst Adrian inmitten von Kriegsgeschehen und dann Geert von schönen Frauen umgeben. Dies macht die Mädchen traurig. Doch als sie eine betörende Melodie hören, beginnen sie zu tanzen: Carelis ist wiedergekommen, und er versichert den Mädchen, dass seine Brüder ebenfalls bald zurückkehren würden. Nachdem sich Marchen und Johanna entfernt haben, sind Carelis und Eleonore allein, und sie gestehen sich gegenseitig ihre Liebe. Ihr Beisammensein wird von Mirewelt unterbrochen; Carelis könne sich Hoffnungen machen, doch zuvor müsse er sich in der Welt noch weiter bewähren. 2. Bild, Garten des Schlosses der Witwe van Everdingen, im Hintergrund das Schloss: Geert ist Gast bei der reichen Witwe, die ihn ihrer Gesellschaft als zukünftigen Ehemann vorstellt. Auch die anderen Frauen sind von Geert entzückt. Während des Festes erscheint ein unbekannter Offizier: Adrian. Unerkannt kommt auch Marchen in den Schlossgarten, und verschleiert bittet sie Geert zu einem Stelldichein. Als sie sich zu erkennen gibt, ist die Aufregung groß; eine Versöhnung erfolgt erst mithilfe der nun ebenfalls eingetroffenen Johanna und ihrer Mutter. Als Beweis für seine zukünftige Treue überreicht er ihr den Ring. Der Besitz des Ringes ruft nun aber zahlreiche Kavaliere auf den Plan; der Ring wandert dann von Marchen zu Johanna und weiter zu ihrer Mutter Trutje. Adrian hält ihr schließlich mit seinem Schwert die Männer vom Hals. Die beiden Liebespaare schwören sich nun ewige Treue, und Adrian und Geert werfen ihre Zaubergaben weg. Unmittelbar darauf naht der Bürgermeister und lässt die vermeintlichen Zauberer verhaften.

III. Akt, 1. Bild, Mirewelts Arbeitszimmer: Mirewelt geht seinen Experimenten nach und macht sich Gedanken über den Wert von Gold; Eleonore kommt zu ihm. Da erscheinen Vertreter der Polizeigewalt und verhaften Mirewelt wegen Zauberei. Eleonores Verzweiflung steigert sich noch, als Johanna berichtet, dass Adrian und Geert zum Tod auf dem Scheiterhaufen verurteilt worden seien. Nun tritt Carelis ein, und nachdem er gehört hat, was vorgefallen ist, beschließt er, allen zu helfen. 2. Bild, Platz am Rand der Stadt: Die Stadt bereitet sich auf ein großes Spektakel vor: die Verbrennung dreier Zauberer. Adrian, Geert und Mirewelt werden herbeigeführt und nehmen Abschied von ihren Liebsten. Doch bevor man sie zum Scheiterhaufen bringen kann, spielt Carelis mit seiner Gambe auf: Alle werden zum Tanzen gezwungen; immer schneller wird der Rhythmus, und schließlich betteln die Bewohner der Stadt um Gnade. Carelis gewährt Gnade nur unter der Bedingung, dass die drei Verurteilten freikommen. Dies geschieht auch; zum Dank darf Carelis nun Eleonore heiraten. Und die Gambe soll im Rathaus verwahrt und nur einmal im Jahr, zur Kirmes, herausgeholt werden.

Wie seine anderen so genannten romantischen Ballette, → *La sylphide* und → *Napoli*, spielt *Kirmes in Brügge* – uraufgeführt als *Kermessen i Brügge eller De tre gaver* – außerhalb August Bournonvilles skandinavischer Heimat. Für dieses Ballett wählte er als Schauplatz die alte flämische Handelsstadt; ausschlaggebend hierfür dürfte die vorangegangene Beschäftigung des Choreografen mit niederländischer Genremalerei des 17. Jahrhunderts gewesen sein. Für die Handlung des Balletts verarbeitete Bournonville das Märchen von den drei Gaben. Eingebunden in die pantomimisch erzählte Geschichte sind größere Tanzpassagen, und zwar immer dann – dies ist charakteristisch für die Struktur von Bournonvilles Balletten –, wenn gefeiert wird oder Tanz anderweitig durch den Inhalt legitimiert ist: in *Kirmes in Brügge* also in jedem der drei Akte, insbesondere im Finale mit seiner effektvollen Steigerung. Für seine Komposition zu diesem unbeschwerten Ballett bediente sich Holger Simon Paulli unter anderem bei damals populären Opern Gioachino Rossinis.

Kirmes in Brügge gehört bis heute zum Repertoire des Königlichen Dänischen Balletts; im Lauf der Zeit erfolgten diverse choreografische Veränderungen.

Kleines Requiem

CHOREOGRAFIE: Hans van Manen; MUSIK: Henryk Górecki; AUSSTATTUNG: Keso Dekker; URAUFFÜHRUNG: 14. November 1996, Lucent Danstheater, Den Haag, Nederlands Dans Theater
ROLLEN: 3 Tänzerinnen; 4 Tänzer

Dekorationslose Bühne.

Die Tänzer – die Frauen in verschiedenfarbigen Ganzkörpertrikots, die Männer nur mit einer Hose in unterschiedlichen dunklen Farbtönen bekleidet – kreuzen von links und rechts die Bühne; ein Tänzer geht von links kommend. In seine Arme läuft eine Frau, und die beiden tanzen ein Duett. Bald kommt ein anderer Tänzer zu dem Paar; er wird zum neuen Duettpartner der Tänzerin. Ein dritter Tänzer gesellt sich später für kurze Zeit zu dem Duo. Dann tritt eine zweite Tänzerin zu dem Paar und löst die erste Tänzerin ab. Schließlich entfernt sich die zweite Tänzerin wieder; eine dritte Tänzerin erscheint, die mit dem Tänzer des vorangegangenen Duetts tanzt. Nachdem sich die beiden gegenseitig umkreist haben, tritt ein anderer Tänzer zu der Frau und übernimmt diese für das nächste Duett. Nach diesem versammeln sich alle sieben Tänzer auf der Bühne und agieren als Ensemble mit ruckartigen Hüpf- und Gehbewegungen, bis zwei Tänzerinnen und zwei Tänzer abgehen. Das übrig gebliebene Trio (eine Tänzerin, zwei Tänzer) wird zum Männerduett, wenn die Tänzerin allein über die Bühne schreitet und diese nach einer Weile verlässt. Am Ende entfernen sich auch die Tänzer, einer nach dem anderen.

Als musikalische Begleitung für *Kleines Requiem* wählte sich Hans van Manen drei der vier Sätze von Henryk Góreckis Komposition *Kleines Requiem für eine Polka* (1993). Zu dem ruhig klagenden Fluss des 1. Satzes schuf van Manen eine Reihe von kurzen Duetten: Es sind harmonisch agierende Paare ohne spektakuläre Note, wenngleich in der Abfolge der Duette eine allmähliche Spannungssteigerung zu beobachten ist. Der kontinuierliche Partnerwechsel mag das Abbild einer zeitgenössischen Gesellschaft sein, in der Bindungen ebenso regelmäßig enden und neu beginnen (ignoriert von der Umwelt, den im Verlauf dieses Teils wiederholt die Bühne kreuzenden Tänzern). Grotesk wirkt der zweite Abschnitt des *Kleinen Requiems* zum 3. Satz von Góreckis Werk im Polkarhythmus; die automatenhaften Bewegungen der Tänzer, stellenweise mit nach vorn hängendem Oberkörper, weisen eine durchaus gespenstische Aura auf. Den dritten Abschnitt, zum 4. Satz der Komposition, dominiert ein langes, durch innige Aktionen gekennzeichnetes Männerduett, das statt eines virtuosen Schlusshöhepunkts ein ruhiges Ausklingen bringt und und so eine nachhaltige Wirkung ausübt.

Kleines Requiem stellt das besinnliche Gegenstück zu van Manens heiterem erstem Ballett zu Musik von Górecki, *Polish Pieces* (Den Haag 1995), dar und wurde von einigen klassischen Kompanien übernommen.

Das Konservatorium

Vaudevilleballett in zwei Akten

CHOREOGRAFIE: August Bournonville; MUSIK: Holger Simon Paulli; LIBRETTO: August Bournonville; BÜHNENBILD: Christian Ferdinand Christensen; KOSTÜME: August Bournonville; URAUF-FÜHRUNG: 6. Mai 1849, Königliches Theater, Kopenhagen, Ballett des Theaters

ROLLEN: Dufour, Aufseher des Konservatoriums; Mamsel Bonjour, seine Haushälterin; Eliza und Victorine, Tänzerinnen; Alexis, Tänzer und Lehrer; Erneste, erster Preisträger im Violinwettbewerb; Raimbaud, Geiger; Jeanne, seine Frau, eine Harfenistin; Fanny, ihre Tochter; Jules und Oscar, Studenten; Adèle und Fifine, leichtlebige Mädchen; Larose, Gastwirt; 4 Tanzschülerinnen, Bauern (1 Tänzerin, 1 Tänzer), 4 Studenten, 4 leichtlebige Mädchen, Gäste aus jeder sozialen Schicht, Tanzschüler, Musiker, Kellner

In Paris, in den 1820er-Jahren.

I. Akt, Tanzsaal des Pariser Konservatoriums: Dufour, der Aufseher des Konservatoriums, tritt in den Tanzsaal, ganz in seine Zeitung vertieft. Ihm folgt seine Haushälterin Mamsel Bonjour. Da er ihre Vorwürfe ignoriert, reißt sie ihm die Zeitung weg und liest, dass er eine Heiratsanzeige aufgegeben hat. Dies erzürnt Mamsel Bonjour, denn Dufour hat ihr vor einiger Zeit einen Heiratsantrag gemacht. Da klopft es: Der Geiger Raimbaud kommt mit seiner Tochter Fanny und bittet um ihre Aufnahme am Konservatorium. Die Probe ihres Könnens zeigt allerdings, dass sie kein Talent hat. Enttäuscht gehen Raimbaud und seine Tochter davon. Bevor nun Dufour den Tanzsaal verlassen kann, stürmt der Lehrer Alexis mit einer Gruppe von Schülern herein; sie treiben ihren Schabernack mit dem Aufseher. Nach einer Weile ist Dufour wütend, und er eilt aus dem Saal. Jetzt beginnt die Unterrichtsstunde. Nach den ersten Übungen kommt der Geiger Erneste hinzu und zeigt seiner Angebeteten Eliza den ersten Preis in einem Wettbewerb, den er gewonnen hat. Er begleitet nun einen neuen Pas de trois, den Alexis

mit den Solistinnen Eliza und Victorine tanzt. Nach dem
Ende der Stunde ruhen sich einige Schüler aus, andere
verlassen den Saal, und Erneste berichtet den Anwesenden von einer lustigen Heiratsanzeige, die er in der Zeitung gelesen hat; die bald hinzutretende Mamsel Bonjour
klärt alle darüber auf, dass niemand anderer als Dufour die
Anzeige aufgegeben hat. Während sie in Tränen ausbricht
und Dufours alten Heiratsantrag vorzeigt, beschließen die
anderen, Dufour einen Streich zu spielen. Bis auf Mamsel
Bonjour gehen alle aus dem Tanzsaal, um den Zug nach
Saint-Germain zu erreichen, und jetzt kehrt Dufour
zurück, der seiner Ausgehkleidung den letzten Schliff
verpasst. Auch er eilt dann zum Zug. Die allein gelassene
Mamsel Bonjour wird von den neu eintretenden Kindern
ermutigt, auch die Ausflugsfahrt mitzumachen, und weil
sie kein Geld hat, übernehmen die Kinder die Kosten.

II. Akt, Terrasse des Restaurants Henri IV in Saint-
Germain mit schöner Aussicht: Der Gastwirt Larose ist
dabei, mit den Kellnern alles herzurichten, als Studenten und ihre Mädchen einkehren. Sie eilen bald wieder
davon, denn Bauern haben ihnen Eselsritte angeboten.
Deshalb können Raimbaud und seine Frau hier nichts
verdienen. Sie beginnen erst zu spielen, als ein seriös aussehender Herr, der Aufseher des Konservatoriums, sich
niederlässt; Dufour allerdings bittet sie, mit ihrer Musik
aufzuhören und sich zu entfernen. Denn Dufour erwartet
im Restaurant eine ihm unbekannte Frau. Diese erscheint
schließlich verschleiert – es ist Eliza –, und Dufour will
unbedingt ihr Gesicht sehen. Doch vergebens: Die Dame
gibt ihm zu verstehen, dass sie sich erst zu erkennen gebe,
wenn sie seiner Treue sicher sei. Dann erhebt sie sich und
versichert ihm zurückzukommen. Dufour ist nun ganz in
Tagträumen versunken, als ein wilder Gesell – der verkleidete Erneste – sich zu ihm setzt und ihn warnt, ja
nicht um die Hand jener Frau anzuhalten, denn er sei ihr
Geliebter. Dufour beteuert, auf die schöne Unbekannte
zu verzichten, und der Gesell entfernt sich wieder. Da

betritt eine andere elegant gekleidete Dame mit Diener
das Restaurant und nimmt Kontakt mit Dufour auf. Sie
beschließen, gemeinsam zu Mittag zu essen, und als
Dufour kurz nach drinnen geht, hat seinen Platz ein schi-
cker Husar eingenommen; die beiden – Victorine und
wieder Erneste in Verkleidung – gehen bald zusammen
weg. Gedemütigt setzt sich Dufour nieder, und eine ältere
Frau – der verkleidete Alexis – tritt zu ihm. Zuerst ignoriert er sie; als sie aber ihr Geld zu zählen beginnt, interessiert er sich doch für sie. Er erfährt, dass sie eine Witwe
sei und er ihr gefalle. Dufour willigt sofort in die Heirat
ein und eilt davon, um einen Notar zu holen. Nun erscheinen wieder Erneste, Eliza und Victorine und beglück-
wünschen Alexis zu seiner gelungenen Verkleidung.
Allmählich bevölkert sich das Restaurant, und Raimbaud
hofft erneut, mit seiner Musik Geld zu verdienen. Weil
ihm niemand zuhören will, leiht sich Erneste die Geige
aus und begeistert alle mit seiner Virtuosität. Zu seinem
Geigenspiel geben im Garten des Restaurants zwei Tänzerinnen eine kleine Vorstellung. Sobald sie beendet ist,
wird für den armen Geiger gesammelt, und dessen Tochter Fanny wird von den Tänzern in die Ballettklasse aufgenommen. Dann kehrt Dufour mit einem Notar zurück.
Seine unverzügliche Suche nach seiner Verlobten bleibt
allerdings erfolglos. Da informieren ihn Eliza, Victorine
und Erneste, dass sie die ersten beiden Frauen waren
und Erneste jeweils der Kavalier – Dufour gibt vor, von
Anfang an alles durchschaut zu haben, und erklärt ihnen,
dass er verlobt sei. Dies ist für Alexis der Anlass, die Identität der reichen Witwe zu offenbaren. Dufours Entsetzen
wird unterbrochen von den Kindern der Tanzabteilung,
die mit Mamsel Bonjour eintreffen. Geistesgegenwär-
tig stellt Dufour Mamsel Bonjour als seine Braut vor.
Daraufhin kann der Notar drei Ehen besiegeln: neben
der von Dufour mit Mamsel Bonjour noch diejenigen von
Erneste und Eliza sowie von Alexis und Victorine.

Das amüsante Ballett mit seinen zahlreichen Verklei-
dungsaktionen – uraufgeführt als *Konservatoriet eller
Et avisfrieri* – schuf August Bournonville als liebens-
werte Hommage an seine Studienzeit in Paris. Anfang
der 1820er-Jahre hatte er in der französischen Hauptstadt
bei Auguste Vestris, einem der bedeutendsten Lehrer der
Zeit, seine Technik vervollkommnet, und dessen Unterricht ist das eigentliche Thema des Werkes. Die Szene des
I. Aktes, in dem die Ballettschüler verschiedene Übungen
vollziehen, ist tatsächlich dem eleganten französischen
Unterricht jener Jahre nachempfunden. In seiner Komposition verarbeitete Holger Simon Paulli beliebte Klavierstücke wie etwa Walzer von Frédéric Chopin oder Carl
Maria von Webers *Aufforderung zum Tanz* (1819), aber
auch Themen des *Violinkonzerts A-Dur* von Pierre Rode,
das in den 1820er-Jahren ein Prüfungsstück des Pariser
Konservatoriums war.

Bis 1934 führte das Königliche Dänische Ballett *Das
Konservatorium* in voller Länge auf. Ab 1941 wurde nur
noch die Unterrichtsszene, in überarbeiteter Form, als
Divertissement getanzt; dieses haben seit den 1960er-
Jahren diverse klassische Kompanien in ihr Repertoire
übernommen. Seit 1995 zeigt das Königliche Dänische
Ballett Bournonvilles Werk wieder in seiner zweiaktigen
Fassung.

Kontakthof

Stück

CHOREOGRAFIE: Pina Bausch; MUSIK: Schlager und Tanzmusik;
AUSSTATTUNG: Rolf Borzik; URAUFFÜHRUNG: 9. Dezember 1978,
Opernhaus, Wuppertal, Wuppertaler Tanztheater

ROLLEN: 9 Tänzerinnen; 11 Tänzer

Ein Tanzsaal mit Klavier und Stühlen an der Seite und
hinten, im Hintergrund eine Bühne.

Frauen in farbigen Cocktailkleidern und Herren im Anzug haben auf den Stühlen Platz genommen. Eine Frau geht zur Rampe, bleckt die Zähne, zeigt Hände und einen Fuß. Andere aus der Gruppe tun es ihr nach, schließlich alle Männer und Frauen. Gemeinsam finden sie sich bald zu einer Tanzsequenz, die sie von der Rampe weg- und wieder zu ihr zurückführt, wobei eine Tänzerin hysterisch lacht, umkippt und liegen bleibt. Daraufhin jagen die Darsteller von der Bühne. Im weiteren Verlauf des Stückes folgen revueartig Aktionen der Tänzer: Zunächst betreten durch eine Tür im Hintergrund fünf Tänzerinnen hintereinander den Raum, staksen und stöckeln auf ihren hohen Absätzen auf der Diagonalen; ein Mann folgt ihrer Spur und verfolgt die letzte, erschreckt sie mit einer Maus. Eine Frau schlägt am Klavier Töne an, stellt sich auf die Zehenspitzen und singt »Aua«. Später kreist sie mit einer anderen auf hoher halber Spitze, sie zupfen dabei an ihrer Kleidung, als hätten sie zu enge Unterwäsche an; ein Mann sieht ihnen zu. Als alle wieder auf den Stühlen sitzen, präsentiert sich die Frau vom Klavier am Mikrofon, stöhnt lustvoll »Aua«; das Ensemble beklatscht sie. Danach kommen vier Paare nacheinander an die Rampe und malträtieren sich lächelnd; das Ensemble spendet wieder Beifall. Während sich nun die Frauen an einer Seitenwand aufreihen und rhythmisch zucken, rutschen die Männer – auf ihren Stühlen wild gestikulierend – auf sie zu, um sie dann am ganzen Körper zu berühren. Dem schließt sich eine Tanzsequenz der Männer an; die Frauen fügen sich nacheinander in diese Gruppe ein. Vor den tanzenden Paaren balanciert bald eine Frau mit einem Apfel im Mund an der Rampe. Dann wird ein elektrisches Schaukelpferd hereingeschoben. Eine Frau will es in Gang setzen, doch es funktioniert erst, als ein Mann den Stecker anschließt und eine Münze einwirft. Inzwischen korrigiert eine Tänzerin ihrem Kollegen harsch eine Hüftrotation – »Pina will das so« –, die später vom Ensemble aufgegriffen wird. Paarweise trippeln die Tänzer, Masken

tragend, wieder und wieder über die Bühne. Zwei Tänzerinnen in rosa Kleidchen halten sich an den Händen und
agieren in der Manier einer Girltruppe vom Beginn des
20. Jahrhunderts. Ein Mann versucht mit seinem Körper
zu verbergen, dass seine Partnerin vom Stuhl zu gleiten droht und später unter ihm liegt. Ein Mann und eine
Frau sitzen sich an der Rampe gegenüber und beginnen
sich auszuziehen, lächeln dabei einander zu. Eine langsam promenierende Frau zieht einen Schwarm Männer
hinter sich her; andere Frauen reihen sich ein. Die Frauen
ziehen schwarze Kleider an, später wechseln sie wieder
zu den bunten. Mit Rufen wie »Head« oder »Shoulder«
gehen Frauen- und Männergruppe gegeneinander an.
Schließlich ziehen die Tänzer die Sakkos, die Tänzerinnen die Schuhe aus. Sie berühren sich erst selbst, dann
gegenseitig. Die zwei Mädchen in Rosa werden von
einem Mann verfolgt. Einzelne führen Tricks vor: Ein
Mann stellt sich Gewichte auf den Bauch, eine Frau lacht
und kippt um, eine andere springt an die Wand; jedes Mal
applaudiert das Ensemble. Ein Paar präsentiert einen Sei-
denstrumpf, bevor sie sich quälen. Nacheinander treten
Tänzer und Tänzerinnen an die Rampe und verformen
ihren Körper. Sie setzen sich dann Seite an Seite und reden
über Beziehungen. Wenn sie ein Mikrofon hingehalten
bekommen, hört man einen Bruchteil ihrer Geschichte.
Später ruft eine Frau eindringlich »Liebling«. Die Tänzer
gehen an die Rampe, streichen sich über die Lippen. Das
Mädchen in Rosa saugt an ihrem Finger und reibt ihren
Hintern an der Wand. Ihrem Tanz schließen sich mehrere
Frauen an. Die Frau schreit weiter »Liebling«, während
sich Paare zu einem stockenden Walzer finden. Sie singen
My Bonnie is Over the Ocean und schauen betreten auf
eine weinende Frau; dann gehen sie ab. Ein Mann kommt
herein, an dessen Beinen eine Frau förmlich klebt. Ein
Filmprojektor wird hereingerollt: Gemeinsam sehen sie
einen Film über das Verhalten von Enten. Ein Mann zählt
durch; eine Frau ruft »Jo«. Das Ensemble durchmisst

dann mit weiten Schritten den Raum. Die Männer werden aus dieser Reihe von der »Jo« rufenden Frau abgefangen und zusammengeführt. Nun stehen die Männer an der Seitenwand, und die Frauen ruckeln diesmal auf Stühlen auf sie zu. Eine Frau geht mit starker Hüftbetonung zur Rampe und zurück. Ein Mann mit Notenpult versucht vergeblich, ihr zu folgen. Eine Tänzerin imitiert einen Vogelruf. Es bilden sich Paare, die Schieber tanzen und fotografiert werden. Sie gleiten auf den Boden und bleiben dort sitzen. Eine Tänzerin zieht sich das Kleid aus und wird später von einer Männergruppe heftig betastet und manipuliert, ohne dass sie sich wehrt. Die Männer lassen von ihr erst ab, als eine weitere Frau auftaucht, der sie folgen. Am Ende bilden sie einen Kreis.

Der Kreis als letztes Bild verdeutlicht noch einmal das grundsätzliche Thema von *Kontakthof*: Prinzipiell endlos suchen, finden und verfehlen sich die Paare in diesem Ballsaal voll verblichener Eleganz, stellen sich aus, präsentieren sich einander und dem Publikum, bieten und biedern sich an. Permanent überschreiten die Akteure in der dargestellten Welt die Grenze zwischen Öffentlichem und Privatem, und das auf mehreren Ebenen: Paare zeigen zugleich die strahlende Fassade ihrer Beziehung und die Brutalität dahinter; Tänzer ›üben‹ ihre Schritte, als seien sie bei der Probe. Sie thematisieren somit die Rollenerwartungen des Publikums an die Tänzer und unterlaufen sie. Die vierte Wand, die zum Zuschauerraum, ist in dem Stück durchlässig geworden, wenn sich etwa eine Frau beim Publikum Geld ausleiht, um das Schaukelpferd in Gang zu setzen. Was sich in vorangegangenen Stücken – wie *Blaubart. Beim Anhören einer Tonbandaufnahme von Béla Bartóks Oper »Herzog Blaubarts Burg«* (Wuppertal 1977; Musik: Béla Bartók), *Komm, tanz mit mir* (Wuppertal 1977; Musik: Volkslieder) oder *Er nimmt sie an der Hand und führt sie in das Schloß, die andern folgen* (Bochum 1978; Musik: Peer Raben) – immer deutlicher herauskristallisiert hat, wird mit *Kontakthof* zum Markenzeichen Pina Bauschs: das Prinzip der Montage. Denn die Auftritte eines oder mehrerer Tänzer reihen sich nahtlos aneinander – die permanent wechselnde Darstellerfokussierung ist generelles Strukturmerkmal. Dieses Charakteristikum spiegelt sich in der Musik wider: Mehrfach erklingen Schlager der 1930er-Jahre wie *Fräulein Grete*, *Gnädige Frau* oder *Du bist nicht die erste*, die neben Tangomusik den Kontrast zwischen der heilen Tanzteewelt und der brüchigen des Einzelnen auf groteske Weise deutlich machen. Jederzeit kann die Situation vom Zärtlichen (dessen Schattierungen ausgelotet werden) ins Brutale kippen, vom ›normalen‹ Verhalten ins Zwanghaft-Manische umschlagen, können Abweichungen von der Norm zu peinigenden Selektionskriterien werden, offenbaren Kinderspiele die Mechanismen gesellschaftlicher Ausgrenzung. Die Choreografin reflektiert in den wie eine Collage aneinander montierten Szenen auch den Zynismus des Theaterbetriebs und des Paarverhaltens: Wie oft in ihren Stücken gibt es Szenen, in denen Körperteile vermessen, Objekte (auf)gezählt, Fotos gemacht werden, als wollten sich die Akteure einer Welt versichern, die ins Wanken geraten ist.

Kontakthof ist von Bauschs Kompanie seit der Uraufführung regelmäßig aufgeführt worden. Im Jahr 2000 erarbeitete Bausch das Stück in einer Version für Damen und Herren über 65.

Körper

CHOREOGRAFIE: Sasha Waltz; MUSIK: Hans Peter Kuhn; BÜHNENBILD: Thomas Schenk, Heike Schuppelius und Sasha Waltz; KOSTÜME: Bernd Skodzig; URAUFFÜHRUNG: 22. Januar 2000, Schaubühne am Lehniner Platz, Berlin, Tanzensemble der Schaubühne

ROLLEN: 6 Tänzerinnen; 7 Tänzer

Die Bühne begrenzt hinten ein Halbrund aus Sichtbeton, in der Mitte eine hoch aufragende schwarze Stellwand, in die eine Glasplatte eingelassen ist.

Während die Zuschauer ihren Platz aufsuchen, agieren zwei Männer vor der Stellwand. Auf deren linker Seite befindet sich in Brusthöhe ein Loch, aus dem abwechselnd zappelnde Hände, Arme und Beine herausgestreckt werden, auf der rechten Seite ein kleines Loch, durch das sich Finger winden. Nachdem eine Tänzerin – bis auf die fleischfarbene Unterhose nackt – per Leuchtstreifenanzeige gebeten hat, die Handys abzustellen, wird es dunkel. Anschließend bewegt sich ein Mann in heftigen schneidenden Bewegungen über die Bühne; andere Tänzer kommen hinzu und fallen, rollen, stürzen übereinander. So bilden sich zwei Dreiergruppen, eine vorn, eine hinten, die sich später vereinen. Sind die Tänzer abgegangen, beginnen sich die Tänzer (in Unterhose) hinter die eingelassene Glasplatte zu schieben: Sie pressen sich langsam aneinander vorbei, dabei einander berührend und übereinander schiebend. Einige klettern nach oben, lassen sich von oben herab oder bugsieren sich wieder hinaus. Dann hält vor der Stellwand eine Frau ›mit drei rechten Armen‹ Bälle in den Händen. Eine Tänzerin bleibt schließlich allein hinter der Glasplatte zurück. Man sieht, dass sie spricht, hört sie aber erst, als sich die Platte hebt. Sie erzählt von ihrem Tagesablauf und demonstriert die Handlungsabläufe körperlich am falschen Objekt, sagt etwa, dass sie Zähne putze, macht aber die entsprechende Bewegung in den Ohren. Drei Männer heben sie herab und tragen sie – wie später sich gegenseitig –, indem sie sich in das Fettgewebe greifen. Kurz darauf stellt sich eine Tänzerin an der Rampe auf und markiert Stellen ihres Körpers mit roter Farbe, woraufhin eine andere ihr einen Preisaufkleber auf den Körper klebt und die Preissumme des Organs nennt; dies wiederholen die beiden wechselseitig mehrere Male. Auf der anderen Seite der Bühne ›holt‹ währenddessen ein Tänzer im Stil eines Zaube-

rers einem anderen Bälle, einen Luftballon und ein Stück
Stoff aus dessen Fettwülsten. Später leeren die beiden
Paare zwischen sich Wasserflaschen aus, kippen dabei
Flasche und Partner so, dass es aussieht, als liefe das
Wasser aus den Menschen. Danach wischen zwei Männer
das Wasser auf, und ein Telefon schrillt. Eine nackte Tänzerin zieht nun den durchsichtigen Stoffschlauch an, den
vorher der Mann sich aus dem Bauch hat ›holen‹ lassen,
deutet auf ihren Körper und nennt dazu falsche Namen.
Die beiden Männer, die sie sogleich flankieren, machen
es jedoch richtig. An der Stellwand werden bald von verschiedenen Tänzern die Längenmaße genommen, auf
dem getragenen Display erscheinen Angaben zu Größe
und Gewicht. Danach erscheinen zwei Doppelwesen,
die jeweils aus zwei Körpern bestehen und beständig ihre
Körperkonturen verändern. Um jedes Doppelwesen gruppieren sich nach einer Weile Tänzer, die klirrend Teller
wie aus der Achse gesprungene Wirbel verschieben. Die
Aktionen werden vielfältiger: Jemand zählt, eine nestelt
an ihren Haaren, ein anderer rupft ein Kuscheltier und
stopft sich mit dessen Einzelteilen aus. Eine Tänzerin
übt sich auf der Seitengalerie im Schlittschuhlaufen. Ein
Tänzer wirft dort Teller gegen die Wand. Auf der Plattform auf der Stellwand steht ein Mann mit Skiern an den
Füßen; später lässt er sich herab. Bodenplatten werden
aufgedeckt (darunter ist der Boden rot). Einige schreiben
mit Kreide auf die Stellwand. Ein Mann fragt in seinem
Monolog »Do you think there's something wrong with
me?«. Es folgt eine tänzerische Passage mit ruckartigen
Motionen, bevor die Stellwand nach vorn kippt und zur
hellen, flachen Rampe wird. Die Tänzer, überwiegend in
Unterhose, rollen jetzt auf dem Boden, formen unablässig wechselnde Formationen, bewegen sich in geometrischen Mustern. Schließlich gehen alle ab bis auf ein Paar,
das ein inniges Duett zeigt. Zwei weitere Paare kommen
dazu. Es wird nun fast vollständig dunkel, und man hört,
wie Körper auf den Boden klatschen. Später ist zu sehen,

wie die Tänzer an der hinteren Wand entlanggehen.
Wenn es wieder heller wird, erkennt man eine Frau, die
ihre Haarspitzen an zwei lange Stäbe geflochten hat. Die
hinzutretende Gruppe ›spielt Geige‹ auf ihren Haaren.
Danach eilt das Ensemble, »Yes« und »No« skandierend,
durch den Raum, hin und wieder bricht ein Tänzer aus.
Die Glasplatte senkt sich dann; zu beiden Seiten agieren
ein Mann und eine Frau miteinander. Die ständig neue
Ordnungen bildende Gruppe legt sich schließlich in einer
langen Reihe auf den Boden.

Körper eröffnete die ›neue Ära‹ der Schaubühne am
Lehniner Platz in Berlin, deren Leitung Thomas Oster-
meier, Jens Hillje, Sasha Waltz und Jochen Sandig 1999
im Kollektiv übernommen hatten. Auch für Waltz setzt
damit ein Wandel in ihrer Arbeit ein. Anders als in ihren
slapstickhaften Stücken der »Travelogue«-Trilogie oder
in →*Allee der Kosmonauten* verzichtet sie hier auf karikierende Milieuschilderungen zugunsten einer abstrakten, gleichwohl anekdotisch aneinander gereihten Folge
von Szenen, die auf die Materialität des Körpers fokus-
sieren. Dabei bedient sie sich seiner biologischen Masse,
die bezeichnet, gewogen, vermessen, entleert oder ausgetauscht werden kann, sie konzentriert sich auf seine
Physis, die sie zu ornamentalen Mustern im Raum ordnet.
Das emotionale Verhältnis des Menschen zu seinem
Körper äußert sich paradoxerweise am ehesten in kurzen
Monologen der Tänzer. In *Körper* zitiert Waltz zudem
Topoi des Tanztheaters, und sie übernimmt verfrem-
det Teile ihres Projekts *Dialoge II/99*, das sie 1999 für
das von Daniel Libeskind erbaute Jüdische Museum in
Berlin entwickelt hat, und greift den von ihren Kollegen
Meg Stuart, Jérôme Bel oder Xavier Le Roy geführten
Diskurs über den Körper, seine gesellschaftspolitischen
Einschreibungen und Zuschreibungen sowie seine Selbst-
entfremdung auf. Dabei öffnen die in *Körper* evozierten
Bilder einen politischen Assoziationsrahmen, der von den

Jahrmarktsbuden des 19. Jahrhunderts mit ihren ausgestellten Monstrositäten über militärische Aufmärsche bis zu den Leichenbergen des 20. Jahrhunderts reicht.

Körper erfuhr nach der Uraufführung kleinere Kürzungen. Das Stück ist der erste Teil einer Trilogie, zu der *S* (Berlin 2000; Musik: Jonathan Bepler) und *noBody* (Berlin 2002; Musik: Hans Peter Kuhn) gehören, und befindet sich nach wie vor im Repertoire der Schaubühne.

Der Kuss der Fee

Ballettallegorie in vier Bildern

CHOREOGRAFIE: Bronislawa Nijinska; MUSIK: Igor Strawinsky; LIBRETTO: Igor Strawinsky, nach Hans Christian Andersen; AUSSTATTUNG: Alexandre Benois; URAUFFÜHRUNG: 27. November 1928, Opéra (Salle Garnier), Paris, Ballets de Madame Ida Rubinstein

ROLLEN: die Fee; Roudy; die Verlobte Babette; die Geister (16 Tänzerinnen); 11 Bäuerinnen; 15 Bauern; 4 Musiker

In der Schweiz, Mitte des 19. Jahrhunderts.

1. Bild (Prolog), ›Wiegenlied im Sturm‹: Eine Mutter, die mit ihrem Sohn unterwegs ist, wird von einem Schneesturm überrascht. Die Geister der Fee entwenden ihr Roudy, das Kind, und die Fee küsst es. Ihr gehört nun das Leben dieses Menschen.

2. Bild, ›Ein Fest im Dorf‹: Das Kind ist zu einem jungen Mann geworden, der beim Kirchweihfest mit seiner Verlobten Babette tanzt. Nach dem Fest bleibt er allein zurück. Da naht die Fee, als Zigeunerin verkleidet. Sie liest ihm aus der Hand und verkündet ihm ein glückliches Leben. Daraufhin bittet Roudy die Fee, mit ihm zu seiner Verlobten zu gehen.

3. Bild, ›Bei der Mühle‹: In der Mühle vergnügt sich Babette mit ihren Freundinnen. Bald zieht sie sich

zurück, um ihr Brautkleid anzulegen, und wieder bleibt
Roudy allein zurück. Zu ihm tritt dann erneut die Fee,
nun von einem Schleier verhüllt. Freudig begrüßt sie der
Mann, doch sobald sie sich zu erkennen gegeben hat, will
er davonlaufen. Dies gelingt ihm nicht; er muss der Fee
folgen.

4. Bild (Epilog), ›Wiegenlied der Seligen‹: Im Eisreich
huldigen die Geister der Fee dem Paar.

Weil die Mäzenin und Tänzerin Ida Rubinstein die
europäischen Aufführungsrechte an Igor Strawinskys
Apollon musagète nicht erwerben konnte – zu der Musik
kreierte George Balanchine →*Apollo* –, beauftragte
sie den Komponisten mit einem neuen Werk, das von
ihrer Kompanie und ihr selbst in der Hauptrolle aufgeführt werden sollte. Da die Komposition Pjotr Tschaikowski gedenken sollte, verarbeitete Strawinsky auf
höchst kunstvolle Weise diverse Themen aus dessen
Klavierstücken. Für das Libretto griff er, möglicherweise angeregt von Alexandre Benois, auf Hans Christian Andersens Märchen *Die Eisjungfrau* (1862) zurück:
Denn die Person Roudys empfand Strawinsky als Allegorie auf das Leben Tschaikowskis, der ja auch im Grunde
immer ein einsamer Mensch geblieben war und wohl nur
in der Musik eine Art Glück gefunden hatte. Und zudem
bediente er sich verschiedener Elemente romantischer
Ballettlibretti, so das Vorkommen von Geisterwesen
oder der Wechsel von der Welt der Menschen in die
der Geister. Auch finden sich im *Kuss der Fee* – uraufgeführt unter dem französischen Titel *Le baiser de la
fée* – die weißen Akte der romantischen Ballette ganz
wortwörtlich wieder: als Bilder, die in einer weißen
Natur spielen. Höhepunkte der auf der Danse d'école
basierenden, viel mit gestischen Aktionen ausgefüll-
ten Choreografie Bronislawa Nijinskas sind die Duette
im 2. und 3. Bild (Roudy und Babette beziehungsweise
Roudy und Fee).

Rubinsteins Kompanie führte das angesichts der unbefriedigenden Darstellung ihrer Gründerin in der Rolle der Titelfigur wenig erfolgreiche Werk nur kurze Zeit im Repertoire, und es wurde danach von Nijinska nur ein einziges Mal bei einem anderen Ensemble, dem Ballett des Teatro Colón, einstudiert (Buenos Aires 1933). George Balanchine erstellte bald darauf eine Neufassung des Werkes (New York 1937), die in der Folge von einigen anderen Kompanien übernommen wurde (jeweils mit Veränderungen); später choreografierte er noch *Divertimento from »Le Baiser de la Fée«* (New York 1972). Andere Fassungen stammen unter anderem von Frederick Ashton (London 1935), Kenneth MacMillan (London 1960), John Neumeier (Frankfurt a. M. 1972) und Maurice Béjart (Gent 1985).

Die Launen Amors und des Ballettmeisters

Allegorisches Ballett in einem Akt

CHOREOGRAFIE: Vincenzo Galeotti; MUSIK: Jens Lolle; URAUFFÜHRUNG: 31. Oktober 1786, Königliches Theater, Kopenhagen, Ballett des Theaters

ROLLEN: Amor; Paar aus der Steiermark; Quäkerpaar; griechisches Paar; norwegisches Paar; altes Paar; französisches Paar; Paar von Amager; 3 Negerpaare; Priester

In einem Tempel, der Amor geweiht ist.

Amor wird von Priestern mit verbundenen Augen ein Opfer gebracht. Er ordnet an, dass die Priester die Binden abnehmen und die Türen öffnen, und zieht sich zurück. Nacheinander betreten nun Paare aus verschiedenen Ländern den Tempel. Wenn alle Paare eingetroffen sind, kehrt Amor zurück und gibt bekannt, dass in seinem Tempel alle Paare, die seinen Segen wünschen, ihre Augen verbinden müssen. Jeder ist dazu bereit. Dann trennt Amor die Paare und schafft neue Verbindungen; diese Paare erklärt er als verheiratet. Sobald alle wieder die Binde abgenommen haben, sind Entsetzen und Verwirrung groß.

Die Launen Amors und des Ballettmeisters – urauf-geführt als *Amors og balletmesterens luner* – sind das älteste Ballett, das in einer durchgehenden Traditions-linie an einem Theater aufgeführt wird: Das Ballett des Königlichen Theaters in Kopenhagen hat es, stets basie-rend auf Vincenzo Galeottis originaler Choreografie, bis heute über 500-mal aufgeführt. Die Handlung stellt lediglich einen für das frühromantische Ballett typi-schen Vorwand zur Präsentation verschiedener National-tänze dar (vielmehr das, was Galeotti dafür gehalten hat). Damit erfüllten *Die Launen Amors und des Ballettmeis-ters* die von einem Divertissement erwartete Funktion eines kürzeren unterhaltsamen Tanzwerks im Lauf eines Theaterabends. Die Struktur des Stückes entspricht ganz der für ein höfisches Ballett obligatorischen Gliederung in Danse noble, Danse joyeuse und Danse grotesque (in dieser Reihenfolge).

Die Launen Amors und des Ballettmeisters wurden nur selten von anderen Kompanien einstudiert.

Das Lied von der Erde

CHOREOGRAFIE: Kenneth MacMillan; MUSIK: Gustav Mahler; URAUFFÜHRUNG: 7. November 1965, Württembergische Staats-theater (Großes Haus), Stuttgart, Stuttgarter Ballett

ROLLEN: der Ewige; 1 Solistin; 1 Solist; 3 Halbsolistinnen; 5 Tänzerinnen; 10 Tänzer

Dekorationslose Bühne, leicht gekrümmter Hintergrund-prospekt, verschiedenfarbig angestrahlt.

1. Teil, ›Das Trinklied vom Jammer der Erde‹: Der Solist läuft mit weit geöffneten Armen im Kreis. Ein zweiter Mann in Grau mit einer Halbmaske, der Ewige,

kommt hinzu. Nacheinander erscheinen fünf weitere Tänzer. Die Aktionen der sieben Tänzer wechseln einander in verschiedenen Formationen ab. Zum Schluss wird der Ewige von den fünf Tänzern hochgeworfen und festgehalten, wobei er seine gestreckten Arme mit gespreizten Fingern in Richtung des Solisten reckt.

2. Teil, ›Der Einsame im Herbst‹: Vier Paare sind auf der Bühne: Vier Männer sitzen; vier Frauen, die weiß gekleidete Solistin und drei Halbsolistinnen in Gelb, beginnen um die Männer zu tanzen. Bald stehen diese auf, um die Frauen zu stützen und zu heben. Wenn sie sich von den Frauen lösen, betritt der Ewige die Bühne, und sie gehen ab. Aus der Frauengruppe löst sich die Solistin; zu ihr begibt sich schließlich der Ewige und tanzt mit ihr. Die beiden bleiben zurück, nachdem die drei Halbsolistinnen sich entfernt haben.

3. Teil, ›Von der Jugend‹: Vier Tänzerinnen in Rot knien als Gruppe vier Tänzern gegenüber, die in einer Reihe hintereinander sitzen. Eine der Halbsolistinnen erscheint und steht sofort im Mittelpunkt der Aufmerksamkeit. Männer und Frauen erheben sich und finden zu einem großen Ensemble zusammen; vor allem die Männer scharen sich um sie. Plötzlich steht der Ewige in ihrer Reihe und nimmt sie mit sich.

4. Teil, ›Von der Schönheit‹: Sieben Frauen warten, bis die vordere Halbsolistin den Tanz der Gruppe mit vielen ausholenden und gestischen Armbewegungen initiiert. Sieben Männer kommen hinzu; der die Gruppe anführende Tänzer führt mit der Halbsolistin ein Duett vor, währenddessen alle anderen im Hintergrund bleiben; kurzzeitig greifen diese sechs Paare die Aktionen des Solopaars auf.

5. Teil, ›Der Trunkene im Frühling‹: Drei Männer, darunter der Solist, ›torkeln‹ tollpatschig auf die Bühne. Der Ewige schließt sich ihnen an; gemeinsam ›torkeln‹, hüpfen und drehen sie, bis zwei Männer abgehen und der Ewige mit dem Solisten zurückbleibt: Der Solist hängt

am Ende an den Hüften des Ewigen, der die Arme in der markanten Pose mit gespreizten Fingern von sich streckt.

6. Teil, ›Der Abschied‹: Vier Männer und vier Frauen beginnen mit getragenen Bewegungen; sie bilden bald eine Reihe von vier Paaren. Nun kommen weitere Tänzer hinzu, und acht Paare formieren sich zu einem Halbkreis, in dem das Solistenpaar und der Ewige stehen. Diese drei agieren als Trio vor dem Hintergrund der Gruppe; bestimmend sind Ziehbewegungen. Dann gehen bis auf eine Halbsolistin und vier Tänzerinnen alle ab; dieses Quintett ergänzen weitere vier Frauen, unter ihnen die Solistin. Zu den Frauen treten bald acht Männer, worauf die acht Frauen abgehen. Die Solistin und der Ewige bewegen sich nun inmitten der am Boden liegenden Männer. Nachdem alle die Bühne verlassen haben, kehrt die Solistin wieder zurück; mit den drei Halbsolistinnen formiert sie sich darauf zum Quartett, das von drei Männern unterbrochen wird, die mit den Halbsolistinnen Paare bilden. Die Paare verschwinden und unterbrechen kurze Zeit später das Solo der Solistin. Dann tritt der Ewige zur Solistin; ihm folgt der Solist. Der Ewige lässt die beiden allein; sie zeigen ein leidenschaftliches, intimes Duett. Wenn der Ewige wieder da ist, widmet er sich dem Mann und eilt mit ihm schließlich davon. Nun kommen noch einmal die acht Paare auf die Bühne, zwischen denen sich die Solistin bewegt. Paarweise schreitet die Gruppe ab, und die Solistin greift ihr Trippeln wieder auf, bis sie der Solist in seine Arme nimmt. Darauf fasst der Ewige die Solistin an der Hand und führt das Trio nach hinten. Ganz langsam gehen am Ende alle drei auf das Publikum zu.

Nach den sinfonischen Balletten Léonide Massines nimmt *Das Lied von der Erde* einen historisch wichtigen Platz in der Geschichte des Bühnentanzes im 20. Jahrhundert ein. Denn so wie Massine in den 1930er-Jahren verwendete Kenneth MacMillan eine Komposition, die gemeinhin als ungeeignet für Tanz galt – bezeichnenderweise wurde es ihm verwehrt, diese Musik am Royal Opera House in London für ein Ballett heranzuziehen –, und wie Massine schuf MacMillan ein Werk, das eine abstrakte choreografische Umsetzung der Musik darstellt. MacMillan reagierte insbesondere auf die Texte, die Gustav Mahlers Liedsinfonie (1908) zugrunde liegen. Die Nachdichtungen altchinesischer Lyrik von Hans Bethge, die unter dem Titel *Die chinesische Flöte* 1907 veröffentlicht wurden, sprechen von Abschied, Einsamkeit, Schlaf und Tod, aber auch von Jugend, Schönheit und Lebensgenuss. In seinem auf der klassischen Technik basierenden Ballett ›übersetzt‹ MacMillan Bewegungsbilder der Gedichte in Gesten und Bewegungen, etwa wenn die Tänzerinnen in einem ausholenden Armschwung ›Blumen pflücken‹ oder ›alles auf dem Kopfe‹ steht. Doch markant sind der nach vorn oder seitlich abgeknickte Oberkörper und die, bei tief gebeugten Knien, sanft geschwungenen Arme, die mit dem Torso bewegt werden. Durchgängig fügen sich in der luziden Choreografie geschwungene skulpturale Linien zu ornamentalen Mustern. Die dominierende Figur im *Lied von der Erde* ist der Ewige; ihm kommt in allen Teilen des Werkes eine choreografische Schlüsselstellung zu, lenkt er doch quasi den Fortgang des Bühnengeschehens.

Wenige Monate nach der gefeierten Uraufführung übernahm das Royal Ballet *Das Lied von der Erde* (London 1966); in dieser Produktion gab MacMillan dem Part des Ewigen die Bezeichnung »The Messenger of Death«, wodurch die textuelle und theatrale Bedeutung der Figur eindeutig benannt ist. *Das Lied von der Erde* befindet sich nach wie vor im Repertoire des Stuttgarter Balletts und des Royal Ballet; daneben haben es einige andere klassische Kompanien einstudiert.

Vor MacMillan hatte Antony Tudor mit *Shadow in the Wind* eine Choreografie zu Mahlers Liedsinfonie kreiert (New York 1948); in den 1970er-Jahren begann dann John Neumeier die Reihe seiner Ballette zu Musik des Komponisten mit → *Dritte Sinfonie von Gustav Mahler*.

Lilac Garden

CHOREOGRAFIE: Antony Tudor; MUSIK: Ernest Chausson; AUSSTATTUNG: Hugh Stevenson; URAUFFÜHRUNG: 26. Januar 1936, Mercury Theatre, London, Ballet Rambert

ROLLEN: Caroline, die zukünftige Braut; ihr Geliebter; der Mann, den sie heiraten muss; eine Episode in seiner Vergangenheit; ihre Schwester, ein Matrose, ihre junge Cousine, ein Freund der Familie, ein Soldat

Im Fliedergarten eines Anwesens in England, Vollmond.

Caroline und ihr zukünftiger Mann stehen im Fliedergarten; ihre Gesten verraten, dass sie sich nicht lieben. Unter den Gästen, die zu einem Fest eintreffen, befinden sich Carolines Geliebter und die frühere Geliebte ihres Verlobten; diese ignoriert bei Carolines Begrüßung die ausgestreckte Hand. Bald ist Caroline mit ihrem Geliebten allein, und sie befürchtet, von den anderen Gästen entdeckt zu werden. Nachdem sich die beiden entfernt haben, treffen sich Carolines Verlobter und dessen frühere Geliebte; er hofft, dass ihre Liebesbezeugungen von niemandem gesehen werden. Während des Festes begegnen sich die beiden Paare mehrere Male im Fliedergarten; die vier Personen kommen hier auch mit den anderen Gästen zusammen. Schließlich muss Caroline mit ihrem Verlobten gehen; sie möchte sich von ihrem Geliebten noch verabschieden, doch dies gelingt ihr nicht mehr. Der Geliebte kann ihr lediglich einen Strauß Flieder übergeben. Am Arm ihres Verlobten verlässt Caroline das Fest, und die anderen Gäste gehen auch. Nur Carolines Geliebter bleibt zurück.

Mit *Lilac Garden* gelang Antony Tudor eine feine, atmosphärisch dichte psychologische Studie: Die Beziehungen der vier Hauptpersonen werden allein durch ein erweitertes klassisches Bewegungsmaterial ausgedrückt; das heißt, die Motionen, einschließlich subtil und wirkungsvoll eingesetzter Gesten der Arme und Hände, lassen sich interpretieren als Ausdruck der Gefühle. So zeigen zu Beginn die steifen, kaum auf den anderen bezogenen Bewegungen von Caroline und ihrem Verlobten an, dass sich die beiden nicht lieben; die emphatischen Duette der beiden Paare verdeutlichen die entsprechende Zuneigung. Oder das Erkennen des eigenen Schicksals führt dazu, dass die Frauen ihren Oberkörper nach vorn fallen lassen und dann nach hinten neigen. Insgesamt ging es Tudor in *Lilac Garden* um ein Charakterbild der besseren englischen Gesellschaft zu Beginn des 20. Jahrhunderts, in der man niemals die Contenance verliert. Die passende musikalische Untermalung fand der Choreograf in Ernest Chaussons *Poème Es-Dur für Violine und Orchester* (1896) mit seiner lyrischen spätromantischen Expressivität.

Kurz nach der Uraufführung strich Tudor die Bezeichnungen für die fünf Nebenrollen und fasste sie unter der Bezeichnung »Gäste« zusammen. Bis zu seiner amerikanischen Erstaufführung beim Ballet Theatre (New York 1940) trug das Werk den französischen Titel *Jardin aux lilas*. Für diese Einstudierung erweiterte Tudor die Zahl der Corps-de-ballet-Tänzer: In der Regel tanzen seitdem vier Frauen und vier Männer. Diverse andere klassische Kompanien haben *Lilac Garden* seit den 1950er-Jahren in ihr Repertoire übernommen.

Mit *Dark Elegies* (London 1937; Musik: Gustav Mahler), einem Trauerritual, schuf Tudor ein weiteres Ballett mit starker emotionaler Aussage.

Live

Videoballett

CHOREOGRAFIE: Hans van Manen; MUSIK: Franz Liszt; AUS-STATTUNG: Keso Dekker; URAUFFÜHRUNG: 2. Juni 1979, Theater Carré, Niederländisches Nationalballet

ROLLEN: 1 Tänzerin; 1 Tänzer; 1 Kameramann

Dekorationslose Bühne; hinten befindet sich eine Projektionsfläche.

Der Kameramann betritt die Bühne und richtet die Kamera auf das Publikum, Gesichter einzelner Zuschauer erscheinen auf der Projektionsfläche. Dann betritt die Tänzerin in einem roten Kostüm mit kurzem Rock die Bühne, und der Kameramann konzentriert sich nur noch auf sie. Sie geht auf der Bühne umher, zeigt Schrittfolgen, Drehungen und Posen und umkreist dann den Kameramann. Nach einer Weile steht sie hinten, vor ihr der Kameramann, der einzelne Körperpartien mit der Kamera fokussiert. Plötzlich kreuzt von hinten der Tänzer im weißen Overall die Bühne und eilt aus dem Zuschauerraum ins Foyer. Die Tänzerin folgt ihm, der Kameramann ihr. Aus dem Foyer überträgt die Kamera das Duett der beiden, bei dem der Mann die Frau überwiegend stützt. Als auch einmal der Tänzer verschwindet, geht die Frau in den Zuschauerraum zurück und deckt mit ihren Händen die Kameraöffnung ab: Auf der Projektionsfläche läuft jetzt ein Video ab, das die Tänzer bei der Probe zeigt. Man sieht, wie es ihnen zunehmend schwerer fällt, miteinander zu tanzen. Auf einmal hat der Mann genug, und er verlässt wütend, die Tür zuknallend, den Raum. Nun zeigt die Projektionsfläche wieder die reale Tänzerin: Sie dreht sich um, geht wieder ins Foyer und von dort aus dem Theater. Der Kameramann folgt ihr bis vors Theater und hält die Kamera in die Richtung, in der die Tänzerin davongegangen ist.

Hans van Manen interessierte sich seit den Anfängen seiner Karriere für Film und Video, und Anfang der 1970er-Jahre verwendete er in zwei Balletten Filmprojektionen von Tanz. Die Entwicklung der Videotechnik ermöglichte dann am Ende dieses Jahrzehnts den Einsatz des Mediums auf eine bis dahin neuartige Weise, sodass *Live* – von einigen kürzeren, wenig bekannten späten Klavierstücken Franz Liszts *(Sospiri!, Bagatelle sans tonalité, Wiegenlied, Vier kleine Klavierstücke* und *Abschied)* begleitet – das erste originäre Videoballett der Tanzgeschichte sein dürfte. Denn mittels der Kamera und stark vergrößerten Bildern kann man Perspektiven und Details erleben, die einem ansonsten im Theater verborgen bleiben: beispielsweise Großaufnahmen von Fußspitze, Hand oder Gesicht oder Blicke von unten auf die Tänzerin. In diesen Fällen stellt das Videobild eine Ergänzung zum Bühnengeschehen dar, ebenso wenn es die Tänzerin von vorn einfängt und somit die Aktion in starker Vergrößerung verdoppelt. Wenn Tänzerin und Tänzer sich schließlich außerhalb des Zuschauerraums befinden, ermöglicht einzig die Kamera die weitere Teilnahme des Publikums am Geschehen. Doch unabhängig von der Demonstration technisch-dokumentarischer Möglichkeiten gelang van Manen und dem Kameramann Henk van Dijk mit *Live* ein künstlerisches Produkt, das seine ästhetische Wirkung aus dem Zusammenspiel von Tänzerin und Videoprojektion bezieht.

Das Niederländische Nationalballett hat *Live* bis heute im Repertoire; das Werk wird jedoch nur selten aufgeführt. Das eingespielte Video mit der Aufnahme im Probensaal zeigt immer die Uraufführungsbesetzung (Coleen Davis und Henny Jurriëns).

Manon

Ballett in drei Akten

CHOREOGRAFIE: Kenneth MacMillan; MUSIK: Jules Massenet, arrangiert von Leighton Lucas und Hilda Gaunt; AUSSTATTUNG: Nicholas Georgiadis; URAUFFÜHRUNG: 7. März 1974, Royal Opera House, London, Royal Ballet

ROLLEN: Manon; Des Grieux; Lescaut; Monsieur G. M.; Lescauts Geliebte; der Gefängniswärter; die Geliebte des Gefängniswärters; Madame; Anführer der Bettler; 4 Kurtisanen; 4 Schauspielerinnen; 3 Herren; 5 Kunden; 12 Prostituierte; Bettlerkinder (7 Tänzerinnen, 6 Tänzer); ein alter Herr; Gastwirtin; 2 Dienstmägde; Rattenfänger, Stadtleute, Diener, Polizisten, Lakaien etc.

Im 18. Jahrhundert.

I. Akt, 1. Bild, Innenhof eines Gasthofs bei Paris: Hier treffen sich Schauspielerinnen, Herren und jede Menge zwielichtige Personen. Zu den Gästen gehören der Student Des Grieux, der vermögende Monsieur G. M. und Lescaut; Lescaut erwartet seine Schwester Manon, die sich auf dem Weg ins Kloster befindet. In der Kutsche, mit der Manon schließlich eintrifft, reist auch ein alter Herr, der sich sehr für Manon interessiert. Dies bemerkt Lescaut und geht mit dem Herrn in den Gasthof, um mit ihm über Manon zu sprechen. Währenddessen begegnet Manon Des Grieux: Sie verlieben sich ineinander und machen sich sogleich nach Paris auf; die beiden sind nicht ganz mittellos, denn Manon hat dem alten Herrn Geld gestohlen. Lescaut und der alte Herr haben nun ihre Unterredung beendet und treten wieder aus dem Gasthof; zu ihrem Entsetzen stellen sie fest, dass Manon verschwunden ist. Daraufhin erzählt Monsieur G. M. Lescaut, dass er ebenfalls Interesse an Manon habe, und wegen dessen Reichtum verspricht Lescaut, dass er seine Schwester finden werde und sie zu einer Annahme des Antrags bewegen wolle. 2. Bild, Pariser Wohnung von Des Grieux: Des Grieux ist dabei, einen Brief an seinen

Vater zu schreiben, als Manon beteuert, dass sie ihn liebe. Danach bringt Des Grieux den Brief weg; in seiner Abwesenheit erscheinen Lescaut und Monsieur G. M. Manon gibt dem Antrag von Monsieur G. M. nach, und Lescaut überzeugt den zurückgekehrten Des Grieux, dass auch er einen finanziellen Nutzen aus der Verbindung von Manon und Monsieur G. M. ziehen werde.

II. Akt, 1. Bild, Madames Haus: Zu dem von Monsieur G. M. veranstalteten Fest ist auch Manon geladen; sie ist unschlüssig, wofür sie sich entscheiden soll: für Monsieur G. M., der ihr ein schönes Leben bietet, oder für den armen Des Grieux, den sie liebt und der mit Lescaut zu dem Fest gekommen ist. Des Grieux will Manon überreden, mit ihm zu gehen, doch sie weigert sich. Sie wolle erst mit ihm kommen, wenn er Monsieur G. M. beim Kartenspiel noch mehr Geld abgenommen habe. Als dann Des Grieux beim Falschspielen erwischt wird, flieht er mit Manon. 2. Bild, Des Grieux' Wohnung: Manon und Des Grieux versichern sich erneut ihrer Liebe. Da platzt Monsieur G. M. mit der Polizei herein, und Manon wird als Prostituierte verhaftet. Im anschließenden Handgemenge wird Lescaut getötet.

III. Akt, 1. Bild, Zimmer des Gefängniswärters der Strafkolonie von New Orleans: Der Gefängniswärter ist mit seiner Geliebten allein. 2. Bild, Hafen von New Orleans: Manon wurde wegen Prostitution nach Amerika gebracht; Des Grieux konnte ihr unter dem Vorwand folgen, ihr Ehemann zu sein. Der Gefängniswärter wird auf Manon aufmerksam. 3. Bild, wie 1. Bild: Der Gefängniswärter hat Manon vorführen lassen. Er verspricht ihr Vergünstigungen, sollte sie sich ihm gefügig erweisen. In diesem Moment stürzt Des Grieux herein und tötet den Wärter. 4. Bild, Sumpfgebiet: Manon und Des Grieux sind in das Sumpfgebiet von Louisiana geflüchtet. Hier verlassen Manon die Kräfte, und sie stirbt in Des Grieux' Armen.

Kenneth MacMillan gestaltete *Manon* nach der *Histoire du chevalier Des Grieux et de Manon Lescaut* aus dem siebten Band der *Mémoires et aventures d'un homme de qualité qui s'est retiré du monde* (1731) des Abbé Prévost; allerdings verfuhr er recht frei mit der literarischen Vorlage und konzentrierte sich auf das Schicksal der schönen, leichtfertigen Manon und des ernsten Des Grieux. Für die beiden Hauptfiguren choreografierte MacMillan denn auch die tänzerisch herausragenden Nummern, virtuose Duette mit vielen Hebungen, sodass der Part der Manon zu einer Paraderolle großer Ballerinen wurde. Die Duette sind die Kulminationspunkte der auf der Danse d'école basierenden Choreografie, in der solistische Einlagen geschickt in die Gruppenszenen eingebunden sind. Bei der Musik für das groß dimensionierte Handlungsballett handelt es sich um ein Arrangement, das sich diverser Werke Jules Massenets bediente (vor allem einiger Opern, jedoch nicht der beiden *Manon*-Opern, sowie Oratorien und Orchestersuiten).

Infolge der wenig schmeichelhaften Aufnahme bei der Uraufführung – neben der Choreografie erntete insbesondere das Musikarrangement von Leighton Lucas und Hilda Gaunt Missfallen – überarbeitete MacMillan *Manon* sukzessive im Lauf der Jahre. So strich er später etwa das 1. Bild des III. Aktes und straffte überhaupt die choreografische Aktion.

Erst ab den 1980er-Jahren erhielt das Ballett verstärkten Publikumszuspruch und wurde dann von diversen klassischen Kompanien einstudiert.

Prévosts Text hatte erstmals Jean-Pierre Aumer für sein Ballett *Manon Lescaut* (Paris 1830; Musik: Jacques Halévy) verwendet; später benutzte ihn unter anderem Paolo Taglioni für *Madeleine* (Berlin 1876; Musik: Peter Ludwig Hertel). John Neumeier integrierte in → *Kameliendame* die Aufführung eines »Manon-Lescaut«-Balletts als Theater auf dem Theater.

Matthäus-Passion

CHOREOGRAFIE: John Neumeier; MUSIK: Johann Sebastian Bach; AUSSTATTUNG: John Neumeier; URAUFFÜHRUNG: 25. Juni 1981, Hamburgische Staatsoper, Hamburg, Ballett der Staatsoper

ROLLEN: 20 Tänzerinnen; 21 Tänzer

Zum hinteren erhöhten Teil der Bühne führen drei Stufen auf der gesamten Bühnenbreite, rechts ein erhöhtes, rot ausgeschlagenes Quadrat, sieben Bänke als Requisiten (Sitzgelegenheiten, werden aber auch bei der Folterung Christi und der Kreuzigung eingesetzt), die Tänzerinnen in weißen Kleidern, die Tänzer in weit fallenden ärmellosen weißen T-Shirts und weißen Hosen.

In der Bühnenmitte liegt ein weißes Frackhemd, ausgebreitet in Kreuzform. Nacheinander kommen Tänzerinnen und Tänzer auf die Bühne; ein Mann geht zu dem Hemd, faltet es zusammen und verlässt mit ihm wieder die Bühne. Währenddessen sitzen die Tänzer auf den Bänken im Hintergrund, bis ein Mann aufsteht, nach vorn geht und niederkniet. Ihm folgen vier weitere Tänzer, die einen Kreis bilden; in diesen Kreis gliedern sich die anderen ein, und dann löst sich der Kreis in eine Reihe auf. Dem kollektiven Beginn folgen individuelle Bewegungen der Tänzer. Bald erscheint wieder der Tänzer, der mit dem Hemd die Bühne verlassen hat; er hat nun das Hemd an und ist somit als ›Jesus‹ gekennzeichnet. Der Tänzer trägt einen anderen Mann auf seiner Schulter, der später als Verkörperung sowohl des Judas als auch des Pilatus fungiert. Im Folgenden visualisiert das Ballett die Passion Christi, beginnend mit dem Abendmahl, und von diesem Zeitpunkt an wird ›Jesus‹ immer, wenn er ›spricht‹, von zwei Männern in Grau begleitet, die seine Aktionen verstärken; dies symbolisiert die Dreifaltigkeit. Das Ballett schildert im weiteren Verlauf den Inhalt des Matthäusevangeliums, über Jesu Verrat durch Judas – wobei allerdings Jesus Judas küsst –, der Verurteilung durch das Volk, der Marterung Jesu und der Kreuzigung bis zur

Grablegung. Am Ende formieren sich die Tänzer zur Reihe und schließlich zu drei Kreisen.

John Neumeiers Ballett zu Johann Sebastian Bachs *Matthäuspassion* (1727) liegt eine intensive Beschäftigung des Choreografen mit der Musik zugrunde; während des knapp zweijährigen Entstehungsprozesses präsentierte Neumeier wiederholt Teile des Werkes als *Skizzen zur Matthäus-Passion*, um die Choreografie auf ihre Wirkung und Substanz hin zu prüfen. Das vollständige Ballett stellt ein Bildertheater dar, das ganz von der tänzerischen Bewegung lebt. Einerseits gibt Neumeier natürlich den Inhalt des Matthäusevangeliums wieder, zugleich jedoch greift er die in den Arien der Bachschen Komposition ausgedrückte religiöse Ausdeutung auf. Hierzu ist das Ensemble in zwei Gruppen geteilt: in die Darsteller der historischen Handlung, die barfuß tanzen, und in die so genannten Zeugen, die auf der hinteren Ebene das Geschehen verfolgen und darauf reagieren. Diese zweite Gruppe agiert in Spitzenschuhen beziehungsweise Turnschuhen; ihre Mitglieder lassen sich sowohl als historisch als auch als gegenwärtig Miterlebende auffassen. Im Wesentlichen ist die Trennung zwischen beiden Gruppen während der Erzählung der Passion durchgehalten. Für die Vermittlung des Inhalts und die eschatologische Komponente fand Neumeier, auf der Basis der Danse d'école, ein variantenreiches, stilisiert-abstrahiertes Bewegungsvokabular unter starkem Einsatz von isoliert geführten Extremitäten, um Handlungsverläufe und Emotionen eindringlich darzustellen. Die Wirkung der *Matthäus-Passion* beruht insbesondere auf dem Spannungsverhältnis von ruhigen und dramatisch verdichteten Aktionen, lyrischen und angespannten, dynamischen Bewegungen, unmittelbarer Handlungsschilderung und in Tanz gefasster Exegese.

Bereits vor der Uraufführung setzte eine Debatte über die künstlerische Legitimation von Neumeiers Ballett

Matthäus-Passion. Choreografie: John Neumeier
Hamburg Ballett

Der Nachmittag eines Fauns. Choreografie: Waslaw Nijinski
Ballett der Deutschen Staatsoper, Berlin

ein; man diskutierte vor allem die Frage, ob ein Werk wie Bachs *Matthäuspassion* als Musik für Tanz herangezogen werden dürfe. Seit der erfolgreichen Uraufführung zählt *Matthäus-Passion* zu Neumeiers beliebtesten Balletten und ist nach wie vor im Repertoire seiner Hamburger Kompanie. Als bevorzugter Aufführungsort der *Matthäus-Passion* erwies sich bald die Hamburger Sankt-Michaelis-Kirche.

Später benutzte Neumeier noch andere sakrale Kompositionen für Ballette, etwa für *Magnificat* (Hamburg 1987; Musik: Bach), *Requiem* (Salzburg 1991; Musik: Wolfgang Amadeus Mozart) und → *Messias*.

May B

CHOREOGRAFIE: Maguy Marin; MUSIK: Franz Schubert, Gilles de Binche und Gavin Bryars; KOSTÜME: Louise Marin; URAUFFÜHRUNG: 4. November 1981, Théâtre Municipal, Angers, Ballet-Théâtre de l'Arche

ROLLEN: 5 Tänzerinnen; 5 Tänzer

1. Teil: Ein Pfiff ertönt. In den leeren, düsteren Raum schlurfen verschmutzte Gestalten in heller Anstaltskleidung, in Nachthemden und langen Unterhosen. Die Gesichter sind weiß geschminkt, die Haare überpudert, manche haben grotesk vergrößerte Nasenlöcher oder Ohren, anderen sind Busen und Hintern unförmig ausgestopft. Sie scharren mit den Füßen, bilden einen Kreis und simulieren, laut pressend, die Entleerung des Darms. Sie ruckeln dann automatenhaft umher, kratzen sich am Kopf, pulen in den Zähnen, halten inne, hecheln und starren ins Publikum. Rhythmisch greifen sie sich an verschiedene Körper- und gegenseitig an die Geschlechtsteile, sie schieben sich über den Boden und finden sich schließlich zum Kollektiv im synchron rhythmisierten Masturbationsakt.

2. Teil: Zwei Frauen streiten sich. Daraufhin spaltet sich die Gruppe in zwei Parteien, die sich auf der Diagonalen mehrmals vor- und zurückbewegen, als würden sie drohen, angreifen oder sich verteidigen. Figuren aus Stücken Samuel Becketts treten nun auf: Hamm (*Endspiel*, 1957) sowie Pozzo und Lucky (*Warten auf Godot*, 1952); ein Wecker klingelt (Anspielung auf *Glückliche Tage*, 1961). Später murmelt die Gruppe Unverständliches; einige lachen schrill. Dann tritt eine Frau mit einem Geburtstagskuchen auf, und alle schlurfen am Ende durch eine der Türen im Hintergrund hinaus.

3. Teil: Die Tänzer treten durch eine Tür im Hintergrund auf; sie tragen nun alte Kostüme, Jacken, Hosen, Mäntel und Hüte, schleppen Gepäckstücke. Ganz langsam bewegen sie sich vorwärts. Wieder und wieder passieren sie die Bühne, während sich ein Liedrefrain unzählige Male wiederholt. Schließlich werden sie einzeln in eine Öffnung im Bühnenboden gehoben. Bevor der letzte Tänzer verschwindet, spricht er Sätze von Clov aus *Endspiel*: »Fini, c'est fini, ça va finir, ça va peut-être finir.«

Maguy Marin, die bedeutendste Exponentin des neuen französischen Tanzes, schuf mit *May B* ein Tanzstück, das wegen seiner demonstrativen Präsentation von Hässlichkeit und der Simulation derber sexueller Handlungen provozierte. Das Werk ist von der pessimistischen Welt Becketts inspiriert, während die rüde Drastik breughelscher Figuren Habit und Interaktion der Figuren prägt, ohne durch eine rückwärts gewandte bäuerliche Idylle abgemildert zu sein. Die in *May B* dargestellte Welt bleibt trist: Die Figuren in den an expressionistische Filme erinnernden Gruppenformationen sind debile Kretins; ihr Leben ist dem sinnlosen Zwang zur Wiederholung unterworfen, bis es im wahrsten Sinn des Wortes in der Grube endet. Sie gleichen in ihrer Monstrosität entrückten Artefakten und spiegeln so auf beklem-

mende Weise die Absurdität der menschlichen Existenz
wider.

Das Ensemble der Choreografin, das seit 1984 Compagnie Maguy Marin heißt, führte *May B* weltweit auf; das
Stück gehört nach wie vor zu seinem Repertoire.

Messias

CHOREOGRAFIE: John Neumeier; MUSIK: Georg Friedrich Händel
und Arvo Pärt; BÜHNENBILD: Ferdinand Wögerbauer; KOSTÜME:
John Neumeier; URAUFFÜHRUNG: 28. November 1999, Hamburgische Staatsoper, Hamburg, Hamburg Ballett

ROLLEN: 18 Tänzerinnen; 18 Tänzer

Eine breite schräge Fläche mit weißen Streifen wie Fahrbahnmarkierungen ragt nach oben, darüber ein großer
Spiegel, Steine umrahmen die Tanzfläche, im Hintergrund ein entlaubter Baum.

1. Teil, ›Exil‹: Von der Schräge rollen ein Mann und
eine Frau (in hautfarbener Hose beziehungsweise hautfarbenem Trikot). Die beiden streben immer wieder die
Schräge hinauf, bevor sie zusammen tanzen. Nachdem
das Paar abgegangen ist, queren Tänzer nacheinander die
Bühne an der Rampe; hinter ihnen agieren zwei Frauen
(die eine in dunklem Pullover und grauem Rock, die
andere im schwarzen Hosenanzug). Zu den zwei Tänzerinnen tritt bald ein Mann im dunklen Achselshirt und
dunkler Hose, der ein kraftvolles Solo mit vielen ausholenden Arm- und Beinbewegungen zeigt. Allmählich
schart sich das Ensemble um ihn und vollführt ausgelassene Aktionen in wechselnden Formationen. Danach
begegnen sich der Mann im Achselshirt und ein anderer zu einem Duett, das eine Art Zweikampf darstellt.
Eine Frau sieht zu, reagiert mit stampfendem Hinken,
wenn der Mann im Achselshirt am Boden liegt; schließlich kommt ein Mann zu ihr. Ihr Duett enthält viele syn-

chron ausgeführte Motionen und Hebungen. Wieder kehrt
das Ensemble zurück und bildet eine Frauen- und eine
Männergruppe. Nach einer Weile beginnen die Männer
zu krabbeln, ehe dann alle am Boden liegen. Die Tänzer
erheben sich lachend, und sie sehen einem Männerduett
zu, das in zwei gemischtgeschlechtliche Duette mündet;
weitere Paare treten bald dazu. Zwischen ihnen geht nun
der Mann im Achselshirt umher. Alle sehen ihn unvermittelt an. Sein Solo setzt mit langsamen Bewegungen ein
und wird lebhafter; es endet, wenn der Tänzer den Fuß
eines rechts auf einem Stuhl sitzenden Mannes (im hellen
Hemd) ergreift. Dieser wandelt zwischen den anderen
Tänzern hindurch, hilft wiederholt einer Frau auf die
Beine und trägt sie umher; schließlich tröpfelt ihm der
Mann im Achselshirt etwas Wasser auf den Kopf – der
Mann ist damit als ›Messias‹ gekennzeichnet –, und die
zwei Tänzer beginnen ein Duett mit vielen Hebungen.
Danach laufen Männer auf ihn zu, ›tauchen‹ unter seinem
gestreckten Arm durch und gehen vor ihm zu Boden. Der
›Messias‹ nimmt nun einen Stein, legt ihn in der Bühnen-
mitte ab und beginnt um ihn zu tanzen. Das Ensemble
schließt sich mit volkstanzähnlichen Schritten und Formationen an. Daraufhin erscheinen von hinten Tänzer in
weißem Umhang und schreiten über die Bühne. Eine Frau
bleibt zurück, und eine andere schlüpft in ihren Umhang.
Wenn das Ensemble wieder versammelt ist und eine
Reihe gebildet hat, umarmt der ›Messias‹ nacheinander
die Tänzer; danach interagiert er mit einzelnen Frauen.
Ausgelassenes Tanzen in Paar- und Gruppenformationen
folgt; am Ende hat sich ein Doppelkreis gebildet, und alle
jubeln dem an der Rampe stehenden ›Messias‹ zu.

2. Teil, ›Opfer‹: Elf Tänzer (die Frauen im blauen
Kleid, die Männer in blauer Hose) sitzen an der Büh-
nenrampe; ein zwölfter Tänzer nimmt gleich darauf auch
seinen Platz ein. Hinter ihnen windet sich auf der Schräge
der ›Messias‹ (nur noch in Unterhose). Nacheinander
erheben sich die Tänzer und gehen mit ihrem Stuhl zur

linken Seite. Sie sehen den Aktionen des ›Messias‹ zu, die auf und vor der Schräge ablaufen. Wenn der ›Messias‹ sich schließlich auf der Schräge niederkauert, formiert sich das Ensemble zu Paaren: Die Männer tragen die Frauen wie gekippte Kreuze. Die Frau, die zu Beginn von der Schräge rollte, geht durch die Gruppe zum ›Messias‹ und umarmt ihn. Das Ensemble gerät nun in Aufruhr; die heftigen Aktionen enden mit einer Attacke gegen den ›Messias‹: Jeder hält einen Stein in der erhobenen Hand. Sobald die Gruppe abgegangen ist, verlässt der ›Messias‹ (jetzt in hellem Hemd) die Schräge. Nachdem der Mann, der zuvor ein Achselshirt getragen hat, nun in heller Hose kurz aufgetreten ist, legt sich der ›Messias‹ in Kreuzigungspose auf die Schräge.

3. Teil, ›Wiedergeburt‹: Eine Frau in hellem Kleid legt sich kopfüber auf die Schräge und beginnt ein langes Solo; dabei blickt sie häufig nach oben. Der ›Messias‹ (in weißem Anzug) erscheint bald; sie begegnen sich kurz, ehe die Frau die Schräge hinaufläuft. Der ›Messias‹ folgt ihr und trägt sie zur Rampe. Dann kommt ein Großteil des Ensembles paarweise auf die Bühne; die Tänzer legen sich auf die Schräge und rutschen hinunter, bis sich alle an deren Fuß versammeln. Nach einem Solo des ›Messias‹ entfalten sich fröhliche Aktionen in Paar- und Gruppenformationen. Schließlich zieht eine kleinere Gruppe von Tänzern in hellem Umhang, unter ihnen der ›Messias‹, von vorn durch die in der Mitte zusammengedrängt Stehenden. Das Ballett endet, indem eine Frau ihren Arm auf die Schulter des ›Messias‹ legt, der sich daraufhin umdreht.

Anders als in der → *Matthäus-Passion* bringt John Neumeier in *Messias* nicht den Leidensweg Christi als lineare Geschichte auf die Bühne. Stattdessen zeigt das Ballett eine freie Assoziation der Leidensgeschichte, wie auch der Text von Georg Friedrich Händels Oratorium *The Messiah* (1741) nicht allein die Passion Christi erzählt, sondern diese mit Prophezeiungen und Reflexionen anreichert. Am Ende des Werkes erklingt nicht das berühmte »Halleluja«, sondern das »Agnus Dei« aus Arvo Pärts *Berliner Messe* (1991), aus der auch das »Veni Sancte Spiritus« stammt, mit der das Ballett eröffnet wird. Weil Neumeier die Textaussage bezüglich der alle Ungläubigen strafenden göttlichen Instanz abschwächen wollte, kürzte er den 2. und 3. Teil von Händels *Messias*. Das Ballett endet mit der christlichen Bitte um Frieden, und damit schließt sich der Kreis zum Beginn des Stückes, der eine Gruppe entkräfteter Menschen zeigt, die bedrückt ihren ›steinigen Weg‹ durch eine zerstörte Landschaft gehen. Aufgrund des assoziativen Zugangs sind in *Messias* die biblischen Personen nicht individualisiert; lediglich der ›Messias‹ lässt sich eindeutig identifizieren. Aus der Gruppe ragen darüber hinaus der männliche Begleiter des ›Messias‹ heraus sowie drei Frauen, von denen eine Maria Magdalena sein könnte. Für einzelne Bibelszenen – wie die Heilung, das Zusammenfinden der zwölf Apostel, die Steinigung – hat Neumeier einen intensiven bildhaften Ausdruck gefunden.

Ungeachtet zahlreicher negativer Stimmen seitens der Kritik erwies sich *Messias* als großer Publikumserfolg.

A Month in the Country

Ballett in einem Akt

CHOREOGRAFIE: Frederick Ashton; MUSIK: Frédéric Chopin, arrangiert von John Lanchbery; AUSSTATTUNG: Julia Trevelyan Oman; URAUFFÜHRUNG: 12. Februar 1976, Royal Opera House, London, Royal Ballet

ROLLEN: Natalija Petrowna; Islajew, ihr Ehemann; Kolja, ihr Sohn; Wera, Natalijas Pflegekind; Rakitin, Natalijas Verehrer; Katja, eine Dienerin; Matwei, ein Lakai; Beljajew, Koljas Hauslehrer

In Russland, 1850.

Im Salon des Landhauses der Islajews, der Zutritt zu einer Terrasse gewährt, liest der Hausherr Zeitung; seine Ehefrau Natalija fächelt sich auf einer Chaiselongue Luft zu, während ihr zu Füßen Rakitin sitzt und ihr vorliest. Das Pflegekind Wera spielt Klavier, und Kolja macht seine Hausaufgaben. Nachdem der Lakai Getränke gebracht hat, erscheint die Dienerin Katja und überbringt Islajew eine Nachricht, der sich daraufhin nach draußen begibt. Nach einer Weile kehrt Islajew zurück und sucht nach seinem Schlüssel; alle helfen dabei, und Natalija findet ihn schließlich. Danach spielt Kolja mit seinem Ball, bis Beljajew mit einem Windvogel für den Jungen eintritt. Sein Erscheinen löst bei den Anwesenden unterschiedliche, aber gleichermaßen heftige Gefühlsregungen aus. Bald verlässt Rakitin den Salon, und später gehen auch Wera und Kolja hinaus. Natalija bleibt allein zurück; als Rakitin wieder eintritt und sich ihr nähert, weist sie ihn zurück und erklärt ihm, dass sie Beljajew liebe. Als Islajew zurückkehrt, eilt Natalija hinaus; ihr Ehemann und Rakitin entfernen sich ebenfalls. Kolja nutzt die Gelegenheit und stürmt mit seinem Windvogel durch den Salon. Anschließend treffen Wera und Beljajew aufeinander. Während ihrer Begegnung gesteht ihm das Mädchen seine Zuneigung; er liebt sie zwar nicht, nimmt sie aber dennoch in den Arm. So findet Natalija die beiden. Sie schickt Beljajew weg und ohrfeigt Wera; es kommt zu einer heftigen Szene, nach der Wera verzweifelt nach draußen rennt. Natalija ist außer sich, was dem hinzugetretenen Rakitin nicht verborgen bleibt. Er schlägt ihr zur Beruhigung einen Spaziergang vor. Beljajew betritt nun wieder den Salon, und Katja, die von Matwei bedrängt wird, flirtet kurz mit ihm. Wenn Natalija zurückkehrt und den Hauslehrer allein vorfindet, schenkt sie ihm eine Rose; aus dieser Geste entwickelt sich eine leidenschaftliche Annäherung, die in einer engen Umarmung endet. So sieht Wera die beiden, die sofort in hysterischer Weise das

ganze Haus zusammentrommelt. Natalija jedoch hat sich
und ihre Gefühle im Griff, beruhigt ihren Ehemann und
zieht sich zurück. Rakitin und Beljajew verabschieden
sich dann, und Islajew versucht den verwirrten Kolja zu
trösten. Bald betritt Natalija wieder den Salon und lehnt
sich über den Sessel; sie ist so in ihre Gedanken versunken, dass sie nicht merkt, wie Beljajew noch einmal zu
ihr zurückkehrt, ihr Kleid küsst und die Rose, die sie ihm
geschenkt hat, auf den Boden wirft, bevor er wieder hin-
ausgeht. Natalija hebt sie schließlich auf, lässt sie aber
schnell fallen und schreitet resigniert umher.

Vorlage für *A Month in the Country* war Iwan Turgen-
jews fünfaktige Komödie *Ein Monat auf dem Lande*
(1850), die Frederick Ashton allerdings auf die amourö-
sen Gefühle beschränkt, die der junge Hauslehrer Beljajew bei der Mutter Natalija und ihrer Pflegetochter Wera
auslöst. Er drängt damit die komödiantischen Züge seiner
literarischen Vorlage weitgehend in den Hintergrund. Auf
diese Weise ist das Werk ein fast psychologisches Kammerballett auf der Basis der Danse d'école geworden, das
die Liebe zwischen Natalija und dem wesentlich jüngeren Beljajew als nicht lebbar darstellt. Diese beiden Figuren sowie Wera stehen im Zentrum von *A Month in the
Country*; auf sie entfallen die meisten der Tanzpartien.
Ihre Gefühle kommen in raffinierten, hochdramatischen
Duetten zum Ausdruck, und bei ihren Soli handelt es sich
um vertrackte, die Armführungen betonende Auftritte.
Dagegen zeigt Kolja bei seinen wenigen Auftritten virtuose Sprungkombinationen, und Katja bleibt im Wesentlichen ein folkloristisch inspiriertes Duett mit Beljajew.
Dass Islajew kaum tanzt, erklärt sich aus seiner Rolle als
schlüsselsuchender Tollpatsch, doch dass Rakitin ebenfalls nicht tanzt, ist auffallend und verweist auf andere
nichttanzende Figuren in früheren Balletten Ashtons wie
Enigma Variations (My Friends Pictured Within) (London
1968; Musik: Edward Elgar) und *Marguerite und*

Armand (London 1963; Musik: Franz Liszt, orchestriert von Humphrey Searle). Ashtons Musikwahl für *A Month in the Country* fiel schließlich auf wenig bekannte Klavierstücke von Frédéric Chopin, die John Lanchbery so geschickt arrangierte, dass sich durch Umstellungen und Wiederholungen eine genau zur Dramaturgie des Balletts passende Collage ergab.

A *Month in the Country* gehört zu den erfolgreichsten Werken Ashtons und ist nach wie vor im Repertoire des Royal Ballet. Nur sehr wenige andere Kompanien haben das Ballett übernommen.

Monument für einen gestorbenen Jungen

CHOREOGRAFIE: Rudi van Dantzig; MUSIK: Jan Boerman; AUS-STATTUNG: Toer van Schayk; URAUFFÜHRUNG: 19. Juni 1965, Stadsschouwburg, Amsterdam, Niederländisches Nationalballett

ROLLEN: der Junge; seine Jugend; seine Eltern (1 Tänzerin, 1 Tänzer); das Mädchen in Weiß; das Mädchen; ein Junge; die Schuljungen (4 Tänzer); das Dunkel (6 Tänzerinnen)

Auf der leeren Bühne treten der Junge und seine Jugend auf. Dann sieht der Junge eine Personengruppe aus Eltern, Jugend, einem Jungen, den zwei Mädchen und dem Dunkel. Anschließend beobachtet der Junge seine Jugend, wie sie von seinen auf Einhaltung der Konvention bedachten Eltern diszipliniert wird. Der Junge nimmt nun seine Jugend in die Arme, und beide sehen das Mädchen (in Blau). Daraufhin erscheint das Mädchen in Weiß, das mit der Jugend im Blumenfeld zusammen ist – vom Jungen betrachtet –, bis das Dunkel dazwischenfährt und ein Junge, der Schulfreund, sich dem Jungen nähert. Bis auf den Jungen verschwinden alle, und der Junge erlebt vier Schuljungen vor einer Mauer, auf der derbe Sexual-ausdrücke geschrieben stehen. Sie klären den Jungen auf rabiate Weise auf. Nachdem die Schuljungen gegangen

sind, zeigt sich das Mädchen in Blau; der Junge bricht das
Beisammensein ab, als es ihm zu intim wird. Er erblickt
danach seine Eltern beim Liebesspiel, bevor er sich in
die Arme des Schulfreunds begibt. Dem Jungen erscheinen schließlich die beiden Mädchen, seine Eltern, seine
Jugend und das Dunkel; sie umkreisen ihn, bis er stirbt.

Monument für einen gestorbenen Jungen – uraufgeführt
unter dem niederländischen Titel *Monument voor een
gestorven jongen* – handelt von einem jungen Mann, der
sich seiner sexuellen Orientierung unsicher ist, schließlich seine Homosexualität erkennt und daraufhin mit
seiner Umwelt in Konflikt gerät. Ausgangspunkt war für
Rudi van Dantzig eine wahre Begebenheit: der Selbstmord eines Jugendlichen wegen seiner von der Gesellschaft nicht tolerierten Homosexualität. Darüber hinaus
bildete Hans Lodeizens Verssammlung *Het innerlijk
behang* (1950) eine literarische Inspiration für den Choreografen. Das Scheitern des Protagonisten wird mittels
Rückblenden erzählt; der Junge ›sieht‹ einerseits Situationen, die er als Kind erlebte – dargestellt durch die Figur
der Jugend –, andererseits werden diese Erinnerungen
mit seiner Beteiligung gezeigt. Zu Jan Boermans elektronischer Komposition *Alchemie 1961* fand van Dantzig auf
der Basis der klassischen Technik und des Modern Dance
eine expressive Bewegungssprache, die die Befindlich-
keit der einzelnen Personen eindringlich zum Ausdruck
bringt.

   Monument für einen gestorbenen Jungen brachte van
Dantzig internationale Anerkennung ein. Das Ballett
gehört bis heute zum Repertoire des Niederländischen
Nationalballetts; in der Rolle des Jungen brillierten
Tänzer wie Toer van Schayk (Uraufführung), Rudolf
Nurejew und Clint Farha.

The Moor's Pavane

Variationen über ein Motiv aus *Othello*

CHOREOGRAFIE: José Limón; MUSIK: Henry Purcell, bearbeitet von Simon Sadoff; KOSTÜME: Pauline Lawrence; URAUFFÜHRUNG: 17. August 1949, Connecticut College (Frank Loomis Palmer Auditorium), New London (Conn.), José Limón and Dance Company

ROLLEN: der Mohr; sein Freund; die Frau des Freundes; die Frau des Mohren

Dekorationslose Bühne.

Zu Beginn stehen die Personen kreuzförmig auf der Bühne. Nach Begrüßungsgesten und einem gemeinsamen Tanz in höfischer Manier übergibt der Mohr seiner Frau ein Taschentuch. Als sich bald darauf der Mohr und sein Freund ohne die Frauen treffen, flüstert ihm dieser etwas zu; der Mohr blickt seine Frau an. Sie nähert sich ihm, und die beiden tanzen. Während des folgenden Vierertanzes verliert die Frau des Mohren das Taschentuch, das die Frau des Freundes aufhebt. Erneut redet der Freund dem Mohren zu, der nun heftig reagiert. Der Freund entwindet darauf seiner Frau das Taschentuch. Erneut schließen sich die Paare zum Tanz zusammen. Zum dritten Mal teilt der Freund dem Mohren etwas mit; die Mimik des Mohren vermittelt den Eindruck, als erwarte er mehr. Da zeigt ihm der Freund mit einer peitschenden Bewegung das Taschentuch. Wütend eilt der Mohr zu seiner Frau. Der Freund und seine Frau verstellen den Blick auf das andere Paar; wenn sie zur Seite treten, liegt die Frau des Mohren tot am Boden. Der Freund und seine Frau beginnen einen Streit; der Freund will seine Frau mit Gewalt am Reden hindern. Der Mohr hält ihn davon ab und verlangt, dass die beiden sich das Resultat seines Wutausbruchs ansehen. Schließlich legt er sich neben seine tote Frau.

In *The Moor's Pavane* konzentrierte sich José Limón auf den Handlungskern von William Shakespeares Tragödie

Othello (um 1603): Othellos wachsende Eifersucht, ange-
stachelt von Jago und vermeintlich gerechtfertigt durch
das Taschentuch in Jagos Händen. Diese Fokussierung
kommt im Untertitel des Werkes zum Ausdruck, und da
Limón auf allgemein gültige Weise das zerstörerische
Potenzial der Eifersucht vorführen wollte, verzichtete er
auf die Rollennamen, die sich bei Shakespeare finden.
Formal hat Limón den narrativen Verlauf in das Zeremoniell höfischen Tanzens eingebunden, in eine Folge von
kurzen Duetten und Quartetten. Zwar verweist der Titel
auf die Pavane, einen langsamen Schreittanz, doch hat
Limón keine Schrittfolge einer originalen Pavane verwendet. Die Bezeichnung ›Pavane‹ dient vielmehr als
Chiffre für steifes, von Konvention und Etikette geprägtes
höfisches Gebaren. Während die nicht beteiligten Akteure
am Bühnenrand verharren, treffen sich zwei Personen,
tanzen miteinander und trennen sich wieder. Oder die
zwei Paare sind jedes für sich mit einem Duett beschäftigt, bevor sie sich zusammenschließen. Dieses Schema
wird gegen Ende des Stückes hin zunehmend aufgelöst;
in der zweiten Hälfte dominiert die dramatische Zuspitzung mit immer heftiger werdenden Gesten. Die zuvor
wohlgeordneten Muster zerfallen kontinuierlich in will-
kürlich anmutende Konstellationen und verdeutlichen so
den Erregungszustand der Personen. Entsprechend der
Idee von Limóns Lehrerin Doris Humphrey, von innen
heraus zum äußerlich Sichtbaren zu gelangen, können
die Zweier- und Vierertänze in *The Moor's Pavane* als
Konversationen gedacht werden, bei denen anstelle von
Wörtern mit Bewegungen kommuniziert wird. Dies
zeigt sich speziell in respondierend, wechselseitig und
wiederholend ausgeführten Bewegungsphrasen. Vielsei-
tig ist auch das pantomimische Repertoire mit markanten
Handgesten, wie etwa die häufig zur Faust geschlossenen
Hände des Mohren.
    Seit der erfolgreichen Uraufführung mit Limón als
Mohren gilt *The Moor's Pavane* als eines der originells-

ten Werke des Modern Dance; das Werk wurde von zahlreichen Kompanien einstudiert. Die Rolle des Mohren verkörperten Tänzer wie Bruce Marks, Lawrence Rhodes, Rudolf Nurejew und Carlos Orta.

Der Nachmittag eines Fauns

Choreografisches Bild

CHOREOGRAFIE: Waslaw Nijinski; MUSIK: Claude Debussy; AUSSTATTUNG: Léon Bakst; URAUFFÜHRUNG: 29. Mai 1912, Théâtre du Châtelet, Paris, Ballets Russes

ROLLEN: der Faun; 7 Nymphen

Hintergrundprospekt mit bukolischer Landschaft, links ein grüner Felsen.

Der Faun liegt auf dem Felsen; er setzt sich auf und spielt auf seiner Flöte. Bald greift er nach einem Büschel Weintrauben. Er beobachtet, wie nacheinander die sieben Nymphen erscheinen. Eine der Nymphen beginnt ihre Schleier abzulegen, die drei Nymphen dann wegtragen. Von der Nymphe angetan, steigt der Faun von seinem Felsen herab und nähert sich ihr; die übrigen Nymphen fliehen entsetzt. Der Faun stellt sich der verbliebenen Nymphe in den Weg, und fünf Nymphen kehren zurück. Die einzelne Nymphe lässt nun ihren dritten Schleier fallen, ehe sie abgeht, gefolgt von den fünf Nymphen. In kleineren Gruppen kommen insgesamt sechs Nymphen noch einmal auf die Bühne und sehen kurzzeitig zu, was der Faun tut: Er hebt den Schleier auf und trägt ihn auf den Felsen. Schließlich legt er sich bäuchlings auf ihn und führt ruckartige Stöße mit dem Becken aus.

Mit seinem Ballett zu Claude Debussys kurzem impressionistischem *Prélude à l'après-midi d'un faune* (1894) demonstrierte Waslaw Nijinski einen neuen, modernen Begriff von Choreografie. Anders als bisher im Bühnen-

tanz rückt in seinen Werken die Handlung in den Hintergrund; stattdessen konzentriert er sich auf die Arbeit mit
Bewegung an sich, ausgehend von einer für das jeweilige
Stück grundlegenden Haltung. Im Fall des *Nachmittags
eines Fauns* – uraufgeführt als *L'après-midi d'un faune* –
handelt es sich um eine der Danse d'école fremde Profilstellung mit parallelen Füßen, wobei der Oberkörper nach
vorn, zum Publikum hin, gedreht ist. Konsequent benutzen
die Tänzer diese Haltung, und das bedeutet, dass sie sich
ausschließlich parallel zur Rampe bewegen, auf flachem
Fuß und mit leicht gebeugtem Knie. Daraus resultiert
eine reliefartige Präsentation, die sich gegen Léon Baksts
üppigen, farbenprächtigen Hintergrundprospekt regelrecht
behaupten musste. Die silhouettenartige Profilausrichtung
entspricht den Forderungen diverser Bühnenreformer der
Zeit, deren Ideen aller Wahrscheinlichkeit nach von Bakst
und anderen Künstlern des Ballets-Russes-Zirkels rezipiert wurden. Unter Verwendung der spezifischen Fort-
bewegungsart erzählt *Der Nachmittag eines Fauns* ein
an sich undramatisches, nebensächliches Ereignis, inspiriert von der griechischen Mythologie: das Interesse eines
Fauns an einer Gruppe von Nymphen. Die Triebhaftigkeit
des Waldgeists kommt dann in seiner Fixierung auf die
Schleier der Nymphe zum Ausdruck und kulminiert in
seiner finalen Beschäftigung damit, die üblicherweise als
Akt der Selbstbefriedigung interpretiert wurde.

  Die Schlussszene des Balletts mit Nijinski in der
Titelrolle dürfte wesentlich zur tumultuösen Publikums-
reaktion bei der Uraufführung und die in der Folgezeit
ausgetragene Pressefehde über ästhetische Fragen im
zeitgenössischen Ballett beigetragen haben. Das Werk
blieb bis zum Ende der Ballets Russes 1929 im Repertoire der Kompanie (ab 1922 mit einem neuen Hintergrundprospekt von Pablo Picasso); nach Nijinski tanzten
unter anderem seine Schwester Bronislawa Nijinska, Léonide Massine und Serge Lifar den Faun. Nijinskis Ballett
wurde in bearbeiteter Form von den Ballets-Russes-Nach-

folgekompanien und einigen anderen Ensembles übernommen.

Rekonstruktionen des originalen Werkes erstellten
Léonide Massine (Paris 1976), William Chappell und Elisabeth Schooling (New York 1979), Schooling (New York
1981) sowie Ann Hutchinson Guest und Claudia Jeschke
auf der Grundlage von Nijinskis 1915 angefertigter choreografischer Partitur (Montreal 1989). Eigene Choreografien zu Debussys Komposition schufen unter anderem
Jerome Robbins mit *Afternoon of a Faun* (New York
1953), Kurt Jooss (Leverkusen 1965) und Jiří Kylián mit
Silent Cries (Scheveningen 1986).

Napoli

Romantisches Ballett in drei Akten

CHOREOGRAFIE: August Bournonville; MUSIK: Holger Simon
Paulli, Edvard Helsted, Niels Gade und Hans Christian Lumbye;
LIBRETTO: August Bournonville; AUSSTATTUNG: Christian Ferdi-
nand Christensen; URAUFFÜHRUNG: 29. März 1842, Königliches
Theater, Kopenhagen, Ballett des Theaters

ROLLEN: Gennaro, ein Fischer; Veronica, eine Witwe; Teresina,
ihre Tochter; Bruder Ambrosio, ein Mönch; Giacomo, ein Mak-
karonihändler; Peppo, ein Limonadenhändler; Giovanina; Pascarillo, ein Straßensänger; Carlino, ein Puppenspieler; Golfo, ein
Wassergeist; Coralla und Argentina, Najaden; Männer, Frauen,
Kinder, Damen, Herren, Tritonen, Najaden, Wachen

In den 1840er-Jahren.
I. Akt, Largo di Santa Lucia in Neapel, abends, ein Zelt
ist gespannt, links führt eine Wendeltreppe zu Veronicas
Unterkunft, rechts steht ein Palast: Auf den Straßen ver-
gnügen sich die Leute. Da erscheinen Veronica und ihre
Tochter Teresina, und sogleich werben die Straßenhändler
Giacomo und Peppo um die Gunst des Mädchens. Doch
Teresina wartet auf den Fischer Gennaro, der aufs Meer

hinaus gefahren ist und bald zurückkehren wird. Als
Gennaro mit den anderen Fischern zurückkommt, will er
Teresina umarmen, doch Veronica hindert ihn daran: Sie
will Gennaro wegen seiner Armut nicht als Mann ihrer
Tochter, und sie macht Teresina klar, dass sie sich zwischen Peppo und Giacomo entscheiden solle. Dies erbost
Gennaro, und Teresina beschwichtigt ihn. Daraufhin
muss Gennaro einen Streit unter den Fischern schlichten, und der Mönch Ambrosio sammelt Almosen; wegen
Gennaros und Teresinas Gaben segnet dieser das Paar.
Gennaro muss nun den Fisch verkaufen, und ein Flirt
von ihm mit Giovanina bringt Teresina in Aufruhr, doch
ein Ring von Gennaro beruhigt sie wieder – dies nehmen
Peppo und Giacomo zum Anlass zu verbreiten, Gennaro
sei mit magischen Kräften ausgestattet. Veronica kann
jetzt nicht mehr widerstehen und gibt den beiden ihren
Segen. Es wird langsam dunkler; man tanzt und amüsiert sich. Gennaro jedoch rudert mit Teresina aufs Meer
hinaus. Währenddessen unterhalten der Straßensänger
Pascarillo und andere Künstler die Anwesenden. Der bald
folgende Streit zwischen Pascarillo und dem Puppenspieler Carlino endet, weil ein Gewitter aufzieht. Später
erinnert man sich, dass Gennaro und Teresina aufs Meer
hinausgerudert sind, und als Gennaro allein an Land
gezogen wird, vermuten alle, Teresina sei ertrunken.
Ihre verzweifelte Mutter verflucht Gennaro, und auch die
anderen wollen mit ihm nichts mehr zu tun haben. Gennaro erfleht von einem Heiligenbild Hilfe, doch die liefert
ihm Ambrosio: Er gibt Gennaro ein Amulett und fordert
ihn auf, Teresina auf dem Meer zu suchen – was Gennaro
unverzüglich tut.

II. Akt, Blaue Grotte von Capri: Golfo, der Herr der
Wassergeister, ruft die Tritonen zusammen. Auf einer
Muschel bringen kurz darauf Argentina und Coralla die
bewusstlose Teresina herein; die anderen Najaden kümmern sich um sie. Golfo ist von Teresinas Schönheit
hingerissen, und Coralla erweckt sie mit dem Duft von

Kräutern wieder zum Leben. Vor lauter Schrecken will Teresina fliehen, und sie fleht Golfo an, sie zu ihrem Geliebten nach Neapel zurückzubringen. Doch Golfo verwandelt sie in eine Najade, die jede Erinnerung verloren hat. Fröhlich vergnügt sie sich mit den anderen Najaden und weist den weiterhin werbenden Golfo ab. Da nähert sich Gennaro der Grotte, und Golfo befiehlt den Tritonen und Najaden, sich zu verstecken. In der Grotte entdeckt Gennaro Teresinas Gitarre und sucht nach ihr. Seine Klagegesänge veranlassen die Najaden schließlich, ihm Teresina vor Augen zu führen. Doch sie erkennt ihn nicht; selbst ihr Lieblingslied ruft keine Erinnerung in ihr hervor. Plötzlich erinnert sich Gennaro an das Amulett, das er Teresina umhängt. Jetzt erkennt sie Gennaro, doch ihre Flucht vereitelt Golfo, der befiehlt, die beiden wegzubringen. Teresina aber kann sich losreißen und hält Golfo das Amulett entgegen. Nun gibt Golfo ihnen den Weg frei und überhäuft sie zudem mit Geschenken, ehe sie in ihrem Boot davonfahren.

III. Akt, Monte Virgine außerhalb von Neapel, eine Brücke, deren Mittelpfeiler ein Bildnis der Muttergottes enthält: Pilger ziehen über die Brücke zu dem Marienbildnis; man trauert um Teresina. Peppo und Giacomo allerdings erinnern wieder an die Gefahr magischer Kräfte. Als Teresina erscheint, freuen sich alle über ihre Rettung. Als kurz darauf der festlich gekleidete Gennaro dazutritt, ändert sich die Stimmung: Man verdächtigt ihn, mit dem Teufel im Bunde zu stehen, und trennt mit Gewalt die beiden Liebenden. Doch Bruder Ambrosio erklärt dem Volk, Teresinas Rettung und Gennaros überraschender Reichtum seien auf die segensreiche Wirkung der Madonna dell'Arco zurückzuführen, deren Bildnis Gennaro bei sich getragen hätte. Erneut segnet er das Paar. Jetzt kann das Fest zu Ehren der Madonna dell'Arco beginnen, und am Ende fahren Teresina und Gennaro auf einem Festwagen davon.

Trotz seiner dramatischen Momente (in erster Linie der Schiffbruch und der vermeintliche Tod Teresinas sowie ihre Verwandlung in eine Najade) handelt es sich bei *Napoli* – uraufgeführt als *Napoli eller Fiskeren og hans brud* – um ein überaus heiteres Ballett. Süditalienisches Lokalkolorit und folkloristisch inspirierter Tanz kontrastieren mit der Danse d'école des II. Aktes, der in dieser Hinsicht durchaus mit einem typischen ›ballet blanc‹ der französischen romantischen Ballette vergleichbar ist. In *Napoli* ist jedoch die Verwandlung der Frau in ein Elementarwesen unproblematisch rückgängig zu machen, und der Verbindung der beiden Liebenden steht somit nichts im Wege. Motiviert ist dies durch das starke religiöse Element, mit dem zweimal die Handlung in glückliche Bahnen gelenkt wird: Das Amulett repräsentiert die Macht Gottes auf Erden. Im Gegensatz zu vielen anderen romantischen Balletten, in denen die Welt der Elementarwesen die der Menschen bedroht, ist in *Napoli* diese Gefahr weniger stark. So leicht, wie Teresina in II. Akt ihr Kostüm wechselt, so schnell sind hier die Hindernisse, die ihrer Liebe mit Gennaro im Wege stehen, beiseite geschafft. Als Entwurf einer gefährlich-verlockenden Gegenwelt funktioniert die Unterwasserwelt nicht; der Fokus liegt auf der integrierenden Welt der Bevölkerung, deren Tänze im III. Akt auf gelungene Weise zur Geltung kommen. Hier entfaltet sich der charakteristische Stil August Bournonvilles: schnelle Schrittkombinationen und kleine Sprünge sowie ineinander gehende, sehr variative Gruppenformationen. Passend zum folkloristischen Sujet verarbeiteten die vier Komponisten, die die Musik zu *Napoli* schrieben, populäre Themen aus beliebten Opern und volkstümliche Melodien.

Napoli befindet sich bis heute im Repertoire des Königlichen Dänischen Balletts; allerdings wurde Bournonvilles Choreografie verhältnismäßig stark überarbeitet. Zu Beginn des 20. Jahrhunderts setzte die Tradition ein, den III. Akt als eigenständiges Werk aufzuführen.

Zwar studierte Bournonville *Napoli* bereits 1856 in einer anderen Stadt – in Wien – ein, doch erst nach dem Zweiten Weltkrieg wurde das Ballett weltweit bekannt; entweder komplett oder nur den III. Akt studierten einige größere klassische Kompanien ein.

Nelken

Stück

CHOREOGRAFIE: Pina Bausch; MUSIK: Franz Schubert, George Gershwin, Franz Lehár und andere; BÜHNENBILD: Peter Pabst; KOSTÜME: Marion Cito; URAUFFÜHRUNG: 1. Fassung: 30. Dezember 1982, Opernhaus, Wuppertal, Wuppertaler Tanztheater; 2. Fassung (hier behandelt): 16. Mai 1983, Zelt im Englischen Garten, München, Wuppertaler Tanztheater

ROLLEN: 9 Tänzerinnen; 12 Tänzer; 5 Stuntmen

Unzählige rosafarbene Nelken stecken in einer grünen Bühnenabdeckung: Tänzer und Tänzerinnen setzen sich auf mitgebrachte Sessel, nehmen Blickkontakt mit dem Publikum auf, bevor sie mit bisweilen rasch wechselnden Aktionen beginnen. Sie steigen bald in dem Blumenfeld umher, zwei Männer mit Schäferhunden umkreisen es. Ein Tänzer übersetzt George Gershwins Song *The Man I Love* in die Taubstummensprache; Song und Zeichensprache werden im Lauf des Stückes wiederholt. Ein Mann hält sich ein Mikrofon ans Herz. Eine Frau in Unterhose und Stöckelschuhen trägt ein Akkordeon vor der nackten Brust und geht mehrmals durch das Nelkenfeld. Eine weitere Frau in schwarzem Abendkleid löffelt aus einem mitgebrachten Eimerchen Erde auf ihren Kopf; als ein Mann dazukommt, tut er es ihr gleich. Als sie zurückkehrt, weint sie und antwortet sich selbst in harschem Tonfall: »Bist du still! Willst du, dass uns die Nachbarn hören?« Zwei Männer gehen gegeneinander an: »Das ist für die kaputte Hose«, ruft der eine. Jemand hält ein Mikrofon an

das Herz des Rufenden. Eine Frau wird von einem Mann
verfolgt, der ihr auf die Schultern springt, sie schüttelt
ihn ab; auch ihr wird der Herzschlag mit dem Mikrofon
abgehört. Mit Hasensprüngen setzen Tänzer – auch die
männlichen tragen Cocktailkleider – über die Bühne. Sie
werden von einem Mann gejagt, der plötzlich fordert:
»Ihren Pass bitte!« Vier große Tische werden hereingetragen und zu einer Tafel zusammengestellt; sechs Tänzerinnen bewegen sich dann synchron auf allen vieren darauf.
Ein Mann in Frauenkleidung erscheint, und die Frauen
weichen unter die Tische aus; der Mann tanzt nun oben,
und zu ihm gesellen sich die anderen Männer, ebenfalls
in Frauenkleidung. Hinten springen wieder einige mit
Hasensprüngen durchs Feld, einem von ihnen befiehlt
ein Mann, die Tische wegzutragen. Ein Kinderspiel der
Gruppe (»Ochs am Berg«) wächst sich zu einem Streit
aus. Drei Männer in Kleidern fassen sich an der Hand
im Kreis und raten, was zu machen sei, »wenn Krach in
der Luft liegt«. Ein vierter Mann wird von der Männergruppe abgeholt; sie arrangieren sich zu Haltungen, die
Verzweiflung ausdrücken. Danach bilden die Tänzer
einen Kreis mit den Sesseln. Wenn der langsame Satz
aus Franz Schuberts *Streichquartett d-Moll »Der Tod und
das Mädchen«* (1824) erklingt, beginnt ein Tänzer die
Namen seiner Kollegen zu rufen. Ein anderer Mann kniet
mit nackten Füßen auf einem Stuhl; eine Tänzerin kitzelt
wiederholt seine Sohlen, bis er schreit. Das Ensemble
rennt mehrmals mit ausgebreiteten Armen laut rufend und
freudestrahlend an die Rampe; die Tänzerinnen offerieren
›Liebe‹. Sie bilden dann jeweils eine Sesselreihe, setzen
sich und pendeln, schaukeln synchron hin und her, nach
vorn und zurück. Währenddessen bauen fünf Stuntmen
zwei große Quader aus Pappkartons. Eine Frau läuft um
sie herum, redet auf sie ein; ein Mann stakst auf Spitzenschuhen, eine Frau rutscht in den Spagat. Nachdem die
Stuntmen in die Kartonaufbauten hineingesprungen sind,
werfen die Tänzer die Kartons von der Bühne. Später

schick ein Tänzer im Frauenkleid seine Kollegen weg
und exekutiert aufgebracht Schritte der Danse d'école.
Von einem Mann wird er aufgefordert, sich etwas Anstän-
diges anzuziehen. Er tritt im Anzug wieder auf und soll
nun verschiedene Tiere imitieren, während ein anderer
seine Hose herablassen und eine Tänzerin auf die Schultern nehmen soll. Das Ensemble bewegt sich klatschend
zu einem Marsch nach vorn, vor ihm balgen sich fünf
Männer. Aufregung stört die entstandene Reihe, wenn
ein Mann wiederholt von einem anderen zu Fall gebracht
wird. Einzelne Tänzer wenden sich ans Publikum. »Es hat
doch keinen Zweck mehr. Sie gähnen schon, und mir tun
die Füße weh«, sagt ein Tänzer und kündigt statt seiner
eine Kollegin an, die einspringen soll: »Die ist noch jung
und frisch, die macht jetzt weiter.« Doch beide gehen
ab. Dann kehrt sie mit einem Eimer Kartoffeln zurück,
lächelt und schält Kartoffeln. Später wird sie wie paraly-
siert den Stuntmen zuschauen, die sich vom Tisch auf den
Boden werfen und ihr dabei bedrohlich nahe kommen.
Ein Mann stopft einer Frau gegen ihren Willen Essen in
den Mund. Ein anderer hackt vor einem Wahrsageautoma-
ten Zwiebeln klein. Nacheinander kommen die anderen
Männer, wälzen ihr Gesicht in den Zwiebeln und präsentieren sich mit Tränen in den Augen an der Rampe.
Die Frau mit Akkordeon beschreibt die Jahreszeiten und
übersetzt ihre Rede in Gebärden. Das Ensemble nimmt
diese Gesten auf, beginnt mit tänzerischen Bewegungen
und geht dann ab. Später schüttet jeder Tänzer Wasser
von einem Becher in einen anderen; dabei tauschen sie
ihre Ansichten zum Wasserlassen aus. Danach erscheint
ein Mann in einem glänzenden Minirock und verschießt
kleine Spielzeugpfeile. Ein Tänzer zieht Frauenkleider an
und erzählt, warum er zu tanzen begonnen hat: »Ich bin
wegen eines Haltungsschadens zum Ballett gekommen.«
Nacheinander verkündet jeder seinen Grund und setzt
sich, die Arme erhoben, mit seinem Sessel nach hinten;
alle formieren sich zu einem Gruppenbild. Zum Schluss

wirbeln die Männer die Frauen herum, und alle bilden einen Kreis. Das Nelkenfeld ist nun zertrampelt.

Nelken zählt zu Pina Bauschs eher heiteren Stücken. Wichtig für die Struktur ist der mehrmals eingespielte, von Sophie Tucker interpretierte Song *The Man I Love* von Gershwin, der das Sehnsuchtsmotiv des Glückes zu zweit thematisiert und von einem Tänzer in die Taubstummensprache übersetzt wird. Als eine Art gestischer Kode funktionieren auch die Gebärden der ›Akkordeonspielerin‹, mit denen sie eine kurze Beschreibung der Jahreszeiten illustriert und die dann vom Ensemble tänzerisch aufgenommen werden. Das fröhliche Bühnenbild mit unzähligen künstlichen Nelken – im Unterschied zum echten Rasen, der in *1980* (Wuppertal 1980) die Bühne bedeckt – ist gelegentlich konterkariert von Aggression vermittelnden Aktionen, etwa wenn ein Mann barsch Ausweise verlangt und schikanöse Aufgaben verteilt. Das Gefühl der Bedrohung und Willkür findet sich auch in den kurzen Szenen, in denen das Schreien des Kindes und das Schimpfen der Eltern in einer Figur zusammenfallen. Abgedrängt und eingeengt zu werden ist ein konstantes Element von *Nelken*; Bewegungen, die sich mit Trauer assoziieren lassen, dominieren den relativ langen Abschnitt zu Kammermusik Schuberts. Und wenn die ausgelassene Stimmung sich einzutrüben droht, fassen sich die drei Männer an der Hand und tauschen Verhaltenshinweise aus. Darüber hinaus fallen wiederholt Tänzer aus der Rolle, drohen beispielsweise damit, in die Kantine zu gehen, zeigen aufgebracht das, was anscheinend von ihnen verlangt wird. Am Ende präsentiert sich das Ensemble in ›eingefrorener‹ Gruppenfotopose: Die klassische Armposition verweist als Bewegungschiffre auf das, was sie nicht sein wollen: klassische Tänzer.

Nelken ist bis heute ein beliebtes Tourneestück des Wuppertaler Tanztheaters geblieben.

Nijinsky

Choreografische Annäherungen

CHOREOGRAFIE: John Neumeier; MUSIK: Frédéric Chopin, Robert Schumann, Nikolai Rimski-Korsakow und Dmitri Schostakowitsch; AUSSTATTUNG: John Neumeier; URAUFFÜHRUNG: 2. Juli 2000, Hamburgische Staatsoper, Hamburg, Hamburg Ballett

ROLLEN: Vaslaw Nijinsky; Romola Nijinsky, die Frau; Bronislava Nijinska, die Schwester; Stanislaw Nijinsky, der Bruder; Serge Diaghilew, Impresario und Mentor; Eleonora Bereda, die Mutter; Thomas Nijinsky, der Vater; die Ballerina, Tamara Karsavina; der neue Tänzer, Leonid Massine; der Tänzer Nijinsky (als Harlequin in *Carnaval*, als Geist der Rose in *Spectre de la rose*, als Goldener Sklave in *Scheherazade*, als junger Mann in *Jeux*, als Faun in *L'après-midi d'un faune*, als Petruschka); Innenbilder Nijinskys, sein Schatten (2 Tänzer); die Gesellschaft: Gäste im Suvretta-Haus (5 Tänzerinnen, 5 Tänzer), Pianist, Bewunderer des Russischen Balletts (5 Tänzer); Les Ballets Russes de Serge Diaghilew: Tamara Karsavina (als Sylphide aus *Les sylphides*, als junge Frau aus *Jeux*, als Nymphe aus *L'après-midi d'un faune*, als Ballerina aus *Petruschka*), Bronislava Nijinska (als junge Frau aus *Jeux* und in *Le sacre du printemps*), zwei Ballerinen, ihre Partner, das Corps de ballet (8 Tänzerinnen, 1 Tänzer), *Scheherazade* (9 Tänzerinnen, 6 Tänzer); auf Tournee, Mitreisende und Hochzeitsgäste (9 Tänzerinnen, 9 Tänzer); Menschen, Innenbilder (11 Tänzerinnen, 11 Tänzer); der Arzt; der Krieg (20 Tänzer)

In Sankt Moritz, Januar 1919, Festsaal des Hotels Suvretta-Haus, links ein Flügel.

Gäste kommen in den Saal und unterhalten sich; der Pianist spielt Klavier. Auch Romola Nijinsky, ganz in Rot gekleidet, trifft ein und nimmt Platz. Dann findet sich Vaslaw Nijinsky ein: Er geht zu einem Stuhl in der Mitte des Saales, setzt sich darauf und beginnt nach einer Weile mit stampfenden Bewegungen zu tanzen. Langsam tauchen Erinnerungen an seine Vergangenheit auf: an seine Paraderollen, an seinen Mentor und zeitweiligen Lebensgefährten Serge Diaghilew. Nun verschwinden die Kulissen, und die Bilder aus der Vergangenheit des

Tänzers setzen sich fort. Vaslaw Nijinsky erinnert sich an andere große Rollen, an Ballette der Ballets Russes, insbesondere *Scheherazade*, an die Überfahrt der Ballets Russes nach Südamerika 1913, in deren Verlauf er die Beziehung mit Romola einging, und an die Hochzeit mit ihr. Im zweiten Teil setzen sich die Wahnvorstellungen fort: Zu den Erinnerungen an die großen Rollen und an *Scheherazade* gesellen sich Bilder vom Krankenhaus und vom Krieg; am Ende sieht man, wie Romola Nijinsky den Tänzer auf einem Schlitten in den Saal des Hotels Suvretta-Haus zieht (die Kulissen erscheinen wieder). Vaslaw Nijinsky rollt schließlich zwei Stoffbahnen aus und wickelt sie sich um seinen Körper.

Nach *Vaslaw* (Hamburg 1979; Musik: Johann Sebastian Bach) schuf John Neumeier mit *Nijinsky* ein erfolgreiches groß dimensioniertes Ballett über Waslaw Nijinski, den legendären Startänzer der Ballets Russes. Ausgehend von dessen letztem öffentlichem Auftreten in einem Hotel in Sankt Moritz, fokussiert der Choreograf Nijinskis Geisteskrankheit und thematisiert Stationen aus dem Leben des Tänzers. Neumeier konzentriert sich auf Erinnerungen an Rollen, Ballette und Tänzer und wichtige biografische Begebenheiten, insbesondere die Beziehungen zu seiner Frau Romola und zu Sergei Diaghilew, dem Impresario der Ballets Russes. Dabei erzählt Neumeier keine lineare Geschichte, sondern präsentiert Nijinskis Erinnerungen, wie sie sich in der fortschreitenden Schizophrenie kaleidoskopartig überlagern, wobei Nijinski im Mittelpunkt der komplexen Abfolge von Personen aus seiner Vergangenheit, Verdopplungen in Form von Figuren, die zu seinen Paraderollen gehörten – wobei die überlieferte Originalchoreografie zitiert wird –, und Ensembleformationen steht. Als musikalische Begleitung für dieses ›Assoziationsballett‹ wählte Neumeier im Wesentlichen drei Sätze aus Nikolai Rimski-Korsakows *Scheherazade* (1888) sowie, für den zweiten Teil, Dmitri Schostakowitschs *Sinfonie Nr. 11* (1957).

Andere Ballette über Nijinski schufen unter anderem Maurice Béjart mit *Nijinsky, clown de Dieu* (Brüssel 1971; Musik: Pierre Henry und Pjotr Tschaikowski) und Daniela Kurz mit *Hotel Suvretta* (Bern 1998; Musik: Gija Kantscheli).

Les noces

Russische choreografische Szenen in vier Bildern, ohne Unterbrechung

CHOREOGRAFIE: Bronislawa Nijinska; MUSIK: Igor Strawinsky; AUSSTATTUNG: Natalija Gontschorowa; URAUFFÜHRUNG: 13. Juni 1923, Théâtre de la Gaîté-Lyrique, Paris, Ballets Russes

ROLLEN: die Braut; der Bräutigam; die Eltern der Braut und des Bräutigams; Ehestifterinnen, Freunde des Bräutigams, Freundinnen der Braut, Gäste etc. (18 Tänzerinnen, 18 Tänzer)

Dekorationslose Bühne, erhöht im Hintergrund eine Bank, daneben eine Tür (bis zum 4. Bild verdeckt), alle Tänzer in Dunkelbraun (ärmellose Kleider beziehungsweise Hosen) und Weiß (Hemden).

1. Bild, ›Segnung der Braut‹: Die Zöpfe der Braut werden von ihren Freundinnen hergerichtet. Daraufhin geben die Eltern der Braut ihren Segen für die Hochzeit.

2. Bild, ›Segnung des Bräutigams‹: Der Bräutigam ist mit seinen Freunden zusammen; sie richten ihn für die Hochzeit her. Er erbittet nun auch von seinen Eltern den Segen, geht vor seinem Vater auf die Knie und verneigt sich vor seiner Mutter. Sie gewähren ihm den Segen.

3. Bild, ›Weggang der Braut aus dem elterlichen Haus‹: Einige Freunde des Bräutigams sind gekommen, die Braut zu holen. Daraufhin bereiten die Freundinnen deren Fortgang aus dem Haus der Eltern vor. Die Mutter der Braut beklagt schließlich den Verlust ihrer Tochter.

4. Bild, ›Hochzeitsmahl‹: Die Brautleute sitzen mit ihren Eltern auf der erhöhten Bank. Sie sehen den Gästen beim Tanzen zu. Als der Tanz nachlässt, imitieren die Brautleute Schritte der Hochzeitsgäste. Die Mütter der Brautleute öffnen dann die Tür; Braut und Bräutigam verabschieden sich von der Mutter und gehen gemessenen Schrittes durch die Tür, die hinter ihnen wieder geschlossen wird.

Mit *Les noces*, das in die Frühphase von Bronislawa Nijinskas choreografischer Karriere fällt, schuf die Schwester Waslaw Nijinskis ein Werk, mit dem sie bis heute ebenso stark identifiziert wird wie ihr Bruder mit → *Le sacre du printemps*. Auffällig sind zudem weitere Parallelen: Jedes der beiden Ballette bringt ein ritualhaftes Geschehen auf die Bühne, das im russischen Volksgut verwurzelt ist, und beide Stücke sind durch Stilisierung und Reduktion der choreografischen Mittel gekennzeichnet. Darüber hinaus entstanden die für die Ballette verwendeten Musikwerke fast unmittelbar nacheinander und sind sich denn auch in der Radikalität der melodischen und rhythmischen Gestaltung verwandt: Beide Kompositionen gehören der experimentellen, bilderstürmerischen Frühphase Igor Strawinskys an (*Les noces* war im Klavierauszug bereits 1917 abgeschlossen). Die für Nijinskas Ballett komponierte Tanzkantate handelt von einer russischen Bauernhochzeit, die die Choreografin in vier prägnanten Stationen zeigt. Der aufs Äußerste reduzierte Inhalt – Aspekte der Hochzeitsvorbereitung bei Braut und Bräutigam, der Segen der Eltern und das Abholen der Braut – wird lediglich angedeutet, und im 4. Bild lassen nur ausgelassene Aktionen der Gruppe erkennen, dass eine Hochzeit gefeiert wird. Im Kern ist *Les noces* – das als *Noces* uraufgeführt wurde – also ein abstraktes Ballett, und sein Bewegungsmaterial beschränkt sich auf Laufen, Stampfen, Springen und Gehen (auf Spitze) sowie ornamental anmutende Armhaltungen. Immer

wieder gefriert der Bewegungsfluss in Gruppenkonstellationen, die mit ihren Beugungen und ihrer nach vorn,
zum Publikum, ausgerichteten Körperhaltung an die Darstellung russischer Sakralkunst erinnern. Markant sind
darüber hinaus Formationen wie die ›Pyramide‹, die die
Freundinnen der Braut bilden, indem sie, von links und
rechts alternierend und von unten nach oben, ihren Kopf
übereinander in die Horizontale legen oder in Reihen
eng aneinander gefügter Körper mit horizontal gelegtem
Kopf parallel zur Rampe vorüberziehen. Insbesondere
im 4. Bild mit den nach Geschlechtern getrennten Tänzerblöcken wird deutlich, wie sehr sich die Raumwege
an geometrischen Formen orientieren. Ungewöhnlich ist
die relative Passivität der Hauptfiguren: Braut, Bräutigam
und die beiden Elternpaare bewegen sich am wenigsten
von allen Tänzern.

Les noces erlebte bei den Gastspielen der Ballets
Russes unterschiedliche Reaktionen seitens der Presse
und des Publikums; bis zum Ende der Kompanie 1929
wurde das Ballett wegen der aufwendig zu bewerkstelligenden Musikbegleitung (vier Klaviere, umfangreiches
Schlagwerk, vier Gesangssolisten und Chor) eher selten
aufgeführt. In den 1930er-Jahren übernahmen es einige
Ensembles, doch Eingang ins internationale Repertoire
fand es erst nach der Rekonstruktion des Royal Ballet
(London 1966). Seitdem haben es weltweit viele große
Kompanien einstudiert.

Daneben gibt es zahlreiche Neuchoreografien zu Strawinskys Komposition; herausragend sind die von Tatjana
Gsovsky (Berlin 1961), Maurice Béjart mit *Noces* (Salzburg 1962), Jerome Robbins (New York 1965) und Jiří
Kylián mit *Svadebka* (Scheveningen 1982).

Nuages

CHOREOGRAFIE: Jiří Kylián; MUSIK: Claude Debussy; AUS-
STATTUNG: William Katz; URAUFFÜHRUNG: 30. April 1976,
Württembergische Staatstheater (Großes Haus), Stuttgart, Stutt-
garter Ballett

ROLLEN: 1 Tänzerin; 1 Tänzer

Dekorationslose Bühne.

Die Tänzerin und der Tänzer stehen nebeneinander
mit dem Rücken zum Publikum. Mit einem Mal drehen
sie sich um, heben die Arme in die Höhe und lassen sich
auf den Boden gleiten. Über den Kniestand kommen sie
langsam wieder zum Stehen, drehen und gehen erneut zu
Boden. Dann knien sie im Profil und heben nacheinander
einen Arm in Richtung ihrer Front, bevor sich die Tänzerin ihrem Partner nähert. Den weiteren Verlauf des Balletts kennzeichnet ein fast ständiger Kontakt der beiden:
Der Mann hebt, hält und trägt die Frau, und die langen,
elaborierten, oft kreiselnden Hebungen betonen in ihrem
ständigen Auf und Ab die Vertikale. Eine markante
Unterbrechung stellt eine synchron getanzte Passage
dar. Am Ende, nach weiteren spektakulären kreiselnden
Hebungen, heben Tänzerin und Tänzer noch einmal die
Arme, umarmen sich und verharren schließlich in gerin-
gem Abstand zueinander, die Arme wie zur Umarmung
geöffnet.

Nuages ist rasch zu einem beliebten Bestandteil von
Galaabenden geworden. Virtuose technische Hochleistun-
gen wie die schwierigen Hebungen hat Jiří Kylián eingeschmolzen in ein atmosphärisches, psychologische
Spannungen assoziierendes Duett. Aus dem neutralen,
offenen Beginn des Nebeneinanderstehens entwickelt
sich ein Beziehungsgeflecht, in dem die Tänzerin der
nervösere, fortstrebende und gleichzeitig zurückschre-
ckende Teil des Paares darstellt, der von dem anderen
in Bewegung gesetzt und gestützt wird. Das ambivalente

Ende – der Aufriss der Umarmung – lässt offen, ob sich die beiden wieder finden oder aber wie zwei Hälften, die zueinander passen, sich aber nicht verbinden können, getrennt bleiben.

Der Nussknacker
Ballettfeerie in zwei Akten und drei Bildern

CHOREOGRAFIE: Lew Iwanow; MUSIK: Pjotr Tschaikowski; LIBRETTO: Marius Petipa und Iwan Wsewoloschski, nach Alexandre Dumas dem Älteren, nach E.T.A. Hoffmann; BÜHNENBILD: Konstantin Iwanow und Michail Botscharow; KOSTÜME: Iwan Wsewoloschski und Jewgeni Ponomarjow; URAUFFÜHRUNG: 18. Dezember 1892, Mariinski-Theater, Sankt Petersburg, Ballett des Mariinski-Theaters

ROLLEN: Präsident Silberhaus; seine Frau; Klara und Fritz, seine Kinder; Marianne, die Nichte des Präsidenten; Rat Drosselmeier, Klaras Pate; Perwaja und Wtoraja, Verwandte des Präsidenten; der Nussknacker; Diener im Haus des Präsidenten; Mausekönig; die Zuckerfee; Prinz Liebling; Majordomus; Gäste und ihre Kinder, Dienerschaft des Präsidenten, mechanische Puppen (Marketenderin, Rekrut, Kolombine, Harlekin), Gefolge des Mausekönigs, Ehrengarde des Mausekönigs, Mäusekrieger, Pfefferkuchensoldaten, Zinnsoldaten, Puppen, Volkstänzer, Hauswachen, Hasen, Feen, Schwestern des Nussknackers, silberne Soldaten, Konfekt und Süßspeisen (Karamel, Zwiebacke, Gerstenzucker, Schokolade, Petits Fours, Nougat, Pfefferminzplätzchen, Zucker, Brioches, Pistazien, Makronen), Smaragdpagen, Rubinpagen, maurische Pagen

In Deutschland.
  I. Akt, 1. Bild, Zimmer im Haus des Präsidenten Silberhaus: In Silberhaus' Anwesen wird wieder Weihnachten mit vielen Gästen gefeiert. Während die Gäste eintreffen, wird das Schmücken des Weihnachtsbaums abgeschlossen. Nun darf die Nichte Marianne die Kinder hereinführen, die vom Weihnachtsbaum begeistert sind. Nachdem sie Geschenke erhalten haben, kommen weitere Gäste

an. Als Letzter erscheint Rat Drosselmeier, der Pate von
Klara und Fritz, Silberhaus' Kindern. Er präsentiert vier
Puppen: eine Marketenderin und einen Soldaten sowie
Kolombine und Harlekin. Da die Kinder sich so über die
Puppen freuen, dass sie in Gefahr geraten, beschädigt zu
werden, lässt Silberhaus sie bald wegbringen. Die Enttäuschung der Kinder währt nur kurz, denn Drosselmeier
hat noch ein weiteres Geschenk: einen Nussknacker. In
seinem Überschwang macht Fritz ihn allerdings kaputt,
was Klara so traurig stimmt, dass sie den Nussknacker in
ihre Arme nimmt und ihn in ein Puppenbett legt. Nachdem alle Gäste gegangen und die Kinder zu Bett gebracht
worden sind, kehrt Klara noch einmal in das dunkle
Zimmer zurück. Da wird es Mitternacht: Die Kuckucks-
uhr präsentiert zu Klaras Überraschung mit jedem Schlag
Drosselmeier, der seinen Mantel schwingt. Mit einem
Mal findet sich Klara von Mäusen umgeben; ängstlich
eilt sie zu dem Puppenbett, in dem der Nussknacker liegt.
Da beginnt der Weihnachtsbaum zu wachsen, und alle
Puppen werden lebendig. Die Mäuse bekämpfen bald die
Spielzeugsoldaten und stürzen sich dann auf die Armee
des Nussknackers. Den direkten Kampf zwischen Mause-
könig und Nussknacker scheint schließlich die Maus für
sich zu entscheiden, als Klara eingreift und sie mit einem
Hausschuh niedermacht. Sogleich verwandelt sich der
Nussknacker in einen Prinzen, der Klara um ihre Hand
fragt. Klara willigt ein. 2. Bild: Das Zimmer verwandelt
sich in einen winterlichen Wald; Schnee fällt.

II. Akt, Konfitürenburg: Die Zuckerfee und Prinz Liebling samt Hofstaat erwarten Klara und den Prinzen. Als
die beiden eintreffen, werden sie respektvoll begrüßt.
Der Prinz stellt Klara seinen Schwestern vor; nachdem
sie von Klaras Rettungstat erfahren haben, danken sie
ihr herzlich. Anschließend lässt der Majordomus Süßig-
keiten für Klara bringen und ordnet an, sie zu unterhalten,
während sich die Zuckerfee, Prinz Liebling und der Hofstaat zurückziehen. Die Fee kehrt am Ende noch einmal

zurück, um sich zu vergewissern, dass Klara zufrieden ist.

Mit dem *Nussknacker* wollten Marius Petipa und Pjotr Tschaikowski an ihre erfolgreiche erste Zusammenarbeit, →*Dornröschen*, anknüpfen, und der Choreograf erarbeitete gleichermaßen detaillierte Vorgaben hinsichtlich Charakter und Umfang der Musik für die einzelnen Abschnitte des Balletts. Eine zweite Parallele findet sich in der Wahl der literarischen Vorlage für das Libretto: In beiden Fällen bildete ein Märchen die Grundlage der Handlung, hier E. T. A. Hoffmanns *Nussknacker und Mausekönig* (1816) in der Adaption (1845) von Alexandre Dumas dem Älteren, die in Russland recht beliebt war. Doch konnte Petipa nicht wie geplant die Choreografie erarbeiten; er erkrankte nach Beginn der Proben und übertrug die weitere Verantwortung für das Ballett seinem Stellvertreter Lew Iwanow. Iwanow entwickelte daraufhin eigenständig die Choreografie; die von Petipa vorgegebene Struktur des Werkes behielt er bei, ebenso den Inhalt. Was die *Nussknacker*-Handlung betrifft, so ging es nicht um eine möglichst originalgetreue Übertragung der literarischen Vorlage, sondern in erster Linie mussten die dramaturgischen Prinzipien des russischen Balletts am Ende des 19. Jahrhunderts beachtet werden: Vergleichbar *Dornröschen* und später →*Raymonda*, läuft auch im *Nussknacker* alles auf eine prächtige, facettenreiche Präsentation unterschiedlicher Tänze hinaus. Für das zeitgenössische Publikum war das Entscheidende dieses Balletts das Divertissement, der II. Akt, und wie in den beiden genannten Werken Petipas bedeutet alles Vorangehende die von pantomimischer Aktion dominierte Vorbereitung dazu. Akzeptiert man diesen Primat, so lässt sich leichter darüber hinwegsehen, dass es dem Libretto in entscheidendem Maß an Stringenz fehlt. Denn *Der Nussknacker* ist ein fantastisches Ballettmärchen, in dem – so hat man wiederholt interpretiert – eine unbe-

schwerte Kindheit verherrlicht oder eine weibliche
Initiation dargestellt sei. Damit erklärte man auch die Tatsache, dass Tschaikowskis Musik viele leicht fassliche,
eingängige Melodien enthält, höchst variantenreich und
effektvoll orchestriert und von einer für den Komponisten
ungewöhnlich heiteren Stimmung geprägt ist. Ursprünglich wurde *Der Nussknacker* – der russische Titel lautet
Schtschelkuntschik – zusammen mit Tschaikowskis Oper
Iolanthe uraufgeführt: Diese handelt von einer blinden
Königstochter, die dank ihrer Willenskraft geheilt werden
kann, und das Ballett bildete den zweiten Teil des Theaterabends. Tschaikowski komponierte die beiden Werke
im Wesentlichen parallel; mit einiger Berechtigung mag
man im *Nussknacker* den strahlenden, unbeschwerten
Gegenpart zu der dunkel gefärbten, lyrisch-expressiven
Oper sehen (das Ballett ließe sich auch ohne weiteres als
Festaufführung anlässlich Iolanthes Hochzeit deuten).
In seiner Choreografie verwendete Iwanow stilisierten Gesellschaftstanz, Elemente des Charaktertanzes
und klassischen Tanz. In reiner Form findet der klassische Tanz insbesondere in zwei großen Walzern (zum
Abschluss des I. und gegen Ende des II. Aktes) und dem
Pas de deux Zuckerfee / Prinz Liebling im II. Akt Verwendung. Mit Charaktertanzbewegungen sind die Puppen-
tänze des I. Aktes und die Divertissementtänze des II.,
wie Danse espagnole, Danse arabe, Danse chinoise und
der angeblich von Alexandr Schirjajew kreierte Trepak,
durchsetzt.

Die Uraufführung erntete harsche Kritik; insbesondere bemängelte man das Libretto und die, gemessen
an der Gesamtlänge, relativ geringe Zahl tänzerischer
Nummern. Außerdem verwies die Kritik auf eine grundsätzliche Schwäche des Balletts: Die Hauptpersonen
Klara, Fritz und der Nussknacker tanzen wenig – diese
Rollen übernahmen Studenten der Sankt Petersburger
Ballettschule –, und die tänzerischen Höhepunkte zeigen
nur peripher an der Handlung Beteiligte. In der Urauffüh-

Les noces. Choreografie: Bronislawa Nijinska
Royal Ballet, London

Onegin. Choreografie: John Cranko
Stuttgarter Ballett

rungsfassung blieb *Der Nussknacker* bis nach dem Tod
Iwanows 1901 im Repertoire des Mariinski-Theaters.

Im 20. Jahrhundert entstanden in Russland zahlreiche
Neuchoreografien, unter anderem von Alexandr Gorski
(Moskau 1919), Fjodor Lopuchow (Sankt Petersburg
1929), Wassili Wainonen (Sankt Petersburg 1934) und
Juri Grigorowitsch (Moskau 1966); Gorskis Produktion führte einige wichtige Neuerungen ein: Klara und
der Nussknacker werden von professionellen Tänzern
verkörpert, und die beiden tanzen den Pas de deux im
II. Akt. Eine Fassung auf der Basis von Iwanows Original erarbeitete Nikolai Sergejew für das Vic-Wells Ballet
(London 1934). Die Popularität des Balletts in Amerika
begann mit einer Kurzversion von Alexandra Fedorova
(New York 1940), die vom Ballet Russe de Monte Carlo
in zahlreichen Städten aufgeführt wurde; eine abendfüllende Choreografie erstellte dann William Christensen (San Francisco 1944). Die Rolle des Nussknackers
als traditionelles Weihnachtsballett setzte in Amerika
mit George Balanchines Choreografie (New York 1954)
ein; in Großbritannien führte das London Festival Ballet
das Werk jedes Jahr zur Weihnachtszeit auf. Eigene *Nussknacker*-Produktionen mit zum Teil neuer Handlung
erarbeiteten unter anderem Nicholas Beriozoff (Stuttgart 1959), John Cranko (Stuttgart 1966), Rudolf Nurejew (Stockholm 1967), Roland Petit (Marseille 1976),
Michail Baryschnikow (Washington 1976), Heinz Spoerli
(Basel 1979), Peter Wright (London 1984), Mark Morris
mit *The Hard Nut* (Brüssel 1991) und Maurice Béjart
(Turin 1998). Eine Hommage an Petipa schuf John Neumeier mit seinem *Nussknacker* (Frankfurt a. M. 1971); in
der von einigen europäischen Kompanien übernomme-
nen Choreografie erhält die Hauptperson Marie an ihrem
zwölften Geburtstag ein Paar Ballettschuhe geschenkt,
und in ihrem nächtlichen Traum erlebt sie die Welt des
zaristischen Balletts in Form von Training und Proben,
geleitet von Drosselmeier.

Onegin

Ballett in drei Akten (sechs Bildern)

CHOREOGRAFIE: John Cranko; MUSIK: Pjotr Tschaikowski, arrangiert von Kurt-Heinz Stolze; AUSSTATTUNG: Jürgen Rose; URAUFFÜHRUNG: 1. Fassung: 13. April 1965, Württembergische Staatstheater (Großes Haus), Stuttgart, Stuttgarter Ballett; 2. Fassung (hier behandelt): 27. Oktober 1967, Württembergische Staatstheater (Großes Haus), Stuttgart, Stuttgarter Ballett

ROLLEN: Onegin; Lenski, Onegins Freund; Madame Larina, eine Witwe; Tatjana und Olga, ihre Töchter; deren Amme; Fürst Gremin, ein Freund der Familie Larina; Verwandte, Landvolk, Petersburger Gesellschaft (16 Tänzerinnen, 13 Tänzer)

In Russland, 19. Jahrhundert.

I. Akt, 1. Bild, Garten von Madame Larinas Haus: Für Tatjana, die lesend auf dem Boden liegt, wird ein Kleid genäht; sie interessiert sich weder für die Anprobe noch für die Spiele ihrer Schwester Olga mit ihren Freundinnen. Schließlich beteiligt sie sich doch an einem Zeitvertreib der anderen Mädchen, die in einem Spiegel ihren zukünftigen Geliebten erblicken wollen. Olga sieht Lenski, ihren Verlobten, der unbemerkt den Garten betreten hat; Tatjana erblickt im Spiegel Onegin, einen gebildeten Sankt Petersburger Dandy, der von Lenski mitgebracht wurde. Tatjana ist sofort von ihm fasziniert. Während die Landbevölkerung sowie Olga und Lenski sich vergnügen, geht Tatjana mit dem blasierten und gelangweilten Onegin spazieren. 2. Bild, Tatjanas Schlafzimmer: Tatjana schreibt Onegin einen Liebesbrief. Dabei schläft sie ein und erlebt im Traum, wie Onegin ihr aus dem Spiegel entgegentritt und ihre Gefühle erwidert. Als die Amme am Morgen erscheint, übergibt sie ihr den Brief an Onegin.

II. Akt, 1. Bild, Madame Larinas Haus: Tatjana feiert ihren Geburtstag mit vielen Gästen, zu denen auch Fürst Gremin gehört, der Gefallen an ihr findet. Sie wartet auf eine Antwort von Onegin, der wie Lenski ebenfalls einge-

laden ist. Onegin fordert sie jedoch auf, den Brief zurück-
zunehmen; da sie dies nicht tut, zerreißt er ihn vor ihren
Augen. Danach flirtet er so heftig mit Olga, dass Lenski
eifersüchtig wird und den Freund zum Duell fordert.
Onegin geht zunächst nicht darauf ein, doch als Lenski
ihn ohrfeigt, nimmt er die Forderung an. 2. Bild, ein
Park: Lenski kommt als Erster zum Ort des Duells; dann
erscheinen Olga und Tatjana und flehen ihn an, auf das
Duell zu verzichten. Auch der nun eingetroffene Onegin
will einlenken. Doch Lenski besteht auf dem Zweikampf,
in dem er von Onegin erschossen wird. Wie im Traum
ziehen an Onegin Szenen der unmittelbaren Vergangenheit vorbei.

III. Akt, 1. Bild, Saal in Gremins Haus: Zehn Jahre
später – Tatjana hat inzwischen den Fürsten Gremin
geheiratet – wird in Gremins Haus ein Ball gegeben, den
auch Onegin besucht. Dieser hat erkannt, dass er mit Tatjana die einzige Liebe seines Lebens verschmähte. Er versucht sich ihr zu nähern, doch sie wendet sich von ihm ab.
2. Bild, Tatjanas Zimmer: Gremin verabschiedet sich von
Tatjana. Sie versucht ihn zum Bleiben zu bewegen, um
die brieflich angekündigte Begegnung mit Onegin zu vermeiden. Als Gremin gegangen ist, erscheint Onegin und
wirft sich ihr zu Füßen. Tatjana ist hin und her gerissen
zwischen ihren Gefühlen für Onegin und der Loyalität
gegenüber ihrem Ehemann. Schließlich zerreißt sie den
Brief, den er ihr geschrieben hat, und weist ihm die Tür.
Onegin läuft verzweifelt hinaus; Tatjana bleibt ebenso
verzweifelt zurück.

In seiner Adaption von Alexandr Puschkins berühm-
tem Versroman *Eugen Onegin* (1830) vernachlässigte
John Cranko die gesellschaftskritische Komponente der
Vorlage zugunsten der tragischen Zuspitzung auf die
unglückliche Liebe zwischen Tatjana und Onegin. Dies
bot ihm Gelegenheit zu choreografisch aufeinander bezogenen virtuosen Duetten für die beiden Hauptfiguren

(I. Akt, 2. Bild, und III. Akt, 2. Bild); hier werden leidenschaftliche, fast ekstatische Gefühle ausgelotet und in schwierige Hebungen, waghalsige Würfe und rasante Drehungen transponiert, die eine auffällige Bereicherung des stark neoklassisch gefärbten Bewegungsmaterials darstellen. Die Duette bilden in ihrer Dichte einen signifikanten Kontrast zu den folkloristisch anmutenden Tänzen im I. Akt, dem bürgerlichen Tanzvergnügen im II. (mit denen Cranko auch die russische Landgesellschaft karikiert) und den höfischen Polonaisen im III. Auch der anmutige Liebes-Pas-de-deux von Olga und Lenski (I. Akt, 1. Bild) atmet nicht die Sinnlichkeit der Duette von Tatjana und Onegin. Auf originelle Weise hat Cranko die Bilder mehrfach miteinander verklammert: Das Spiegelmotiv zieht sich durch den I. Akt und taucht im III., in Tatjanas Zimmer, wieder auf. Im selben Bild wiederholt sich auch das Motiv der Briefrückgabe als Umkehrung von Onegins demütigender Handlung im 1. Bild des II. Aktes. Trotz der thematischen Nähe des Balletts zu Pjotr Tschaikowskis Oper *Eugen Onegin* (1879) verzichtete Kurt-Heinz Stolze gänzlich auf Musik aus diesem Werk. Stattdessen wählte er verschiedene wenig bekannte Klavierstücke des Komponisten, die er orchestrierte, sowie Musik aus dessen Oper *Die Pantöffelchen* (1876), der Fantasieouvertüre *Romeo und Julia* (1869) und der Orchesterfantasie *Francesca da Rimini* (1876). Um der Partitur eine gewisse Geschlossenheit zu verleihen, benutzte Stolze einige Motive nach Art eines Leitmotivs und verband die inhomogenen Quellen durch motivisch gebundene Überleitungen.

Infolge starker Kritik an dem Ballett überarbeitete Cranko die 1. Fassung von *Onegin*. In der 2. Fassung verzichtete er auf den Prolog (der Onegin als arroganten Erben im Kreis seiner Verwandtschaft vorführt) und ein Bild im III. Akt, das Tatjana mit ihren Kindern zeigt. Auch choreografierte er einige Abschnitte neu. In der 2. Fassung wurde *Onegin* zum weltweit erfolgreichsten

Handlungsballett in der zweiten Hälfte des 20. Jahrhunderts; viele klassische Kompanien haben es einstudiert. Tatjana und Onegin, die in der Premiere der 2. Fassung von Marcia Haydée und Richard Cragun getanzt wurden, gehören zu den Paraderollen des klassischen Repertoires und wurden von vielen großen Solisten verkörpert.

Ballette nach einzelnen Werken von Puschkin entstanden noch zu Lebzeiten des Dichters, wurden jedoch erst ab den 1930er-Jahren vor allem in der Sowjetunion populär. Berühmte Beispiele sind Rostislaw Sacharows Werke *Die Fontäne von Bachtschissarai* (Leningrad 1934; Musik: Boris Assafjew und Alexandr Guriljow) und *Der eherne Reiter* (Leningrad 1949; Musik: Reinhold Glière) sowie *Der kaukasische Gefangene* von Leonid Lawrowski (Leningrad 1938; Musik: Assafjew).

Ordinary Events

CHOREOGRAFIE: Rui Horta; MUSIK: Tambours du Bronx; BÜHNENBILD: Rui Horta; KOSTÜME: Kathy Brunner; URAUFFÜHRUNG: 21. November 1991, Künstlerhaus Mousonturm, Frankfurt a. M., S.O.A.P. Dance Theatre Frankfurt
ROLLEN: 2 Tänzerinnen; 4 Tänzer

Drei rote Teppichbahnen sind, mit einigem Abstand, nebeneinander zur Rampe hin ausgerollt, auf jeder am hinteren Ende ein Stuhl, Tänzerinnen in weinrotem Kleid, Tänzer in rotem Hemd und schwarzer Hose.

Die sechs Tänzer stürzen wie Sprinter beim Start von links auf die Bühne. Sie tanzen das gesamte Stück in und um das Rechteck, das aus den Teppichbahnen und den Zwischenräumen gebildet wird. In wechselnden Konstellationen zeigen die Tänzer ausholende, zum Teil eckige Armbewegungen und athletische, abrupt ausgeführte Sprünge, die manchmal in ein Abrollen auf dem Boden übergehen; in ihre Bewegungssequenzen sind auch gym-

nastische Elemente wie Liegestütz oder Hechtsprung integriert. Wiederholt setzen sich Tänzer auf die Stühle und
gruppieren sich Paare um die Stühle. Stellenweise führt
das Ensemble Synchronpassagen als Einheit oder aufgeteilt in zwei Dreiergruppen aus. In der zweiten Hälfte
lösen sich die Formationen zunächst auf und agieren die
Tänzer überwiegend individuell, ehe sich das Ensemble
zu einem furiosen Schluss zusammenfindet. Am Ende
gehen alle nacheinander auf der rechten Bühnenseite in
die typische Starthocke eines Sprinters.

Ordinary Events, eines der ersten Stücke, die Rui Horta
in Deutschland herausbrachte, enthält viele Charakteristika seines von Modern-Dance-Techniken geprägten
Stils: athletisch, sportiv, häufiger Bodenkontakt. Darüber
hinaus weist das klar strukturierte Werk einen speziellen
Bezug zum Sport auf: Horta erarbeitete *Ordinary Events*
nämlich mit seiner Kompanie, dem S.O.A.P. Dance
Theatre Frankfurt, in einer Turnhalle in den Schweizer
Bergen, in der sich Turner auf Wettkämpfe vorbereiten,
und der Choreograf ließ sich von den Übungen der Sport-
ler inspirieren. Die stark rhythmisierte Schlagzeugmusik
der französischen Gruppe Tambours du Bronx stellt eine
adäquate musikalische Untermalung der Choreografie
dar.

Mit zwei anderen kürzeren Stücken Hortas bildete
Ordinary Events zunächst das abendfüllende Programm
Made to Measure (Frankfurt a. M. 1992), später war es
Teil des Triptychons *Kit* (Bourges 2001).

Ordinary Events wurde von mehreren Kompanien in
Deutschland und anderen europäischen Ländern einstudiert.

Orpheus

Ballett in drei Bildern

CHOREOGRAFIE: George Balanchine; MUSIK: Igor Strawinsky;
AUSSTATTUNG: Isamu Noguchi; URAUFFÜHRUNG: 28. April 1948,
City Center, New York, Ballet Society

ROLLEN: Orpheus; dunkler Engel; Eurydike; Apollo; Pluto;
Satyr; 9 Bacchantinnen; 10 Furien; verlorene Seelen (7 Tänzer);
Waldgeister (4 Tänzerinnen); Freunde von Orpheus (2 Tänzerin-
nen, 1 Tänzer)

1. Bild: Orpheus trauert am Grab von Eurydike; die Lyra
liegt zu seinen Füßen. Auch drei seiner Freunde können
ihn nicht trösten. Als sie gegangen sind, nimmt er die
Lyra und versucht sich mit Musik und Tanz abzulenken.
Danach legt er das Instrument auf Eurydikes Grab nieder.
Auch ein Satyr und vier Waldgeister können den Trauernden nicht aufheitern. Da erscheint der dunkle Engel und
geleitet Orpheus über den Styx in den Hades; Orpheus'
Gesicht bedeckt eine goldene Maske.

   2. Bild: Im Hades nähern sich die Furien dem dunklen Engel und Orpheus; auch die Seelen erscheinen.
Der dunkle Engel gibt nun Orpheus die Lyra zurück und
deutet ihm an, trotz der Maske zu spielen. Sein Gesang
beruhigt die Furien und erweicht schließlich die Götter:
Plötzlich erscheint Pluto mit Eurydike, die sogleich
zu Orpheus strebt. Die Furien führen Orpheus dann zu
Eurydike. Pluto gemahnt Orpheus, er dürfe Eurydike
erst ansehen, wenn sie wieder auf der Erde seien. Der
dunkle Engel beginnt nun, die beiden zur Erde zurückzuführen, in seiner Hand die Lyra haltend. Auf ihrem
Weg kann Eurydike ihren Wunsch, Orpheus anzublicken,
kaum mehr bezähmen. Als sie einmal zu Boden sinkt,
reißt er seine Maske vom Gesicht. Eurydike, die sich
inzwischen wieder erhoben hat und neben Orpheus steht,
fällt tot um und wird in die Unterwelt gezogen. Auch
kann Orpheus seine Lyra nicht mehr finden, die ihm im
Hades Sicherheit gibt. So wird er ein leichtes Opfer der

Bacchantinnen, und deren Anführerin tötet ihn schließlich.

3. Bild: Apollo geht zu Orpheus' Grab. Er ruft mit der goldenen Maske Orpheus' Geist an, den Gott des Gesangs. Nach einer Weile steigt aus dem Grab die Lyra auf, mit Blumen verziert.

Mit seinem Ballett präsentierte George Balanchine den bekannten antiken Mythos in konzentrierter, schnörkelloser Form und entdeckte damit sozusagen den Stoff wieder für die Tanzbühne. Denn nach diversen Balletten im 18. Jahrhundert – unter anderem von Franz Hilverding (Wien 1740; Musik: unbekannt), Jean Georges Noverre (Stuttgart 1763; Musik: Florian Johann Deller) und Jean Dauberval (Paris 1784; Musik: François-Hippolyte Barthélemon) – gab es nach der Etablierung von Christoph Willibald Glucks Oper *Orpheus und Eurydike* (1762) nur sehr selten Orpheus-Ballette. Dafür nahmen sich Choreografen gelegentlich Glucks Oper an, um nicht nur die umfangreichen Tanznummern zu choreografieren, sondern sie auch gleich zu inszenieren, so auch Balanchine (New York 1936). Für *Orpheus* komponierte Igor Strawinsky die Musik in enger Zusammenarbeit mit dem Choreografen, wobei Balanchine beispielsweise die genaue Länge der einzelnen Abschnitte festlegte. Strawinskys Partitur gibt sich überraschend dezent und ist gleichwohl melodisch reich und rhythmisch prägnant, doch zurückhaltend in Dynamik und Besetzung. Zu dieser kristallinen Begleitung schuf Balanchine eine Choreografie, die großteils vor Isamu Noguchis abstrakt-antikisierendem Bühnenbild auf einem schmalen Streifen an der Rampe ablief. Die reliefartige Gestaltung korrespondierte mit einer virtuos variierten neoklassischen Bewegungssprache unter geschickter Einschmelzung gestischer Elemente, sodass die Stimmungen der Personen und der Handlungsverlauf eindeutig vermittelt wurden. Tänzerische Höhepunkte sind das Duett zwischen Orpheus und

Eurydike, bevor Orpheus seine Maske vom Gesicht reißt, und der furiose Auftritt der Bacchantinnen.

Der Erfolg der Uraufführung trug mit dazu bei, dass das Ensemble Ballet Society noch im selben Jahr in das New York City Ballet überführt werden konnte, das 1972 eine überarbeitete Fassung des Balletts vorstellte. *Orpheus* gehört nach wie vor zum Repertoire des New York City Ballet; das Werk wurde von mehreren klassischen Kompanien einstudiert.

Eigene Choreografien zu Strawinskys Komposition schufen unter anderem Aurel von Milloss (Venedig 1948), Erich Walter (Wuppertal 1954), Tatjana Gsovsky (Berlin 1961), John Cranko (Stuttgart 1970), Rudi van Dantzig (Amsterdam 1974), Kenneth MacMillan (London 1982) und Glen Tetley (Melbourne 1987).

Andere Ballette über den Orpheus-Stoff kreierten etwa Maurice Béjart (Lüttich 1958, Musik: Pierre Henry) und William Forsythe (Stuttgart 1979; Musik: Hans Werner Henze); Henzes Komposition verwendeten auch Ruth Berghaus (Wien 1986) und Heinz Spoerli (Basel 1988).

Der Pagodenprinz

Ballett in drei Akten

CHOREOGRAFIE: John Cranko; MUSIK: Benjamin Britten; LIBRETTO: John Cranko; BÜHNENBILD: John Piper; KOSTÜME: Desmond Heeley; URAUFFÜHRUNG: 1. Januar 1957, Royal Opera House, London, Royal Ballet

ROLLEN: der Narr, ein guter Diener; der Zwerg, ein schmeichlerischer Diener; der Kaiser des Königreichs der Mitte, Vater von Belle Épine und Belle Rose (im III. Akt: der Exkaiser, schlecht behandelt von seiner Tochter, der Kaiserin); seine 4 Ratsherren; seine Höflinge (8 Tänzerinnen, 8 Tänzer); der König des Nordens, der König des Ostens, der König des Westens und der König des Südens, begierig, die Thronerbin des Königreichs der Mitte zu heiraten; Pagen der Könige (8 Tänzerinnen); die Prinzessin Belle Épine, Lieblingstochter und Thronerbin des Königreichs der Mitte; die Prinzessin Belle Rose, stark vernachlässigte jüngere Tochter des Kaisers, die als Mitgift nur ihre Schönheit und ihre Einfachheit besitzt (im III. Akt: die Pagodenprinzessin); eine Vision des Pagodenprinzen (Tänzer); 4 Frösche, Boten des Pagodenprinzen (4 Tänzer; später: Herolde); die Sterne (6 Tänzerinnen); die Wolken (10 Tänzer); der Mond (Tänzerin); die Fische (2 Tänzerinnen, 2 Tänzer); die Herrscher des Feuers (1 Tänzerin, 1 Tänzer); der grüne Salamander (Tänzer; im III. Akt: der Pagodenprinz); Pagoden (6 Tänzerinnen); Untertanen des Pagodenprinzen (8 Tänzerinnen, 8 Tänzer); Pagodenfrauen (6 Tänzerinnen)

I. Akt, ›Der Hof des Kaisers des Königreichs der Mitte‹: Narr und Zwerg kämpfen miteinander, als der König und die Hofgesellschaft sich versammeln. Dann treffen vier Könige ein, die um die Hand der Thronerbin Belle Épine anhalten wollen. Nachdem Belle Épine und ihre Schwester Belle Rose erschienen sind, hat Belle Rose eine Vision des Pagodenprinzen. Von ihr sind die vier Könige fasziniert, was den Kaiser sehr zornig macht, und er setzt Belle Épine seine Krone auf. Stolz weist sie die vier Könige ab, die sich nun auch nicht mehr für Belle Rose interessieren, da sie keine Thronerbin ist. Da treten vier Frösche ein, Boten des Pagodenprinzen. Sie bringen ein Schmuckkästchen des Pagodenprinzen; Belle Épine gelingt es nicht, das Kästchen zu öffnen, wohl aber Belle Rose: Das Kästchen enthält eine Rose, und auf Einladung der Frösche begibt sie sich in ein riesiges Netz. Sie wird nach oben gezogen.

II. Akt, 1. Bild, ›Belle Roses eigenartige Reise ins Königreich der Pagoden‹: Belle Rose befindet sich auf dem Weg ins Königreich der Pagoden. Sie lernt dabei die Welt der Luft, des Wassers und des Feuers kennen. 2. Bild, ›Die Ankunft und die Abenteuer von Belle Rose im Königreich der Pagoden‹: Belle Rose ist im Königreich der Pagoden allein. Sie erkundet dieses Königreich, und die Pagoden verbinden ihr die Augen. Nun kommt der grüne Salamander hervor; auch wenn sie ihn nicht sieht, hat Belle Rose Angst vor ihm. Der Salamander nähert sich Belle Rose; er verwandelt sich in einen Prinzen und erklärt ihr seine Liebe. Neugierig nimmt sie die Augenbinde ab, und sofort flieht der Prinz vor ihr. Als Belle Rose ihn hinter einer Pagode entdeckt, hat er sich wieder in einen Salamander zurückverwandelt. Belle Rose eilt entsetzt davon.

III. Akt, 1. Bild, ›Der Hof des Kaisers des Königreichs der Mitte‹: Belle Épine regiert als tyrannische Herrscherin; sie hält ihren Vater in einem Käfig gefangen. Bald lässt sie ihn herbeiholen und zur Unterhaltung des Hofes tanzen. In diesem Moment trifft Belle Rose ein, gefolgt vom grünen Salamander. Belle Rose will ihrem Vater helfen, und umgehend befiehlt Belle Épine, die beiden zu verhaften. Doch dank seiner Zauberkräfte befreit der Salamander den Kaiser und setzt Belle Épine gefangen. Dankbar umarmt Belle Rose den Salamander, der sich nun erneut in einen Prinzen verwandelt. Daraufhin verschwindet der Palast des Kaisers. 2. Bild, ›Belle Roses triumphale Rückkehr und Heirat mit dem Pagodenprinzen‹: Belle Rose und der Pagodenprinz kehren ins Reich der Pagoden zurück, begleitet vom Kaiser und dem Narren. Sie feiern ihre Hochzeit.

Der Pagodenprinz – uraufgeführt als *The Prince of the Pagodas* – war das erste abendfüllende Ballett überhaupt, das allein von britischen Künstlern geschaffen wurde. Trotz der strukturellen Orientierung an den großen Werken Marius Petipas mit ihrem breit angelegten Divertissement am Schluss blieb dem *Pagodenprinzen* ein anhaltender Erfolg verwehrt, was sicherlich am wenig dramatischen Libretto liegt. Deshalb blieb wohl auch John Crankos auf der klassischen Technik basierende Choreografie, die zum Teil originelle Charakterbewegungen enthält, ohne nennenswerten Nachhall innerhalb des britischen Balletts der Zeit. Und dies dürfte auch erklären, warum Benjamin Brittens farbenreich orchestrierte,

melodisch feinsinnige und stellenweise exotische Welten
evozierende Komposition – sein einziges originales Werk
für den Tanz – in der Folgezeit so wenig Beachtung
gefunden hat.

Cranko studierte den *Pagodenprinzen* noch bei zwei
anderen Kompanien ein, so 1960 beim Stuttgarter Ballett.
Eigene Choreografien erstellten unter anderem Alan Carter
(München 1958), Wazlaw Orlikowsky (Basel 1961), Oleg
Winogradow (Leningrad 1972) und, mit überarbeitetem
Libretto, Kenneth MacMillan (London 1989).

Le papillon

Ballettpantomime in zwei Akten und vier Bildern

CHOREOGRAFIE: Marie Taglioni; MUSIK: Jacques Offenbach;
LIBRETTO: Marie Taglioni und Henri Vernoy de Saint-Georges;
BÜHNENBILD: Charles-Antoine Cambon, Joseph François Désiré
Thierry, Édouard Désiré Joseph Déspléchin, François Joseph
Nolau, Auguste-Alfred Rubé und Hugues Martin; KOSTÜME:
Alfred Albert; URAUFFÜHRUNG: 26. November 1860, Opéra
(Salle de la rue Le Peletier), Paris, Ballett der Opéra

ROLLEN: Farfalla; die Fee Hamza; Djalma, Neffe des Emirs;
Patimate, Holzfäller in Diensten der Fee Hamza; Mohammed,
Ulema, Erzieher des Prinzen; Zaïdée, Dienerin Farfallas; Ismail-
Bey, Emir; Leila, Farfallas Freundin; die Diamantenfee; die Per-
lenfee; die Blumenfee; die Erntefee; Schmetterlinge, Sultanshof,
Wachen, Ulemas, Volk, Zigeuner, Zigeunerinnen, Geister, Baja-
deren, Odalisken, Eunuchen etc.

Im Kaukasus.

I. Akt, 1. Bild, die Behausung der Fee Hamza inmitten von Ruinen, kostbar eingerichtet, im Hintergrund
der Kaukasus: Die alte Fee Hamza hört Jagdhörner und
kokettiert vor dem Spiegel. Farfalla, ihre junge Dienerin,
imitiert sie auf komische Weise. Die Fee befragt ihren
Spiegel nach dem Jäger und erblickt darin den Prinzen
Djalma. Auch Farfalla sieht ihn und schreit vor Bewun-

derung auf, woraufhin Hamza sie bestraft und nach
Eintritt des Holzfällers Patimate verschwindet. Er und
Farfalla spotten darüber, dass Hamza auf einen schönen
jungen Mann warte, der sie küsse, um selbst wieder jung
und schön zu werden. Als Prinz Djalma samt Begleitung
erscheint, deckt Farfalla für ihn den Tisch; die zurückge-
kehrte Hamza berührt diesen mit einem Zauberstab, und
er trägt erlesene Speisen und feines Geschirr. Der Prinz
ist darüber sehr erstaunt; von seinem Erzieher erfährt
er, Farfalla habe Ähnlichkeit mit einer jungen Prinzessin, die einst von einer Hexe geraubt worden sei, und
Hamza erinnere ihn an jene Hexe. Dann wird seine Aufmerksamkeit durch eine Hochzeit abgelenkt. Als er zum
Abschied die Braut küsst, stellt sich Hamza erwartungs-
voll dazu, doch er grüßt sie nur ehrerbietig und küsst Farfalla. Hamza lässt ihren Ärger nun an Farfalla aus. Als
der hinzugekommene Patimate ihr helfen will, verwandelt sie ihn vorübergehend zu Stein und Farfalla in einen
Schmetterling. Ein ganzer Schwarm Schmetterlinge
kommt hinzu und jagt Hamza. 2. Bild, eine sonnenbeschienene Waldlichtung: Auf einer Anhöhe haben Zigeuner ihr Lager aufgeschlagen; Djalma sieht ihren Tänzen
zu. Hofdamen des Emirs vergnügen sich damit, Schmetterlinge zu fangen, und bringen einen besonders schönen
zu Djalma. Dem fällt die farbliche Ähnlichkeit mit Farfalla auf, doch allein mit ihm, spießt er den Schmetterling
an einen Baum. Da verwandelt sich Farfalla wieder in
eine Frau. Djalma befreit sie, aber sie fliegt als Schmetterling davon; der Prinz folgt ihr, und Farfalla tanzt mit
den anderen Schmetterlingen in der Sonne. Als die Hofgesellschaft nach einer Weile den Prinzen wieder entdeckt, erzählt er, was er erlebt hat; man hält ihn allerdings
für verwirrt, ebenso wie Patimate, der über die Identität
von Hamza und Farfalla aufklären will. Da trifft Hamza
ein und verhöhnt ihn, aber dem Schmetterling kann sie
nichts befehlen; lachend entzieht sich ihr Farfalla. Da
lässt Hamza zwischen den Bäumen ein Netz wachsen, in

dem sich der Schmetterling verfängt. Doch Patimate kann den Zauberstab erhaschen und befreit Farfalla, Hamza verwandelt er zu Stein, doch unglücklicherweise lässt er ihn fallen, und ein Geist hebt ihn auf. Doch ehe Hamza den Stab wieder erhält, bedecken sie die Schmetterlinge mit dem Netz, und Patimate zeigt die gefangene Fee dem Erzieher des Prinzen. Hamza wird abgeführt.

II. Akt, 1. Bild, Palast des Emirs: Hamza soll ins Gefängnis geworfen werden, weil sie einst die Tochter des Emirs raubte. Da zaubert sie Farfalla inmitten eines prächtigen Aufzugs herbei. Als Djalma erscheint, präsentiert ihm der Emir die verschleierte Farfalla als Braut. Doch Djalma lehnt ab, sein Herz sei bereits vergeben. Erst als Farfallas Dienerin den Schleier lüftet, erkennt er Farfalla, beteuert ihr seine Liebe und umarmt sie, wodurch die Wunde, die er ihr zugefügt hat, erneut schmerzt. Farfalla erklärt, sie liebe ihn nicht. Als er sie daraufhin küssen will, schiebt sich Hamza dazwischen und wird durch den Kuss zu einer strahlend schönen jungen Frau. Um Farfalla eifersüchtig zu machen, flirtet Djalma kurzzeitig mit Hamza. Als er sich wieder Farfalla zuwendet, schwört Hamza ihnen Rache und verwandelt Farfalla wieder in einen Schmetterling. Djalma bietet sie nicht nur Herz und Hand, sondern auch die Hälfte ihrer Zaubermacht an. Als Djalma ablehnt, versetzt sie ihn in Schlaf und lässt den Palast des Emirs verschwinden. 2. Bild, Hamzas Garten mit Blumenbeeten und Springbrunnen: Djalma erwacht. Er sieht Farfalla inmitten umherfliegender Schmetterlinge und verfolgt ihren Weg mit den Augen. Beim Herannahen Hamzas fängt er sie und versteckt sie in einem Rosenbeet. Hamza erscheint nun mit vier Feen und will mit Djalma Hochzeit feiern; man bringt auch eine Fackel zum Zeichen der Vermählung. Ihr kommt Farfalla – angezogen vom Licht – zu nahe: Sie fällt brennend in die Arme Djalmas. Damit ist der Zauber Hamzas gebrochen; Farfalla ist wieder das junge Mädchen, das den Prinzen liebt. Damit Hamza in ihrer Eifersucht nichts mehr ausrichten kann,

verwandeln die Feen sie in eine Statue und begleiten das
Paar auf dem Weg zu seinem Palast.

Marie Taglioni, Inkarnation einer romantischen Ballerina und 1859 zur ›inspectrice de la danse‹ der Pariser
Opéra ernannt, schuf mit *Le papillon* ihr einziges Ballett;
die Rolle der Titelfigur kreierte sie für die leichtfüßige
Emma Livry, die als Taglionis Reinkarnation galt. Livrys
ätherischer Wirkung entsprach das Sujet, war doch der
Schmetterling – ähnlich wie die Sylphide – ein Wesen, in
dem das romantische Ideal der Transzendenz verkörpert
ist. Anders als in früheren romantischen Balletten stehen
sich in *Le papillon* nicht Menschen- und Elementar-
wesenwelt diametral gegenüber, sondern beide sind Teil
eines märchenhaften Kosmos. Die detailreiche, über-
ladene Handlung bot nicht nur Gelegenheit für divertisse-
mentartige Tanzfolgen, die an das ›ballet blanc‹ angelehnt
waren, sondern auch für pittoreske Charaktertänze, die
den Schauplatz der Handlung, den Kaukasus, illustrieren.
   Le papillon markiert das Ende des romantischen Balletts; es war bereits im Niedergang begriffen, als es durch
Livry einen neuerlichen Aufschwung erhalten sollte.
Doch als das Kostüm der Tänzerin bei einer Probe 1863
Feuer fing und sie an ihren schweren Verbrennungen
starb, war eine Epoche unwiderruflich vorbei. *Le papillon* verschwand mit Livrys Tod auch aus dem Repertoire
der Opéra. Jacques Offenbachs geistreiche, melodisch
originelle und brillant orchestrierte Komposition wurde
erst über 100 Jahre später wieder für ein Ballett verwendet, *Utopia* von Elsa Marianne von Rosen (Göteborg
1974). Danach löste Pierre Lacotte einen Pas de deux
heraus (Paris 1976), und Ronald Hynd erstellte eine
abendfüllende Choreografie mit überarbeitetem Libretto
(Houston 1979; Musikbearbeitung: John Lanchbery).
Gray Veredon präsentierte das Werk in einer Kurzfassung
als ironisches Theater auf dem Theater in seinem Ballett
Gaîté parisienne / Le papillon (München 1982).

Paquita

Ballettpantomime in zwei Akten

CHOREOGRAFIE: Joseph Mazilier; MUSIK: Édouard Deldevez;
LIBRETTO: Paul Foucher; BÜHNENBILD: Humanité René Philastre, Charles-Antoine Cambon, Charles-Polycarpe Séchan,
Jules Pierre Michel Diéterle und Édouard Désiré Joseph
Déspléchin; KOSTÜME: Paul Lormier und Hippolyte de Boug
d'Orschwiller; URAUFFÜHRUNG: 1. April 1846, Opéra (Salle de la
rue Le Peletier), Paris, Ballett der Opéra

ROLLEN: Lucien d'Hervilly; Inigo, Anführer einer Zigeuner-
bande; Don López de Mendoza, spanischer Gouverneur der
Provinz; der Graf d'Hervilly, französischer General, Vater von
Lucien; ein Steinmetz; Paquita; Dona Séraphina; die Gräfin,
Mutter des Generals; eine junge Zigeunerin; Zigeuner, Zigeunerinnen, spanische Dorfbewohner, französische Offiziere, spanische Offiziere, Husaren, Hofdamen

In Spanien, zur Zeit der napoleonischen Besatzung
(1810).
    I. Akt, Tal der Stiere in der Nähe von Zaragoza, im
Hintergrund Felsen, rechts ein Zigeunerzelt: Ein Steinmetz arbeitet an einer Inschrift. Zu ihm treten der Graf
d'Hervilly, sein Sohn Lucien, der spanische Gouverneur
Don López de Mendoza, dessen Schwester Séraphina
und die Mutter des Grafen. Die Familie d'Hervilly ist in
Trauer um ihre Angehörigen, die 1795 – so ist auf dem
Stein zu lesen – hier ermordet wurden. Der Graf möchte,
dass an der Stelle ihrer Ermordung durch Banditen Zeilen
in einen Felsen gemeißelt werden, die an die Tat erinnern. Um ihn abzulenken, macht Don López de Mendoza
die Familie auf ein Dorffest aufmerksam, das heute hier
gefeiert werde. Dann legt der Graf die Hände von Séraphina und Lucien ineinander zum Zeichen ihrer Allianz.
Der Gouverneur allerdings täuscht seine Einwilligung
nur vor; tatsächlich schmiedet er ein Komplott gegen
den früheren Gegner. Nachdem sich alle wieder entfernt
haben, tritt eine Gruppe Zigeuner auf. Unter den Zigeunerinnen fehlt Paquita, was Inigo, ihr Anführer, böse

bemerkt. Sie tritt etwas später mit einem Blumenstrauß
auf. Alle bereiten sich auf das Fest vor und betreten ein
Zelt. Bald darauf ist Inigo allein mit Paquita und erklärt
ihr seine Liebe, aber sie weist ihn zurück, und er entfernt
sich. Paquita betrachtet dann ein Medaillon mit einem
Bild. Als sie ihren Blick über die Landschaft schweifen
lässt, verspürt sie die Ahnung einer vagen, schrecklichen
Erinnerung. Sie betritt daraufhin wieder das Zelt der
Zigeuner. Der Graf, seine Mutter, Séraphina und der Gouverneur kehren zurück und nehmen ihre Plätze ein, um
den kostümierten Zigeunern zuzusehen. Danach befiehlt
Inigo Paquita, Geld einzusammeln; sie gehorcht nur
widerwillig. Da nicht genug Geld zusammengekommen
ist, soll Paquita tanzen. Als sie sich weigert, stellt sich
Lucien schützend zwischen sie und den erzürnten Inigo.
Lucien ist die Schönheit und die Blässe Paquitas aufgefallen, und er fragt sie nach ihrer Familie. Als Antwort
will ihm Paquita das Medaillon mit einem Porträt zeigen,
doch muss sie feststellen, dass es gestohlen wurde; sie
beschuldigt Inigo der Tat, und Lucien will ihn verhaften lassen. Die anderen gehen dazwischen, und Lucien
fordert nun den Anführer auf, Paquita nicht mehr zum
Tanzen zu zwingen, doch Paquita, elektrisiert von der ihr
gewidmeten Aufmerksamkeit durch Lucien, beginnt zu
tanzen. Später, als alle zum Bankett gegangen sind, fädelt
der Gouverneur mit Inigo das Komplott gegen Lucien
ein. Da erscheint wieder Paquita, und Lucien wirbt um
sie. Paquita allerdings zögert wegen des Standesunter-
schieds, ihm nachzugeben. Sie verabreden, dass Paquita
ihm einen Blumenstrauß geben solle, wenn er sich Hoffnungen machen dürfe. Paquita begegnet bald darauf dem
eifersüchtigen Inigo, der die Worte zwischen ihr und
Lucien belauscht hat. Inigo erzählt später dem Gouverneur, was er gehört hat. Sie beauftragen eine Zigeunerin,
Lucien den Strauß zu geben. Dies geschieht dann auch,
und die Zigeunerin lockt ihn in eine Falle, indem sie ihm
den vermeintlichen Aufenthaltsort Paquitas angibt.

II. Akt, 1. Bild, eine ärmliche Zigeunerbehausung:
Hier ist Paquita allein. Als sie Geräusche hört, versteckt
sie sich im Schrank. Sie belauscht Inigo und den maskier-
ten Gouverneur, dass Lucien mit Wein vergiftet werden
solle. Als sie fliehen und Lucien warnen will, wird sie
gestellt, kann jedoch glaubhaft versichern, nichts gehört
zu haben. Da erscheint Lucien, und Paquita will ihn
schützen. Allein im Raum, merkt Lucien dann, dass alle
Fenster und Türen verschlossen sind. Kurz darauf trägt
Paquita das Essen auf, gefolgt von Inigo. Paquita gelingt
es, Lucien zu warnen. Es gelingt ihr auch, die Gläser zu
vertauschen, worauf Inigo den präparierten Wein trinkt
und einschläft. Kurz vor Mitternacht, der verabredeten
Zeit für den Mord, gelingt es ihnen zu fliehen, nachdem
Paquita wieder ihr Medaillon an sich genommen hat.
2. Bild, Ballsaal in der Residenz des Grafen in Zaragoza:
Offiziere, Hofdamen und spanischer Adel vergnügen sich.
Später betritt der Graf mit Séraphina den Saal. Man sorgt
sich um die Abwesenheit Luciens. Als er mit Paquita
erscheint, erzählt er, dass sie ihm das Leben gerettet habe
und er sie liebe. Paquita wehrt ab. Als Paquita Don López
sieht, erkennt sie den Drahtzieher des Komplotts. Er und
Séraphina werden verhaftet und abgeführt. Da erkennt
Paquita die Ähnlichkeit eines Gemäldes mit dem Porträt
in ihrem Medaillon: Es ist ihr Vater, sie selbst die Nichte
des Grafen, die als einzige das Massaker überlebt hat. Der
Ball geht weiter, und Paquita erscheint bald in standesgemäßer Kleidung.

Der temperamentvollen und virtuosen Carlotta Grisi
bot *Paquita* alle Möglichkeiten, in der Titelrolle ihre
schauspielerischen und tänzerischen Fähigkeiten zu präsentieren, bietet das Ballett doch verschiedenartige Tanznummern neben den breit angelegten pantomimischen
Passagen. Choreografische Höhepunkte waren die Charaktertänze der Zigeuner und die prunkvollen Ballszenen,
die in überaus prächtigem Dekor dargeboten wurden.

Paquita erwies sich als großer Erfolg und blieb bis 1851 im Repertoire der Opéra. Rasch wurde es an vielen europäischen Theatern herausgebracht. Eine Neufassung erarbeitete Marius Petipa (Sankt Petersburg 1881; zusätzliche Musik: Ludwig Minkus); er reduzierte die Pantomime, und ›spanische‹ Schritte ersetzte er durch die kodifizierten Bewegungen der klassischen Technik. In das Schlussbild fügte er unter anderem einen Pas de trois und einen Grand pas ein, die als separate Nummern ins Repertoire vieler großer klassischer Kompanien eingegangen sind. Eine Rekonstruktion auf der Basis der Fassungen von Joseph Mazilier und Petipa erstellte Pierre Lacotte (Paris 2001).

Parade
Realistisches Ballett in einem Bild

CHOREOGRAFIE: Léonide Massine; MUSIK: Erik Satie; AUSSTATTUNG: Pablo Picasso; URAUFFÜHRUNG: 18. Mai 1917, Théâtre du Châtelet, Paris, Ballets Russes

ROLLEN: der chinesische Zauberer; die Akrobaten (1 Tänzerin, 1 Tänzer); das kleine amerikanische Mädchen; der Manager im Frack; der Manager aus New York; der Manager zu Pferd (1 Tänzerin, 1 Tänzer)

Eine Straße in Paris, im Hintergrund der von einem Vorhang verdeckte Eingang zu einer Schaustellerbude.

Der Manager im Frack erscheint, und nachdem aus der Schaustellerbude eine Karte mit einer »1« herausgehalten wurde, tritt der chinesische Zauberer auf und zeigt einige Zaubertricks. Danach zieht er sich wieder in die Bude zurück. Nun erscheint der amerikanische Manager und hört dem anderen Manager zu, wie er sich über das ignorante Publikum beschwert, das die Künste des Zauberers nicht würdigen könne. Der Amerikaner, ausgestattet mit einem Megafon und einem Plakat, auf dem »PARADE« steht, kündigt daraufhin ein amerikanisches

Mädchen an. Aus der Bude wird nun eine Karte mit einer »2« gehalten; daraufhin galoppiert das amerikanische Mädchen in Matrosenuniform auf einem imaginären Pferd herein. Es imitiert Charlie Chaplin, das Springen auf einen Zug sowie Autofahren, Schwimmen, Schauspielern (sie verjagt einen Räuber mit einer Pistole), das Ertrinken auf einem untergehenden Schiff und schließlich das Spielen am Strand. Dann ›galoppiert‹ sie davon, und die Manager sind außer sich darüber, dass niemand Interesse zeigt. Jetzt kommt der Manager zu Pferd hinzu, und wieder erscheint aus der Bude eine Karte (mit einer »3«). Dies zeigt den Auftritt des Akrobatenpaars an. Nach der Demonstration einiger akrobatischer Kunststücke versuchen die drei Manager und ihre Künstler gemeinsam, das Publikum zum Besuch der eigentlichen Vorstellung zu bewegen – vergebens. Erschöpft brechen am Ende die Manager zusammen; das Mädchen weint, und die Akrobaten stehen traurig an der Seite. Lediglich der chinesische Zauberer betrachtet alles mit Haltung.

Mit *Parade* hielten progressive moderne Kunstvorstellungen Einzug ins Ballett. Denn Inhalt des Werkes ist keine traditionelle Geschichte im Sinn des Illusionstheaters oder eine andersartige Narration, sondern – wie es Guillaume Apollinaire im Programm zur Uraufführung schrieb – »eine Übersetzung der Realität«. Gegenstand dieser »Realität« darstellenden Handlung ist in *Parade* etwas Triviales, nämlich das, was vor einer Aufführung steht, in diesem Fall eines Jahrmarktstheaters: das Anpreisen der Attraktionen mit kurzer Demonstration, um das Publikum zum Besuch zu animieren. Zugleich vollzieht sich damit etwas höchst Modernes, nämlich die Anknüpfung des Bühnentanzes an die zeitgenössische Popularkultur, was sich in den Chaplin-Zitaten, dem Sport und den Managern manifestiert. Dem Gesamtthema ordneten sich sowohl Léonide Massine als auch Erik Satie unter. Saties grelle, collagenhafte Komposition zitiert unter-

schiedliche musikalische Stile, vom kontrapunktischen
Satz des Barocks bis zu Jazzrhythmen; entscheidendes
Kennzeichen ist jedoch das für Satie charakteristische,
absichtsvoll trivial gehaltene Klangbild. Geschickt integriert Satie Geräusche von Gebrauchsgegenständen wie
Lotterierad, Schreibmaschine und Pistole – Ausdruck
für die beabsichtigte ›klingende Dekoration‹. Dagegen
musste Massine seine Choreografie teilweise an den
Bewegungsmöglichkeiten ausrichten, die Pablo Picassos Kostüme zuließen. Denn der Manager im Frack und
der amerikanische Manager trugen im Stil des Kubismus
gestaltete übermannsgroße, mit länderspezifischen Attri-
buten (Hahnenkamm und Wolkenkratzer) versehene Konstruktionen; diese hatten eine Höhe von etwa drei Metern
und wirkten somit wie bewegliche Teile der Dekoration.
Beim Manager zu Pferd handelte es sich um ein vom
Trivialtheater her bekanntes Pferdekostüm (allerdings
mit kubistischem Kopf), unter dem zwei Tänzer steckten.
Die drei Zirkuskünstler trugen hingegen Kostüme, die
ihrer Rolle entsprachen, und stellten mit einem virtuosen
Bewegungsrepertoire, als dessen Basis verschiedene Alltagsbewegungen dienten, einen augenfälligen Kontrast zu
den Figuren der Manager dar. Initiator von *Parade* war
Jean Cocteau; während der Arbeit an dem Ballett ver-
änderten Ideen von Picasso entscheidend das Konzept.
Das produktive Zusammenwirken der beteiligten Künstler kennzeichnet auch *Parade* als eines jener Gesamt-
kunstwerke, die die Ballets Russes auszeichneten.

Parade mit Massine in der Rolle des chinesischen
Zauberers erfuhr zwar großen Zuspruch seitens der
avantgardistischen Kunstszene, doch das traditionelle
Ballettpublikum reagierte überwiegend ablehnend. Aus
diesem Grund blieb das Werk auch nicht lange im Repertoire der Ballets Russes. Massine rekonstruierte *Parade*
für das Ballet du XXe Siècle (Brüssel 1964), das Joffrey
Ballet (New York 1973) und das London Festival Ballet
(London 1974).

Le pas d'acier

Ballett in zwei Bildern

CHOREOGRAFIE: Léonide Massine; MUSIK: Sergei Prokofjew; LIBRETTO: Sergei Prokofjew und Georgi Jakulow; AUSSTATTUNG: Georgi Jakulow; URAUFFÜHRUNG: 7. Juni 1927, Théâtre Sarah-Bernhardt, Paris, Ballets Russes

ROLLEN: 3 Solistinnen; 4 Solisten; 20 Tänzerinnen; 20 Tänzer

1. Bild: Der erste Teil des Balletts führt episodenhaft verschiedene Charaktere und Märchenwesen vor; es kommt zu einem Kampf zwischen Baba-Jaga (der russischen Hexe) und einem durch sieben Tänzer verkörperten Krokodil und dann zu Begegnungen zwischen einem Straßenhändler und Gräfinnen, einem Seemann und drei Teufeln, einem Kater, einer Katze und Mäusen, dreier Trinker sowie einer Arbeiterin und einem Seemann.

2. Bild, maschinenartige Bühnenaufbauten: Nach einem innigen Duett einer Solistin mit einem Solisten ziehen Tänzer in Arbeiterkluft ein und agieren an den Konstruktionen.

Nachdem Sergei Diaghilew in Paris 1923 eine Vorstellung von Alexandr Tairows Kammertheater gesehen und damit konstruktivistische Bühnenideen kennen gelernt hatte, beschloss er, ein Ballett mit einem dezidiert sowjetischen Thema herauszubringen. Für dieses Projekt, *Le pas d'acier*, verpflichtete er progressive Künstler des Landes, die die erhoffte Sensation garantieren würden: den Komponisten Sergei Prokofjew und den konstruktivistischen Bühnenbildner Georgi Jakulow. Tatsächlich dominierten Jakulows beeindruckende Aufbauten die Bühne, insbesondere im 2. Teil. Nach der episodenhaften Introduktion der Figuren im 1. Teil kulminiert das Ballett in der Wiedergabe von maschinellen Abläufen. Die darzustellende Dynamik einer sowjetischen Fabrik manifestierte sich im effektvollen Zusammenspiel der Gerätschaften: Die Aktion bestimmten »Hämmer und Rammen, sich drehende Transmissionsriemen und Schwungräder sowie aufleuchtende farbige Signale«, wie Jakulow festgehalten hat. Hierzu hat Prokofjew eine Musik geschrieben, die sich im 1. Teil noch mit russisch gefärbten Melodien ziert, im 2. Teil jedoch durch harte, dissonante, bruitistisch anmutende und rhythmisch akzentuierte Klangballungen charakterisiert ist. Angesichts von Jakulows Aufbauten und der präzisen inhaltlichen Vorgaben blieb Léonide Massine wenig Raum für choreografische Entfaltung: Die Tänzer mussten sich im 2. Bild vor allem in realistischer Nachahmung an den Maschinenkonstruktionen betätigen.

Wegen der konstruktivistischen Note erfuhr *Le pas d'acier* große Beachtung, doch erwies es sich nicht als der erhoffte Skandal, auch wenn viele in dem Ballett eine propagandistische Aktion zugunsten der jungen Sowjetrepublik erblickten. Eigene Choreografien zu Prokofjews Musik schufen später unter anderem Serge Lifar (Paris 1948) und Leonid Lawrowski (Moskau 1954).

Ein verwandtes ›Maschinenballett‹ kreierte Adolph Bolm mit *Ballet mécanique* (Los Angeles 1932; Musik: Alexandr Mossolow).

Pas de quatre

CHOREOGRAFIE: Jules Perrot; MUSIK: Cesare Pugni; URAUFFÜHRUNG: 12. Juli 1845, Her Majesty's Theatre, London

ROLLEN: Marie Taglioni; Carlotta Grisi; Fanny Cerrito; Lucile Grahn

Dekorationslose Bühne, Hintergrundprospekt mit Landschaft.

Die vier Tänzerinnen in hellrosa Kostümen betreten hintereinander die Bühne, sich an den Händen haltend. Nach einem Kniefall an der Rampe vereinen sich Carlotta Grisi, Fanny Cerrito und Lucile Grahn in verschiedenen Posen um Marie Taglioni. Abrupt löst sich die

Vierergruppe, und es folgt ein Solo von Lucile Grahn. Daraufhin präsentieren sich Fanny Cerrito und Carlotta Grisi in einem Duett, ehe Marie Taglioni mehrmals mit Sprüngen die Bühne kreuzt. Nun kehrt Lucile Grahn zu einem raschen Solo zurück, und danach führt Carlotta Grisi eine lyrische Variation vor. Nach einem kurzen elegischen Auftritt von Marie Taglioni und Lucile Grahn schließen sich nacheinander schnelle Variationen von Fanny Cerrito und Marie Taglioni an. Das virtuose Finale bestreiten die vier Tänzerinnen gemeinsam, bis sich alle in einer skulpturalen Pose vereinen.

In *Pas de quatre* standen die neben Fanny Elßler berühmtesten Ballerinen ihrer Zeit auf der Bühne – sie gemeinsam in einem Stück auftreten zu lassen, und so, dass sich keine von ihnen zurückgesetzt fühlte, hatte großes Verhandlungsgeschick seitens des Theaterdirektors Benjamin Lumley und Jules Perrots erfordert. Jede der Tänzerinnen wurde vom Choreografen mit Schritten präsentiert, in denen sie ihr Können effektvoll zur Schau stellen konnte: Bei Marie Taglioni waren dies Sprünge sowie Schritte auf Spitze mit gebeugten Knien; Carlotta Grisi brillierte mit kleinen Sprüngen und raschen Bewegungen der Füße; Fanny Cerrito überzeugte mit lebhaften Sprungkombinationen, und Lucile Grahn zeigte ihre Spezialität, Hüpfer auf Spitze mit einer halben Drehung. Im Ballett des 19. Jahrhunderts waren Divertissements beliebte ›Pausenfüller‹ bei Opernvorstellungen oder fungierten als Ausklang eines Theaterabends – *Pas de quatre* macht da keine Ausnahme: Das Divertissement wurde zwischen den zwei Akten von Gaetano Donizettis Oper *Anna Bolena* (1830) aufgeführt. Allerdings wurde auf die Einbindung in eine narrative Struktur verzichtet; üblicherweise wiesen Divertissements der romantischen Epoche eine mehr oder weniger überzeugende inhaltliche Klammer auf.

Der triumphalen Uraufführung schlossen sich drei weitere Vorstellungen an. Eine Wiederaufnahme, in der

Carolina Rosati den Part Grahns übernahm, erfolgte zwei Jahre später. Rekonstruktionen des legendären Divertissements erfolgten durch Keith Lester für das Markova-Dolin Ballet (Manchester 1936) und Anton Dolin für das Ballet Theatre (New York 1941); letztere wurde von diversen Kompanien übernommen. Eine im romantischen Stil gehaltene Neufassung von *Pas de quatre* schuf Leonid Jakobson (Leningrad 1970; Musik: Vincenzo Bellini).

La Péri

Fantastisches Ballett in zwei Akten

CHOREOGRAFIE: Jean Coralli; MUSIK: Friedrich Burgmüller; LIBRETTO: Théophile Gautier; BÜHNENBILD: Charles-Polycarpe Séchan, Jules Pierre Michel Diéterle, Édouard Désiré Joseph Déspléchin, Humanité René Philastre und Charles-Antoine Cambon; KOSTÜME: Paul Lormier und Hippolyte de Boug d'Orschwiller; URAUFFÜHRUNG: 17. Juli 1843, Opéra (Salle de la rue Le Peletier), Paris, Ballett der Opéra

ROLLEN: Achmed; Roucem; ein Sklavenhändler; der Pascha; ein Eunuch; ein Gefängniswärter; La Péri; Nourmahal, Favoritin des Sultans; Ayesha; eine Schottin; eine Spanierin; eine Deutsche; eine Französin; Sklavinnen, Odalisken, Almeen, Matronen, Wächter, Péris, Negerknaben, Taubstumme, Herren, Henker, Eunuchen, Musiker, Volk, Soldaten

I. Akt, ein prächtiger Harem in Kairo, links ein Diwan, bedeckt mit einem Löwenfell: Die Odalisken verrichten gerade ihre Toilette. Auch Nourmahal, die Favoritin des Sultans, schmückt sich. Roucem, der Aufseher der Eunuchen, geht von einer Haremsfrau zur nächsten und gibt ihr Ratschläge, um noch attraktiver zu sein, denn Sultan Achmed scheint von allen Haremsfrauen, auch seiner Favoritin Nourmahal, gelangweilt. Da tritt ein Sklavenhändler ein und führt Roucem vier schöne junge europäische Frauen vor, die von einem algerischen Korsaren

geraubt wurden: eine Französin, eine Deutsche, eine Spanierin und eine Schottin. Roucem und der Sklavenhändler beginnen über den Preis zu verhandeln. Kurz darauf
wird Sultan Achmed hereingetragen. Er ist in Gedanken
versunken und achtet nicht auf seine Haremsfrauen;
Roucem präsentiert ihm die Europäerinnen. Achmed hat
sie zunächst wohlgefällig betrachtet, verfällt dann aber
wieder in Melancholie. Denn er träumt von der großen
Liebe, die auf der Erde nicht zu finden sei, und sucht
Zuflucht bei seiner Opiumpfeife. Bald schläft er auf dem
Diwan ein. Das Opium beginnt zu wirken: Achmed sieht
eine zauberhafte Oase mit Palmen und duftenden Blumen
unter sonnigem Himmel. Hier gruppieren sich die Péris,
orientalische Elementarwesen, um ihre Königin, La Péri.
Sie verlassen ihre ideale Welt und nähern sich dem schlafenden Achmed. Als er erwacht, verliebt er sich sofort
in La Péri und versucht vergeblich, sie zu fangen. Da
er sich nicht in ihrer idealen Welt bewegen kann, bittet
er sie schließlich um einen Talisman, mit dem er sie zu
sich holen kann. La Péri bindet ihm auf magische Weise
einen von einem Stern gekrönten Blumenstrauß und
gibt Achmed zu verstehen, er müsse ihn küssen; dann
würde sie erscheinen. Da Achmed das nicht glaubt, lässt
sie es ihn einmal ausprobieren und verschwindet dann.
Achmed schläft daraufhin wieder ein. Als Roucem ihn
weckt, erzählt ihm Achmed, er habe die ideale Frau in
einem übernatürlichen Wesen gefunden. Roucem schreibt
das den Opiumträumen zu und redet seinem Herrn ins
Gewissen, sich mit den realen Frauen zu begnügen, die
er besitzt. Achmed ist von Roucems Argumenten fast
überzeugt und zweifelt an seiner Vision. Er lässt seine
Haremsfrauen kommen, und für Nourmahal packt ihn
wieder die Leidenschaft. La Péri, die, unsichtbar, die
Szene verfolgt hat, greift ein, als Achmed Nourmahal
ein Taschentuch zuwirft: Es fällt zu Boden. Stattdessen
drückt sie ihm den magischen Blumenstrauß in die Hand.
Daraufhin ist er von seiner Vision wieder überzeugt und

küsst den Strauß; La Péri erscheint ihm wieder, traurig,
weil er sie vergessen habe, und verschwindet mit dem
Talisman. Nourmahal ist von diesen Ereignissen bestürzt;
sie weint und macht Achmed Vorwürfe. Dieser lässt sie
wie alle anderen fortbringen. La Péri triumphiert darüber;
Nourmahal schwört Rache.

II. Akt, mondbeschienene Terrasse in Achmeds Palast,
im Hintergrund die Minarette und Kuppeln von Kairo,
am Horizont die Pyramiden von Giseh: La Péri und die
Péris umfliegen den Palast. La Péri beobachtet Achmed,
und sie will eine sterbliche Frau werden, um mit ihm
zusammen sein zu können, doch die Péris warnen sie:
Achmed würde dann sofort das Interesse an ihr ver-
lieren. Da bemerken La Péri und die Péris, wie eine
Frau aus dem Harem des Paschas flieht und getötet wird.
Um Achmed auf die Probe zu stellen, schlüpft La Péri
in deren Gestalt; die anderen Péris verschwinden. Als
Achmed und Roucem auf die Terrasse kommen, finden
sie La Péri in Gestalt der Sklavin Leila, die verletzt auf
dem Boden liegt. Sie erzählt von ihrer Flucht und bittet
Achmed um Schutz. Später, bei einem Fest, wird Leila
aufmerksam von den Haremsfrauen gemustert. Im Lauf
des Festes führt sie einen Tanz vor. Achmed verliebt sich
daraufhin in sie, und als sich die Haremsfrauen zurückziehen müssen, darf sie als Einzige bleiben. Achmed entdeckt nun immer mehr Ähnlichkeiten zwischen Leila und
La Péri, und Leila gesteht ihm ihre Liebe. Da erscheint
Nourmahal und versucht Achmed zu töten, was Leila
verhindert; dann wendet sie sich gegen diese, was jedoch
Achmed abwehrt. Er will Nourmahal töten lassen, doch
Leila bittet ihn um Gnade. Nun meldet ein Negerknabe
die Ankunft des Paschas, der Leila zurückfordert, um sie
töten zu lassen. Achmed lässt sie von Roucem verstecken,
wird aber vom Pascha verhaftet und ins Gefängnis geworfen. Er weigert sich weiterhin, Leila dem Pascha auszulie-
fern. Da erscheint La Péri und beschwört ihn, auf Leila zu
verzichten, sich zu retten und mit ihr in die übernatürliche

Welt zu verschwinden; Achmed weist diesen Vorschlag
zurück. Der Pascha fordert Achmed dann noch einmal
auf, ihm Leilas Versteck zu nennen; andernfalls würde
er aus dem Fenster gestoßen werden. Achmed gibt nicht
nach. Als er aus dem Fenster fällt, versinken die Kerker-
mauern; er befindet sich jetzt im Paradies, in dem er mit
La Péri vereint ist.

La Péri ist eines jener romantischen Ballette, die die fantastische Welt der Elementargeister mit exotischem Lokalkolorit kombinieren. Das weibliche Elementarwesen, eine
Art Luftgeist, umgarnt hier einen orientalischen Mann,
sodass typische Szenen des ›ballet blanc‹ – wie im Pas de
songe im I. Akt, als Achmed die Vision der Péris hat – mit
temperamentvollen Charaktertänzen kombiniert werden
können und die Vielseitigkeit der Primaballerina unter
Beweis stellen. Tänzerischer Höhepunkt des II. Aktes ist
der Pas de l'abeille: Dieses Solo, der ›Tanz der Biene‹,
erregte größte Aufmerksamkeit; der aus Ägypten stammende Tanz war nicht nur äußerst temperamentvoll, sondern enthüllte auch zunehmend den Körper der Tänzerin,
die in ihrem Kostüm nach einer Biene sucht und so ihre
Kleidungsstücke nach und nach ablegt. Typisch für das
romantische Ballett ist auch, dass der männliche Protago-
nist, der sich nach einer absoluten Liebe sehnt und sich in
eine nicht dem menschlichen Bereich entstammende Frau
verliebt, dies tut, wenn seine Sinne verwirrt sind (infolge
des Opiumrauchens).

   La Péri mit Carlotta Grisi in der Titelrolle erwies sich
als recht erfolgreich; das Ballett blieb im Repertoire der
Opéra bis 1853 (von 1847 an in einer gekürzten, ein-
aktigen Fassung) und wurde an verschiedenen Theatern
Europas einstudiert. Ein *La-Péri*-Ballett mit anderem
Inhalt schuf Ivan Clustine (Paris 1912; Musik: Paul
Dukas).

Petite mort

CHOREOGRAFIE: Jiří Kylián; MUSIK: Wolfgang Amadeus Mozart; KOSTÜME: Joke Visser; URAUFFÜHRUNG: 23. August 1991, Kleines Festspielhaus, Salzburg, Nederlands Dans Theater

ROLLEN: 6 Tänzerinnen; 6 Tänzer

Dekorationslose Bühne; Tänzerinnen in korsageähnlichen Kostümen, Tänzer in taillenhohen Unterhosen.

Sechs Männer schreiten rückwärts aufs Publikum zu. Über ihren Köpfen balancieren sie Säbel; später schwingen sie sie ritualhaft, lassen sie über den Boden rollen, klemmen sie unter den Oberschenkel oder die Achsel, springen darüber oder rammen sie in den Boden. Mit dem Einsatz der Musik legen sie die Säbel ab und rennen nach hinten, um ein wallendes großes Tuch nach vorn zu ziehen; als sie damit zurücklaufen, gibt es den Blick auf die sechs Frauen frei, die auf dem Boden liegen. Die Männer helfen ihnen auf. Nach einer kurzen gemeinsamen Sequenz verlassen die Frauen die Bühne, und die Männer heben ihre Säbel wieder auf. Als die Tänzerinnen zurückkommen, sehen sie diesen Verrichtungen zu, bevor sie sich wieder zu Paaren zusammenfinden. Zunächst manipulieren die Tänzer ihre Partnerinnen wie die Säbel; bald finden sich alle zu einem synchronen Bodenexercice zusammen. Alle schreiten dann nach hinten. Aus der Gruppe löst sich ein Paar; die Frau hält sich am Säbel des Mannes fest, oder er schiebt ihn ihr zwischen die Beine, fährt ihre Körperkonturen nach. Dann sind die zwei wieder Teil des Ensembles; alle legen sich auf den Rücken und spreizen die Beine, öffnen und schließen sie, und die Männer legen sich über die Frauen, heben sie hoch, laufen ab, um das Tuch erneut zu holen, und als sie es nach hinten wegziehen, sind die Frauen verschwunden. Zwei Frauen und zwei Männer laufen daraufhin im Kreis; sie formieren sich zu Paaren, die nacheinander ausdrucksstarke Duette tanzen. Das zweite Paar rollt schließlich auseinander, nachdem sich der Mann über die

Frau gelegt und sie die Arme wie im ekstatischen Krampf angewinkelt hat. Aus dem Hintergrund erscheinen nun fünf Frauen hinter mobilen dunklen Rokokokostümen, hinter und mit denen sie agieren, sie schieben, kippen und umarmen. Danach folgen drei einander ablösende längere Duette, die erotische Stellungen im weichen Bewegungsfluss zitieren sowie verhaltene Pendelbewegungen und gespanntes Balancieren der Tänzerinnen zeigen. Das dritte Paar geht am Ende Hand in Hand nach hinten ab, und dabei rollen die Rokokokleider noch einmal herein, diesmal ohne die Frauen: Eine Seite des Kostüms ist rot, die andere schwarz.

Der Titel des Balletts bezieht sich auf den umgangssprachlichen französischen Ausdruck für Orgasmus und ist insofern programmatisch, als dass die Kostüme bis auf Reizwäsche reduziert sind und man das Säbelritual der Männer zu Beginn als phallische Demonstration auffassen kann. Spielerisch behaupten sich in *Petite mort* die sechs Paare in ihrem eleganten, erotisch aufgeladenen Tanz gegen das Korsett der mobilen höfischen Kostüme, die sie manipulieren können, wie es ihnen beliebt, und die am Schluss als prächtige, aber leere Requisiten die Bühne dekorieren. *Petite mort*, ein Auftragswerk für die Salzburger Festspiele und im Jahr von Wolfgang Amadeus Mozarts 200. Todestag deshalb zu Musik dieses Komponisten choreografiert – zu den langsamen Sätzen zweier *Klavierkonzerte* (*A-Dur*, KV 488, 1786, und *C-Dur*, KV 467, 1785) –, ist eines der kürzeren Stücke, die allgemein als Jiří Kyliáns ›Schwarzweißballette‹ bezeichnet werden. Es bildet einen deutlichen Kontrapunkt etwa zur martialischen, ausschließlich von Männern getanzten *Sarabande* (Den Haag 1990; Musik: Johann Sebastian Bach), die ebenfalls zu dieser Werkgruppe gehört.

   Petite mort wurde von mehreren Kompanien übernommen.

Les petits riens

Ballettpantomime in einem Akt

CHOREOGRAFIE: Jean Georges Noverre; MUSIK: Wolfgang Amadeus Mozart und unbekannte Komponisten; URAUFFÜHRUNG: 11. Juni 1778, Opéra, Paris (Palais Royal), Ballett der Opéra

ROLLEN: Amor; Schäferinnen; Schäfer

1. Bild: Amor wird von den Schäfern in eine Falle gelockt und in einen Käfig gesperrt.

2. Bild: Alle spielen Blindekuh.

3. Bild: Amor stellt zwei Schäferinnen eine dritte vor, die als Mann verkleidet ist. Die beiden Frauen verlieben sich in den angeblichen Schäfer. Erst durch das Entblößen ihrer Brust kann die verkleidete Frau den Irrtum aufklären.

Der Inhalt dieses kurzen Tanzstücks – die Neufassung eines Balletts, das Jean Georges Noverre 1767 in Wien zu Musik von Franz Aspelmayr geschaffen hatte – stützt sich auf spärliche zeitgenössische Beschreibungen. Darüber hinaus weiß man von dem Werk nur, dass ein Großteil der überwiegend aus Tanzsätzen bestehenden Partitur, die erst 1872 in der Bibliothek der Pariser Opéra entdeckt wurde, von Wolfgang Amadeus Mozart stammt (einige der Nummern schrieben unbekannte Komponisten). Das choreografische Geschehen von *Les petits riens* ist in drei anakreontische Bilder gegliedert, die allerdings keinen näheren Bezug zueinander haben. In ihnen spiegeln sich die Forderungen Noverres nach einem natürlichen, allgemein berührenden Thema wider.

Das Stück erwies sich in Paris als respektabler Erfolg. Bereits 1781 wurde es in London aufgeführt. Im 20. Jahrhundert nahmen sich Choreografen wie Frederick Ashton (London 1927 und 1928) und Ninette de Valois (Cambridge 1928 und London 1931) Mozarts Musik für eigene Ballette an.

Petruschka

Burleske Szenen in vier Bildern

CHOREOGRAFIE: Michail Fokin; MUSIK: Igor Strawinsky; LIBRETTO: Igor Strawinsky und Alexandre Benois; AUSSTATTUNG: Alexandre Benois; URAUFFÜHRUNG: 13. Juni 1911, Théâtre du Châtelet, Paris, Ballets Russes

ROLLEN: die Ballerina; Petruschka; der Mohr; der alte Scharlatan; 9 Ammen; 5 Kutscher; 2 Stallknechte; der lebenslustige Kaufmann; 2 an nichts glaubende Zigeunerinnen; 2 Straßentänzerinnen; erster Drehorgelspieler; zweiter Drehorgelspieler; der Besitzer des Markts; der Besitzer des Panoptikums; Maskierte und Verkleidete (2 Tänzerinnen, 11 Tänzer); Kaufleute, Offiziere, Soldaten, Herren, Damen, Kinder, Kindermädchen, Kosaken, Polizisten, ein Bärentreiber etc.

In Sankt Petersburg, 1830, in der Fastnachtswoche.

1. Bild, vor der Admiralität: Es ist Jahrmarkt. Männer, Frauen und Kinder ergötzen sich an den Attraktionen, gehen umher, streiten und lachen. Betrunkene produzieren sich, und zwei Straßentänzerinnen rivalisieren um die Gunst des Publikums. In einer der Schaubuden präsentiert der Flöte spielende alte Scharlatan seine drei Puppen dem Publikum: Petruschka, eine Ballerina und ein Mohr.

2. Bild, Petruschkas Kammer, schwarze Wände, bemalt mit Sternen und Halbmonden: Petruschka wird vom alten Scharlatan unsanft in seine Kammer zurückbefördert; er will fliehen, doch die Tür ist verschlossen. Petruschka beklagt sein Schicksal, und als ihn die Ballerina aufsucht, gesteht er ihr mit unbeholfener Geste seine Zuneigung. Doch die Ballerina lässt ihn allein zurück.

3. Bild, Zimmer des Mohren, mit Palmen und Früchten bemalt: Der Mohr liegt auf seinem Bett und spielt mit einer Kokosnuss, die er vergeblich zu öffnen versucht. Schließlich verneigt er sich vor ihr. Die Ballerina betritt dann mit einer Trompete das Zimmer des Mohren und beginnt zu tanzen; der Mohr gesellt sich zu ihr. Da eilt der eifersüchtige Petruschka herein, und es kommt zum

Petite mort. Choreografie: Jiří Kylián
Nederlands Dans Theater, Den Haag

Pierrot lunaire. Choreografie: Glen Tetley
Stuttgarter Ballett

Streit zwischen den beiden Männern, während die Ballerina davonläuft.

4. Bild, wie 1. Bild: Am Abend vergnügt man sich auf
dem Platz. Bald beginnt es zu schneien, und Maskierte
erscheinen. Aus der Schaubude des Puppenbesitzers
rennen plötzlich Petruschka, der Mohr und die Ballerina:
Der Mohr verfolgt Petruschka und erdolcht ihn. Daraufhin
wird der alte Scharlatan geholt; er zeigt allen, dass es sich
bei Petruschka nicht um einen Menschen, sondern um
eine Puppe handelt. Beruhigt zerstreut sich das Volk.
Während der Mann die leblose Puppe wegschleppt,
erscheint auf dem Dach der Theaterbude Petruschka, wild
gestikulierend. Der alte Scharlatan lässt die Puppe fallen
und entschwindet; Petruschka sackt vornüber.

Petruschka exemplifiziert auf mustergültige Weise
Michail Fokins Ansichten über das »neue Ballett«, wie er
sie im Juli 1914 in seinem berühmten Brief an die Londoner *Times* dargelegt hat – und wie sie wohl auch der
Gesamtkunstwerks-Vorstellung des Impresarios der Ballets Russes, Sergei Diaghilew, entsprachen. Demnach
solle ein Ballett aus einer gleichberechtigten Verbindung
der Künste bestehen; die Bewegungen müssten jeweils
zum Thema des Werkes und zum Charakter der Figuren passen, die gestischen Motionen über traditionelle
Pantomime hinausgehen. In den Gruppenszenen (1. und
4. Bild) hat Fokin demnach die verschiedenen Jahr-
marktsbesucher als individuelle Figuren mit je eigenem
Bewegungsverhalten konzipiert. Viele Aktionen finden
parallel statt, traditionelle Tänze und mimische Einlagen
sind mit dem ›natürlichen‹ Stehen und Gehen der Jahr-
marktsbesucher verwoben. Sehr charakteristisch – und
im Vergleich zum Volk artifiziell – präsentieren sich die
Hauptfiguren: Die Ballerina tanzt ihre klassischen Variationen auf Spitze in steifer, seelenloser Automatenhaftig-
keit; die ausgreifenden Schritte (mit auswärts gedrehten
Beinen) des Mohren wirken selbstbewusst. Petruschkas

Körper dagegen ist nach innen gekrümmt, die Füße sind einwärts gestellt, immer wieder sackt er in sich zusammen und ringt die Arme. Diese choreografische Individualisierung, in der die klassische Technik für die Expressivität der Figuren funktionalisiert wird, korrespondiert mit Igor Strawinskys vitaler, fantasievoll orchestrierter Komposition. Kongenial gibt sie das Jahrmarktstreiben in seiner Simultaneität mit rasch wechselnden Stimmungen, kurzen Motivfloskeln und teils gleichzeitig erklingenden Themen wieder. Strawinskys Melodien bestehen zum einen aus volkstümlichen Weisen, zum anderen aus typisch russischen Themen; drängende Rhythmen und eine neue, chromatische Harmonik, die bis zum Einsatz der Bitonalität geht, sind weitere Charakteristika der Musik. Zu der von Fokin propagierten »Allianz der Künste« zählt nicht zuletzt die farbenfrohe Ausstattung Alexandre Benois'; der Künstler entwarf für jede Bühnenperson ein spezielles Kostüm.

Petruschka war eine der erfolgreichsten Choreografien der Ballets Russes: Bei der Uraufführung feierte man vor allem das als exotisch empfundene russische Kolorit; eine Starbesetzung – mit Waslaw Nijinski als Petruschka und Tamara Karsawina als Ballerina – trug das Ihre zu dem Triumph bei. Die Rolle des Petruschka verkörperten nach Nijinski so herausragende Tänzer wie Adolph Bolm, Léonide Massine und Rudolf Nurejew. Fokins originale Choreografie nahmen zahlreiche Kompanien in ihr Repertoire auf. Choreografen wie Rosalia Chladek (Basel 1929), Kurt Jooss (Essen 1930), Tatjana Gsovsky (Berlin 1947) und Erich Walter (Düsseldorf 1966) erarbeiteten eigene *Petruschka*-Ballette. Eine neue Geschichte aus dem Stoff schufen unter anderem Maurice Béjart (Brüssel 1977) und John Neumeier (Hamburg 1982).

Phädra

Choreografische Tragödie

CHOREOGRAFIE: Serge Lifar; MUSIK: Georges Auric; LIBRETTO: Jean Cocteau, nach Jean Racine; AUSSTATTUNG: Jean Cocteau; URAUFFÜHRUNG: 14. Juni 1950, Opéra (Salle Garnier), Paris, Ballett der Opéra

ROLLEN: Phädra; Oinone; Hippolytos; Theseus; Aricia; Neptun; 28 Tänzerinnen, 21 Tänzer

Im Hintergrund auf einem Podest ein Tempel, der wie ein Theater genutzt wird.

Phädra möchte nicht von ihren Frauen geschmückt werden. Da sieht sie neben Oinone ihren Stiefsohn Hippolytos auf seinem Wagen. Dessen Freunde jagen ihr Angst ein, und Phädra flieht. Auf Aricias Drängen hin ziehen sich die Freunde zurück, und Phädra ist mit Hippolytos allein. Phädra berichtet dann Oinone von ihrer Liebe zu Hippolytos, die sie diesem schließlich gesteht. Hippolytos eilt davon. Schiffer verkünden, dass Theseus, der mit Phädra verheiratet ist, gestorben sei, und man trauert um ihn. Oinone arrangiert ein Zusammensein Phädras mit Hippolytos; Phädra weist jede Schuld an Theseus' Tod von sich. Von weitem erkennt man Theseus, und die Schiffer und Freunde von Hippolytos freuen sich darüber. Daraufhin jagt Phädra Oinone davon. Sobald Theseus angekommen ist, bekennt Hippolytos seine Liebe zu Aricia. In der Ferne springt Oinone ins Meer. Als Theseus Phädra wiedersieht, erfährt sie die Neuigkeit: Aricia ist für sie eine Rivalin, und sie erhebt Verleumdungen gegen Hippolytos. Theseus ruft Neptun um Hilfe an, und das Meer tritt über das Ufer. Nun ziehen Pferde Hippolytos' Leichnam herein. Phädra, die Gift getrunken hat, kommt dazu und gesteht ihre Schuld, bevor sie tot umfällt. Sie wird mit einem Mantel zugedeckt.

Jean Racines Drama *Phèdre et Hippolyte* (1677) gehört neben einigen Schauspielen William Shakespeares zu

den häufigsten für Ballette herangezogenen literarischen
Vorlagen. Choreografen wie Gasparo Angiolini (Mailand 1781; Musik: Angiolini) und Charles Louis Didelot
(Sankt Petersburg 1825; Musik: Katerino Kawos, Turik
und Tschelikow) hatten sich vor Serge Lifar mit dem Sujet
beschäftigt, der mit *Hippolyte* (Paris 1942; Musik: Vittorio Rieti) eine erste tänzerische Adaption vorstellte. In
seinem Bemühen, Jean Cocteaus in zahlreiche separierte
Szenen gegliedertes Libretto für seine zweite Auseinandersetzung mit dem antiken Sujet eine gleichgewich-
tige Choreografie an die Seite zu stellen, charakterisierte
Lifar in *Phädra* – uraufgeführt als *Phèdre* – die einzelnen
Personen durch eine manieriert anmutende Bewegungssprache, durch die sie ihre wechselnden Gefühlszustände
zum Ausdruck bringen. Weiche, lyrische Motionen stehen
für Nähe, eckige, ruckartige für Distanz. Die Unnahbar-
keit und die Willenskraft Phädras symbolisiert eindrucksvoll ihr Gehen auf Spitze. Überhaupt entwickelte Lifar
das Bewegungsmaterial des Werkes auf der Basis der
Danse d'école unter Einbeziehung der von ihm erfunde-
nen sechsten und siebten Position. Einen Verweis auf die
griechische Herkunft des Stoffes stellt der Theateraufbau
im Hintergrund der Bühne dar, dessen Vorhang sich bisweilen öffnet und dem Corps de ballet Gelegenheit gibt,
nach Art des Chores in der antiken griechischen Tragödie
die Handlung zu kommentieren.

Trotz diverser Kritik an Libretto und Choreografie
ist *Phädra* in regelmäßigen Abständen vom Ballett der
Opéra wieder aufgenommen worden. Einige klassische
Kompanien haben das Ballett einstudiert.

Nach Lifar schufen unter anderem Martha Graham
(New York 1962; Musik: Robert Starer) und Birgit Cull-
berg mit *I Am Not You* (Schwedisches Fernsehen 1966,
Musik: Bjarne Brustad) Tanzstücke über den Phädra-
Mythos.

Pierrot lunaire

CHOREOGRAFIE: Glen Tetley; MUSIK: Arnold Schönberg; AUSSTATTUNG: Rouben Ter-Arutunian; URAUFFÜHRUNG: 5. Mai 1962, Fashion Institute of Technology, New York, Glen Tetley Company

ROLLEN: Pierrot; Columbina, die Verliebte; Brighella, der Intrigant

In der Bühnenmitte ein mehrstöckiges Gerüst.

Pierrot, ganz in Weiß, bewegt sich auf dem Gerüst. Wenn Columbina in einem flatternden weißen Kleid erscheint, nimmt er sie zunächst nicht wahr; dann aber interessiert er sich für sie. Columbina spannt währenddessen eine Wäscheleine zu dem Gestell, die sie bald wieder löst. Pierrot nähert sich nun immer dreister Columbina; sie gibt ihm schließlich eine Ohrfeige, bevor sie davoneilt. Pierrot trauert ihr nach, und sobald Columbina zurückgekehrt ist – nun in Nachtkleid mit Schlafhaube –, bewegt sich Pierrot wieder um sie herum. Columbina verschwindet erneut, wenn Brighella auftaucht (in dunkelgrünen Kleidern mit schwarzen Streifen, dazu eine schwarze Gesichtsmaske und schwarzer Schleier); Pierrot flüchtet auf das Gerüst. Brighella zeigt ihm, wie man mit einem Schwert umgeht. Im Lauf ihres spielerischen Gefechts tut Pierrot so, als sei er tödlich getroffen. Dann trägt Brighella die jetzt in Rot gekleidete Columbina (von einem weißen Schleier umhüllt) herein; Brighella reißt ihr den Schleier weg und präsentiert sie Pierrot. Dieser geht auf ihre Avancen ein, worüber sich Columbina und Brighella lustig machen. Als Pierrot Columbina weiterhin nachstellt, schlingen diese und Brighella elastische Bänder um seine Arme und Beine, um ihn vom Gerüst aus wie eine Puppe manipulieren zu können. Pierrot sinkt bald erschöpft nieder, und Brighella streift sich Pierrots Kleider über. Sobald Pierrot wieder zu sich gekommen ist, bittet er um seine Kleider; Brighella gibt ihm nach einer Weile den Hut wieder, den Pierrot allerdings von sich wirft. Am Ende steigt Pierrot zu

Columbina und Brighella auf das Gerüst und hängt sich resignierend bei ihnen ein.

Für *Pierrot lunaire*, seine erste größere Choreografie, ließ sich Glen Tetley von Arnold Schönbergs gleichnamiger Komposition (1912) inspirieren; konkreter Ausgangspunkt waren allerdings nicht die von Schönberg vertonten Gedichte von Albert Giraud, sondern Charakter und Duktus der spätromantischen Musik. Deren expressive melodische Wendungen übertrug Tetley in ein spannungsreiches Bewegungsidiom aus klassischem Tanz, Modern Dance und Pantomime, um damit eine moderne Version eines Commedia-dell'arte-Balletts zu schaffen: ein intimes Gegenstück zu Michail Fokins →*Petruschka*. Denn *Pierrot lunaire* weist eine Personenkonstellation auf, die der in den beiden mittleren Teilen des Ballets-Russes-Werks entspricht: Pierrot (dort Petruschka) versucht sich auf unbeholfene Weise Columbina (der Ballerina) zu nähern, die – in der Rolle der Geliebten, der Mutter und der Hure – nur mit ihm spielt und sich schließlich mit einem Aufschneider, Brighella (dem Mohren), einlässt; beide haben für Pierrot im Grunde nur Verachtung übrig und wollen ihn demütigen. Ist dieses narrative Element bei Fokin auf eine traditionelle Weise inszeniert, so hat Tetley die Aktion in ein modernes Ambiente übertragen. Das Gerüst – sowohl Symbol für eine geschäftige Bauwelt als auch für die Theaterbühne an sich – dient als Fokus für romantische Träumerei und Gewalt. Doch keine grellen Effekte kennzeichnen *Pierrot lunaire*, sondern wie Schönbergs Musik strahlt das Ballett eine lyrische, heiter-melancholische Stimmung aus.

Der Erfolg von *Pierrot lunaire* verhalf Tetley zu internationaler Bekanntheit; das Ballett wurde von mehreren, meistens klassischen Kompanien übernommen. Als Pierrot beeindruckte in der Uraufführung Tetley selbst; danach verkörperten den Part unter anderem Christopher Bruce, Egon Madsen und Rudolf Nurejew.

Schönbergs Komposition verwendeten später Choreografen wie Heinz Spoerli (Ludwigsburg 1984) und Joachim Schlömer (Ulm 1992) für ein Ballett.

Poème de l'extase

CHOREOGRAFIE: John Cranko; MUSIK: Alexandr Skrjabin, teilweise orchestriert von Wolfgang Fortner; AUSSTATTUNG: Jürgen Rose, nach Gustav Klimt; URAUFFÜHRUNG: 24. März 1970, Württembergische Staatstheater (Großes Haus), Stuttgart, Stuttgarter Ballett

ROLLEN: die Schöne; der Jüngling; ihre Visionen (4 Tänzer); die Gesellschaft (6 Tänzerinnen, 6 Tänzer)

1. Teil, Salon der Schönen: Ein berühmter Bühnenstar hat Gäste geladen. Als letzter Gast tritt der Jüngling ein. Wenn dann die Schöne im Salon erscheint, wird sie von allen begrüßt. Der Jüngling verliebt sich in sie.
2. Teil, auf der Bühne zu Beginn eine Chaiselongue, herabhängende Tücher im Hintergrund: Die Schöne erinnert sich früherer Liebesbeziehungen (Tänzer in hautfarbenen Trikots mit aufgemalten Farbflecken). Den um sie werbenden Jüngling weist sie schließlich ab; ihr wird bewusst, dass sie ein erfülltes Leben genossen hat.

Poème de l'extase bezieht viel von seiner Wirkung aus Jürgen Roses exquisiter Ausstattung, vor allem des 1. Teils, der wie ein Prolog fungiert: In Form und Farbgebung ist das Bühnenbild exakt einem Salon zur Wende vom 19. zum 20. Jahrhundert nachempfunden, greifen die Kostüme die Kleidung der feinen Gesellschaft ebenjener Zeit auf, und Rose verschweigt auch keineswegs seine Anleihen bei einem der wichtigsten Vertreter des Jugendstils, Gustav Klimt. In diesem detailgetreuen Ambiente einer vergangenen Epoche konzentrierte sich John Cranko auf die Person der Schönen, eines »großen

Bühnenstars« (so der Choreograf). Um sie kreist das choreografische Geschehen des 2. Teils mit den vier früheren Liebhabern und dem Jüngling: Nacheinander erscheinen der Schönen die Geliebten, und mit jeder dieser Visionen kommt es zu einer Begegnung, jeweils unterbrochen vom eifersüchtigen Jüngling. Zwar betonte Cranko, dass er *Poème de l'extase* in Anlehnung an Colettes Roman *La naissance du jour* (1928) geschaffen habe, doch finden sich Parallelen zwischen Ballett und literarischem Werk lediglich insofern, als es in beiden um die Erinnerung an Liebeserlebnisse geht. Von größerer Bedeutung für die Handlung war sicher Crankos Wunsch, ein Ballett für die Primaballerina Margot Fonteyn zu kreieren, in der sie nicht ein Mädchen oder eine junge Frau verkörpern musste, sondern eine Frau in ihrem Alter darstellen konnte – Fonteyn war zum Zeitpunkt der Uraufführung 50 Jahre alt. Für die spannungsvolle Choreografie des 2. Teils, mit bisweilen höchst virtuosen Schrittfolgen und Sprüngen der Visionen und des Jünglings sowie jugendstilhaft-ornamentalen Posen, fand Cranko in Alexandr Skrjabins Orchesterstück *Poème de l'extase* (1908) eine wunderbar passende Musik; die nervöse, chromatische Melodik, der Reichtum an Klangfarben und nicht zuletzt die Steigerung zum Finale hin parallelisieren die emotionale Anspannung der Hauptfigur (für den 1. Teil verwendete Cranko Skrjabins düstere *Klaviersonate Nr. 9*, 1913, in der Orchestration von Wolfgang Fortner).

Poème de l'extase wurde zu einem Triumph für Fonteyn, die die Rolle der Schönen auch bei der Übernahme des Werkes durch das Royal Ballet (London 1972) tanzte. Bis heute gehört *Poème de l'extase* zum Repertoire des Stuttgarter Balletts (seit 1985 erklingt die *Sonate Nr. 9* in John Campbells Orchestration).

Außer Cranko schufen unter anderem Anna Sokolow mit *Poem* (New York 1956) und Roland Petit mit *L'estasi* (Mailand 1968) Choreografien zu Skrjabins *Poème de l'extase*.

Polowetzer Tänze

CHOREOGRAFIE: Michail Fokin; MUSIK: Alexandr Borodin; KOS-
TÜME: Nikolai Rjorich; URAUFFÜHRUNG: 19. Mai 1909, Théâtre
du Châtelet, Paris, Ensemble der ›saison russe‹

ROLLEN: 9 Polowetzer Mädchen; 13 Sklavinnen; Polowetzer
General; 12 Polowetzer Krieger; 6 Jünglinge

Im Lager der Polowetzer Krieger, 1185.

Ein Polowetzer Mädchen erscheint zwischen den
Zelten und weckt die schlafenden Krieger. Auch die
übrigen Mädchen erheben sich und schließen sich den
Drehungen des Mädchens an. Zu ihnen gesellen sich
die orientalischen Sklavinnen mit ruhigen Bewegungen.
Danach demonstrieren die Polowetzer Krieger ihre Waf-
fenkünste. Nachdem erneut die Frauen verführerisch
agiert haben, nehmen die Krieger sie auf ihre Schultern
und tragen sie in die Zelte. Bald kommen vier der Krieger
wieder hervor; ihre schnellen Bewegungen locken erneut
die Mädchen an, die sanft im Kreis tanzen. Schließlich
dominieren die Männer mit sukzessive sich steigernden
Aktionen.

Die *Polowetzer Tänze* sind die Tanzeinlagen im II. Akt
von Alexandr Borodins Oper *Fürst Igor* (für die Uraufführung der Oper 1890 choreografiert von Lew Iwanow).
Sie haben dort den Zweck, den gefangenen Fürsten und
seinen Sohn zu unterhalten. In seiner Choreografie der
Tänze setzte Michail Fokin die Vitalität der unverwechselbar russischen Musik effektvoll um; insbesondere in
der großen Schlusssteigerung dominieren rhythmische
Stampfbewegungen und virtuose Sprünge. Damit gelang
es dem Choreografen, den Tanznummern jene ›barbari-
sche‹, ritualhafte Note zu geben, die zum Inhalt der Oper
passte.

Die erste Aufführung von Fokins Choreografie erfolgte
innerhalb einer Vorstellung des II. Aktes von Borodins
Oper. Wegen des sensationellen Erfolgs wurden die

Polowetzer Tänze bereits im folgenden Jahr in Paris als eigenständiges Ballett präsentiert. Sie blieben im Repertoire des Ensembles bis zu seiner Auflösung 1929 (1923 überarbeitet von Bronislawa Nijinska). Auch für die Ballets-Russes-Nachfolgekompanien stellten die *Polowetzer Tänze* eine publikumswirksame Choreografie dar. Zahlreiche andere Kompanien studierten Fokins Werk ein.

Eigene Choreografien zu Borodins Musik schufen unter anderem Alexandr Gorski (Moskau 1914), Nijinska (Monte Carlo 1924), Rudolf von Laban (Berlin 1930) und Kurt Jooss (Essen 1930).

Pretty Ugly

CHOREOGRAFIE: Amanda Miller; MUSIK: Peter Scherer und Arto Lindsay; BÜHNENBILD: Amanda Miller und Ricardo Castillo von Bennewitz; KOSTÜME: Amanda Miller; URAUFFÜHRUNG: 26. November 1988, Städtische Bühnen (Schauspielhaus), Frankfurt a. M., Ballett Frankfurt

ROLLEN: 4 Tänzer; 1 Tänzerin

Gezackte Stelen unterteilen den hell ausgeleuchteten Raum in zwei Dreiecke.

Drei Tänzer in Straßenkleidung stehen an je einer Ecke des Rechtecks und laufen, springen, hüpfen am Rand des ausgeleuchteten Vierecks entlang. Dann verlassen zwei der Männer die Bühne; der dritte Tänzer kommt nach vorn und beginnt ein Solo, das ihn wieder an seinen Ausgangspunkt zurück bringt. Dort bleibt er stehen, und eine Tänzerin in rotfarbenen Kleidern geht auf ihn zu und wieder ab. Der Mann rennt nach vorn, ein anderer Mann fällt ihm in die Arme. Der Tänzer setzt sein Solo fort, während hinter ihm zwei Männer die Bühne queren. Bald löst ihn ein anderer Tänzer ab; im Verlauf dieses Solos verdunkelt sich das hintere Dreieck. Aus dem Solo wird ein Duett, wenn ein zweiter Tänzer erscheint. Die Tänzerin tritt nun wieder auf; sie tanzt nacheinander mit den Männern, bis sie im vorderen Dreieck allein agiert und die Tänzer im noch dunklen hinteren lediglich als Schemen zu erkennen sind. Dann tänzeln drei Männer umeinander, halten sich. Alle finden sich schließlich zu einer diagonalen Reihe und vollführen synchron ihre durch den Raum wandernden Kombinationen; sie lösen immer wieder ihre Ordnung auf, um eine neue Reihe zu bilden. Zurück bleibt nach einer Weile ein Mann, zu dem sich ein Partner gesellt. Ihr Duett enthält Bewegungen, die an Rock-'n'-Roll-Tanz erinnern; die Tänzerin und ein Mann agieren hinter ihnen. Der fünfte Tänzer kommt bald hinzu; alle stellen sich wieder in einer Reihe auf und beginnen mit Motionen, die aus dem Showtanz entlehnt sind. Dies geht in einen dynamischeren Teil über, in dem die Tänzerin den Mittel- und Bezugspunkt der Gruppe darstellt. Danach bilden die Männer ein teilweise synchrones Quartett, während die Tänzerin im dunkleren Hintergrund tanzt, bis alle das erleuchtete Viereck verlassen. Ein Mann betritt wieder die Tanzfläche; die Tänzerin kommt hinzu, und sie beginnen im sich bis zum Dämmer verdunkelnden Raum ein kurzes Duett, das übergeht in ein lyrisches Solo der Tänzerin. Daraufhin wird die Bühne wieder heller; die Frau geht ab, und zwei Tänzer beginnen weit in den Raum ausgreifende Armbewegungen und Schritte. Kurzzeitig taucht hinter ihnen die Tänzerin wieder auf; wenn sie die Tanzfläche in der Diagonalen durchquert, endet das Duett. Die Frau tritt auf dieses Männerpaar und ein im hinteren Dreieck erschienenes zweites zu und animiert sie zu exerzierartigem Gehen. Sie selbst schreitet dazu Formationen ab. Später trippelt sie neben und hinter einem Tänzer her; daraus entwickelt sich ein kräftemessendes, virtuoses Duett. Der Mann bleibt plötzlich allein zurück und bewegt sich in einem Lichtkegel von Pose zu Pose, bis er auf einen anderen Mann trifft; beide schütteln sich und beginnen sich zu kratzen. Die anderen beiden Tänzer kommen hinzu und kratzen sich ebenfalls; immer hektischer werden die Kratzbewegungen der Männer. Nun zeigt sich auch wieder die Tänzerin und zitiert einige ihrer früheren Bewegungen. Das Licht verlischt langsam; im Dunkeln prescht noch einmal ein Tänzer nach vorn.

Der Titel des Stückes, das Oxymoron *Pretty Ugly* (›schön hässlich‹), bezieht sich auf die »Melange aus Schönheit, Kunst, Gewalt und Müll« einer Großstadt, wie Amanda Miller später einmal über ihr Ballett geschrieben hat. Die Choreografin verwebt in ihrem Stück Alltagsbewegungen, lässige Schlenker, verfremdete Zitate anderer Tanzstile (von Anklängen an höfische und Charaktertänze bis zu Gesellschafts- und Diskotanz) zu einem athletischen, überaus vitalen Bewegungsfluss. Keimzelle des Bewegungsmaterials ist jedoch stets die klassische Technik, deren Körper- und Bewegungsmuster sie weniger dekonstruiert als vielmehr neu arrangiert und mit andersartig generierten Motionen quasi durchschießt. Charakteristisch für Millers Stil, der unverkennbar an dem von William Forsythe geschult ist – in dessen Kompanie sie mehrere Jahre tanzte –, sind wie hingehuscht wirkende Tänzerkonfigurationen, deren ständiges Oszillieren ihren Choreografien eine filigrane Leichtigkeit verleiht. Sie vollziehen sich in *Pretty Ugly* in einem durch Licht und Objekte klar gegliederten Raum, der das Stück ebenso stark strukturiert wie die pulsierende elektronische Musik von Peter Scherer und Arto Lindsay.

  Pretty Ugly wurde zu Millers Signaturstück. Es verlieh auch ihrer 1992 gegründeten Kompanie Pretty Ugly Dancecompany den Namen (die seit 1997, mit Beginn der mit den Städtischen Bühnen Freiburg eingegangenen Kooperation, Ballett Freiburg Pretty Ugly heißt). Das Werk gehört nach wie vor zum Repertoire ihres Ensembles; es wurde auch von anderen Kompanien einstudiert.

Psalmensinfonie

CHOREOGRAFIE: Jiří Kylián; MUSIK: Igor Strawinsky; BÜHNEN-
BILD: William Katz; KOSTÜME: Joop Stokvis; URAUFFÜHRUNG:
24. November 1978, Circustheater, Scheveningen, Nederlands
Dans Theater

ROLLEN: 8 Tänzerinnen; 8 Tänzer

Die Bühne begrenzen hinten unterschiedlich große orientalische Teppiche, rechts hinten stehen vier Stühle mit
hohen Lehnen nebeneinander senkrecht zur Rampe,
hinten links parallel zur Rampe vier weitere Stühle, Tänzerinnen in verschiedenfarbig hellen schulterfreien Kleidern, Tänzer in dunkler Hose und weitem graublauem
Hemd.

Die Tänzer sitzen auf den Stühlen; die Frauen stehen
mit dem Rücken zum Publikum. Sie gehen in die Knie
und beugen den Oberkörper nach vorn. Unvermittelt
springen sie auf. Mit expressiven Armhaltungen und
pendelnden Oberkörpermotionen bewegen sie sich nach
links, kehren an ihren Ausgangspunkt zurück, trippeln
dann nach hinten, teilen sich in zwei Gruppen und treffen sich schließlich wieder in der Mitte; zwischenzeitlich haben sich zwei Frauen kurzzeitig von den übrigen
gelöst und kauern ruhig am Platz. Dann treten die Tänzerinnen vor die Männer, die sich schnell erheben und im
Stehen verharren, während die Frauen noch dynamischer
werden. Wenn die Frauen eine Achterreihe bilden, schließen sich alle zu Paaren zusammen; die Tänzer heben und
stützen die Frauen. Markant knien kurz darauf die Frauen
hinter ihren Partnern, die ihre Arme seitlich ausgestreckt
halten – beide mit dem Rücken zum Publikum – bevor
das Ensemble in einer Reihe von links nach rechts geht,
wobei sich vier Frauen nacheinander aus der Gruppe
lösen und am Boden knien. Die Reihe nimmt ihren
Weg zurück, und immer, wenn sie eine der vier Frauen
erreicht, kommt es zu einem ausdrucksvollen Duett, ehe
jedes dieser Paare niederkauert. Sobald die Reihe auf der

linken Bühnenseite angekommen ist, wechseln drei Paare
auf die rechte Seite und stellen sich auf die Stühle. Es
folgen vier lyrische Duette: Ein Paar aus der links stehenden Gruppe beginnt, danach kommen die rechts auf den
Stühlen platzierten Paare. Der Mann des ersten Duetts
bleibt nach seinem Part am Boden liegen; alle anderen
fügen sich in die rechts platzierte Reihe ein. Danach
beginnen die Männer abrupt mit virtuosen Sprüngen,
während sich die Frauen auf die Stühle stellen; sie werden
später von den Männern heruntergehoben. Hohe Hebungen und gestützte Sprünge folgen. Schließlich stehen
die Tänzer mit dem Rücken zum Publikum; die Frauen
nähern sich ihnen und umarmen sie in einem tiefen Plié
in der zweiten Position. Nach kurzem Verharren in dieser
Position erheben sich die Frauen und gehen mit den Männern nach hinten. Ein Paar löst sich aus der Gruppe zu
einem expressiven Duett, bis die zwei Tänzer vorn zu
Boden gleiten. Dann starten zwei Männer zu ausholenden
Sprüngen und Drehungen; ihre synchronen Bewegungen
übertragen sich auf ihre hinzugekommenen Partnerinnen,
und am Ende ihrer kraftvollen Sequenz legen sich die vier
zu dem am Boden verharrenden Paar. Eine andere Tänzerin geht nun über die rechte Stuhlreihe, von ihrem Partner
gestützt, und sie setzen sich. Es folgen heftige synchrone
Bewegungen der übrigen vier Paare. Eine Tänzerin löst
sich bald aus der Gruppe. Doch am Ende schreiten alle
paarweise sehr langsam nach hinten, während allmählich
das Licht verlischt. Zum »Halleluja« der Musik ist die
Bühne leer; nur die zwei Stuhlreihen sind erleuchtet.

Wie → *Sinfonietta*, im selben Jahr entstanden, ist die
Psalmensinfonie – uraufgeführt unter dem niederländischen Titel *Psalmensymfonie* – ein Werk, zu dem der
Choreograf eine sehr enge Beziehung hat: Jiří Kylián
weist jedoch eine Interpretation des Balletts als Glaubens-
bekenntnis von sich, versteht es vielmehr als Ausdruck
einer humanistischen Weltsicht. Gleichwohl evozieren

Musik und Bühnenbild einen sakralen Bezug: In Igor Strawinskys *Symphonie de psaumes* (1930) singt ein gemischter Chor Verse aus den Psalmen 38, 39 und 150, und die unterschiedlich beleuchteten rotgrundigen Wandteppiche erinnern an das Innere einer orthodoxen Kirche. Die in der Musik aufgerufenen Empfindungen übersetzt Kylián in Tanz, in eine raue Bewegungssprache – sinnfällig sind die ausholenden, aggressiv wirbelnden Arme und Beine sowie die Fäuste – als Amalgam von klassischem und modernem Tanz; wiederholt finden sich ruhige Posen in Kreuzform oder Betposition, und zum spirituellen Charakter tragen auch Haltungen bei, die Figuren Marc Chagalls nachempfunden sind. Markant ist der Zusammenhalt der Gruppe: Kein Tänzer verlässt im Verlauf des Werkes die Bühne. Das vorübergehende Lösen aus der Gruppe und die Wiedereingliederung in sie vollziehen sich immer in der in der *Psalmensinfonie* dominierenden Ausrichtung der Bewegung auf die Waagrechte (die Parallele zur Rampe), die zudem in drei Schichten (Liegende, Tanzende, auf Stühlen Stehende) gestaffelt sein kann. Trennung und Zusammenfinden zeigen sich auch in der Einbindung der expressiven Duette in den Gesamtverlauf; Paare lösen sich aus dem Ensemble und werden dann wieder von ihm aufgenommen. Mit dem ruhigen Gang ins Dunkle bleibt am Schluss offen, wohin die Gruppe sich bewegt – in die Geborgenheit des Glaubens oder ins Nichts.

Die *Psalmensinfonie* gehört zu Kyliáns erfolgreichsten Stücken und wurde von einigen anderen Kompanien übernommen.

In der Folge verwendete der Choreograf sakrale Musik auch in *Glagolitische Mis* (Florenz 1979, Musik: Leoš Janáček, *Glagolithische Messe*, 1926) und *Soldatenmis* (Scheveningen 1980; Musik: Bohuslav Martinů, *Feldmesse*, 1939).

Pulcinella

Ballett mit Gesang in einem Bild

CHOREOGRAFIE: Léonide Massine; MUSIK: Igor Strawinsky, nach Giovanni Battista Pergolesi, Domenico Gallo, Fortunato Chelleri und anonymen Komponisten; LIBRETTO: Léonide Massine; AUSSTATTUNG: Pablo Picasso; URAUFFÜHRUNG: 15. Mai 1920, Opéra (Salle Garnier), Paris, Ballets Russes

ROLLEN: Pulcinella; Pimpinella; Prudenza; Rosetta; Furbo; Caviello; Florindo; der Doktor; Tartaglia; 4 kleine Pulcinelle

Eine enge Straße in Neapel, im Hintergrund ein Boot am Kai, in der Ferne die Umrisse eines Vulkans.

Des Nachts erscheinen nacheinander Caviello und Florindo; sie sind in Rosetta beziehungsweise Prudenza verliebt und hoffen auf ein Zeichen der Liebe. Doch jedes der beiden Mädchen öffnet das Fenster und schüttet den Inhalt eines Kruges auf ihren Verehrer. Endgültig verjagt die Männer dann der Doktor, Prudenzas Vater. Aus dem Haus zur Linken tritt nun Pulcinella, um auf seiner Violine eine fröhliche Melodie zu spielen. Zu Pulcinella gesellt sich sogleich Prudenza, die ihm ihre Zuneigung zu verstehen gibt. Bald kommt Rosetta mit ihrem Vater Tartaglia dazu; Rosettas Mitteilung, dass sie in Pulcinella verliebt sei, quittiert dieser mit Verachtung. Auch Rosetta bezeugt Pulcinella ihre Gefühle, und sie wird zumindest nicht zurückgewiesen. Schließlich erscheint noch Pimpinella, Pulcinellas Geliebte; sie hat gesehen, wie sich Pulcinella mit Rosetta abgegeben hat, und ist wütend. Schnell herrscht allerdings wieder Eintracht zwischen den beiden, und Prudenza und Rosetta entfernen sich. Da schleichen sich Caviello und Florindo an und überfallen Pulcinella. Pimpinella kann Prudenza und Rosetta alarmieren, und den drei Frauen gelingt es, Pulcinella zu befreien, bevor sie sich darüber streiten, wer Pulcinella pflegen darf. Der Lärm hat den Doktor und Tartaglia aufgeschreckt; die beiden Männer ziehen ihre Tochter ins Haus zurück. Wieder allein, werden Pimpinella und

Pulcinella erneut von Caviello und Florindo überfallen;
beim Versuch zu fliehen erhält Pulcinella einen vermeintlich tödlichen Stoß. Pulcinella aber hat den beiden nur
etwas vorgespielt; nachdem sie gegangen sind, erhebt
er sich wieder und entfernt sich. Daraufhin bringen vier
kleine Pulcinelle einen leblosen Körper herein, der wie
Pulcinella aussieht, und betten ihn auf den Boden. Der
Doktor und Tartaglia sowie Prudenza und Rosetta treten
hinzu und trauern um den scheinbar toten Pulcinella. In
diesem Moment taucht ein Zauberer auf und erweckt die
leblose Gestalt wieder zum Leben. Der Zauberer nimmt
Perücke und Mantel ab und gibt sich so als Pulcinella zu
erkennen; der vermeintlich Tote ist sein Freund Furbo.
Auch Pimpinella will nun wissen, was vorgefallen ist,
doch als sie die beiden Pulcinella-Gestalten sieht, flieht
sie entsetzt. Dann erscheinen wieder Caviello und Florindo, ebenfalls wie Pulcinella gekleidet, und nähern
sich so ihren Angebeteten, Prudenza und Rosetta. Auch
Pimpinella fällt auf die Verkleidungen herein und gibt
sich mit Furbo ab, bis der wahre Pulcinella zurückkehrt.
Während die drei Frauen darüber entzückt sind, herrscht
Aufregung unter den drei Männern. Furbo versucht sich
Pulcinellas Zorn zu entziehen, indem er sich den Mantel
des Zauberers überzieht, doch Caviello und Florindo
werden von Pulcinella demaskiert und Prudenza und
Rosetta als Heiratskandidaten vorgeführt. Der Doktor
und Tartaglia, die in diesem Moment hinzukommen, wil-
ligen in die Heirat ihrer Tochter ein, und Pulcinella versöhnt sich mit Pimpinella. Der als Zauberer verkleidete
Furbo traut die beiden Paare und schließlich auch Pimpinella und Pulcinella.

Pulcinella, für das der Impresario der Ballets Russes,
Sergei Diaghilew, das Thema Commedia dell'arte vor-
gegeben hatte, bedeutete in jeder Hinsicht eine zeitgenössische Adaption der italienischen Stegreifkomödie, da in
jeder Komponente unterschiedliche stilistische Formen

vereint wurden: Pablo Picasso verband in seiner Ausstattung ein vom Kubismus geprägtes Bühnenbild einer neapolitanischen Straße mit traditionellen Commedia-dell'arte-Kostümen. Igor Strawinsky schuf eine Komposition, in der er Sätzen und Arien italienischer Barockkomponisten mittels harmonischer und rhythmisch-metrischer Bearbeitung einen zeitgemäßen, modernen Anstrich verlieh. Und Léonide Massine ließ sich bei seiner Choreografie von bildlichen Zeugnissen der Commedia dell'arte inspirieren; entsprechende Posen schmolz er in eine fließende Bewegungssprache ein, deren Fundament die Danse d'école darstellte, die jedoch ebenso mit folkloristischen Elementen angereichert war. Wie für den Choreografen charakteristisch, verlieh er jeder Figur ein individuelles Bewegungsrepertoire: Während der Doktor, Tartaglia und Furbo Pantomimenrollen mit wenigen Tanzschritten sind, fußen die Motionen der Freier Caviello und Florindo grundsätzlich auf der klassischen Technik. Dagegen sind in die auf der Basis des akademischen Tanzes choreografierten Sequenzen von Pimpinella, Prudenza und Rosetta Volkstanzbewegungen verwoben. Entsprechend dem lebhaften Temperament der Titelfigur seines Balletts wählte Massine für Pulcinella eine virtuose Kombination der verschiedenen Stile, und da Pulcinella mit einer Halbmaske tanzte und deshalb kein Gesichtsspiel möglich war, musste durch den Einsatz des ganzen Körpers Ausdruck vermittelt werden. In der Virtuosität der Titelpartie spiegeln sich somit Rasanz und komödiantischer Inhalt des Werkes.

Die Uraufführung mit Massine als Pulcinella und Tamara Karsawina als Pimpinella verhalf dem Ballett zu großer Popularität. Eine Neufassung von *Pulcinella* erarbeitete Massine für das Ballett der Mailänder Scala (Mailand 1971). Neuchoreografien erstellten unter anderem Max Terpis (Berlin 1925), Yvonne Georgi (Hannover 1925), Kurt Jooss (Essen 1932), Erich Walter (Wuppertal 1955), Maurice Béjart (Lüttich 1957), George Balanchine und Jerome Robbins (New York 1972), Heinz Spoerli (Basel 1980), Glen Tetley (London 1984) und Nils Christe (Rotterdam 1987).

Die Puppenfee

Pantomimisches Divertissement in einem Akt

CHOREOGRAFIE: Josef Haßreiter; MUSIK: Josef Bayer; LIBRETTO: Josef Haßreiter und Franz Gaul; BÜHNENBILD: Anton Brioschi; KOSTÜME: Franz Gaul; URAUFFÜHRUNG: 4. Oktober 1888, Hofoper, Wien, Ballett der Hofoper

ROLLEN: Sir James Plumpstershire; Lady Plumpstershire; Bob, Jonny, Betsy und Tommy, deren Kinder; ein Spielwarenhändler; dessen Faktotum; die Puppenfee; Japanerin, Chinesin, Bébé, Spanierin, Trommelhase, Steirerin, Mohrin, Poet, Polichinello, Portier und Chinese, mechanische Figuren; ein Bauer; dessen Weib; deren Kind; eine Dienstmagd; der Lohndiener eines Hotels; ein Kommis; ein Kommissionär; ein Briefträger; verschiedene mechanische Figuren

Eine Spielwarenhandlung, in der Mitte der Kasten der Puppenfee mit Vorhang, an den Seiten offene Kästen.

Der Spielwarenhändler ist mit seinen Rechnungen beschäftigt, während das Faktotum und ein Kommis Kästen und mechanische Figuren reinigen. Bald kommt der Briefträger und übergibt dem Spielwarenhändler Briefe; einen erhält auch das Faktotum. Anschließend werden Pakete abgegeben, und eine Dienstmagd bringt eine Puppe zur Reparatur. Der Spielwarenhändler will mit ihr flirten, doch sie entzieht sich ihm, als die Bauernfamilie eintritt. Sogleich berührt das Bauernkind die Puppen und wird von seiner Mutter zurechtgewiesen. Der Bauer ist fasziniert von der Figur eines Ritters. Als er sie berührt, setzt sich der Mechanismus in Gang; die Figur kippt um und schlägt dem Bauern auf den Kopf. Bäuerin und Kind flüchten in eine Ecke, stoßen dabei aber an eine Schachtel, aus der ein Springteufel emporfährt, was sie in eine andere Ecke treibt. Spielwarenhändler, Faktotum und Kommis stellen sie daraufhin ob ihrer Ungeschicklichkeit zur Rede und übergeben dem Bauern die Preisliste, nach deren Durchsicht er von einem Kauf Abstand nimmt. Da kommt der Lohndiener eines Hotels und kündigt die reiche englische Familie Plumpstershire an. Sie betritt kurze Zeit später den Laden. Der Spielwarenhändler preist sein Sortiment an und führt ihnen die Puppen vor: Der Chinese macht jedoch nur Verrenkungen und bricht dreimal zusammen. Sir James Plumpstershire will entrüstet fortgehen, kann aber noch von Chef und Angestellten besänftigt werden. Nun präsentiert der Spielwarenhändler die Steirerin, die dem Engländer sehr gefällt, wie auch Bébé, das »Mama« und »Papa« sagen kann. Es folgen die Chinesin, die Spanierin, die Japanerin, die Mohrin, der Polichinello, der Poet und der Portier. Die englische Familie ist sehr angetan, macht aber Anstalten zu gehen, worauf sie der Spielwarenhändler erneut zurückhält und ihnen eine Attraktion ankündigt: die Puppenfee. Sie steht, magisch beleuchtet, in einer Vitrine. Sir James Plumpstershire ist begeistert und will sie kaufen, koste es, was es wolle. Der Handel wird abgeschlossen, und die englische Familie verlässt den Laden; die Bauern, die alles gesehen haben, aber nichts kaufen wollen, werden ebenfalls verabschiedet. Danach kehrt der Lohndiener zurück und verlangt angesichts des hervorragenden Geschäfts einen Zuschlag auf seine Provision, die ihm der Spielwarenhändler nur widerwillig gewährt. Das Faktotum löscht nun das Licht; der Spielwarenhändler und seine Angestellten verlassen den Laden. Als es Mitternacht schlägt, wird der Puppenladen lebendig. Die Puppenfee steigt aus ihrer Vitrine und gibt Zeichen, alle Puppen mögen zu ihr kommen. Auf ein weiteres Zeichen hin erhellt sich der Raum, und alle Puppen vergnügen sich. Danach wird es dunkel, und die Puppen ziehen sich zurück. Mit einem Schlag wird es wieder hell, sämtliche Puppen und Figuren präsentieren sich in Marschformation. Als die Lichter wieder erlöschen, gehen alle Puppen an ihren ursprünglichen Platz zurück. Plötzlich stürzen der Spielwarenhändler und sein Faktotum herein. Sie haben Geräusche gehört und wollen nach dem Rechten sehen. Der Ladeninhaber bleibt in Gedanken versunken stehen, und mit einem Mal wird es wieder hell: Die Puppen haben sich in Form eines Fächers aufgestellt.

Zunächst existierte *Die Puppenfee* lediglich als eine von Josef Haßreiter gestaltete Pantomime, die im April 1888 den Abschluss eines von Pauline Fürstin Metternich organisierten Wohltätigkeitsprogramms bildete, wobei die Akteure die Mitglieder des Adels waren. Dank der positiven Aufnahme seitens des Hofes sollte das Werk rasch an der Hofoper herauskommen; hierfür erweiterte Haßreiter die Pantomime um das Ballabile in der zweiten Hälfte, wenn die Puppen zum Leben erwachen. Die Titelrolle des Balletts blieb allerdings ein pantomimischer Part; dies ist insofern bemerkenswert, als somit das Werk über keine herausgehobene Partie für die Primaballerina verfügt. Auch gibt es in der *Puppenfee* keinen traditionellen Pas de deux, was das Werk signifikant von den Balletten Marius Petipas unterscheidet, die zur selben Zeit entstanden. Im Grunde handelt es sich bei der *Puppenfee* um eine geschickt gemachte Präsentation des Hofopernballetts (insbesondere seiner weiblichen Mitglieder); sogar die Elevinnen kommen zum Einsatz. Haßreiter fand für das Ensemble variantenreiche und pointierte Gruppenformationen, und ebenso überzeugend entwickelte er die Choreografie für die solistisch agierenden Personen. Stilistische Grundlage stellte die Danse d'école dar, doch nur die Trommlerin tanzt auf Spitze.

Die Puppenfee war sofort ein enormer Erfolg: Innerhalb weniger Jahre erlebte das Ballett zahlreiche Einstudierungen an Theatern Europas und Amerikas, und bereits nach 18 Monaten hatte das Ballett die Zahl von 100 Aufführungen an der Hofoper erreicht. Ausschlaggebend für den

374 Push Comes to Shove

Siegeszug dürfte – neben der eingängigen Musik Josef Bayers – gewesen sein, dass *Die Puppenfee* mehrfach ›lesbar‹ war: Für Kinder stellte es ein heiteres Spektakel dar, für den (männlichen) Adel bedeutete es zunächst eine burleske Gesellschaftssatire auf linkische Bauern und versnobte Bürger, später eine erotisch aufgeladene Demonstration von Tänzerinnen in figurbetonten Kostümen.

Auch im 20. Jahrhundert hielt die Popularität der *Puppenfee* an, und Neuchoreografien erarbeiteten unter anderem Nikolai und Sergei Legat (Sankt Petersburg 1903; zusätzliche Musik: Riccardo Drigo und andere), Heinrich Kröller (Mailand 1930) und Rudolf Kölling (Berlin 1939). Erst nach dem Zweiten Weltkrieg verblasste die Beliebtheit des Werkes – ausgenommen in Wien, wo *Die Puppenfee* bis heute ihre Beliebtheit nicht eingebüßt hat. In Haßreiters originaler Choreografie wurde das Ballett bis 1944 aufgeführt. Die Wiederaufnahme 1958 zeichnete sich durch eine tänzerische Aufwertung der Rolle der Puppenfee aus. 1983 erfolgte dann eine Rekonstruktion von Haßreiters Original, die sich nach wie vor im Repertoire befindet. Einige der mechanischen Figuren wurden im Lauf der Zeit mit anderen Namen versehen.

Das Thema eines zum Leben erwachten Spielwarenladens verwendete Léonide Massine in seinem Ballett → *Der Zauberladen*.

Push Comes to Shove

Ballett in einem Akt und fünf Episoden

CHOREOGRAFIE: Twyla Tharp; MUSIK: Joseph Francis Lamb und Joseph Haydn; AUSSTATTUNG: Santo Loquasto; URAUFFÜHRUNG: 9. Januar 1976, Uris Theater, New York, American Ballet Theatre

ROLLEN: 1 Solist; 2 Solistinnen; 1 Halbsolist; 1 Halbsolistin; 20 Tänzerinnen; 4 Tänzer

Dekorationslose Bühne.

Vor dem Vorhang zeigt der Solist lässige, wie improvisiert wirkende Bewegungen und spielt dabei mit einem Bowler. Auch die zwei Solistinnen werden wie Varietékünstler eingeführt: Sie präsentieren sich mit Posen und tanzen mit dem Solisten; dann gehen alle drei ab. Der Vorhang hebt sich, und das nun folgende anspruchsvolle Solo des Solisten enthält Sprünge und Drehungen, doch auch Bewegungen, die an Schattenboxen erinnern. Nacheinander kommen die zwei Solistinnen zu je einem kurzen Solo auf die Bühne. Anschließend gehört dem Solisten wieder ein spannungsgeladener Auftritt. Dann erscheinen zwei weibliche Achtergruppen, die den Rahmen für Auftritte der zwei Solistinnen und des Solisten bilden, der nun mit einer der Frauen tanzt. Doch das Duett strahlt keine Harmonie aus, und bald trennen sich die beiden wieder. Währenddessen zeigen sich vereinzelt andere Tänzer (Männer und Frauen), die sich in ihrer Bekleidung (weich fallende lange Kostüme in gedeckten Farben) deutlich von der übrigen Gruppe (einfache helle Kleider) unterscheiden. Bis zum Ende des Balletts treten nun die Solisten, die Halbsolisten und die zwei Corpsgruppen in schnell wechselnden Aktionen und in verschiedenen Zusammensetzungen auf. Zwischendurch ist wieder ein Bowler im Spiel; auf einmal befinden sich sogar vier Bowler auf der Bühne. Nach einem letzten kurzen Solo des Solisten kommt zum ausgelassenen Finale das ganze Ensemble auf die Bühne.

Push Comes to Shove schuf Twyla Tharp auf Anregung Michail Baryschnikows für das American Ballet Theatre: Der gerade aus der Sowjetunion geflüchtete Tänzer hatte bei der New Yorker Kompanie eine neue künstlerische Heimat gefunden und wünschte sich ein Werk, das sein Interesse an zeitgenössischen Tanzformen demonstrieren sollte. Das Ballett wurde der Durchbruch für die Choreografin Tharp, die bis dahin mit einigen avantgardistischen

Tanzstücken aufgefallen war. In Abkehr von der Ästhetik Merce Cunninghams und Martha Grahams entwickelte sie auf der Basis der klassischen Technik einen Stil, der Elemente verschiedener Richtungen, einschließlich Alltagsbewegungen, miteinander verschmolz. So durchziehen *Push Comes to Shove* – bei dem Titel handelt es sich um einen Slangausdruck, der sich auf den Moment vor Beginn eines Kampfes bezieht – weiche, isolierte Schlenkerbewegungen sowie ungewöhnliche Akzentuierungen und Gewichtsverlagerungen, begleitet von Ragtime-Musik von Joseph Francis Lamb und Joseph Haydns *Sinfonie Nr. 82 C-Dur* (1786). Die Abfolge von Soli und Duetten lässt sich als Parodie auf die Rivalität unter den Stars eines Tanzensembles auffassen.

Push Comes to Shove wurde von einigen klassischen Kompanien Europas einstudiert.

Für Baryschnikow, der als Solist bei der Uraufführung brillierte, choreografierte Tharp später noch *Nine Sinatra Songs* (Vancouver 1982; Musik: Frank Sinatra).

Raymonda

Ballett in drei Akten und vier Bildern mit Apotheose

CHOREOGRAFIE: Marius Petipa; MUSIK: Alexandr Glasunow; LIBRETTO: Lidija Paschkowa, Iwan Wsewoloschski und Marius Petipa; BÜHNENBILD: Orest Allegri, Konstantin Iwanow und Pjotr Lambin; KOSTÜME: Jekaterina Ofizerowa und Iwan Kaffi; URAUFFÜHRUNG: 19. Januar 1898, Mariinski-Theater, Sankt Petersburg, Ballett des Theaters

ROLLEN: Raymonda, Gräfin von Doris; Gräfin Sybille, Kanonissin, Raymondas Tante; die Weiße Dame, Beschützerin des Hauses von Doris; Clémence, Raymondas Freundin; Henriette, Raymondas Freundin; Ritter Jean de Brienne, Raymondas Verlobter; Andreas II., König von Ungarn; Abderrachman, ein sarazenischer Ritter; Bernard de Ventadour, ein provenzalischer Troubadour; Béranger, ein aquitanischer Troubadour; Seneschall, verantwortlich für das Schloss Doris; Ritter im Gefolge von Jean de Brienne; ein ungarischer Ritter; 4 sarazenische Ritter; Frauen, Vasallen, ungarische und sarazenische Ritter, Herolde, Mauren, Einwohner der Provence, Soldaten und Diener des Königs

In der Provence, zur Zeit der Regentschaft König Andreas' II. von Ungarn (1205–35).

I. Akt, 1. Bild, Saal im Schloss der Gräfin von Doris: Der Seneschall kümmert sich um die Vorbereitungen anlässlich von Raymondas Namenstag. Die anwesenden Männer vergnügen sich mit Musik und Fechten, und die Mädchen aus Raymondas Gefolge vernachlässigen nur allzu gern ihre Pflichten, sehr zum Leidwesen von Gräfin Sybille. Daraufhin wendet sie sich an Bernard de Ventadour, Béranger und die anderen Männer und verbietet ihnen das Musizieren auf Lauten und Violen; sie ermahnt auch die Mädchen, nicht ungehorsam zu sein, sonst werde die Weiße Dame, die Beschützerin des Hauses Doris, sie bestrafen. Doch die jungen Leute nehmen sie nicht ernst. Da verkündet ein Hornsignal die Ankunft der Gäste. Gleichzeitig ist ein Bote von Jean de Brienne eingetroffen, Raymondas Verlobtem. Er bringt einen Brief für Raymonda. Kurz darauf tritt Raymonda ein und erfreut sich an all den Blumen, die ihr gereicht werden. Sie nimmt den Brief in Empfang, der ihr mitteilt, dass ihr Verlobter morgen vom Kreuzzug unter König Andreas II. von Ungarn zurückkehren werde; an diesem Tag solle die Hochzeit stattfinden. Raymonda ist hoch erfreut. In diesem Moment gibt der Seneschall die Ankunft des sarazenischen Ritters Abderrachman bekannt; Gräfin Sybille ordnet an, ihn als Gast willkommen zu heißen. Der Ritter tritt ein und begründet sein Kommen mit Raymondas Schönheit, von der er schon viel gehört habe. Er möchte ihr zu ihrem Namenstag gratulieren und habe ihr Geschenke mitgebracht. Diese lehnt Raymonda allerdings ab, was Abderrachman schier verzweifeln lässt. Während der nachfolgenden Tanzdarbietungen denkt er nur an Raymonda, und als er hört, dass

Raymonda den Seneschall bittet, die morgige Hochzeit mit allem Prunk durchzuführen, ist er entschlossen, Raymonda zu entführen. Die Nacht bricht an, und alle verlassen den Saal, ausgenommen Raymonda und ihre beiden Freundinnen sowie die Troubadoure. Sie unterhalten sich noch eine Weile mit Musik und Tanz, bis plötzlich alle eine unerklärliche Müdigkeit befällt. Nur Raymonda bleibt davon unberührt. Jetzt zeigt sich im Mondlicht die Weiße Dame: Sie weist Raymonda an, ihr zu folgen. 2. Bild, ein dunkler Park, im Hintergrund die Terrasse des Schlosses: Die Weiße Dame führt Raymonda von der Terrasse in den Park. Sie lässt Nebel aufsteigen. Als sich dieser wieder verzogen hat, ist Jean de Brienne mitsamt Gefolge zu erkennen. Raymonda begrüßt ihren Verlobten, bevor die Weiße Dame sie wieder zu sich zieht. Denn mit einem Mal hat Abderrachman Jeans Stelle eingenommen, der Raymonda seine Liebe erklärt, die sie jedoch zurückweist. Immer mehr Geister kommen herbei, und Raymonda bedrängt die Weiße Dame, sie zu retten. Bald bricht der Tag an, und alle Erscheinungen verschwinden. Raymonda bleibt allein im Park zurück; hier finden sie ihre Freundinnen und die Diener des Schlosses.

II. Akt, Innenhof des Schlosses: Gäste aus der Umgebung strömen herbei. Schließlich treffen der Seneschall, Raymonda und Gräfin Sybille ein. Raymonda ist jedoch ungehalten darüber, dass ihr Verlobter noch nicht anwesend ist. Nun erscheint Abderrachman mit seinem Gefolge. Entsetzt will ihn Raymonda wegschicken, aber Gräfin Sybille betont, dass ihm Gastfreundschaft gewährt werden solle. Abderrachman erklärt Raymonda seine Liebe und befiehlt seinem Gefolge, zur Unterhaltung zu tanzen. Während des Tanzes ergreifen Abderrachman und seine Sklaven Raymonda. In diesem Moment tauchen Jean de Brienne und König Andreas II. auf. Jean befreit Raymonda und greift Abderrachman an. Da befiehlt der König, der Disput solle in einem Schwertduell entschieden werden. Nach einer ersten Attacke seitens Jean zeigt

sich die Weiße Dame im Hintergrund und fügt mit einem
Schwertstreich Abderrachman eine tödliche Wunde zu.
Die Sarazenen werden verhaftet, und der König gibt Ray-
monda und Jean seinen Segen.

III. Akt, Garten des Schlosses von Jean de Brienne: In
Anwesenheit von Andreas II. wird die Hochzeit gefeiert;
die Festlichkeiten enden mit einem Turnier.

Raymonda ist das letzte der großen Ballette Marius
Petipas. In dem Werk setzt sich Petipas Tendenz zur
glanzvollen Demonstration der Danse d'école fort. Wurde
dies in → *Dornröschen* noch in eine allgemein bekannte,
theaterwirksam eingerichtete Geschichte eingebunden, so
besitzt ein solcher Rahmen in *Raymonda* keine Bedeutung
mehr. Denn das Libretto, das auf einem Entwurf der
Sankt Petersburger Gesellschaftskolumnistin Lidija
Paschkowa basiert, bezieht sich zwar auf eine provenza-
lische Ritterlegende (und ist vermutlich auch beeinflusst
vom Libretto zu François-Adrien Boieldieus Oper *La
dame blanche*, 1825), doch fehlt ihm die dramaturgisch
überzeugende Ausformung. Es präsentiert im Grunde
nur Stationen, in denen das Tanzen aus der Handlung
heraus zur Unterhaltung der Anwesenden motiviert ist.
Höhepunkt ist das Hochzeitsfest des III. Aktes, das durch
die vom Inhalt vorgegebene Anwesenheit des ungarischen Königs Andreas II. eine ungarische Note in Form
eines »ungarischen Divertissements« (so das Libretto)
enthält. Die Preisgabe einer wirkungsvollen Geschichte
zugunsten großflächig dimensionierten Bühnentanzes
weist *Raymonda* einerseits als Endpunkt der Entwicklung des Balletts im 19. Jahrhundert aus, zugleich kündigt es das Neue des 20. Jahrhunderts an: den Verzicht
auf die bis dato praktizierte Unterscheidung in rein klassischen, Demi-caractère- und Charaktertanz hin zu einer
Verschmelzung der drei Stilarten, die Eliminierung der
Handlung und die Relevanz der Musik für die choreografische Erfindung. Was den letzten Punkt betrifft, so steht

Raymonda in einer Reihe mit den Balletten zu Musik Pjotr Tschaikowskis: Alexandr Glasunow erstellte nach einer vergleichbar detaillierten Aufstellung Petipas wie Tschaikowski im Fall von *Dornröschen* eine Partitur, die mit ihren russisch eingefärbten Melodien – inklusive arabisch und ungarisch anmutenden Themen –, ihrer farbenreichen Orchestration und ihrer an sinfonischen Prinzipien geschulten Struktur auch außerhalb des Theaters bestehen kann.

In Russland zählt *Raymonda* seit der Uraufführung mit Pierina Legnani in der Titelrolle zu den Grundpfeilern des Repertoires. Petipas Fassung wurde in Sankt Petersburg in Abständen überarbeitet, wobei auch das Libretto verändert wurde. Die Moskauer Traditionslinie geht auf Alexandr Gorskis Produktion aus dem Jahr 1900 zurück und erfuhr ebenfalls regelmäßige Bearbeitungen. In der westlichen Welt wurde *Raymonda* lange Zeit nur wenig beachtet. Zwar präsentierten die Ballets Russes den Grand pas classique hongrois bereits 1909 in Paris und gab es in den anschließenden Dekaden diverse kürzere Fassungen, unter anderem von Ivan Clustine für die Kompanie von Anna Pawlowa (New York 1915), doch konnte sich das Werk in den Ballettzentren nicht durchsetzen. Erst nach einer auf Petipas Original fußenden dreiaktigen Fassung von Alexandra Danilova und George Balanchine für das Ballet Russe de Monte Carlo (New York 1946) erlebten *Raymonda* und Glasunows Musik mehr Aufmerksamkeit. So choreografierten etwa Balanchine mit *Pas de Dix* (New York 1955), *Valses and Variations* (New York 1961) – später als *Raymonda Variations* bezeichnet – und *Cortège hongrois* (New York 1973) sowie Frederick Ashton mit *Scène d'amour* (London 1959) und *Pas de Deux, Variations, and Coda from Raymonda* (London 1962) Ballette zu Musik aus *Raymonda*. Rudolf Nurejews Neufassung des vollständigen Balletts für das Royal Ballet (Spoleto 1964) schließlich, die sich über weite Strecken an Petipas Fassung orientiert und in der Folgezeit von anderen großen klassischen Kompanien übernommen wurde, sicherte *Raymonda* eine gewisse Bekanntheit im Westen. Für das Bayerische Staatsballett erstellte Ray Barra eine Fassung nach Petipa (München 2001).

Relâche

Momentanes Ballett in zwei Akten, einem kinematografischen Zwischenspiel und dem Hundeschwanz

CHOREOGRAFIE: Jean Börlin; MUSIK: Erik Satie; LIBRETTO: Francis Picabia; FILM: *Entr'acte* von René Clair; AUSSTATTUNG: Francis Picabia; URAUFFÜHRUNG: 4. Dezember 1924, Théâtre des Champs-Élysées, Paris, Ballets Suédois

ROLLEN: eine Frau; ein Mann; der andere Mann; 1 Tänzerin; 10 Tänzer

I. Akt: Zunächst ist ein Zwischenvorhang zu sehen, auf dem die Namen der Mitarbeiter (Choreograf, Komponist, Bühnenbildner, Impresario) sowie die Zahl »391« geschrieben sind. Nachdem er sich gehoben hat, wird auf eine Leinwand ein Film projiziert: Zwei Männer bewegen sich auf unterschiedliche Weise. Bald hebt sich die Leinwand und gibt den Blick frei auf eine Wand aus hell angestrahlten Metallscheiben. Ein Tänzer in Feuerwehrkluft erscheint und zündet sich eine Zigarette an. Durch den Zuschauerraum geht eine Frau mit Diamanten; sie betritt die Bühne, zeigt ein paar Schritte und zündet sich ebenfalls eine Zigarette an. Zu ihr begeben sich bald fünf Männer im Frack, die sich mit der Frau amüsieren. Daraufhin trägt einer der Männer die Frau von der Bühne.

Zwischenspiel: Der Film zeigt fragmentarische Sequenzen: zunächst den Fuß eines Tänzers, dann Marcel Duchamp und Man Ray, wie sie Schach spielen, eine Bal-

lerina und Erik Satie. Danach schießt jemand auf ein Ei,
das auf einem Wasserstrahl tanzt. Das Ei wird getroffen,
und eine Taube schlüpft aus ihm. Die Taube setzt sich
daraufhin auf den Hut des Schützen, und ein anderer
zielt auf die Taube. Statt derer wird jedoch der Träger des
Hutes erschossen. Den anschließenden Leichenzug führt
ein Kamel an, das den Leichenwagen zieht. Der Leichenwagen macht sich selbstständig, rollt durch die Gegend,
und die Trauergemeinde eilt hinterher. Am Ende kippt der
Sarg vom Leichenwagen, und ein Mann steigt heraus.

II. Akt: Der Zwischenvorhang zeigt Linien, geometrische Formen und Sprüche. Nachdem er sich gehoben hat,
sind wieder die Metallscheiben zu sehen. Neun Männer
im Frack und die Frau treten auf; die Frau erscheint mit
Schubkarre und in Begleitung einer Tänzerin im Kostüm
einer Krankenschwester. Die Männer legen den Frack
ab; in mit farbigen Punkten versehene weiße Ganzkörpertrikots gekleidet, setzen sie ihre Späße fort. Der Feuer-
wehrmann gießt währenddessen Wasser von einem Eimer
in einen anderen.

In *Relâche* manifestierte sich erstmals der Dadaismus im
Ballett. Im Wesentlichen ist *Relâche* das Werk des französischen Malers und Schriftstellers Francis Picabia, der die
Szenenfolge sowohl für das Bühnengeschehen als auch
für den Film von René Clair entwarf. Es ging Picabia
nicht um die Schaffung einer theatralen Illusion, sondern
um eine zusammenhang- und sinnlose Anordnung all-
täglicher Dinge und Verrichtungen. Die Gesamtwirkung
des satirischen Spektakels unterstützte Erik Saties Musik
mit ihren trivial scheinenden Melodien und ihrer unge-
künstelten Orchestration. Der Titel des Balletts allein ist
schon ein Scherz, denn er bedeutet so viel wie ›spielfrei‹
(kurioserweise musste die für den 27. November ange-
setzte Uraufführung wegen einer Erkrankung Jean Börlins ausfallen, sodass man das angekündigte neue Stück
zunächst für eine Fiktion hielt).

Relâche stieß auf gegensätzliche Stellungnahmen seitens der Presse und des Publikums; weil die Ballets Suédois bereits im folgenden Jahr aufgelöst wurden, erlebte das Ballett nur wenige Vorstellungen. Nach dem Zweiten Weltkrieg würdigte man das Werk als Vorläufer zeitgenössischer moderner Kunstanschauungen; es nimmt darüber hinaus den Rang als erstes Ballett ein, in dem ein Film gezeigt wird (der zudem von filmhistorischer Bedeutung ist). Neuchoreografien von *Relâche* erstellten unter anderem Aurel von Milloss (Florenz 1970) und Moses Pendleton (Paris 1979).

Revelations

CHOREOGRAFIE: Alvin Ailey; MUSIK: Spirituals; KOSTÜME: Lawrence Maldonado; URAUFFÜHRUNG: 31. Januar 1960, 92nd Street YM-YWHA (Kaufman Concert Hall), New York, Alvin Ailey American Dance Theater

ROLLEN: 6 Tänzerinnen; 3 Tänzer

Dekorationslose Bühne.

1. Teil, ›Pilgrim of Sorrow‹: Alle Tänzer – die Frauen im ärmellosen Kleid, die Männer nur in Hose – stehen eng beisammen. Bald gleiten sie in tiefe Pliés in der zweiten Position, strecken die Arme aus, neigen den Oberkörper, sodass die Arme wie Vogelschwingen wirken. Diese Pose zäsiert auch die folgenden individuellen, raumgreifenden Drehungen und Sprünge der Tänzer. Nach zwei kurzen Soli einer Frau folgt ein energisches Trio; markant sind die Wellenbewegungen des Oberkörpers und die ausholenden Arme mit gefassten Händen. Ein weiteres Frauensolo mündet in einen Abschnitt für die ganze Gruppe.

2. Teil, ›That Love My Jesus Gives Me‹: Dieser Teil beginnt mit einem Duett, in dem ein Mann seine Partnerin hebt, hält, stützt und sie mitunter in Kreuzigungshaltung

trägt. Danach versammeln sich wieder alle, die Frauen in
weißem Kleid, die Männer in weißer Hose, Stangen mit
Wimpeln in der Hand. Nach verschiedenen Gehformatio-
nen und Drehungen löst sich das Ensemble zu fröh-
lichen Aktionen. Schließlich wird ein transparentes Tuch
geschwungen, und zwei Männer halten es so, dass nur
noch Oberkörper und Arme einiger Tänzer sichtbar sind.
Wenn dann eine blaue und eine weiße Stoffbahn wellen-
gleich über die Bühne wallen, bewegen sich zwei Tänzerinnen und zwei Tänzer mit äußerst elastischem Körper,
als glitten Wellen durch sie hindurch. Ein expressives
Fünferensemble geht über in einen Abschnitt, in dem die
drei Männer hauptsächlich über die Bühne rennen.

3. Teil, ›Move, Members, Move!‹: Zunächst erscheinen nur die Frauen in großen Hüten und langen Kleidern,
einen Schemel unter dem Arm und den Fächer in der
Hand. Sie beginnen synchron auf und um die Schemel zu
tanzen, bis die Männer in hellem Hemd, Weste und Hose
hinzukommen und sich unter die Frauen mischen. Bald
werden die Schemel beiseite gestellt, und abwechselnd
dominieren nun Frauen- und Männerensembles mit stark
rhythmisierten Bewegungen.

Alvin Ailey schuf *Revelations* zwei Jahre nach Gründung
einer eigenen, zunächst ausschließlich aus farbigen Tänzern bestehenden Kompanie, also zu einer Zeit, in der in
den USA die Aufhebung der Rassentrennung Krawalle
etwa in Schulen und Verkehrsmitteln auslöste. Doch nicht
nur die Tänzer waren ›schwarz‹, auch die Musik war es:
Spirituals wie *I Been Buked*, *Fix Me Jesus*, *Wading the
Water* oder *Rocka My Soul in the Bosom of Abraham* stellen keine beliebige exotisch wirkende Begleitung dar,
sondern sind unmittelbarer Ausdruck afroamerikanischer
Identität und Religiosität. Die Choreografie verdeutlicht
die Aussage der Spirituals: die Befreiung von Unterdrückung hin zu einem selbstbestimmten, glücklichen
Leben. Als Grundlage des Bewegungsmaterials von

Raymonda. Choreografie: Rudolf Nurejew,
nach Marius Petipa
Ballett der Deutschen Staatsoper, Berlin

Romeo und Julia. Choreografie: Leonid Lawrowski
Mariinski-Ballett, Sankt Petersburg

Revelations diente Ailey der Modern Dance, den er mit
Jazztanzelementen, anderen Formen ›schwarzen‹ Tanzes
und dem gestischen Vokabular von Gottesdiensten der
Farbigen mischte und dadurch zu dem für ihn typischen
kraftvoll-expressiven Stil fand.

Die erfolgreiche Uraufführung stellte insofern eine
Kombination von Tanzaufführung und Konzert dar, als
neben den Spirituals, zu denen getanzt wurde, einige
weitere nach Art von Zwischenspielen gesungen wurden.
Kurz nach der Uraufführung unterzog Ailey *Revelations*
einer umfassenden Überarbeitung; erst nach weiteren
Änderungen bis Mitte der 1960er-Jahre fand das Stück
zu seiner heute bekannten Gestalt: Einzelne Nummern
wurden gestrichen, andere umgestellt, der 2. Teil wurde
umbenannt (in ›Take Me to the Water‹), die Zahl der
Tänzer erhöht, neue Kostüme (von Ves Harper) ersetzten
die ursprünglichen, Requisiten wie der später berühmte
weiße Regenschirm kamen hinzu. *Revelations* ist die
populärste Choreografie Aileys und stellt nach wie vor
den Fixpunkt im Repertoire der Kompanie dar.

Rodeo

CHOREOGRAFIE: Agnes De Mille; MUSIK: Aaron Copland; BÜH
NENBILD: Oliver Smith; KOSTÜME: Kermit Love; URAUFFÜH
RUNG: 16. Oktober 1942, Metropolitan Opera House, New York,
Ballet Russe de Monte Carlo

ROLLEN: Rufer; der Vormann der Cowboys; der beste Lassowerfer; das Cowgirl; die Tochter des Ranchers; 3 Freundinnen
aus dem Osten, aus Kansas City; 7 Cowboys, 6 Frauen

1. Bild, Korral der Burnt Ranch, Samstagnachmittag:
Inmitten der Cowboygehilfen wartet das Cowgirl auf den
Beginn des wöchentlichen Rodeos. Allerdings möchten
die Männer das Mädchen nicht dabeihaben und gehen
ohne es weg. Das Cowgirl folgt ihnen. Beim Rodeo ver-

sucht das Cowgirl mitzumachen, wird aber erneut ausge-
schlossen. Als die Frauen aus der Stadt, Freundinnen der
Tochter des Ranchers, hinzutreten, stachelt dies die Cowboys an, ihre Reitkünste zu demonstrieren. Nun zeigt der
beste Lassowerfer, was er kann. Plötzlich erscheint das
Cowgirl auf einem wilden Pferd, von dem es abgeworfen
wird. Der Vormann der Cowboys schickt das Mädchen
daraufhin aus dem Korral. Nach dem Rodeo, als die Däm-
merung anbricht, kehrt das Cowgirl zurück und sucht die
Aufmerksamkeit des Vormanns, der sich aber der Tochter des Ranchers zuwendet. Auch die Frauen können das
Mädchen nicht dazu bewegen, zur Ranch zu kommen,
auf der bald der Tanz am Samstagabend beginnt, und so
bleibt es verzweifelt zurück.

2. Bild, Festsaal der Ranch: Der Tanz hat begonnen;
das Cowgirl sitzt allein und sieht den Tanzenden zu. Ein
Cowboy setzt sich neben das Mädchen, lässt es jedoch
schnell wieder allein. Nun wird der Lassowerfer auf
das Cowgirl aufmerksam, doch als der Vormann eintritt,
hat es nur Augen für diesen. Der aber geht wieder zur
Tochter des Ranchers. Ein zweites Mal widmet sich der
Lassowerfer dem Mädchen, aber als der Vormann und
die Tochter des Ranchers zurückkehren, ist das Glück
des Cowgirls wieder vorbei: Es verlässt den Raum. Kurze
Zeit später kommt das Mädchen in einem leuchtend roten
Kleid wieder in den Festsaal. Alle betrachten es gebannt,
und der Lassowerfer will mit ihm tanzen. Dies ruft den
Vormann auf den Plan, und es entspinnt sich ein Kampf
zwischen den beiden. Der Lassowerfer kann den Streit
schließlich für sich entscheiden; das Tanzen geht weiter.

Rodeo – der vollständige Titel des Balletts lautete *Rodeo
or The Courting at Burnt Ranch* – entstand als Reverenz
des Ballet Russe de Monte Carlo an Amerika; wegen des
Zweiten Weltkriegs konnte die Truppe nicht mehr nach
Europa zurückkehren, und so versuchte man, in der neuen
Heimat mit amerikanischen Themen zu reüssieren. Den

Boden hierfür hatte der Erfolg zweier vorangegangener Amerikana-Ballette bereitet: *Frankie and Johnny* von Bentley Stone und Ruth Page (Chicago 1938; Musik: Jerome Moross) und *Billy the Kid* von Eugene Loring (Chicago 1938; Musik: Aaron Copland). Das Besondere an Agnes De Milles Choreografie war die Verzahnung von Ballettelementen mit Volkstanzschritten; dieses Vokabular setzte sie auf unverwechselbare Weise zur Charakterisierung der einzelnen Personen ein. Für das Reiten der Cowboys erfand De Mille Bewegungen, die dem tatsächlichen Reiten nachempfunden waren. Die Tänzer führten keine stilisierten Aktionen aus, sondern Bewegungen, die dem Geschleudertwerden auf einem bockigen Pferd und dem Bemühen, nicht abgeworfen zu werden, so getreu wie möglich nachempfunden waren; sie »mussten den Eindruck erwecken, als würden sie von einem unsichtbaren Tier gestoßen«, wie De Mille in ihren Erinnerungen *Dance to the Piper* (1952) schrieb. Eine kongeniale Unterstützung erfährt die Choreografie durch Coplands Musik, in der diverse amerikanische Melodien verarbeitet sind.

Rodeo diente als Vorbild für die Tänze in Richard Rodgers Musical *Oklahoma!* (1943), die De Mille choreografierte. Das Ballett wurde von zahlreichen Kompanien in Amerika und Europa übernommen.

Romeo und Julia

Ballett in drei Akten und dreizehn Bildern mit Prolog und Epilog

CHOREOGRAFIE: Leonid Lawrowski; MUSIK: Sergei Prokofjew; LIBRETTO: Sergei Radlow, Adrian Piotrowski, Leonid Lawrowski und Sergei Prokofjew, nach William Shakespeare; AUSSTATTUNG: Pjotr Wiljams; URAUFFÜHRUNG: 11. Januar 1940, Kirow-Theater, Leningrad, Kirow-Ballett

ROLLEN: Eskal, Herzog von Verona; Capulet; seine Ehefrau;
Julia; Amme; Tybalt; Paris; Romeo; Mercutio; Benvolio;
Lorenzo; Montague; Narr; 2 Bettler; 3 Diener der Capulet;
2 Diener der Montague; Paris' Page; Romeos Page; 3 Kellne-
rinnen; Besitzer des Wirtshauses; Julias Freundin; Troubadour;
Bürger von Verona, Pagen, Narren, Wachen

In Italien, 15. Jahrhundert.
    Prolog: In einem dreiteiligen Bühnenbild sind Pater
Lorenzo sowie Romeo und Julia zu erkennen.
    I. Akt, 1. Bild, Marktplatz in Verona: Romeo streift am
frühen Morgen durch die Straßen der Stadt. Allmählich
treten Angehörige der verfeindeten Häuser Montague und
Capulet auf den Marktplatz, und es dauert nicht lange, bis
sie in Streit geraten. Unter den Streitenden sind Tybalt
aus der Familie der Capulet und Benvolio aus der Familie
der Montague. Schließlich beteiligen sich auch die Familienoberhäupter an der Auseinandersetzung. Da erscheint
der Herzog von Verona; er beendet die Kampfhandlungen und lässt das Tragen von Waffen untersagen. 2. Bild,
Julias Zimmer: Julia spielt ihrer Amme Streiche. Bald
tritt Julias Mutter ein und berichtet ihr, dass Graf Paris sie
heiraten wolle. Ihre Einwendung, dass sie für eine Heirat
zu jung sei, verwirft die Mutter. 3. Bild, vor dem Haus
der Capulet: Ballgäste strömen ins Haus. Unbemerkt
haben sich Mercutio, Benvolio und Romeo genähert
und mischen sich maskiert unter die eintretenden Gäste.
4. Bild, Saal im Haus der Capulet: Julia wird den Gästen
vorgestellt, auch Graf Paris. Sobald Romeo Julia sieht,
nimmt ihn ihre Schönheit gefangen. Mercutio und Benvolio hingegen treiben Schabernack. Es gelingt Romeo
schließlich, sich Julia zu nähern; die Maske fällt ihm vom
Gesicht, und Julia ist von seinem Anblick überwältigt.
Tybalt hat dies beobachtet und informiert Capulet davon.
Rasch eilen Mercutio, Benvolio und Romeo davon; die
anderen Gäste verlassen auch bald den Ball. Die Amme
teilt Julia mit, dass Romeo zur verfeindeten Familie der
Montague gehöre. 5. Bild, Garten vor dem Balkon von

Julias Zimmer: Julia kann nicht schlafen und tritt auf den
Balkon. Da dringt Romeo in den Garten ein und steigt auf
den Balkon. Die beiden gestehen sich ihre Liebe. Wenn
der Morgen anbricht, müssen sie voneinander Abschied
nehmen.

II. Akt, 1. Bild, Marktplatz in Verona: Man amüsiert
sich beim Karneval. Unter den Anwesenden ist auch
Julias Amme, die Romeo sucht. Sie findet ihn schließlich
und übergibt ihm einen Brief, in dem Julia ihm mitteilt,
dass sie ihn liebe. 2. Bild, Pater Lorenzos Zelle: Romeo
bittet den Pater, ihn mit Julia zu trauen. Lorenzo erklärt
sich einverstanden, weil er die Hoffnung hat, auf diese
Weise die verfeindeten Häuser zu versöhnen. Sobald Julia
eingetroffen ist, vollzieht Lorenzo die Trauung. 3. Bild,
Marktplatz in Verona: Die Stimmung wird immer aus-
gelassener. Als Tybalt Mercutio und Benvolio entdeckt,
beginnt er sogleich, Mercutio zu attackieren. Romeo versucht die Streithähne zu beruhigen, doch ohne Erfolg:
Tybalt ersticht Mercutio. Daraufhin fordert Romeo Tybalt
heraus und tötet ihn. Benvolio verlässt mit Romeo den
Platz, und die Capulet schwören den Montague Rache.

III. Akt, 1. Bild, Julias Schlafzimmer: Romeo verabschiedet sich von Julia. Denn er will aus der Stadt
fliehen, weil er gegen den Erlass des Herzogs verstoßen
hat. Er verlässt seine Geliebte erst, als die Bediensteten
mit der morgendlichen Arbeit beginnen. Bald kommt die
Amme, um Julia zu wecken. Gleich danach treten Julias
Eltern ein und teilen ihr mit, dass sie Graf Paris heiraten
werde. Julia behandelt den um sie werbenden Grafen
mit beleidigender Kühle, und enttäuscht geht er davon.
Das Ehepaar Capulet macht Julia deshalb Vorwürfe. Da
Julia weder ein noch aus weiß, kommt ihr der Gedanke,
bei Pater Lorenzo Rat einzuholen. 2. Bild, Pater Lorenzos Zelle: Julia schildert Lorenzo die Situation und will
sich das Leben nehmen. Lorenzo kann Julia den Dolch
entwinden und schlägt eine List vor: Sie solle einen
Trunk nehmen, der sie wie tot erscheinen lasse. Sobald

sie beigesetzt worden sei, werde Romeo sie befreien.
Julia nimmt den Trunk und sinkt wie tot zu Boden.
3. Bild, Julias Schlafzimmer: Um ihre Eltern zu beruhigen, erklärt sich Julia mit der geplanten Verheiratung
einverstanden. Sobald sie wieder allein ist, nimmt sie
den Schlaftrunk und schläft ein. Als man sie am nächsten Morgen wecken will, müssen die Amme und ihre
Eltern erkennen, dass dies nicht möglich ist, und trauern
um die vermeintlich Tote. 4. Bild, Mantua: Romeo wartet
auf Nachricht aus Verona. Von Benvolio erfährt er, dass
Julia gestorben sei, und macht sich sofort nach Verona
auf. Pater Lorenzos Bote, der ihn über die Wirkung des
Schlaftrunks informieren soll, trifft zu spät ein. 5. Bild,
Friedhof von Verona: Nachdem Julia in Anwesenheit
der beiden verfeindeten Familien beigesetzt worden ist,
begibt sich Romeo in die Gruft. Voll Verzweiflung über
Julias vermuteten Tod nimmt er Gift und stirbt. Kurz
darauf erwacht Julia. Sie erblickt den toten Romeo und
stößt sich dessen Dolch in die Brust.

Epilog: Die beiden Familienoberhäupter reichen sich
über den Körpern Romeos und Julias die Hand zur Versöhnung.

Nachdem Sergei Prokofjew seine Partitur zu einem
abendfüllenden Romeo-und-Julia-Ballett bereits 1935
fertiggestellt und sich eine Produktion in der Sowjetunion
aus verschiedenen Gründen zerschlagen hatte, gestattete
der Komponist dem tschechischen Choreografen Ivo
Váňa Psota, seine Musik als Erster für ein Ballett zu verwenden. Psota schuf zur 1. und 2. Suite aus der *Romeo-
und-Julia*-Komposition eine in neun Szenen unterteilte
komprimierte Choreografie, die am 30. Dezember 1938
in Brünn herauskam. Doch erst der Erfolg der beiden
Orchestersuiten und der ebenfalls aus der Partitur extra-
hierten zehn Klavierstücke veranlasste die Direktion des
Leningrader Kirow-Theaters, das Ballett – auf Russisch
Romeo i Dschuljetta – aufzuführen. Im Lauf der Pre-

mierenvorbereitungen berücksichtigte Prokofjew zahlreiche Änderungswünsche Leonid Lawrowskis an der Musik.

Lawrowski choreografierte das Ballett mit einer ungewöhnlichen Liebe zum Detail. Die Bewegungen sind stets der entsprechenden Bühnensituation angemessen, und jeder Part, selbst wenn es sich um eine Corps-de-ballet-Rolle handelt, hat eine eigene choreografische Gestaltung erfahren. Es gibt deshalb auch kein passives Zusehen etwa in den Massenszenen, sondern jeder Mitwirkende reagiert auf die Geschehnisse. Den spezifischen Bewegungsstil leitete Lawrowski vom klassischen und Charaktertanz ab und verschmolz beide mit mimisch ausgefeilten Aktionen. Auf diese Weise ergibt sich ein choreografisches Drama, das in den Massenszenen eine Lebendigkeit entfaltet – mit schier atemberaubender Verve laufen die Fechteinlagen ab –, die für das sowjetische Ballett ungewöhnlich war. Eine vergleichbare Virtuosität weisen die breit angelegten Duette von Romeo und Julia auf, wobei die spektakulären Hebungen augenfälligstes Kennzeichen sind.

Dank des Erfolgs der Uraufführung mit Galina Ulanowa in der Rolle der Julia wurde Lawrowskis Produktion 1946 am Moskauer Bolschoi-Theater einstudiert. Das Kirow-Ballett, das heute Mariinski-Ballett heißt, führt Lawrowskis Choreografie nach wie vor im Repertoire. 1954 entstand ein Film von Lawrowskis *Romeo und Julia*, der viel zur Bekanntheit des Werkes beigetragen hat.

Eigene Ballette zu Prokofjews Musik choreografierten in der Sowjetunion etwa Oleg Winogradow (Nowosibirsk 1965) und Juri Grigorowitsch (Moskau 1979, unter Verwendung von ursprünglich von Prokofjew vorgesehenen Nummern), im Westen unter anderem Tatjana Gsovsky (Berlin 1948), Frederick Ashton (Kopenhagen 1955), Serge Lifar (Paris 1955), John Cranko (Verona 1958), Kenneth MacMillan (London 1965), Rudi van Dantzig

(Amsterdam 1967), John Neumeier (Frankfurt a. M. 1971), Rudolf Nurejew (London 1977), Heinz Spoerli (Basel 1977), Angelin Preljocaj (Lyon 1990), Robert North (Genf 1990) und Nacho Duato (Madrid 1997). Romeo-und-Julia-Ballette zu anderer Musik schufen unter anderem Vincenzo Galeotti mit *Romeo og Giulietta* (Kopenhagen 1811; Musik: Claus Schall), Bronislawa Nijinska und George Balanchine mit *Roméo et Juliette* (Monte Carlo 1926; Musik: Constant Lambert), Gsovsky mit *Die Liebenden von Verona* (Leipzig 1942; Musik: Leo Spies), Antony Tudor mit *Romeo and Juliet* (New York 1943; Musik: Frederick Delius), Erich Walter mit *Romeo und Julia* (Wuppertal 1959; Musik: Hector Berlioz) und Maurice Béjart mit *Roméo et Juliette* (Brüssel 1966; Musik: Berlioz).

Entscheidend für die Popularität des Balletts im Westen war Crankos Aufsehen erregende Stuttgarter Fassung aus dem Jahr 1962, die von einigen großen klassischen Kompanien übernommen wurde. Gegenüber Lawrowskis Version hat Cranko den Stoff gestrafft: Er verzichtete auf den Prolog und die Darstellung des Scheiterns von Pater Lorenzos List, dessen Bote mit der Nachricht an Romeo, dass Julia in todesähnliche Starre versetzt worden sei, zu spät ankommt. Und Cranko beendet sein Ballett ohne die Versöhnung der zerstrittenen Familien. Dafür dominiert in den Massenszenen ausgelassene Fröhlichkeit; Freude und Trauer, Leben und (gewaltsamer) Tod liegen hier dicht beieinander, gehen bisweilen nahtlos ineinander über, existieren momentweise sogar parallel (wenn die Clowns den Todeskampf Mercutios auf groteske Weise ›mitspielen‹). Die Virtuosität der Duette in Lawrowskis *Romeo und Julia* steigerte Cranko noch mit höchst virtuosen, gleichwohl fließenden Pas de deux.

Rooster

CHOREOGRAFIE: Christopher Bruce; MUSIK: Rolling Stones; KOS-
TÜME: Marian Bruce; URAUFFÜHRUNG: 10. Oktober 1991, Grand
Théâtre, Genf, Ballett des Theaters
ROLLEN: 5 Tänzerinnen; 5 Tänzer

Dekorationslose Bühne, Tänzerinnen in kurzem, schwar-
zem Kleid, teilweise mit schwarz-rotem Rock darüber,
Tänzer in enger, dunkler Hose, Sakko, grellfarbigem
Hemd und Krawatte.

›Little Red Rooster‹: Mit großen Ausfallschritten, die
Hände in Pfötchenstellung vor den Körper gehalten, den
Kopf ruckartig vor- und zurückfahrend, schiebt sich ein
Mann über die Bühne. Er streicht sich die Haare zurück,
prüft den Sitz seiner Kleider und zurrt den Krawatten-
knoten fest. Dann macht er weiter: springt, dreht, ›klappt‹
die Knie auf und zu. Diese Bewegungen greifen die anderen Männer auf, nachdem sie nacheinander von einer
Frau berührt worden sind.

›Lady Jane‹: Die Männer und Frauen gehen aufeinander zu und bilden Paare. Das Paar im Vordergrund
beginnt ein Duett mit Partnerhaltungen, die dem Gesellschaftstanz entlehnt sind; nacheinander lösen andere
Frauen die Tänzerin ab. Schließlich finden sich die fünf
Paare zu einem Kreis zusammen; acht Tänzer ziehen sich
bald zurück.

›Not Fade Away‹: Das verbleibende Paar zeigt ein
Duett mit aggressiverer, temperamentvoller Note. Die
Tänzer kreisen um sich, jagen sich, locken einander,
wobei der Mann der Exaltiertere der beiden ist; er wird
dann von den anderen Männern davongetragen.

›As Tears Go By‹: Danach sind ein Mann und eine
Frau zu sehen, wie sie von den Spielen ihrer jeweiligen
Geschlechtsgenossen (3 Tänzerinnen, 3 Tänzer) aus-
geschlossen sind. Die isolierte Frau gibt dem isolierten
Mann mittendrin eine Ohrfeige; später nimmt er sie auf
die Schulter und trägt sie davon.

›Paint It Black‹: Ein Mann in rotem Hemd betritt die
Bühne, gefolgt von drei Frauen mit rotem Schal; die
Tänzerinnen sehen zu, wie sich der Mann in expressiven
Posen spreizt. Sie manipulieren, drehen und schleudern
ihn, ›peitschen‹ ihn mit ihrem Schal und lassen ihn allein
zurück. Als er sieht, dass eine Frau mit offenen Haaren,
barfuß und in langem, rubinrotem Kleid, die Bühne
betritt, macht er sich schnell davon.

›Ruby Tuesday‹: Die Tänzerin beginnt ein lyrisches
Solo und ignoriert zunächst die bald hinzukommenden
vier Männer (jetzt mit schwarzem Sakko), wirft sich
allerdings später in ihre Arme, wird hochgeworfen, getragen, gedreht. Doch letztlich ist sie wieder allein auf der
Bühne und sackt in sich zusammen. Nach ihrem Abgang
gehen eine Frau mit roter Federboa und ein Mann in
blauem Sakko aufeinander zu.

›Play With Fire‹: Sie steht, während er die Gockel-
bewegungen vom Beginn wieder aufnimmt und sie spielt
mit der Boa, wobei er mit aufgestelltem Zeigefinger auf
sich zeigt. Nach einer kurzen gemeinsamen Sequenz
nimmt er ihr die Boa weg, tanzt damit und wirft sie ihr
wieder zu. Als er erneut mit aufgestelltem Zeigefinger auf
sich weist, haut sie mit der Faust darauf.

›Sympathy For the Devil‹: Initiiert von der Männergruppe, werden markante Bewegungen, Situationen
und Figurationen des Stückes aufgegriffen und zitiert.
Schließlich ›gockelt‹ zum Schluss derselbe Mann wie zu
Beginn.

Zu acht Songs der Rolling Stones kreierte Christopher
Bruce ein spritziges Stück über männliches Balzverhal-
ten und die sexuell aufgeladenen Beziehungen zwischen
jungen Frauen und Männern. Lose miteinander verknüpft,
erzählt *Rooster* von gockelhaftem und omnipotentem
männlichem Gehabe. Aufgeputzt wollen die Männer
sich selbst, den anderen und den Frauen imponieren und
ziehen dafür alle Register, vom sich spreizenden Hahn

über den höfischen Kniefall und rockigen Hüftschwung
bis zu weiten Sprüngen und schnellen Drehungen. Dank
des fließenden, auf musikalische Stimmungen einfühlsam
reagierenden Bewegungsstils, der Elemente des Modern
Dance und des Jazztanzes gleichermaßen enthält, entfaltet *Rooster* eine beeindruckende suggestive Wirkung.

Rooster wurde schnell zu einem Publikumserfolg.
Diverse andere Kompanien, darunter auch die Rambert
Dance Company, haben *Rooster* übernommen (New-
castle 1994).

Rosas danst Rosas

CHOREOGRAFIE: Anne Teresa de Keersmaeker; MUSIK: Thierry de
Mey und Peter Vermeersch; KOSTÜME: Louise de Neef; URAUF-
FÜHRUNG: 6. Mai 1983, Théâtre de la Balsamine, Brüssel, Rosas

ROLLEN: 4 Tänzerinnen

Auf der Bühne links hinten mehrere Stühle (auch aufeinander), Tänzerinnen in hellem T-Shirt, grauem Rock,
schwarzen Leggings und Socken.

Die Tänzerinnen kommen nacheinander herein und
stellen sich nebeneinander mit dem Rücken zum Publikum, bevor sie abrupt nach hinten fallen. Sehr langsam
rollen sie von einer Seite zur anderen, heben einen Arm,
stützen das Kinn auf die Hand, fahren sich mit der Hand
durchs Haar. Auch richten sie den Oberkörper auf, um
langsam wieder hinabzugleiten. Alles passiert in einem
ruhigen Tempo, das manchmal von plötzlichen schnellen
Bewegungen unterbrochen oder langen Halteposen zäsiert
wird. Weiterhin am Boden, brechen die Frauen aus der
synchronen Gruppe nacheinander aus, bilden neue Konfigurationen. Allmählich arbeiten sie sich zur Rampe vor
und bilden dort wieder eine Reihe. Dann stellt eine Tänzerin drei Stuhlreihen zu drei Stühlen und eine zu zwei
Stühlen auf und legt jeweils ein Paar Schuhe bereit. Die

anderen drei Tänzerinnen ziehen sie an und setzen sich,
jede auf eine der vier Stuhlreihen. Sie beginnen daraufhin
sehr dynamisch auf den Stühlen zu agieren: Sie kippen
nach vorn, schwenken die Arme, zunächst synchron,
dann variierend. Später gruppieren sie – bis auf eine, die
sitzen bleibt – ihre Stühle zu einer Reihe im Hintergrund.
Diese drei Tänzerinnen fangen an, nebeneinander auf
einer aus Lichtpunkten gebildeten Linie zu tanzen. Eine
löst sich aus der Gruppe und agiert weiter vorn in einem
Lichtrechteck, das mit ihr fast bis zur Rampe ›springt‹.
Zwischenzeitlich erscheinen zwei kleinere Lichtflächen
an den Seiten, in denen diese vordere Tänzerin und die
bislang sitzende stehen, die Knöpfe ihres T-Shirts öffnen,
es über die Schultern ziehen und es dann wieder an seine
alte Stelle bringen. Das Motiv des Schulterzeigens wird
wiederholt und mimisch ›kommentiert‹, wenn die aus der
Dreiergruppe herausgetretene Tänzerin sich wieder in
diese integriert und sich alle vier synchron bewegen, auch
die von der Dreiergruppe getrennte. Nach einer Weile löst
sich eine andere Tänzerin aus der Dreiergruppe und tanzt
ebenfalls vor den anderen. Wenn sie sich wieder in die
Dreiergruppe eingefügt hat, endet dieser Abschnitt bald.
Nun arrangieren die Frauen ihre Kleidung und starten
einen längeren dynamischen, mit weiten Schritten und
Drehungen in den Raum ausgreifenden Abschnitt. Dabei
variieren sie unablässig Muster und Gruppierungen.
Schließlich enden die Frauen abrupt mit ihrer Bewegung:
Eine bleibt hinten stehen, eine geht am Bühnenrand zu
Boden, die dritte setzt sich auf einen Stuhl, und die vierte
hört dann auch mit dem Tanzen auf.

Das Bewegungsmaterial, das Anne Teresa de Keersmaeker in *Rosas danst Rosas* verwendet hat, besteht zum
großen Teil aus einfachen, scheinbar dem Alltag entnom-
menen Gesten und Bewegungen, wie das Aufstützen der
Arme, das träge Rollen des Körpers, das Überschlagen
der Beine und das Um-sich-Blicken. Solch reduziertes

Material variiert und kombiniert die Choreografin auf
konsequente und klar strukturierte Weise, indem sie die
Dynamik und Energie der Bewegung, die Konfiguration
der Tänzerinnen und deren räumliche und zeitliche Posi-
tionierung verändert. Keersmaeker hatte die Prinzipien
des musikalischen Minimalismus mit Ensemblemitglie-
dern des Komponisten Steve Reich während eines Auf-
enthalts in New York studiert, und sie adaptierte sie in
dem abendfüllenden Stück *Rosas danst Rosas* höchst
originell und effektvoll für den Tanz. Auf eine Begleitung durch eine minimalistische Komposition hat Keersmaeker hier allerdings verzichtet: Zum Teil wird ohne
Musik getanzt, und wenn die Frauen sich zu Kompositionen von Thierry de Mey und Peter Vermeersch bewegen,
dann handelt es sich um stark rhythmisierte Musik mit
scharf konturierten melodischen Motiven. *Rosas danst
Rosas* reflektiert darüber hinaus auch ein typisch weib-
liches Bewegungsverhalten und thematisiert so weibliche
Identität.

Mit *Rosas danst Rosas* schaffte Keersmaeker den internationalen Durchbruch; das Werk wurde zum Signaturstück ihrer Kompanie Rosas und weltweit aufgeführt. Es
befindet sich nach wie vor im Repertoire des Ensembles.
1996 entstand eine filmische Neuinszenierung von *Rosas
danst Rosas*, die in einer aufgelassenen Fabrik gedreht
wurde; beteiligt waren mehr als vier Tänzerinnen, nämlich fast alle, die das Stück je getanzt haben (darunter die
Choreografin selbst).

Rückkehr ins fremde Land

CHOREOGRAFIE: Jiří Kylián; MUSIK: Leoš Janáček; BÜHNENBILD:
Jiří Kylián; URAUFFÜHRUNG: 17. Mai 1975, Württembergische
Staatstheater (Großes Haus), Stuttgart, Stuttgarter Ballett
ROLLEN: 2 Tänzerinnen; 4 Tänzer

Dekorationslose Bühne.

1. Teil: Eine Tänzerin und zwei Tänzer halten sich an den Händen. Ihre Bewegungen sind verschlungen, umeinander kreisend; im Mittelpunkt steht die Frau, die gehoben, gedreht, in immer neue Positionen gebracht wird. Dann greifen die Männer mit weiten Sprüngen in den Raum aus, während die Frau sich allein über die Bühne bewegt. Die drei vereinen sich bald wieder, und zum Schluss hängt die Frau kopfüber über den Schultern der Männer.

2. Teil: Ein Mann und eine Frau laufen in einem weiten Bogen auf die Bühne. Der Tänzer hebt, hält und stützt seine Partnerin, wobei sie sich variantenreich umkreisen. Das Duett endet, indem die beiden sich in einer kunstvollen Figur wie in einem Perpetuum mobile drehen.

3. Teil: Der Mann steht; die Frau kommt hinzu. Ihr Duett wirkt zunächst verhaltener als das vorangegangene, steigert sich dann zu schwungvollen Hebungen und schwierigen Balancen. Der Teil schließt mit einer Pose, in der der Mann mit angezogenen Knien auf dem Rücken liegt und die Frau zusammengekrümmt an seinen Beinen hängt.

4. Teil: Die Frau liegt längs auf den Schultern zweier kniender Männer. Sie zieht sich wie ein Embryo zusammen und streckt sich wieder. Im Verlauf des Trios halten sie die Männer hoch, tragen und manipulieren sie. Die Sequenz endet in einer markanten Pose, in der die beiden eng mit weit zurückgebeugtem Oberkörper nebeneinander knien und die Frau auf ihnen liegt, ihren Oberkörper ebenfalls weit zurückgebogen, die Arme wie leblos hängen lassend. Drehmomente, Umeinanderkreiseln, Hebungen, der enge Kontakt zueinander kennzeichnen den Rest des Teils; viele Bewegungen stammen aus den ersten drei Teilen und werden nun variiert. Das Stück endet mit der markanten Pose vom Beginn des 4. Teils.

Kreisende, dynamische Bewegungen kontrastieren in *Rückkehr ins fremde Land* mit lebloser, fast starrer Passivität, wobei die verharrenden Momente vor allem den beiden Tänzerinnen zukommen. Das Ballett, das stark auf der klassischen Technik basiert und auf Spitze getanzt wird, existierte zunächst nur als Trio (4. Teil), das am 6. Juni 1974 bei der Aufführung zum Gedenken an den ein Jahr zuvor verstorbenen John Cranko uraufgeführt wurde. Für das komplette Ballett ergänzte Jiří Kylián den 2. Satz von Leoš Janáčeks *Klaviersonate es-Moll* (1905) um den 1. (1. Teil) und nahm für die Mittelteile drei Stücke aus Janáčeks Klavierzyklen *Auf verwachsenem Pfad* (1908) und *Im Nebel* (1912), sodass die ersten drei Teile nicht zuletzt bewegungsmotivisch auf dieses Trio hinführen. Zum Titel des Balletts erklärte Kylián: »Sterben ist Rückkehr ins fremde Land – das Land der Herkunft.«

Rückkehr ins fremde Land wurde weltweit von mehreren Kompanien einstudiert. Dabei hat Kylián immer wieder kleinere choreografische Veränderungen vorgenommen.

Le sacre du printemps

Bilder aus dem heidnischen Russland in zwei Akten

CHOREOGRAFIE: Waslaw Nijinski; MUSIK: Igor Strawinsky; LIBRETTO: Igor Strawinsky und Nikolai Rjorich; AUSSTATTUNG: Nikolai Rjorich; URAUFFÜHRUNG: 29. Mai 1913, Théâtre des Champs-Élysées, Paris, Ballets Russes

ROLLEN: I. Akt: 10 Mädchen; 10 Frauen; eine 300 Jahre alte Frau; ein alter Weiser; 8 alte Männer; 5 junge Menschen (5 Tänzer); 6 Jünglinge; 5 junge Männer; II. Akt: die auserwählte Jungfrau; 12 Mädchen; 20 männliche Ahnen

Dekorationslose Bühne, Tänzerinnen und Tänzer in reich verzierten roten oder weißen beziehungsweise weißen

Kostümen, die denen heidnischer russischer Stämme nachempfunden sind.

I. Akt, ›Die Anbetung der Erde‹, Hintergrund mit Landschaft im Frühling: Männer und Frauen stehen oder knien in kleinen Gruppen. Eine Gruppe von stehenden Männern mit einem Fell über den Schultern beginnt mit kleinen Sprüngen. Daraufhin läuft die 300 Jahre alte Frau in orangefarbenem Kleid los und animiert die anderen Männer aufzustehen, und sie greifen die ruckhaften Bewegungen der anderen auf. Die Alte versammelt die Männer um sich, um ihnen durch Gestikulieren etwas mitzuteilen. Sie gibt ihnen danach ein paar Äste, die die Männer für ein Sprungspiel benutzen. Die Alte geht nun ab, und rotgekleidete Frauen erscheinen. Das Tanzen der Männer und Frauen wird zunehmend aufgewühlter, und schnelle Drehungen und gereckte Fäuste kommen zu den wuchtigen Sprüngen hinzu. Männer und Frauen agieren überwiegend in nach Geschlechtern getrennten Blöcken; nur kurz finden sie sich zu Paaren zusammen. Ihre Aktionen wechseln zwischen ruhigen Schreitformationen und heftigen Stampf- und Sprungbewegungen. Nachdem die Frauen einen großen Kreis gebildet haben, erscheint der alte Weise, begleitet von einigen älteren Männern; er löst bei den Männern und Frauen ein zunehmend heftigeres Schütteln aus. Während er die Erde küsst, verharren jedoch alle bewegungslos. Danach fallen Männer und Frauen in individuelle Motionen und gruppieren sich schließlich eng um den Weisen.

II. Akt, ›Das Opfer‹, bläulicher Hintergrundprospekt, auf dem Boden ist ein Doppelkreis aufgezeichnet: 13 Frauen bewegen sich mit Trippelschritten, kleinen Sprüngen und expressiven Armhaltungen in und um den Kreis. Eine der Frauen beginnt bald mehrmals zu stolpern, was die anderen mit erschrecktem Innehalten registrieren. Diese Frau wird dann von den anderen in die Mitte des Kreises gestoßen: Sie ist die auserwählte Jungfrau, die dort starr stehen bleibt, während die anderen mit

stampfenden Schritten, Sprüngen und Drehungen um sie
herumtanzen. Als einige Ahnen mit Fell herbeikommen,
entfernen sich die Frauen vom Kreis. Weitere Ahnen
treten hinzu, und alle formieren sich zu einer Reihe, die
die Auserwählte umkreist. Bis auf die Männer mit Fell
gehen danach alle ab; nun beginnt die Auserwählte ruckartig mit angewinkelten Beinen zu springen. Sie tanzt
weiter, wenn die anderen Ahnen zurückkehren und alle
wieder einen Kreis um sie bilden. Ihr Tanzen wird zunehmend ekstatischer; sie fällt bisweilen in rasche Drehungen
und reckt ihre Arme ausdrucksvoll nach oben. Dabei geht
sie mehrmals zu Boden. Die Ahnen rücken näher an sie
heran, und nachdem sie schließlich zu Boden gesunken
ist, wird sie von den Männern mit Fell emporgehoben.

Wie kein zweites Werk der Ballets Russes sorgte *Le
sacre du printemps* für Aufsehen: Die Uraufführung ging
als einer der größten Skandale in die Annalen sowohl
der Tanz- als auch der Musikgeschichte ein, und beide
Kunstformen sehen in *Le sacre du printemps* das Ende
des Romantischen und damit den Anbruch der Moderne.
Darüber hinaus wurde der Titel des Balletts gar zum Synonym für den Beginn des Untergangs der alten Weltordnung – die dann in den Schützengräben des Ersten
Weltkriegs ausgelöscht wurde. Unübersehbar unterscheidet sich Waslaw Nijinskis Choreografie von zeitgleich
entstandenen Werken etwa Michail Fokins. Nijinski
führt keine grandios inszenierte illusionistische Bühnen-
geschichte vor, sondern schildert ein simples Geschehen:
die Suche nach einem Mädchen, das sich im Frühjahr zu
Tode tanzt, um die Götter gnädig zu stimmen und somit
die Fruchtbarkeit der heimischen Scholle zu sichern. Die
Idee für einen solchen Handlungsaufriss geht unmittelbar auf Nikolai Rjorich zurück, der in der Besinnung
auf Vorformen russischer Kunst eine Quelle für deren
Erneuerung sah und ethnologische Forschungen zur
frühchristlichen Malerei Russlands angestellt hatte. In

402   *Le sacre du printemps*

Zusammenarbeit mit Igor Strawinsky konkretisierte sich
dann eine narrative Struktur, die eng mit der Gestaltung
der musikalischen Begleitung des Balletts verzahnt ist.
In seiner Komposition ging Strawinsky konsequent den
mit *Petruschka* eingeschlagenen Weg weiter: Die maßgeb-
liche Wirkung bezieht die Musik aus ihrer rhythmischen
Komponente, und die Grundlage der melodischen Partikel sind volkstümliche russische Melodien.

In seiner Choreografie setzte Nijinski das in seinen
ersten beiden Balletten → *Der Nachmittag eines Fauns*
und → *Jeux* erprobte Verfahren fort, eine Grundhaltung
im Verlauf des Stückes permutativ zu variieren. Allerdings wählte er in *Le sacre du printemps* eher ein
Repertoire von Bewegungen: Stampfen, schleifende
Laufschritte, Gehen, Springen, Fallen, Drehen, Zittern,
flehende Armbewegungen, Fäuste. Dazu verwendete er
konsequent eine parallele bis eingedrehte Fußstellung
bei asymmetrischer Körperhaltung. Dieses den Prinzipien der Danse d'école entgegenstehende Bewegungsmaterial fußt auf den Motionen, die Nijinski in der
Titelrolle von Fokins Ballett → *Petruschka* ausführte, und
damit negierte Nijinski die gültige Ästhetik des klassischen Tanzes, wenn er hierbei auch auf das traditionelle
Medium dieser Tanzform zurückgriff, den akademisch
geschulten Tänzer. Ebenso modern ist der Umgang mit
dem Tänzerensemble: Nijinski zeigte Formationen wie
Kreis oder Reihe, deren Fokus stets auf sich selbst gerichtet ist. Im Gegensatz zur Tradition ist das Publikum nicht
der Adressat, sondern entscheidend ist allein die choreografische Prämisse – im Fall von *Le sacre du printemps*
ein Ritual. Mit der Besinnung auf eine Aktion aus der
Zeit vor der Erfindung kodifizierten westlichen Tanzens
deutete Nijinski dem Ballett einen Weg zur Befreiung von
jahrhundertealten Konventionen an.

Liest man die Reaktionen auf die Uraufführung, so
lässt sich nicht sagen, was das Publikum mehr entrüstete:
Strawinskys Musik oder Nijinskis Choreografie. Auf

jeden Fall aber sorgte der Skandal für eine entsprechende
Beachtung des Werkes und damit auch der Ballets Russes
in der Öffentlichkeit. Die Tatsache, dass Nijinskis Ballett
nur wenige Male aufgeführt wurde, dürfte in erster Linie
auf den bald nach der Uraufführung erfolgten Bruch des
Impresarios der Kompanie, Sergei Diaghilew, mit Nijinski zurückzuführen sein. Erst Jahre später setzte Diaghilew *Le sacre du printemps* wieder aufs Programm, in
einer Choreografie Léonide Massines (Paris 1920). Seit
den 1930er-Jahren zählt Strawinskys Komposition zu den
am häufigsten als Begleitung von Tanzwerken herangezogenen Partituren; eigene Choreografien stammen unter
anderem von Lester Horton (Los Angeles 1937), Aurel
von Milloss (Rom 1941), Mary Wigman unter dem Titel
Frühlingsweihe (Berlin 1957), Maurice Béjart (Brüssel
1959), Kenneth MacMillan (London 1962), Erich Walter
(Düsseldorf 1970), John Neumeier (Frankfurt a. M.
1972), Glen Tetley (München 1974), Hans van Manen
(Amsterdam 1974), Joyce Trisler (New York 1974), Pina
Bausch (Wuppertal 1975), Paul Taylor (New York 1980),
Johann Kresnik (Heidelberg 1982), Martha Graham
(New York 1984), Mats Ek (Södertälje 1984), Tom Schil-
ling (Berlin 1985). Eine Rekonstruktion von Nijinskis
Choreografie erstellten Millicent Hodson und Kenneth
Archer für das Joffrey Ballet (Los Angeles 1987).

Sarkasmen

CHOREOGRAFIE: Hans van Manen; MUSIK: Sergei Prokofjew;
AUSSTATTUNG: Hans van Manen; URAUFFÜHRUNG: 28. Dezember
1981, Stadsschouwburg, Amsterdam, Niederländisches Nationalballett
ROLLEN: 1 Tänzerin; 1 Tänzer

Blauer Hintergrundprospekt, links ein Konzertflügel mit
spielbereitem Pianisten.

Die Tänzerin, in schwarzem Trikot und kurzem schwarzem Faltenrock, steht mit verschränkten Armen neben dem Flügel. Von links kommt der Tänzer, nur mit schwarzer Hose bekleidet, mit weiten Schritten auf die Bühne. Weil die Tänzerin nicht reagiert, wiederholt er seinen Auftritt; er intensiviert ihn mit Sprüngen, Drehungen, großen Gesten und Umkreisungen des Flügels. Dann zeigt die Tänzerin ihr Solo, während er mit verschränkten Armen ihren Platz neben dem Flügel eingenommen hat: Es ist voll virtuoser Aktionen, und bald suggerieren ihre ungeduldigen Bewegungen, sie warte auf seinen Einsatz. Spiegelbildlich umkreisen sie sich daraufhin; schließlich hebt und dreht er ihren Körper. Wenn sie sich gegenüberstehen, legt sie ihm die Hand an sein Geschlecht. Er entzieht sich ihr wild gestikulierend, umkreist sie, klopft ihr auf den Hintern; sie springt ihn an, und er lässt sie auf den Boden gleiten: Sie bleibt auf dem Rücken liegen, und er springt mehrere Male zwischen ihre Beine. Endlich finden sie zusammen; sie setzen ihr von Rivalität geprägtes Duett fort, bis sie sich am Schluss umarmen.

Zum 20-jährigen Bestehen des Niederländischen Nationalballetts choreografierte Hans van Manen mit *Sarkasmen* – uraufgeführt als *Sarcasmen* zur gleichnamigen fünfteiligen Klavierkomposition (1914) von Sergei Prokofjew als 2. Teil des Zyklus *Pianovariaties* (1980–84) – einen sarkastisch-liebevollen Kommentar zu einer temperamentvollen Zweierbeziehung, in der die Frau die souveränere Persönlichkeit ist. Geschickt hat hier van Manen in das neoklassische Bewegungsvokabular Alltagsgesten eingebaut, die die Einstellung der beiden zueinander andeuten. Manchmal wirken die Aktionen auch unmittelbar komisch, insbesondere in den gelegentlich auftrumpfenden Sequenzen des Mannes oder wenn die Tänzer den Pianisten zum Weiterspielen auffordern. Mit dem auf der Bühne platzierten Flügel spielt van Manen auf George Balanchines Arrangement in *Duo concertant* (New York

1972; Musik: Igor Strawinsky) an; auch hier warten Tänzerin und Tänzer zeitweise am Flügel. Erstmals hat van Manen mit *Twilight* (Rotterdam 1972; Musik: John Cage) ein Ballett geschaffen, in dem der Flügel auf der Bühne steht.

Sarkasmen wird bis heute vom Niederländischen Nationalballett aufgeführt; zahlreiche andere Kompanien führen es ebenfalls in ihrem Repertoire.

Scènes de ballet

CHOREOGRAFIE: Frederick Ashton; MUSIK: Igor Strawinsky; AUSSTATTUNG: André Beaurepaire; URAUFFÜHRUNG: 11. Februar 1948, Royal Opera House, London, Sadler's Wells Ballet

ROLLEN: 1 Solistin; 1 Solist; 4 Halbsolisten; 12 Tänzerinnen

Hintergrundprospekt mit stilisiertem neugotischem Pavillon.

Zu Beginn positionieren sich der Solist, in Schwarz und Gelb, und die schwarz gekleideten Halbsolisten. Dann kommen die zwölf weiß gekleideten Tänzerinnen auf die Bühne, und nach Auf- und Abtritten der Männer erscheint die Solistin, in einem schwarz-gelben Kostüm mit Tutu, zu einem lebhaften Solo. Zu ihr gesellen sich nacheinander die Halbsolisten und der Solist. Solistin und Halbsolistin führen dann eine sich im Kreis bewegende Reihe von Frauenpaaren an. Daraufhin beginnt das Duett der beiden vor den zwölf Tänzerinnen. Sie gehen ab, wenn sich die vier Halbsolisten kurz zeigen. Nun kehrt die Solistin mit den vier Männern zurück und wechselt von einem zum anderen vor dem sich ständig umgruppierenden Frauenensemble. Nachdem alle die Bühne verlassen haben, präsentieren sich die Männer mit virtuosen Sprüngen. Sie bewegen sich zur Seite, wenn die Solistin erneut auftritt; der Solist kniet während ihres Solos vor ihr und hält dabei seine Hand vor dem Herzen, bis er

zum Duett mit ihr ansetzt und die Halbsolisten abgehen.
Währenddessen bilden die Tänzerinnen und die Halbsolisten eine ornamentale Umrahmung für die Solisten,
und nach einigen Umgruppierungen finden sich alle zum
Schlussbild zusammen: Die effektvollen Bewegungen
des Solistenpaars greifen die Halbsolisten und die Tänzerinnen auf.

Igor Strawinsky komponierte die rhythmisch komplexen *Scènes de ballet* 1944 für ein Divertissement in der
Revue *The Seven Lively Arts* von Billy Rose, die am Ende
desselben Jahres in New York uraufgeführt wurde. Die
Choreografie von Anton Dolin verwendete allerdings
Strawinskys Musik in einer gekürzten Fassung. Das
erste Ballett zur vollständigen elfteiligen Komposition
erarbeitete dann Frederick Ashton. Es lässt sich als eine
zeitgenössische Reverenz an Marius Petipa interpretieren; den offensichtlichsten Bezug stellt der Pas d'action
für die Solistin und die fünf Männer dar; er verweist auf
das so genannte Rosenadagio aus →*Dornröschen*. Die
Raumwege entwarf Ashton nach mathematischen Theore-
men, sodass das Werk, nach eigener Aussage, von jedem
beliebigen Winkel betrachtet werden könne. Das Bewegungsmaterial fußt auf der klassischen Technik, enthält
gleichwohl einige für den Choreografen typische ›Verzierungen‹ wie Kopfnicken und -drehen sowie ausdrucksvolle Gesten der Arme.

    Scènes de ballet, das Ashton für eines seiner wich-
tigsten Werke hielt, setzte sich in der Publikumsgunst
nur langsam durch. Bis heute gehört es zum Repertoire
des Royal Ballet und des Birmingham Royal Ballet.
Neuchoreografien schufen unter anderem Gustav Blank
(Berlin 1952), John Taras (Den Haag 1954), John Cranko
(Stuttgart 1962) und Erich Walter (Wuppertal 1964).

Scheherazade

Choreografisches Drama in einem Akt

CHOREOGRAFIE: Michail Fokin; MUSIK: Nikolai Rimski-Korsakow; LIBRETTO: Alexandre Benois, Léon Bakst und Michail Fokin; AUSSTATTUNG: Léon Bakst; URAUFFÜHRUNG: 4. Juni 1910, Opéra (Salle Garnier), Paris, Ensemble der ›saison russe‹

ROLLEN: Schariar, Herrscher von Indien und China; Schahseman, sein Bruder; Sobeide; 10 Frauen des Schahs; 3 Odalisken; der Obereunuch; 4 Eunuchen; 10 Sklaven; der Lieblingssklave Sobeides; 8 Jünglinge; 8 erste Almeen; 8 zweite Almeen; Hof und Adjutanten des Schahs (6 Tänzer); Gefolge des Schahs

Harem in König Schariars Palast, hinten drei blaue Türen, links ein großer Diwan.

Schariar, Sobeide und sein Bruder Schahseman ruhen auf dem Diwan, um sie herum die Frauen des Harems. Schariar ist schlechter Laune, weil der Schah ihm erzählt hat, die Frauen seien ihm untreu. Er lässt den Obereunuchen kommen und befiehlt ihm, die Odalisken tanzen zu lassen. Ihren Tanz unterbricht Schariar und schickt sie wieder fort. Um herauszufinden, ob die Frauen ihn betrügen, verkündet Schariar, er wolle auf die Jagd gehen. Sobeide bedrängt ihn zwar, hierzubleiben, doch lässt sich Schariar nicht umstimmen, und er verlässt mit seinem Gefolge den Palast. Daraufhin geben die Frauen des Harems dem Obereunuchen Schmuck, damit er zwei der blauen Türen öffne. Die Sklaven eilen herein und vergnügen sich mit den Frauen. Nun verlangt Sobeide, der Obereunuch möge auch die dritte Tür öffnen. Diesem Befehl kommt er erst nach, als Sobeide ihm Perlen überreicht: Aus der dritten blauen Tür stürmt Sobeides Lieblingssklave in goldenen Kleidern, und die beiden lassen sich auf dem Diwan nieder. Währenddessen steigert sich das Fest, und schließlich mischen sich Sobeide und ihr Lieblingssklave unter die anderen. Auf dem Höhepunkt der Orgie betritt Schariar mit seinem Gefolge wieder den Harem. Seine Frauen haben sich tatsächlich untreu

verhalten, und er schickt seine Soldaten herein, die die
Sklaven und Frauen töten, unter ihnen auch der Obereunuch und Sobeides Lieblingssklave. Schariar überlegt,
ob er auch Sobeide töten lassen soll. Seine Zweifel räumt
Schahseman aus, indem er verächtlich dem toten Lieblingssklaven einen Tritt verpasst. Doch bevor die Soldaten Sobeide töten können, greift sie sich einen Dolch, mit
dem sie sich selbst umbringt.

Scheherazade – uraufgeführt als *Shéhérazade* – gehört
neben *Cléopâtre* (Paris 1909; Musik: Anton Arenski,
Sergei Tanejew, Nikolai Rimski-Korsakow, Michail
Glinka, Alexandr Glasunow und Modest Mussorgski),
Les orientales (Paris 1910; Musik: Arenski, Alexandr
Borodin, Glasunow, Edvard Grieg und Christian Sinding)
und *Le dieu bleu* (Paris 1912; Musik: Reynaldo Hahn) zu
den Werken Michail Fokins für die Ballets Russes mit
exotisch-orientalischer Thematik. Ausgangspunkt für
die Handlung, die Alexandre Benois, Léon Bakst und
Fokin entwarfen (wenngleich Benois nicht im Urauffüh-
rungsprogramm genannt wurde), ist die erste Geschichte
aus *Tausendundeiner Nacht*. Auf diese orientalische
Märchenanthologie hatte sich auch Rimski-Korsakow
in seiner schwelgerischen, üppig orchestrierten Komposition bezogen, die für Fokins Ballett ausgewählt wurde
(allerdings ohne den 3. Satz) und ihm den Titel gab. Wie
kein anderes Werk der Ballets Russes stand *Scheherazade*
für das, womit die Kompanie gemeinhin im Westen assoziiert wurde: mit sinnlichem, wildem, leidenschaftlichem
Tanz in opulenten Kostümen vor einem detailreichen,
farbenprächtigen, spektakulären Bühnenbild. Als der
hervorragendste Vertreter dieses neuen Bühnentanzes
galt Waslaw Nijinski. Sein Auftritt als animalischer, vor
Potenz strotzender Lieblingssklave, wegen seines Kostüms auch als ›goldener Sklave‹ bezeichnet, zog das
zeitgenössische Publikum in den Bann. Nur ähnlich ausdrucksstarke Tänzerinnen konnten als Sobeide neben ihm

bestehen: die schlanke, hochgewachsene, kühle Eleganz
ausstrahlende Ida Rubinstein in der Uraufführung, bald
darauf Tamara Karsawina.

Fokin erweiterte seine Choreografie 1914 um einen Pas
de deux für Sobeide und den Lieblingssklaven zu Musik
aus dem 3. Satz von Rimski-Korsakows Komposition.
Scheherazade blieb im Repertoire der Ballets Russes bis
zu deren Auflösung 1929 und wurde in originalgetreuen
Produktionen auch von den Ballets-Russes-Nachfolgekompanien aufgeführt. Rekonstruktionen nach Fokins
Original brachten unter anderem das Ballett der Pariser
Opéra (Paris 1951), das London Festival Ballet (Monte
Carlo 1952), die Ballets de Monte-Carlo (Monte Carlo
1986) und das Mariinski-Ballett (Sankt Petersburg 1994)
heraus. Neuchoreografien schufen unter anderem Heinrich Kröller (Wien 1922), Wladimir Burmeister (Moskau
1944), Nina Anissimowa (Leningrad 1950), Roland Petit
(Paris 1974) und Valery Panov (Wien 1981). Rimski-Korsakows Werk verwendeten Maurice Béjart, neben anderer
Musik, in seinem Stück *Apropos Scheherazade* (Berlin
1995) und John Neumeier in seinem Ballett → *Nijinsky*.

Eine »La Princesse Zenobia« genannte Parodie auf
Scheherazade choreografierte George Balanchine für
Richard Rodgers' Musical *On Your Toes* (1936).

Schlagobers
Heiteres Wiener Ballett in zwei Aufzügen

CHOREOGRAFIE: Heinrich Kröller; MUSIK: Richard Strauss;
LIBRETTO: Richard Strauss; AUSSTATTUNG: Ada Nigrin; URAUF-
FÜHRUNG: 9. Mai 1924, Staatsoper, Wien, Ballett der Staatsoper

ROLLEN: der Firmling; die Mutter; der Pate; ein Galan; ein älte-
rer Pate; Firmlinge, Paten, Gäste, Kellnerinnen; General Mar-
zipan; Marzipane, Zwetschgenmänner, Lebkuchen; Prinzessin
Teeblüte; Prinz Kaffee; die Vision; Prinz Kakao; Don Zuckero;

4 Begleiterinnen der Prinzessin Teeblüte; exotische Begleiter
des Prinzen Kaffee; der Arzt; Prinzessin Praliné; ihr Gemahl;
Fürst Nikolo, der Hofmarschall; 6 Gespielinnen der Prinzessin Praliné, Höflinge (6 Tänzerinnen), Knallbonbons (6 Tänzerinnen), kleine Nigger-Pralinés, Quittenwürstchen-Leibgarde;
Mademoiselle Marianne Chartreuse; Ladislaw Slivowitz; Boris
Wutky; 5 orientalische Magier, Salzstangeln, Baumkuchen,
Hefenbrezeln, Schaumrollen, Schmalznudeln, Kipfeln, Gugel-
hupfe; 4 Herolde; Firmlinge

I. Aufzug, eine Wiener Konditorei: Firmlinge steigen mit
ihren Paten aus den Fiakern und nehmen an den Tischen
der Konditorei Platz; man serviert ihnen Schokolade mit
Schlagsahne, bevor sie sich vergnügen. Nun verdunkelt
sich die Bühne, und man sieht die Küche der Konditorei. Aus den Dosen entsteigen Marzipane, Zwetschgenmänner und Lebkuchen, die sich im Spiel bekriegen.
Dann präsentieren sich nacheinander Prinzessin Teeblüte,
Prinz Kaffee und Prinz Kakao. Zu ihnen gesellt sich Don
Zuckero und sucht die Beachtung der anderen. Nach dem
Abgang der vier erscheint eine riesige Sahneschüssel, aus
der Schlagsahne (Schlagobers) herausquillt.

   II. Aufzug, ein Krankenzimmer: Der Firmling liegt
im Bett; er hat zu viel Schlagsahne gegessen und leidet
deshalb an Bauchschmerzen. Der Arzt verabreicht
ihm Medizin, und der Firmling schläft ein. Im Traum
erscheint ihm zunächst Prinzessin Praliné samt Begleitung. Danach sieht man eine Vitrine mit Flaschen, aus
denen Mademoiselle Marianne Chartreuse, Ladislaw
Slivowitz und Boris Wutky entspringen; die beiden
Männer umwerben Marianne Chartreuse, die Ladislaw
Slivowitz den Vorzug gibt. Die Bühne verwandelt sich in
eine Vorstadtstraße: Verschiedene Kuchen und Gebäcke
werden von orientalischen Magiern geführt; Marianne
Chartreuse, Ladislaw Slivowitz und Boris Wutky reihen
sich in den Protestzug ein. Das Ziel ist die Konditorei,
vor der sich Tee, Kaffee und Kakao über die Aufständischen ergießen. Bier beruhigt alle, und Herolde kündigen

die Ankunft von Prinzessin Praliné mit ihrem Gefolge an, dem sich Marianne Chartreuse, Ladislaw Slivowitz und Boris Wutky anschließen dürfen. Fürst Nikolo, der Hofmarschall, übergibt daraufhin den Magiern einen Orden, und alle versöhnen sich wieder. Die Vitrine verwandelt sich schließlich in einen Kuchenaufsatz, auf dem die Prinzessin die Huldigung der Menge entgegennimmt. Am Ende treten die Firmlinge hinzu.

Richard Strauss' fantasievolles Libretto greift die österreichische Tradition des Konditoreihandwerks und der Kaffeehauskultur auf und enthält darüber hinaus im II. Aufzug einen politischen Bezug: Die orientalischen Magier, die Anführer des Aufstands der Kuchen und Gebäcke, sind eine Anspielung auf Juden – um antisemitischen Stimmungen keinen Vorschub zu liefern, wurde nach der Generalprobe diese Szene geändert; die Magier präsentierten sich nun im Nikolauskostüm mit Bischofsmütze. Ansonsten stellt die Handlung des Balletts den Rahmen für eine Abfolge von Tänzen dar – sowohl volkstümliche wie Ländler und Polka als auch Menuett und Walzer –, unterstützt von einer abwechslungsreichen, üppig orchestrierten Musik. Den Erfolg von *Schlagobers* garantierte Heinrich Kröllers souveräne, auf dem klassischen Tanz basierende Choreografie für über 100 Darsteller.

Schwanensee

Großes Ballett in vier Akten

CHOREOGRAFIE: Wenzel Reisinger; MUSIK: Pjotr Tschaikowski; LIBRETTO: Wladimir Begitschew und Wassili Gelzer; BÜHNENBILD: Iwan Schangin, Karl Walz und K. Gropius; KOSTÜME: Felix Simoné und Woronenko; URAUFFÜHRUNG: 4. März 1877, Bolschoi-Theater, Moskau, Ballett des Theaters

ROLLEN: Odette, eine gute Fee; die regierende Prinzessin; Prinz Siegfried, ihr Sohn; Wolfgang, sein Erzieher; Benno von Sommerstern, Freund des Prinzen; von Rothbart, ein böser Geist in Gestalt eines Gastes; Odile, seine Tochter, die Odette ähnlich sieht; Zeremonienmeister; Baron von Stein; die Baronin, seine Frau; Freiherr von Schwartzfels; seine Frau; 3 Kammerherren; Herold; Bote; 4 Bauernmädchen; Adlige, Herolde, Gäste, Pagen, Bauern, Diener, Schwäne, kleine Schwäne

In Deutschland, in weit zurückliegender Zeit.

I. Akt, ein opulenter Park, im Hintergrund ein Wasserschloss mit Brücke: Prinz Siegfried feiert mit seinen Freunden den heutigen Tag, an dem er volljährig geworden ist. Bauern und Bäuerinnen kommen, um Prinz Siegfried zu huldigen, und werden zum Trinken eingeladen. Da erscheint ein Bote und verkündet die baldige Ankunft seiner Mutter, der regierenden Prinzessin; sofort hören die Vergnügungen auf, und man räumt eilig alles beiseite, was zum Feiern herbeigebracht wurde. Dann trifft die Prinzessin mit ihrem Gefolge ein. Sie teilt ihrem Sohn mit, dass er sich beim morgigen Ball seine Braut aussuchen müsse. Siegfried denkt noch nicht ans Heiraten, akzeptiert aber die Anordnung seiner Mutter. Nachdem die Prinzessin Siegfried und seine Gesellschaft wieder verlassen hat, geht die Feier weiter. Bald bricht die Nacht an, und die Gäste ziehen sich zurück. Nur Benno von Sommerstern bleibt beim Prinzen. In diesem Moment zieht im Hintergrund eine Gruppe Schwäne vorüber. Siegfried beschließt, Jagd auf die Schwäne zu machen, und zieht mit Benno davon.

II. Akt, gebirgige, bewaldete Gegend, im Hintergrund ein See, am rechten Ufer eine verfallene Kapelle: Im Mondschein ziehen Schwäne und kleine Schwäne über den See; ein Schwan mit einer Krone führt sie an. Da treffen Siegfried und Benno ein und bemerken die Schwäne. Sofort legen sie an, doch die Schwäne sind verschwunden. Zu ihrer Überraschung zeigt sich die Kapelle mit einem Mal erleuchtet, und die beiden wollen dem Spuk

nachgehen. Auf der Treppe zur Kapelle tritt ihnen ein
weiß gekleidetes Mädchen mit einer Krone entgegen:
Odette. Sie fragt Siegfried, warum er sie jage, und erklärt
ihm, dass sie der Schwan sei, auf den er vorher angelegt
habe. Denn ihre Mutter, eine gute Fee, habe gegen den
Willen ihres Vaters einen Ritter geheiratet und sei wegen
dessen Bosheit gestorben. Er habe erneut geheiratet, und
ihre Stiefmutter hasse sie. Deshalb sei sie zu ihrem Großvater gegangen, der über den Tod seiner Tochter so viele
Tränen vergossen habe, dass dieser See entstanden sei.
Hier, im tiefen Wald, beschütze sie ihr Großvater; am
Tag könne sie sich als Schwan bewegen, des Nachts als
Mensch. Doch ihre Stiefmutter verfolge sie; als Eule
verkleidet tauche sie in der Ruine auf. Erst durch die
Heirat könne ihr die böse Stiefmutter nicht mehr schaden. In diesem Moment kommen weitere Mädchen aus
der Kapelle und machen Siegfried Vorwürfe, dass er um
ein Haar ihre Anführerin getötet habe. Siegfried bereut
sein Tun und zerbricht seine Armbrust. Schließlich verlieben sich Siegfried und Odette ineinander; der Prinz
schwört ewige Treue, und Odette versichert ihm, zum
Ball ins Schloss zu kommen, warnt ihn zugleich aber vor
den magischen Kräften ihrer Stiefmutter. Da der Morgen
anbricht, ziehen sich die Schwäne in die Kapelle zurück.
Kurz darauf sieht man sie wieder über den See schwimmen; über ihnen fliegt die Eule.

III. Akt, festlicher Saal im Schloss der Prinzessin:
Bevor der Ball beginnt, gibt Wolfgang den Dienern noch
letzte Anweisungen. Nun treffen die Gäste ein, begrüßt
vom Zeremonienmeister, und dann kommen die Prinzessin und Prinz Siegfried samt Gefolge: Die Vergnügungen
können beginnen. Wiederholt verkünden Fanfarenklänge
die Ankunft neuer Gäste: Jedes Mal führen Adlige ihre
Tochter ein und präsentieren sie dem Prinzen und seiner
Mutter. Schließlich fragt die Prinzessin, für welches der
Mädchen er sich entschieden habe. Doch zur Verärge-
rung der Prinzessin antwortet er, ihm habe keines gefal-

len. Da ertönen noch einmal die Trompeten; die Eule ist
in menschlicher Gestalt, als Edelmann von Rothbart, mit
seiner Tochter Odile angekommen. Ungeachtet Bennos
Zweifel hält Siegfried Odile für das Mädchen, das er in
der vergangenen Nacht getroffen hat. Er nähert sich ihr
mit unverhohlener Zuneigung und küsst ihre Hand – für
die Prinzessin das Zeichen, dass Siegfried Odile zur Braut
erwählt habe. Sobald Rothbart Odiles Hand mit Siegfrieds zusammenführt, wird es dunkel: Man hört den Ruf
einer Eule, und Rothbart verwandelt sich in einen Dämon.
Durch das offene Fenster sieht man einen weißen Schwan
mit Krone. Voll Verzweiflung eilt Siegfried davon.

IV. Akt, wie II. Akt: In der Nacht erwarten die anderen
Schwäne Odettes Rückkehr. Nach einer Weile trifft sie
ein und erzählt ihren Leidensgenossinnen von Siegfrieds
Untreue. Sie liebt ihn aber immer noch, und trotz eines
aufziehenden Sturmes und der damit verbundenen Warnungen der anderen Schwäne will Odette auf Siegfried
warten, der in der Ferne naht. Allein empfängt sie ihn am
Seeufer. Siegfried bittet um Vergebung. Odette teilt ihm
mit, dass sie ihm die nicht gewähren könne, weil nach
wie vor ein Unwesen Macht über sie ausübe, und läuft in
Richtung Kapelle. Siegfried folgt ihr, reißt ihr die Krone
vom Kopf und wirft sie in den See, der schon über das
Ufer getreten ist. Sofort stürzt die Eule herab und bemäch-
tigt sich der Krone. Damit ist Odettes Leben zerstört: Sie
fällt in Siegfrieds Arme, und die beiden gehen in den
Fluten des Sees unter. Später, wenn sich der Sturm gelegt
hat, sieht man wieder eine Gruppe Schwäne auf dem See.

Schwanensee – unter dem Titel *Lebedinoje osero* uraufgeführt – gilt allgemein als Inbegriff des klassischen
Tanzes; der Name dient quasi als Metapher für Ballett
schlechthin. Die Faszination des Werkes mag auch mit
der kulturgeschichtlichen Bedeutung des Schwans zu tun
haben: In der Antike betrachtete man den Schwan als heiligen Vogel mit Wahrsagefähigkeiten, und in zahlreichen

Märchen und Sagen tritt der Schwan als ein Wesen auf, das zur Verwandlung fähig ist; bis heute assoziiert man ihn mit Würde und majestätischer Ausstrahlung. Die Popularität von *Schwanensee* geht allerdings nicht auf Wenzel Reisingers Produktion zurück, sondern auf die Inszenierung, die Marius Petipa und Lew Iwanow knapp 20 Jahre später in Sankt Petersburg herausbrachten. Denn diese begründete die bis heute andauernde Aufführungstradition, die insbesondere die so genannten weißen Akte (der II. und IV. Akt) als Juwele klassischer Ballettkultur weitgehend original konservierte. Reisinger hingegen hatte eine nach den Maßstäben der Zeit durchschnittlich erfolgreiche Choreografie geschaffen, die sich, mit kleineren Veränderungen, bis 1883 im Repertoire des Bolschoi-Theaters hielt (1880 und 1882 stellte Reisingers Nachfolger Joseph Hansen überarbeitete Fassungen vor). Über die Autorschaft des Librettos weiß man nur aus zweiter Hand; es wird, unter anderem in den Erinnerungen von Pjotr Tschaikowskis Bruder Modest, dem damaligen Intendanten des Bolschoi-Theaters, Wladimir Begitschew, und Wassili Gelzer, Solist des Theaters, zugeschrieben; als inhaltliche Anregung vermutet man das Märchen *Der geraubte Schleier* aus Johann Karl August Musäus' Sammlung *Volksmärchen der Deutschen* (1782–86). Die Handlung des Balletts mit ihren breiten pantomimischen Passagen und dazwischengeschobenen Tänzen entspricht der Tradition des 19. Jahrhunderts. Unklar ist, inwieweit Reisinger sich an Tschaikowskis Musik gehalten hat. Denn es gilt als sicher, dass er einzelne Teile der nach sinfonischen Prinzipien angelegten, mit einer Fülle origineller Melodien versehenen Komposition gestrichen und Umstellungen in der Reihenfolge der musikalischen Nummern vorgenommen hat. Die Partitur ist somit kein Dokument für die Großstruktur der Choreografie.

Signifikante Eingriffe in die *Schwanensee*-Musik – Kürzungen, Umstellungen, teilweise Neuorchestration und

Interpolation von orchestrierten Klavierstücken Tschaikowskis – kennzeichnete die Sankt Petersburger Produktion des Balletts, die 1895 herauskam (nachdem der II. Akt
bereits ein Jahr zuvor im Rahmen eines Gedenkkonzerts
anlässlich Tschaikowskis erstem Todestag in der Choreografie von Iwanow aufgeführt worden war). Darüber
hinaus wartete diese Choreografie mit einem von Modest
Tschaikowski und später zusätzlich von Iwan Wsewoloschski, dem Intendanten des Mariinski-Theaters, umge-
arbeiteten, entschlackten Libretto auf (die ersten zwei
Akte von Reisingers Fassung wurden zu einem Akt mit
zwei Bildern zusammengefasst). Die wesentlichen Änderungen betreffen Odettes Schilderung, wie es zu ihrer
Verzauberung gekommen sei, und ihre Erklärung, wie sie
erlöst werden könne: Odette und die anderen Mädchen
sind nun Opfer eines bösen Geistes, der bisweilen als Eule
auftritt, und retten kann sie nur die Liebe eines Mannes,
der nie zuvor geliebt hat. Außerdem entdecken nun Benno
und andere Jagdfreunde des Prinzen die Schwäne, und
im neuen II. Akt finden sich zwei Auftritte Odettes vor
dem Fenster (wenn Rothbart Odile hereinführt und wie
in Moskau am Aktende). Das Ende des Balletts wurde
zudem neu gefasst: Anstelle der Episode mit der Krone,
die Siegfried Odette vom Kopf reißt, verzeiht Odette dem
Prinzen, und gemeinsam stürzen sie sich in den See, was
die Zerstörung der bösen Macht zur Folge hat. Die Choreografie der insgesamt vier Bilder teilten sich Petipa
und Iwanow; Petipa gestaltete die ›Gesellschaftsbilder‹,
Iwanow die ›Schwanenbilder‹. Blieb Petipa seinem in
vielen Balletten erprobten Schema mit einer klaren Trennung in pantomimische und getanzte Passagen treu und
entwickelte er im II. Akt (dem ursprünglichen III.) eine
choreografische Spannungslinie, die sich über verschiedene Nationaltänze (jede der eintreffenden Prinzessinnen präsentiert sich mit einem Tanz ihrer Heimat) bis
zum Ende des so genannten Schwarzer-Schwan-Pas-de-
deux (Siegfried/Odile) steigert, so betonte Iwanow das

Le sacre du printemps. Choreografie: Waslaw Nijinski,
rekonstruiert von Millicent Hodson und Kenneth Archer
Joffrey Ballet, New York

Schwanensee. Choreografie: Patrice Bart,
nach Marius Petipa und Lew Iwanow
Ballett der Deutschen Staatsoper, Berlin

lyrische Element. Für die Auftritte der Schwäne fand er relativ einfache Schrittfolgen – insbesondere verwendete er Arabesque, Pas de bourrée und Glissade –, die er mit weich schwingenden Armbewegungen und einem leichten Neigen des Kopfes zur Schulter hin verband, um das tierische Bewegungsverhalten adäquat im Tanz nachzuahmen. Von entscheidender Bedeutung für die unvergleichliche Wirkung der zwei ›Schwanenbilder‹ ist nicht zuletzt die strenge Ausrichtung der einzelnen Nummern an Struktur und Stimmung der Musik. Die Petipa-Iwanow-Produktion zeichnet sich durch einen markanten Gegensatz zwischen den ›Gesellschaftsbildern‹ und den ›Schwanenbildern‹ aus. In ersteren dominieren Pracht und Virtuosität, in letzteren lyrisches, ausdrucksstarkes Tanzen. Diese beiden Elemente manifestieren sich augenfällig in den beiden weiblichen Hauptpartien: Die Bewegungen von Odette, dem weißen Schwan, lassen sich als Ausdruck von Introvertiertheit, Verletzlichkeit sehen, während Odile, der schwarze Schwan, eine Verkörperung der verführerischen, rassigen Frau darstellt. Konsequenterweise wurden die beiden Rollen in Sankt Petersburg von zwei Ballerinen getanzt; Reisinger hatte sie mit ein und derselben Tänzerin besetzt.

Seit der Produktion von Petipa und Iwanow gehört *Schwanensee* zum festen Bestandteil des Repertoires; im Lauf des 20. Jahrhunderts prägte sich die Tendenz zu einer psychologisierten Handlung aus. II. und IV. Akt (Zählung gemäß der Uraufführung) werden dabei häufig in einer auf Iwanow basierenden Fassung aufgeführt, während I. und III. Akt in unterschiedlichem Umfang neu choreografiert werden. Bei jeder Neuchoreografie stellt sich zudem die Frage, welchen Ausgang die Geschichte nehmen soll: wie bei Reisinger, wie bei Petipa und Iwanow, oder ein Happy-End?

In Sankt Petersburg wurde das Ballett in regelmäßigen Abständen überarbeitet, wobei man sich stets eng an das Modell von Petipa und Iwanow hielt. Diverse

Neuchoreografien erlebte *Schwanensee* in Moskau, unter anderem von Alexandr Gorski (erstmals 1901), Wladimir Burmeister (1953) und Juri Grigorowitsch (1969). Bei seiner zweiten Produktion führte Gorski die komische Partie des Narren als Begleiter Siegfrieds ein. Burmeister kreierte eine dramaturgisch sinnfällige Interpretation anhand der originalen Abfolge der einzelnen Nummern in Tschaikowskis Partitur, die 1960 vom Ballett der Pariser Opéra übernommen wurde. In Westeuropa waren stark gekürzte Versionen, die in der Sankt Petersburger Tradition standen, bereits 1908/09 bei einer Tournee von Anna Pawlowas Ensemble zu sehen, und 1911 präsentierten die Ballets Russes in London einen zweiaktigen *Schwanensee*. Zu den ersten vollständigen Fassungen von *Schwanensee*, die außerhalb Russlands beziehungsweise der Sowjetunion einstudiert wurden, zählen die von George Gé (Helsinki 1922) und Nikolai Sergejew für das Vic-Wells Ballet (London 1934); letztere bildete die Grundlage für die englische Traditionslinie des Werkes, die sich mit Inszenierungen beim Sadler's Wells Ballet und dem Royal Ballet fortsetzte. Nur auf den II. Akt konzentrierten sich Tatjana Gsovsky (Paris 1946) und George Balanchine (New York 1951). Im deutschsprachigen Raum brachten unter anderem Wazlaw Orlikowsky (Oberhausen 1955), Nicholas Beriozoff (Stuttgart 1960), Rudolf Nurejew (Wien 1964), Kenneth MacMillan (Berlin 1969), Heinz Spoerli (Basel 1986) und Ray Barra (München 1995) Produktionen nach dem Sankt Petersburger Modell heraus. John Cranko wertete in seinen *Schwanensee*-Inszenierungen (erstmals Stuttgart 1963) den Part Siegfrieds auf; am Ende ertrinkt nur er. Erik Bruhn besetzte in seiner Fassung (Toronto 1966) Rothbart mit einer Tänzerin – was seine Rechtfertigung im originalen Libretto hat – und machte so das Ballett zu einer Studie über dominante Frauen. Eine originelle, in sich schlüssige Neuinterpretation legte John Neumeier mit *Illusionen – wie Schwanensee* vor (Hamburg 1976); der Held dieses Balletts ist dem bayerischen König Ludwig II. nachempfunden, und der zweite *Schwanensee*-Akt wird als Theater auf dem Theater, als Separatvorstellung, gegeben, in dessen Verlauf der König die Rolle Siegfrieds übernimmt. Ohne Rückgriff auf Petipa und Iwanow choreografierten Tom Schilling (Berlin 1978) und Mats Ek (Umeå 1987) *Schwanensee*; letzterer zeigte Siegfried als aufsässigen Prinzen mit Mutterkomplex und legte seiner Choreografie ein groteskes Bewegungsmaterial zugrunde. Eine eigenwillige *Schwanensee*-Deutung stammt von Matthew Bourne (London 1995): Siegfried ist ein Thronerbe, der sich zwischen zwei Männern – Odette und Odile sind mit Tänzern besetzt – entscheiden muss.

the second detail

CHOREOGRAFIE: William Forsythe; MUSIK: Thom Willems; BÜHNENBILD: William Forsythe; KOSTÜME: William Forsythe und Issey Miyake; URAUFFÜHRUNG: 20. Februar 1991, O'Keefe Centre, Toronto, National Ballet of Canada

ROLLEN: 6 Tänzerinnen; 7 Tänzer

Bläulicher Hintergrundprospekt, auf den eine Filmanimation projiziert wird, davor, parallel zur Rampe, eine Reihe von Hockern mit quadratischer Sitzfläche, an der Rampe eine kleine Tafel mit der Aufschrift »THE«, Tänzerinnen in weißer Tunika, Tänzer in hellgrauem Ganzkörpertrikot.

Einige Tänzer stehen mit dem Rücken zum Publikum, über die Bühne verteilt, andere sitzen auf den Hockern. Eine Frau setzt sich auf einen Hocker; ein Mann erhebt sich und tritt zu den stehenden Tänzern. Nacheinander stehen daraufhin Tänzer auf, setzen sich wieder. Ein paar Tänzer beginnen nun mit synchronen Bewegungen, und schnell greifen die anderen in das tänzerische Geschehen ein. Im Lauf des Stückes finden sich dann die Frauen und Männer zu kleineren, in Zahl und Zusammensetzung beständig wechselnden geometrischen Formationen zusammen, die jeweils individuelle, dynamische Sequenzen ausführen; häufig sind diese Konstellationen nach Geschlechtern getrennt, und meist agieren die Mitglieder einer Gruppe synchron. Zwischen den Passagen für eine größere Zahl von Tänzern sind ein paar kürzere Duette und Soli gesetzt, während denen die anderen Tänzer die Tanzfläche geräumt haben – sie sitzen entweder auf den Hockern oder haben die Bühne verlassen – oder sich synchron im Hintergrund bewegen. Wenn Tänzer von den Hockern aufstehen oder auf die Bühne kommen, vollzieht sich dies auf eine beiläufige, nebensächliche Art. Einen Einschnitt stellt nach der Mitte des Balletts das plötzliche Zu-Boden-Gehen fast aller Tänzer dar; angeführt von zwei Frauen, die stehen geblieben sind, helfen sich die Tänzer sogleich gegenseitig wieder auf und beginnen mit gedehnten Bewegungen, die an Aufwärmübungen erinnern. Auch bilden einige Tänzer wiederholt kleinere Ensembles und demonstrieren kurze Gruppensequenzen. Nach einer Weile erscheint hinter der Hockerreihe eine Frau in einem weißen Kleid. Während alle anderen bis zum Schluss nun wieder die fließenden Formationswechsel mit energetischen Aktionen vorführen, zeigt die Frau zunächst eher verhaltene Bewegungen. Ihr Tanzen wird mit ihrem Eintritt in den Raum vor den Hockern zunehmend ekstatischer, und sie agiert isoliert von allen anderen Tänzern, auch als sich diese zu zwei parallelen Diagonalen aufstellen. Bald geht diese Tänzerin zu Boden, und die anderen setzen sich auf die Hocker oder gehen ab. Ein Mann schreitet schließlich nach vorn und stößt die Tafel um.

Der pulsierenden, rhythmisch pointierten elektronischen Musik von Thom Willems entspricht die Choreografie von *the second detail*: Von vergleichbarer kraftvoller, federnder Prägnanz sind die Bewegungssequenzen, und analog zu den melodischen Varianten der Komposition wechseln die Tänzer kaleidoskopartig ihre Konstellationen. William Forsythe bediente sich hier in breitem Maß der Danse d'école; durch die für seinen Stil typischen Veränderungen erhält sie ihre zeitgenössische Note: etwa Verdrehungen der Unterarme und -beine gegen die Linie des übrigen Körpers und allgemein eine besondere Elastizität des Torsos. Wie manche andere Stücke des Choreografen erweckt auch *the second detail* den Eindruck, als habe die Choreografie keinen eigentlichen Beginn und kein richtiges Ende; Tanzen wird als solches vorgeführt, ohne Einbindung in einen dramatischen Prozess oder Verknüpfung mit einer anderen medialen Form, etwa einem gesprochenen Text. Dennoch zeigt sich in *the second detail* ein Spannungsaufbau: Nach einem lebhaften Abschnitt mit zahlreichen Konfigurationswechseln, der über die Hälfte des Stückes dauert, folgt eine ruhige Passage, ehe mit dem Auftritt der Tänzerin im weißen Kleid das dynamische Finale einsetzt.

Forsythe machte *the second detail* in überarbeiteter Form zum 1. Teil seiner abendfüllenden Produktion *The Loss of Small Detail* (Frankfurt a. M. 1991). Der 2. Teil, der denselben Titel wie das Gesamtwerk trägt, bezieht sich insofern auf *the second detail*, als weiterhin die Hocker als Requisiten eingesetzt werden, einige Tänzer dasselbe Kostüm tragen und die Tafel mit »THE« wieder eingesetzt wird; doch handelt es sich bei diesem 2. Teil um eine Erweiterung der theatralen Mittel: Denn abgesehen von grundsätzlich verhaltenen Bewegungen, sprechen einige der Tänzer Text, sind Filmeinspielungen zu sehen und spielen Dekoration und Licht eine wichtige Rolle.

the second detail wurde von mehreren klassischen Kompanien einstudiert.

Serenade

CHOREOGRAFIE: George Balanchine; MUSIK: Pjotr Tschaikowski;
BÜHNENBILD: Gaston Longchamp; KOSTÜME: Jean Lurçat;
URAUFFÜHRUNG: 1. Fassung: 10. Juni 1934, Landhaus von
Edward Warburg, White Plains (N.Y.), Studenten der School
of American Ballet; 2. Fassung: 1. März 1935, Adelphi The-
atre, New York, American Ballet; 3. Fassung (hier behandelt):
17. Oktober 1940, Metropolitan Opera House, New York, Ballet
Russe de Monte Carlo

ROLLEN: 1 Solistin; 2 Solisten; 16 Tänzerinnen; 4 Tänzer

Dekorationslose Bühne, Tänzerinnen in verschiedenfarbigen Röcken und bunten Oberteilen, Tänzer in dunkel
getönter Hose und gleichfarbigem Oberteil.

1. Teil: Die Tänzerinnen und die Solistin stehen in
fünf diagonal ausgerichteten Reihen auf der Bühne. Die
Füße sind parallel platziert, ein Arm ist erhoben, der Kopf
ist in Richtung des erhobenen Armes gedreht, der Blick
geht in die Ferne. Die Tänzerinnen beginnen ein langsames Port de bras, drehen dabei die Füße in die erste
Position und nehmen dann eine Ruhestellung in der
fünften ein, nun nach vorn ausgerichtet. Daraufhin gerät
die Gruppe in Bewegung; die Frauen agieren zunächst
am Platz; zwei Tänzerinnen lösen sich und schlängeln
sich durch die Reihen, ehe jede ihren Platz verlässt. Alle
Frauen begeben sich nach rechts hinten und stellen sich
dort eng zusammen. Die Gruppe löst sich in vier Viererreihen auf, die sich zu ornamentalen Figurationen fügen;
zwischen diesen sucht sich nun die hereineilende Solistin
mit Sprüngen ihren Weg. Sobald sie die Bühne wieder
verlassen hat, geraten die anderen Frauen erneut in Bewegung und versammeln sich noch einmal zu einem Block
mit aufwärts gerichteten Armen rechts hinten. Wieder
stürmt die Solistin hinzu: Ihr kurzes Solo leitet rasch
wechselnde, fließende Formationswechsel in unterschiedlichen Konstellationen und variabler Tänzerinnenzahl
ein. Wiederholt tritt die Solistin kurzzeitig allein auf.

Wenn sich dann links eine lange Reihe gebildet und diese die Bühne verlassen hat, präsentiert sich wieder die Solistin. Vier Frauen treten bald zu ihr, und wenn eine weitere Frau solistisch agiert, tanzen diese beiden Frauen aufeinander bezogen wie bei einem tänzerischen Wettstreit. Dies endet, wenn die übrigen Tänzerinnen zurückkehren. Nachdem die Solistin auf kreisförmiger Bahn pirouettiert hat, greifen die anderen dies auf, und es bildet sich ein Kreis pirouettierender Frauen. Dieser löst sich auf, und das Ensemble nimmt wieder die Reihenaufstellung vom Beginn ein. Erneut eilt die Solistin hinzu und sucht sich ihren Platz an der Spitze der Gruppe. Die Gruppe verlässt langsam die Bühne; nur die Solistin bleibt zurück, und zu ihr tritt ein Solist.

2. Teil: Solistin und Solist tanzen ein lyrisches Duett, bei dem der Mann in erster Linie die Frau stützt und hebt; nach einer Weile drehen sie sich gemeinsam im Walzerrhythmus. Der Mann springt von der Bühne, wenn eine Reihe von acht Tänzerinnen von rechts hereintrippelt. Sofort folgt von der anderen Seite eine zweite Achterreihe. Beide Reihen lösen sich auf zugunsten eines vorn offenen Vierecks, in dem die Solistin allein tanzt. Andere Frauen folgen ihr, ehe die Solistin mit Drehungen brilliert. Dann löst sich die strenge Formation auf, und der Solist tritt wieder zur Solistin: Er hebt sie vor den blockweise angeordneten Tänzerinnen. Sobald dann Solistin und Solist abgegangen sind, teilt sich die Gruppe in zwei zueinander gespiegelte Hälften, die wechselnde ornamentale Figurationen einnehmen und schließlich zwei nach hinten zulaufende Diagonalen bilden, an deren Spitze sich nun die Solistin postiert. Ihr Solo begleiten die Tänzerinnen mit ständig changierenden Reihenformationen. Der Teil endet mit gegenseitigen Verbeugungen der Tänzerinnen; und gemessen verlassen zwölf Frauen in Viererreihen die Bühne. Die Solistin fügt sich währenddessen mit vier Tänzerinnen zu einer Fünfergruppe in der Bühnenmitte; alle haben die Arme erhoben.

3. Teil: Die Frauen rutschen in den Spagat, fassen sich
an der Hand, erheben sich und bilden so wechselnde Formationen. Die Solistin tritt nach vorn und beginnt mit
schnellen Sprüngen am Platz; die anderen greifen ihre
Bewegungen auf, und bald bewegen sich die fünf Frauen
mit Sprüngen im Raum. Plötzlich verlässt die Solistin die
Bühne; die übrigen zwölf Frauen eilen hinzu. Die Tänzerinnen gruppieren sich zu zwei gespiegelten Blöcken
und hüpfen, ein Bein zur Arabesque erhoben, parallel
zur Rampe. Sie laufen danach ab, und Solistin und Solist
treffen sich wieder. Ihr lebhaftes Duett mit vielen Sprüngen und Hebungen mündet in ein Gruppenbild, wenn
die 16 Tänzerinnen in Viererensembles hereinkommen
und links und rechts Aufstellung nehmen. Solistin und
Solist verlassen nach hinten weg die Bühne, und die
Gruppe zeigt ständig wechselnde ornamentale Figurationen. Nacheinander stürmen Solist und Solistin herein;
der Mann bleibt nur kurz, doch die Frau führt die übrigen
Tänzerinnen bei Arabesque-Hüpfern an. Wenn der Solist
hinzutritt, nehmen alle Tänzer die Haltung vom Beginn
des 1. Teils ein, und nach synchron ausgeführten Sprüngen eilen alle davon, bis auf die Solistin, die zu Boden
sinkt.

4. Teil: Der zweite Solist betritt mit einer Tänzerin die
Bühne von rechts. Sie hält ihm die Augen zu, und beide
gehen auf die am Boden liegende Solistin zu. Nun entwickelt sich ein Trio zwischen den beiden Frauen und
dem Mann, das immer wieder von einigen Tänzerinnen
aufgebrochen wird, die auf den Mann zulaufen und ihm
in die Arme springen. Danach gehört die Bühne einem
Block von acht Tänzerinnen und vier Tänzern, wobei die
Männer die Frauen alternierend stützen; diese Passage
endet, wenn jeder Mann eine Frau hochhebt. Anschließend wiederholt sich das Bild vom Beginn des Teils: Die
Solistin liegt wieder auf dem Boden, der Tänzer beugt
sich zu ihr; er wird von der begleitenden Tänzerin von
der Bühne geschoben. Da erscheinen sechs Tänzerinnen

und stellen sich vor der liegenden Solistin auf. Sie erhebt sich und läuft auf eine siebte Tänzerin zu, ehe sie erneut zu Boden geht. Vier Männer treten hinzu, heben sie hoch und tragen sie nach hinten ab; die Tänzerinnen trippeln ihnen nach.

Serenade ist nicht nur das erste Ballett, das George Balanchine in Amerika geschaffen hat; mit dem Werk beschäftigte er sich seit seiner Übersiedlung in die USA fast den ganzen Rest seines Lebens. Die erste private Aufführung des Balletts fand auf einem Landsitz der Familie Warburg in White Plains (N.Y.) statt; sie wurde getanzt von Studenten der kurz zuvor gegründeten School of American Ballet und bestand aus drei Teilen (Teile 1, 2 und 4); als Begleitung dienten die ersten drei Sätze von Pjotr Tschaikowskis *Serenade C-Dur für Streicher* (1881) in einer Bearbeitung (einschließlich Neuorchestration) von George Antheil. Die erste öffentliche Vorstellung dieser Fassung erfolgte am 8. Dezember 1934 im Avery Memorial Theatre in Hartford (Conn.), und im folgenden Jahr kam es zur ersten professionellen Aufführung von *Serenade* durch das neu formierte American Ballet; hierfür hatte Gaston Longchamp ein Bühnenbild und Jean Lurçat die Kostüme entworfen. Die Choreografie verzeichnete noch keinen Unterschied zwischen Solisten und Tänzern; das, was später die Solistin ausführte, war auf mehrere Frauen aufgeteilt. Zudem trat im 2. Teil noch kein Mann auf (dieser Part wurde 1936 eingefügt). Erst für die Produktion des Ballet Russe de Monte Carlo entschied sich Balanchine, für *Serenade* auch den 4. Satz der Musik – wenngleich mit Kürzungen – heranzuziehen. Er fügte ihn allerdings nicht den bestehenden drei Teilen an, sondern platzierte die Choreografie vor dem bislang 3.; das heißt, dass die Abfolge der Sätze 3 und 4 von Tschaikowskis Komposition vertauscht sind. Nun wurde auch auf Antheils Bearbeitung verzichtet, und die Aufteilung der solistischen Aktionen auf mehrere Tänzerinnen wurde rückgängig gemacht: Eine Tänzerin (Marie-Jeanne) fungierte als Solistin und tanzte sämtliche dieser Stellen, und es gab zwei männliche Solisten. Die Einstudierung von *Serenade* durch das New York City Ballet (New York 1948) erfolgte für drei Solistinnen, und die Frauen tanzten in kurzen Tuniken. Die heute üblichen Kostüme für die Frauen – blaue Tüllröcke über Trikots – entwarf Barbara Karinska für die Wiederaufnahme des New York City Ballet 1952. Größere Veränderungen erfolgten in den 1960er-Jahren, als Balanchine sukzessive die gestrichenen Abschnitte des 4. Satzes der Musik einfügte und dementsprechend die Choreografie erweiterte. Dieser Prozess war zu Beginn der 1970er-Jahre abgeschlossen.

Mit *Serenade* schuf Balanchine sein erstes sinfonisches, handlungsloses Ballett; gleichwohl lassen sich gelegentlich narrative Strukturen erkennen, etwa wenn die Solistin den Mann halten möchte, er aber von der Frau, mit der er aufgetreten ist, fortgeschoben wird. In seiner Choreografie zu konzertanter Musik fand Balanchine zu ähnlichen Lösungen wie Léonide Massine, der zur selben Zeit damit experimentierte. Ähnlich wie in Massines → *Choreartium* löst sich die Unterscheidung in Solist und Gruppe auf – sie ist im Grunde nur noch eine formale –, ist die Gruppe praktisch ständig in Bewegung, entstehen unablässig neue Formationen, ist die Choreografie analog zu musikalischen Prinzipien komponiert, und beide Choreografen verwenden die Danse d'école als Basis des Bewegungsmaterials, integrieren dazu aber freie, nichtkodifizierte Bewegungen. Anders als in *Choreartium* finden sich in *Serenade* unmissverständliche Verweise auf das Ballett des 19. Jahrhunderts, beispielsweise in diversen filigranen Posen mehrerer Frauen, die ikonografischen Darstellungen romantischer Ballerinen nachgebildet erscheinen, und den Arabesque-Hüpfern der Tänzerinnen; diese erinnern an Bewegungen der Wilis in → *Giselle*. Eine unterhaltsame Note weist *Serenade* insofern auf, als Balanchine zufällige Begebenheiten während seines Unterrichts wie das Hinfallen einer Studentin oder ein Zuspätkommen integrierte.

Serenade gilt als Signaturstück des amerikanischen Balletts schlechthin. Das New York City Ballet führt es bis heute in seinem Repertoire, und es ist das Werk Balanchines, das am häufigsten von anderen Kompanien übernommen wurde (bisweilen in einer eigens auf das jeweilige Ensemble abgestimmten Version).

The Shakers

CHOREOGRAFIE: Doris Humphrey; MUSIK: Musik der Shaker-Sekte, bearbeitet von Pauline Lawrence; KOSTÜME: Pauline Lawrence; URAUFFÜHRUNG: 1. Februar 1931, Craig Theater, New York, Doris Humphrey's Concert Group

ROLLEN: 15 Tänzerinnen; 2 Tänzer

Podest im hinteren Teil der Bühne.

Auf dem Podest sitzt eine Tänzerin, die ›Älteste‹; zunächst befinden sich acht Frauen (in dunklem Oberteil mit etwas hellerem langem Rock) auf der einen Bühnenseite, acht Männer (in schwarzem Anzug; sechs der Tänzerinnen tragen Männerkleidung) auf der anderen. Die ›Älteste‹ gibt die Einsätze für die Bewegungen. Nach Schaukel- und Gebetsaktionen nähern sich Frauen und Männer an, ohne sich zu berühren. Daraufhin beginnt die Gruppe mit Sprüngen. Plötzlich ist eine Männerstimme zu hören: »Mein irdisches Leben will ich ablegen, denn es ist sündhaft!« Die ›Älteste‹ erwidert: »Es ist offenbart. Du wirst gerettet, wenn du dich freigeschüttelt hast von Sünde.« Sie setzt mit einer langsamen Sequenz fort, und die Gruppe vollführt Stampf- und Schüttelbewegungen. Wieder entsteht eine Annäherung von Frauen und Männern. Am Ende wird die ›Älteste‹ von der Gruppe umringt und dreht sich; nacheinander gehen die Tänzer zu Boden.

Der Gottesdienst der Shaker, einer Quäkersekte, mit seinem ekstatischen Tanzen inspirierte Doris Humphrey zu ihrem Stück. Die Choreografin stützte sich für *The Shakers* jedoch ausschließlich auf Beschreibungen und Holzschnitte; sie hatte nie an einem Shaker-Gottesdienst teilgenommen. Deshalb enthält das Stück – das in einer vorläufigen Fassung *The Dance of the Chosen* (New York 1930) hieß – auch keine originalen Tanzformen der Shaker; stattdessen choreografierte Humphrey in eckigen, stoßenden Motionen ein religiöses Ritual, das sich wellenartig zum finalen Höhepunkt hin aufbaut.

The Shakers gehört zu den richtungweisenden Werken des Modern Dance und stellt einen Meilenstein in der Entwicklung von Humphreys Bewegungssystem dar, dessen Grundlage sie ›fall and recovery‹ nannte: den Gegensatz von Fallen und Wiederaufrichten als Metapher für den ständigen Wechsel von Spannungszuständen.

The Shakers erfuhr eine für ein Modern-Dance-Stück äußerst positive Aufnahme und wurde als Teil der Broadway-Revue *Americana* aufgeführt (New York 1932). Das Werk gehörte zum ständigen Repertoire sowohl von Humphreys Kompanie als auch von der ihres Schülers José Limón bis zu dessen Tod 1972. Seitdem wurde es nur sporadisch von professionellen Kompanien einstudiert.

Die sieben Todsünden

Spektakel

CHOREOGRAFIE: George Balanchine; MUSIK: Kurt Weill; TEXT: Bertolt Brecht; AUSSTATTUNG: Caspar Neher; URAUFFÜHRUNG: 7. Juni 1933, Théâtre des Champs-Élysées, Paris, Ballets 1933

ROLLEN: Anna I; Anna II; die Familie (4 Sänger); 5 Tänzerinnen; 5 Tänzer

Sieben im Halbkreis angeordnete Türen, jede aus Papier und mit dem Namen einer der Todsünden versehen, davor eine kleine Tafel, auf der Anna I die Reiseroute anzeigt, an der Seite ein Podest für die Sänger.

Prolog: Die beiden Annas haben sich aus ihrer Heimat Louisiana aufgemacht, um Geld für ein Familienhaus zu verdienen; »die eine (Anna I) ist die Verkäuferin, die andere (Anna II) die Ware« (Bertolt Brecht).

1. Bild, ›Faulheit‹: Die zwei Annas erpressen in einem Park Geld: Anna II eilt auf einen Mann zu, tut, als kenne sie ihn, und bringt ihn dadurch in Verlegenheit. Anna I spielt die peinlich berührte Schwester und hält Anna II zurück. Daraufhin greift Anna II die andere Anna an; Anna I erpresst von dem Mann Geld mit der Behauptung, sie schaffe ihre Schwester weg. Einmal klappt dies nicht, weil Anna I auf einer Bank eingeschlafen ist.

2. Bild, ›Stolz‹: Anna II tanzt in einem heruntergekommenen Cabaret in Memphis, doch langweilen sich die Gäste. Der Besitzer des Etablissements holt Anna II von der Bühne und lässt eine alte Frau zeigen, wie sie auftreten solle. Diese tanzt ordinär und hat damit Erfolg. Anna I, die neben der Bühne gestanden hat, drängt Anna II wieder auf das Podium, nachdem sie deren Rock gekürzt hat. Die alte Frau zeigt ihr, dass man den Rock nur recht hoch heben muss, um Beifall zu erhalten.

3. Bild, ›Zorn‹: Anna II ist Statistin in einem Filmstudio in Los Angeles. Sie sieht, wie der Star auf ein Pferd so einschlägt, dass es zusammenbricht. Als er weiterprügeln will, stürzt Anna II dazwischen, entwendet ihm die Peitsche und züchtigt ihn. Sogleich entlässt man sie. Anna I tritt hinzu, zwingt Anna II, vor dem Star niederzuknien und ihm die Hand zu küssen. Jetzt ist Anna II wieder in das Filmteam aufgenommen.

4. Bild, ›Völlerei‹. Anna II ist mittlerweile zum Star geworden. In Philadelphia ist sie vertraglich gehalten, ihr Gewicht zu halten. Nachdem sie einen Apfel gestohlen und heimlich gegessen hat, wiegt sie zu viel. Anna I lässt sie von nun an beim Essen überwachen.

5. Bild, ›Unzucht‹: In Boston hat Anna II einen reichen Freund, der sie mit Geschenken überhäuft, und einen Geliebten, der ihr alles wieder wegnimmt. Anna I überredet Anna II, den reichen Gönner zu behaltenund sich von dem anderen zu trennen. Als eines Tages Anna II Anna I mit dem armen Geliebten sieht, stürzt sie sich eifersüchtig auf Anna I, vor den Augen des hinzugetretenen reichen Freundes. Dieser wendet sich entsetzt ab; Anna I schickt Anna II zu ihm zurück.

6. Bild, ›Habsucht‹: Der reiche Gönner hat sich mittlerweile ruiniert und in Baltimore erschossen. Ein weiterer begüterter Verehrer begeht in dieser Stadt Selbstmord, indem er aus dem Fenster springt. Als sich ein dritter Mann erhängen will, hält Anna I ihn davon ab und gibt ihm sein Geld zurück. Denn man beginnt, einen Bogen um Anna II zu machen, weil ihr guter Ruf wegen ihrer Habsucht dahin ist.

7. Bild, ›Neid‹: In San Francisco sieht Anna II zu ihrem Leidwesen andere Annas, die fröhlich Todsünden begehen, die ihr verwehrt bleiben. Erst als sie sich von den Todsünden lossagt, wird sie glücklich, während die anderen Annas zugrunde gehen.

Epilog: Als die beiden Annas nach sieben Jahren nach Louisiana zurückkehren, steht das Familienhaus.

Die sieben Todsünden – uraufgeführt als *Les sept péchés capitaux* – verdanken ihre Entstehung einem Kompositionsauftrag Boris Kochnos an Kurt Weill, der Anfang 1933 aus Deutschland emigriert war. Kochno, in den 1920er-Jahren Sekretär Sergei Diaghilews, leitete zu diesem Zeitpunkt mit George Balanchine die Ballets 1933, die tatsächlich nur einen Sommer lang existierten. Anlass für ihre Gründung war der Wunsch eines reichen Engländers gewesen, seine Frau, die österreichische Tänzerin Tilly Losch, als Ballerina zu präsentieren. Losch übernahm in den *Sieben Todsünden* die Rolle der tanzenden Anna II, während Anna I eine reine Gesangspartie

war, die für Lotte Lenya konzipiert worden war. In seiner
Choreografie verschmolz Balanchine klassische Bewegungen mit Schritten populärer Tänze wie Tango, Foxtrott und Walzer, die Weill seiner Komposition zugrunde
gelegt hat. Die Aussage des Stückes geht aus der Handlung und dem von Brecht verfassten Text hervor: Demaskiert werden soll das Besitzstreben der Kleinbürger,
denen dabei jedes Mittel recht ist. Entsprechend den Prinzipien des von ihm entwickelten epischen Theaters verdeutlicht Brecht den Gegensatz von Ratio und Gefühl in
den beiden Hauptfiguren, die zwei Seiten der weiblichen
Natur verkörpern – Anna I ist die überlegt Agierende,
Anna II die impulsiv Handelnde –, und lässt den Ablauf
des Inhalts nach jedem Erlebnis durch Kommentare des
aus vier Sängern bestehenden ›Chors‹ unterbrechen. Das
Begehen der einzelnen Sünden symbolisiert in jedem
Bild das Durchschreiten einer der papiernen Türen und
damit deren Zerreißen.

Kurz nach der Uraufführung wurden *Die sieben Tod-
sünden* in Balanchines originaler Choreografie noch in
London gezeigt. Balanchine erstellte später eine neue
Fassung des Werkes für das New York City Ballet (New
York 1958; englische Übersetzung des Textes: Wystan
Hugh Auden und Chester Kallman; Ausstattung: Rouben
Ter-Arutunian). Eigene Choreografien der *Sieben Tod-
sünden* schufen außerdem, neben anderen, Harald Lander
(Kopenhagen 1936), Tatjana Gsovsky (Frankfurt a. M.
1960), Maurice Béjart (Brüssel 1961), Kenneth MacMil-
lan (Edinburgh 1961), Birgit Cullberg (Stockholm 1963)
und Pina Bausch (Wuppertal 1976).

Siebte Sinfonie

CHOREOGRAFIE: Uwe Scholz; MUSIK: Ludwig van Beethoven; AUSSTATTUNG: Uwe Scholz, nach Morris Louis; URAUFFÜHRUNG: 26. April 1991, Württembergische Staatstheater (Großes Haus), Stuttgart, Stuttgarter Ballett

ROLLEN: 1 Solistin; 1 Solist; 11 Tänzerinnen; 11 Tänzer

Im Hintergrund, eingerahmt von schwarzen Flächen, zwei Dreiecke, bemalt mit bunten Linien, dazwischen eine Öffnung, Tänzer in weißem Trikot, auf das eine Linie gemalt ist.

1. Teil: Paarweise stehen alle Tänzer, nach hinten blickend, sodass sie ein Dreieck bilden, dessen Spitze zum Publikum zeigt. Nacheinander werden die Frauen hochgehoben; dabei breiten sie die Arme aus und lassen sie anschließend absinken. Daraufhin teilt sich die Gruppe in zwei Reihen, und in Blöcken zu je vier Paaren heben die Männer die Frauen mehrmals über die Bühne, ehe alle Tänzer bis auf das Solistenpaar abgehen. Während dieses Duett andauert, treten zwei Paare dazu, die die Aktionen des Solistenpaars quasi kontrapunktisch aufgreifen. Bald kommen weitere Paare auf die Bühne und schließen sich mit den drei anderen Paaren zusammen. Kurz darauf bleiben diese drei Paare wieder allein zurück. Der Wechsel zwischen einer kleineren Gruppe und Ensemblesequenzen kennzeichnet den weiteren Verlauf dieses Teils; einen herausragenden Part nehmen dabei die beiden Solisten ein, die nicht nur als Paar, sondern auch allein mit einer kleinen Zahl von Tänzern erscheinen. Darüber hinaus formieren sich zweimal alle zwölf Frauen; mit ihnen tanzen ein und danach zwei Männer. Am Ende bilden die zwölf Paare wieder das Dreieck des Beginns; die Schlusssequenz bringt noch einmal rasche Sprünge, Armschwünge, Drehungen und Hebungen.

2. Teil: Sechs Paare stehen erneut in Form eines nach vorn zeigenden Dreiecks, allerdings mit dem Gesicht zum Publikum. Mit verhaltenen Bewegungen beginnt das

Solistenpaar, das sich bald darauf aus der Gruppe löst. Andere Paare folgen ihm, bis alle sechs Paare synchron agieren. Dann bleiben wieder zwei Paare beim Solistenpaar als eine Art choreografische Begleitung. Für den Rest des Teils führt das Solistenpaar die übrigen Paare, und zweimal kehrt das Ensemble zur Dreiecksform zurück. Dazwischen gehört eine Passage fünf Tänzerinnen, die mit skulpturalen Motionen in einem Lichtviereck agieren. Am Schluss verlassen alle langsam die Bühne.

3. Teil: Ein Tänzer wirbelt herein, gefolgt von einer Tänzerin. Ihr gemeinsames Tanzen kennzeichnen schwierige Hebungen. Nachdem beide abgegangen sind, kommt ein zweites Paar: Dieses Duett prägen ziehende Bewegungen sowie Drehungen der Frau; am Ende trägt der Mann die Frau von der Bühne. Ein drittes Paar imitiert den Auftritt des ersten Paares, ehe wieder das zweite Paar auftritt. Anschließend agieren zwei Paare mit raschen Sequenzen; der Mann und die Frau des dritten Paares fügen sich bald in die Gruppe ein. Am Ende gehen nur zwei Paare ab; das dritte Paar bleibt auf der Bühne zurück.

4. Teil: Das Solopaar eröffnet diesen Teil. Gleich darauf gesellen sich zwei weitere Paare dazu, bis alle Tänzerinnen zurückbleiben. Der wiederum ständige Konstellationenwechsel vollzieht sich nun zwischen Solopaar und den elf Paaren der Gruppe, und noch ein zweites Mal bilden alle Frauen eine eigene Formation (eine sich drehende Reihe). Mit einer synchron ausgeführten virtuosen Schlusspassage endet das Ballett.

Wie viele seiner Ballette choreografierte Uwe Scholz auch die *Siebte Sinfonie* in enger Anlehnung an die verwendete Musik, Ludwig van Beethovens *Sinfonie Nr. 7 A-Dur* (1812). Dies bedeutet, dass Scholz die Einsätze der Tänzer an die Struktur von Beethovens Orchesterstück koppelt, und analog zu musikalischen Kompositionsprinzipien verwendet er in der Choreografie Wiederholung und Variation, und zwar nicht nur

einzelner Motive, sondern längerer Sequenzen. Das
Bewegungsmaterial der *Siebten Sinfonie* basiert auf
einer ziemlich rein gebrauchten klassischen Technik, die
Scholz mit viel Verständnis für eine wirkungsvolle Präsentation der Tänzer einsetzt. Indem der Choreograf den
pulsierend-tänzerischen Impetus der Musik für ein gleichermaßen mitreißendes Ballett benutzt hat, gelang ihm
ein Werk, das sich durch eine besondere Verbindung der
beiden Kunstformen auszeichnet.

Die *Siebte Sinfonie* wurde von einigen klassischen
Kompanien übernommen, unter anderem vom Leipziger
Ballett mit überarbeitetem 3. Teil (Leipzig 1993). Bis
heute nimmt Scholz regelmäßig kleinere choreografische
Veränderungen an dem Ballett vor.

Sinfonie in C

Klassisches Ballett

CHOREOGRAFIE: George Balanchine; MUSIK: Georges Bizet;
AUSSTATTUNG: Leonor Fini; URAUFFÜHRUNG: 28. Juli 1947,
Opéra (Salle Garnier), Paris, Ballett der Opéra

ROLLEN: 1. Teil: 1 Solistin, 1 Solist, 2 Halbsolistinnen, 2 Halbsolisten, 6 Tänzerinnen; 2. Teil: 1 Solistin, 1 Solist, 2 Halbsolistinnen, 2 Halbsolisten, 6 Tänzerinnen; 3. Teil: 1 Solistin, 1 Solist,
2 Halbsolistinnen, 2 Halbsolisten, 6 Tänzerinnen; 4. Teil: 1 Solistin, 1 Solist, 2 Halbsolistinnen, 2 Halbsolisten, 6 Tänzerinnen

In einem Festsaal eines barocken Palastes mit Kristall-
lüstern, im Hintergrund eine breite Treppe.

1. Teil, ›Rubine‹, alle in roten Kostümen, rot ausgeleuchtete Bühne: Zwei Halbsolistinnen stehen vor je
einer Reihe von drei Tänzerinnen. Die beiden Gruppen
tanzen weitgehend spiegelbildlich zueinander ausgeführte
Sequenzen; bisweilen lösen sich die Halbsolistinnen von
ihrer Gruppe. Die Tänzerinnen verändern die Ausrichtung
ihrer Reihen und bilden schließlich einen Halbkreis hinter

den Halbsolistinnen: Die Solistin kommt auf die Bühne.
Nach ihrem Solo, an dessen Ende die übrigen Frauen die
Bewegungen aufgreifen, treten nacheinander die Halbsolisten und der Solist zu ihren Partnerinnen. Das Solistenpaar – überwiegend gemeinsam, aber auch mit kleinen
Soli – nimmt im weiteren Verlauf dieses Teils eine prä-
gende Rolle ein; Halbsolisten und Tänzerinnen bilden
eine raumfüllende Umrahmung. Zum Ende hin greifen
die Halbsolisten und die Tänzerinnen immer mehr die
Bewegungen der Solisten auf. Eine hierarchische Aufstellung dient als Schlussbild: Die Tänzerinnen knien, die
drei Tänzer der Solopaare halten ihre Partnerinnen.

2. Teil, ›Saphire‹, alle in blauen Kostümen, blau ausgeleuchtete Bühne: Die sechs Tänzerinnen trippeln herein.
Zwei Halbsolistenpaare erscheinen unmittelbar darauf
und schreiten die Diagonale der Tänzerinnen ab, sich
über deren Köpfen an der Hand haltend. Nun führt der
Solist die Solistin herein. Das Paar bestimmt den ruhigen Teil; bis auf ein Solo der Frau tanzen sie gemeinsam,
wobei der Mann die Solistin hebt, stützt, dreht und fängt.
Die Halbsolisten und die Tänzerinnen agieren hinter und
um den Solisten in ornamentalen Gruppierungen. Am
Schluss schreiten die Halbsolistenpaare, erneut sich an
der Hand haltend und dabei einen hohen Bogen formend,
an den Tänzerinnen vorbei, und die Solistin liegt auf dem
Knie des Mannes.

3. Teil, ›Smaragde‹, alle in grünen Kostümen, grün
ausgeleuchtete Bühne: Die sechs Tänzerinnen kommen
rasch von zwei Seiten auf die Bühne. Zwei Halbsolistenpaare folgen ihnen, gemeinsam beginnen sie Sequenzen mit schnellen Sprüngen und Drehungen. Nun erfolgt
der erste Auftritt des Solistenpaars mit vielen weiten und
gedrehten Sprüngen, währenddem die Halbsolisten und
die Tänzerinnen im Hintergrund entweder kleine Bewegungen ausführen oder statisch verharren. Zweimal verlassen die Solisten für kurze Zeit die Bühne; Halbsolisten
und Tänzerinnen bilden währenddessen wechselnde geo-

metrische Formen. Am Ende platzieren sich die Halbsolistenpaare und die Tänzerinnen in zwei Reihen hinter
dem Solistenpaar und greifen deren Bewegungen auf, bis
alle knien und das Solistenpaar in einer Pose verharrt.

4. Teil, ›Diamanten‹, alle in weißen Kostümen, weiß
ausgeleuchtete Bühne: Die Solistin tritt auf; zu ihr gesellen sich sechs Tänzerinnen und zwei Halbsolistinnen.
Alle vollführen schnelle Drehungen und pointierte Fußbewegungen. Bald erscheinen die drei Männer, und jeder
geht zu seiner Partnerin. Die drei Paare agieren zunächst
vor der Gruppe, dann dominiert das Solistenpaar zwischen
und vor dem Corps de ballet, bis alle gemeinsam tanzen
und schließlich abgehen. Die Bühne gehört nun nacheinander allen Tänzern des 1. Teils sowie denen des 2. und des
3., jeweils mit virtuosen Passagen. Während der sukzessi-
ven Auftritte sammeln sich die Gruppentänzerinnen an
den Bühnenseiten, und Halbsolistinnen und Tänzerinnen
bilden ein vorn offenes Viereck, in dem sich nacheinander
die vier Solistinnen, die vier Solisten, die Halbsolistinnen,
die Halbsolisten mit Solisten sowie alle Solisten- und
Halbsolistenpaare präsentieren. Zum Ende hin entsteht
ein großer Block: hinten die Tänzerinnen, davor die Halbsolisten und vorn die Solistenpaare, wobei schließlich die
Halbsolisten ihre Partnerin auf der Schulter tragen und
die Solisten die ihre in gekippter Position halten.

Die Tatsache, dass George Balanchine *Sinfonie in C* –
uraufgeführt unter dem Titel *Le palais de cristal* – für
das streng hierarchisch gegliederte Ballett der Pariser
Opéra schuf, spiegelt sich unmittelbar in der Choreografie wider: Denn die durchgängige Aufteilung der
Kompanie in Gruppe, Halbsolisten und Solisten prägt
die Struktur des Werkes und seine optische Wirkung.
Am Ende wartet es mit dem Überraschungseffekt eines
sich ständig vergrößernden, auf 48 Tänzer anwachsenden
Ensembles auf. In dem bei aller Komplexität luzide komponierten Ballett besitzt jeder Teil einen eigenen Charak-

ter. Gleichwohl wirkt der lyrische 2. Teil stellenweise wie
eine Paraphrase auf den II. Akt von → *Schwanensee*. Als
durchgängiges Bewegungsmotiv von *Sinfonie in C* ent-
puppen sich die Battements tendus und Ports de bras des
Anfangs; moderne Elemente finden sich kaum. Allein die
Arabesque auf Spitze, bei der die Tänzerin das Standbein
beugt, gehört nicht zur strengen Form der Danse d'école.
Der originale Titel des Werkes verweist auf die impo-
santen Kristalllüster des Bühnenbilds und auf die Überschriften der vier Teile: die Namen von vier Edelsteinen
(Balanchine griff dies in → *Jewels* wieder auf).

Bei der Übernahme des Werkes durch die Kompanie
Ballet Society (New York 1948) erhielt es seinen end-
gültigen Titel; indem Balanchine ihn von der verwendeten Komposition – Georges Bizets jugendliche *Sinfonie
C-Dur* (1855) – ableitete, drückte er unmissverständlich
die dem Ballett immanente strukturelle Verwandtschaft
von Tanz und Musik aus. Darüber hinaus verzichtete
Balanchine nun auf Bühnenbild und Kostüme; die Tänzerinnen tragen stattdessen weiße Tutus, die Tänzer
schwarze Trikots. Das Ballett wurde zu einem Aushängeschild der Ballet-Society-Nachfolgekompanie, des New
York City Ballet, das es nach wie vor im Repertoire führt.
Sinfonie in C gehört zu den beliebtesten Balletten Balanchines, und zahlreiche klassische Kompanien haben es
einstudiert.

Sinfonie in D

CHOREOGRAFIE: Jiří Kylián; MUSIK: Joseph Haydn; AUSSTAT-
TUNG: Tom Schenk; URAUFFÜHRUNG: 1. Fassung: 5. Oktober
1976, Stadttheater, Schweinfurt, Nederlands Dans Theater;
2. Fassung: 18. Oktober 1976, Koninklijke Schouwburg, Den
Haag, Nederlands Dans Theater; 3. Fassung (hier behandelt):
27. April 1981, De Hagen, Almelo, Nederlands Dans Theater

ROLLEN: 8 Tänzerinnen; 8 Tänzer

Dekorationslose Bühne, blauer Hintergrundprospekt, Tänzerinnen in rosa Trikot und knielanger Hose mit Volant, Tänzer in blauer Hose und T-Shirt.

1. Teil: Vier Tänzerinnen queren mit schnellen Sprüngen die Bühne; vier Tänzer betreten sie von der anderen Seite. Die anschließenden rasch wechselnden Konstellationen des Ensembles sind unterbrochen von diversen komischen Episoden: So springt eine Tänzerin ihren Kollegen in die Arme, wird von ihnen erst über die Knie gelegt, dann zu den Füßen gerollt und hin und her geschwungen; die acht Tänzer rutschen auf den Knien, die Hände in Pfötchenstellung erhoben, auf eine Tänzerin zu oder tanzen eine kurze Sequenz aus einem russischen Volkstanz und feuern sich mit lauten Rufen an; ein Tänzer hüpft in die Arme von fünf Frauen, von denen eine ihm zu einem formvollendeten Abgang verhilft. Zum Schluss knien alle Tänzer – einer jedoch in der falschen Richtung.

2. Teil: Ein Paar beginnt ein eckiges, unbeholfenes Duett. Dabei stößt sie ihm mit dem Hintern ans Kinn. Eine zweite Frau gesellt sich bald zu ihnen, was den Mann erst irritiert, ihm dann – so zum Mittelpunkt geworden – zunehmend gefällt. Schließlich geht die hinzugekommene Frau wieder ab. Später tanzen zwei Männer und eine Frau ein egalitäres Trio, bis sie von einem Paar abgelöst werden, bei dem der Tänzer sich allerlei solistische Eskapaden gestattet. Wieder wird ein Duett – um eine Tänzerin ergänzt – zum Trio, wobei sich der Tänzer nun für eine, die falsche, entscheidet, jedenfalls wirft er nach einem unbeholfenen Duett seine Partnerin in die Kulissen. Auch das später auftretende Tänzertrio fühlt sich von dieser Tänzerin gestört und jagt sie fort. Ein vierter Mann kommt hinzu, bei der Aufstellung wechselt er schnell noch auf das ›richtige‹ Bein.

3. Teil: Die stehende Männergruppe geht ab, als drei weitere Tänzer auftreten. Auch sie ärgern sich über die Penetranz der Tänzerin, die immer wieder auf die Bühne kommt, weggeht und versucht, einen Partner zu finden.

Auch als sich das Ensemble dazwischenschiebt, lässt sie
nicht locker. Wenn sich alle zu einem Block aufstellen,
trippelt sie im Hintergrund noch einmal auf die Bühne
und wieder ab.

    4. Teil: Zu vier stehenden Frauen gesellt sich eine
fünfte und stellt sich in die Mitte; als sie die Bühne verlässt, nimmt ein Mann ihre Stelle ein, der aber den Schritten der Tänzerinnen nicht folgen kann. Auch danach,
inmitten verschiedener Emsemblekonstellationen, verfehlt er seine Partnerin, die schließlich rücklings in die
Kulissen kippt, während die anderen Tänzerinnen von
ihren Partnern aufgefangen werden.

Jiří Kylián choreografierte das witzige, gagreiche Ballett
zum 1. bis 3. Satz der *Symphonie Nr. 101 D-Dur* (1794)
und dem 4. Satz der *Symphonie Nr. 73 D-Dur* (1781) von
Joseph Haydn in drei Etappen. Zunächst hatten Anfang
Oktober 1976 die ersten beiden Sätze Premiere; noch im
selben Monat erarbeitete er den 3. Satz; erst fünf Jahre
später fügte er den 4. an. Die Komik in *Sinfonie in D* – im
Niederländischen heißt das Werk *Symfonie in D* – resultiert zum einen aus Verfremdungen und Brechungen der
klassischen Technik, zum anderen aus dem Bruch von
Bühnenkonvention und dem Aus-der-Rolle-Fallen der
Tänzer. Eifersüchteleien und narzisstische Selbstdarstel-
lung werden hier ebenso genüsslich ausgelebt, wie alltäg-
liche Fehler und Tollpatschigkeiten, zum Lachen reizende
Größenverhältnisse und Paarkonstellationen aufs Korn
genommen werden. Ironisch setzt Kylián Zitate berühmter
Ballette (→*Giselle*, →*Schwanensee*, →*Apollo*) und Stile
(Jerome Robbins, George Balanchine, Jazztanz, Modern
Dance) ein, sodass *Sinfonie in D* mehr eine Parodie auf
bestimmte Ballettklischees ist als auf das Ballett selbst.

    Sinfonie in D avancierte zu einem weltweiten Publi-
kumserfolg und wurde von zahlreichen Kompanien übernommen. Heute wird das Ballett in neuen Kostümen von
Joke Visser getanzt.

Sinfonietta

CHOREOGRAFIE: Jiří Kylián; MUSIK: Leoš Janáček; AUSSTATTUNG: Walter Nobbe; URAUFFÜHRUNG: 9. Juni 1978, Gaillard Municipal Auditorium, Charleston (S.C.), Nederlands Dans Theater
ROLLEN: 7 Tänzerinnen; 7 Tänzer

Dekorationslose Bühne, der unterschiedlich beleuchtete Hintergrundprospekt zeigt in pastellenen Farben eine weite Landschaft; Tänzerinnen in verschiedenfarbigen Kleidern, Tänzer in heller enger Hose und weitem, flatterndem Hemd.

1. Teil: Fünf Tänzer kommen nacheinander in weiten Sprüngen auf die Bühne und bilden zwei gegeneinander agierende dynamische Ensembles. Sobald sie die Bühne verlassen haben, treten die übrigen zwei Männer synchron auf; auch ihre Aktionen werden von Sprüngen dominiert, bis sie mit ruhigen Armbewegungen enden. Danach stürmen alle Tänzer hintereinander auf die Bühne.

2. Teil: Zwei Tänzer stehen mit dem Rücken zum Publikum. Nacheinander läuft auf jeden von ihnen eine Tänzerin zu. Von den Männern in ihrer Bewegung angehalten, beginnen die zwei Paare nebeneinander zu tanzen, wobei die Partner im weiteren Verlauf mehrmals kurz wechseln: Weite Hebungen und gehobene Sprünge alternieren mit verhaltenen Momenten. Später sinkt eine Tänzerin in ein tiefes Plié in der zweiten Position und bedeckt ihr Gesicht mit den Händen – ein Bewegungsmotiv, das im Lauf des Balletts wiederholt erscheint. Es folgt ein Duett, das bald zu einem Quartett mit vielen Balancen wird, bevor die vier Tänzer eine Reihe bilden und langsam auf den Boden gleiten. Sie bleiben dort liegen, während zwei andere Paare Bewegungssequenzen der liegenden Tänzer aufnehmen und dann wieder verschwinden.

3. Teil: Während zwei Tänzerinnen in ein ruhiges Plié sinken, bleiben die beiden Männer im Profil unbewegt stehen. Die Frauen kippen sie aus ihrer Achse und wieder zurück, reichen ihnen in einer Balance die Hände

und beginnen mit ihnen zu tanzen. Dynamische Drehungen und Hebungen, Schleuderbewegungen, bei denen die Tänzerinnen aus der Hebung auf den Boden gleiten, schließen sich an. Nacheinander gehen die vier Tänzer ab und überlassen einem dritten Paar die Bühne, das ein flinkes Duett zeigt. Später kommen die anderen beiden Paare wieder hinzu. Hintereinander verlassen schließlich alle die Bühne: Die Männer tragen ihre Partnerin in einer hohen Hebung hinaus.

4. Teil: Zwei Tänzer stehen im Profil. Sie beginnen mit raschen, kraftvollen, fast folkloristisch anmutenden Schritten, die sie kanonartig ausführen. Zwei Tänzerinnen treten zu ihnen. In dem Quartett bewegen sich die Männer und die Frauen synchron, bis die Frauen abgehen. Die Männer sehen ihnen nach und heben dabei einen Arm, wiederholen diese Geste nach einer kurzen Sequenz auf der anderen Bühnenseite. Die Tänzerinnen kehren nun in wirbelnden Drehsprüngen zurück, um gleich darauf – zusammen mit den Männern – in die Kulissen zu drehen.

5. Teil: Aus einer sechsköpfigen Gruppe, die mit dem Rücken zum Publikum steht, lösen sich nacheinander drei Frauen und laufen von der Bühne. Die verbleibenden zwei Männer heben mehrere Male eine Frau hoch und tragen sie. Kurz gruppieren sie sich dabei zu einer Art Pieta, bei der alle die Hände vors Gesicht halten. Später steht die Frau mit dem Rücken zum Publikum im Hintergrund, und die Männer tanzen zu zweit. Wenn dann aus dem Duett wieder ein Trio wird, sind die Bewegungen der Frau hektisch und nervös. Sie agiert zwischen den beiden Männern, wird gezogen, getragen und gehoben. Schließlich springen die drei hin und her und in verschiedene Richtungen ab. Danach setzen drei Tänzerinnen über die Diagonale und wieder zurück; ihnen folgt eine Männergruppe, die Bewegungssequenzen aus dem 1. Teil aufnimmt, bis alle Tänzer paarweise auf den zwei Diagonalen springen und drehen. Schließlich kommen sie zur Ruhe, stellen sich mit dem Rücken zum Publikum

auf, heben langsam die Arme und schreiten in den Hintergrund.

Sinfonietta, zu Leoš Janáčeks gleichnamigem Orchesterstück, entstand für das amerikanische Spoleto Festival of the Two Worlds, das 1978 der Musik des tschechischen Komponisten gewidmet war. In dem Ballett übertrug Jiří Kylián den hymnischen Charakter von Janáčeks Komposition mit ihren fanfarenartigen Bläsermotiven – uraufgeführt 1926 beim Fest der tschechischen Turnervereinigung Sokol – in Bewegung: In der Verschmelzung von fließendem, virtuos akzentuiertem Modern Dance und klassischer Technik mit schwingenden Armen und biegsamem Oberkörper sowie kraftvollen, hohen und weiten Sprungsequenzen scheint die Choreografie förmlich zu explodieren und damit Struktur und Gestus der Musik einen geradezu kinästhetisch-plastischen Ausdruck zu verleihen.

Weltweit gefeiert, wurde *Sinfonietta* schnell zu einem Signaturstück von Choreograf und Kompanie. Das Werk wurde von diversen größeren Kompanien ins Repertoire genommen.

Solo für zwei

CHOREOGRAFIE: Mats Ek; MUSIK: Arvo Pärt; AUSSTATTUNG: Peder Freiij; URAUFFÜHRUNG: 29. März 1996, Gymnasium, Ljusdal, Cullberg-Ballett

ROLLEN: 1 Tänzerin; 1 Tänzer

Im Hintergrund eine etwa drei Meter hohe Stellwand mit türähnlicher Öffnung, an ihrer rechten Seite hohe Stufen, in der Mitte vorn am Boden ein Gegenstand in Form einer Eihälfte.

Der Tänzer in blauer Jacke und blauer Hose tritt tastend von hinten durch die Öffnung hervor. Sein Solo beginnt

verhalten, wird dann zunehmend raumgreifender; damit
einhergehend werden die Bewegungen der Arme und
Beine ausholender. Zwischendurch ist der Oberkörper der
Tänzerin in bräunlichem Kleid einmal oberhalb der Stellwand zu sehen; später ist sie hinter der Öffnung sichtbar,
ehe sie sich an den Mann hängt. Daraus entwickelt sich
ein eng aufeinander bezogenes Duett, das wiederholt
groteske Elemente enthält, beispielsweise trägt einmal
der Mann die Frau, während sie Schwimmbewegungen
macht. Plötzlich geht das Licht aus, und die beiden ziehen
ihre Kostüme aus. Die Frau steht mit dem Rücken zum
Publikum, und sie blickt den Tänzer an; dann bewegt
sich die Treppe, und es sind rumpelnde Geräusche zu
hören. Nach einer Weile ziehen sie sich wieder an: die
Frau den blauen Zweiteiler des Mannes, der Mann das
Kleid. Im Anschluss hebt die Frau den Mann und legt ihn
auf den eiförmigen Gegenstand. Sie tanzt allein weiter
(mit vielen Sprüngen). Nachdem der Mann wie ein Baby
geschrien und sich an die Frau geklammert hat, geht die
Tänzerin nach links ab. Der Tänzer setzt sich nun auf, und
nach einem kurzen Solo mit Sprüngen und dynamischen
Armbewegungen erklimmt er die Stufen der Stellwand.
Sobald er im Dunkeln verschwunden ist, kehrt die Frau,
jetzt in einem blauen Kleid, von rechts kommend zurück.
In ihre verhaltenen, stockenden Aktionen sind wiederholt
kindliche Bewegungsmuster eingebunden, so das Halten
der Hände vor die Augen wie ein Fernglas oder das ›Gei-
gespielen‹. Die Motionen der Frau gewinnen an Expressivität, und sie lässt sich durch den schwarzen Vorhang
auf der rechten Seite ein Blatt Papier reichen, das sie wie
einen Brief ›liest‹, bevor sie zu Boden sinkt. Wieder verlischt das Licht, und die Frau geht durch die Öffnung
nach hinten. Mann und Frau kehren bald zurück; sie
drehen sich in Paartanzhaltung nach vorn. Dann verlässt
die Frau den Mann, der durch die Öffnung nach hinten
schreitet.

Ausgangspunkt für *Solo für zwei* – uraufgeführt unter dem schwedischen Titel *Solo för Två* – war das Fernsehballett *Smoke*, das Mats Ek 1995 für Sylvie Guillem und seinen Bruder Niklas Ek geschaffen hat. Das Bühnenwerk wurde dann zu einer erweiterten Fassung des ursprünglichen Stückes. In *Solo für zwei* findet sich die für Ek charakteristische Integration von alltäglichen Verhaltensweisen in das vom Modern Dance geprägte Bewegungsmaterial, wie das Urinieren in eine Ecke, das Lesen eines Briefes und in diesem Fall insbesondere kleinkindliche Motionen (etwa Liegen und Strampeln mit den Beinen, spielerische Nachahmungen). Daraus resultiert eine groteske Wirkung, die typisch für Eks Ballette ist, nicht nur für seine Neufassungen von Klassikern des 19. Jahrhunderts, sondern auch für Werke wie *Hon var Svart* (Stockholm 1995; Musik: Henryk Górecki) und *A Sort of* (Den Haag 1997; Musik: Górecki). Gleichwohl nimmt *Solo für zwei* – zu Kammermusikstücken von Arvo Pärt – in Eks Œuvre eine gewisse Sonderstellung ein, handelt es sich doch um ein für den Choreografen überraschend lyrisches, intimes Werk. Der paradox klingende Titel leitet sich vom ›Thema‹ des Balletts ab, laut Ek die gegenseitigen individuellen Erinnerungen von Mann und Frau, die auch Gemeinsamkeiten aufweisen.

Das Werk befindet sich nach wie vor im Repertoire des Cullberg-Balletts und wurde von diversen europäischen Kompanien übernommen.

Ein Sommernachtstraum

Ballett

CHOREOGRAFIE: John Neumeier; MUSIK: Felix Mendelssohn Bartholdy, György Ligeti und traditionelle mechanische Musik (bearbeitet von Klaus Arp); AUSSTATTUNG: Jürgen Rose; URAUFFÜHRUNG: 10. Juli 1977, Hamburgische Staatsoper, Hamburg, Ballett der Staatsoper

ROLLEN: Hippolyta; Helena; Hermia; 6 Freundinnen Hippolytas; Demetrius, ein Offizier; 2 Soldaten; Schatzmeister; Lysander, ein Gärtner; 2 Gärtnergehilfen; Theseus, Herzog von Athen; Philostrat, Aufseher der Lustbarkeiten am Hofe Theseus'; Zettel, ein Weber; Flaut, ein Bälgenflicker; Squenz, ein Zimmermann; Schlucker, ein Schneider; Schnauz, ein Kesselflicker; Schnock, ein Schreiner; Klaus, ein Musiker; 10 Näherinnen; Hofmaler; 8 Lakaien; Titania; Oberon; Puck; Spinnweb; Bohnenblüte; Senfsamen; Motte; Titanias Gefolge (5 Tänzer); Titanias Lieblingself; 18 Feen; 4 Hofdamen und 4 Hofherren; Demetrius' Begleitung (2 Tänzerinnen, 2 Tänzer); 4 Brautjungfern Helenas; 4 Brautjungfern Hermias; Lysanders Begleiter (4 Tänzerinnen, 2 Tänzer)

Prolog, ›Vorabend der Hochzeit‹: In Hippolytas Zimmer finden am Vorabend der Hochzeit von Hippolyta und Theseus, Herzog von Athen, Vorbereitungen statt. Helena und Hermia legen letzte Hand an das Brautkleid. Kurz darauf übergibt der Schatzmeister Hippolyta den Hochzeitsschmuck, begleitet vom Offizier Demetrius, Helenas früherem Verlobten, der jetzt in Hermia verliebt ist; Helena liebt Demetrius nach wie vor. Dann führt der Gärtner Lysander einige Beispiele des Hochzeitsschmucks vor; er ist ebenfalls in Hermia verliebt, und sie erwidert seine Liebe. Unbemerkt steckt er ihr einen Brief zu, in dem er ein Treffen im Wald vorschlägt. Helena findet diesen Brief und hält Demetrius für seinen Absender; sie konfrontiert diesen mit dem Schreiben. Nun kommt Theseus zu Hippolyta und schenkt ihr eine Rose als Zeichen seiner Liebe, widmet sich aber auch Hippolytas Freundinnen. Hippolyta bemerkt dies und bekommt Zweifel, ob Theseus der richtige Ehemann sei. In diesem Moment tritt eine von Zettel angeführte Gruppe von Handwerkern ein, die um Erlaubnis bittet, beim Hochzeitsfest das Stück »Pyramus und Thisbe« aufführen zu dürfen. Nachdem alle ihr Zimmer verlassen haben, findet Hippolyta Lysanders Brief an Hermia. Sie legt sich aufs Sofa und schläft ein.

I. Akt, ›Der Traum‹: Des Nachts, im Wald, haben Titania, die Königin der Feen, und der Elfenkönig Oberon

Streit. In seiner Wut gibt er dem Elf Puck eine Blume mit
magischer Wirkung: Wenn sie über einem Schlafenden
ausgeschüttelt wird, verliebt sich dieser in den Ersten, den
er nach dem Aufwachen erblickt. Puck erhält den Auftrag,
Titania zu ärgern. Im Wald begegnen sich dann Lysander
und Hermia. Kaum haben sie ihren Treffpunkt verlassen,
erscheint Demetrius, der auf der Suche nach Hermia ist,
gefolgt von Helena. Oberon, der dies alles beobachtet
hat, befiehlt Puck, die Blume bei Demetrius anzuwenden, damit er wieder Liebe für Helena empfinde. Doch
Puck gelingt es nicht, die Blume über Demetrius auszuschütteln. Nachdem Zettel und seine Freunde vorbeigezo-
gen sind, kommen noch einmal Lysander und Hermia zu
ihrem Treffpunkt und schlafen dort getrennt voneinander
ein. Sogleich ist Puck zur Stelle und schüttelt die Blume
aus – über Lysander. Bald findet sich wieder Demetrius
ein, auf seinen Fersen Helena. Sie entdeckt Lysander,
weckt ihn, und unverzüglich verliebt sich dieser in sie.
Helena flieht vor ihm, ehe Hermia aufwacht und Lysander sucht. Daraufhin kehren die Handwerker zurück und
wollen mit der Probe beginnen. Zuerst verteilen sie die
Rollen, und Puck verwandelt aus lauter Übermut Zettels
Kopf in den eines Esels. Die übrigen Handwerker eilen
davon; Zettel bleibt allein im Wald zurück. Nun schlafen
Titania und die Feen ein. Diese Gelegenheit nutzt Puck,
um die Blume über Titania auszuschütteln. Da stößt Zettel
auf sie und weckt sie: Titania verliebt sich prompt in ihn.
Später beobachtet Oberon, dass Demetrius weiterhin in
Hermia verliebt ist, und erkennt, dass Puck etwas falsch
gemacht hat. Puck muss den Fehler ausbessern, und nun
gelingt es ihm, die Blume bei dem schlafenden Demetrius
anzuwenden. Nun entdeckt Helena Demetrius und weckt
ihn, und folglich verliebt er sich in sie, zum Leidwesen
von Lysander. Wenn dann noch Hermia eintrifft, ist die
Konfusion komplett. Oberon befiehlt daraufhin Puck,
alles in Ordnung zu bringen. Sobald alle Liebenden eingeschlafen sind, legt er die richtigen nebeneinander.

II. Akt, ›Erwachen und Hochzeitsfest‹: In der Morgendämmerung wachen die vier Liebenden auf: Lysander
und Hermia sowie Demetrius und Helena sind ein Paar.
Nachdem sie sich entfernt haben, stolpert Zettel herbei,
den Oberon von dem Eselskopf befreit hat. In Hippolytas
Zimmer tritt Theseus ein. Er beobachtet die Schlafende
eine Weile und weckt sie dann: Zwischen den beiden
entfaltet sich eine zärtliche Liebe. Bald kommen die
anderen beiden Liebespaare hinzu und wünschen noch
am selben Tag zu heiraten. Theseus gibt ihnen seinen
Segen. Im Festsaal von Theseus' Schloss findet dann das
Hochzeitsfest statt, in dessen Verlauf die Handwerker ihr
Theaterstück vorführen. Nach dem Hochzeitsfest sind
noch einmal Titania und Oberon zu sehen, die sich versöhnt haben.

Ballette nach William Shakespeares Komödie *A Midsummer Night's Dream* (um 1595), zu Felix Mendelssohn
Bartholdys Bühnenmusik (1826 und 1842) und bisweilen unter Verwendung weiterer Musik, schufen vor John
Neumeier unter anderem Marius Petipa (Sankt Petersburg
1876), Michail Fokin (Sankt Petersburg 1906), George
Balanchine (New York 1962), Frederick Ashton (London
1964) und Heinz Spoerli (Basel 1976), später etwa
Tom Schilling (Berlin 1981; Musik: Georg Katzer) und
Amanda Miller (Genf 2001; Musik: Henry Purcell und
John Zorn). Neumeier folgt in seiner choreografischen
Umsetzung insoweit Shakespeares Text, als er die durch
Puck ausgelösten Verwirrungen um die beiden Liebespaare und Titanias kurzzeitige Verzauberung unverändert
übernimmt, andererseits aber dem Ganzen einen Prolog
voranstellt, in dem die Charaktere der diesseitigen Welt
eingeführt werden und der letztlich in unmittelbarer
Beziehung zum II. Akt steht, dem Hochzeitsfest. Die drei
Welten des *Sommernachtstraums* sind sowohl choreografisch als auch musikalisch unterschiedlich gekennzeichnet: Die Vertreter der höfisch-aristokratischen Sphäre

tanzen in einem traditionellen klassischen Stil zur Bühnenmusik Mendelssohn Bartholdys. Dem geisterhaft-irrealen Bereich sind kühle Bewegungen zugeordnet, die sich als eine zeitgenössische Weiterentwicklung der Danse d'école charakterisieren lassen; hier erklingt stets Musik von György Ligeti, die primär aus Klangflächen besteht. Und dem Theater auf dem Theater, der schauspielernden Handwerkertruppe, weist der Choreograf ein ins Groteske weisendes Bewegungsmaterial zu, ausgeführt zu Leierkastenmelodien. Das fließende, souverän strukturierte choreografische Geschehen gipfelt immer wieder in längeren Duetten, in denen Neumeier die Beziehung der jeweiligen Personen zueinander subtil durch Bewegung verdeutlicht (im Fall des ersten Duetts von Demetrius und Helena im I. Akt auch durch Bewegungskomik).

Ein Sommernachtstraum befindet sich bis heute im Repertoire von Neumeiers Hamburger Kompanie; das Werk wurde von einigen großen klassischen Kompanien Europas übernommen.

Sonate à trois

Ballett

CHOREOGRAFIE: Maurice Béjart; MUSIK: Béla Bartók; LIBRETTO: Maurice Béjart, nach Jean-Paul Sartre; KOSTÜME: Heinrich Bert; URAUFFÜHRUNG: 29. April 1957, Opernhaus, Essen, Ballets de l'Étoile

ROLLEN: 2 Tänzerinnen; 1 Tänzer

Drei Stühle bilden auf der Bühne ein Dreieck, eine Lampe hängt in der Mitte herab.

Der Tänzer sitzt auf dem Stuhl links, die Tänzerin im grünen Kleid rechts, die Tänzerin im roten Kleid hinten. Nachdem alle drei aufgestanden sind, entwickelt sich eine Folge von rasch wechselnden Duetten, sowohl zwischen dem Tänzer und einer der beiden Tänzerinnen als auch

Sinfonietta. Choreografie: Jiří Kylián
Nederlands Dans Theater, Den Haag

Der sterbende Schwan. Choreografie: Michail Fokin
Swetlana Sacharowa

zwischen den Tänzerinnen, und Trios. Die Tänzer kehren
wiederholt zu einem Stuhl zurück; sie sitzen nicht nur auf
ihm, sondern stehen auch auf ihm oder stützen sich auf
ihn. Sie agieren auf einer Fläche, die geringfügig größer
ist als das Dreieck, das die drei Stühle bilden. Nach der
Mitte des Stückes entfernt sich der Tänzer nach hinten
links ins Bühnendunkel, und eine Lichtprojektion suggeriert eine Tür, die er öffnet. Er kehrt zurück und nimmt
auf dem hinteren Stuhl Platz (die Tänzerinnen sitzen
ebenfalls). Nun nehmen die drei ihren Stuhl, heben ihn
hoch, drehen ihn am Platz und ziehen ihn schließlich in
die Bühnenmitte. Hier stehen die drei Stühle eng zusammen, und die Tänzer bilden skulpturale Formationen auf
den Stühlen. Bald werden die Stühle an ihren ursprünglichen Platz zurückgebracht, und das Ballett endet, indem
jeder auf demselben Stuhl wie zu Beginn sitzt.

Maurice Béjart ließ sich für *Sonate à trois* von Jean-Paul
Sartres Schauspiel *Huit clos* (1944) inspirieren, ohne
allerdings eine unmittelbare Assoziation mit dem exis-
tenzialistischen Stück hervorrufen zu wollen. Denn die
Tänzer treten nicht als Verkörperungen der drei Hauptpersonen von Sartres Werk auf. Vielmehr geht es Béjart
grundsätzlich um die Spannungen, die in der von Sartre
porträtierten Dreierkonstellation herrschen, um die Liebe
und den Hass zwischen den drei Menschen. Unterstützt
durch die nervös drängende, rhythmisch und melodisch
aufwühlende Musik Béla Bartóks – für die Begleitung
sind 2. und 3. Satz der *Sonate für zwei Klaviere und
Schlagzeug* (1937) vertauscht –, fand der Choreograf
Bewegungen, die mit Aggression in Verbindung gebracht
werden können: etwa kraftvoll gestreckte Arme und
Beine, darunter viele hohe Arabesques, oder tierähnlich
gekrümmte Haltungen des Oberkörpers und der Arme
sowie erfindungsreiche Hebungen, Zieh- und Zerrmotio-
nen in den Duetten und Trios, die weit über den Kanon
des klassischen Tanzes hinausgehen. Gleichfalls radikal

wirkt auch die Ausstattung mit den drei Stühlen, die sich als ideale Requisiten für die Markierung der Dreiecksbeziehung erweisen. Mit *Sonate à trois* schuf Béjart nach → *Symphonie pour un homme seul* ein zweites Ballett, das den jugendlich-rebellischen Zeitgeist der 1950er-Jahre kongenial in Tanz transformiert.

Sonate à trois wurde von verschiedenen Kompanien einstudiert.

Spartakus

Ballett in vier Akten und neun Bildern

Choreografie: Leonid Jakobson; Musik: Aram Chatschaturjan; Libretto: Nikolai Wolkow; Ausstattung: Walentina Chodasse-witsch; Uraufführung: 27. Dezember 1956, Kirow-Theater, Leningrad, Kirow-Ballett

Rollen: Spartakus; Phrygia, seine Frau; Crassus, ein römischer Feldherr; Ägina, eine griechische Tänzerin, Crassus' Konkubine; Harmodius, ein junger Thraker; Lentulus Batiatus, Inhaber einer Gladiatorenschule; Herold; Ägypterin; Afrikanerin; Numider; Gallier; Retiarius; Marmillon; Mänade; Satyr; Heerführer, Zenturionen, Hetären, römische Krieger, Etrusker, Römer, Samniter, Sklaven, Kampfgefährten Spartakus', Mimen, gaditanische Mädchen, Nymphen, Schäfer aus dem Apennin, Piraten

Im Römischen Reich, 73–71 v. Chr.

I. Akt, 1. Bild: In Rom feiert man Crassus, der von einem erfolgreichen Feldzug gegen die Thraker zurückkehrt. Er hat viele Sklaven mitgebracht, darunter Spartakus, dessen Frau Phrygia und Harmodius. 2. Bild: Auf dem Sklavenmarkt werden die Thraker angeboten. Phrygia wird von Ägina gekauft, Spartakus und Harmodius erwirbt Lentulus Batiatus für seine Gladiatorenschule. Voll Trauer nehmen Spartakus und Phrygia Abschied voneinander. 3. Bild: In der Arena findet ein Gladiatorenkampf statt. Unter den Zuschauern sind Crassus und Ägina. Nach einem Kampf der Gallier, Numider und

Afrikaner führen Retiarius und Marmillon das tödliche
Spiel »Der Fischer und der Fisch« vor. Danach kämpfen
Thraker gegen Samniter. Dank Spartakus' Kampfkunst
siegen die Thraker; Spartakus wird gefeiert.

II. Akt, 1. Bild: Phrygia ist es gelungen, heimlich in die
Kaserne der Gladiatoren zu gelangen. Sie hilft Verwunde-
ten. Nachdem ein Gladiator gestorben ist, ruft Spartakus
alle Gladiatoren zu einem Aufstand. 2. Bild: Auf der Via
Appia treffen die aufständischen Gladiatoren auf Bauern-
sklaven, die Schafe hüten. Spartakus überredet sie, sich
ihnen anzuschließen. 3. Bild: Sklaven, unter ihnen Ägina
und Harmodius, tanzen bei einem Fest in Crassus' Villa
zur Unterhaltung der Gäste. Die ausgelassene Stimmung
wird unterbrochen von der Nachricht, dass sich Spartakus
mit anderen Aufständischen der Villa nähere. Die Römer
fliehen; auf Crassus' Befehl hin zündet Harmodius das
Haus an. Sogleich erscheinen die Aufständischen, die
ihren Sieg feiern. Harmodius und Spartakus freuen sich
über das Wiedersehen.

III. Akt, 1. Bild: Die siegreichen Gladiatoren halten
in ihrem Lager viele Römer gefangen. Zurückkehrende
Feldherren der Aufständischen bringen weitere Römer
an, darunter auch Hetären, denen sich Ägina in einer
Verkleidung angeschlossen hat. Ägina gelingt es bald,
Harmodius und andere Gladiatoren zu einem Trink-
gelage mit den Hetären zu überreden. Spartakus will
dies unterbinden, und darüber bricht ein heftiger Streit
zwischen Spartakus und Harmodius aus. Schließlich
verlassen Hetären und Kaufleute das Lager; auch Ägina
und Harmodius entfernen sich. 2. Bild: In Crassus' Lager
berichtet Ägina von dem Streit zwischen den Gladiatoren, und Crassus lässt das Lager der sich von Spartakus
abgespaltenen Aufständischen überfallen. Als er zurückkehrt, überrascht er Ägina und Harmodius in trauter Vereinigung, und er zeigt Harmodius seine Beute: ans Kreuz
genagelte Aufständische. Da erkennt Harmodius, dass er
betrogen wurde.

IV. Akt: Spartakus will sich mit den bei ihm verbliebenen Aufständischen von Piraten nach Sizilien übersetzen
lassen, weil er im Kampf gegen die Römer einige Nieder-
lagen erlitten hat. An einem felsigen Uferabschnitt trifft
er sich des Nachts mit Piraten und bespricht die Überfahrt. Sobald er sich wieder entfernt hat, treten Harmodius und seine Legionäre hervor und zwingen die Piraten,
Spartakus und seine Leute nicht überzusetzen; die Piraten
lichten die Anker. Bald kehrt Spartakus mit seiner Truppe
zum Ufer zurück, und überraschend sieht er sich von
Römern umringt. Crassus, Ägina und Harmodius erscheinen ebenfalls. Nachdem der Kampf der Römer gegen die
Aufständischen begonnen hat, will Ägina, dass sich auch
Harmodius daran beteiligt, doch dieser versteckt sich
hinter Spartakus. Crassus gibt daraufhin den Befehl, Harmodius zu töten. Spartakus indessen wird in dem Kampf
schwer verwundet und stirbt schließlich. Sobald Crassus
und die Römer das Schlachtfeld verlassen haben, sucht
Phrygia, die fliehen konnte. Sie findet den toten Spartakus
und bricht zusammen. Am Ende heben vier junge Thraker
Spartakus auf ihre Schilde und schreiten mit ihm davon,
gefolgt von trauernden Frauen und Männern.

Seit den 1920er-Jahren zogen sowjetische Kulturpoliti-
ker die historische Begebenheit des Sklavenaufstands
durch Spartakus als Thema für ein Ballett in Betracht.
Denn das revolutionäre Aufbegehren von Menschen, die
in Unfreiheit gehalten wurden, betrachtete man als ein
Vorgehen, das als Vorform kommunistischer Erhebun-
gen zu werten war und deshalb als kompatibel mit der
marxistischen Ideologie galt. Darum überrascht es, dass
erst in den 1950er-Jahren mit Leonid Jakobsons Werk ein
Spartakus-Ballett herauskam, hatte sich doch der Büh-
nenschriftsteller Nikolai Wolkow bereits ab 1933 mit
dem Stoff beschäftigt. Jakobson strukturierte *Spartakus*
abwechslungsreich in Massenszenen und Abschnitte von
intimerem Charakter. Hierin folgte er Aram Chatschatur-

jans Gliederung der Musik in Passagen mit pathetischem und solche mit ›heroischem‹ Charakter. Die Choreografie auf der Basis der klassischen Technik gestaltete Jakobson in Anlehnung an Reliefdarstellungen der antiken römischen Kunst. Die Adaption dieser bildlichen Dokumente in das Medium des Bühnentanzes bewirkte eine Stilisierung und beugte der Gefahr einer übermäßig naturalistischen Inszenierung vor.

Nicht zuletzt wegen der ungewöhnlichen Skulpturalität wurde *Spartakus* zu einem großen Erfolg. Sechs Jahre nach der Uraufführung übernahm das Moskauer Bolschoi-Ballett Jakobsons Produktion. Ihre Bedeutung geriet jedoch allmählich in Vergessenheit, während Juri Grigorowitschs Neuchoreografie des Balletts mit überarbeitetem Libretto (Moskau 1968) immer bekannter wurde und auch regelmäßig im Westen zu sehen war. Außerhalb der Sowjetunion schuf unter anderem László Seregi ein *Spartakus*-Ballett (Budapest 1968), dem ein dramaturgisch neu gefasster Inhalt zugrunde liegt.

Le spectre de la rose

Choreografisches Bild

CHOREOGRAFIE: Michail Fokin; MUSIK: Carl Maria von Weber, orchestriert von Hector Berlioz; LIBRETTO: Jean-Louis Vaudoyer, nach Théophile Gautier; AUSSTATTUNG: Léon Bakst; URAUFFÜHRUNG: 19. April 1911, Théâtre de Monte-Carlo, Monte Carlo, Ballets Russes

ROLLEN: das junge Mädchen; der Geist der Rose

Das Schlafzimmer des Mädchens, zwischen zwei geöffneten großen Fenstern ein Sofa und ein Tisch mit Blumenvase, ganz rechts ein Bett, links davon ein Sessel, ganz links ein Schminktisch mit Spiegel.

Das Mädchen kommt von einem Fest mit einer Rose nach Hause zurück. Es legt den Umhang ab, sinkt in den

454 *Le spectre de la rose*

Sessel und schläft ein. Nun springt der Geist der Rose durch das rechte Fenster. Er kreist um das Mädchen, berührt es, und es erhebt sich zum gemeinsamen Tanz. Schließlich bringt der Geist das Mädchen zum Stuhl zurück und tanzt wieder allein. Bevor er durch das linke Fenster hinausspringt, küsst er das Mädchen auf die Stirn. Das Mädchen erwacht, nimmt die Rose, die ihr entglitten war, erneut in die Hand und presst sie an sich.

Mit *Le spectre de la rose* kreierte Michail Fokin einen der berühmtesten Pas de deux der Ballettgeschichte. Die Idee hierzu hatte der französische Schriftsteller Jean-Louis Vaudoyer, der den Titel des Werkes dem gleichnamigen Gedicht von Théophile Gautier entlehnte. Von Vaudoyer stammte auch der Vorschlag, Carl Maria von Webers populäres Klavierstück *Aufforderung zum Tanz* (1819) in Hector Berlioz' Orchestration als Musikbegleitung zu verwenden. Entscheidenden Anteil am Erfolg von *Le spectre de la rose* hatten die Tänzer der Uraufführung: Waslaw Nijinski und Tamara Karsawina. Beide tanzten so anmutig – und im Fall Nijinskis mit einer solchen Elevation –, dass ihre Darstellungen zur Legende geworden sind. Geradezu spektakulär war Nijinskis Verkörperung des Geistes der Rose; nicht nur verblüffte er mit einem überraschenden Auftritt und Abgang (jeweils weite Sprünge durch das Fenster), darüber hinaus wirkten seine unablässigen Schritte, Sprünge und Drehungen so leichtfüßig, waren seine ornamental gerundeten Ports de bras so sehr der Form einer Blüte nachempfunden, dass Augenzeugen in hymnischen Worten Nijinskis ›Verschmelzung‹ mit seiner Rolle konstatierten. Karsawinas Interpretation muss eine ähnliche poetische Ausstrahlung besessen haben, erinnerte sie doch an ein Mädchen, das am Ende, nach dem Traum, im Begriff ist, die Liebe kennen zu lernen.

Le spectre de la rose ist bis heute in Fokins originaler Choreografie zu sehen; bei den Ballets Russes tanzten das

Werk unter anderem Fokin selbst und Anton Dolin sowie
Lydia Lopokova und Lydia Sokolova. Spätere herausragende Rollengestaltungen stammten von Margot Fonteyn sowie Jean Babilée und Michail Baryschnikow.

Maurice Béjart benannte seine Parodie auf Fokins Choreografie ebenfalls *Le spectre de la rose* (Brüssel 1978).

Stamping Ground

CHOREOGRAFIE: Jiří Kylián; MUSIK: Carlos Chávez; BÜHNEN-
BILD: Jiří Kylián; KOSTÜME: Heidi de Raad; URAUFFÜHRUNG:
17. Februar 1983, Circustheater, Scheveningen, Nederlands Dans
Theater

ROLLEN: 3 Tänzerinnen; 3 Tänzer

Dekorationslose Bühne, der Hintergrundvorhang besteht
aus schmalen schwarzen Plastikstreifen.

Nacheinander zeigen drei Frauen (in dunklem Trikot
mit weißen Streifen) und zwei Männer (in dunklen, mit
weißen Streifen versehenen Shorts und mit Knöchel-
bändern) ein kurzes Solo; die geschmeidigen, wellenartigen Bewegungen des ganzen Körpers werden immer
wieder durch ruckartige Wendungen unterbrochen, auch
klatschen die Tänzer kräftig mit den Händen oder mit
einer Hand auf Oberschenkel, Brust oder Rücken. Beim
Einsatz der Musik stürmen alle Tänzer auf die Bühne, und
bis auf den dritten Mann verlassen alle sie gleich wieder.
Dessen Solo unterbricht eine der Frauen, und die beiden
finden zu einem aufeinander bezogenen Duett zusammen.
Anschließend geht der Mann ab, und die anderen Frauen
kommen auf die Bühne zu einem Trio, aus dem bald ein
Sextett wird. Dann folgen ein kurzes Duett eines anderen Paares und ein Solo des beteiligten Tänzers, bevor die
übrigen Männer hinzutreten. Sie umkreisen sich, springen übereinander. Vor dem Vorhang gehen zwei Männer
zu Boden; der dritte Mann geht durch den Vorhang ab,

während die zwei liegenden Tänzer hinausgezogen werden. Nun bilden drei Männer und zwei Frauen eine Fünferreihe, in der die Tänzer vor und zurück hüpfen. Ein Mann und eine Frau verlassen die Bühne, und die restlichen drei vollführen ein Trio voller komischer Elemente: So heben etwa die Männer die Frau zwischen sich und lassen sie hin und her pendeln. Das Trio endet, indem die zwei Männer von der Frau durch den Vorhang ›weggeschlagen‹ werden, während sie von einer anderen Tänzerin hinter dem Vorhang festgehalten wird. Diese tritt dann mit der anderen Tänzerin nach vorn zu einem innigen Duett. Danach entfernen sich die zwei Frauen, und es schließen sich zwei Duette an: eines mit rhythmisch markanten Bewegungen für ein gemischtes Paar und eines für ein Männerpaar, wobei der eine Tänzer den anderen jagt. Die beiden verschwinden, als der dritte Tänzer erscheint. Bald kehren zuerst die drei Frauen, dann die übrigen Männer zu einem lebhaften Finale zurück. Am Ende gehen die Tänzer durch den Vorhang ab.

Nachdem Jiří Kylián 1980 den Tanz der australischen Ureinwohner genauer kennen gelernt hatte, schuf er mit *Nomaden* (Scheveningen 1981; Musik: Igor Strawinsky) und *Stamping Ground* zwei Werke, die von den Motionen der Aborigines inspiriert sind. Vor allem in dem dynamisch pulsierenden *Stamping Ground* zeigt sich dies in einem Bewegungsstil, der sich von Kyliáns bisherigem deutlich unterscheidet. Anstelle harmonisch fließender Bewegungen benutzte Kylián extreme Verrenkungen, ungewöhnliche Flexionen, stampfende Sprünge, die praktisch ohne Vorbereitung ausgeführt werden; auffallend ist zudem die regelmäßig wiederkehrende Standposition einer stark ausgedrehten zweiten Position im Plié. Die Arme werden immer wieder für ritualhaft anmutende kriegerische Gesten, wie erhobene Fäuste, oder zur Tierimitation eingesetzt. Auch in der Interaktion zwischen den Tänzern finden sich eigentümlich wirkende

Aktionen, die ihren spezifischen Reiz nicht zuletzt aus der exakt auf die Musik – Carlos Chávez' klangfarbenreiche, urtümlichen Klängen nachempfundene *Toccata* (1942) für Schlagzeuginstrumente – abgestimmten Choreografie bezieht. Strukturell scheint sich Kylián an Formen gesellschaftlichen Tanzens orientiert zu haben: Nachdem sich die sechs Tänzer einzeln ›vorgestellt‹ haben – ungefähr ein Drittel des Werkes nehmen die fünf ohne Musikbegleitung ausgeführten Soli ein –, kommen die Tänzer in wechselnden Formationen zusammen, bis sie nach einer gemeinschaftlichen Schlusssequenz einfach davongehen.

Stamping Ground gehört bis heute zu Kyliáns beliebtesten Stücken; mehrere Kompanien in Europa und Amerika haben das Werk übernommen.

Stepping Stones

CHOREOGRAFIE: Jiří Kylián; MUSIK: John Cage und Anton von Webern; BÜHNENBILD: Michael Simon; KOSTÜME: Joke Visser; URAUFFÜHRUNG: 23. November 1991, Württembergische Staatstheater (Großes Haus), Stuttgart, Stuttgarter Ballett

ROLLEN: 4 Tänzerinnen; 4 Tänzer

Dekorationslose Bühne, Tänzerinnen in schwarzen Korsagen, Tänzer in kurzen schwarzen Hosen.

Alle Tänzer gehen mit schleifenden Schritten langsam zu acht identisch aussehenden Gegenständen (eine goldfarbene Skulptur auf einem schwarzen Sockel), die auf der Bühne verteilt sind. Angekommen, kippen die Tänzer über sie, halten die Objekte zwischen ihren Füßen und balancieren sie, stehen auf und fixieren sie zwischen ihren Beinen. Dabei setzt die Musik ein, und im Dunkeln gruppieren sich die Tänzer neu im Raum: Zwei Paare liegen rechts hinten in einem Lichtrechteck auf dem Rücken, die Knie aufgestellt; ein Paar steht in der Mitte, das vierte links vorn an der Rampe; über der Bühne schwebt ein

mobiles großes Dreieck. Das Paar in der Mitte beginnt
ein Duett: Zwischen verschlungenen Hebungen balancieren sie wiederholt ihr Objekt, reichen es um ihren
Körper herum, halten es zwischen den Füßen. Währenddessen richten sich die vier Tänzer im Hintergrund auf,
balancieren ihr Objekt auf den Oberschenkeln, dann auf
den Schienbeinen. Das Paar übernimmt schließlich diese
Balance am Boden und beendet sein Duett sitzend, das
Objekt auf dem Rücken haltend. Inzwischen haben sich
die vier Tänzer im Hintergrund erhoben, und das Lichtrechteck ist verloschen. Nun trippelt das vordere Paar
rasch rückwärts; während das erste nach hinten rollt,
beginnt das zweite sein kurzes Duett: schneller, eckiger
als das erste Paar. Dann geht der Tänzer ab; die Tänzerin setzt allein fort, bis zwei Männer kommen und ein
Trio beginnt, das ein synchrones Duett der beiden Tänzer
beinhaltet. Die drei kreisen danach mit ihrem Objekt
umeinander. Zu dritt gehen sie nach hinten, das Objekt
in Händen haltend. Doch nur die Tänzerin verschwindet, die zwei Männer schließen sich den beiden anderen
an, die gerade mit ihrem Objekt nach vorn kommen. Zu
viert zeigen sie dynamisch-sportive Synchronbewegungen mit und um die Gegenstände. Gemeinsam gehen sie
dann langsam nach links ab, während zwei Tänzerinnen
die Bühne betreten und sich aufstellen. Eine von ihnen
beginnt zu tanzen; ihre Bewegungen greift eine andere
Tänzerin auf; nach einer Weile beteiligt sich die erste
wieder, und auch diejenige, die bis jetzt abwartend stand,
gesellt sich dazu. Ein Mann tritt bald zu dem Trio, nimmt
mit einer Tänzerin ein Duett auf, wechselt zur nächsten
Frau und lässt sie dann allein zurück. Auch diese Tänzerin schreitet dann langsam von der Bühne, und von hinten
geht ein Paar nach vorn. Sie tragen ihre Objekte herein
und stellen sie ab. Während sie danach lyrisch tanzen,
laufen die sechs anderen Tänzer herein und postieren
sich breitbeinig hinter ihnen, jeder sein Objekt in den
Händen. Bald gehen die Tänzer zu Boden und erheben

sich wieder. Nacheinander entwickeln sich aus dem
ruhigen Stehen aller vier ruhige Duette mit schwierigen
Hebungen. Schließlich formieren sich die Tänzer zu einer
Gruppe und absolvieren synchron klassische Ports de
bras. Im Dunkeln legen sie sich dann auf den Boden und
setzen die Ports de bras fort.

Stepping Stones ist ein hochkonzentriertes Ballett zu vier
Sonaten und zwei Zwischenspielen aus den *Sonatas and
Interludes for Prepared Piano* (1946–48) von John Cage
sowie den *Sechs Bagatellen für Streichquartett* (1913) von
Anton von Webern. Es beginnt und endet jedoch in voll-
kommener Stille. Am Anfang steht das geräuschvolle Auftauchen der Tänzer aus mythisch anmutendem Dunkel,
und der Schluss ist eine Reverenz an die Danse d'école,
die sich mit ihrem Bewegungsduktus (obwohl auch der
durch die abschließende Bodenlage durchbrochen wird)
von den einerseits eckigen und kantigen, andererseits bieg-
samen, flexiblen Bewegungen und Isolationen des übrigen
Werkes unterscheidet. Kylián scheint hier einen magisch-
mythischen Kosmos mit der westlichen (Kunst-)Tradition,
dem Spitzentanz etwa, zu kombinieren; darin ist *Stepping
Stones* mit anderen Werken des Choreografen verwandt,
wie *Kaguyahime* (Den Haag 1988; Musik: Maki Ishii),
Whereabouts Unknown (Den Haag 1993; Musik: Arvo
Pärt, Webern, Steve Reich, Charles Ives und Michael de
Roo) und *Bella Figura* (Den Haag 1995; Musik: Lukas
Foss, Giovanni Battista Pergolesi, Alessandro Marcello,
Antonio Vivaldi und Giuseppe Torelli). Das ritualhafte
Agieren mit den rätselhaften Objekten ist von einer
ebenso eindringlichen Spannung wie die Folge der Auf-
und Abtritte; immer wieder brechen Individuen aus einer
Gruppe aus und fügen sich wieder in sie ein. Der Titel des
Balletts verweist auf Steine in japanischen Teichen, die
den Pfad des Lebens symbolisieren.

Bei der Übernahme von *Stepping Stones* durch das
Nederlands Dans Theater 1993 nahm Kylián kleinere

Veränderungen vor; so beginnt die heute gültige Fassung damit, dass zwei Paare langsam nach vorn gehen (während die anderen zwei Paare in dem Lichtrechteck liegen).

Steptext

CHOREOGRAFIE: William Forsythe; MUSIK: Johann Sebastian Bach; AUSSTATTUNG: William Forsythe; URAUFFÜHRUNG: 11. Januar 1985, Teatro Valli, Reggio nell'Emilia, Aterballetto
ROLLEN: 1 Tänzerin; 3 Tänzer

Dekorationslose Bühne, vor einem schwarzen Hintergrundvorhang eine senkrecht aufgestellte weiße Fläche, Tänzer in schwarzer Hose und schwarzem T-Shirt, Tänzerin in rotem Trikot.

Links vorn führt ein Tänzer am Platz höchst unterschiedliche Ports de bras aus, wobei oft die Hände eine Faust bilden oder die Handflächen stark abgewinkelt sind. Abrupt hört er damit auf und geht hinter die Fläche. Nach einigen Momenten tritt ein anderer Tänzer hervor und schreitet an denselben Platz, um ebenfalls einige Ports de bras zu zeigen. Nach kurzer Zeit bricht er ab und kehrt hinter die Fläche zurück. Mittlerweile hat rechts die Tänzerin Aufstellung genommen. Ihre Armbewegungen sind freier als die der Männer, und bald erscheint hinten der dritte Tänzer und geht zu der Tänzerin. Die beiden beginnen mit einem Duett, während links die anderen zwei Männer zusammen tanzen. Im weiteren Verlauf wechselt die Frau in regelmäßigen Abständen ihren Partner; sie ist von nun an fast durchgehend auf der Bühne. Die übrigen Männer variieren dazu ihr beider gemeinsames Tanzen (eng zusammen oder getrennt, gespiegelt oder synchron, auf engem Raum oder um das andere Paar herum); kurzzeitig kommt es auch zum Solo eines Tänzers. Am Ende stehen zwei Männer links, die Frau und der dritte Mann rechts; den Partner anblickend, schreiten sie rückwärts.

Mit *Steptext* schuf William Forsythe ein kurzes Stück, das sich in vielerlei Aspekten auf → *Artifact* bezieht – nur wenige Wochen nach der Uraufführung des abendfüllenden Balletts entstanden, hieß es zunächst *Artifact II* und verwendete dieselbe Musik wie der 2. Teil des groß angelegten Werkes: Johann Sebastian Bachs Chaconne aus der *Partita für Violine solo Nr. 2 d-Moll* (1720) in Nathan Milsteins Interpretation. Weitere Parallelen betreffen die Unterbrechungen: Geht im 2. Satz von *Artifact* wiederholt der eiserne Vorhang herab, so wird in *Steptext* die Musik mehrmals abgebrochen (die ersten beiden Male nach jeweils nur wenigen Tönen), und zudem ist zwischendurch die Bühne einige Male für wenige Momente abgedunkelt. Auch das choreografische Material auf neoklassischer Basis verweist auf *Artifact*: In *Steptext* finden sich rasche Unterarmbewegungen, die die Armbewegungen der solistisch agierenden Tänzerin in *Artifact* paraphrasieren, und wie in diesem Ballett kommt auch in *Steptext* den Ports de bras eine markante Bedeutung zu, die hier sowohl variantenreicher als auch konzentrierter präsentiert werden. Das Paartanzen der Frau mit einem der drei Männer wird sukzessive virtuoser (bis hin zu schwierigen Hebungen, auch mit Drehung); analog dazu gewinnen die Bewegungen der jeweils übrigen zwei Männer an Dynamik. *Steptext* scheint analog zu musikalischen Kompositionsprinzipien entworfen: Zu der Frau und dem sie stützenden Mann wirken die anderen Männer wie ein Kontrapunkt, der mal strenger, mal freier ›begleitet‹ (und auch mal nicht da ist oder allein zu sehen ist).

    Steptext befindet sich nach wie vor im Repertoire des Aterballetto und wurde vom Ballett Frankfurt wie auch von anderen Kompanien übernommen.

Der sterbende Schwan

CHOREOGRAFIE: Michail Fokin; MUSIK: Camille Saint-Saëns;
KOSTÜME: Léon Bakst; URAUFFÜHRUNG: 22. Dezember 1907,
Mariinski-Theater, Sankt Petersburg

ROLLEN: 1 Tänzerin

Dekorationslose Bühne.

Die Tänzerin in federnbedecktem weißem Tutu und
Federn-Kopfschmuck trippelt auf fast vollkommen dunkler Bühne aus dem Hintergrund über die Diagonale bis
zur Mitte. Ihre Arme bewegt sie wie Vogelschwingen
auf und ab. Mehrmals sinkt sie wie kraftlos auf ein Knie,
erhebt sich jedoch wieder, um erneut das Trippeln nach
vorn, hinten, zur Seite und im Kreis sowie das weiche
Spiel der Arme aufzunehmen. Dabei neigt sie bisweilen
den Kopf weit zur Seite, nach hinten und vorn; die Arme
schwingen, schlingen sich um den Kopf, pressen sich um
den Körper, und die Hände flattern. Die Geschwindigkeit
erhöht sich, wird jedoch von kurzen Momenten des Innehaltens zäsiert. Am Ende streckt sich die Tänzerin noch
einmal weit nach oben und sinkt dann auf ein Knie, gleitet in die aus →Schwanensee bekannte Pose, in der ein
Bein abgewinkelt, das andere nach vorn gestreckt ist und
der Oberkörper der Tänzerin auf dem gestreckten Bein
ruht. Einige Male hebt sie nun noch einmal Oberkörper
und Kopf, schließlich nur noch einen weich geschwungenen Arm, bevor sie den Kopf zwischen die Arme legt.

Michail Fokin schuf das nur wenige Minuten lange
Solo zu dem Satz ›Der Schwan‹ aus Camille Saint-Saëns' ›grande fantaisie zoologique‹ *Le carnaval des
animaux* (1886), und tatsächlich hieß es zunächst nur
Der Schwan – auf russisch *Lebed* –, bis es später in *Der
sterbende Schwan* umbenannt wurde. Frappant sind die
expressiven, freien Bewegungen für die Arme, die in
starkem Kontrast zu dem gleichmäßigen schlichten Trippeln auf Spitze stehen. Anders als die Schwäne in Marius

Petipas und Lew Iwanows Fassung von → *Schwanensee*
(Sankt Petersburg 1895), die vogelähnliche Bewegungen
lediglich zitieren, besteht Fokins Choreografie für Oberkörper, Arme und Kopf durchgehend aus unkonventionellen Bewegungen, die das Tierische symbolisieren. Fokin
verwendete keine virtuosen Schritte, sondern reduzierte
sein Bewegungsmaterial auf das Wesentliche, um die
ikonografische Wirkung eines immer kraftloser werdenden Tieres zu erzielen. Wichtig sind die Atmosphäre, die
elegische Stimmung – wenn das Stück nicht überzeugend
getanzt wird, sinkt es leicht in Kitsch ab.

Anna Pawlowa, die erste Interpretin des Solos, machte
den *Sterbenden Schwan* bei ihren ausgedehnten Tourneen
weltweit bekannt, sodass man bis zu ihrem Tod 1931
ihren Namen auf untrennbare Weise damit verband. Unter
den zahllosen Tänzerinnen, die danach den *Sterbenden
Schwan* tanzten, hinterließen vor allem Alicia Markova,
Yvette Chauviré, Galina Ulanowa, Maija Plissezkaja, Eva
Evdokimova und Natalija Makarowa einen nachhaltigen
Eindruck.

Suite en blanc

Divertissement

CHOREOGRAFIE: Serge Lifar; MUSIK: Édouard Lalo, bearbeitet
von Philippe Gaubert; AUSSTATTUNG: André Dignimont; URAUF-
FÜHRUNG: 23. Juli 1943, Opéra (Salle Garnier), Paris, Ballett der
Opéra

ROLLEN: 3 Solistinnen; 2 Solisten; 3 Halbsolistinnen; 1 Halbsolist; Tänzerinnen, Tänzer

Vor einem schwarzen Hintergrundvorhang ein Podest, zu
dem von links und rechts eine schwarze Treppe führt.

›Sieste‹: Drei Halbsolistinnen treten aus dem Tanz des
Corps de ballet heraus. ›Thème varié‹: Eine Solistin und
die zwei Solisten tanzen ein Adagio. ›Sérénade‹: Eine

Solistin führt mehrere Gruppentänzerinnen an. ›Presto‹:
Dieselbe Solistin tanzt mit vier männlichen Tänzern. ›La
cigarette‹: Eine andere Solistin vollführt ein verführeri-
sches Solo. ›Mazurka‹: Ein Solist zeigt ein Solo zu Musik
im Rhythmus des polnischen Nationaltanzes. ›Adage‹:
Solistin und Solist kommen zu einem Duett zusammen.
›La flûte‹: Eine Solistin tanzt allein auf der Bühne. ›Fête
foraine‹: Alle Solistinnen und Solisten sowie das Corps
de ballet bestreiten den letzten Abschnitt.

Suite en blanc – zu einer gekürzten Fassung von Édouard
Lalos Musik zu Lucien Petipas glücklosem Ballett
Namouna (Paris 1882) – ist nichts anderes als die effektvolle Selbstdarstellung einer Ballettkompanie. Ausgehend von der hierarchischen Gliederung des Balletts der
Pariser Opéra, präsentierte Serge Lifar hier ein klassisches Ensemble in seiner Rangfolge. Geschickt setzt die
Choreografie auf das Zusammenwirken von weiblichen
und männlichen Solisten sowie von Solisten und Corps
de ballet. Lifar zeigt in *Suite en blanc* mustergültig seinen
neoklassischen Stil, zu dessen wichtigsten Merkmalen
zwei Positionen gehören, die die traditionellen fünf der
Danse d'école ergänzen: die so genannte sechste und
siebte Position (erstere mit eng anliegenden parallelen
Füßen am Boden, letztere ebenfalls mit parallelen Füßen,
doch auf halber Spitze, wobei die Füße einen Schritt
weit auseinander sind). Der Titel des Balletts bezieht
sich sowohl auf die Reinheit des klassischen Tanzes als
auch auf die Farbe Weiß – sämtliche Tänzerinnen sind in
Weiß gekleidet, die Tänzer tragen weiße Hemden (dazu
schwarze oder weiße Trikothosen).

Suite en blanc zählt zu den erfolgreichsten Balletten,
die je an der Pariser Opéra uraufgeführt wurden; von
Lifar wurde es im Lauf der Zeit wiederholt überarbeitet.
Zahlreiche andere klassische Kompanien haben das Werk
einstudiert.

Summerspace

Ein lyrisches Tanzstück

CHOREOGRAFIE: Merce Cunningham; MUSIK: Morton Feldman; AUSSTATTUNG: Robert Rauschenberg; URAUFFÜHRUNG: 17. August 1958, Connecticut College (Frank Loomis Palmer Auditorium), New London (Conn.), Merce Cunningham Dance Company
ROLLEN: 4 Tänzerinnen, 2 Tänzer

Dekorationslose Bühne, pointillistischer Hintergrundprospekt, auf der linken und rechten Bühnenseite je drei Zugänge.

Für die 21 Möglichkeiten, jeden Bühnenzugang mit einem Bühnenabgang zu verbinden, sind genauso viele Bewegungsfolgen festgelegt. Jeder der sechs Tänzer, deren Kostüm ähnlich pointillistisch wie der Hintergrundprospekt gehalten ist, führt die Phrasen in einer anderen Reihenfolge aus.

Für *Summerspace* bediente sich Merce Cunningham der Zufallsmethode. Reihenfolge der Bewegungsphrasen, ›Ebenen‹ (in der Luft, in normaler Höhe, knapp über dem Boden), Tempi und weitere Parameter wie Aufteilung des Raumes und Dauer legte Cunningham in einer freien, per Zufall zustande gekommenen Entscheidung fest. Das Bewegungsmaterial von *Summerspace* basiert auf einer Kombination von Danse d'école und Modern Dance, weist zugleich jedoch die für Cunninghams Stil typische binnenkörperliche Flexibilität und Isolation einzelner Körperteile auf.

Wie in den meisten Werken Cunninghams besteht zwischen Tanz und Musik keine nähere Beziehung; im Fall von *Summerspace* ist die einzige Gemeinsamkeit, dass Tanz und Musik zur gleichen Zeit beginnen und enden: Morton Feldmans grafische Partitur *Ixion* gibt den Musikern lediglich vor, eine festgelegte Zahl von Noten nach eigener Wahl in bestimmten Zeiteinheiten zu spielen.

Wie andere Choreografien Cunninghams, die nach der Zufallsmethode entstanden – etwa *Suite for Five in Space and Time* (South Bend, Ind., 1956; Musik: John Cage), *Rain Forest* (Buffalo 1968; Musik: David Tudor), *Roadrunners* (Durham, N.C., 1979; Musik: Yasunao Tone) oder *Arcade* (Philadelphia 1985; Musik: Cage) – wirkt auch *Summerspace*, als habe das Stück weder Anfang noch Ende: Der emotionslose Fluss der Bewegung entspricht den ästhetischen Vorstellungen Cunninghams.

Summerspace gehört zu den am häufigsten aufgeführten Stücken des Choreografen und wurde von mehreren Ballettkompanien übernommen.

La sylphide

Romantisches Ballett in zwei Akten

CHOREOGRAFIE: August Bournonville; MUSIK: Herman Løvenskiold; LIBRETTO: August Bournonville; BÜHNENBILD: Arnold Wallich und Christian Ferdinand Christensen; KOSTÜME: Johan Christian Ryge; URAUFFÜHRUNG: 28. November 1836, Königliches Theater, Kopenhagen, Ballett des Theaters

ROLLEN: La sylphide; Anna, Witwe eines Gutspächters; James, ihr Sohn; Effy, ihre Nichte, James' Braut; Gurn, ein junger Bauer; Madge, eine Wahrsagerin; schottische Bauern, Sylphiden, Hexen

In Schottland.

I. Akt, Innenraum eines Bauernhauses: Am frühen Morgen sitzt James in einem Lehnstuhl und schläft. Zu seinen Füßen kniet die Sylphide, ein Luftgeist, und beobachtet James aufmerksam. Als sie James auf die Stirn küsst, erwacht er und ist augenblicklich von dem Elementarwesen fasziniert; er versucht, es zu fangen. Doch die Sylphide weicht ihm aus und verschwindet im Kamin. James weckt daraufhin die Hausangestellten, um sie nach der Erscheinung zu befragen; dann eilt er nach draußen, um dort nach der Sylphide zu suchen. Sogleich kehrt er zurück und erinnert sich, dass er heute seine Cousine Effy heiraten wird. Deshalb ordnet James an, alles für die Feier herzurichten. Bald tritt Effy zu ihm, begleitet von James' Mutter Anna und gefolgt von Gurn, der nicht verstehen kann, dass sie ihm James vorzieht. James nimmt Effy kaum wahr, doch schließlich finden sie zusammen und empfangen Annas Segen. Nun treffen die ersten Gäste ein und gratulieren dem Paar. Gleichwohl konzentriert sich James nach wie vor auf den Kamin, in dem die Sylphide so plötzlich verschwand. Dort befindet sich mit einem Mal die Wahrsagerin Madge; James will ihr die Tür weisen, doch die Gäste besänftigen ihn. Gurn bietet ihr einen Platz an, und Madge beginnt, den Frauen aus der Hand zu lesen. Effy hält ihr ebenfalls die Hand hin, aus der Madge liest, dass ihr Ehemann sie nicht liebe. Und Gurn versichert sie, dass er Effy von ganzem Herzen liebe. Jetzt kann niemand mehr James abhalten, Madge hinauszujagen. Dann ziehen sich alle bis auf James zurück; Effy geht in ihr Zimmer, um das Brautkleid anzulegen. Da öffnet sich das Fenster, und die Sylphide steht im Rahmen. James bittet sie herein. Für ihre offenkundige Niedergeschlagenheit gibt sie zunächst keine Erklärung; bald jedoch gesteht sie James ihre Liebe. James teilt ihr mit, dass sein Herz Effy gehöre; dennoch ist er von der Sylphide fasziniert, und er wendet sich ihr immer mehr zu. Als die Sylphide Effys Tuch findet, legt sie es sich um die Schultern und posiert so vor James. Gurn hat einen Teil der Szene beobachtet und will Effy alles berichten. Von einem Geräusch aufgeschreckt, versteckt James die Sylphide im Lehnstuhl unter dem Tuch. Der bald versammelten Hochzeitsgesellschaft will Gurn James' Untreue darlegen, und als schließlich Gurn und Effy das Tuch heben, ist der Stuhl darunter leer. Gurn wird verlacht, und das Fest beginnt. Auf einmal erscheint – nur für James sichtbar – für eine Weile die Sylphide; er versucht sie zu fangen – zum Entsetzen der Gäste, die glauben, James werde langsam verrückt. Ein zweites Mal erscheint der Elementargeist und

greift sich James' Hochzeitsring. James eilt ihr sofort
nach. Es dauert eine Weile, bis die Hochzeitsgesellschaft
James' Abwesenheit bemerkt; als Effy für den Ringtausch
bereit ist, bemerkt sie, dass James nicht mehr da ist. Sie
ist verzweifelt, während Gurn triumphiert und Effy erneut
seine Liebe erklärt.

II. Akt, im Wald, links der Eingang zu einer Höhle: Im
Nebel bereitet Madge alles für ein Hexentreffen vor. Bald
kommen die Hexen an und vergnügen sich, bevor sie sich
in die Höhle zurückziehen. Der Nebel lichtet sich, und die
Sonne geht auf. Die Sylphide führt James herbei; doch
immer wenn James die Sylphide berühren will, entzieht
sie sich ihm. Weil James missmutig wird, beschließt die
Sylphide, ihn aufzuheitern. Deshalb ruft sie andere Sylphiden herbei. Schnell bessert sich James' Stimmung, und
er möchte wieder die Sylphide berühren; erneut flieht sie
vor ihm und verschwindet. Auch die Sylphiden zerstreuen
sich nun, und James macht sich auf die Suche nach der
Sylphide. Da erscheinen Gurn und die Bauern, die James
suchen; Gurn entdeckt James' Hut, den ihm aber unver-
sehens Madge entwendet. Madge berichtet Gurn, Effy
und den anderen, was sich zuvor abgespielt hat, und da
alle James' Untreue als erwiesen ansehen, unterstützen
sie Gurns neuerliches Werben um Effy. Die Menschen
verlassen daraufhin den Wald und lassen Madge allein.
Nun kehrt James zurück und bittet Madge um ihre Hilfe,
die Sylphide an sich zu binden. Madge macht James zwar
Vorwürfe, weil er sie am Tag zuvor hinausgeworfen hat,
beschließt dann aber doch, ihm zu helfen. Sie gibt James
einen Schleier, mit dem er Macht über die Sylphide erhalten könne, und zieht sich wieder zurück. Als die Sylphide kommt, zeigt James ihr den Schal. Unverzüglich
davon fasziniert, jagt sie dem Kleidungsstück nach, das
ihr James stetig entzieht. Schließlich wickelt James der
Sylphide den Schal um die Schultern – so, wie Madge
es ihm gezeigt hat. Vergeblich versucht die Sylphide, sich
zu befreien; bald hat sie ihre Flügel verloren, und sie ist

im Begriff zu sterben. Sie gibt James den Hochzeitsring zurück und ermahnt ihn, schnell zu Effy zu gehen. Nun zeigt sich noch einmal Madge und erfreut sich an James' Trauer: Sie hat Rache genommen. Während die Sylphide in den Armen ihrer Schwestern stirbt, sieht James in der Ferne, wie Effy von Gurn zum Altar geführt wird. Nachdem die Sylphiden die Tote weggebracht haben, bricht James zusammen.

Filippo Taglioni hat 1832 in Paris ein Ballett *La sylphide* nach einem Libretto von Adolphe Nourrit und mit der Musik von Jean Schneitzhoeffer für seine Tochter Marie Taglioni choreografiert, deren Image damit auf die fragile, elfenhafte Ballerina festgelegt war. Vier Jahre später adaptierte es August Bournonville, der in Paris lange Zeit Taglionis Partner gewesen war. Er schuf zu neuer Musik von Herman Løvenskiold seine Fassung des Balletts, das unter dem Titel *Sylfiden* herauskam; insbesondere die Rollen der Sylphide, die Lucile Grahn tanzte, und des James, von Bournonville selbst verkörpert, wurden aufgewertet. Bereits in Taglionis Fassung hatte das Werk großen Erfolg; es gilt als erstes wichtiges Werk des romantischen Balletts mit epochemachender Bedeutung.

La sylphide bildete nicht nur das Modell für das typisch romantische Kostüm der Tänzerin – jenes weiße, leichte, wadenlange Tutu, die enge Korsage, an der zarte Flügelchen befestigt waren, das Kränzchen auf den Haaren –, sondern prägte auch Tanzstil und Dramaturgie einer ganzen Epoche: Die Tänzerin etablierte sich als zentrale Figur des Bühnengeschehens, sie perfektionierte ihre Technik, vor allem den Spitzentanz, der den Eindruck der Leichtigkeit und Schwerelosigkeit unterstützte. Dieses Ideal manifestiert sich im ›ballet blanc‹, dem weißen Akt, der an romantisch-bedrohlichen Schauplätzen – Waldlichtungen und -seen, in Ruinen, im Mondlicht – spielt, und personifiziert sich in den verschiedenen Arten von

Elementarwesen: Luft-, Wasser- und Erdgeister, die auf den Menschenmann eine unwiderstehliche Faszination ausüben. Eine Verbindung beider scheitert meist katastrophal – wie in *La sylphide*. Vorläufer des Werkes war das ›Nonnenballett‹ in der Oper *Robert le diable* (1831) von Giacomo Meyerbeer; zum Höhepunkt geriet einige Jahre später Jean Corallis Ballett → *Giselle*.

Bis 1860 wurde *La sylphide* in Paris aufgeführt, und es initiierte bis Mitte des 19. Jahrhunderts Neuchoreografien in zahlreichen Städten Europas. Bournonvilles Fassung hat sich bis heute im Repertoire des Königlichen Dänischen Balletts gehalten; allerdings erfolgten regelmäßig Revisionen, erstmals von Bournonville selbst, später von den ihm nachfolgenden Ballettmeistern am Kopenhagener Königlichen Theater. Fassungen, die auf Bournonville beruhen, etwa von Peter Schaufuss (London 1979), befinden sich im Repertoire vieler klassischer Kompanien.

Les sylphides
Romantische Träumerei in einem Akt

CHOREOGRAFIE: Michail Fokin; MUSIK: Frédéric Chopin, orchestriert von Sergei Tanejew, Igor Strawinsky, Nikolai Sokolow, Anatoli Ljadow und Alexandr Glasunow; AUSSTATTUNG: Alexandre Benois; URAUFFÜHRUNG: 2. Juni 1909, Théâtre du Châtelet, Paris, Ensemble der ›saison russe‹

ROLLEN: 3 Solistinnen; 1 Solist; 20 Tänzerinnen

Dekorationslose Bühne, Hintergrundprospekt mit baumumstandener Burgruine im Mondschein, Tänzerinnen in Ballettkleid mit langem Tutu.

Das weibliche Corps de ballet umrahmt die vier Solisten: Der Mann steht in der Mitte, zu seinen Seiten je eine Solistin; die dritte liegt vor ihm. Dann löst sich das Tableau auf. Die Tänzerinnen bewegen sich nach vorn; im weiteren Verlauf des Balletts bilden sie die Umrahmung für die Auftritte der Solisten mit wechselnden Anordnungen: Reihen links und rechts, einen großen Halbkreis hinten, zwei Halbkreise, die sich in der Mitte hinten treffen, oder drei kreisförmige Ensembles. Die Solisten zeigen sich zunächst mit kürzeren Auftritten, wobei der Mann die Frauen stützt; am Ende dieses Abschnitts tanzen zwei Solistinnen synchron. Danach kommen vier Soli: Das der ersten Solistin enthält viele virtuose Sprünge und Drehungen. Die nächste Solistin beginnt ebenfalls mit Sprüngen, wird bald aber lyrischer; ihre Posen begleitet die Frauengruppe mit wellenartigen weichen Armbewegungen. Daraufhin präsentiert sich der Solist mit langsamen Sprüngen und delikaten ausholenden Armbewegungen. Die dritte Solistin vollführt zarte, fließende Bewegungen, zu denen eine Geste des Lauschens gehört, bei der eine Hand hinter das Ohr gehalten wird. Nun folgt ein Duett des Mannes mit einer Solistin, das viele Hebungen, auch hohe, enthält. Am Ende teilt sich die Tänzerinnengruppe in kleinere Einheiten, die mit Sprungkombinationen über die Bühne eilen. Nach je einem Auftritt der vier Solisten fügen sich diese in die Sprungsequenzen des wieder eine Einheit bildenden Corps de ballet ein. Schließlich nehmen alle wieder die Haltung vom Beginn des Balletts ein.

Mit *Les sylphides* beginnt die Geschichte des handlungslosen, abstrakten Balletts des 20. Jahrhunderts. Anders als Lew Iwanow in seiner Choreografie des II. Aktes von → *Schwanensee* in der Sankt Petersburger Produktion (1895) ließ sich Michail Fokin direkt vom Charakter der Musik anregen: Entscheidend für die tänzerische Gestaltung waren weniger standardisierte choreografische Prinzipien und floskelhafte Bewegungssequenzen, sondern die persönliche Empfindung auf die ausgewählten Klavierstücke Frédéric Chopins, die die einzelnen Auftritte begleiten: das *Prélude Nr. 7 A-Dur*, das zunächst als Ouvertüre dient, später zum Solo der dritten Solistin erklingt, das *Nocturne Nr. 10 As-Dur*, der *Walzer Nr. 11 Ges-Dur*, die *Mazurken Nr. 23 D-Dur* und *Nr. 44 C-Dur*, der *Walzer Nr. 7 cis-Moll* und der *Walzer Nr. 1 Es-Dur*. Die subjektive Reaktion als Stimulus für die Bewegungsfindung kennzeichnet seitdem den Bühnentanz. Die romantische Stimmung der Musik reflektiert Alexandre Benois' Bühnenbild, dessen Sujet – eine mondbeschienene Waldlichtung mit Ruine – dem ›ballet blanc‹ des romantischen Balletts des 19. Jahrhunderts entlehnt ist. Auf diese weißen Akte verweist auch das Kostüm der Tänzerinnen. Doch in diesem traditionell anmutenden Rahmen entfaltet sich eine Choreografie des 20. Jahrhunderts. So wird das Corps de ballet bisweilen als homogener Block behandelt, bisweilen zu asymmetrischen Formationen angeordnet; Tänzerinnen und Solisten vollführen fließende Sequenzen, die *Les sylphides* eine traumhafte Aura verleihen. Fokin benutzte für das Bewegungsmaterial die klassische Technik in verhältnismäßig reiner Form, der freilich durch eine sehr weiche, lyrische Ausführung und freie ›Ausdrucks‹-Bewegungen viel von ihrer Strenge genommen ist.

Bevor *Les sylphides* in Paris herauskam, hatte Fokin in Sankt Petersburg zwei Vorstufen erstellt. Am 23. Februar 1907 kam am Mariinski-Theater ein Ballett namens *Schopeniana* zu fünf von Alexandr Glasunow orchestrierten Klavierstücken Chopins heraus; dieses Werk besaß eine starke polnische Prägung (in Bühnenbild, Kostüm und Bewegungsmaterial). Eine zweite Choreografie mit demselben Titel wurde am 21. März 1908 im Mariinski-Theater aufgeführt; sie weist bis auf die erste Nummer (die *Polonaise Nr. 3 A-Dur*) die gleiche Abfolge der Musik wie das in *Les sylphides* umbenannte Werk auf (Orchestration der meisten Klavierstücke: Moritz Keller). Diesen Namen erhielt *Schopeniana* für das erste Pariser Gastspiel einer russischen Kompanie mit Opern und Balletten; damit sollte der allgemeine Bezug zum (französisch geprägten) romantischen Ballett über die Titelähnlichkeit → *La sylphide* zum Ausdruck kommen. Der Impresario des Ensembles, Sergei Diaghilew, bestellte darüber hinaus eine neue Orchestration für die Mehrzahl der Musikstücke und eine neue Ausstattung bei Benois.

Les sylphides gehörte zu den erfolgreichsten Werken der Ballets Russes und wurde bis zu deren Ende 1929 aufgeführt (ab 1917 in einer neuen Ausstattung von Carlo Socrate). *Les sylphides* ist bis heute in einer dem Original verpflichteten Fassung erhalten geblieben; zahlreiche klassische Kompanien haben es seit den 1910er-Jahren einstudiert, darunter die Ballets-Russes-Nachfolgeensembles.

Für die Übernahme des Balletts durch das Ballett des Mariinski-Theaters 1914 ersetzte Fokin die *Mazurka Nr. 44 C-Dur* durch die *Mazurka Nr. 24 C-Dur*. In dieser Fassung wird es bis heute in Russland als *Schopeniana* aufgeführt.

Sylvia
Ballett in drei Akten und fünf Bildern

CHOREOGRAFIE: Louis Mérante; MUSIK: Léo Delibes; LIBRETTO: Jules Barbier und Jacques de Reinach, nach Torquato Tasso; BÜHNENBILD: Jules Chéret, Auguste-Alfred Rubé und Philippe Chaperon; KOSTÜME: Pierre Eugène Lacoste; URAUFFÜHRUNG: 14. Juni 1876, Opéra (Salle Garnier), Paris, Ballett der Opéra

ROLLEN: Aminta, Schäfer; Orion, der schwarze Jäger; erster Waldgeist; erster Satyr; 2 Satyrn; ein Bauer; Sylvia, Nymphe der Diana; Diana; Amor (Tänzerin); 2 äthiopische Sklavinnen; ein junger Schäfer (Tänzerin); eine Bäuerin; eine Negerin; Waldgeister, Satyrn, Faune, Najaden, Dryaden, Nymphen, Schäferinnen, Bäuerinnen, junge Mädchen mit Blumen, Gefolge von Bacchus, Volk, Sklavinnen, Seeleute

I. Akt, ein geweihter Hain im Mondschein, links hinten ein Marmorschrein mit einer Amorstatue, rechts eine Wasserquelle inmitten von Felsen: Faune, Waldgeister

und Dryaden brechen ihre scherzhaften Spiele ab, als
Aminta naht. Dieser sucht hier ein schönes Mädchen,
das er in einer früheren Nacht gesehen und in das er sich
verliebt hat, und er bittet Amor um Hilfe. Kaum hat er
das getan, hört er Schritte und versteckt sich hinter der
Statue. Da erscheint Sylvia, Lieblingsnymphe der Diana,
mit ihren Begleiterinnen. Doch auch Orion, der schwarze
Jäger, zeigt sich auf dem Felsen und beobachtet wie
Aminta die Nymphen. Plötzlich entdecken die Nymphen
Amintas Stab und Mantel, und sie vermuten einen Sterb-
lichen in ihrem Schrein. Bald haben sie Aminta hinter der
Statue gefunden. Der Schäfer erklärt Sylvia seine Liebe,
die, erzürnt über solch unziemliches Verhalten, sofort
ihren Pfeil auf ihn richtet. Doch sie überlegt es sich noch
einmal: Nicht Aminta trifft Schuld, sondern Amor. Deshalb will sie ihren Pfeil auf die Statue abschießen. Den
Frevel kann Aminta verhindern, indem er sich dem Pfeil
in den Weg stellt. So wird er tödlich getroffen. Daraufhin
schießt Amor einen goldenen Pfeil auf Sylvia; unverletzt
nimmt sie den Pfeil und steckt ihn in ihren Köcher. Der
Morgen bricht an, und die Geisterwesen verschwinden
allmählich. Jetzt nahen die Bauern zur Weinlese; Schäfer
folgen ihnen. Ein junger Schäfer bleibt zurück und versteckt sich, als Orion naht. Im Schrein entdeckt Orion den
toten Aminta und freut sich; er wollte nämlich den Schäfer töten, der es gewagt hat, sein Rivale um Sylvias Gunst
zu sein. Mit einer Schlinge in der Hand versteckt er sich,
als er Sylvia kommen hört. Sylvia hat sich von den anderen Nymphen getrennt, weil sie sich zu Aminta hingezo-
gen fühlt und ihn um Verzeihung bitten möchte. Diesen
Moment nutzt Orion aus, fängt Sylvia mit dem Seil ein
und trägt sie fort. Nun stürzt der junge Schäfer hervor,
der alles mit angesehen hat, und ruft die Bauern zusammen. Einige kümmern sich um Aminta, andere machen
sich auf die Suche nach Orion. Amor, als alter Zauberer
verkleidet, tritt dann zu Aminta und erweckt ihn mit einer
Rose, die er an dessen Lippen bringt, wieder zum Leben.

Der alte Zauberer berichtet ihm auch von Sylvias Entführung. Als schließlich Sylvias zerrissener Mantel angebracht wird, steht Amintas Entschluss fest: Er will Sylvia befreien. Noch einmal kniet er vor der Amorstatue nieder, und in diesem Augenblick verwandelt sich die Statue in den leibhaftigen Amor, der Aminta den Weg zu Orions Lager weist.

II. Akt, 1. Bild, Orions Höhle mit Tisch und Hockern: Orion bewundert die schlafende Sylvia. Sobald sie erwacht ist, will sie fliehen, doch Orion hält sie fest. Nach weiteren Fluchtversuchen versperrt er den Ausgang mit einem Felsen. In ihrer Verzweiflung gibt Sylvia vor, auf Orions Liebesbeteuerungen einzugehen, und willigt ein, mit ihm einen Imbiss einzunehmen. Zwei äthiopische Sklavinnen bringen Speisen und Getränke herbei; zu Sylvias Überraschung ist kein Wein dabei. Sie bittet die Sklavinnen, Wein zu holen, und gibt Orion davon zu trinken. Dieser allerdings hat noch nie zuvor Wein getrunken; schnell wird er beschwipst und zudringlich. Sylvia kann ihn sich erfolgreich vom Leib halten, und bald schläft er ein. Doch sie kann den Felsen, der den Eingang versperrt, nicht wegbewegen. In ihrer Not erfleht sie Amors Hilfe und verspricht ihm ihre Waffen, wenn er sie befreie. Amor erhört sie und erscheint; er trägt sie aus der Höhle davon, die in der Tiefe versinkt. 2. Bild, Felsenlandschaft: In der Nacht sieht Sylvia Aminta, wie er nach ihr sucht. Amor hält sie davon ab, zu ihm zu eilen.

III. Akt, 1. Bild, Landschaft am Meer, in der Mitte eine große Eiche, links hinten der Tempel der Diana: Man feiert die Weinlese, und eine Bacchusstatue wird zum Fuß der Eiche gebracht. Aminta kehrt zurück; er ist betrübt, dass er Sylvia nicht finden konnte. Da legt ein Schiff an; ihm entsteigt Amor, als Pirat verkleidet, gefolgt von Sklavinnen. Diese hindern Aminta am Fortgehen, und eine von ihnen erregt sein Interesse, erinnert sie ihn doch an Sylvia. Amor hebt ihren Schleier: Es ist Sylvia, und Aminta sinkt ihr zu Füßen. Jetzt erscheint

Orion und stürzt sich auf die beiden. Sylvia flieht in den
Dianatempel; Aminta erwartet Orion zum Kampf. Doch
dieser stürmt zum Tempel und schlägt wütend gegen die
Tore. Dieses Sakrileg lässt den Himmel sich verdüstern,
und plötzlich öffnen sich die Tore: Diana steht auf der
Schwelle, mit Pfeil und Bogen bewehrt, und erschießt
Orion. Dann wendet sich Diana Sylvia zu; sie ist zornig
auf die Nymphe, weil sie ihren Schwur, nicht zu lieben,
gebrochen hat. Sylvia macht Amor für alles verantwortlich, und der hinzutretende Aminta will alle Schuld auf
sich nehmen. Doch Amor stellt sich mit einem Donner-
schlag vor Diana: Er erinnert sie an ihre einstige Liebe zu
Endymion, und daraufhin verzeiht Diana. Sie gibt Sylvia
und Aminta ihren Segen. 2. Bild, Dianas Palast: Sylvia
und Aminta knien vor Diana und Amor nieder.

Sylvia – das Werk hieß im Original *Sylvia ou La nymphe
de Diane* – war das erste Ballett, das nach der Eröffnung des von Charles Garnier konzipierten neuen Pariser
Opernhauses uraufgeführt wurde. Angesichts dieses prominenten Anlasses überrascht es, dass die Direktion der
Opéra ein Libretto nach Torquato Tassos Drama *Aminta*
(1573) akzeptierte, waren doch Schäferspiele und antiki-
sierende Inhalte seit dem vorromantischen Ballett immer
seltener geworden. Im Libretto liegt denn auch die große
Schwäche des Balletts: Der Detailreichtum und die unge-
nügende Dramaturgie der Geschichte prägen signifikant
das Werk; was ihren Anteil an der Gesamtdauer betrifft,
so dominieren die pantomimischen Passagen bei weitem
gegenüber den tänzerischen. Das Fehlen eines großen
Divertissements verstärkt den ungünstigen Eindruck
noch. Dagegen überragt die Musik die meisten anderen Ballettkompositionen ihrer Zeit. Vergleichbar Pjotr
Tschaikowski in Russland, widmete sich mit Léo Delibes
einer der wichtigsten französischen Theaterkomponisten
der Musik, und ähnlich wie Tschaikowski, wenn auch
nicht auf dessen Niveau, entwickelt sich seine Musik

nach sinfonischen Prinzipien, ist melodisch und rhythmisch von künstlerischer Formung und eignet sich hervorragend als Begleitung für Bühnentanz.

In der Originalchoreografie blieb *Sylvia* fast 30 Jahre im Repertoire der Opéra; rasch verbreitete sich das Ballett nach der Uraufführung in Europa. Im 20. Jahrhundert erlebte es in Paris verschiedene Neuchoreografien, etwa von Serge Lifar (1941). Eigene Fassungen mit zum Teil stark bearbeitetem Libretto schufen unter anderem Heinrich Kröller (Berlin 1922), Leonid Lawrowski unter dem Titel *Fadetta* (Leningrad 1934), Frederick Ashton (London 1952), László Seregi (Budapest 1972) – diese Choreografie haben mehrere Kompanien übernommen – und John Neumeier (Paris 1997). Von George Balanchine stammt ein Pas de deux *Sylvia* (New York 1950).

Symphonic Variations

CHOREOGRAFIE: Frederick Ashton; MUSIK: César Franck; AUSSTATTUNG: Sophie Fedorovitch; URAUFFÜHRUNG: 24. April 1946, Royal Opera House, London, Sadler's Wells Ballet

ROLLEN: 3 Tänzerinnen; 3 Tänzer

Dekorationslose Bühne, Hintergrundprospekt mit schwarzen Kurven und Linien auf grüngelber Fläche: Tänzerinnen und Tänzer agieren zunächst als zwei Dreiergruppen; Frauen und Männer beziehen sich zwar in ihren zu einem gut Teil unisono ausgeführten Bewegungen aufeinander, tanzen jedoch nicht oft zusammen. Allmählich werden die sechs Tänzer zu einer Einheit, und sie bilden mehrere geometrische Figuren auf der Bühne (Quadrat, Dreieck, Dreierlinien); dabei kommt es zu Soli, Duetten und einmal zu einem Trio, während die anderen ruhig verharren. Schließlich tanzen die Tänzer paarweise miteinander, kommen aber auch mehrere Male zusammen, um sich an der Hand zu fassen und als Sechserreihe über die

Bühne zu laufen. Am Ende stehen Frauen und Männer, wie zu Beginn, in zwei Dreierlinien: die Frauen vorn, die Männer hinten.

Ursprünglich plante Frederick Ashton mit *Symphonic Variations* ein Ballett über mystisches Gedankengut, für das er als passende musikalische Begleitung bereits César Francks *Variations symphoniques* (1885) für Klavier und Orchester ausgewählt hatte. Während der Arbeit an der Choreografie wurde der thematische Überbau sukzessive eliminiert. So präsentierte das Ballett schließlich abstrakten Tanz, der eng der Struktur der Musik folgt. Ashton beschränkte sein Bewegungsmaterial auf die Basiselemente der Danse d'école; die Einfachheit der Choreografie verdeutlichte die von ihm intendierte Demonstration der klaren Linie und der sicheren Beherrschung der klassischen Technik.

 Symphonic Variations erwies sich als großer Erfolg für den Choreografen und wurde zu einem seiner bekanntesten Werke. Im Lauf der Jahre von Ashton mit kleinen Veränderungen versehen, gehört es bis heute zum Repertoire des Royal Ballet. Nur wenige andere Kompanien haben das Ballett einstudiert.

Symphonie pour un homme seul

CHOREOGRAFIE: Maurice Béjart; MUSIK: Pierre Henry und Pierre Schaeffer; URAUFFÜHRUNG: 26. Juli 1955, Théâtre de l'Étoile, Paris, Ballets de l'Étoile

ROLLEN: der Mann; die Frau; die anderen (5 Tänzerinnen, 2 Tänzer)

Von oben hängen mehrere Seile herab.

 Zunächst ist der Mann, der nur eine dunkle Hose trägt, allein; seine Bewegungen imitieren Schreie und drücken Langeweile aus. Nach einem kurzen Auftritt der anderen

(Frauen in grauem Trikot, Männer in schwarzer Hose) kommt die in Schwarz gekleidete Frau zu dem Mann; im weiteren Verlauf des Stückes begegnen sich die beiden mit teils aggressiven, teils innigen Aktionen. So schlägt der Mann die Frau, aber sie lieben sich auch. Bald wird offensichtlich, dass die Frau die dominante Persönlichkeit ist, die – unterstützt von der sporadisch und in wechselnden Zusammensetzungen auftretenden Gruppe – den Mann zu manipulieren weiß, selbst wenn es bisweilen den Anschein hat, als beherrsche er sie. Schließlich bildet die Gruppe einen Halbkreis um den Mann; man lässt ihn nicht entkommen. Die Frau weist ihn auf ein Seil hin, drückt ihn zu Boden, und dann, umringt von allen, ergreift der Mann dieses Seil.

Wie Roland Petits → *Le jeune homme et la mort* greift Maurice Béjart in *Symphonie pour un homme seul* Themen auf, die in der Nachkriegszeit zunehmend wichtiger wurden: die Frage nach dem Sinn des Lebens und das Zusammenleben der Geschlechter. Machten Petit und sein Librettist Jean Cocteau daraus noch eine existenzialistische Handlung, so verzichtet Béjart auf eine linear ablaufende Geschichte: Erkennbar ist, dass die beiden Personen zur Liebe fähig sind, doch es überwiegen der Kampf und schließlich die Ausgrenzung des Mannes durch die Gesellschaft; der allein gelassene Mann sieht nur noch im Selbstmord einen Ausweg (wie bei Petit geschieht dies durch den Strick nach Anregung durch die Frau). Hierfür fand Béjart eine kraftvolle, sportive Bewegungssprache mit einer grundsätzlich aggressiven Note, deren Basis die klassische Technik bildet und die stark mit Modern-Dance-Elementen durchsetzt ist. Auffallend sind so echt wie möglich ausgeführte gewalttätige Aktionen sowie Bewegungen, die sich häufig in Choreografien Béjarts finden: tiefe Pliés in der zweiten Position und Battements à la seconde. Der unkonventionellen Choreografie entspricht die elektronisch verfremdete

Komposition von Pierre Henry und Pierre Schaeffer im Stil der Musique concrète: Tanz und Musik verstanden sich als zeitgemäße Ausdrucksformen.

Mit *Symphonie pour un homme seul* wurde Béjart – der in der Uraufführung den Part des Mannes tanzte – quasi über Nacht bekannt. Übernommen wurde das Werk vom Ballet du XXᵉ Siècle (Brüssel 1967) und gelegentlich von klassischen Kompanien. Eine Rekonstruktion seiner originalen Choreografie erstellte Béjart für das Béjart Ballet Lausanne (Lausanne 2000). Die Besetzung der Gruppe kann, was die Zahl der Tänzer und das Verhältnis von Frauen und Männern betrifft, variieren.

Le train bleu

Getanzte Operette in einem Akt

CHOREOGRAFIE: Bronislawa Nijinska; MUSIK: Darius Milhaud; LIBRETTO: Jean Cocteau; KOSTÜME: Coco Chanel; BÜHNENBILD: Henri Laurens; URAUFFÜHRUNG: 20. Juni 1924, Théâtre des Champs-Élysées, Paris, Ballets Russes

ROLLEN: Perlouse; die Tennismeisterin; Beau-Gosse; der Golfspieler; 16 Mädchen; 17 Gigolos

An einem Strand, 1924.

Die Gigolos und die Mädchen, alle in Badekleidung, führen Turnübungen vor und setzen sich in Pose. Bald tritt Beau-Gosse im Bademantel aus einer der beiden Badekabinen, zieht ihn aus und ölt sich die Haare ein, bevor er sich produziert. Dann heben ihn die Gigolos auf die Schultern; alle versammeln sich um ihn, bevor er abgeht. Jetzt erscheint Perlouse, ebenfalls im Badeanzug; sie flirtet mit den Gigolos, lässt sich einen Bademantel reichen und zieht sich in eine Badekabine zurück. Beau-Gosse kehrt nun zurück; im Bademantel geht er in die andere Kabine. Gigolos und Mädchen verschließen daraufhin die beiden Kabinen und blicken nach oben: Sie

La sylphide. Choreografie: August Bournonville
Königliches Dänisches Ballett, Kopenhagen

Symphonic Variations. Choreografie: Frederick Ashton
Royal Ballet, London

setzen Sonnenbrillen auf, winken in Richtung Himmel und fangen von oben fallende Flugblätter auf. Anschließend entfernen sie sich. Danach kommt die Tennismeisterin mit einem Tennisschläger; sie erwartet ihren Freund, den Golfspieler, und vertreibt sich bis zu seinem Eintreffen die Zeit mit Übungen. Dabei stößt sie nach einer Weile mit dem Rücken an die Badekabine, in der Beau-Gosse eingeschlossen ist. Sie befreit ihn und flirtet mit ihm. Als dann der Golfspieler naht, versteckt sie sich in der frei gewordenen Kabine, Beau-Gosse dahinter. Der Golfspieler präsentiert nun seine Fertigkeiten, raucht Pfeife und befreit Perlouse aus ihrer Kabine; zwischen den beiden entwickelt sich auch ein Flirt, bis Perlouse den Golfspieler in einer Kabine einsperrt und mit dem hinzugekommenen Beau-Gosse flirtet. Dann kehren die Gigolos und die Mädchen zurück. Bald befreit Beau-Gosse die Tennismeisterin, die ihm daraufhin ihren Schläger in den Magen klopft, und Perlouse lässt den Golfspieler wieder aus der Kabine. Sogleich beginnt ein heftiger Streit zwischen Tennismeisterin und Golfspieler; sie unterbrechen ihre Auseinandersetzung nur für Fotos, die Gigolos und Mädchen von ihnen machen. Als der Golfspieler schließlich die Bühne verlässt, geht die Tennismeisterin ihm nach. Gigolos und Mädchen setzen ihre Vergnügungen fort. Am Ende zeigt sich Beau-Gosse mit einem Sonnenhut, der ihm prompt vom Kopf geweht wird, woraufhin er zum Schwimmen eilt; Perlouse folgt ihm, und Gigolos und Mädchen blicken ihnen nach.

Der Titel des Balletts bezieht sich auf den gleichnamigen Luxuszug, der ab 1922 von den Badeorten des Ärmelkanals via Paris an die Côte d'Azur fuhr. In Bronislawa Nijinskas heiterem Ballett ist allerdings von einem Zug nichts zu sehen. Stattdessen vergnügen sich schicke junge Damen und Herren in Badekleidung mit Flirts und sportlichen Übungen. Hier thematisierte Nijinska ein neues Phänomen der Zeit: Der Sport wurde in den

1920er-Jahren zu einer parallelen, mit dem Tanz konkur-
rierenden Körperpraxis. Zwar hatte bereits 1913 Waslaw
Nijinski in →*Jeux* das Tennisspiel aufgegriffen, doch
Nijinska zentrierte *Le train bleu* auf zuvor nie gekannte
Weise um den Sport – sie reagierte damit auch auf ein
konkretes Ereignis, denn 1924 fanden die Olympischen
Spiele in Paris statt. In der Choreografie sind turnerische
Elemente mit der Danse d'école verbunden, und in die
Bewegungssequenzen der Tennismeisterin sind Posen
montiert, die an Fotografien der Wimbledon-Siegerin
1924, Suzanne Lenglen, erinnern. Auf das neue Massen-
kommunikationsmittel Fotografie verweisen auch die
Posen der Tänzer, die sowohl für die Fotoapparate auf
der Bühne, also stückintern, eingenommen werden als
auch als strukturierendes Merkmal das gesamte Ballett
durchziehen. Daneben ist ein zweites neues Medium prä-
sent: der Film. Manche Passagen erinnern in ihrer großen
Gestik an Stummfilmszenen, und das Solo der Tennis-
spielerin (ihr erster Auftritt) spielt mit den filmischen
Techniken der Zeitlupe. Überhaupt stellt *Le train bleu* ein
Ballett mit engem Bezug zur zeitgenössischen Kunst dar,
denn neben einem Bühnenvorhang von Pablo Picasso, der
zwei beleibte laufende Frauen am Strand zeigt, verweist
das Bühnenbild von Henri Laurens mit seinen verschach-
telten Schrägen und den ›windschiefen‹ Badekabinen auf
die Strömung des Kubismus.

Trotz des Erfolgs hielt sich *Le train bleu* nur kurze Zeit
im Repertoire der Ballets Russes. Eine Neuchoreografie
schuf unter anderem Yvonne Georgi (Hannover 1930).
Eine Rekonstruktion brachten das Oakland Ballet (Oakland 1989) und das Ballett der Pariser Opéra (Paris 1992)
heraus.

Das triadische Ballett

CHOREOGRAFIE: Oskar Schlemmer; MUSIK: Mario Tarenghi, Marco Enrico Bossi, Claude Debussy, Joseph Haydn, Wolfgang Amadeus Mozart, Pietro Domenico Paradies, Baldassare Galuppi und Georg Friedrich Händel; AUSSTATTUNG: Oskar Schlemmer; URAUFFÜHRUNG: 30. September 1922, Württembergisches Landestheater (Kleines Haus), Stuttgart

ROLLEN: 1 Tänzerin; 2 Tänzer

1. Teil, ›Gelbe Reihe‹, gelb ausgeschlagene Bühne: Nach einem Solo der Tänzerin folgen zwei Duette der Tänzerin mit einem Tänzer, danach zwei weitere Soli von jedem der beiden Tänzer.

2. Teil, ›Rosa Reihe‹, rosa ausgeschlagene Bühne: Zunächst beginnt wieder die Tänzerin allein; dann kommen nacheinander die beiden Tänzer dazu: Aus dem Solo wird ein Duett, aus diesem wiederum ein Trio.

3. Teil, ›Schwarze Reihe‹, schwarz ausgeschlagene Bühne: Zwei Soli (erst eines Tänzers, dann der Tänzerin) schließen sich ein Duett der zwei Männer und ein Trio an.

Beim *Triadischen Ballett* handelt es sich nicht um ein Ballett im traditionellen Sinn – wie es der Titel suggeriert –, sondern in erster Linie um eine theatral inszenierte Übertragung bildkünstlerischer Ideen. Der Maler und Plastiker Oskar Schlemmer beschäftigte sich auch intensiv mit Theater und Tanz, und mit dem *Triadischen Ballett* leistete er einen Beitrag zu den vielfältigen Bewegungsreformideen, die in den 1910er- und 1920er-Jahren in Europa ausprobiert wurden. Insbesondere zeigt sich in dem Stück der Einfluss des Bauhauses, dem er angehörte: Die Tänzer tragen fantasievolle farbige raumplastische Gebilde aus wattiertem Stoff oder starren kaschierten Formen, die die Bewegungsmöglichkeiten zum Teil stark einschränken – Schlemmers Bezeichnungen für die Kostüme, wie »Taucher«, »Kugel-

hände«, »Schinkenarme«, »der Abstrakte« oder »Tänzer
türkisch«, deuten ihre Struktur und ihr Aussehen an. Zu
sehen sind im *Triadischen Ballett* verschiedene Arten zu
gehen, zu laufen und zu drehen, bisweilen kleine Sprünge
und diverse Arm- und Beinbewegungen. Die Konzentra-
tion auf basale Motionen macht es zu einem grundlegenden abstrakten Werk der Moderne. Sein Titel leitet sich
vom griechischen Wort für ›Dreiheit‹ ab: Drei Akteure
zeigen zwölf Tänze, gegliedert in drei Teile, und benutzen
18 Kostüme.

In seiner originalen Konzeption erlebte *Das triadische
Ballett* nur wenige weitere Aufführungen. Danach präsentierte Schlemmer lediglich Auszüge des Werkes zu
neu ausgewählter Musik, unter anderem bei den Donau-
eschinger Musiktagen 1926 (Musik: Paul Hindemith)
und beim choreografischen Wettbewerb, der 1932 in Paris
veranstaltet wurde (Musik: Alois Pachernegg). Eine neue
Choreografie auf der Basis von Schlemmers Erstfassung
erstellte Gerhard Bohner (Berlin 1977; Musik: Hans-Joa-
chim Hespos).

Trois gnossiennes

CHOREOGRAFIE: Hans van Manen; MUSIK: Erik Satie; KOSTÜME:
Joop Stokvis; URAUFFÜHRUNG: 25. März 1982, Stadsschouwburg, Amsterdam, Niederländisches Nationalballett

ROLLEN: 1 Tänzerin; 1 Tänzer

Bemalte, durchscheinende Plastikmaterialien; rechts ein
Klavier.

Von der linken Seite tritt die Tänzerin in hellem,
kurzem Kleid aus den Kulissen, wartet ab, geht auf den
Pianisten zu, läuft dann in Richtung Rampe, wendet sich
kurz in jede Himmelsrichtung, weicht zurück und geht
dem Tänzer entgegen, der auf der anderen Seite auf die
Bühne gekommen ist. Das anschließende Duett dominie-

ren Hebungen und Figuren, in denen der Tänzer die Tänzerin hält, hebelt, schwingt: Off-balance-Posen und weite Ausfälle von der Spitze herab dominieren. Auch hebt er sie in Pfötchenstellung über seinen Kopf und trägt sie. Dann gehen die beiden auseinander. Sie kreisen umeinander, spiegeln die Bewegungen des anderen, tanzen synchron. Gegen Ende zu intensiviert sich noch einmal das Duett. Schließlich trägt er sie mit gespreizten Beinen von der Bühne.

Trois gnossiennes, zu Erik Saties gleichnamiger Klavierkomposition (1890), bildete zunächst den 5. Teil von Hans van Manens Ballett *Five Short Stories*. Bei einer Aufführung des Niederländischen Nationalballetts am 20. Oktober 1982 in Amsterdam bekam *Trois gnossiennes* den Status eines eigenständigen Werkes, nun mit neuem Bühnenbild von van Manen. Bald bezeichnete van Manen das Stück als 3. Teil seines Zyklus *Pianovariaties* (1980–84). Das nur mehrere Minuten dauernde Duett charakterisiert eine entrückte, träumerische Atmosphäre. Ausfallschritte, schnelle Wendungen in verschiedene Richtungen suggerieren zunächst eine Desorientierung der Tänzerin, die mit ihrem Partner kaum Kontakt aufnimmt. Er ist es, der sie dann – wie im traditionellen Pas de deux – präsentiert und hinter ihr zurücktritt, ihren Körper manipuliert, sodass ihr Stellungen und Posen möglich sind, die ohne diese Assistenz nicht funktionieren würden.

Trois gnossiennes wurde von einigen klassischen Kompanien übernommen.

Troy Game

CHOREOGRAFIE: Robert North; MUSIK: Batucada (brasilianische Straßenmusik) und Bob Downes; KOSTÜME: Peter Farmer; URAUFFÜHRUNG: 3. Oktober 1974, Royal Court Theatre, Liverpool, London Contemporary Dance Theatre

ROLLEN: 6 Tänzer

Dekorationslose Bühne, Tänzer in Hose, Armschutz und Beinwärmer, jeweils mit antikisierenden Verzierungen.

Nacheinander betreten die Tänzer die Bühne. Paarweise zeigen sie skulpturale Posen und, auch als Gruppe, Aufwärmübungen. Dann bilden sie eine Pyramide, die sich auflöst, wenn der unterste Tänzer ausbricht. Nach dem Einsatz der Musik setzen die Tänzer ihre athletischen Übungen fort. Es folgen vier Soli, zwischen denen Aktionen eines Teils des Ensembles, aber auch der ganzen Gruppe stattfinden. Das fünfte Solo mündet in eine allgemeine Verfolgungsjagd dieses Tänzers über die Bühne und durch die Kulissen; die anderen wollen ihn disziplinieren. Am Ende treffen sich alle Tänzer noch einmal in der Bühnenmitte und lassen sich auf den Boden fallen.

Troy Game – wörtlich übersetzt bedeutet der Titel so viel wie ›Troja-Spiel‹ – thematisiert auf unterhaltsame Weise Rivalität und Kameradschaft unter Männern: Komödiantische Passagen mit Imponiergehabe und solistische Demonstration des eigenen Könnens wechseln sich mit energiegeladenem gemeinsamem Tanzen ab. Hierfür hat Robert North eine Bewegungssprache gefunden, in der Aktionen aus Kampfsportarten wie Capoeira, Aikido und Judo mit Elementen aus Ballett, Modern Dance und Jazz Dance sowie allgemeinen Aufwärmübungen (Laufen, Hüpfen, Ausfallschritte) verschmolzen sind. Diese effektvolle Kombination machte *Troy Game* zu einem beliebten Schlussstück des London Contemporary Dance Theatre.

Troy Game wurde von zahlreichen Kompanien übernommen.

Das Werk kann mit bis zu zwölf Tänzern aufgeführt werden; üblicherweise treten acht Tänzer auf.

Tschaikowski-Pas-de-deux

CHOREOGRAFIE: George Balanchine; MUSIK: Pjotr Tschaikowski; KOSTÜME: Barbara Karinska; URAUFFÜHRUNG: 29. März 1960, City Center, New York, New York City Ballet

ROLLEN: 1 Tänzerin; 1 Tänzer

Blauer Hintergrundprospekt.

Zuerst läuft die Tänzerin, dann ihr Partner auf die Bühne. Sie reichen sich die Hand und beginnen ein mit Drehungen der Tänzerin gespicktes Duett, das mit einer Pose ausklingt, in der der Mann ihren gestreckten Körper nach vorn kippt, sodass sich der Kopf unterhalb der Füße befindet. Die Sprungvariation des Tänzers schließt sich an, danach folgt eine zunächst kleinteilige Spitzenvariation der Tänzerin, die in eine schnelle Pirouettendiagonale übergeht. Die Coda beginnt der Mann mit einer Sprungmanege, darauf zeigt die Tänzerin eine Drehmanege. Nun wechseln sie sich in ihren Auftritten (vor allem Drehvariationen) ab, bis er sie über dem Kopf haltend von der Bühne trägt.

Die Musik dieses Pas de deux schrieb Pjotr Tschaikowski ursprünglich für den III. Akt von → *Schwanensee*; sie fand aber nie Eingang in die Partitur. Als George Balanchine erfuhr, dass die Noten im Archiv des Moskauer Bolschoi-Theaters gefunden worden waren, bemühte er sich, sie kennen zu lernen. Er schuf zu der spritzigen Komposition einen virtuosen Pas de deux für Violette Verdy und Conrad Ludlow, Solisten des New York City Ballet. Das Werk hieß zunächst nur *Pas de Deux*; unter dem (englischsprachigen) Titel *Tchaikovsky Pas de Deux* ist es bis heute ein beliebtes Stück bei Galaabenden.

Ulrike Meinhof

Choreografisches Theater

CHOREOGRAFIE: Johann Kresnik; MUSIK: Serge Weber; LIBRETTO: Mario Krebs; AUSSTATTUNG: Penelope Wehrli; URAUFFÜHRUNG: 10. Februar 1990, Bremer Theater, Bremen, Tanztheater Bremen

ROLLEN: Ulrike Meinhof 1990; Ulrike Meinhof; Ulrike Meinhof; Klaus Rainer Röhl; Baader; Ensslin; 6 Tänzerinnen; 10 Tänzer; Geigerin

I. Teil. ›1990: Deutschland einig Vaterland. Die Rückkehr der Ulrike Meinhof‹: Während die Geigerin eine Melodie spielt, die im Verlauf des Stückes Auftritte Ulrike Meinhofs begleiten wird, geht eine ältere Frau im Trenchcoat, Ulrike Meinhof 1990, durch Fast-food-Restaurant-Abfall zu einem Stuhl vor der hinteren Wand, auf den sie sich setzt. Hamburger essend, winden sich nun Männer und Frauen herein, ehe sie nacheinander zu den Waschbecken hinten laufen und sich übergeben. Dann wird Ulrike Meinhof 1990 gewaltsam ein Hamburger in den Mund gestopft, während die anderen weiterwürgen. Schließlich zieht sich Ulrike Meinhof 1990 ihren Trenchcoat über den Kopf und wird bald wie ein Paket zwischen zwei Männern hin und her gereicht, bevor ihr eine Frau einen Hamburger aufdrängt und sie später nach hinten, zur Mauer, trägt. Auch diese Frau muss sich jetzt übergeben. Daraufhin präsentiert sich eine Amüsiergesellschaft mit Faschingspolonaise und Schlagersängern sowie Hitler und Stalin, die in einer Lederhose fröhlich umhertanzen, und Uncle Sam; Ulrike Meinhof 1990 erträgt es, dass sie wiederholt zum Mitmachen von ihrem Stuhl geholt wird. Zwischendurch werden Männern und Frauen, die Schilder mit der Aufschrift »Deutschland einig Vaterland« heben, 100-DM-Scheine in den Mund gestopft, bevor sie den Müll wegkehren, und wirft Ulrike Meinhof von oben Flugblätter herab. Am Ende bleibt Ulrike Meinhof 1990 allein zurück und blickt auf eine weitere Ulrike Meinhof,

die auf einer Pritsche liegt und mit Manuskriptblättern
zugedeckt ist.

II. Teil, 1. Bild, ›Die Zelle‹: Ulrike Meinhof richtet sich
auf und macht ein paar Schritte. 2. Bild, ›Eine deutsche
Kindheit I‹: Ein Mann und eine Frau in kurzen weißen
Hosen und kurzen Hemdchen heben sich gegenseitig, ehe
sie Ulrike Meinhof zur Pritsche zurücktragen. Dann bringen zwei Polizisten einen südländisch aussehenden Mann
herein, schieben ihm eine Kerze in den Mund, zünden sie
an, klatschen neben ihm mit Stöcken auf den Boden, bringen ihn zum Tanzen. Daraufhin tanzen die Frau und der
Mann in Weiß mit ihm, doch nur kurz, denn die Polizisten
holen sie sich und fesseln sie. Ulrike Meinhof tanzt nun
mit dem Mann und nimmt ihn in Schutz. Doch plötzlich
steht ein anderer Mann hinter ihr, in geblümtem Hemd
sowie mit Sonnenbrille und Blumenstrauß: Klaus Rainer
Röhl. Ulrike Meinhof drängt den Mann zum Gehen und
liefert ihn damit den Polizisten aus. 3. Bild, ›Begegnung I: Röhl‹: Ulrike Meinhof steht mit einem Geigen-
koffer in der Hand auf einem Stuhl; Röhl wirft ihr erst
Kusshände zu, dann bespuckt er sie mit Papierkugeln.
Schließlich zieht er seine Hose aus, und sie wirft sich
einen Brautschleier über. Danach ziehen sie sich zueinander; er steigt brutal über ihren Körper, sie über seinen,
und sie können nicht voneinander lassen. 4. Bild, ›Auf
Spurensuche – Die Journalistin‹: Sechs Frauen gehen –
ein Seil haltend – im Kreis; sie tragen spitze Tüten auf
dem Kopf, sodass Gesicht und Hals verdeckt sind. Ulrike
Meinhof geht zu ihnen, und immer wenn sie einer einen
Hut abnimmt und sich aufsetzt, hört sie peinigende
Geräusche: Kindergebrüll, Staubsaugerröhren, Frauen-
schreie. 5. Bild, ›Deutsche Heimat‹: ›Marilyn Monroe‹
taucht hinter der Mauer auf, singt *I Wanna Be Loved by
You* und zieht einen blutverschmierten Mann über die
Mauer. Dann stürmen Protestierende herein, haken sich
unter und formieren sich zur Phalanx. Währenddessen wirft die andere Ulrike Meinhof wieder Flugblätter

herab. Als Ulrike Meinhof vor ihnen steht, ziehen sie sich zurück, wobei sie um ihre Füße rote Umrisse malen. Diese Farbe verwischt Ulrike Meinhof und schmiert sie sich ins Gesicht, auf den Körper. Plötzlich gerät sie in die Fänge zweier dicker Wesen in Trachtenhüten, der Mann in Turnhose mit heraushängendem Geschlechtsteil; sie maltratieren Ulrike Meinhof und vergewaltigen sie. 6. Bild, ›In bester Gesellschaft I: Der gern gesehene Gast‹: In Unterwäsche rollt Ulrike Meinhof vor die Füße einer in Pelze gekleideten Gesellschaft, die ein blasphemisches Vaterunser spricht und sich später die Pelze auszieht, während Ulrike Meinhof von Röhl ein rotes Kleid übergezogen, eine Schärpe mit Hammer-und-Sichel-Muster umgehängt und ein Diadem aufgesetzt wird. Nun tanzt sie ausgelassen vor der Gesellschaft; ihre Provokationen (Anspucken, In-den-Schritt-Greifen, Schlagen) werden als Spiele akzeptiert und nachgemacht. Doch als Ulrike Meinhof ihr Kleid abwirft, zwängen sie die anderen in einen Gefangenenkittel, setzen ihr einen Papierhut auf, auf dem »Konkret« steht, und stecken ihr eine Kerze in den Mund, die angezündet wird. 7. Bild, ›Eine deutsche Kindheit II‹: Ulrike Meinhof stopft sich mit Kinderkleidung einen Schwangerenbauch. Sie dreht sich im Kreis und verliert die Sachen wieder, steigt dann mit einigen von ihnen in einen Karton, mit dem sie umfällt. 8. Bild, ›Begegnung II: Baader‹: Baader, im Ledermantel, kickt die Kinderkleidung beseite, küsst Ulrike Meinhof, hält, trägt und zieht sie; währenddessen sitzen die Männer und Frauen im Pelz an den Waschbecken. 9. Bild, ›Opernball 1969: Die Rückkehr der verlorenen Töchter und Söhne. Spielverderber‹: Die Gesellschaft schunkelt im Walzerrhythmus auf Stühlen; Ulrike Meinhof bewegt sich zwischen den Frauen und Männern. Dazu wirft die andere Ulrike Meinhof wieder Flugblätter herab. 10. Bild, ›In bester Gesellschaft II: Der Gast geht‹: Eine Frau und ein Mann mit Palästinensertuch stehen auf; es wird ihnen heruntergerissen, und sie werden wieder ein-

gereiht. Baader und Ulrike Meinhof befinden sich derweil
abseits, ehe Baader erneut Ulrike Meinhof manipuliert,
während die Gesellschaft auf ihren Stühlen herumruckelt.
Sie gestikuliert wild, und Ulrike Meinhof eilt zu ihr und
löst sich wieder von ihr; am Ende flieht sie in Baaders
Arme. Dann legt ein Mann einen Pelzmantel und eine
Pistole auf den Boden, bevor die Gesellschaft verschwindet. 11. Bild, ›Die Trennung‹: Ulrike Meinhof hebt die
Pistole auf und legt sie auf den Mantel. Ensslin rennt
herein; zusammen holen sie Baader ab. Der nimmt die
Pistole zu sich und schießt. Nun erscheint Ulrike Meinhof 1990, die mit ansieht, wie Ulrike Meinhof ihr Kleid
zerschneiden will. Sie versucht vergeblich, sie daran zu
hindern. Noch einmal tritt die Gesellschaft auf; man wirft
Pelze auf Ulrike Meinhof, ab und an wird sie getragen,
danach waschen sich alle die Hände und spucken Papierkugeln auf sie.

III. Teil, ›Modell Deutschland‹, 1. Bild, ›Die Namen-
losen – Im Untergrund‹: Baader und Ensslin kommen,
nehmen Ulrike Meinhof in die Mitte. Jetzt erscheint
die bislang Flugblätter werfende Ulrike Meinhof, stellt
sich vor die andere – die danach abgeht – und wirft ein
Streichholz in die Mülltonne, aus der Flammen lodern.
Daraufhin quellen Menschen aus einem Mauerloch
und rollen nach vorn; sie umringen Ulrike Meinhof,
ehe Träger der Staatsgewalt den Raum desinfizieren
und schließlich auch die vier Frauen und zwei Männer
besprühen. 2. Bild, ›Hoch-Sicherheit‹: Ulrike Meinhof wird abgeduscht, dann wird ihr Anstaltskleidung
angezogen, und sie wird auf den Boden gelegt und mit
Papier bedeckt. 3. Bild, ›Albtraum I–IV‹: Ulrike Meinhof stopft sich Papier in den Mund, während die anderen
fünf aus dem Untergrund ebenfalls abgeduscht werden
und Anstaltskleidung erhalten. Nun bemalt sich Ulrike
Meinhof mit Farbe vom Schreibmaschinenfarbband den
Busen; ihre Mitkämpfer liegen zappelnd auf dem Boden.
Die Wärter singen danach *Butterfly*, bevor sie die Gruppe

mit Fleischerhaken auseinanderziehen und alle einzeln unter den Möbeln fixieren. Die Leute der Gruppe haben sich bald befreit und hängen Ulrike Meinhof in die Fleischerhaken. Jetzt flanieren Paare in vornehmer Kleidung vorbei, und Ulrike Meinhof wird gegen einen Mann ausgetauscht. Anschließend wickelt sich Ulrike Meinhof das Farbband um die Brust, während die Gruppe mit den Fleischerhaken an ein Metallgestänge schlägt, bis Ulrike Meinhof auf das Möbelstück gelegt wird. 4. Bild, ›Hungerstreik‹: Zwei Aufseher quälen von den Gestänge herab Ulrike Meinhof mit langen Greifern. Bald kommen andere Wächter, schnüren sie fest und führen ihr zwangsweise Wasser zu. Gleichzeitig werden die auf dem Bauch liegenden Mitinsassen mit dem Kopf in gefüllte Essensschalen getunkt. 5. Bild, ›Tod und Verklärung‹: Das Gestänge senkt sich herab, und Ulrike Meinhof wird von zwei Aufseherinnen in einen Sessel gesetzt. Die Gruppe geht derweil ab. Zu Ulrike Meinhof wird nun ein Rollschränkchen geschoben und die Schublade aufgezogen. Während dann die dritte Strophe des *Deutschlandlieds* zu hören ist, holt Ulrike Meinhof aus der Schublade ein Messer, schneidet sich die Zunge ab und bleibt wie erstarrt sitzen – das Messer erhoben in der einen, die blutige Zunge in der anderen Hand. Währenddessen ist die andere Ulrike Meinhof von zwei Männern angekleidet worden; sie wird jetzt nach vorn geführt und zwischen zwei Glasplatten gepresst.

Eine Reaktion auf den so genannten Fall der Mauer im Jahr 1989 nennt Johann Kresnik *Ulrike Meinhof*. In Anlehnung an die verschiedenen Lebensphasen der Titelfigur erscheint diese in mehrfacher Brechung – ein Kunstgriff, den Kresnik in seinen Stücken häufiger angewandt hat. So eröffnet die fiktive Figur der distinguierten Ulrike Meinhof 1990 das Stück, das nach einem ›Schwenk‹ auf die Ulrike Meinhof in der Zelle das Leben der Terroristin in Stationen ablaufen lässt. Während die dritte Ulrike Meinhof zunächst als tippende Journalistin und Flugblätter werfende Agitatorin in Erscheinung tritt, macht die zweite hautnah ihre Erfahrungen mit einer bigotten, spießbürgerlichen, reichen und brutalen Gesellschaft, von der sie bis zu einem gewissen Punkt toleriert, schließlich aber ausgestoßen wird. Langsam entfernt sie sich immer mehr aus ihrer Ehe und der Gesellschaft. Die dritte Ulrike Meinhof löst dann die zweite in dem nach einem Wahlslogan der SPD aus dem Jahr 1976 benannten III. Teil ab, als die anerkannte Journalistin ihr Schreiben als wirkungslos begreift; sie ist es, die ihr bisheriges Leben zu Asche werden lässt und in den Untergrund geht. Mit Sympathie für die Person, nicht ihre militanten Mittel thematisiert Kresnik schließlich das Strafsystem im Hochsicherheitstrakt des Gefängnisses von Stuttgart-Stammheim, in dem Ulrike Meinhof 1977 stirbt.

Mit der deutschen Geschichte des 20. Jahrhunderts beschäftigte sich Kresnik in vielen seiner Werke. In den biografischen Stücken *Nietzsche* (Bremen 1994; Musik: Kurt Schwertsik), *Ernst Jünger* (Berlin 1994; Musik: Bolschewistische Kurkapelle Schwarz-Rot), *Gründgens* (Berlin 1995; Musik: Serge Weber) und *Riefenstahl* (Köln 1996; Musik: Livio Tragtenberg) inszenierte er das Leben von geistigen Wegbereitern, Mitläufern und Kollaborateuren des Nationalsozialismus. Zum Themenkomplex der jüngeren deutschen Geschichte gehören *Ausverkauf* (Heidelberg 1984; Musik: Walter Haupt), *Herzlich Willkommen!* (München 1986; Musik: Haupt), *Wendewut* (Bremen 1993; Musik: Weber) und eben *Ulrike Meinhof*, das wohl das bedeutendste Stück dieser Reihe ist.

Nach Kresniks Wechsel an die Berliner Volksbühne am Rosa-Luxemburg-Platz 1994 nahm er *Ulrike Meinhof* in das Repertoire seiner dortigen Kompanie auf.

Undine

Ballett in drei Akten

CHOREOGRAFIE: Frederick Ashton; MUSIK: Hans Werner Henze; LIBRETTO: Frederick Ashton, nach Friedrich de la Motte Fouqué; AUSSTATTUNG: Lila De Nobili; URAUFFÜHRUNG: 27. Oktober 1958, Royal Opera House, London, Royal Ballet

ROLLEN: Undine; Palemon; Berta; Tirrenio, Herr des Mittelmeers; ein Einsiedler; Undinen (15 Tänzerinnen, 9 Tänzer); Jagdgesellschaft (6 Tänzerinnen, 6 Tänzer); Waldgeister (6 Tänzerinnen, 6 Tänzer); Leute am Hafen (10 Tänzerinnen, 5 Tänzer); Seeleute (12 Tänzer); Hochzeitsgäste (6 Tänzerinnen, 6 Tänzer); Lakaien, Diener, Gehilfen, Pagen (10 Tänzer); ›Grand pas classique‹: 14 Tänzerinnen, 8 Tänzer; ›Divertissement‹: 9 Tänzerinnen, 9 Tänzer

I. Akt, 1. Bild, vor Bertas Schloss: Berta kehrt von der Jagd zurück. In diesem Moment bietet ihr Palemon, der um sie wirbt, ein Amulett an, das sie jedoch verschmäht, und Berta schließt sich wieder ihren Freunden an. Palemon bleibt allein zurück. Da erscheint der Wassergeist Undine aus einem Brunnen und wird zu einem menschlichen Wesen; Palemon ist von Undine hingerissen. Von ihm erschreckt, flüchtet Undine in den Wald; Palemon folgt ihr. Undines und Palemons Verschwinden hat Berta beobachtet; sie ordnet die Verfolgung der beiden an. 2. Bild, ein geheimnisvoller Wald: Tirrenio und die Waldgeister erwarten Undine und Palemon. Sobald die beiden eingetroffen sind, versucht Tirrenio, sie zu trennen. Als letztes Mittel greift er zu einer Warnung: Sollte Palemon jemals untreu werden, verwirke er sein Leben. Undine ignoriert Tirrenio, und ein Einsiedler traut das Paar: Dadurch wird Undine zu einem menschlichen Wesen. Das fortgesetzte Nachstellen von Berta unterbindet Tirrenio.

II. Akt, ein Hafen: Palemon und Undine kommen an einem Hafen an und entscheiden sich zu einer Schiffsfahrt. Nach wie vor folgt Berta den beiden und besticht

den Kapitän, sie heimlich an Bord zu nehmen. Da
Berta nicht weiß, dass Palemon und Undine verheiratet sind, erfüllt es sie mit Eifersucht, als sie mit ansieht,
wie Palemon Undine das Amulett schenkt. Sie tadelt
daraufhin Palemon und erinnert ihn daran, dass er ihr
einst das Amulett geben wollte. Sogleich übergibt Undine
Berta das Amulett. Dies ist für den erzürnten Tirrenio
der Anlass, sich aus dem Meer zu erheben und Berta das
Amulett zu entreißen; Undine wiederum greift ins Wasser
und holt eine zauberhafte Halskette heraus, die sie Berta
überreicht. Berta allerdings will dieses Geschenk nicht
und wirft es vor Undines Füße. Auch die Seeleute werden
von Grauen gepackt und bedrohen Undine, als sich Tirrenio erneut aus dem Meer erhebt und sie zu sich winkt.
Dann beschwört er einen heftigen Sturm herauf, ergreift
Undine und nimmt sie mit sich auf den Meeresgrund.

III. Akt, Palemons Schloss: Palemon und Berta, die das
Unwetter überlebt haben, kehren von ihrer Vermählung
zurück, und Berta schenkt Palemon ein Porträt. Nachdem sie gegangen ist, um sich für die Festlichkeit vor-
zubereiten, hat Palemon eine Vision von Undine unter
Wasser. Bertas Wiedereintreten beendet seinen Traum,
und sogleich beginnt das Hochzeitsfest. Als alle sich
bestens vergnügen, setzt Tirrenios entsetzliche Rache
ein: Er erscheint und lässt Berta von Undinen wegbringen; außerdem befiehlt er Undine herbei. Nun erkennt
Palemon, dass Undine seine einzige Liebe ist; Undine
jedoch warnt ihn, dass ein Kuss von ihr seinen Tod
bedeuten würde. Voll Trauer küsst sie ihn schließlich und
nimmt den toten Palemon mit ins Wasser, um ihn dort für
immer zu umarmen.

Undine entstand in enger Zusammenarbeit zwischen Frederick Ashton und Hans Werner Henze; der erfahrene
Choreograf entwickelte für den relativ jungen Komponisten eine detaillierte Vorgabe für die einzelnen Nummern der Partitur hinsichtlich Dauer, Tempo, Metrum

und Charakter, und Henze akzeptierte bereitwillig die
Vorstellungen Ashtons, stellte doch die Komposition für
ein abendfüllendes Handlungsballett eine neue Erfahrung
für ihn dar. Für das Libretto extrahierte Ashton aus Friedrich de la Motte Fouqués gleichnamiger Märchennovelle
(1811) eine theaterwirksame Geschichte, die sich von
zwei populären *Undine*-Balletten des 19. Jahrhunderts
abheben sollte: *Undine, die Wassernymphe* (Berlin 1836;
Musik: Hermann Schmidt) von Paolo Taglioni, Neufassung als *Coralia or The Inconstant Knight* (London
1847), und *Ondine ou La Naïade* (London 1843; Musik:
Cesare Pugni) von Jules Perrot. Zu Henzes reich orchestrierter, südländisch heiterer Musik, die mit charakteristischen Motiven für die Hauptfiguren durchsetzt ist, schuf
Ashton eine spannungsreiche Choreografie auf der Basis
der klassischen Technik. Besonders eindrucksvoll gelang
ihm die Rolle der Undine: Ihre fließenden, anmutigen
Bewegungen einschließlich einem charakteristischen
Port de bras und spielerischen Motionen der Finger und
Schultern verkörperten überzeugend die Figur eines Was-
sergeists. Nachdrücklich zeigte sich dies in der Choreografie des ersten Auftritts Undines im 1. Bild des I. Aktes,
wenn sie als menschliches Wesen über einen Schatten
verfügt. Dieser ›Schattentanz‹ bezieht sich auf die populärste Nummer von Perrots *Ondine*: den Pas de l'ombre,
mit dem Fanny Cerrito Triumphe gefeiert hatte. Die
Partie der Undine entsprach in überragender Weise den
Fähigkeiten Margot Fonteyns; sie wurde von der Tänzerin so überzeugend dargestellt, dass man sie zeitlebens
mit ihr assoziierte.

Die Uraufführung von *Undine* – als *Ondine* – musste
mannigfache Kritik einstecken: Vor allem störte man sich
an Henzes Musik, die als wenig tänzerisch empfunden
wurde, und am Libretto; auch das große Divertissement
im III. Akt kritisierte man als unangebrachten Einschub,
der das Ballett unnötig in die Länge ziehe. In Ashtons
Originalchoreografie befindet sich *Undine* bis heute im

Repertoire des Royal Ballet, doch wurde das Werk seit den 1980er-Jahren selten auf den Spielplan gesetzt. Nur eine andere Kompanie, das Ballett der Mailänder Scala, hat es bislang übernommen (Mailand 2000).

Neuchoreografien zu Henzes Komposition erstellten unter anderem Tatjana Gsovsky (Berlin 1959), Erich Walter (Wuppertal 1962), Tom Schilling (Berlin 1970), Heinz Spoerli (Basel 1978) und John Neumeier (Hamburg 1994).

Vergessenes Land
Ballett

CHOREOGRAFIE: Jiří Kylián; MUSIK: Benjamin Britten; AUSSTATTUNG: John MacFarlane; URAUFFÜHRUNG: 12. April 1981, Württembergische Staatstheater (Großes Haus), Stuttgart, Stuttgarter Ballett

ROLLEN: 6 Tänzerinnen; 6 Tänzer

Dekorationslose Bühne, der Hintergrundprospekt zeigt Eisbrocken, Tänzer und Tänzerinnen in farblich unterschiedlichen Kostümen.

Alle Tänzer stehen auf der Bühne verstreut mit dem Rücken zum Publikum. Sie gehen langsam nach hinten; einige machen kurzzeitig wieder ein paar Schritte in Richtung Rampe. Einzeln gleiten sie mit großen Armbewegungen zur Seite; dies steigert sich über Ausfallschritte zu Drehungen. Wenn bald ein Tänzer ein Schwungmotiv repetiert, übernehmen dieses die anderen, bevor eine Frau aus der Mitte der Gruppe um diese herum zu einem Mann läuft, während alle anderen zu Boden gehen und anschließend abgehen. Das Duett des verbliebenen Paares beginnt verhalten, betont zunächst lange Linien der Arme und Beine, wird dann dynamischer und mündet in spektakuläre Hebungen. Am Höhepunkt kommt ein zweites Paar hinzu, und das erste verlässt die

Bühne. Sein inniges Duett ist von viel Bodenkontakt der
Frau gekennzeichnet; allmählich entwickelt sich auch
hier eine Steigerung, die sich in kraftvoller Bewegung in
Verbindung mit Hebungen vollzieht. Daraufhin gehen die
beiden ab, und nacheinander erscheinen ein Mann und
eine Frau. Zu ihrem Duett gesellen sich bald zwei weitere
Paare; alle drei Paare agieren synchron, zunächst mit dem
Rücken zum Publikum, danach zu ihm gewendet. Diese
Passage endet, wenn die Männer mit ihrem Rücken auf
einem Knie der Frau liegen. Sobald diese sechs Tänzer
abgegangen sind, finden sich eine Frau und ein Mann
(beide in Rot) zusammen. Ihre aufeinander bezogenen
Motionen werden schneller; ein zweites Paar in Rot löst
sie ab, dessen Duett mit hohen Hebungen seinen Höhepunkt erreicht. Nun kehrt das erste Paar in Rot zurück.
Wenn kurz darauf drei weitere Paare hinzustoßen, beginnen die Tänzer nacheinander mit Gestikulieren, das erst
relativ heftig ausfällt, allmählich aber, mit sukzessivem
Zu-Boden-Gehen von sechs Tänzern, abebbt. Das übrig
gebliebene Paar in Beige setzt zu einem lyrischen Duett
an, das durch Hebungen eine Steigerung erfährt. Zwei
weitere Paare kommen dazu, und nun tanzen erst die
Männer gemeinsam, dann die Frauen. Allein beenden die
drei Frauen das Stück mit ruhigen Konfigurationen: Am
Schluss schlingen sie, mit dem Rücken zum Publikum,
ihre Arme um den Körper.

Vergessenes Land ist für die Frühphase im Schaffen Jiří
Kyliáns typisch: Die wellenartig sich aufbauenden Bewegungssequenzen kennzeichnet eine kaum zu bändigende
Dynamik; die vielen Schwünge, Sprünge, Drehungen und
Hebungen sprühen förmlich vor Kraft und Energie. Um
diese Wirkung zu erzielen, kreierte Kylián eine spezifische Bewegungssprache, die sich gleichermaßen aus dem
klassischen Tanz und dem Modern Dance speist. Auch in
Vergessenes Land fällt ein enger Bezug zur Musik auf,
in diesem Fall Benjamin Brittens elegische *Sinfonia da*

requiem (1940). Aus ihr leitet sich quasi der Bewegungs-
impuls ab, und ihre Expressivität setzt sich unmittelbar
im Tanz fort. Dabei konzentriert sich die Choreographie
auf das gemeinsame Tanzen von Mann und Frau; das
Werk dominieren verschiedene Duette, in denen sich
unterschiedliche Paarkonstellationen widerspiegeln, ähnlich wie auch in Kyliáns *Liedern eines fahrenden Gesellen* (Scheveningen 1982; Musik: Gustav Mahler).

Bis heute hat sich *Vergessenes Land* als ein publikums-
wirksames Stück erwiesen. Das Stuttgarter Ballett hat das
Werk nach wie vor in seinem Repertoire, und mehrere
Kompanien haben es übernommen.

Der verlorene Sohn

Ballett in drei Bildern

CHOREOGRAFIE: George Balanchine; MUSIK: Sergei Prokofjew;
LIBRETTO: Boris Kochno; AUSSTATTUNG: Georges Rouault;
URAUFFÜHRUNG: 21. Mai 1929, Théâtre Sarah-Bernhardt, Paris,
Ballets Russes

ROLLEN: der verlorene Sohn; der Vater; die Sirene; 2 Dienerinnen; 2 Vertraute des verlorenen Sohnes; 12 Freunde des verlorenen Sohnes

Im Heiligen Land.
1. Bild, ›Der Abschied‹, im Hintergrund sieht man
einen Hafen mit Leuchtturm, rechts hinten ein Zelt, links
vorn einen niedrigen Zaun mit Tür: Die Freunde des
verlorenen Sohnes tragen Dinge herbei und arrangieren
Weinkrüge; sie wollen mit dem Sohn eine Reise unternehmen. Der Sohn tritt aus dem Zelt; diese versuchen,
ihn von seinem Vorhaben abzubringen. Als der Vater hin-
zukommt, setzen sich seine drei Kinder ihm zu Füßen,
der Sohn allerdings unwillig; die Kinder empfangen den
Segen des Vaters. Zwischen Sohn und Vater entwickelt
sich ein Streit, und der Sohn bricht mit seinen Vertrauten

auf. Der Vater und die zwei Dienerinnen treten ins Zelt.
2. Bild, ›In der Fremde‹, ein offenes Zelt mit dekoriertem
Tisch: Zwölf Männer brechen ihre Feier ab, als der Sohn
mit seinen Vertrauten naht. Diese drängen ihn weiterzu-
gehen, doch der Sohn will bleiben. Die Zurückhaltung
der Männer endet erst, als der Sohn die Weinkrüge öffnen
lässt. Da erscheint die Sirene, deren Verführungen der
Sohn erliegt. Betrunken, wird er schließlich von der
Sirene, den Männern und seinen beiden Vertrauten vollständig ausgeraubt; er kriecht davon. Die anderen kehren
zurück und teilen sich die Beute. 3. Bild, ›Die Rückkehr‹:
Erschöpft und heruntergekommen nähert sich der Sohn
wieder dem Zelt des Vaters. Die Schwestern öffnen ihm
die Zauntür, und der Vater tritt vor das Zelt. Der Sohn
schleppt sich zu seinem Vater und blickt zu ihm auf. Da
dieser keine Geste der Begrüßung zeigt, will der Sohn
wieder gehen. Nun streckt der Vater seine Hand aus und
nimmt den Sohn in seine Arme.

Der verlorene Sohn – uraufgeführt unter dem französischen Titel *Le fils prodigue* – war die letzte Produktion
der Ballets Russes, die sich nach dem Tod des Impresarios Sergei Diaghilew im August 1929 auflösten. George
Balanchine, seit 1925 Chefchoreograf der Kompanie,
wählte für das Ballett einen Stil, der sich deutlich von
dem seiner vorangegangenen Choreografien, wie *La
chatte* (Monte Carlo 1927; Musik: Henri Sauguet) und
vor allem →*Apollo*, unterschied. Denn Balanchine schuf
mit dem *Verlorenen Sohn* ein Stück, das sich im Wesentlichen auf Ausdruck stützt: dramatische Gesten im 1. und
3. Bild, grotesk übersteigerte Aktionen im 2. Bild. Tänzerischer Höhepunkt dieses Bildes, und des ganzen Werkes,
ist die berechnende Verführung des Sohnes durch die
Sirene. Ihr Part besteht nur aus tänzerischer Bewegung –
und die Tatsache, dass sie auf Spitze tanzt, verleiht ihr
eine zusätzliche erotisch-unnahbare Aura –, während der
Sohn tiefe Empfindungen zeigt. Eine adäquate musika-

lische Begleitung fand Balanchine in Sergei Prokofjews Komposition; die Expressivität der Musik unterstreicht die im Tanz ausgedrückten Emotionen auf geradezu plastische Weise. Stand für Boris Kochnos Libretto im allgemeineren Sinn die biblische Parabel vom verlorenen Sohn Pate, so diente andererseits als Inspiration die Beschreibung dreier Gemälde aus Alexandr Puschkins Erzählung *Der Postmeister* (1831), die auf der Parabel vom verlorenen Sohn beruhen und in den drei Bildern des Balletts ihre Entsprechung finden.

Die Uraufführung wurde insbesondere wegen der ergreifenden Darstellung Serge Lifars als Sohn ein Erfolg; neben ihm tanzten Felia Doubrovska als Sirene sowie Anton Dolin und Leon Wójcikowski als Vertraute des Sohnes. Unter dem Titel *Prodigal Son* übernahm das New York City Ballet 1950 das Ballett; für diese Produktion nahm Balanchine Änderungen vor: Die zwei Dienerinnen hießen nun Schwestern, die Vertrauten Freunde und die Freunde des verlorenen Sohnes Zechkumpane (reduziert auf neun Tänzer). Auch andere Kompanien in Amerika und Europa haben das Werk einstudiert.

Prokofjews Musik benutzten für eine Neufassung unter anderem Kurt Jooss (Essen 1931), Aurel von Milloss (Düsseldorf 1934) und David Lichine (Sydney 1938). Die Geschichte des verlorenen Sohnes behandelten mit anderer Musik etwa Jooss mit *De verloren zoon* (Rotterdam 1933; Musik: Friedrich Cohen) und Ivo Cramér mit *Den förlorade sonen* (Stockholm 1957; Musik: Hugo Alfvén).

The Vertiginous Thrill of Exactitude

CHOREOGRAFIE: William Forsythe; MUSIK: Franz Schubert; BÜHNENBILD: William Forsythe; KOSTÜME: Stephen Galloway; URAUFFÜHRUNG: 20. Januar 1996, Opernhaus, Frankfurt a. M., Ballett Frankfurt

ROLLEN: 3 Tänzerinnen; 2 Tänzer

Dekorationslose Bühne, schwarzer Hintergrundvorhang, auf dem oben in blauer Schrift die Wörter »Himmelblauer Hintergrund« stehen, Tänzer in vorn rotem, hinten fleischfarbenem T-Shirt und kurzer Hose, Tänzerinnen in vorn grüngelbem, hinten fleischfarbenem Trikot und stabilem, horizontal abstehendem Röckchen.

Die zwei Männer beginnen mit rasanten Sequenzen, die sie zumeist synchron oder gespiegelt zueinander ausführen. Nacheinander treten erst zwei Tänzerinnen, dann die dritte Frau zu ihnen; in dem Quintett fungieren Frauen und Männer als separate Ensembles. Bald bleibt eine Frau auf der Bühne allein. Ihrem Solo folgen vier weitere: Drei übernehmen die Frauen, eines ein Mann. Dazwischen ist die Gruppe in rasch wechselnden Konstellationen zu sehen, in Duetten, Trios, Quartetten und kurzzeitig auch einmal als Quintett. Am Ende sind wieder alle fünf auf der Bühne, und vor den übrigen vier Tänzern gehört dem zweiten Mann ein Solo. Dann bilden alle eine Fünferreihe; Frauen- und Männerensemble beenden das Stück mit kraftvollen Phrasen.

Wie der Titel andeutet, spielt die Genauigkeit eine entscheidende Rolle in *The Vertiginous Thrill of Exactitude*: Häufig agieren die Tänzer – egal in welchen Zusammensetzungen – synchron oder gespiegelt zueinander, und auch wenn dies nicht der Fall ist, wie teilweise in den gemischtgeschlechtlichen Duetten, stellt das Werk höchste Präzision aus. Charakteristisch für das Ballett ist ein durchgängig hohes Tempo der Bewegungen; *The Vertiginous Thrill of Exactitude* ist ein Bravourstück, das demonstrativ die Beherrschung der Tanztechnik präsentiert. Und zwar die durch George Balanchine weiterentwickelte klassische Technik in der Erweiterung durch William Forsythe, also die permutativ mögliche Neukombination der einzelnen Elemente der Danse d'école inklusive der spielerisch freien Handhabung der äußeren Extremitäten. Der ständige Wechsel der Konstellationen trägt zusätzlich zu der Rasanz des Stückes bei. Den gleichen vorwärts drängenden Impuls weist auch die Musik auf, der schnelle 4. Satz aus Franz Schuberts *Sinfonie Nr. 9 C-Dur* (1828). Doch der federnde Viervierteltakt liefert nur vordergründig das erwartete rhythmische Fundament für den Tanz; vielmehr laufen die Bewegungen der Tänzer grundsätzlich ohne Übereinstimmung mit den metrischen Betonungen der Musik ab (ausgenommen die letzten Bewegungen). Die Choreografie folgt vielmehr ihren eigenen Gesetzmäßigkeiten und signalisiert damit die Unabhängigkeit des Tanzes am Ende des 20. Jahrhunderts. Bei Balanchine war dies noch anders, ist die Bewegung ohne Relation zur Musik nicht denkbar. Ein Bezug zu Balanchine findet sich auch im Bühnenbild: Wo in dessen Balletten oft ein himmelblauer Vorhang die Bühne abschließt, stehen an seiner Stelle nun die Wörter »Himmelblauer Hintergrund«.

The Vertiginous Thrill of Exactitude, bei der Uraufführung mit →*Approximate Sonata* durch die Bezeichnung »Two Ballets in the Manner of the Late 20th Century« verbunden, erwies sich als sehr erfolgreiches Ballett und wurde von vielen klassischen Kompanien übernommen.

Die vier Temperamente

Ballett

CHOREOGRAFIE: George Balanchine; MUSIK: Paul Hindemith; AUSSTATTUNG: Kurt Seligmann; URAUFFÜHRUNG: 20. November 1946, Central High School of Needle Trades, New York, Ballet Society

ROLLEN: 1. Teil: 3 Solistinnen, 3 Solisten; 2. Teil: 1 Solist, 2 Halbsolistinnen, 4 Tänzerinnen; 3. Teil: 1 Solistin, 1 Solist, 4 Tänzerinnen; 4. Teil: 1 Solist, 4 Tänzerinnen; 5. Teil: 5 Solistinnen, 6 Solisten, 2 Halbsolistinnen, 12 Tänzerinnen

Dekorationslose Bühne mit wechselnd ausgeleuchtetem Hintergrund.

1. Teil, ›Thema‹: Eine Solistin und ein Solist stehen nebeneinander. Er reicht ihr erst die eine, dann die andere Hand, und daraufhin hebt, hält und dreht er sie bei fast ununterbrochenem Handkontakt. Schließlich trägt der Mann die Frau, die ihre Beine dabei weit gespreizt hat, von der Bühne. Nun stürmt der zweite Solist auf die Bühne, gefolgt von der zweiten Solistin. Sie vollführen schnelle, bisweilen vom Jazztanz inspirierte Bewegungen, und der Mann hebt, stützt, dreht und kippt seine Partnerin. Die beiden agieren teils gemeinsam, teils zeitversetzt. Das dritte Solistenpaar steht sich zu Beginn gegenüber. Ihr lyrisches, eng miteinander verbundenes Duett kennzeichnen weit ausholende Bewegungen und Hebungen. Die Tänzerin wird schließlich mit nach vorn gestreckten Beinen von der Bühne getragen.

2. Teil, ›1. Variation: Melancholisch‹: Ein Solist wechselt zwischen heftigen Sprüngen und geschmeidigem Gehen sowie elegischen Vor- und Rückbewegungen des Oberkörpers, ausholenden Armmotionen und kurzzeitigem Zu-Boden-sinken-Lassen. Wenn er am Boden kniet, kommen zwei Halbsolistinnen auf die Bühne. Sie kreisen um ihn, und bald tanzt er mit ihnen. Dann bewegt sich ein Block von vier Tänzerinnen mit hohen Battements auf die drei zu. Der Solist eilt nun zwischen den Tänzerinnen hindurch und holt die beiden Halbsolistinnen zu dem Frauenblock. Die sechs Frauen formieren sich schließlich um und hinter dem Mann, der mit Sprüngen brilliert. Nacheinander gehen die vier Tänzerinnen und die zwei Halbsolistinnen ab. Am Ende verlässt auch der Solist die Bühne.

3. Teil, ›2. Variation: Sanguinisch‹: Eine Solistin und ein Solist stehen sich an den Bühnenseiten gegenüber und gehen dann aufeinander zu. Ihr Duett enthält synchrone Passagen und Abschnitte, in denen der Mann die Frau stützt, unterbrochen durch kurze solistische Aktionen der Tänzerin. Nachdem er sie im Kreis getragen hat, treten vier Tänzerinnen mit schwingenden Armen und eckigen

Schritten auf. Vor ihnen zeigen daraufhin die zwei Solisten kurze virtuose Soli. Wenn die beiden wieder zusammen tanzen, bilden die vier Tänzerinnen eine Reihe und
ziehen schließlich ab. Währenddessen hebt der Solist die
Solistin auf der Bühne umher und verlässt diese dann.

4. Teil, ›3. Variation: Phlegmatisch‹: Ein Solist beginnt
mit langsamen Aktionen, darunter resignierend anmutendem Armheben und -fallenlassen. Er setzt fort mit kürzeren Phrasen, die von Vorbeugungen des Oberkörpers
zäsiert werden. Nun treten vier Tänzerinnen mit Kicks zu
ihm und gruppieren sich um ihn. Der Solist windet sich
zwischen den Tänzerinnen hindurch, und schließlich reiht
er sich in ihre Reihe ein. Alle fünf tanzen daraufhin eine
Passage mit kleinen Hüpfern und Schritten sowie ausholenden Armbewegungen und Oberkörperbeugungen,
bevor sie von der Bühne laufen.

5. Teil, ›4. Variation: Cholerisch‹: Eine Solistin führt
schnelle Drehungen und Sprünge aus. Einer der Solisten begegnet ihr am Ende in einer ihrer Diagonalen; bei
den folgenden Hebungen stößt er sie fast von sich. Als sie
aufs Knie geht und den Kopf senkt, treten vier Solisten
zu ihr und stützen sie. Dann agiert sie im Vordergrund,
während die vier in einem Viereck mehrmals aufeinander
zuspringen. Nach dem Abgang der Männer kommen die
anderen Solistinnen auf die Bühne und bilden ein Viereck um die fünfte Solistin. Bald kehren die vier Solisten
wieder zurück und heben ihre Partnerin, während die
fünfte Solistin die Bühne verlässt. Hinter den vier Paaren
nehmen die zwei Halbsolistinnen, die zwölf Tänzerinnen und die übrigen zwei Solisten Aufstellung; zwischen
ihnen läuft die Solistin dieses Teils von hinten nach vorn.
Vor der Frauengruppe zitieren die fünf Solistinnen und
sechs Solisten Bewegungen der vorangegangenen Teile.
Zwei Solisten und eine Solistin bilden schließlich mit den
Tänzerinnen zwei Reihen, zwischen denen die anderen
Solisten die Solistinnen in hohen Hebungen hindurch-
tragen.

George Balanchine schuf das Ballett zu einer Komposition Paul Hindemiths, die den Titel *Thema mit vier Variationen* trägt. Der Komponist hatte die Musik bereits 1940 fertiggestellt und jede der Variationen nach den vier Typen der griechischen Temperamentenlehre charakterisiert. Das Projekt zerschlug sich jedoch zunächst einmal, weil Hindemith ein von Balanchine präsentiertes Libretto zu einem Ballett, das *The Cave of the Sleep* heißen sollte, ablehnte, und Balanchine seinerseits verwarf Kostümentwürfe von Pavel Tchelitchew. Erst 1946 zog der Choreograf Hindemiths Komposition heran und benannte sein Ballett *The Four Temperaments*. Ebenso wenig wie die Musik geht Balanchine in den einzelnen Teilen auf die Bezeichnungen in der Partitur ein, auch wenn bestimmte Stimmungen, Bewegungen und Interaktionen der Gruppe mit spezifischen Gemütszuständen assoziiert werden können. So ist die ›cholerische‹ Variation virtuos, die ›phlegmatische‹ mit kraftlosen Bewegungen durchsetzt und die ›melancholische‹ durch eine große Nähe zum Boden gekennzeichnet. Viele Bewegungen sind jedoch nicht variationsspezifisch eingesetzt, sondern ziehen sich durch das gesamte Ballett. Dabei fällt die Abweichung von der traditionellen Danse d'école auf: Balanchine bricht hier das klassische Material auf und setzt es neu zusammen, ohne dabei etwa auf den charakteristischen Duktus des Modern Dance zurückzugreifen. Eher scheint er von Jazz- und Musicaltanz inspiriert zu sein, wenn er parallele Fußhaltungen, das Ausstellen der Hüften oder die hohen Kicks in seine Bewegungssprache aufnimmt. Das Spiel mit Verlust und Wiedergewinn der eigenen Achse ist in der ›melancholischen‹ Variation radikalisiert, wenn der Tänzer seinen Oberkörper weich und weit nach vorn und hinten rollen lässt, als hätte er kein Rückgrat mehr, das ihn aufrecht halten würde. Aufgrund des neuartigen Umgangs mit der klassischen Technik stellen *Die vier Temperamente* ein Schlüsselwerk in Balanchines Œuvre dar, das die zukünftige stilistische Entwicklung des Choreografen andeutet.

Als *Die vier Temperamente* 1951 vom New York City Ballet, das aus dem Ensemble Ballet Society hervorging, neu einstudiert wurden, ersetzte Balanchine die aufwendigen bunten Kostüme Kurt Seligmanns durch ärmellose schwarze Trikots für die Frauen sowie schwarze Hosen und weiße T-Shirts für die Männer. Insbesondere der 5. Teil erfuhr im Lauf der Jahre diverse Veränderungen. *Die vier Temperamente* wurden von zahlreichen klassischen Kompanien auf der ganzen Welt übernommen.

Eine Volkssage

Ballett in drei Akten

CHOREOGRAFIE: August Bournonville; MUSIK: Niels Gade und Johan Peter Emilius Hartmann; LIBRETTO: August Bournonville; BÜHNENBILD: Christian Ferdinand Christensen und Troels Lund; KOSTÜME: Edvard Lehmann; URAUFFÜHRUNG: 20. März 1854, Königliches Theater, Kopenhagen, Ballett des Theaters

ROLLEN: Hilda, ein Bergmädchen; Muri, eine Trollfrau; Diderik und Viderik, ihre Söhne; Fräulein Birthe, Erbin von Højgaarden; Junker Ove, ihr Cousin und Verlobter; Frau Kirstine, ihre Tante; Herr Mogens; Cathrine, die alte Haushälterin, früher Amme; Morten, der Koch; Else, eine Küchenhilfe; Dorthe, eine Zofe; Elfen, Gnomen, Zwerge, Trolle, Damen, Herren, Bauern, Diener

In Jütland, frühes 16. Jahrhundert.

I. Akt, Wald am Fuß eines Hügels: Das launische Fräulein Birthe hat ein Picknick im Wald angeordnet, und ihre Hausangestellten sind dabei, alles herzurichten. Birthe trifft nun ein, kurz darauf erscheinen ihre Gäste, unter ihnen auch der Junker Ove, ihr Verlobter, und der förmliche Herr Mogens. Beim Picknick verhält sich dieser ausnehmend höflich gegenüber Birthe, während Ove in sich gekehrt bleibt; Birthe macht Ove Vorwürfe wegen seines Verhaltens. Als es Abend wird und die Gesellschaft aufbricht, bleibt Ove im Wald zurück. Da erhebt sich der Hügel: Gnomen sind bei ihrer Arbeit zu sehen, in der Mitte befinden sich die Trollfrau Muri und das Bergmädchen Hilda. Dieses nähert sich Ove und reicht ihm einen goldenen Becher, den er jedoch ausgießt. Hildas Bitte, ihr den Becher zurückzugeben, ignoriert Ove; den anschließenden Kampf zwischen den beiden beendet Muri, indem sie Hilda in den Hügel zurückholt. Muri lässt darauf den Hügel wieder nach unten sinken und ruft Elfen herbei, die Ove umgarnen und ihn ermüdet am Fuß des Hügels zu Boden sinken lassen.

II. Akt, Halle der Trollfrau: Wärend Muri für das bevorstehende Trollfest kocht, streiten ihre Söhne: Beide sind in Hilda verliebt. Muri hat allerdings den Älteren, Diderik, als Ehemann für Hilda ausersehen, und weil Viderik das immer noch nicht akzeptieren will, wird er mit der Birkenrute gezüchtigt. Die Abwesenheit seiner Mutter und seines Bruders nutzt Diderik, um Hilda einen Heiratsantrag zu machen; er schenkt ihr allen verfügbaren Schmuck. Hilda aber will ihn nicht als Ehemann, und Diderik lässt sie schließlich allein. Sie legt sich nun nieder und sieht im Traum ein Baby in einer Wiege, auch eine Amme und ein Kreuz; dieses Baby wird daraufhin von Trollen gegen ein Trollkind vertauscht, und ein Troll nimmt einen goldenen Becher mit, denselben, den Hilda Ove gegeben hat. Wieder erwacht, kann sich Hilda nur noch an das Kreuz erinnern und formt ein Kreuz aus zwei Hölzern. Als Muri zurückkehrt, ist sie über den Anblick des christlichen Symbols entsetzt, und Hilda muss es entfernen. Bald darauf kommen die wichtigsten Trolle der Umgebung zum Fest, und die Verlobung von Hilda und Diderik wird in dessen Verlauf bekannt gegeben. Die Trolle werden immer betrunkener, und so gelingt es Hilda, mit dem auf Rache sinnenden Viderik zu fliehen.

III. Akt, 1.–3. Bild, am Rand eines Waldes, im Hintergrund Felder, Wiesen und Fräulein Birthes Haus: Während die Bauern ihrer Arbeit nachgehen, kommen Arme und Kranke zu einer heiligen Quelle am Waldrand. Zu ihnen gesellen sich Hilda und Viderik. Die Bauern versammeln sich bald um das ihnen fremde Mädchen. Plötzlich nahen Herr Mogens und Ove. Der Junker weist alle Anzeichen von Schwermut auf; ihm geht die nächtliche Trollszene nicht mehr aus dem Kopf. Hilda erkennt ihn wieder, nimmt den Becher, den er nach wie vor in der Hand hält, füllt ihn mit dem heilbringenden Wasser und reicht ihn ihm. Nachdem er den Becher geleert hat, erkennt er Hilda wieder. Missmutig hat Viderik den Vorgang beobachtet; er will nun mit Hilda weggehen, doch diese weigert sich. Von Hilda vor die Alternative gestellt, dass sie entweder den verhassten Bruder Diderik oder Ove heiraten werde, überlässt Viderik das Mädchen lieber dem Junker. Herr Mogens ist mittlerweile sehr misstrauisch geworden und ruft die Bauern herbei, die Hilda und Viderik wegführen sollen. Ove will daraufhin Hilda verteidigen, was man als Zeichen seines vollständigen Wahnsinns wertet; er wird überwältigt und gefesselt weggebracht. Hilda entflieht nun, während Viderik mit Zaubereien die Bauern aufhält. 4. Bild, Fräulein Birthes Kammer in ihrem Haus: Birthe lässt ihre schlechte Laune an den Hausangestellten aus; ihr Zorn steigert sich derart, dass sie in Ohnmacht fällt. Da fliegt Hilda in die Kammer; in der Hand hält sie den goldenen Becher. Cathrine erkennt den Becher, der verschwand, als Hilda ein Baby war, und Frau Kristine entdeckt das Muttermal auf Hildas Schulter, das belegt, dass sie die rechtmäßige Erbin von Højgaarden ist. Nun erwacht Birthe aus ihrer Ohnmacht, und anstatt ihr zu gehorchen, wenden sich alle Anwesenden gegen sie. Voll Zorn eilt sie in den Wald. 5.–7. Bild, Wald: Muri teilt den Gnomen, Zwergen und Trollen mit, dass Hilda zu den Menschen zurückgekehrt sei; sie müssten nun alle von hier verschwinden. Alle Geisterwesen

machen sich davon, als sie Lärm hören. Dieser stammt
von den Bauern, die, angeführt von Herrn Mogens, den
Wald durchkämmen. Als sie den umhergehenden Viderik packen wollen, verwandelt dieser sie in starre Säulen,
die sich nur zum Klang seines Hackbretts bewegen. Die
nach einer Weile heranstürmende Birthe ist entsetzt über
die Bauern, die ihr nicht gehorchen können; Viderik, den
sie bald als Urheber des merkwürdigen Schauspiels aus-
macht, gibt ihr zu verstehen, dass sie wie ein Troll aus-
sehe und deshalb seine Schwester sei. Daraufhin kommen
Muri und alle Geister aus der Erde, und die Bauern fliehen entsetzt; Herr Mogens bleibt zurück. Muri und ihre
Söhne nehmen Birthe in ihre Arme und wollen, dass sie
mit ihnen auf die bevorstehende Reise gehe. Sie aber
weigert sich. Und da Birthe nun mittellos ist, zeigt sich
Herr Mogens auch nicht mehr an ihr interessiert. Doch
Muri lässt eine gewaltige Mitgift auffahren, sodass Herr
Mogens seine Meinung ändert. Danach entfernen sich
Muri sowie ihre Söhne und ihr Gefolge. Bei Anbruch
des neuen Tages zieht die feierliche Mittsommernachts-
prozession durch den Wald; man huldigt Hilda und Ove
und feiert die Hochzeit.

Eine Volkssage – der dänische Originaltitel lautet *Et
folkesagn* – gehört zu August Bournonvilles ausge-
reiften Werken. Kennzeichen der großen Ballette des
Choreografen ist eine enge Verzahnung von Tanz und
pantomimisch vermittelter Handlung; und auch in der
Volkssage wird getanzt, wenn Gefühl vermittelt werden
soll und wenn der Inhalt Tanz zur Unterhaltung fordert,
etwa im II. Akt, wenn Hilda für die versammelten Trolle
tanzen muss, und vor allem im III. Akt bei der Feier für
das Hochzeitspaar. Die Aufeinanderfolge von verschiedenen Tanznummern am Ende des Werkes bildet das Divertissement, unverzichtbarer Bestandteil vieler Ballette des
19. Jahrhunderts. Der Tradition entsprach es auch, dass
überwiegend Charaktertänze ausgeführt werden; Trolle

und Bauern gehörten sozial tieferen Schichten an, und man betrachtete eine Bewegungssprache, die neben der Danse d'école andere tänzerische Elemente verarbeitete, als diesen Figuren adäquat. Für den romantischen Inhalt des Balletts bediente sich der Choreograf aus dem dänischen Sagenschatz; außerdem erfolgten Anleihen bei Hans Christian Andersens Märchen *Der Elfenhügel* (1845) und bei →*Giselle* (etwa in der Verwendung christlicher Symbole). Ein wichtiger Unterschied zu früheren Balletten der romantischen Ära wie →*La sylphide* oder *Giselle* ist die Wendung zum Guten hin: Am Ende muss niemand sterben oder ist gerade noch dem Tod entronnen, sondern jeder ist glücklich. Der Kontakt zwischen der menschlichen und der übernatürlichen Welt bringt also kein Verderben; insofern fehlt der übernatürlichen Welt der Schreckenscharakter, und ihr kommt lediglich die Rolle einer fremdartigen, exotischen Sphäre zu – eine unter vielen denkbaren, die in späteren Balletten des 19. Jahrhunderts effektvoll zur Schau gestellt wurden.

Eine bemerkenswerte Stellung im dänischen Musiktheater des 19. Jahrhunderts nimmt *Eine Volkssage* auch wegen der Tatsache ein, dass die beiden bedeutendsten romantischen Komponisten des Landes die Musik für das Ballett schrieben: Niels Gade den I. und III. Akt, Johan Peter Emilius Hartmann den II. *Eine Volkssage* befindet sich bis heute im Repertoire des Königlichen Dänischen Balletts; im Lauf der Zeit erfolgten kleinere choreografische Änderungen. Das vollständige Ballett wurde bislang nur von einer anderen Kompanie einstudiert: dem Ballett der Deutschen Oper (Berlin 1983).

Voluntaries

CHOREOGRAFIE: Glen Tetley; MUSIK: Francis Poulenc; AUSSTATTUNG: Rouben Ter-Arutunian; URAUFFÜHRUNG: 22. Dezember 1973, Württembergische Staatstheater (Großes Haus), Stuttgart, Stuttgarter Ballett

ROLLEN: 2 Solistinnen; 3 Solisten; 6 Tänzerinnen; 6 Tänzer

Dekorationslose Bühne, pointillistischer Hintergrundprospekt.

Ein Mann hält eine Frau im Arm. Sie dreht sich um, trippelt nach vorn, den Kopf gesenkt, die Arme wie Schwingen erhoben. Es folgen eine Drehung und eine Hebung: Auf dem höchsten Punkt – die Tänzerin strebt mit dem ganzen Körper nach oben, der Kopf ist zurückgeneigt, die Arme wie kraftlos hängend – setzt die Musik mit wuchtigen Orgelakkorden ein und betont so diese Pose, die im Verlauf des Balletts variativ eingesetzt wird. Auftritte des Solistenpaars zäsieren den weiteren Verlauf des Balletts mit Soli, Duetten, Trios und Gruppensequenzen, die in einem ständigen Wechsel ineinander übergehen. Konsequent durchgehalten ist die Trennung zwischen Solisten und Gruppe, auch wenn alle die gleichen hellen Ganzkörpertrikots tragen, deren Muster den großen bunten Hintergrundprospekt zitiert. Die zwölf Tänzer des Corps de ballet bilden in ihren ornamentalen Raummustern häufig den Hintergrund für die Solisten, akzentuieren deren Aktionen oder nehmen deren Bewegungen auf. Das Ende gehört dem Paar vom Beginn, das sich aus einer liegenden Position aufschwingt und in der Pose des Anfangs langsam rückwärts schreitet.

Typisch für *Voluntaries* ist die Betonung der Vertikalen: Aus gekrümmten Positionen strecken sich vor allem die Tänzerinnen in die Länge, werden von ihren Partnern in die Höhe gehoben. Nach unten neigen sie sich nur, um wieder in die Höhe zu streben. Waghalsige Hebungen, Würfe und Schwünge steigern diesen ›Aufwärtstrend‹,

Symphonie pour un homme seul. Choreografie: Maurice Béjart
Béjart Ballet Lausanne

Undine. Choreografie: Frederick Ashton
Royal Ballet, London

der Charakteristika christlicher Ikonografie und Transzendenz trägt und an Kreuzigungs- oder Pietaposen denken lässt. Ungeachtet seines Namens – der Begriff ›voluntary‹ ist eine ältere englischsprachige Bezeichnung für eine Improvisation, in der Regel für Orgel, vor, in und nach dem Gottesdienst – wirkt das Ballett im klassischen Duktus trotz der überaus flexiblen Oberkörper (besonders der Tänzerinnen) streng. Als passende Musik verwendete Glen Tetley das imposante *Konzert für Orgel, Streicher und Pauken g-Moll* (1938) von Francis Poulenc. Der Choreograf widmete das Ballett seinem Kollegen John Cranko, der es noch anregen konnte, seine Uraufführung aber nicht mehr erlebte – Cranko war im Juni 1973 gestorben. Quasi als Hommage an Cranko greift Tetley Zitate aus Crankos *Initialen R.B.M.E.* (Stuttgart 1972; Musik: Johannes Brahms) auf; drei der Protagonisten dieses Stückes – Marcia Haydée, Richard Cragun und Birgit Keil (auf die sich neben Egon Madsen die Initialen beziehen) – waren auch Solisten der Uraufführung von *Voluntaries*.

Voluntaries wurde von zahlreichen klassischen Kompanien in Europa und Amerika einstudiert.

Wahlverwandtschaften

Tanzdrama

CHOREOGRAFIE: Tom Schilling; MUSIK: Franz Schubert; LIBRETTO: Bernd Köllinger, nach Johann Wolfgang von Goethe; AUSSTATTUNG: Eleonore Kleiber; URAUFFÜHRUNG: 23. Mai 1983, Komische Oper, Berlin, Ballett der Oper

ROLLEN: Ottilie; Charlotte; Eduard; Hauptmann; Dorette, Verlobte des Hauptmanns; deren Freundin; Friedrich, Freund der Luise; Luciane; 3 Pensionatsmädchen; ein Soldat; das Kind; Städterinnen, Landmädchen, Erscheinungen Ottilies und Charlottes, Soldaten, Maurer, Zimmerleute, Erscheinungen Eduards und des Hauptmanns

I. Akt: In ihrem ländlichen Anwesen geben sich Eduard und Charlotte ganz ihrer Liebe hin, während der Hauptmann, engster Freund Eduards, erfahren muss, dass seine Verlobte Dorette sich von ihm getrennt hat, als er im Krieg war. Gleichzeitig macht die junge Ottilie die Erfahrung, dass sie mit ihren Mitschülerinnen im Pensionat nicht viel anfangen kann; auch sie ist einsam. Als sich nun alle vier in der ländlichen Idylle zusammenfinden, sehen sie darin eine Schicksalsfügung.

II. Akt, 1. Bild: Man bereitet Charlottes Geburtstagsfeier vor. Gleichzeitig soll das neue Sommerhaus eingeweiht werden. Außer Maurern und Zimmerleuten helfen auch Eduard und Ottilie, die dabei ihr Medaillon verliert. Als Eduard Ottilie das verlorene Schmuckstück übergibt, berühren sich ihre Hände, und sie wollen sie nicht mehr voneinander lösen. In beiden entsteht ein großes Zusammengehörigkeitsgefühl. Danach erscheint Charlotte in Begleitung des Hauptmanns. 2. Bild: Alle trinken auf Charlottes Wohl. Sie wird sich nun ihrer Gefühle für den Hauptmann bewusst; auch Ottilie und Eduard treffen beim Tanzen wieder aufeinander. Die Eifersucht eines Zimmermanns unterbricht kurzzeitig die Feststimmung. Dann schenkt der Hauptmann Charlotte einen Armreif. Beim Tanzen kommen Charlotte und Eduard voreinander zum Stehen. 3. Bild: Sie geben sich einander hin, denken aber jeweils an den abwesenden Partner.

III. Akt: Ottilie verliert den an sie gerichteten Liebesbrief Eduards, als sie ihm entgegeneilt. Charlotte – selbst gepeinigt von ihren Gefühlen für den Hauptmann und ihrer Verpflichtung dem Ehemann gegenüber – findet den Brief und liest ihn. In ihrer Verwirrung wendet sie sich an den Hauptmann, der zunächst versucht, seine eigenen Gefühle zu verbergen, sich dann aber zu einem Kuss hinreißen lässt. Daraufhin verweist Charlotte den Hauptmann des Hauses. Sobald er gegangen ist, kommen Charlotte unheilvolle Gedanken. Später stellt sie sich zwischen Eduard und Ottilie, die von einem Spaziergang zurückkehren, und weist Ottilie davon. Nach einem Streit zwischen dem Ehepaar beschließt Eduard, in den Krieg zu ziehen, um zu sterben. Ottilie ist außer sich, dass Eduard sich nicht von ihr verabschiedet hat, und fällt Charlotte in die Arme. Dabei merkt Charlotte, dass Ottilie schwanger ist.

IV. Akt, 1. Bild: Charlotte übergibt Ottilie ihr Kind, die es schlafen legt. 2. Bild: Eduard überlebt den Krieg.

V. Akt, 1. Bild: Das Kind ist größer geworden. Als Eduard aus dem Krieg zurückkehrt und unverhofft vor Ottilie steht, geben sie sich ganz ihrer Liebe hin und achten nicht auf das Kind, das schließlich stirbt. 2. Bild: Als Charlotte die Beziehung zwischen Eduard und Ottilie anerkennt und sie verbinden will, ist es zu spät: Ottilie weigert sich und lässt ihr Leben verlöschen. Eduard folgt ihr in den Tod. Charlotte und der Hauptmann bleiben zurück.

So, wie sein Mentor Walter Felsenstein ein ›realistisches Musiktheater‹ begründen wollte, schwebte Tom Schilling ein ›realistisches Tanztheater‹ vor. Das hieß: Eine Geschichte sollte allein mit tänzerischen Mitteln so ›erzählt‹ werden, dass sie theatralisch überzeugen konnte. Diese in der DDR geläufige Definition von Tanztheater unterschied sich somit wegen der tanzdramatischen Bezogenheit von dem, was man in der Bundesrepublik darunter verstand (und versteht). Für Schilling transportiert Bühnentanz – und dabei erweiterte er die Danse d'école um moderne und Jazzelemente – immer eine Handlung. Gleichzeitig offenbart er dadurch aber auch die gemeinsame Wurzel beider Ausprägungen, nämlich die von Kurt Jooss geschaffene Traditionslinie.

In *Wahlverwandtschaften* – zu Sätzen aus verschiedenen Streichquartetten Franz Schuberts sowie zu zwei vollständigen Fantasien des Komponisten (für Violine

und Klavier sowie für Klavier zu vier Händen) – konzentrierte sich Schilling auf die Hauptfiguren von Johann
Wolfgang von Goethes Roman *Die Wahlverwandtschaften* (1809) und ihre gegenseitigen Empfindungen; gleichwohl fügte er multiplizierende Erscheinungen ein, die die
Empfindungen und Gefühle der Protagonisten visualisie-
ren. Auf diese Weise vermittelt das Ballett etwas von der
reflexiven Ebene der literarischen Vorlage.

Wahlverwandtschaften ist Schillings erfolgreichstes
Werk. Es befand sich bis in die 1990er-Jahre im Repertoire des Balletts der Komischen Oper; übernommen
wurde es vom Ballett Dresden (Dresden 1997).

What the Body Does Not Remember

CHOREOGRAFIE: Wim Vandekeybus; MUSIK: Thierry de Mey und
Peter Vermeersch; BÜHNENBILD: Wim Vandekeybus; URAUFFÜH-
RUNG: 12. Juni 1987, Toneelschuur, Haarlem, Ultima Vez

ROLLEN: 5 Tänzerinnen; 5 Tänzer

Auf der Bühne hinten ein Stuhl, davor ein Tisch.

Nacheinander kommen zwei Männer auf die Bühne;
sie probieren verschiedene Stellungen aus, bequem auf
dem Boden zu liegen. Dann geht eine Frau zu dem Stuhl,
setzt sich nieder und erzeugt mit ihren Händen und Fingern Kratzgeräusche und Schläge. Im Rhythmus dieser
Begleitung winden sich die beiden Männer; sie rollen
und rotieren, exekutieren Liegestütze. Allmählich werden
ihre Aktionen raumgreifender. Die drei Tänzer verlassen
schließlich wieder die Bühne und tragen dabei Tisch und
Stuhl weg. Nun erscheint eine Frau, die die Bühne auf
einigen Bausteinen quert, diese dabei ständig neu anord-
nend; ein Mann folgt, der das Gleiche mit größeren Bausteinen tut (und entsprechend länger für seine Aktionen
braucht), dann noch einmal eine Frau mit kleineren
Bausteinen. Plötzlich betritt eine Frau die Bühne, die

einen Baustein hochwirft; ein Mann fängt ihn auf. Das
Werfen und Fangen der Steine setzt sich fort und gewinnt
zusehends an Dynamik – bis zum jonglierartigen Wurf-
spiel einiger Männer –, während die zwei Frauen und der
Mann weiter mit der Fortbewegung auf ihren Bausteinen
beschäftigt sind. Am Ende des Steinewerfens umkreisen ein Mann und eine Frau die Bühne und reichen sich
einen Baustein wie beim Staffellauf. In der folgenden
Sequenz kreuzen alle Tänzer die Bühne kontinuierlich
auf der Diagonalen; zunächst wechselt dabei rasch ein
Jackett den Träger, wenn sich zwei Tänzer begegnen,
die aus entgegengesetzten Richtungen kommen. Dann
haben reihum ein oder mehrere Tänzer ein Handtuch um
den Körper geschlungen, das von einer entgegenkom-
menden Person heruntergerissen wird. Wenn das Gehen
über die Bühne abgeebbt ist, sammelt ein Mann alle Handtücher ein. Daraufhin begegnen sich ein Mann und eine
Frau; er nähert sich ihr und berührt sie, was sie heftig
ablehnt. Kurz darauf sind drei Männer dabei, je eine Frau
wie bei einer Sicherheitskontrolle zu untersuchen. Langsam wird das Abtasten zärtlicher, und es entwickeln sich
kraftvolle Aktionen zwischen einzelnen Paaren. Weitere
Paare schließen sich an, ehe nach einer Weile alle abgehen. Danach nimmt ein Mann auf dem Boden verschiedene Haltungen mit einem Stuhl ein, bis sich eine Frau
zu ihm gesellt und sie diverse Posen einnehmen. Nacheinander verstärken zwei Frauen das Paar bei den Posen,
und bald steigen sie einzeln auf den Stuhl, um zu posieren. Das Posieren wird kurzzeitig unterbrochen, wenn
der Stuhl von einem Mann weggezogen wird. Allmählich versammeln sich die übrigen Tänzer auf der Bühne,
und es entwickelt sich ein Spiel, bei dem immer der auf
dem Stuhl in der Bühnenmitte Platz nehmen muss, der
nach einem hektischen Laufen keinen freien Baustein am
Rand findet, um sich darauf zu stellen. Nach mehreren
Durchgängen bleibt ein Paar auf dem Stuhl sitzen; die
Frau liegt wie eine Schlafende in den Armen des Mannes,

der ihr langsam den Pullover auszieht. Danach werden drei Tänzer von den anderen auf dem Boden gerollt; jeder dieser drei erhält bald eine Feder, die sie in die Luft pusten. Daraufhin bemühen sich zwei Frauen, wie die Tänzer zu Beginn eine bequeme Liegeposition auf dem Boden zu finden. Zwei Männer treten nach einer Weile dazu und vollführen ein wildes Stampfen und Hüpfen um die Frauen herum. Die Frauen greifen diese Bewegungen auf, und sukzessive kommen die übrigen Tänzer dazu und fallen in das hüpfende Stampfen ein, während abwechselnd Tänzer sich auf den Boden legen und dort rollen. Schließlich verlassen die Tänzer paarweise die Bühne, bis am Ende nur noch ein Tänzer übrig bleibt, dessen Stampfen langsam schwächer wird.

Neben Anne Teresa de Keersmaekers →*Rosas danst Rosas* ist *What the Body Does Not Remember* das zweite Signaturstück einer jungen flämischen Choreografengeneration, die in den 1980er-Jahren international für Furore sorgte. Doch repräsentiert Wim Vandekeybus, zusammen mit Jan Fabre, einen anderen Stil als Keersmaeker, einen mit großer Dynamik und hohem körperlichem Einsatz. Wichtiger als die Arbeit mit unverwechselbar tänzerischem Bewegungsmaterial ist den beiden Choreografen die theatrale Gestaltung, oft unter Einbeziehung zahlreicher Requisiten und gesprochener Sprache. In *What the Body Does Not Remember* dominieren kraftvolle sportive Aktionen, die sich nicht um eine traditionelle Bühnenästhetik im Sinn einer ›schönen‹ Darstellung bemühen, sondern rau, fast schon gewalttätig daherkommen; die unübersehbare Aggression auf der Bühne verweist auf die Gewalt in unserer Gesellschaft. Dem Titel des Stückes kommt somit fast schon programmatische Bedeutung zu, zielt doch Vandekeybus auf die Zurschaustellung instinktiver, naturhafter Bewegungen, um, wie er einmal sagte, »die Zuschauer an der Authentizität der Dinge zweifeln zu lassen«.

What the Body Does Not Remember, Vandekeybus'
erste Choreografie, wurde zu einem internationalen
Erfolgsstück und gehört nach wie vor zum Repertoire
seiner Kompanie Ultima Vez.

Who Cares?

CHOREOGRAFIE: George Balanchine; MUSIK: George Gersh-
win, teilweise orchestriert von Hershy Kay; KOSTÜME: Barbara
Karinska; URAUFFÜHRUNG: 5. Februar 1970, New York State
Theatre, New York, New York City Ballet

ROLLEN: 3 Solistinnen; 1 Solist; 15 Tänzerinnen; 5 Tänzer

Dekorationslose Bühne, Hintergrundprospekt mit New
Yorker Skyline, Tänzerinnen in türkisfarbenen oder
gelben Kostümen mit kurzen Röcken.
›Strike Up the Band‹: 15 Tänzerinnen und 5 Tänzer
haben Aufstellung genommen. Schmissig kicken die
Tänzer die Beine in die Luft, drehen, springen, wippen
mit den Hüften. ›Sweet and Low Down‹: Die zehn Tänzerinnen in den türkisfarbenen Kostümen bleiben auf
der Bühne und formieren sich paarweise, die Fußspitzen
aufgestellt. Dann bilden sie zwei Fünferensembles, die
meist zueinander gespiegelt agieren. ›Somebody Loves
Me‹: Nach dem Abgang der Tänzerinnen in Türkis
zeigen die fünf Frauen in den gelben Kostümen, häufig in
einer Reihe, Schleifschritte und virtuose Schrittkombinationen. ›Bidin' My Time‹: Nun gehört die Bühne den
fünf Tänzern. Ebenfalls überwiegend in Reihenforma-
tion, brillieren sie mit hohen Kicks, Drehungen, Sprüngen und Musicalschritten. Sie enden mit Pirouetten
aufs Knie. ›S' Wonderful‹: Die fünf Tänzerinnen in
Gelb kommen winkend herein. Bis auf einen gehen die
Männer ab; dieser tanzt mit einer Frau, während die
anderen vier Tänzerinnen im Hintergrund bleiben. ›That
Certain Feeling‹: Ein zweiter Tänzer kommt und beginnt

mit der nächsten Tänzerin ein Duett, das Rock-'n'-Roll-Schritte zitiert; das Paar wird von einem dritten abgelöst. ›Do, Do, Do‹: Ein vierter Mann fordert vergeblich zwei Tänzerinnen auf, bis er seinerseits von einer Frau zum gemeinsamen Tanz gebeten wird. ›Lady Be Good‹: Der fünfte Mann kommt hinzu, und die fünf Paare tanzen zusammen; am Ende verlassen alle die Bühne. ›The Man I Love‹: Der Solist führt eine trippelnde Solistin auf die Bühne. Er trägt und hebt sie; sie lösen sich voneinander, kommen aber immer wieder zusammen. Zweimal springt die Frau dem Mann auf den Rücken. Zum Schluss laufen beide ab. ›I'll Build a Stairway to Paradise‹: Die zweite Solistin vollführt eine Sprungvariation. ›Embraceable You‹: Nun gehört die Bühne dem Solisten und der dritten Solistin; ihr Duett ist von Gesellschaftstanzelementen geprägt. ›Fascinatin' Rhythm‹: Die Variation der ersten Solistin ist schnell und temperamentvoll: Sie pirouettiert zum Schluss in die Kulissen. ›Who Cares?‹: Das Duett der zweiten Solistin und des Solisten beginnt lyrisch und wird dann zunehmend virtuoser. ›My One and Only‹: Die dritte Solistin zeigt ein weiches, laszives Solo mit schnellen Pirouetten. ›Liza‹: Es folgt die Variation des Solisten mit Showtanzschritten. ›Clap Yo' Hands‹: Die drei Solistinnen und der Solist vereinen sich zu einem virtuosen Quartett. ›I Got Rhythm‹: Den Schluss beginnt das Corps de ballet allein; sobald die Solistinnen und der Solist hinzukommen, bildet es den ornamentalen Hintergrund für diese.

Die Ensemblestücke, Duette und Soli von *Who Cares?* folgen ohne Handlungsfaden aufeinander; so gleicht das Ballett mit seinen 17 Nummern einem groß angelegten Divertissement. Ausgangspunkt war George Balanchines Wertschätzung für George Gershwins Musik. Die beiden hatten sich in den 1930er-Jahren in Hollywood kennen gelernt und eine Zusammenarbeit geplant; sie konnte wegen des Todes des Komponisten 1937 nicht verwirklicht werden. Viele Jahre später imaginierte sich Balanchine verschiedene choreografische Konstellationen, als er am Klavier Songs in Gershwins eigener Transkription spielte. Für *Who Cares?* kombinierte Balanchine das Material der Danse d'école mit typischen Musicalelementen, so, wie er den Sound der 1920er- und 1930er-Jahre mit zeitlosen Showkostümen verband und sein Ballett somit nicht eindeutig den Goldenen Zwanzigern zuordnete. Den Kern von *Who Cares?* bilden die drei Duette und die Soli der drei Solistinnen und des Solisten; dieser Teil, von ›The Man I Love‹ bis einschließlich ›Clap Yo' Hands‹, wird bisweilen separat aufgeführt (ebenfalls unter dem Titel *Who Cares?*).

Wiederholt wiesen Kritiker auf die strukturellen Affinitäten von *Who Cares?* zu Ballettklassikern des 19. Jahrhunderts hin und sahen in der Konstellation von drei Solistinnen und einem Solisten eine Entsprechung zu Balanchines →*Apollo*.

Für die Uraufführung war nur die Orchestration der Eingangs- und Schlussnummer fertiggestellt; die anderen Songs wurden in einer Klavierfassung gespielt (dabei erklang *Clap Yo' Hands* in einer Schallplattenaufnahme Gershwins). Erst später verwendete man alle Songs in Hershy Kays Orchestration (mit Ausnahme von *Clap Yo' Hands*, das weiterhin in Gershwins Interpretation benutzt wurde). Im November 1970 ergänzte Jo Mielziner das Bühnenbild um schräg stehende Wolkenkratzerspitzen, die aus den Kulissen ragen. 1976 strich Balanchine ›Clap Yo' Hands‹.

Sowohl das vollständige Ballett als auch der Teil mit den vier Solisten wurde von einigen klassischen Kompanien übernommen.

Der Widerspenstigen Zähmung

Ballett in zwei Akten

CHOREOGRAFIE: John Cranko; MUSIK: Domenico Scarlatti, arrangiert von Kurt-Heinz Stolze; AUSSTATTUNG: Elisabeth Dalton; URAUFFÜHRUNG: 16. März 1969, Württembergische Staatstheater (Großes Haus), Stuttgart, Stuttgarter Ballett

ROLLEN: Baptista, ein reicher Edelmann; Katharina und Bianca, seine Töchter; Gremio, Lucentio und Hortensio, Biancas Freier; Petrucchio, ein Edelmann; 2 Freudenmädchen; Wirt; Schneider; Hutmacher; Petrucchios Diener (4 Tänzer); 22 Tänzerinnen; 18 Tänzer

In Padua, 16. Jahrhundert.

I. Akt: Vor Baptistas Haus werben des Nachts der ergraute Geck Gremio, der eingebildete Lucentio und Hortensio um die sanfte Bianca, die auf dem Balkon erscheint und sich huldigen lässt, bis ihre wilde Schwester Katharina einen Topf über den Freiern ausleert. Nun erscheint auch der Vater, Baptista, der jede Werbung um Bianca ablehnt, bevor nicht Katharina verheiratet ist. Dabei geht es so lautstark zu, dass die Nachbarn in Nachtkleidern hinzukommen und sich einmischen. Erschöpft ziehen sich Gremio, Lucentio und Hortensio in eine Schänke zurück und verbrüdern sich. Da tritt Petrucchio mit zwei Freudenmädchen ein: Er betrinkt sich immer mehr und wird von den beiden Frauen ausgenommen. Bis auf die Unterwäsche aller Habseligkeiten beraubt, geht er auf den Vorschlag der drei Freier ein, gegen Bezahlung Katharina den Hof zu machen und sie zu heiraten. In Baptistas Haus sinniert Bianca nun über die Geschenke ihrer Freier. Katharina stürmt herzu, nimmt ihrer Schwester die Liebespfänder weg und geht auf sie los. Da klopft es: Petrucchio tritt als reicher Edelmann ein, begleitet von den drei Freiern, die sich als Gesangs-, Tanz- und Musiklehrer verkleidet haben. Die drei nehmen ihr Werben sogleich wieder auf, und es wird deutlich, dass Bianca Lucentio bevorzugt. Petrucchio hingegen wirbt

um Katharina. Zunächst sträubt sie sich gegen dessen
Zuneigungsbekundungen, ist dann jedoch geschmeichelt
und willigt in die Heirat ein. In inniger Umarmung findet
Baptista die zwei und ruft sogleich zur Hochzeit; wie ein
Lauffeuer verbreitet sich die überraschende Neuigkeit in
der Stadt. Im Lauf der anschließenden Hochzeitsfeier-
lichkeiten benimmt sich Petrucchio ausgesprochen unge-
hobelt: Er kommt zu spät, ist anscheinend betrunken,
trägt Lumpen und bringt Tierkadaver als Geschenke mit.
Außerdem zwingt er Katharina regelrecht zur Heirat und
eilt dann mit ihr davon.

II. Akt: Petrucchio und Katharina reiten zu Petrucchios
Haus, wobei Katharina immer wieder vom Pferd rutscht
und schließlich laufen muss. Zuerst im Haus angekommen, instruiert Petrucchio seine Diener, sich wie Kretins
zu verhalten. Sobald Katharina eingetroffen ist, beginnt
Petrucchio sein Spiel mit ihr: Der durchnässten und
hungrigen Frau enthält er das Essen vor mit der Begründung, es sei nicht gut genug für sie, und löscht das Feuer
aus. In Baptistas Haus laufen in der Zwischenzeit die
Vorbereitungen für ein Maskenfest. Lucentio gibt Bianca
eine Maske, die gleiche bekommen die beiden Freudenmädchen, die so Gremio und Hortensio täuschen und zur
Hochzeit bewegen sollen – der Plan gelingt. Am nächsten Morgen erwacht Katharina immer noch hungrig in
Petrucchios Haus; Petrucchio gibt seiner Frau lediglich
einen abgenagten Knochen. Ihre Wut und ihr Widerstand
weichen allmählich auf, und sie erkennt Petrucchio als
einen ihr ebenbürtigen Partner an. Daraufhin tischt er
ihr Speisen auf. In Baptistas Haus wird dann die Hochzeit von Bianca und Lucentio sowie von Gremio und
Hortensio mit den Freudenmädchen gefeiert. Katharina
und Petrucchio erscheinen in reichen Gewändern und
größter Harmonie, und es zeigt sich, dass Katharina die
einzige der vier jungen Ehefrauen ist, die ihrem Mann
gehorcht. In ihrer früheren Furienhaftigkeit bringt sie die
anderen Frauen, die sich nun als widerspenstig erweisen,

zum Parieren. Einander liebevoll zugetan, erklären sich schließlich Katharina und Petrucchio noch einmal ihre Liebe.

John Cranko hat in seiner Adaption von William Shakespeares Komödie (1594) wie in *Romeo und Julia* (Venedig 1958 und Stuttgart 1962; Musik: Sergei Prokofjew) und → *Onegin*, seinen beiden anderen großen Handlungsballetten nach literarischen Vorlagen, diese verknappt und auf das Wesentliche reduziert. Allerdings erfand er die Episode mit den zwei Freudenmädchen hinzu. Viel Psychologie ist dabei nicht im Spiel, vielmehr illustriert das Ballett mit leiser Ironie, Humor und einer gehörigen Portion slapstickhafter Komik Katharinas Satz: »Dein Ehmann ist dein Herr, ist dein Erhalter, / Dein Licht, dein Haupt, dein Fürst [...] Und fordert zum Ersatz nicht andern Lohn / Als Liebe, freundlich Blicken und Gehorsam.« Pointiert und mit Verve wird die Geschichte erzählt, in der zwei Stränge miteinander verwoben sind: zum einen die Interaktionen zwischen Katharina und Petrucchio, zum anderen das Werben der grotesk gezeichneten Freier um Bianca. Während die Duette von Bianca und Lucentio die Handlung retardieren, treiben die von Katharina und Petrucchio sie voran, und am Ende des Werkes übernimmt ihr Duett die Funktion einer Apotheose: In und zwischen ihnen hat sich eine emotionale Wandlung vollzogen. Ebenso in der zuvor so sanften Bianca, die sich bei der Wette der Ehemänner, welche Frau am besten pariert, unerwartet als die eigentlich Widerspenstige entpuppt. Für die Beziehung von Katharina und Petrucchio wählte Cranko ein klassisch grundiertes, stark mit kantigen Motionen durchsetztes Bewegungsmaterial, während das Werben der drei Freier unter starkem Einbezug von Gestik und Mimik vermittelt wird. Eine dem Sujet angemessene musikalische Begleitung schuf Kurt-Heinz Stolze; er ließ sich von diversen Kompositionen Domenico Scarlattis anregen, variierte

Themen der Sonaten und »typische formale Schemata«
(so Stolze im Programm) und verlieh seiner Partitur mit
einer originellen Orchestration eine zeitgenössisch anmutende Gestalt.

Der Widerspenstigen Zähmung erwies sich sogleich
als Erfolg für das Stuttgarter Ballett und die Tänzer der
Hauptfiguren, Marcia Haydée und Richard Cragun. Das
Werk befindet sich weiterhin im Repertoire des Stuttgarter Balletts, und mehrere klassische Kompanien haben es
übernommen.

Nach der Uraufführung strich Cranko die Nebenrollen
Schneider und Hutmacher und fügte stattdessen einen
Priester ein. Zudem machte er aus einem Pas de huit im
II. Akt einen Pas de six.

Außer Cranko choreografierten unter anderem Mau-
rice Béjart mit *La mégère apprivoisée* (Paris 1954;
Musik: Scarlatti) und Richard Wherlock (Berlin 2001;
Musik: Nino Rota und Ennio Morricone) Ballette nach
Shakespeares Komödie.

Der wunderbare Mandarin

Pantomime in einem Akt

CHOREOGRAFIE: Hans Strohbach; MUSIK: Béla Bartók; LIBRETTO:
Menyhért Lengyel; AUSSTATTUNG: Hans Strohbach; URAUFFÜH-
RUNG: 27. November 1926, Opernhaus, Köln, Ballett des Opern-
hauses

ROLLEN: die 3 Strolche; das Mädchen; der alte Kavalier; der
Jüngling; der Mandarin

Ein ärmliches Zimmer in einem Haus in einem heruntergekommenen Viertel einer Großstadt.

Die drei Strolche bedrängen ein Mädchen, vom Fenster aus Männer in das Zimmer zu locken; hier sollen die
Männer ausgeraubt werden. Infolge des Zwanges, den
die Strolche schließlich ausüben, willigt das Mädchen

ein, und nacheinander kommen ein alter Kavalier und ein schüchterner Jüngling. Sobald sie zudringlich werden, stürzen sich die Strolche auf sie; beide erweisen sich jedoch als unergiebige Opfer und werden auf die Straße geworfen. Als dritter Mann betritt der Mandarin das Zimmer; er flößt dem Mädchen Angst ein. Sie versucht, seine Gelassenheit mit Spiel und Tanz zu lösen; erst nach einer Weile stürzt er sich auf das Mädchen, das vor ihm flieht. Da kommen die Strolche aus ihrem Versteck und fallen über ihn her; sie rauben den Mandarin aus und ersticken ihn mit Kissen. Ihre Annahme, ihn getötet zu haben, erweist sich als falsch; er erhebt sich, wird aber sogleich mit einem Schwert niedergestochen. Erneut kann er aufstehen, und nun wird er mit einer Schlinge um den Hals aufgehängt. Ein weiteres Mal kann sich der Mandarin bewegen; die Strolche nehmen ihn daraufhin ab und legen ihn in die Arme des Mädchens. Jetzt beginnen seine Wunden zu bluten, und er stirbt.

Der drastische Inhalt des *Wunderbaren Mandarins* wurde von Hans Strohbach als expressives Theaterspiel inszeniert; Tanz im engeren Sinn wurde nur da eingesetzt, wo er von der Handlung her einen legitimen Platz hat, also vor allem bei den Verführungsversuchen des Mädchens. Deshalb hatte Béla Bartók sein Bühnenwerk (1919) auch als Pantomime bezeichnet, eine Gattung, die sich seit Beginn des 20. Jahrhunderts, parallel zur wachsenden Bedeutung des Stummfilms, einer gewissen Beliebtheit erfreute.

Nachdem die renommierten Opernhäuser von Wien und Budapest den *Wunderbaren Mandarin* wegen des Librettos abgelehnt hatten, stellte die Kölner Uraufführung einen veritablen Theaterskandal dar; das Publikum wandte sich lautstark gegen die Handlung des Stückes. Nach der Uraufführung verbot der damalige Kölner Oberbürgermeister Konrad Adenauer weitere Vorstellungen. Erst mit der Choreografie von Aurel von Milloss

(Mailand 1942) fand *Der wunderbare Mandarin* Eingang
ins internationale Ballettrepertoire; Milloss studierte nach
Ende des Zweiten Weltkriegs seine Fassung bei vielen
Kompanien ein. Neuchoreografien schufen unter ande-
rem Gyula Harangozó (Budapest 1945), Todd Bolen-
der (New York 1951), Erika Hanka (Wien 1957), Erich
Walter (Wuppertal 1958), Leonid Lawrowski (Moskau
1961), Yvonne Georgi (Hannover 1963), Flemming
Flindt (Kopenhagen 1967), László Seregi (Budapest
1970), Gerhard Bohner (Darmstadt 1974), Jochen Ulrich
(Köln 1980), Roland Petit (Mailand 1980) und Maurice
Béjart (Lausanne 1992).

Der Zauberladen

Ballett in einem Akt

CHOREOGRAFIE: Léonide Massine; MUSIK: Ottorino Respighi,
nach Gioachino Rossini; AUSSTATTUNG: André Derain; URAUF-
FÜHRUNG: 5. Juni 1919, Alhambra Theatre, London, Ballets
Russes

ROLLEN: der Ladenbesitzer; sein Mitarbeiter; zwei Gehilfen;
Diener; ein Dieb; eine englische alte Jungfer; ihre Freundin; ein
Amerikaner; seine Frau; ihr Sohn; ihre Tochter; ein russischer
Kaufmann; seine Frau; ihr Sohn; ihre 4 Töchter; Tarantellatänzer
(1 Tänzerin, 1 Tänzer); Kreuzkönigin; Herzkönigin; Pikkönig;
Karokönig; der Snob; der Melonenhändler; ein Kosakenfüh-
rer; 5 Kosaken; ein Kosakenmädchen; Tanzpudel (1 Tänzerin,
1 Tänzer); Cancantänzer (1 Tänzerin, 1 Tänzer); 12 ihrer Freundinnen

Spielzeugladen einer größeren Stadt am Meer, 1860er-
Jahre, große Fenster, durch die im Hintergrund ein Hafen
zu erkennen ist.

Nach der Mittagspause kehren der Ladenbesitzer und
sein Mitarbeiter in das Geschäft zurück; bald entdecken
sie einen Dieb, der umgehend verjagt wird. Nun treffen nacheinander Kunden ein, erst zwei englische alte

Jungfern, dann die amerikanische Familie. Ihnen werden
einige der mechanischen Puppen vorgeführt: die italienischen Tarantellatänzer und die vier Spielkarten. Danach
kommt die russische Kaufmannsfamilie in den Laden,
und die Puppenvorführung geht weiter. Die Gehilfen
bringen jetzt einen Snob und einen Melonenhändler
sowie eine Kosakengruppe herein, und der Ladenbesitzer führt schließlich noch ein Pudelpaar vor. Zu seinem
Leidwesen erfreuen sich zwar alle an den Puppen, doch
wird keine gekauft. Deshalb bietet er als letztes noch
ein Paar Cancantänzer auf. Von diesen beiden Puppen
sind alle begeistert, und die amerikanische und die russische Familie entschließen sich, je eine zu erwerben.
Die Puppen werden bezahlt und eingepackt; am nächsten Morgen wollen die Familien sie abholen. Nachdem
die Kunden das Geschäft verlassen und der Ladenbesitzer und sein Mitarbeiter aufgeräumt und zugesperrt
haben, kommen die Puppen wieder hervor. Sie trauern
mit den Cancantänzern angesichts deren bevorstehender
Trennung; als die Nacht zu Ende geht, helfen ihnen die
anderen Puppen, sich zu verstecken. Sobald am Morgen
das Geschäft wieder geöffnet hat, kommen die beiden
Familien, um ihre Einkäufe abzuholen. Doch die beiden
Schachteln sind leer, und sogleich gehen die Familien
auf Ladenbesitzer und Mitarbeiter los. Ihnen kommen
dann aber die Puppen zu Hilfe, die die Familien aus dem
Geschäft drängen.

Mit dem *Zauberladen* – uraufgeführt als *La boutique fan-
tasque* – präsentierten die Ballets Russes eine moderne
Version von Josef Haßreiters Ballett →*Die Puppenfee*. Handelt es sich bei dem 30 Jahre zuvor aufgeführten Ballett um ein typisches Produkt des ausgehenden
19. Jahrhunderts mit klarer Trennung von pantomimischen Aktionen und reinen Tanznummern, so wird auch
am *Zauberladen* die rasante Entwicklung des Bühnentanzes in nur wenigen Dekaden deutlich. Denn die

Vermittlung des Inhalts geschieht nicht länger durch eine stereotype Pantomime, sondern durch gestische Motionen, die für jeden Charakter individuell entwickelt wurden. Auch in der Choreografie findet sich eine solche Individualisierung: So kreierte Léonide Massine die Partien der Puppen jeweils passend zur jeweiligen Figur: Die vier Spielkarten etwa tanzen mit vornehmer Noblesse, und die verschiedenen Puppen zeigen Elemente aus entsprechenden Volkstänzen. Eine besondere Note erhielt *Der Zauberladen* durch den für Massines frühe Ballette typischen Humor: Humor, der sich aus dem auf der Danse d'école basierenden Tanz ergibt, also choreografiert ist, und nicht durch Schauspiel hervorgerufen wird. Die kongeniale Musik für den rasanten Bewegungswitz Massines schuf Ottorino Respighi, indem er einige Klavierstücke aus Gioachino Rossinis *Péchés de vieillesse* (1850–68) und Vokalstücke aus *Les soirées musicales* (1834) wirkungsvoll für großes Orchester arrangierte.

Der Zauberladen erwies sich in London als Ballets-Russes-Triumph mit Massine selbst und Lydia Lopokova als Cancantänzer, Enrico Cecchetti als Ladenbesitzer sowie Lydia Sokolova und Leon Wójcikowski als Tarantellatänzer; auch anderswo konnte Massine mit dem Werk Erfolge feiern. Nach dem Ende der Ballets Russes 1929 studierte er das Ballett bei diversen anderen Kompanien ein.

Neuchoreografien des *Zauberladens* schufen unter anderem Tatjana Gsovsky (Berlin 1948) und Erika Hanka (Wien 1954).

Choreografen von A–Z

Ailey, Alvin

5.1.1931 Rogers (Tex.) – 1.12.1989 New York

Studierte bei Lester Horton in Los Angeles und später bei Martha Graham, Hanya Holm und Charles Weidman in New York. Debütierte 1950 als Tänzer bei den Lester Horton Dancers und übernahm nach dem Tod von Horton 1953 die Leitung der Kompanie. 1954 ging er nach New York und trat in Musicals *(House of Flowers)*, Filmen *(Carmen Jones)* und Theaterstücken auf. 1958 gründete er das Alvin Ailey American Dance Theater (1972–76 umbenannt in Alvin Ailey City Center Dance Theater), das zunächst ausschließlich aus farbigen Tänzern bestand und seit Aileys Tod von Judith Jamison geleitet wird. 1958 entstand auch Aileys erste bedeutende Choreografie *Blues Suite*; sie zeigt bereits Merkmale, die seinen Stil auszeichnen: die Mischung aus modernem und klassischem Tanz, Jazztanz, afrikanischem Tanz und Showelementen sowie Themen, der Ausdruck afroamerikanischer Identität und Religiosität sind wie sein Signaturstück →*Revelations* (1960). Später stand mehr und mehr die glamouröse Präsentation seiner Tänzer im Vordergrund.

Hauptwerke: *Blues Suite* (1958), →*Revelations* (1960), *Feast of Ashes* (1962), *River* (1970), *Cry* (1971), *Night Creature* (1975).

Angiolini, Domenico Maria **Gasparo**

9.2.1731 Florenz – 5.2.1803 Mailand

Angiolini begann seine Tänzerlaufbahn 1747 in Lucca. Seine ersten Choreografien entstanden in Wien, wo er seit den 1750er-Jahren unter dem Hoftanzmeister Franz Hilverding arbeitete. Hilverding gilt als Wegbereiter des dramatischen Handlungsballetts, und Angiolini erweiterte dessen Konzept. Er war 1758–66 Hilverdings Nachfolger als Ballettmeister in Wien; 1766 folgte er

ihm nach Sankt Petersburg, wo er vier Jahre zuvor schon
einmal mit seinem Mentor zusammengearbeitet hatte. In
der russischen Hauptstadt hielt er sich zudem 1776–78
und 1783–86 auf; dort unterrichtete er nun auch an der
kaiserlichen Ballettschule. Dazwischen war er in Italien
und Wien engagiert. Der streitbare Demokrat, der in
den 1770er-Jahren seine Ballettreformbestrebungen mit
Traktaten gegen Jean Georges Noverre propagierte, war
wegen seines politischen Engagements 1799–1801 inhaf-
tiert. Angiolini, der auch komponierte, choreografierte
außer → *Don Juan* (1761) die Tanznummern von Christoph Willibald Glucks Reformoper *Orfeo ed Euridice*
(1762) sowie die Ballette *Sémiramis* (1765), *Le départ
d'Énée ou La Didon abandonnée* (1766) und *Armide et
Renaud* (1769, 2. Fassung 1780).

Anissimowa, Nina Alexandrowna
27. 1. 1909 Sankt Petersburg – 23. 9. 1979 Leningrad (heute
Sankt Petersburg)

1926 legte Anissimowa ihr Examen an der Petrograder
(Leningrader) Ballettschule ab. Zunächst war sie am
Maly-Theater engagiert, 1927–58 tanzte sie im Ballett
des Staatlichen Akademietheaters (dem späteren Kirow-
Ballett). Ihr choreografisches Debüt hatte sie 1936 mit
Andalusische Hochzeit. Es folgten → *Gajane* (1942) und
Das Lied der Kraniche (1944) sowie Neufassungen klas-
sischer Ballette wie *Schwanensee* (1964).

Ashton, Sir Frederick William Mallandaine
17. 9. 1904 Guayaquil (Ecuador) – 19. 8. 1988 Eye (Suffolk)

Ashton kam 1922 nach London und nahm Unterricht
bei Léonide Massine, später bei Marie Rambert, die sein
choreografisches Talent erkannte und ihn 1926 zu seinem

ersten Ballett anregte. 1927 engagierte ihn Ida Rubinstein als Tänzer, 1929 kehrte er zu Rambert zurück und choreografierte für den Ballet Club und die Camargo Society. 1935 verpflichtete ihn Ninette de Valois ans Vic-Wells Ballet (später Sadler's Wells Ballet, heute Royal Ballet) als Tänzer und Chefchoreografen. Darüber hinaus war er stellvertretender Direktor (1952–63) und Direktor (1963–70) der Kompanie. Ashtons eleganter, lyrischer und musikalischer Stil prägte in seiner Klarheit den englischen Tanz – und das Ballett des 20. Jahrhunderts. Viele Werke schuf er für die Ballerina Margot Fonteyn, deren Karriere er mit seinen Choreografien 25 Jahre lang maßgeblich beeinflusste. Nach dem Ausscheiden aus der Direktion des Royal Ballet, für das er die meisten Stücke schuf, arbeitete der 1962 in den Adelsstand erhobene Ashton als freier Choreograf. Er war an den Filmen *The Tales of Hoffmann* und *The Tales of Beatrix Potter* und verschiedenen Operninszenierungen beteiligt.

Hauptwerke: → *Façade* (1931), *Les patineurs* (1937), *Dante Sonata* (1940), → *Symphonic Variations* (1946), → *Scènes de ballet* (1948), *Cinderella* (1948), *Illuminations* (1950), *Daphnis and Chloe* (1951), *Sylvia* (1952), → *Undine* (1958), *La fille mal gardée* (1960), *Les deux pigeons* (1961), *Marguerite and Armand* (1963), *The Dream* (1964), *Monotones* (1965 und 1966), *Enigma Variations (My Friends Pictured Within*; 1968), → *A Month in the Country* (1976), *Five Brahms Waltzes in the Manner of Isadora Duncan* (1976).

Balanchine, George (d. i. Georgi Melitonowitsch Balantschiwadse)

22.1.1904 Sankt Petersburg – 30.4.1983 New York

Erhielt Unterricht an der Kaiserlichen Ballettschule in Sankt Petersburg und sein erstes Engagement als Tänzer 1921 am Staatlichen Akademietheater (das einstige Mariinski-Theater, 1935 in Kirow-Theater umbenannt). Erste

Choreografien ab 1920. 1924 blieb er bei einer Deutsch-
landtournee sowjetischer Tänzer im Westen, stellte sich
Sergei Diaghilew vor, wurde engagiert und 1925 zum
Chefchoreografen der Ballets Russes berufen. Mit dem
Ballett →*Apollo* fand er 1928 zu seinem neoklassischen
Stil, das die Ästhetik des klassischen Tanzes nachhaltig
veränderte. Nach dem Tod Diaghilews 1929 arbeitete er
für die Pariser Opéra, das Königliche Dänische Ballett
und die Ballets 1933. Auf Einladung von Lincoln Kirstein
ging er 1934 nach New York, wurde zunächst Leiter der
gerade ins Leben gerufenen School of American Ballet;
dann stand er der daraus hervorgegangenen Kompanie
American Ballet vor, die 1935 debütierte. Bis 1938 war
das American Ballet (mit Balanchine als Chefchoreograf)
am Metropolitan Opera House beheimatet. Danach arbeitete Balanchine für andere Kompanien, in Hollywood und
für Musicals in New York. Er war Gründungsmitglied
des Ensembles Ballet Society, das 1948 in das New York
City Ballet (NYCB) umgewandelt wurde (im City Center
angesiedelt). Die erste Europatournee führte das NYCB
1950 nach London, 1962 erstmals in die Sowjetunion.
1964 konnte das NYCB das nach den Vorstellungen Balanchines erbaute New York State Theatre im Lincoln Center
beziehen. Hier entstanden für seine Kompanie weiter
klar strukturierte, in der Regel handlungslose Werke.
Seine Erneuerung des klassisch-akademischen Vokabu-
lars und die von ihm geschaffenen Gruppenformationen
von großer Bildmächtigkeit gaben der Entwicklung des
Balletts im 20. Jahrhundert entscheidende Impulse.
Balanchine, der den Spruch »Ballet is woman« prägte,
war mit vier seiner Tänzerinnen verheiratet. Er choreografierte außerdem für Musicals wie *On Your Toes* (1936) und
The Boys from Syracuse (1938) sowie für Filme wie *The
Goldwyn Follies* (1938), *On Your Toes* (1939), *Ein Som-
mernachtstraum* (1966) und inszenierte Opern, darunter
The Rake's Progress (1953) von Igor Strawinsky und Pjotr
Tschaikowskis *Eugen Onegin* (1962).

Hauptwerke: →*Apollo* (1928), →*Der verlorene Sohn* (1929), →*Die sieben Todsünden* (1933), →*Serenade* (1934, Neufassungen 1935 und 1940), →*Jeu de cartes* (1937), →*Concerto barocco* (1941), *Ballet Imperial* (1941), *Danses concertantes* (1944), →*Die vier Temperamente* (1946), →*Sinfonie in C* (1947), *Theme and Variations* (1947), *Orpheus* (1948), *La valse* (1951), *Der Nussknacker* (1954), →*Allegro brillante* (1956), *Divertimento Nr. 15* (1956), →*Agon* (1957), *Stars and Stripes* (1958), *Episodes* (1959, mit Martha Graham), *Liebeslieder Walzer* (1960), →*Tschaikowsky-Pas-de-deux* (1960), *Bugaku* (1963), *Variations* (1966), →*Jewels* (1967), →*Who Cares?* (1970), *Symphony in Three Movements* (1972), *Duo concertant* (1972), *Vienna Waltzes* (1977), *Davidsbündlertänze* (1980).

Bausch, Pina (d.i. Philippe Bausch)

*27.7.1940 Solingen

Studierte 1955–59 an der Folkwangschule in Essen, ergänzte ihre Ausbildung mit einem DAAD-Stipendium an der Juilliard School of Music in New York (1960–62) und tanzte bei Paul Sanasardo und Donya Feuer, beim New American Ballet und beim Ballett der Metropolitan Opera. 1962 kehrte sie nach Essen zurück und wurde Solistin des von Kurt Jooss neu gegründeten Folkwang-Balletts. Für diese Kompanie entstanden ab 1967 ihre ersten Choreografien. 1969 übernahm sie die Leitung des Folkwang-Balletts. Nach einer Gastchoreografie für das Ballett der Wuppertaler Bühnen wurde sie 1973 als dessen Leiterin engagiert; seitdem heißt die Kompanie Tanztheater Wuppertal. Nach anfänglichen Skandalen gehören ihre einzigartigen, sich aus Tanz, Sprechtheater und Einflüssen der bildenden Kunst speisenden, mit Revuezitaten arbeitenden Stücke zu bedeutenden kulturellen Ereignissen. Ihre Bühnen- und gesellschaftliche Konventionen brechenden Theatermontagen, die oft um die Themen Erinnerung, Kindheit und Geschlechterverhältnisse kreisen, waren stilbildend. Bausch wurde mit zahlreichen Ehrungen ausgezeichnet, darunter die Aufnahme in den Orden ›Pour le mérite‹ und das Große Verdienstkreuz der Bundesrepublik Deutschland.

Hauptwerke: *Iphigenie auf Tauris* (1974), *Ich bring dich um die Ecke* (1974), *Le sacre du printemps* (1975), *Die sieben Todsünden* (1976), *Blaubart. Beim Anhören einer Tonbandaufnahme von Béla Bartóks Oper »Herzog Blaubarts Burg«* (1977), *Komm, tanz mit mir* (1977), → *Café Müller* (1978), → *Kontakthof* (1978; 1999 Fassung für Darsteller ab 65), *Arien* (1979), *1980* (1980), *Walzer* (1982), → *Nelken* (1982, Neufassung 1983), *Viktor* (1986), *Palermo, Palermo* (1989), *Danzón* (1995), *Nur Du* (1996), *Der Fensterputzer* (1997), *Masurca Fogo* (1998), *Wiesenland* (2000), → *Água* (2001). Kinofilm: *Die Klage der Kaiserin* (1989).

Béjart, Maurice (d. i. Maurice Jean Berger)

* 1. 1.1927 Marseille

Erhielt seine Ausbildung in Marseille, Paris und London. Tanzte bei verschiedenen Kompanien, darunter Mona Inglesbys International Ballet, das Königliche Schwedische Ballett und Birgit Cullbergs Ensemble, bevor er 1953 mit dem Publizisten Jean Laurent die Ballets de l'Étoile in Paris gründete, aus denen 1957 das Ballet-Théâtre de Paris wurde. 1959 choreografierte er *Le sacre du printemps* mit einem speziell zusammengestellten Ensemble für die Brüsseler Oper. Daraus ging 1960 das Ballet du XXe Siècle hervor, das bis 1987 seine Heimat in Brüssel hatte. Seither ist Béjart mit seiner Kompanie, die nun Béjart Ballet Lausanne heißt, in Lausanne ansässig. Der Kompanie ist eine Schule angeschlossen, École-Atelier Rudra Béjart Lausanne, die er 1992 nach dem Modell seines Mudra Centre in Brüssel (1970) und dem in Dakar (1977) gründete. Zu seinen Werken gehört eine Fülle an theaterwirksamen, erotisch aufgeladenen Inszenierungen mit aufwendiger Ausstattung, dem Spektakel näher als einer traditionellen Ballettaufführung. Häufig hat Béjart aktuelle Zeitströmungen aufgegriffen; er hat auch an Opernproduktionen wie Richard Wagners *Tannhäuser* (Bayreuth 1961) mitgewirkt.

Hauptwerke: →*Symphonie pour un homme seul* (1955), →*Sonate à trois* (1957), *Le sacre du printemps* (1959), *Boléro* (1961), *Messe pour le temps présent* (1967), *Bhakti* (1968), *L'oiseau de feu* (1970), *Chant du compagnon errant* (1971), *Nijinsky, clown de Dieu* (1971), *Le marteau sans maître* (1973), *Ce que l'amour me dit* (1974), *Notre Faust* (1975), *Gaîté parisienne* (1978), *Les chaises* (1980), *Wien, Wien, nur Du allein* (1982), →*Le concours* (1985), *1789 ... et nous* (1989), *Ring um den Ring* (1990), *Le presbytère n'a rien perdu de son charme ni le jardin de son éclat* (1997).

Bohner, Gerhard

19.6.1936 Karlsruhe – 13.7.1992 Berlin

Studierte nach Unterricht in Karlsruhe bei Mary Wigman in Berlin. Er tanzte in Mannheim (1958–60), Frankfurt am Main (1960/61) und an der Deutschen Oper Berlin (1961–71). 1964 zeigte er seine ersten Choreografien. 1972–75 war er Direktor des Tanztheaters Darmstadt, 1978–81 leitete er mit Reinhild Hoffmann das Bremer Tanztheater. Danach arbeitete er als freier Choreograf. Er gehörte neben Hoffmann, Pina Bausch, Susanne Linke und Johann Kresnik zu den Leitfiguren des choreografischen Aufbruchs der 1970er- und 1980er-Jahre. In seinen Stücken griff Bohner auf die körpermechanische Tradition des Ausdruckstanzes zurück. Seine analytischen Soloarbeiten wie *Schwarz weiß zeigen* (1983), *Im (Goldenen) Schnitt I* und *Im (Goldenen) Schnitt II* (1989) wiederum sind für zeitgenössische junge Choreografen wegweisend.

Hauptwerke: *Fünf Stücke und Glocken* (1964), *Spannen–Abschlaffen* (1969), →*Die Folterungen der Beatrice Cenci* (1971), *Machen = Opfern* (1971), *Lilith* (1972), *Présence*

(1972), *Zwei Bauhaustänze* (1974), *Das triadische Ballett* (1977), *Zwei Giraffen tanzen Tango* (1980), *Abstrakte Tänze – Bauhaustänze* (1986), *Schwarz weiß zeigen* (1983), *Im (Goldenen) Schnitt I* (1989), *Im (Goldenen) Schnitt II* (1989), *Angst und Geometrie* (1990).

Börlin, Jean Olof Jonas

13.3.1893 Härnösand (Västernorrland) – 6.12.1930 New York

Erhielt seine Ausbildung an der Schule des Königlichen Theaters in Stockholm und wurde 1905 in das Corps de ballet übernommen. Studierte 1918 bei Michail Fokin in Kopenhagen. 1920 gründete der schwedische Kunstsammler und Mäzen Rolf de Maré in Paris die Ballets Suédois mit Börlin als Choreografen und Solisten. Für die avantgardistische Kompanie, die mit prominenten Komponisten (wie Darius Milhaud und Arthur Honegger), bildenden Künstlern (wie Fernand Léger, Francis Picabia, Giorgio De Chirico) und Schriftstellern (wie Blaise Cendrars, Paul Claudel, Jean Cocteau) zusammenarbeitete, choreografierte Börlin unter anderem *Iberia* (1920), *La boîte à joujoux* (1921), *L'homme et son désir* (1921), *Les mariés de la tour Eiffel* (1921), *Skating Rink* (1922), → *La création du monde* (1923), *Within the Quota* (1923) und → *Relâche* (1924). Nach Auflösung der Kompanie 1925 gab Börlin Soloabende in Südamerika und Paris.

Bournonville, Antoine August

21.9.1805 Kopenhagen – 30.11.1879 ebd.

Der Sohn des Ballettdirektors des Königlichen Theaters in Kopenhagen erhielt seine Ausbildung an der der Kompanie angeschlossenen Schule. 1820 wurde er in das Ensemble übernommen, unterbrach sein Engagement jedoch, um in Paris bei Auguste Vestris zu studieren. In

Paris tanzte er an der Opéra 1826–28; 1830 kehrte er nach Kopenhagen zurück, wo er Solist und Ballettdirektor wurde. Bis auf ein Jahr in Wien (1855/56) und drei Jahre in Stockholm (1861–64) wirkte er von da an bis zu seiner Pensionierung 1877 in Kopenhagen. Ihm verdankt das dänische Ballett seine bis heute andauernde Reputation. Der von ihm kreierte Bournonville-Stil ist eine elegante Verbindung von Danse d'école und Charaktertanz und sprüht mit kleinen, schnellen Sprungkombinationen vor Lebenslust und Temperament. Das Königliche Dänische Ballett pflegt bis heute seine wichtigsten Choreografien.

Hauptwerke: →*La sylphide* (1836), →*Napoli* (1842), →*Das Konservatorium* (1849), →*Kirmes in Brügge* (1851), →*Eine Volkssage* (1854), *La ventana* (1854), *Blumenfest in Genzano* (1858), *Fern von Dänemark* (1860).

Bruce, Christopher
* 3. 10. 1945 Leicester

Erhielt seine Ausbildung in Scarborough und an der Rambert School; er wurde 1963 in das Ballet Rambert aufgenommen. Dieser Kompanie, die seit 1987 Rambert Dance Company heißt, blieb Bruce Jahrzehnte lang verbunden: zunächst als herausragender Tänzer, dann als ›associate director‹ (1975–79) und Choreograf (1979–87), 1994–2002 als künstlerischer Leiter. 1986–91 war er auch ›associate choreographer‹ des London Festival Ballet (heute English National Ballet) und 1989–98 Choreograf des Houston Ballet. Seine theaterwirksamen Stücke integrieren verschiedene Tanzstile, vor allem auch folkloristische Elemente, und haben oft eine sozialpolitische Aussage, ohne narrativ zu sein, auch wenn sie auf literarischen Vorlagen beruhen.

Hauptwerke: *There Was a Time* (1973), *Cruel Garden* (1977, mit Lindsay Kemp), *Night with Waning Moon* (1979), →*Ghost Dances* (1981), *Intimate Pages* (1984), *Sergeant Early's Dream*

(1984), *Swansong* (1987), →*Rooster* (1991), *Moonshine* (1993), *Meeting Point* (1995), *Quicksilver* (1996), *God's Plenty* (1999).

Christe, Nils

* 30. 5. 1949 Rotterdam

Studierte an der Rotterdamer Tanzakademie und bei Hannie Bouwman in Den Haag sowie Musik am Konservatorium seiner Heimatstadt. Als 17-Jähriger erhielt er sein erstes Engagement beim Nederlands Dans Theater, dem er 15 Jahre verbunden blieb. 1981 beendete er seine Tänzerkarriere. 1974 begann er zu choreografieren, zunächst für das Nederlands Dans Theater, dann für die niederländische Kompanie Introdans. 1986–92 war er künstlerischer Leiter des Rotterdamer Scapino-Balletts. Seine dynamischen Werke sind mit Preisen ausgezeichnet und von Ensembles weltweit übernommen worden; zu seinen wichtigsten Stücken zählen →*Before Nightfall* (1985) und *Pulcinella* (1987).

Coralli, Jean (d. i. Jean Coralli Peracini)

15. 1. 1779 Paris – 1. 5. 1854 ebd.

Ausgebildet an der Pariser Opéra, debütierte er dort 1802 als Tänzer. Er choreografierte in Wien, Mailand, Lissabon und Marseille, wurde 1825 Ballettmeister am Théâtre de la Porte-Saint-Martin in Paris, ging 1829 wieder nach Wien, bevor er 1831 als Choreograf an die Pariser Opéra berufen wurde. Coralli gehört zu den ›Erfindern‹ des romantischen Balletts, er kreierte Tänze und Stücke für die berühmtesten Ballerinen seiner Zeit; einige seiner Werke gehören zu den wichtigsten der Epoche.

Hauptwerke: *La neige* (1827), *Le diable boiteux* (1836), *La chatte métamorphosée en femme* (1837), *La tarentule* (1839), →*Giselle* (1841, mit Jules Perrot), →*La Péri* (1843).

Cranko, John Cyril
15. 8. 1927 Rustenburg (Südafrika) – 26. 6. 1973 Dublin

Schon während seiner Ausbildung an der Ballettschule
der Universität von Kapstadt hatten seine Choreografien
Erfolg. 1946 ging er an die Sadler's Wells Ballet School
nach London und erhielt bald ein Engagement im Sadler's
Wells Theatre Ballet, doch schon 1950 beendete er seine
Tänzerkarriere und konzentrierte sich ganz aufs Choreo-
grafieren. 1961 wurde er Direktor des Stuttgarter Balletts
und machte das Ensemble zu einer weltweit gefeierten
Kompanie. 1968–70 war er auch Ballettdirektor der
Bayerischen Staatsoper in München. Crankos abend-
füllende Handlungsballette wie *Romeo und Julia* (1959,
Neufassung 1962), → *Onegin* (1965, Neufassung 1967)
und → *Der Widerspenstigen Zähmung* (1969) sind im
Repertoire zahlreicher klassischer Kompanien.

Hauptwerke: *Pineapple Poll* (1951), *The Lady and the Fool*
(1954, Neufassung 1955), → *Der Pagodenprinz* (1957), *Anti-
gone* (1959), *Romeo und Julia* (1959, Neufassung 1962), *Jeu
de cartes* (1965), *Opus 1* (1965), → *Onegin* (1965, Neufassung
1967), *Konzert für Flöte und Harfe* (1966), *Die Befragung*
(1967), *Présence* (1968), → *Der Widerspenstigen Zähmung*
(1969), *Brouillards* (1970), → *Poème de l'extase* (1970), *Carmen*
(1971), *Initialen R.B.M.E.* (1972).

Cullberg, Birgit Ragnhild
3. 8. 1908 Nyköping – 8. 9. 1999 Stockholm

Erst nach einem abgeschlossenen Literaturstudium
begann Cullberg mit 27 Jahren zu tanzen. Angeregt von
Kurt Jooss' → *Grünem Tisch*, studierte sie 1935–39 an
der Jooss-Leeder School of Dance in Dartington (Süd-
england) sowie später bei Lilian Karina in Stockholm
klassischen Tanz und bei Martha Graham Modern Dance.
1939 begann sie zu choreografieren und trat solistisch bei

Konzertveranstaltungen auf. 1946 gründete sie mit ihrem Schüler Ivo Cramér das Schwedische Tanztheater. Der choreografische Durchbruch gelang ihr 1950 mit → *Fräulein Julie*. 1952–56 arbeitete sie für das Königliche Schwedische Ballett, dann freiberuflich für verschiedene Kompanien (wie Königliches Dänisches Ballett, American Ballet Theatre) und für den Film. 1967 gründete sie in Stockholm das Cullberg-Ballett, das sie bis 1985 leitete. Ihre häufig von literarischen Stoffen inspirierten, psychologisch differenzierten Werke sind in einer modernen, oft drastischen Bewegungssprache gehalten.

Hauptwerke: → *Fräulein Julie* (1950), *Medea* (1950), *Månerenen* (1957), *Lady from the Sea* (1960).

Cunningham, Merce (d. i. Mercier Philip Cunningham)

* 16. 4. 1919 Centralia (Wash.)

Lernte Steppen, Volks- und Gesellschaftstänze, bevor er 1937–39 an der Cornish School of Fine Arts zunächst Schauspiel, dann Tanz studierte. Während der Bennington Summer School of Dance 1939 traf er Martha Graham, die ihm sofort die Mitgliedschaft in ihrer Kompanie anbot. Ohne Abschlussexamen ging er mit ihr nach New York. Bis 1945 tanzte er in ihrer Kompanie. Parallel studierte er klassischen Tanz und führte 1942 seine erste Choreografie vor, 1944 erstmals in einem Solokonzert mit Kompositionen von John Cage, den er während des Studiums an der Cornish School kennen gelernt hatte. Nach der Trennung von Graham arbeitete Cunningham als freier Choreograf. Er gründete 1953 seine eigene Kompanie, die Merce Cunningham Dance Company (MCDC), mit der er im selben Jahr in New York debütierte. In Zusammenarbeit mit Cage und David Tudor sowie den bildenden Künstlern Robert Rauschenberg, Andy Warhol, Frank Stella, Jasper Johns und Mark Lancaster entstanden viele seiner Choreografien. Cunning-

hams Einfluss auf den Tanz in der zweiten Hälfte des
20. Jahrhunderts kann kaum überschätzt werden. Er ver-
trat die strikte Autonomie von Tanz, Musik und bildender
Kunst in einem Werk. Alle drei Komponenten stehen und
entstehen unabhängig voneinander. Cunningham kombinierte die klassische Beintechnik mit der Oberkörper-
flexibilität, wie sie für den Modern Dance charakteristisch
ist, und schuf so eine ganz eigene Bewegungssprache, die
weder die Musik noch Emotionen, noch Inhalte interpretiert. Für seinen choreografischen Prozess befragte er das
I Ging oder ging aleatorisch zu Werke. Er arbeitet wiederholt mit Video und Film; seit 1990 benutzt er häufig das
Computerprogramm *LifeForms* zur Erstellung von Choreografien.

Hauptwerke: *Septet* (1953), *Suite for Five in Space and Time*
(1956), *Antic Meet* (1958), →*Summerspace* (1958), *Field
Dances* (1963), *Winterbranch* (1964), *How to Pass, Kick, Fall
and Run* (1965), *Rain Forest* (1968), *Canfield* (1969), *Rebus*
(1975), *Roadrunners* (1979), *Field and Figures* (1989), *Trackers*
(1991), *CRWDSPCR* (1993), →*Biped* (1999).

Dantzig, Rudi van
*4.8.1933 Amsterdam

Studierte bei Sonia Gaskell und trat 1952 ihrem Ensemble
Ballet Recital bei. Dort begann er zu choreografieren.
1959 war er Mitbegründer des Nederlands Dans Theater,
1960 kehrte er zu Gaskells Kompanie zurück, die 1961
zum Niederländischen Nationalballett wurde. 1969
ernannte man van Dantzig zum Kodirektor, zwei Jahre
später zum Direktor (bis 1991). Zu seinen psychologisch
fundierten, auch gesellschaftskritischen Stücken gehören
Night Island (1955), →*Monument für einen gestorbenen
Jungen* (1965), *Augenblicke* (1968), *The Ropes of Time*
(1970), *Vier letzte Lieder* (1977) und *Life* (1979, mit Toer
van Schayk).

Dauberval, Jean (d. i. Jean Bercher)

19. 8. 1742 Montpellier – 14. 2. 1806 Tours

Nach seiner Ausbildung an der Schule der Pariser Opéra debütierte er dort 1761. 1762–64 gastierte er in Stuttgart bei Jean Georges Noverre, dessen Theorien ihn stark prägten. 1763 wurde er in Paris Premier danseur demi-caractère, 1770 Premier danseur noble und 1771 Ballettmeister. 1783/84 war er Ballettmeister am King's Theatre in London, 1785–90 in Bordeaux und 1791/92 am Pantheon Theatre in London. Sein bedeutendstes Werk, → *La fille mal gardée* (1789), war insofern revolutionär, als es – den Reformen Noverres und den Idealen der Französischen Revolution verpflichtet – Bauern und Bäuerinnen zu Protagonisten machte.

Hauptwerke: *Pygmalion* (1785), *Le page inconstant* (1787), *Psyché* (1788), → *La fille mal gardée* (1789).

De Mille, Agnes George

18. 9. 1905 New York – 8. 10. 1993 ebd.

Erhielt ihren ersten Unterricht in Los Angeles und tourte ab 1928 als Solotänzerin in Europa und den USA. 1929 begann sie zu choreografieren. 1932 kam sie wieder zu Soloauftritten nach Europa, studierte weiter bei Marie Rambert und tanzte bei Antony Tudor, mit dem sie das Dance Theatre gründete (das 1938 das London Ballet wurde). 1938 ging sie zurück in die USA. Sie choreografierte für das Ballet Theatre (später American Ballet Theatre), das Ballet Russe de Monte-Carlo und die Ballets Jooss und immer wieder – bis 1970 – für das London Ballet. Am Broadway choreografierte sie die Tänze in Musicals wie etwa *Oklahoma!* (1943) und *Carousel* (1945). 1953/54 hatte sie ein eigenes Ensemble, das Agnes De Mille Dance Theatre. 1973 gründete sie an der North Carolina School of the Arts das Agnes De Mille

Heritage Dance Theatre, das zwei Jahre existierte. Ihre Auffassungen vom Tanz formulierte De Mille in zahlreichen Büchern. In ihren Tanzstücken gestaltete sie oft amerikanische Stoffe.

Hauptwerke: *Black Ritual* (1940), *Drums Sound in Hackensack* (1941), →*Rodeo* (1942), *Fall River Legend* (1948), *The Wind in the Mountains* (1965), *A Rose for Miss Emily* (1970), *Texas Fourth* (1976), *The Informer* (1988).

Ek, Mats

* 18. 4. 1945 Malmö

Der Sohn der Tänzerin und Choreografin Birgit Cullberg und des Schauspielers Anders Ek absolvierte seine Ausbildung in beiden Sparten. 1972/73 tanzte er im Cullberg-Ballett, 1974/75 in Düsseldorf, dann wieder im Cullberg-Ballett, für das er 1976 zu choreografieren begann; 1978 wurde er neben seiner Mutter künstlerischer Leiter der Kompanie. 1985–93 leitete er sie allein. Seitdem arbeitet er freiberuflich. Berühmt ist er für seine radikalen Neuinszenierungen klassischer Handlungsballette mit expressiver, oft grotesker, klassische und moderne Elemente verbindender Bewegungssprache: *Giselle* (1982), *Schwanensee* (1987), *Dornröschen* (1996).

Hauptwerke: *Soweto* (1977), *Bernardas hus* (1978), *Giselle* (1982), *Gras* (1987), *Schwanensee* (1987), *Carmen* (1992), *Hon var Svart* (1995), →*Solo für zwei* (1996), *Dornröschen* (1996), *A Sort of* (1997).

Fokin, Michail Michailowitsch

5. 5. 1880 Sankt Petersburg – 22. 8. 1942 New York

Absolvierte seine Ausbildung an der Ballettschule der Kaiserlichen Theater; 1898 wurde er in das Ensemble des Mariinski-Theaters aufgenommen, 1904 zum Ersten

Solisten ernannt. Seit 1901 unterrichtete er auch, bei einer Schulveranstaltung 1905 zeigte er seine erste Choreografie. Nachdem Sergei Diaghilew sein erstes Werk für das Mariinski-Theater, *Le pavillon d'Armide*, gesehen hatte, engagierte er ihn für seine erste ›saison russe‹ in Paris 1909 als Chefchoreografen. Seine tanztheoretischen und dramaturgischen Reformideen (veröffentlicht in einem Brief an die Londoner *Times* vom 6. Juli 1914) setzte er sehr erfolgreich in der Zusammenarbeit mit den Ballets Russes bis 1912 um. Dann ging er wieder nach Russland, kehrte aber 1914 für eine Saison zu Diaghilew zurück. 1918 verließ er seine Heimat endgültig und arbeitete als freier Choreograf vor allem in Frankreich, Großbritannien und Skandinavien. 1921 gründete er eine Schule in New York, 1922 ein Ensemble. In den 1930er-Jahren arbeitete er in Europa für das Ensemble von Ida Rubinstein und die Ballets-Russes-Nachfolgekompanien. Fokin reformierte mit seinen Überlegungen zur Entsprechung von Musik und Tanz, zur Reduktion der pantomimischen Elemente und dem Primat des dramatischen Ausdrucks des ganzen Körpers, zur Aufwertung des Corps de ballet sowie zu Bühnenbild und Musik das Ballett und war wegweisend für dessen Entwicklung im 20. Jahrhundert.

Hauptwerke: *Le pavillon d'Armide* (1907), →*Der sterbende Schwan* (1907), *Chopiniana* (1908), →*Polowetzer Tänze* (1909), →*Les sylphides* (1909), →*Le carnaval* (1910), →*Der Feuervogel* (1910), →*Scheherazade* (1910), →*Le spectre de la rose* (1911), →*Petruschka* (1911), →*Daphnis und Chloe* (1912), →*Josephslegende* (1914), *Paganini* (1938).

Forsythe, William

* 30. 12. 1949 New York

Er studierte ab 1969 an der Joffrey Ballet School in New York und tanzte 1971–73 in der Kompanie. 1973 ging er zum Stuttgarter Ballett, für das seine erste Choreografie, *Urlicht* (1976), und weitere Werke entstanden. Ab 1981 arbeitete er als freier Choreograf für verschiedene europäische Kompanien, ehe er im folgenden Jahr als Choreograf nach Frankfurt am Main engagiert wurde; seit 1984 ist er Direktor des Balletts Frankfurt. Forsythe konzentriert sich auf die Strukturen des klassisch-akademischen Tanzes, die er fragmentiert und permutativ kombiniert. Das Ergebnis ist nicht nur ein extrem erweitertes klassisches Vokabular, sondern auch die ständige Überschreitung von dessen Konventionen und Normen. Gesprochener Text, Objekte auf der Bühne, Lichtdesign, elektronische Musik und nicht zuletzt die Improvisation seiner Tänzer (die in den letzten Jahren mehr und mehr zu Koautoren wurden) sind wesentlich für seine Ballette.

Hauptwerke: *Urlicht* (1976) *Love Songs* (1979), *Gänge* (1983), →*Artifact* (1984), →*Steptext* (1985), *Die Befragung des Robert Scott* (1986), →*In the Middle, Somewhat Elevated* (1987), *The Loss of Small Detail* (1987, Neufassung 1991 mit *the second detail*), *Impressing the Czar* (1988, enthält *In the Middle, Somewhat Elevated*), *Behind the China Dogs* (1988), *Enemy in the Figure* (1989), *Limb's Theorem* (1990), →*the second detail* (1991), →*Herman Schmerman* (1992), *ALIE/NA(C)TION* (1992), *Quintet* (1993), *Self Meant to Govern* (1994), →*Eidos:Telos* (1995, enthält *Self Meant to Govern*), →*Approximate Sonata* (1996), →*The Vertiginous Thrill of Exactitude* (1996), *Sleepers Guts* (1996), *workwithinwork* (1998), *Endless House* (1999), *Kammer/Kammer* (2000).

Galeotti, Vincenzo (d.i. Vincenzo Tomasselli)

5.3.1733 Florenz – 16.12.1816 Kopenhagen

Wurde in seiner Heimat zum Tänzer ausgebildet und gastierte europaweit, bevor er als Tänzer und Ballettmeister 1771–75 in Venedig engagiert war. 1775 ging er nach Kopenhagen und blieb dort bis zu seinem Lebensende. Beeindruckt von den Ideen Gasparo Angiolinis und Jean

Georges Noverres, legte er mit seiner Arbeit das Fundament für das dänische Ballett. In Kopenhagen reformierte er die bestehende Kompanie und Schule und führte das Ballet d'action ein; insbesondere strebte er nach einer Balance zwischen Tanz und pantomimischen Elementen in einem Werk. Er war einer der ersten Choreografen, der sich – mit *Macbeth* (1816) – von Stücken William Shakespeares anregen ließ. Sein populärstes Stück sind →*Die Launen Amors und des Ballettmeisters* (1786); es befindet sich noch heute im Repertoire des Königlichen Dänischen Balletts. Weitere Werke sind *Don Juan* (1781) und *Romeo und Julia* (1811).

Graham, Martha
11.5.1894 Pittsburgh – 1.4.1991 New York

Studierte ab 1916 an der Denishawn-Schule und wurde Mitglied der Denishawn Dancers. Sie verließ die Kompanie 1923 und unterrichtete anschließend an der Eastman School of Rochester. 1926 debütierte sie mit einem Soloabend in New York, 1927 gründete sie ihre School of Contemporary Dance, die sie bis zu ihrem Tod leitete. Zunächst unterrichtete sie nur junge Frauen; mit ihren Schülerinnen begann sie 1929 Vorstellungen zu geben. Daraus entwickelte sich ihre Kompanie, die später auch – wie die Schule – Männern offen stand. Graham, Leitfigur des Modern Dance – zu ihren bedeutendsten Schülern zählen Merce Cunningham und Paul Taylor –, entwickelte den von Becken und unterem Rücken ausgehenden, vom Atem begleiteten Bewegungsantagonismus ›contraction and release‹. In ihren Stücken griff sie thematisch auf die griechische Antike, die amerikanische Geschichte und Tradition sowie die Erkenntnisse der Psychoanalyse zurück. Nach 1950 fand ihre Arbeit weltweit große Anerkennung. Graham tanzte selbst bis 1969.

Hauptwerke: *Lamentation* (1930), *Primitive Mysteries* (1931), *American Document* (1938), *El Penitente* (1940), *Letter to the World* (1940), *Herodiade* (1944), →*Appalachian Spring* (1944), *Cave of the Heart* (1946), *Errand into the Maze* (1947), *Night Journey* (1947), →*Diversion of Angels* (1948), *Seraphic Dialogue* (1955), *Clytemnestra* (1958), *Phaedra* (1962), *The Witch of Endor* (1965), *The Lady of the House of Sleep* (1969), *Lucifer* (1975, für Margot Fonteyn und Rudolf Nurejew), *Acts of Light* (1981), *The Rite of Spring* (1984), *Persephone* (1987), *Maple Leaf Rag* (1990).

Haßreiter, Josef

30.12.1845 Wien – 8.2.1940 ebd.

Ausbildung vor allem an der Schule der Wiener Hofoper, tanzte 1870–90 im Ballett der Hofoper, wurde später Regisseur und Ballettmeister, unterrichtete die Solisten und zeitweise auch bei Hofe. Sein erstes Ballett, →*Die Puppenfee* (1888), war zugleich sein erfolgreichstes.

Hauptwerke: →*Die Puppenfee* (1888), *Sonne und Erde* (1889), *Aschenbrödel* (1908), *Die Jahreszeiten der Liebe* (1911), *Klein Idas Blumen* (1917).

Horta, Rui (d.i. Rui Maria Nunes da Silva Horta)

* 20.4.1957 Lissabon

Horta begann erst im Alter von 17 Jahren mit dem Tanzen. Nach einem längeren Aufenthalt in New York leitete er zwischen 1984 und 1987 eine Modern-Dance-Kompanie in Lissabon. 1991 gründete er das S.O.A.P. Dance Theatre Frankfurt, das am Künstlerhaus Mousonturm in Frankfurt am Main beheimatet war. Bis 1997 schuf er für diese Gruppe mehrere Stücke, die sich durch eine dynamische, sportive Bewegungssprache auszeichneten. Nach einer Zeit als frei schaffender Choreograf ging er 2000 nach Portugal zurück, um in Montemor-o-Novo ein choreografisches Zentrum aufzubauen.

Hauptwerke: →*Ordinary Events* (1991), *Object Constant* (1994), *Khôra* (1996), *Zeitraum* (1999), *Blindspot* (2000).

Hoyer, Dore (d. i. Anna Dora Hoyer)
12.12.1911 Dresden – 31.12.1967 Berlin

Studierte an der Zweigschule der Hellerau-Laxenburg-Schule in Dresden und bei Gret Palucca, bevor sie 1931 Solotänzerin in Plauen wurde. Ihren ersten Abend mit eigenen Choreografien zeigte sie 1933 in Dresden. 1935 trat sie als Tänzerin der Gruppe von Mary Wigman bei, bis sich das Ensemble 1936 auflöste. 1939 Mitglied der Deutschen Tanzbühne in Dresden, 1941 Engagement als Solotänzerin am Theater des Volkes in Dresden, 1943 in Graz. Zwischenzeitlich Auftritte mit eigenen Werken. 1945–48 Leiterin einer Schule und einer Gruppe in Dresden, 1949–51 Ballettmeisterin an der Hamburgischen Staatsoper. Gastinszenierungen und -choreografien an verschiedenen Theatern, parallel dazu Auftritte mit eigenen Solowerken, für die sie 1951 den Deutschen Kritikerpreis erhielt. Hoyer hatte vor allem in Südamerika großen Erfolg mit ihren expressiven und zugleich streng durchgeformten Tänzen und Zyklen.

Hauptwerke: *Masken* (1933), *Tänze für Käthe Kollwitz* (1946), *Der große Gesang* (1948), *Südamerikanische Reise* (1954), *Auf schwarzem Grund* (1956), →*Affectos humanos* (1962).

Humphrey, Doris
17.10.1895 Oak Park (Ill.) – 29.12.1958 New York

Besuchte verschiedene Schulen unterschiedlicher Stilrichtungen, unterrichtete Gesellschaftstanz und kam 1917 an die Denishawn-Schule. Humphrey wurde in die Kompanie übernommen und blieb dort bis 1928, dann ging sie mit Charles Weidman nach New York, um dort eine Schule und ein eigenes Ensemble zu gründen. Sie choreografierte und entwickelte ihr eigenes wegweisendes Lehrsystem, das – wie bei Rudolf von Labans ›Anspannung und Abspannung‹ und Martha Grahams ›contraction and release‹ – auf einem Antagonismus beruht: ›fall and recovery‹. 1934 wurde sie Lehrerin an der Bennington School of Dance, später noch an der Juilliard School of Music in New York, an der sie 1955 das Juilliard Dance Theatre gründet. Nach ihrem Rückzug als Tänzerin von der Bühne 1944 übernahm Humphrey den Posten der künstlerischen Direktorin von José Limóns Kompanie. Ansichten über Choreografie formulierte sie in ihrem Buch *The Art of Making Dances* (1959).

Hauptwerke: *The Life of the Bee* (1929), *The Drama of Motion* (1930), → *The Shakers* (1931), *New Dance* (1935/36, bestehend aus *New Dance*, *Theatre Piece*, *With my Red Fires*), *Passacaglia* (1938), *Day on Earth* (1947), *Ruins and Visions* (1953), *Theatre Piece No. 2* (1956).

Iwanow, Lew Iwanowitsch

2.3.1834 Moskau – 24.12.1901 Sankt Petersburg

Erhielt Unterricht zunächst in Moskau, dann in Sankt Petersburg, wo er noch als Student 1850 in das Ensemble aufgenommen wurde. 1858 begann er die Kinderklassen zu unterrichten. 1882 ernannte man ihn zum Ballettregisseur, 1885 zum Zweiten Ballettmeister nach Marius Petipa. In diesem Jahr choreografierte er auch sein erstes Ballett, eine Neufassung von *La fille mal gardée*. 1892 sprang er für den erkrankten Petipa ein und choreografierte nach dessen Libretto den → *Nussknacker*. Sein größter Erfolg ist der II. Akt von → *Schwanensee*, den Iwanow 1894 für eine Gedenkveranstaltung zum ersten Todestag Pjotr Tschaikowskis choreografierte; die Cho-

reografie wurde im darauf folgenden Jahr in die Sankt
Petersburger Neufassung übernommen, für die Iwanow
auch den IV. Akt erstellte (Petipa hatte den I. und III. Akt
übernommen). Zu seinen außerordentlich musikalischen
Werken zählen außerdem *Die Harlemer Tulpe* (1887),
Aschenbrödel (1893, mit Enrico Cecchetti) und *Floras
Erwachen* (1894, mit Petipa).

Jakobson, Leonid Wenjaminowitsch
15.1.1904 Sankt Petersburg – 18.10.1975 Moskau

Nahm zunächst an Abendkursen der Petrograder Ballettschule teil und wurde 1925 in die reguläre Ausbildung
übernommen; er schloss seine Ausbildung 1926 ab und
wurde Mitglied des Kirow-Balletts. Bald begann er zu
choreografieren und war 1930 an der Uraufführung von
Wassili Wainonens Ballett *Das goldene Zeitalter* beteiligt.
Sein unkonventioneller, grotesker Stil war politisch allerdings nicht wohlgelitten. 1933–42 war er am Moskauer
Bolschoi-Theater als Tänzer und Choreograf engagiert,
doch hielt er die Verbindung zum Kirow-Theater stets
aufrecht, für das er die Uraufführung von →*Spartakus*
(1956) choreografierte. 1970 gründete er in Leningrad
seine eigene Kompanie namens Choreografische Miniatu-
ren, die nach seinem Tod vom Staat weitergeführt wurde.

Hauptwerke: *Schurale* (1950), *Solweig* (1952), →*Spartakus*
(1956), *Die Wanze* (1962), *Land der Wunder* (1967), *Pas de
quatre* (1970).

Jooss, Kurt
12.1.1901 Wasseralfingen (heute zu Aalen) – 22.5.1979
Heilbronn

Studierte zunächst Gesang und Klavier in Stuttgart, bevor
er bei Rudolf von Laban Tanzunterricht nahm. Er folgte

ihm 1922 nach Mannheim, später nach Hamburg und wurde Solist der Tanzbühne Laban und Labans Assistent. 1924 ging er als Bewegungsregisseur an das Stadttheater Münster und gründete dort die Neue Tanzbühne. 1927 war er Mitbegründer der Folkwangschule für Musik, Tanz und Sprache in Essen; ein Jahr später rief er das Folkwang-Tanztheater-Studio ins Leben. Zusätzlich übernahm er 1930 die Ballettleitung am Opernhaus in Essen. 1932 gewann er mit seinem Ballett →*Der grüne Tisch* den ersten Preis beim choreografischen Wettbewerb in Paris. 1933 emigrierte er nach Großbritannien und ging mit seinen Ballets Jooss auf Tournee in Europa und Amerika. Ein Jahr später gründete er im südenglischen Dartington mit Sigurd Leeder die Jooss-Leeder School of Dance. In den Emigrationsjahren und auch danach musste er seine Kompanie immer wieder aus finanziellen Gründen auflösen und neu gründen. 1949 kehrte Jooss nach Essen zurück und übernahm erneut eine Leitungsposition an der Folkwangschule (bis 1968). 1950–53 leitete er das Folkwang-Tanztheater der Stadt Essen, 1954–56 war er Choreograf des Düsseldorfer Opernhauses. 1961 erfolgte die Einrichtung von Meisterklassen an der Folkwangschule, aus denen 1963 das Folkwang-Ballett hervorging. Jooss inszenierte wiederholt Opern, unter anderem für die Schwetzinger Festspiele. Anfangs stark vom Expressionismus beeinflusst, schuf Jooss gesellschaftskritische und heitere Tanzdramen, die mehrere Bewegungssprachen (klassisch, modern, höfisch, Gesellschaftstanz) vereinen. Sein pädagogisches Konzept, das die Prinzipien Labans fortführte und erweiterte, schulte Künstler wie Pina Bausch.

Hauptwerke: *Die Brautfahrt* (1925), *Kaschemme* (1926), *Pavane auf den Tod einer Infantin* (1929), *Der verlorene Sohn* (1931, Neufassung 1933), →*Der grüne Tisch* (1932), →*Großstadt* (1932), *Ein Ball in Alt-Wien* (1932), *Die sieben Helden* (1933), *Persephone* (1934), *The Mirror* (1935), *A Spring Tale* (1939), *Company at the Manor* (1943), *Pandora* (1944), *Colombinade* (1951), *Weg im Nebel* (1952), *Der Nachtzug* (1952).

Keersmaeker, Anne Teresa de

*11.6.1960 Mecheln (bei Brüssel)

Nach einer Ausbildung an Maurice Béjarts Schule Mudra in Brüssel (1978–80) und in New York begann sie in Belgien zu choreografieren. Mit ihrem Duett *Fase* hatte sie einen ersten Erfolg; im folgenden Jahr hatte sie den internationalen Durchbruch mit →*Rosas danst Rosas*, getanzt von ihrer Gruppe Rosas. 1992 erhielt die Kompanie eine Residenz am Brüsseler Théâtre de la Monnaie. 1995 gründete sie das Ausbildungszentrum P.A.R.T.S. (Performing Arts Research and Training Studios) in Brüssel. Keersmaeker gehört mit ihrem ebenso minimalistischen wie dramatischen Stil zur produktiven belgischen Tanzszene.

Hauptwerke: *Fase* (1982), →*Rosas danst Rosas* (1983), *Achterland* (1990), *Erwartung/Verklärte Nacht* (1995), *Woud* (1996), *Drumming* (1998), *Rain* (2000), *(but if a look should) April Me* (2002).

Kresnik, Johann

*12.12.1939 Sankt Margarethen (heute zu Bleiburg, Kärnten)

Absolvierte eine Lehre als Werkzeugmacher und begann 1958 mit einer Tanzausbildung in Graz. Nach ersten Engagements in Graz und Bremen tanzte er 1961–68 in Köln. Dort wurde er schließlich zum Solisten ernannt und begann zu choreografieren; 1967 zeigte er sein erstes Stück *O sela pei*. Es folgten Stationen als Ballettdirektor in Bremen (1968–79), in Heidelberg (1979–89) und wieder in Bremen (1989–94). Als erster Choreograf etablierte er anstelle einer Ballettkompanie ein Tanztheaterensemble am Dreispartenhaus. 1994–2002 leitete er das Choreografische Theater der Berliner Volksbühne. Mit Beginn der Spielzeit 2003/04 wechselt er ans Theater Bonn. Kresniks Bildertheater, fast alles abendfüllende

Produktionen, integriert verschiedene Tanzstile, Sprache und Musik und macht unter dem Motto »Ballett kann kämpfen« eine explizit politische, gesellschaftskritische Aussage.

Hauptwerke: *O sela pei* (1967), *Kriegsanleitung für jedermann* (1970), *Schwanensee AG* (1971), *Jesus GmbH* (1977), *Familiendialog* (1980), *Die Hamletmaschine* (1980), *Mars* (1983), *Sylvia Plath* (1985), *Pasolini. Der Traum von einem Menschen* (1986), → *Ulrike Meinhof* (1990), → *Frida Kahlo* (1992), *Wendewut* (1993), *Rosa Luxemburg. Rote Rosen für Dich* (1993), *Gründgens* (1995), *Brecht* (1998), *Goya. Der Schlaf der Vernunft gebiert Ungeheuer* (1998).

Kröller, Heinrich
25. 7. 1880 München – 25. 7. 1930 Würzburg

Nach einer Ausbildung an der Ballettschule der Münchner Oper wurde Kröller 1903 Solotänzer, 1906 Erster Solist. 1907 ging er nach Paris, 1908 wurde er für sieben Jahre Premier danseur in Dresden, 1915 wechselte er nach Frankfurt am Main, wo er mit seinen Choreografien überregionale Aufmerksamkeit fand. 1917 übernahm er die Ballettleitung des Münchner Nationaltheaters. Neben seiner Tätigkeit in München leitete er 1919–22 auch das Ballett der Berliner Staatsoper, 1922–28 das der Wiener Staatsoper. Zudem inszenierte er Opern wie *Die Vögel* von Walter Braunfels (1920). Obgleich klassisch ausgebildet, stand Kröller dem freien Tanz aufgeschlossen gegenüber; dessen Neuerungen griff er in vielen seiner Stücke auf. Häufig verwendete er Werke zeitgenössischer Komponisten.

Hauptwerke: *Elfenreigen* (1920), *Josephslegende* (1921), *Der grüne Heinrich* (1922), *Der holzgeschnitzte Prinz* (1922), *Sylvia* (1922), → *Schlagobers* (1924), *Don Juan* (1924), *Pulcinella* (1925), *Mammon* (1927), *Wolkenkratzer* (1928), *Skating Rink* (1929).

Kylián, Jiří

*21.3.1947 Prag

Studierte ab 1962 an der Ballettschule des Prager Konservatoriums und setzte seine Ausbildung 1967 an der Royal Ballet School in London fort. Ab 1968 tanzte er beim Stuttgarter Ballett; in Stuttgart entstand auch seine erste Choreografie (1970). 1975 wurde er Kodirektor des Nederlands Dans Theater (NDT), 1977 dessen alleiniger Leiter; mit seinen Werken machte er das NDT zu einem weltweit gefeierten Ensemble. Vom Direktionsposten zog sich Kylián 1999 zurück und ist heute ständiger Choreograf und künstlerischer Berater der Kompanie. Eine überaus musikalische, fließende, auf dem klassischen Tanz basierende und vom Modern Dance geprägte Bewegungssprache charakterisiert seine nichtnarrativen Werke.

Hauptwerke: *Stoolgame* (1974), →*Rückkehr ins fremde Land* (1975), *La cathédrale engloutie* (1975), *Verklärte Nacht* (1975), →*Nuages* (1976), →*Sinfonie in D* (1976, Neufassung 1981), →*Sinfonietta* (1978), →*Psalmensinfonie* (1978), *Feldmesse* (1980), →*Vergessenes Land* (1981), *Nomaden* (1981), *Svadebka* (1982), *Lieder eines fahrenden Gesellen* (1982), →*Stamping Ground* (1983), *Die Geschichte vom Soldaten* (1986), *Kaguyahime* (1988), *No More Play* (1988), *Falling Angels* (1989), *Sarabande* (1990), →*Petite mort* (1991), →*Stepping Stones* (1991), *Whereabouts Unknown* (1993), *Arcimboldo* (1995), *Bella Figura* (1995), *Wings of Wax* (1997), *Indigo Rose* (1999).

Lander, Harald (d. i. Alfred Bernhardt Stevnsborg)

25.2.1905 Kopenhagen – 14.9.1971 ebd.

Nach seiner Ausbildung an der Schule des Königlichen Dänischen Balletts wurde er 1923 in die Kompanie übernommen. Nach weiteren Studien in der Sowjetunion, in den USA und in Mexiko wurde er nach seiner Rückkehr

nach Kopenhagen 1929 zum Solotänzer ernannt. 1931
wurde er Ballettmeister. Im selben Jahr debütierte er als
Choreograf. Bis 1951 leitete er das Königliche Dänische
Ballett, reorganisierte Schule und Kompanie; er sorgte
dafür, dass das Œuvre August Bournonvilles auf hohem
Niveau erhalten blieb, und kreierte selbst Ballette. Ab
1952 arbeitete er als freier Choreograf; gleichzeitig unterrichtete er an der Ballettschule der Pariser Opéra, deren
Direktor er zeitweise auch war. Weltweit bekannt wurde
sein Ballett → *Études* (1948).

Hauptwerke: *Diana* (1933), *Die kleine Meerjungfrau* (1936),
Qarrtsiluni (1942), → *Études* (1948), *Salut für August Bournonville* (1949), *Les victoires de l'amour* (1962).

Lawrowski, Leonid Michailowitsch

18.6.1905 Sankt Petersburg – 26.11.1967 Paris

Er erhielt seine Ausbildung an der Ballettschule des
Mariinski-Theaters und trat 1922 dem Ballett des Staatlichen Akademietheaters bei; 1922–24 tanzte er auch
bei den Abenden des Jungen Balletts mit, deren Koleiter
George Balanchine war. Er unterrichtete seit 1922 und
zeigte seine erste Choreografie 1928. 1935–38 war
er Ballettdirektor des Sankt Petersburger Maly-Thea-
ters, 1938–44 des Kirow-Balletts (zugleich 1942/43 in
Eriwan), 1944–56 sowie 1960–64 des Bolschoi-Balletts.
Lawrowski prägte entscheidend das sowjetische Ballett;
zu seinen narrativen Werken gehören *Der kaukasische
Gefangene* (1938), → *Romeo und Julia* (1940) und *Das
Märchen von der steinernen Blume* (1954), außerdem
zahlreiche Neuchoreografien klassischer Ballette.

Lichine, David (d. i. Dawid Lichtenstein)

25. 10. 1910 Rostow – 26. 6. 1972 Los Angeles

Studierte in Paris und hatte sein Debüt 1928 in der Kompanie von Ida Rubinstein. Tanzte danach unter anderem bei Anna Pawlowa und an der Mailänder Scala; war 1932–41 Solist bei den Ballets-Russes-Nachfolgekompanien. In dieser Zeit begann Lichine auch zu choreografieren. Nachdem er 1941 mit seiner Frau Tatiana Riabouchinska zum Ballet Theatre gegangen war, beendete er das von Michail Fokin begonnene Ballett *Helen of Troy* (1942). Später arbeitete er als freier Choreograf. 1953 gründete er mit Riabouchinska das Los Angeles Ballet mit angeschlossener Schule.

Hauptwerke: *Francesca da Rimini* (1937), → *Kadettenball* (1940), *La création* (1948), *La rencontre ou Œdipe et le sphinx* (1948).

Lifar, Serge (d. i. Sergei Michailowitsch Lifarenko)

2. 4. 1905 Kiew – 15. 12. 1986 Lausanne

Nach einer Ausbildung bei Bronislawa Nijinska in Kiew debütierte er 1923 bei den Ballets Russes und profilierte sich schnell als einer der herausragenden Tänzer seiner Zeit. 1929 kam er an die Pariser Opéra, an der er Tänzer und Ballettdirektor war; er erneuerte die Kompanie von Grund auf. Lifar belebte mit seiner Arbeit – er unterrichtete auch viel und schrieb zahlreiche Bücher – den französischen Tanz des 20. Jahrhunderts. In seinen zahlreichen Choreografien tanzte er oft selbst die Hauptrolle. 1944 wurde er der Kollaboration mit den Deutschen angeklagt und musste Paris verlassen. 1947 kehrte er an die Pariser Opéra zurück, deren Ballett er bis 1958 leitete. Ab 1959 arbeitete Lifar freiberuflich.

Hauptwerke: *Icare* (1935), *Le roi nu* (1936), *Istar* (1941), → *Suite en blanc* (1943), *La Péri* (1946), *Les mirages* (1947), → *Phädra* (1950), *Les noces fantastiques* (1955).

Limón, José Arcadio

12. 1. 1908 Culiacán (Sinaloa, Mexiko) – 2. 12. 1972
Flemington (N.J.)

Limón kam als Kind in die USA. Zunächst wollte er
Maler werden, wandte sich dann jedoch dem Tanz zu und
studierte bei Doris Humphrey und Charles Weidman, in
deren Kompanie er 1930–40 tanzte; Choreografien entstanden ab 1931. Gleichzeitig trat er in Broadway-Musicals und auf Tourneen zusammen mit der Tänzerin May
O'Donnell auf. 1946 gründete er seine eigene Kompanie
mit Humphrey als Kodirektorin. Zeitlebens unterrichtete
Limón viel, so an der Juilliard School of Music in New
York sowie in Colleges. Das von Humphrey gelehrte
Prinzip ›fall and recovery‹ prägte seinen Modern-Dance-
Stil, der neben dem Martha Grahams schulbildend
geworden ist.

Hauptwerke: →*Chaconne* (1942), →*The Moor's Pavane*
(1949), *The Exiles* (1950), *The Traitor* (1954), *There Is a Time*
(1956), *The Emperor Jones* (1956), *Missa Brevis* (1958), *The
Unsung* (1970).

Linke, Susanne

* 19.6.1944 Lüneburg

Nach einer Ausbildung am Studio Mary Wigmans in
Berlin und an der Essener Folkwangschule wurde Linke
1970 Tänzerin des Folkwang-Tanzstudios, für das sie
auch choreografierte. 1975–85 leitete sie das Folkwang-
Tanzstudio (bis 1977 mit Reinhild Hoffmann). Nach
Jahren freiberuflicher Tätigkeit – unter anderem arbeitete
sie mit der José Limón Dance Company – übernahm sie
1994 die Direktion des Bremer Tanztheaters (bis 1997 mit
Urs Dietrich). Im Jahr 2000 wurde sie zur künstlerischen
Leiterin des Choreographischen Zentrums NRW in Essen
ernannt; diese Funktion hatte sie bis 2001 inne. Seitdem

arbeitet sie wieder als freiberufliche Choreografin. Linkes Schaffen wird oft mit dem Erbe des Ausdruckstanzes assoziiert, in dessen Tradition ihre emotional verdichteten Soli und ihre theatralen Gruppenstücke stehen.

Hauptwerke: *Der Tod und das Mädchen* (1976), *Im Bade wannen* (1980), *Frauenballett* (1981), →*Flut* (1981), *Orient – Okzident* (1984), *Schritte verfolgen* (1985), *Also Egmont, bitte* (1986), *Ruhr-Ort* (1991), *Märkische Landschaft* (1995), *Hamletszenen* (1996), *Le coq est mort* (1999), *Über Kreuz* (1999, mit Reinhild Hoffmann).

Luipart, Marcel (d. i. Marcel Alfons Fenchel)

8. 9. 1912 Mülhausen (Elsass) – 23. 10. 1989 Wien

Tanzte nach seinem Studium ab 1933 in Düsseldorf, Hamburg, Berlin und München, war 1938/39 Mitglied der Ballets Russes de Monte-Carlo, danach in Italien tätig und anschließend beim Ballett der nationalsozialistischen Organisation ›Kraft durch Freude‹. 1946–48 war er Ballettmeister der Bayerischen Staatsoper; er choreografierte in München unter anderem →*Abraxas* (1948). Nach weiteren Tänzerstationen in Frankfurt am Main, Wiesbaden und Düsseldorf wirkte er als Ballettmeister in Bonn (1957/58), Essen (1958/59) und Köln (1959–61), danach als Pädagoge in Wien (Tanzabteilung der Wiener Akademie, Ballettschule der Wiener Staatsoper). Er choreografierte außerdem Ballette zu Libretti von Günter Grass: *Les cuisinières méchauts* (1957), *Stoffreste* (1959) und *Die Vogelscheuchen* (1970).

MacMillan, Sir Kenneth

11. 12. 1929 Dunfermline (Schottland) – 29. 10. 1992 London

Nach Abschluss seiner Ausbildung an der Sadler's Wells Ballet School wurde er 1946 Mitglied des Sadler's Wells

Theatre Ballet, 1948 des Sadler's Wells Ballet; 1952
kehrte er an seine erste Wirkungsstätte zurück, und 1953
begann er zu choreografieren. Er wurde 1965 ständiger
Choreograf des Royal Ballet, dann Direktor des Balletts
der Deutschen Oper Berlin (1966–69) und des Royal
Ballet (1970–77). Anschließend choreografierte er für
verschiedene Kompanien und inszenierte auch Theater-
stücke. MacMillan ist einer der bedeutendsten klassischen Choreografen des 20. Jahrhunderts, der mit seinen
oft erzählenden, psychologische Stoffe verarbeitenden
Balletten Aufsehen erregte.

Hauptwerke: *The Invitation* (1960), *Las hermanas* (1963),
Romeo und Julia (1965), →*Das Lied von der Erde* (1965), *Ana-
stasia* (1967, Neufassung 1971), →*Manon* (1974), *Elite Synco-
pations* (1974), *Requiem* (1976), *Mayerling* (1978), *Gloria*
(1980), *Isadora* (1981), *Different Drummer* (1984), *Der Pagodenprinz* (1989), *Winter Dreams* (1991).

Manen, Hans van
* 11.7.1932 Nieuwer-Amstel (bei Amsterdam)

Er absolvierte eine Ausbildung zum Maskenbildner,
bevor er bei Sonia Gaskell, Françoise Adret und Nora
Kiss studierte. 1951 trat er in Gaskells Kompanie ein,
tanzte 1952–58 im Amsterdamer Opernballett, 1959
bei den Ballets de Paris von Roland Petit. 1956 begann
er zu choreografieren, und 1960 schloss er sich dem
Nederlands Dans Theater (NDT) an, dem er bis 1970
als künstlerischer Direktor vorstand. In diesem Jahrzehnt
entstanden seine Stücke ausschließlich für diese Kompanie. Zwei Jahre arbeitete er als freier Choreograf, bevor er
1973–87 fester Choreograf und Ballettmeister des Niederländischen Nationalballetts war. 1988 ging er wieder
zum NDT als ständiger Choreograf. Eine zweite Karriere
machte van Manen als Fotograf. Neben zahlreichen anderen Auszeichnungen erhielt er im Jahr 2000 den Erasmus-

Preis. Van Manen, einer der produktivsten Choreografen unserer Zeit, kreierte über 100 klar strukturierte, überaus musikalische handlungslose Ballette, die in ihrer Mischung aus klassischem und modernem Tanz unter Einbezug von Alltagsgesten häufig typische Geschlechterrollen thematisieren.

Hauptwerke: *Symphony in Three Movements* (1963), *Metaforen* (1965), *Ready Made* (1967), *Three Pieces* (1968), *Squares* (1969), *Situation* (1970), *Mutations* (1970, mit Glen Tetley), →*Große Fuge* (1971), *Twilight* (1972), *Septet extra* (1973), →*Adagio Hammerklavier* (1973), *Four Schumann Pieces* (1975), *Lieder ohne Worte* (1977), →*Fünf Tangos* (1977), →*Live* (1979), →*Sarkasmen* (1981), →*Trois gnossiennes* (1982), *In and Out* (1983), *Corps* (1985), *Shaker Loops* (1987), →*Black Cake* (1989), *Visions fugitives* (1990), *Two* (1990), →*Concertante* (1994), *Nacht* (1994), →*Kammerballett* (1995), *The Old Man and Me* (1996), →*Kleines Requiem* (1996), *Solo* (1997), *Trilogie* (2000).

Marin, Maguy (d. i. Marguerite France Marin)
*2.6.1951 Toulouse

Sie begann ihre Ausbildung am Konservatorium in Toulouse, setzte sie dann in Paris fort und tanzte beim Straßburger Ballett. 1970–73 studierte sie an Maurice Béjarts Schule Mudra in Brüssel; ab 1972 tanzte sie auch in dessen Ballet du XXᵉ Siècle, und 1976 entstand für diese Kompanie ihre erste Choreografie. Nachdem sie 1978 den ersten Preis beim choreografischen Wettbewerb von Bagnolet gewonnen hatte, gründete sie im selben Jahr ihr eigenes Ensemble, das Ballet Théâtre de l'Arche, das 1984 in Compagnie Maguy Marin umbenannt wurde. 1991–94 war Marin ständige Choreografin beim Ballett in Lyon. Sie zählt zu den dominanten Persönlichkeiten des zeitgenössischen französischen Tanzes.

Hauptwerke: →*May B* (1981), *Cendrillon* (1985), *Groosland* (1989), *Coppélia* (1993).

Martins, Peter

*27.10.1946 Kopenhagen

Er erhielt seine Ausbildung in der Schule des Königlichen Dänischen Balletts in Kopenhagen und trat 1965 in die Kompanie ein; 1967 wurde er Solist. Nach diversen Gastauftritten beim New York City Ballet wurde er 1970 zum Ersten Solisten der Kompanie ernannt und kreierte Rollen in Werken von George Balanchine und Jerome Robbins. 1977 kam seine erste Choreografie heraus, *Calcium Light Night*. Nach Balanchines Tod wurde er 1983 mit Robbins Ballettdirektor des NYCB; seit 1990 ist er allein verantwortlich.

Hauptwerke: *Calcium Light Night* (1977), *Ecstatic Orange* (1987), *Barber Violin Concerto* (1988), *Sophisticated Lady* (1988), →*Fearful Symmetries* (1990), *Jeu de cartes* (1992), *River of Light* (1998).

Massine, Léonide (d. i. Leonid Fjodorowitsch Mjassin)

9.8.1896 Moskau – 15.3.1979 Borken (bei Bocholt)

Studierte an der Ballettschule des Bolschoi-Theaters in Moskau und wurde 1912 in die Kompanie übernommen. 1914 engagierte ihn Sergei Diaghilew als Tänzer für die Ballets Russes. Gleichzeitig setzte er seine Ausbildung bei Enrico Cecchetti fort. 1915 zeigte er seine erste Choreografie. Fortan machte er als Tänzer (vor allem in Charakterrollen und den Hauptrollen seiner eigenen Stücke) und Choreograf bei den Ballets Russes Karriere, zunächst bis 1921, dann noch einmal 1925–28. Zwischen 1921 und 1925 tourte er mit einer eigens zusammengestellten Truppe, choreografierte für die Soirées de Paris 1924 und arbeitete für die Cochran-Revuen in London. Später choreografierte er für das Ensemble von Ida Rubinstein und in New York am Roxy Theatre. 1932 ging er zu den Ballets Russes de Monte-

Carlo, deren Ballettmeister er ein Jahr später wurde. 1936 wechselte er zur Ballets-Russes-Nachfolgekompanie des Colonel de Basil, 1938 wieder zurück zum Ballets-Russes-Ensemble von René Blum. 1942/43 war er beim Ballet Theatre tätig, 1944 beim Ballet International des Marquis de Cuevas. 1945/46 tourte er mit seiner eigenen Kompanie, den Ballets Russes Highlights. Danach war er vornehmlich in Europa tätig und choreografierte für zahlreiche Ballettkompanien. 1960 gründete er das Balletto Europeo mit Sitz in Genua; danach führte er hauptsächlich Einstudierungen seiner Ballette durch und unterrichtete. Massine choreografierte für die Filme *The Red Shoes* (1946), *The Tales of Hoffmann* und *Carossello Napoletano* (1954). Seine erfindungsreichen Werke zeichnen sich zum einen durch ihre Vitalität und ihren Humor aus, zum anderen trieb er in den sinfonischen Balletten die Entwicklung des klassischen Tanzes hin zum abstrakten Ballett voran.

Hauptwerke: *Die gutgelaunten Frauen* (1917), →*Parade* (1917), →*Der Zauberladen* (1919), →*Der Dreispitz* (1919), →*Der Gesang der Nachtigall* (1920), →*Pulcinella* (1920), *Le sacre du printemps* (1920, Neufassung 1930 mit Martha Graham), *Le beau Danube* (1924, Neufassung 1933), *Salade* (1924), →*Le pas d'acier* (1927), *Ode* (1928), *Les présages* (1933), →*Choreartium* (1933), *Symphonie fantastique* (1936), →*Gaîté parisienne* (1938), *Nobilissima Visione* (1939), *Rouge et noir* (1939), *Mam'zelle Angot* (1943), *Mad Tristan* (1944), *Leningrad Symphony* (1945), *Clock Symphony* (1948).

Mazilier, Joseph (d. i. Giulio Mazarini)
13.3.1797 Marseille – 19.5.1868 Paris

Tanzte nach verschiedenen Engagements als Tänzer in Lyon, Bordeaux und Paris ab 1830 an der Pariser Opéra. 1839 wurde er Zweiter Ballettmeister, verbrachte die Spielzeit 1851/52 in Sankt Petersburg; nach seiner Rückkehr wurde er zum Ersten Ballettmeister ernannt (bis 1859). Seine theaterwirksamen, effektvollen Produktionen enthielten viele pantomimische Elemente.

Hauptwerke: *La gipsy* (1839), *Le diable à quatre* (1845), →*Paquita* (1846), →*Le corsaire* (1856).

Mérante, Louis Alexandre
23.7.1828 Paris – 17.7.1887 Courbevoie (bei Paris)

Aus einer italienischen Tänzerfamilie stammend, erhielt Mérante seine Ausbildung in Marseille und Mailand, bevor er 1848 an der Pariser Opéra debütierte. Er war ein hervorragender Tänzer, der fast bis zu seinem Lebensende auf der Bühne stand (auf Edgar Degas' Gemälde *Foyer de la danse à l'opéra* ist er abgebildet). 1869 wurde er zum Ersten Ballettmeister ernannt.

Hauptwerke: *Gretna Green* (1873), →*Les deux pigeons* (1886), →*Sylvia* (1876).

Miller, Amanda Kathleen
* 15.6.1961 Chapel Hill (N.C.)

Studierte nach erstem Tanzunterricht 1974–77 an der North Carolina School of Arts, danach an der Schule der ehemaligen Balanchine-Ballerina Melissa Hayden in New York. Sie war beim Chicago Lyrical Ballet engagiert, 1980–82 beim Ballett der Deutschen Oper Berlin. 1984 wechselte sie zum Ballett Frankfurt und wurde 1986 Hauschoreografin. Ihre ersten Stücke entstanden in Kooperation mit William Forsythe. 1992 verließ sie das Ballett Frankfurt und gründete ihre eigene Kompanie, die sie 1993 nach ihrem Erfolgsstück →*Pretty Ugly* Pretty Ugly Dancecompany nannte. Seit der Spielzeit 1997/98 ist sie die künstlerische Leiterin der Sparte Ballett am Stadttheater Freiburg im Breisgau und etablierte mit ihrem Ensemble ein in Deutschland bislang einzigartiges Kooperationsmodell. Ihre 1994 mit drei Preisen beim choreografischen Wettbewerb von Bagnolet ausgezeichnete und an Forsythe geschulte Arbeit charakterisieren ein auf der klassischen Technik fußender fließender Duktus, ein komplexes choreografisches Gewebe und eine fantasievolle, auch durch Licht und Bühnenobjekte geschaffene dichte Atmosphäre.

Hauptwerke: → *Pretty Ugly* (1988), *My Father's Vertigo* (1992), *Night by Itself* (1993), *Two Pears* (1994), *Meidosems* (1995), *Paralipomena* (1996), *Antique* (1996), *Four for Nothing* (1997), *Die Kunst der Fuge* (2000).

Naharin, Ohad

* 22. 6. 1952 Kibbuz Misra (bei Afula)

Nach einer Ausbildung zum Musiker studierte er Tanz, später an der Juilliard School of Music und an Martha Grahams Schule in New York; anschließend tanzte er in Grahams Kompanie, in Brüssel bei Maurice Béjart und in Israel bei der Bat-Dor Dance Company. Er arbeitete ab 1980 mit einer eigenen kleinen Kompanie in New York und freiberuflich, bevor er 1990 künstlerischer Leiter der Batsheva Dance Company wurde. Zu seinen dynamischen, an der Struktur der Musik orientierten Werken zählen *Kyr* (1990), → *Axioma 7* (1991), *Mabul* (1991), *Anaphase* (1993) und *Sabotage Baby* (1998).

Neumeier, John

* 24. 2. 1942 Milwaukee

Er erhielt ersten Unterricht in seiner Heimatstadt, studierte 1957–62 in Chicago, 1962/63 in Kopenhagen und 1962/63 an der Royal Ballet School in London. 1963 kam er als Tänzer zum Stuttgarter Ballett. Hier entstanden seine ersten Choreografien. 1969–73 wurde er Ballettdirektor in Frankfurt am Main, anschließend arbeitete er in gleicher Funktion in Hamburg, das durch ihn zu einem weltweit geachteten Ballettzentrum wurde. Dort gründete er 1978 eine dem Hamburg Ballett angegliederte Schule. Neumeiers Bewegungssprache basiert auf der klassischen Technik, die durch moderne Bewegungen oder wie improvisiert wirkende Gesten aufgebrochen wird. Für seine meist abendfüllenden Stücke adaptierte er Klassiker des Repertoires oder benutzte Stoffe der Weltliteratur; auch schuf er Ballette zu sakraler und sinfonischer Musik.

Hauptwerke: *Der Feuervogel* (1970), *Romeo und Julia* (1971), *Der Nussknacker* (1971), *Don Juan* (1972), *Le sacre* (1972), →*Dritte Sinfonie von Gustav Mahler* (1975), *Hamlet Connotations* (1976), *Illusionen – wie Schwanensee* (1976), →*Ein Sommernachtstraum* (1977), *Josephs Legende* (1977), *Dornröschen* (1977), →*Kameliendame* (1978), →*Matthäus-Passion* (1981), *Artus-Sage* (1982), *Endstation Sehnsucht* (1983), *Othello* (1985), *Peer Gynt* (1989), *A Cinderella Story* (1992), *Odyssee* (1995), *Sylvia* (1997), →*Messias* (1999), →*Nijinsky* (2000).

Nijinska, Bronislawa (d. i. Bronislawa Fominitschna Nischinskaja)

8.1.1891 Minsk – 22.2.1972 Pacific Palisades (Cal.)

Nach der Ausbildung 1900–08 an der Kaiserlichen Ballettschule in Sankt Petersburg wurde sie in das Corps de ballet des Mariinski-Theaters übernommen; sie tanzte bereits 1909 in Sergei Diaghilews Truppe in Paris. 1911 verließ sie mit ihrem Bruder Waslaw Nijinski das Mariinski-Theater und war drei Jahre lang Mitglied der Ballets Russes; 1914 tanzte sie in der Kompanie ihres Bruders am Palace Theatre in London. 1914 Rückkehr nach Petrograd; in dieser Zeit entstanden erste Choreografien. 1916 tanzte sie in Kiew, wo sie auch zu unterrichten begann. 1921 schloss sie sich wieder als Tänzerin den Ballets Russes an, zudem übernahm sie Ballettmeisteraufgaben und kleinere Choreografien; bald darauf schuf sie ihre Aufsehen erregenden Stücke → *Les noces* (1923), → *Les biches* (1924) und → *Le train bleu* (1924). Ab 1925 arbeitete sie mit verschiedenen Kompanien, darunter das Ballett des Teatro Colón in Buenos Aires, an dem sie als Chefchoreografin und Solistin bis 1946 (mit Unterbrechungen) verpflichtet war. 1932 kreierte sie für Max Reinhardts Produktion von *Hoffmanns Erzählungen* in Berlin die Tanzszenen, und 1935 choreografierte sie die Tanzszenen für seinen Film *A Midsummer Night's Dream* in Hollywood. 1937 leitete sie das in Paris beheimatete kurzlebige Ballet Polonais. 1941 eröffnete sie in Los Angeles eine Schule, an der sie bis 1950 unterrichtete. In der Folge studierte sie viele ihrer neoklassischen Werke, in denen häufig Zeitströmungen aufgegriffen sind, für andere Kompanien ein.

Hauptwerke: → *Les noces* (1923), → *Les biches* (1924), → *Le train bleu* (1924), → *Der Kuss der Fee* (1928), → *Bolero* (1928), *La valse* (1929), *Le chant de la terre* (1937), *Chopin Concerto* (1937).

Nijinski, Waslaw (d. i. Waslaw Fomitsch Nischinski)

12.3.1889 Kiew – 8.4.1950 London

Nach seiner Ausbildung 1898–1907 an der Kaiserlichen Ballettschule in Sankt Petersburg wurde er in das Mariinski-Ballett übernommen und tanzte rasch große Rollen des Repertoires. 1909/10 trat er mit großem Erfolg in Paris mit Sergei Diaghilews Tourneeensemble auf. Auch als Diaghilew 1911 die Ballets Russes als permanente Kompanie gründete, gehörte Nijinski dazu. 1912 stellte er seine erste Choreografie → *Der Nachmittag eines Fauns* vor und sorgte für einen Skandal. Ebenso spektakulär verliefen im folgenden Jahr die Uraufführungen von →*Jeux* und →*Le sacre du printemps*. Nachdem Nijinski 1913 entlassen worden war, weil er die Tänzerin Romola de Pulszky geheiratet hatte, beteiligte er sich noch einige Male an Tourneen der Ballets Russes – 1916 choreografierte er *Till Eulenspiegel* –, doch wurden die Zeichen seiner Geisteskrankheit immer augenfälliger. Von 1919 bis zu seinem Tod verbrachte er die meisten Jahre im Krankenhaus. Mit seiner enormen Technik und atemberaubenden Bühnenpräsenz war Nijinski einer der außergewöhnlichsten Tänzer des 20. Jahrhunderts; als Choreograf brach er mit der Tradition und schuf Werke, die dem Tanz im 20. Jahrhundert wegweisende Impulse gaben.

North, Robert (d. i. Robert Dodson)

* 1. 6. 1945 Charleston (S.C.)

Nach Architekturstudien in London nahm North Unterricht in Ballett (unter anderem an der Royal Ballet School) und modernem Tanz (School of Contemporary Dance). 1967 gehörte er zu den Gründungsmitgliedern des London Contemporary Dance Theatre (LCDT); im selben Jahr entstand seine erste Choreografie für den London Festival Ballet Workshop. Er vervollkommnete seine Ausbildung bei Martha Graham, in deren Kompanie er 1968/69 tanzte, und Merce Cunningham. 1969 kehrte er zum LCDT zurück; zu seinen Choreografien für diese Kompanie gehört das parodistische Männerstück →*Troy Game* (1974), das zu einem Welterfolg wurde. 1981–86 war er künstlerischer Leiter des Ballet Rambert, 1990/91 Ballettdirektor in Turin, 1991–96 in Göteborg, 1997–99 in Verona (Ballett der Arena). Seit 1999 ist er künstlerischer Direktor des Scottish Ballet.

Hauptwerke: →*Troy Game* (1974), *Death and the Maiden* (1980), *Lonely Town, Lonely Street* (1980), *Entre dos aguas* (1984), *Der Schlaf der Vernunft* (1986).

Noverre, Jean Georges

29.4.1727 Paris – 19.10.1810 Saint-Germain-en-Laye (bei Paris)

Nach seiner Ausbildung tanzte Noverre in Paris und anderen französischen Städten sowie Berlin und Dresden; bereits zu dieser Zeit begann er zu choreografieren. Ab 1755 arbeitete er in London, wo er vermutlich seine 1760 publizierten *Lettres sur la danse, et sur les ballets* verfasste, die zu einer der wichtigsten theoretischen Schriften über den Bühnentanz wurden (1761 erschien eine deutsche Ausgabe). Die dort geäußerten Ansichten setzte er erstmals in Lyon 1759/60 in die Praxis um. Zwischen 1760 und 1766 wirkte Noverre als Ballettmeister am Stuttgarter Hof, dann bis 1774 in Wien, 1774–76 in Mailand und 1776 erneut in Wien. 1776–81 war er Ballettmeister der Pariser Opéra, ehe er bis 1794 am Londoner King's Theatre choreografierte. Seine zahlreichen Ballette propagierten das Ballet d'action: Eine dramatisch gefasste Handlung sollte durch Bewegung vermittelt und von Musik, Bühnenbild und Kostümen adäquat unterstützt werden.

Hauptwerke: *Medea und Jason* (1763), *Der gerächte Agamemnon* (1771), *Adelheid von Ponthieu* (1773), *Les Horaces et les Curiaces* (1774), → *Les petits riens* (1778).

Perrot, Jules (d. i. Joseph Perrot)

18.8.1810 Lyon – 24.8.1892 Paramé (heute zu Saint-Malo)

Seine Ausbildung erhielt Perrot in Lyon; ab 1823 tanzte er in Paris und studierte zusätzlich bei Auguste Vestris. Nach kurzem Aufenthalt in London wurde er 1830 Mitglied im Ballett der Pariser Opéra und dort insbesondere für seine leichte und hohe Elévation berühmt. 1833 löste er seinen Vertrag und tanzte in London und Neapel, wo er Carlotta Grisi kennen lernte, deren Partner er bis 1842 blieb; die beiden traten an vielen Theatern Europas auf. In Wien entstand 1836 sein erstes größeres Ballett. Für Grisi choreografierte er alle wichtigen Auftritte in → *Giselle* (1841), allerdings ohne im Programm der Pariser Opéra genannt zu werden. 1843–48 war er Ballettmeister am Londoner Her Majesty's Theatre, 1847/48 an der Mailänder Scala und 1848–59 in Sankt Petersburg. 1861 kehrte er nach Paris zurück und unterrichtete an der Pariser Opéra. Atmosphärisch und pittoresk sind seine ganz dem romantischen Geschmack verpflichteten Handlungsballette, ohne pantomimisch überladen zu wirken.

Hauptwerke: *Alma ou La fille du feu* (1842), *Ondine ou La Naïade* (1843), → *La Esmeralda* (1844), → *Pas de quatre* (1845), *Catarina ou La fille du bandit* (1846), *Le jugement de Pâris* (1846), *Lalla Rookh, or The Rose of Lahore* (1846), *Les éléments* (1847), *Faust* (1848), *Les quatre saisons* (1848), *La filleule de fées* (1849).

Petipa, Victor **Marius** Alphonse
11.3.1818 Marseille – 14.7.1910 Gursuf (Krim)

Erhielt ersten Unterricht von seinem Vater Jean Antoine Petipa (1787–1855), Tänzer und Choreograf und später Lehrer an der Kaiserlichen Ballettschule in Sankt Petersburg, debütierte 1831 in Brüssel, tanzte in den Balletten seines Vaters in Bordeaux und wurde 1838 als Solist nach Nantes verpflichtet. Dort entstanden seine ersten Choreografien. Nach einer Amerikatournee 1839 studierte er bei Auguste Vestris und ging dann wieder zurück nach Bordeaux. Parallel zu seiner Tänzerkarriere choreografierte er 1845 auch am Teatro del Circo in Madrid, wo er zudem spanischen Tanz studierte. Nach einem Aufenthalt in Paris kam er 1847 als Solist nach Sankt Petersburg, tanzte dort an der Seite von Fanny Elßler und wurde choreografischer Assistent von Jules Perrot. 1855 präsentierte er sein erstes hier geschaffenes Werk. 1862 Ernennung zum Zweiten Ballettmeister und Durchbruch als Choreograf mit dem Ballett *Die Tochter des Pharaos*. Bis zu seinem Tod bestimmte er die Geschicke des Balletts in Russland, dem er mit seinen der aristokratischen Hierarchie huldigenden, überaus formbewussten künstlerischen Prinzipien zu höchstem Ruhm verhalf. In seinem Bewegungsvokabular verschmolz er die Stärken der französischen mit der italienischen Schule. Er ist der wichtigste Choreograf des klassischen Tanzes im 19. Jahrhundert, und bis heute beziehen sich Choreografen bei Klassikerproduktionen auf sein Werk, soweit es erhalten ist. Petipa erarbeitete von den erfolgreichsten romantischen Stücken Neufassungen, so von → *Le corsaire*, → *Paquita*, → *La Esmeralda* und → *La sylphide*. Seine letzte Choreografie, → *Der Nussknacker*, konnte er nicht mehr vollenden; dies vollbrachte Lew Iwanow.

Hauptwerke: *Die Tochter des Pharaos* (1862), *König Kandaules* (1868), → *Don Quijote* (1869, Neufassung 1871), → *La bayadère* (1877), *Der Talisman* (1889), → *Dornröschen* (1890), → *Schwanensee* (1895, mit Lew Iwanow), → *Raymonda* (1898), *Die Jahreszeiten* (1900).

Petit, Roland

* 13. 1. 1924 Villemomble (bei Paris)

Nach seiner Ausbildung an der Schule der Pariser Opéra wurde er 1940 in das Corps de ballet der Kompanie übernommen. 1944 verließ er die Kompanie; er tanzte bei verschiedenen Ensembles, für die er auch choreografierte. Sein erstes Stück *Les forains* (1945) schuf er für die Ballets des Champs-Élysées, die Petit bis 1948 leitete. Dann gründete er die Ballets de Paris, in denen auch Zizi Jeanmaire mittanzte, seine spätere Frau; neben Choreografien für dieses Ensemble, darunter das Erfolgsstück → *Carmen* (1949), arbeitete er für Revuen, Filme (Hollywood) und das Fernsehen. 1970–75 leitete er das Casino de Paris, 1972 wurde er Ballettdirektor in Marseille (bis 1997). Petit versteht es zum einen, Show, Revue und Tanz auf perfekte Weise zu verbinden, zum anderen, mit Künstlern anderer Sparten zusammenzuarbeiten, etwa dem Autor und Komponisten Serge Gainsbourg oder dem Modeschöpfer Yves Saint Laurent. Glamourös, erotisch und voll theatralischer Effekte sind seine dem Zeitgeist verpflichteten Stücke. Petit choreografierte auch für Kinofilme: *Hans Christian Andersen* (1952), *Daddy Long Legs* (1954), *Anything Goes* (1956) und *Folies Bergère* (1956).

Hauptwerke: *Les forains* (1945), →*Le jeune homme et la mort* (1946), →*Carmen* (1949), *Les demoiselles de la nuit* (1948), *Le loup* (1953), *Cyrano de Bergerac* (1959), *Notre-Dame de Paris* (1965), *Paradis perdu* (1967), *Turangalîla* (1968), *L'estasi* (1968), *La rose malade* (1973), *Les intermittences du cœur* (1974), *La dame de pique* (1982), *Ma Pavlova* (1986), *Le diable amoureux* (1989), *La belle au bois dormant* (1990), *Schwanensee* (1997).

Reisinger, Julius **Wenzel**
14.4.1828 Prag – 12.1.1893 Berlin

Als Tänzer und Choreograf wirkte Reisinger vermutlich bis 1864 in Prag; 1864–72 arbeitete er in Leipzig und danach am Bolschoi-Theater in Moskau. Hier choreografierte er 1877 die Uraufführung von →*Schwanensee*. 1883/84 war er Ballettmeister am Nationaltheater in Prag.

Robbins, Jerome (d.i. Jerome Wilson Rabinowitz)
11.10.1918 New York – 29.7.1998 ebd.

Studierte verschiedene Stile unter anderem bei Eugene Loring und Antony Tudor und nahm Schauspielunterricht

bei Elia Kazan. Sein Debüt als Tänzer hatte er 1937,
und 1938–40 tanzte er in Broadway-Musicals. 1940
ging er zum Ballet Theatre und wurde dort 1941 Solist.
Eine seiner ersten Choreografien, →*Fancy Free* (1944),
wurde sofort ein so großer Erfolg, dass Leonard Bernstein daraus das Musical *On the Town* (1944) machte.
Diese Verbindung zum Broadway brach Robbins niemals ab: 1957 wurde *West Side Story* ein Welterfolg
(Kinofilm 1961), auch andere Musicals, die er inszenierte
und/oder für die er die Choreografie schuf, wurden ver-
filmt, darunter *The King and I* (1951), *Peter Pan* (1954),
Gipsy (1959) und *Fiddler on the Roof* (1964). Musical-
und Jazztanzelemente charakterisieren auch die Bewegungssprache seiner Ballette, die sehr auf die Musik
Bezug nehmen und deren Basis sowohl klassisch als
auch vom Modern Dance geprägt ist. 1949 ging er zum
New York City Ballet (NYCB) als ›associate director‹
(bis 1959); bisweilen trat er auch als Tänzer auf. 1958
gründete er seine eigene Kompanie Ballets: USA und
debütierte mit ihr beim Festival in Spoleto, die trotz eines
erneuten erfolgreichen Auftretens dort keinen Bestand
hatte. Nach einer Zeit als freier Choreograf kehrte er
1969 als Ballettmeister zum NYCB zurück; nach George
Balanchines Tod leitete er mit Peter Martins die Kompanie (bis 1990). Seine Werke prägten neben denen von
Balanchine das Profil der Kompanie; sie beeinflussten
viele spätere Choreografen.

Hauptwerke: →*Fancy Free* (1944), *Interplay* (1945), *The Age of
Anxiety* (1950), →*The Cage* (1951), *Afternoon of a Faun* (1953),
→*The Concert* (1956), *Moves* (1959), *Dances at a Gathering*
(1969), →*In the Night* (1970), *The Goldberg Variations* (1971),
Dybbuk (1974), *Glass Pieces* (1983), *Antique Epigraphs* (1984),
Brahms/Handel (1984, mit Twyla Tharp).

Rosen, Heinz (d. i. Heinz-Levy Rosenthal)

3. 7. 1908 Hannover – 25. 12. 1972 Kreuzlingen (Bodensee)

Nach Unterricht bei Rudolf von Laban und Kurt Jooss tanzte er bei den Ballets Jooss, mit denen er 1933 nach Großbritannien emigrierte. Er war Ballettmeister in Zürich (1936–45) und danach in Basel (bis 1951). 1953 gelang ihm der choreografische Durchbruch mit dem Ballett →*Die Dame und das Einhorn*. Er inszenierte Schauspiele und Musicals, bevor er 1959–67 Ballettdirektor der Bayerischen Staatsoper in München war. Seine Choreografien, für die er häufig zeitgenössische Kompositionen verwendete, vereinen die klassische Ästhetik mit der Expressivität des freien Tanzes zu einer moderaten Moderne.

Hauptwerke: →*Die Dame und das Einhorn* (1953), *Josephslegende* (1958), *Carmina Burana* (1959), *Joan von Zarissa* (1960), *Der Mohr von Venedig* (1962), *Les noces* (1962), *Symphonie fantastique* (1967).

Sacharow, Rostislaw Wladimirowitsch

7. 9. 1907 Astrachan – 15. 1. 1984 Moskau

Trat 1920 in die Petrograder Ballettschule ein, die er 1925 abschloss. Nach ersten Choreografien wurde er 1932 Regieassistent und Choreograf am Leningrader Kirow-Theater. 1934 hatte er großen Erfolg mit dem Ballett *Die Fontäne von Bachtschissarai*. Auch in weiteren Werken versuchte er, Konstantin Stanislawskis Lehren auf die Tanzbühne zu übertragen, häufig unter Verwendung literarischer Texte als Vorlage. Der hochgeachtete Choreograf war 1936–39 künstlerischer Direktor des Bolschoi-Balletts, 1946–49 Leiter der Bolschoi-Ballettschule. 1951 wurde er zum Professor für Choreografie ernannt.

Hauptwerke: *Die Fontäne von Bachtschissarai* (1934), *Verlorene Illusionen* (1936), *Der kaukasische Gefangene* (1938), →*Aschenbrödel* (1945), *Der eherne Reiter* (1949).

Saint-Léon, Arthur (d. i. Charles Victor Arthur Michel)
17. 9. 1821 Paris – 2. 9. 1870 ebd.

Erhielt eine Doppelausbildung als Tänzer (bei seinem Vater Léon Michel, der Ballettmeister in Stuttgart war) und Violinist, debütierte 1834 als Geiger in Stuttgart und als Tänzer 1835 in München. Er setzte seine Studien 1837/38 in Paris bei François Descombe (Pseudonym: Albert) fort und wurde als Solist nach Brüssel engagiert; ab 1840 tanzte er am Wiener Kärntnertortheater. Darüber hinaus gastierte der brillante Tänzer europaweit, insbesondere mit Fanny Cerrito; die beiden waren 1845–51 miteinander verheiratet. Er begann in den 1840er-Jahren zu choreografieren, entwickelte eine Tanznotation, wurde Professor an der Ballettschule der Pariser Opéra und folgte 1859 Jules Perrot als Ballettmeister am Kaiserlichen Theater von Sankt Petersburg (bis 1869); 1863–70 war er außerdem Ballettmeister der Pariser Opéra.

Hauptwerke: *La vivandière* (1844), *Das bucklige Pferdchen* (1864), *La source* (1866), →*Coppélia* (1870).

Schilling, Tom
* 23. 1. 1928 Esperstedt (bei Artern/Unstrut)

Seine Ausbildung am Dessauer Theater schloss er kriegsbedingt 1944 mit einem Notabschluss als Bühnentänzer ab. 1945/46 wurde er an das Interimstheater der Staatsoper Dresden engagiert und zum Solisten ernannt. Gleichzeitig studierte er bei Dore Hoyer. 1946–52 tanzte er in Leipzig, 1952/53 am Friedrichstadtpalast in Berlin. 1953 kam er nach Weimar, wo seine ersten größeren Choreografien entstanden. 1956–64 war er Ballettdirektor und Chefchoreograf der Staatsoper Dresden und arbeitete auch für den Deutschen Fernseh-Funk. 1965 wurde er Chefchoreograf des neu gegründeten Tanztheaters der Komischen Oper in Berlin, 1974–93 hatte er auch die künstlerische Leitung des Ensembles inne. Schillings tanzdramatische Ballette folgen den Postulaten Walter Felsensteins für ein realistisches Musiktheater und prägten den Tanz in der DDR ein Vierteljahrhundert lang.

Hauptwerke: *Gajane* (1953), *Die Flamme von Paris* (1954), *Die Fontäne von Bachtschissarai* (1955), *Abraxas* (1957), *Schwanensee* (1959), *Don Juan* (1963), *Phantastische Sinfonie* (1967), *La mer* (1969), *Undine* (1970), *Schwarze Vögel* (1975), *Aschenbrödel* (1975), *Revue* (1977), *Ein neuer Sommernachtstraum* (1981), → *Wahlverwandtschaften* (1983), *Hoffmanns Erzählungen* (1986).

Schlömer, Joachim

* 27. 5. 1962 Monheim (bei Leverkusen)

Nach einem Architekturstudium und der Ausbildung an der Folkwangschule in Essen engagierte ihn Mark Morris 1988 als Tänzer an das Théâtre de la Monnaie in Brüssel. 1990 gründete er seine Kompanie Josch, für die er abendfüllende Stücke wie *Der Tod und das Mädchen* (1991) schuf. 1991–94 leitete Schlömer das Ballett des Ulmer Theaters, 1994–96 das Tanztheater am Deutschen Nationaltheater Weimar, 1996–2001 das Tanztheater am Theater Basel. Seitdem arbeitet er als freier Choreograf. 1993 beauftragte ihn Michail Baryschnikow, drei Choreografien für sein White Oak Dance Project zu schaffen. Schlömer inszenierte auch Schauspiele und Opern (etwa Richard Wagners *Rheingold*, Stuttgart 1999).

Hauptwerke: *Der Tod und das Mädchen* (1991), *Louisiana Mama* (1992), *Behind White Lilies* (1994), *Blue Heron* (1994), *Kraanerg* (1995), *Hochland oder Der Nachhall der Steine* (1995), *Hamlet I, II, III* (1996), *Petruschka* (1997), *Die Weise von Liebe und Tod des Cornets Christoph Rilke* (1997), *Lissabon-Projekt* (1998), *may day* (1998), → *La guerra d'amore* (1999), *Central Park* (2000), *Senza fine oder als Rimini noch schön war* (2001).

Scholz, Uwe
* 31.12.1958 Jugenheim an der Bergstraße (heute zu
Seeheim-Jugenheim)

Wurde 1979, nach seiner Ausbildung an der Stuttgarter
John-Cranko-Schule, Mitglied des Stuttgarter Balletts.
Schon während des Studiums begann Scholz zu choreografieren, ab 1980 dann für das Stuttgarter Ballett und
bald auch für andere Kompanien. Aufsehen erregte er insbesondere mit *variation-1* (1983). 1985–91 leitete er das
Ballett des Opernhauses Zürich, seitdem ist er Direktor
des Leipziger Balletts. Scholz' Ballette zeichnet eine enge
Verbindung von Musik und choreografischer Gestaltung
aus; als Inspiration dienen ihm stets Struktur und Duktus
der verwendeten Musik, wobei die Bandbreite von sakralen Kompositionen bis zu großen Werken der Orchester-
literatur reicht.

Hauptwerke: *variation-1* (1983), *Die Schöpfung* (1985), *Klavier-
konzert Es-Dur* (1986), *Rot und Schwarz* (1988), → *Siebte Sinfonie* (1991), *Pax questuosa* (1992), *Symphonie fantastique* (1993),
Bruckner 8 (2001).

Spoerli, Heinz
* 8. 7. 1941 Basel

Nahm zunächst in seiner Heimatstadt Unterricht, dann
studierte er in London und New York. Als Tänzer war er in
Basel (1960–63), Köln (1963–66), Winnipeg (1966/67),
Montreal (1967–69) und wieder Basel (1969/70) engagiert, ehe er 1971 Choreograf und Solist in Genf wurde.
1973–91 war er Ballettdirektor in Basel, 1991–96 Ballettdirektor der Deutschen Oper am Rhein (Düsseldorf/
Duisburg); seitdem in gleicher Position in Zürich. Grundlage von Spoerlis Werken ist stets die Danse d'école, die
er variantenreich einsetzt; charakteristisch ist ferner ein
enger Bezug von Tanz und Musik.

Hauptwerke: *Giselle* (1976), *Ein Sommernachtstraum* (1976), *Romeo und Julia* (1977), *Chäs* (1978), *Undine* (1978), *Pulcinella* (1980), *La fille mal gardée* (1981), *Coppélia* (1984), *La belle vie* (1987), *Orpheus* (1988), →*Goldberg-Variationen* (1993), *... und Farben, die mitten in die Brust leuchten* (1996), *... und mied den Wind* (1999), *Cinderella* (2000), *Approaching Clouds* (2000).

Taylor, Paul Belville

*29.7.1930 Edgewood (Penn.)

Studierte zunächst Sport (Schwimmen) und Kunst an der Universität von Syracuse. Ab 1952 nahm er in New York Unterricht in Modern Dance bei Martha Graham, Doris Humphrey, José Limón und Merce Cunningham sowie in Ballett bei Antony Tudor und Margaret Craske an der Juilliard School of Music. Engagements 1954 bei Cunningham, 1955 bei Pearl Lang und 1955–62 bei Graham. 1953 begann er zu choreografieren, 1954 gründete er die Paul Taylor Dance Company; im selben Jahr debütierte er mit einer Choreografie in New York, für die Robert Rauschenberg die Ausstattung schuf – wie für seine weiteren Ballette in den 1950er-Jahren. Taylor hat neben einigen sehr experimentellen Stücken wie *Duet* (1957) und *Esplanade* (1975) vor allem lyrische, verspielt-heitere sowie dunkler gefärbte, psychologisch grundierte Werke geschaffen, die im modernen Duktus gehalten, aber um sportive Elemente ergänzt sind und mit den Formen des Balletts spielen.

Hauptwerke: *Duet* (1957), *Seven New Dances* (1957), *Insects and Heroes* (1961), →*Aureole* (1962), *Poetry in Motion* (1963), *Orbs* (1966), *Lento* (1967), *Agathe's Tale* (1967), *Big Bertha* (1970), *American Genesis* (1973), *Esplanade* (1975), *Cloven Kingdom* (1976), *Airs* (1978), *The Rehearsal* (1980), *Arden Court* (1981), *Musical Offering* (1986), *Speaking in Tongues* (1988), *Company B* (1991), *Offenbach Ouvertures* (1995), *Eventide* (1996), *Cascade* (1999).

582   *Choreografen von A–Z*

Tetley, Glenford
* 3. 2. 1926 Cleveland (Oh.)

Studierte erst Medizin in New York, danach Tanz bei
Hanya Holm, Martha Graham, Margaret Craske und
Antony Tudor. Er tanzte bei Holm (1946–51), in Produktionen der New York City Opera (1952–54), in der
Kompanie von John Butler (1953–55), beim Joffrey
Ballet (1956/57), bei Graham (1958), dem American
Ballet Theatre (1960/61) und Jerome Robbins' Ballet:
USA (1961). 1962 gründete er seine eigene Kompanie, für die er → *Pierrot lunaire* (1962) schuf und damit
seinen Durchbruch als Choreograf hatte. Ab 1964 arbeitete er mit dem Nederlands Dans Theater, dessen Kodirektor er (zusammen mit Hans van Manen) 1969/70 war.
1974–76 leitete er mit Marcia Haydée das Stuttgarter
Ballett, 1987–89 war er künstlerischer Berater des National Ballet of Canada.

Hauptwerke: → *Pierrot lunaire* (1962), *Mythical Hunter* (1965),
→ *Embrace Tiger and Return to Mountain* (1968), *Arena* (1969),
→ *Voluntaries* (1973), *Tristan* (1974), *The Tempest* (1979), *Der
Feuervogel* (1981), *Murderer, Hope of Women* (1983), *Pulcinella*
(1984), *Orpheus* (1987), *La ronde* (1987), *Amores* (1997).

Tharp, Twyla
* 1. 7. 1941 Portland (Ind.)

Während ihres Kunstgeschichtsstudiums studierte sie
Tanz unter anderem an der American Ballet School, bei
Martha Graham, Merce Cunningham, Paul Taylor, Alwin
Nikolais und Matt Mattox. 1963–65 tanzte sie in der Paul
Taylor Dance Company, dann gründete sie ihre eigene
Kompanie, die 1973 in Twyla Tharp Dance Foundation
umbenannt wurde. 1965 debütierte sie als Choreografin
mit *Tank Dive*, einem avantgardistischen Stück mit Nicht-
tänzern und ohne Musik. 1973 hatte sie ihren Durchbruch

mit *Deuce Coupe* für das Joffrey Ballet, →*Push Comes
to Shove* (1976) entpuppte sich als ein sehr erfolgreiches
Stück für das American Ballet Theatre (ABT). 1988–90
war sie als künstlerische Beraterin für das ABT tätig. Sie
choreografierte auch für Filme wie *Hair* (1979), *Ragtime*
(1981), *Amadeus* (1984) und *White Nights* (1985). 1996
rief sie wieder ein Ensemble ins Leben, ›Tharp!‹. Tharps
Œuvre umfasst sowohl radikale Konzeptstücke als auch
Werke, in denen sie Populärkultur, Danse d'école und
Jazztanz miteinander verzahnt.

Hauptwerke: *Tank Dive* (1965), *Dancing in the Streets of London
and Paris, Continued in Stockholm and Sometimes Madrid*
(1969), *Eight Jelly Rolls* (1971), *Deuce Coupe* (1973), *As Time
Goes By* (1973), →*Push Comes to Shove* (1976), *The Catherine
Wheel* (1981), *Nine Sinatra Songs* (1982), *The Golden Section*
(1983), *Brahms/Handel* (1984, mit Jerome Robbins), *In the
Upper Room* (1986), *Brief Fling* (1990), *Mr Wordly Wise* (1995).

Tudor, Antony (d. i. William Cook)
4.4.1908 London – 19.4.1987 New York

Begann seine Ausbildung 1928 bei Marie Rambert, in
deren Kompanie er 1930 eintrat und deren Assistent er
später wurde. Hier begann er zu choreografieren. 1937
gründete er mit Agnes De Mille das Dance Theatre, 1938
war er Mitbegründer des London Ballet, 1939 ging er
nach New York, wo er für das Ballet Theatre tätig war.
Tudor arbeitete zudem für das Königliche Schwedische
Ballett (1949/50) und – nachdem er das Ballet Theatre
verlassen hatte – das New York City Ballet (1951/52). Er
wurde Direktor der Metropolitan Opera Ballet School,
später leitete er die Ballettabteilung der Juilliard School
(1957–63). Ab 1974 gehörte er zum Direktionsstab des
American Ballet Theatre. Tudor schuf psychologisch differenzierte Ballette und verstand sich auf die Darstellung
dunkler Emotionen.

Hauptwerke: → *Lilac Garden* (1936), *Dark Elegies* (1937), *The Judgment of Paris* (1938), *Gala Performance* (1938), *Pillar of Fire* (1942), *Undertow* (1945), *Lady of the Camellias* (1951), *Offenbach in the Underworld* (1954), *Echoing of Trumpets* (1963), *Shadowplay* (1967), *The Leaves are Fading* (1976).

Viganò, Salvatore

25. 3. 1769 Neapel – 10. 8. 1821 Mailand

Aus einer Tänzerfamilie stammend, erhielt Viganò zunächst Kompositionsunterricht bei seinem Onkel Luigi Boccherini und studierte Literatur, Malerei und Geschichte. Er tanzte in den 1780er-Jahren in Spanien und Italien. 1789 lernte er in Madrid nicht nur seine Frau kennen, die Tänzerin Maria Medina, mit der er große Triumphe feierte, sondern auch Jean Dauberval, dessen Gedanken zum Tanz ihn stark beeinflussten. 1791 schuf er sein erstes Ballett, *Raoul signor de Crequi*, zu dem er auch, wie später häufig, die Musik geschrieben hat. 1793–95 tanzte er mit seiner Frau in Wien, danach in allen wichtigen Städten Europas. Viganò choreografierte für das Ballett in Wien (1793–95, dann wieder 1799–1803) und an der Mailänder Scala (1803–21), außerdem in anderen italienischen Städten. Er gilt als Schöpfer des Choreodramas, in dem rhythmische Pantomime und Tanz unter dem Primat der Musik sich zu einer ›symphonie dansée‹ vereinen.

Hauptwerke: *Raoul signor de Crequi* (1791), *Die Tochter der Luft oder Die Erhöhung der Semiramis* (1793), → *Die Geschöpfe des Prometheus* (1801), *Die Zauberschwestern im Beneventer Wald* (1802), *Prometeo* (1813), *Otello ossia Il moro di Venezia* (1818).

585 Karlsruhe Nach Tanzunterricht

Waltz, Sasha (d. i. Alexandra Waltz)

* 8. 3. 1963 Karlsruhe

Nach Tanzunterricht bei der Mary-Wigman-Schülerin Waltraut Kornhaas studierte sie 1983–86 an der School for New Dance Development in Amsterdam, arbeitete 1986/87 in New York und choreografierte und tanzte nach ihrer Rückkehr nach Europa mit zahlreichen Künstlern zusammen. 1993 erhielt sie eine Residenz am Berliner Künstlerhaus Bethanien und gründete mit Jochen Sandig die Kompanie Sasha Waltz & Guests. 1999 wurde sie Mitglied des Leitungsteams der Berliner Schaubühne am Lehniner Platz. In der »Travelogue«-Trilogie (1993–95) und in →*Allee der Kosmonauten* (1996) brachte sie in Slapstickmanier Szenen aus dem Lebensalltag auf die Bühne; weiteren Erfolg hatte sie mit *Zweiland* (1997) und *Na Zemlje* (1998). Für die Schaubühne choreografierte sie →*Körper* (2000), *S* (2000) und *noBody* (2002).

Wigman, Mary (d. i. Karoline Sofie Marie Wiegmann)

13. 11. 1886 Hannover – 18. 9. 1973 Berlin

Nach einer Ausbildung an der Rhythmischen Bildungsanstalt von Émile Jaques-Dalcroze in Hellerau bei Dresden besuchte sie 1913 Rudolf von Laban auf dem Monte Verità bei Ascona und wurde seine Schülerin, später seine Assistentin in seinen Schulen in Ascona und Zürich. 1914 debütierte sie solistisch in München, 1917 mit einem Tanzabend in Zürich. 1918 hatte sie in Davos den ersten durchschlagenden Erfolg und tourte anschließend durch Deutschland. Sie begann zu unterrichten und gründete 1920 mit Berthe Trümpy die Wigman-Schule in Dresden. Anfang der 1930er-Jahre eröffnete sie Filialen im In- und Ausland, einschließlich New York. 1936 trat sie bei den Olympischen Spielen in Berlin auf; 1941 wurde sie von der Leitung ihrer Dresdner Schule entbunden und erhielt in Leipzig eine Dozentur. 1945 eröffnete sie wieder eine Schule in Leipzig, 1949 eine in Berlin, die bis 1967 existierte. Wigman gilt als *die* Protagonistin des Ausdruckstanzes. Sie transformierte Gefühle, Stimmungen, Befindlichkeiten in Bewegung, fand dafür eine je spezifische Form, sowohl in ihren Solotänzen als auch in den Tänzen für ihr Ensemble. Sie choreografierte und inszenierte auch Opern von Georg Friedrich Händel und Christoph Willibald Gluck.

Hauptwerke: *Hexentanz I* (1914), *Tanzsuite* (1920), *Tänze der Nacht* (1920), *Die Feier I* (1921), *Szenen aus einem Tanzdrama* (1923), *Die abendlichen Tänze* (1924), → *Hexentanz II* (1926), *Schwingende Landschaft* (1929), *Opfer* (1931), *Frauentänze* (1934), *Schicksalslied* (1935), *Herbstliche Tänze* (1937), *Carmina Burana* (1943), *Chorische Studien* (1952), *Frühlingsweihe* (1957).

Anhang

Abbildungsnachweis

Verzeichnis der Werke

Kursive Seitenverweise beziehen sich auf eine Vorstellung des Werks im Teil
»Ballette von A–Z«

Verzeichnis der Personen